Die Präventivwirkung zivil- und strafrechtlicher Sanktionen

Beiträge zum VI. Travemünder Symposium
zur ökonomischen Analyse des Rechts
vom 25.–28. März 1998

herausgegeben von

Claus Ott
Hans-Bernd Schäfer

Mohr Siebeck

Die Deutsche Bibliothek – *CIP-Einheitsaufnahme*

Die *Präventivwirkung zivil- und strafrechtlicher Sanktionen* : Beiträge zum VI. Travemünder Symposium zur Ökonomischen Analyse des Rechts vom 25.–28. März 1998 / hrsg. von Claus Ott ; Hans-Bernd Schäfer.
– Tübingen : Mohr Siebeck, 1999
  ISBN 3-16-147058-3

© 1999 J. C. B. Mohr (Paul Siebeck) Tübingen.

Das Werk einschließlich aller seiner Teile ist urheberrechtlich geschützt. Jede Verwertung außerhalb der engen Grenzen des Urheberrechtsgesetzes ist ohne Zustimmung des Verlags unzulässig und strafbar. Das gilt insbesondere für Vervielfältigungen, Übersetzungen, Mikroverfilmungen und die Einspeicherung und Verarbeitung in elektronischen Systemen.

Das Buch wurde von Gulde Druck in Tübingen auf alterungsbeständigem Papier der Papierfabrik Niefern gedruckt. Den Einband besorgte die Großbuchbinderei Heinr. Koch, Tübingen.

Vorwort

Der vorliegende Band enthält überarbeitete Referate des 6.Travemünder Symposiums zur ökonomischen Analyse des Rechts vom 25. – 28. März 1998. Die Tagung beschäftigte sich mit Abschreckungswirkungen des Zivilrechts und des Strafrechts. Haben Kriminalstrafen abschreckende Wirkung? Sind die Wirkungen zivil- und strafrechtlicher Sanktionen vergleichbar? Ist es rechtspolitisch möglich und empfehlenswert, das Strafrecht „abzurüsten" und jedenfalls teilweise durch zivilrechtliche Sanktionen zu ersetzen? Diese Fragen wurden auf der Tagung zum Teil kontrovers diskutiert. Für jene Wirtschaftswissenschaftler, die Sanktionen, gleich ob zivil- oder strafrechtlicher Natur, als Steuerungsinstrumente ansehen, handelt es sich dabei letztlich um ein Zweckmäßigkeitsproblem, eine Sichtweise, die wohl nach Auffassung der meisten Strafrechtler der Vielschichtigkeit von Strafzwecken und Strafbegründungen nicht gerecht wird. Andererseits sehen gerade Strafrechtler die oft einschneidenden und stigmatisierenden strafrechtlichen Sanktionen als ultima ratio an, was die Möglichkeit und sogar Notwendigkeit eines Vergleichs mit anderen Sanktionen impliziert. Auf dieser Ebene kann daher ein Dialog über Fachgrenzen hinweg geführt werden.

Freilich besteht jenseits eines normativen Dissenses nicht einmal Einigkeit über grundlegende Tatsachen und Funktionszusammenhänge. So wird von Kriminologen die generalpräventive Wirkung von Strafen nicht selten gänzlich in Frage gestellt. Wirtschaftswissenschaftler haben dagegen durch eine Übertragung des rational choice Modells den kriminellen Sektor der Volkswirtschaft behandelt wie jeden anderen Wirtschaftszweig und gefolgert, daß er wachsen muß, solange die dort zu erwartenden Nettoeinkünfte höher als im legalen Sektor sind. In einem solchen Modell müssen Strafen abschreckend wirken. Horst Entorf stellt die ökonomische Theorie der Kriminalität dar und betont dabei die Notwendigkeit der Einbeziehung von Theorien sozialer Interaktion. Die von Entorf vorgestellten Resultate empirischer Studien, die mittlerweile für viele Länder vorliegen, belegen, daß kriminelles Verhalten auch durch die Strafhöhe beeinflußt wird. Diese Auffassung wird unterstützt durch Ergebnisse der hier vorgelegten empirischen Studie von Henning Curti für die Bundesrepublik Deutschland. Obwohl Kriminalität als vielschichtiges und multikausales Phänomen verstanden werden muß, lassen die vielen vorliegenden ökonometrischen Untersuchungen keinen vernünftigen Zweifel daran bestehen, daß ihr Ausmaß auch von der Höhe der vollzogenen Strafen mitabhängt. Klaus Lüderssen behandelt die ökonomische Analyse des Strafrechts und Alternativen zum Strafrecht. Er betont die sekundäre Rolle des Strafrechts in der Rechtsordnung und kritisiert Versuche des Gesetzgebers aber insbesondere auch der Strafverfolgungsbehörden, Straftatbestände und damit die Domäne des Strafrechts auszuweiten. Er plädiert im Gegenteil für den Übergang zu nichtstrafrechtlichen Lösungen in konkreten Bereichen des Zivil- Verwaltungs- und Steuerrechts. Der Beitrag von Dieter Schmidtchen, „Wozu Strafrecht?" ist auf der Travemünder Konferenz nicht vorgetragen und diskutiert worden. Wir haben uns – abweichend von der üblichen Usance – in diesem Fall entschieden, den Beitrag gleichwohl abzudrucken, da er eine für die Fragestellung der Tagung unmittelbar interessante Weiterentwicklung von Gedanken aus dem Koreferat des gleichen Autors enthält. Auch Schmidtchen plädiert, gestützt auf den ultima ratio Gedanken für die Ausschöpfung anderer Abschreckungspotentiale als jener des Strafrechts, insbesondere im Bereich des Haftungsrechts. Christian Kirchner erläutert an den Beispielen des verbotenen Insiderhandels sowie von Submissionskartellen, daß die Komplementierung ordnungswidrigkeitenrechtlicher durch strafrechtliche Sanktionen zu kontraproduktiven Ergebnissen führen kann. Claus Ott und Hans-Bernd Schäfer setzen sich kritisch mit jenen Auffassungen auseinander, die eine abschreckende Wirkung zivilrechtlicher Sanktionen infrage stellen und zeigen zudem Spielräume für erweiterte Abschreckungswirkungen im Zivilrecht auf. Gerd Brüggemeier behandelt neuere Entwicklungstendenzen im europäischen und deutschen Haftungsrecht, die geprägt sind durch stärkere Haftung von Organen, einschließlich von Staatsorganen, durch eine Rückdrängung der Verschuldenshaftung zugunsten verschuldensunabhängiger Haftungstatbestände und durch Ausweitung von Haftungstatbeständen etwa beim Schmerzensgeld. Dies dient insbesondere im Europarecht der Prävention von Verstößen gegen das Gemeinschaftsrecht und befördert damit dessen Effektivität. Reimund Schwarze befaßt sich in einer empirisch theoretischen Analyse mit der Frage, ob das Umwelthaftungsgesetz einen empirisch nachweisbaren Impuls für die Verringerung der Unfallgefahren im gewerblichen Bereich bewirkt hat. Die Antwort ist positiv, die Wirkung erfolgte allerdings – so der Autor – nicht unmittelbar, sondern indirekt über die Wirkung des Gesetzes auf die Ausweitung präventionsorientierter Umwelthaftungsversicherungen, die ihrerseits verstärkte Sorgfaltsvorkehrungen bewirkten. Georg von Wangenheim untersucht das „Anfüttern" korrupter Beamter durch korrumpierende Bürger. Er gelangt zu dem Ergebnis, daß die Erhöhung des Strafrahmens für Vorteilsannahme dieses Problem unter Umständen vergrößern kann, anstatt es zu verringern. Rainer Walz behandelt Steuerumgehung durch zivilrechtliche Vertragsgestaltung. Es geht dabei nicht um die Verletzung klar definierte Straftatbestände, sondern um das geschickte Ausspielen des Gesetzeswortlauts gegen den Regulierungssinn von Steuergesetzen. Dies führt zu der Frage, ob mithilfe moderner ökonomischer Konzepte bei der richterlichen Auslegung von Steuergesetzen diesen Praktiken effektive Grenzen gesetzt werden können. Jeniffer Arlen und Reinier Kraakman behandeln die Haftung von Unternehmen für die Delikte ihrer Beschäftigten im US-amerikanischen Recht. Sie argumentieren, daß die verschuldensunabhängige Haftung nach der Regel „respondeat superior" ineffizient sei und die Unternehmen davon abhalten koenne, geeignete Überwachungs- Untersuchungs- und Berichtsmaßnahmen zu ergreifen. Thomas Ulen behandelt die Diskussion um präzise und unpräzise Regeln bzw. Direktiven und Standards im Zivilrecht. Er stellt insbesondere dar, daß die Ergebnisse experimenteller psychologischer Forschung wesentliche Abweichungen vom Rationalverhaltensmodell zutagegefördert haben, die geeignet sind, gängige wirtschaftswissenschaftliche Vorstellungen hinsichtlich der verhaltenssteuernden Wirkung von Rechtsnormen infragezustellen. Werden diese „Verhaltensanomalien" stärker berücksichtigt, müssen verhaltenssteuernde Regeln präziser und einfacher zu handhaben sein als in einer Welt mit vollrationalen Menschen.

Die Tagung ist durch eine Zuwendung der Fritz Thyssen Stiftung ermöglicht worden, für deren großzügige Unterstützung wir besonders danken. Unser Dank gilt auch der Landeszentralbank von Hamburg, Mecklenburg-Vorpommern und Schleswig-Holstein und der Firma Akzo-Nobel für finanzielle Zuschüsse. Ebenfalls bedanken wir uns bei Frau Stedtler und Frau von Valtier, die uns bei der Vorbereitung unterstützt haben sowie bei Frau Dipl. Math. Natascha Schwarz für die Anfertigung und Betreuung der Druckvorlage.

Hamburg, Dezember 1998   *Claus Ott*   *Hans-Bernd Schäfer*

Inhaltsverzeichnis

Eröffnungssitzung

Horst Entorf
Ökonomische Theorie der Kriminalität 1

Dieter Schmidtchen
Kommentar 22

Klaus Lüderssen
Ökonomische Analyse des Strafrechts und Alternativen zum Strafrecht 25

Dieter Schmidtchen
Kommentar 42

Diskussion
Zusammengefaßt von *Daniel O'Sullivan* 47

Dieter Schmidtchen
Wozu Strafrecht? Einige Anmerkungen aus ökonomischer Sicht 49

Zweite Sitzung

Henning Curti
Zur Abschreckungswirkung strafrechtlicher Sanktionen in der
Bundesrepublik Deutschland: Eine empirische Untersuchung 71

Christian Seidl
Kommentar 95

Diskussion
Zusammengefaßt von *Stefanie Schmid* 106

Dritte Sitzung

Christian Kirchner
Komplementierung zivilrechtlicher und ordnungswidrigkeiten-
rechtlicher durch strafrechtliche Sanktionen 108

Michael Adams
Kommentar 126

Diskussion
Zusammengefaßt von *Stefanie Schmid* 128

Vierte Sitzung

Claus Ott / Hans-Bernd Schäfer
Die Anreiz- und Abschreckungsfunktion im Zivilrecht 131

Andreas Blaschczok
Kommentar 156

Diskussion
Zusammengefaßt von *Christian Tetzlaff* 169

Fünfte Sitzung

Gert Brüggemeier
Haftungsfolgen, Entwicklungstendenzen im europäischen
und deutschen Schadensersatzrecht 171

Peter Weise
Kommentar 194

Diskussion
Zusammengefaßt von *Christian Tetzlaff* 205

Sechste Sitzung

Reimund Schwarze
Präventionswirkungen des Umwelthaftungsgesetzes und der
Umwelthaftpflichtversicherung – eine theoretische und empirische
rechtsökonomische Analyse 206

Peter Salje
Kommentar 227

Diskussion
Zusammengefaßt von *Roland Kirstein* 236

Siebte Sitzung

Georg von Wangenheim
Eindämmung Opportunistischen Verhaltens in der öffentlichen Verwaltung:
Das Problem des „Anfütterns" bei Korruptionsdelikten 238

Peter-J. Jost
Kommentar 265

Diskussion
Zusammengefaßt von *Christoph Kuhner* 272

Achte Sitzung

Rainer Walz
Contracting out of the Tax Burden – Steuerumgehung
durch Vertragsgestaltung 274

Manfred Tietzel
Kommentar 297

Diskussion
Zusammengefaßt von *Christoph Kuhner* 301

Neunte Sitzung

Jennifer Arlen / Reinier Kraakman
Die Neustrukturierung der Unternehmenshaftung 303

Bernhard Nagel
Kommentar 340

Diskussion
Zusammengefaßt von *Georg von Wangenheim* 345

Schußreferat

Thomas S. Ulen
Standards und Direktiven im Lichte begrenzter Rationalität 347

Jürgen G. Backhaus
Kommentar 381

Diskussion
Zusammengefaßt von *Georg von Wangenheim* 390

Stichwortverzeichnis 392

Kurzbiographien 401

Ökonomische Theorie der Kriminalität

von

Horst Entorf[1]

A. Einleitung

In der Rangliste der Ängste deutscher Bürger nimmt die Kriminalität neben der Furcht um den Arbeitsplatz mittlerweile eine traurige Spitzenstellung ein. In Deutschland ist die Zahl der bei der Polizei bekanntgewordenen Straftaten von ca. 3 je 100 Einwohner im Jahre 1963 auf ca. 8 je 100 Einwohner im Jahre 1996 gestiegen. Dabei sind die tatsächlichen Zahlen auf Grund einer nicht zu vernachlässigenden Dunkelziffer insbesondere bei Sexualdelikten, Diebstahl, Schwarzarbeit oder Steuerbetrug deutlich größer. Die Zahlen verraten, daß Kriminalität unmittelbare ökonomische Konsequenzen hat, denn Verbrechensbekämpfung und -verhütung fordern die Zuteilung von knappen öffentlichen und privaten Ressourcen, ganz zu schweigen vom ökonomischen Schaden, den kriminelle Taten bei den Opfern anrichten. Die Politik zur Bekämpfung illegaler Aktivität ist somit Bestandteil der optimalen Allokation der Ressourcen. Es muß entschieden werden, ob knappe Steuermittel zur Bekämpfung von Kriminalität oder z.B. für den Bau neuer Schulen verwendet werden. Auch Kriminalitätsbekämpfung und -vermeidung kann sich ökonomischen Gesetzmäßigkeiten nicht entziehen: Es ist simplerweise zu teuer, jegliche Kriminalität unterbinden zu wollen. Die ökonomisch zu optimierende Frage ist, wieviel Kriminalität sollte man zulassen, d.h. wieviel Ressourcen und welche Bestrafung sollten eingesetzt werden, um das Verbrechensaufkommen so weit wie nötig einzuschränken. Die Suche nach einem sinnvollen gesamtgesellschaftlichen Optimum führt also zu der für Nicht-Ökonomen manchmal irritierenden Entscheidung „Wie viele Verbrechen sollten erlaubt sein, wie viele Kriminelle dürfen ungestraft davonkommen?".

Zur Beantwortung dieser Frage benötigt man eine Prognose darüber, wieviel Kriminalität sich in welcher Situation einstellt, bzw. wie viele Straftaten sich bei alternativen Szenarien ergeben werden. Das wiederum verlangt nicht nur die sys-

---

[1] Ich danke den Konferenzteilnehmern, insbesondere Hans-Bernd Schäfer und Dieter Schmidtchen, für ihre konstruktiven Kommentare und Diskussionsbeiträge sowie Hannes Spengler und Irene Bertschek für Anregungen und Verbesserungsvorschläge.

tematische Analyse und Erklärung der individuellen Täteranreize, sondern auch die Analyse der Handlungen potentieller Opfer.

Wenn man mehr als 30 Jahre zurückgeht, dann waren Erklärungen kriminellen Verhaltens und Empfehlungen zur Kriminalitätsbekämpfung geprägt von den Beiträgen der Soziologie, der Psychologie, der Kriminologen, der Politikwissenschaftler und nicht zuletzt der Juristen. Ihre Ansätze gründeten sich in Konzepten wie Deprivation, „abweichendes" oder „abnormales" Verhalten, oder auch „Verlust der Sitten" (siehe Eide, 1997). Erst in den 60er Jahren haben sich auch Ökonomen dem Feld der Kriminologie geöffnet. Für einen wesentlichen Fortschritt sorgte der 1968 veröffentlichte Aufsatz *„Crime and Punishmentd: An Economic Approach"* des Nobelpreisträgers für Ökonomie aus dem Jahre 1992, *Gary S. Becker*. Kriminelles Verhalten ist darin nichts anderes als eine rationale, ökonomisch motivierte Entscheidung unter Unsicherheit. Das Modell sagt voraus, daß Veränderungen in der Abschreckung, erfaßt durch Wahrscheinlichkeit und Höhe von Strafen, erwartete Einkommensmöglichkeiten verändern, was wiederum einen Einfluß auf das kriminelle Verhalten bzw. das „Angebot" an Straftaten hat.

Nach Jahren relativer Ruhe (zumindest in generell orientierten "Mainstream Journals" wie *Journal of Economic Perspectives* oder *Quarterly Journal of Economics*), ist in letzter Zeit eine deutliche Wiederbelebung *der Ökonomischen Theorie der Kriminalität*, hauptsächlich in der US-amerikanischen Literatur, zu verzeichnen (Eide, 1994, Grogger, 1995, DiIulio, 1996, Ehrlich, 1996, Freeman, 1996, Glaeser, Sacerdote und Scheinkman, 1996). Diese Papiere sind naturgemäß von dem Phänomen der zunehmenden Kriminalität einerseits und den aktuellen sozioökonomischen Problemen wie Arbeitslosigkeit, insbesondere Jugendarbeitslosigkeit (Grogger, Freeman), Migration, Ungleichheit usw. gekennzeichnet. Der Schwerpunkt dieser Arbeiten hat sich vom reinen Interesse an der Abschreckungshypothese gewandelt hin zur Analyse sozioökonomischer und demographischer Faktoren.

Dabei ist festzustellen, daß neue Ansätze zwar ökonomische Grundprinzipien wie Nutzenmaximierung etc. beibehalten, sich jedoch den sozialwissenschaftlichen Erkenntnissen des *Sozialkapitals* („social capital") und *der sozialen Interaktion* öffnen (Glaeser, Sacerdote und Scheinkman). Es scheint also eine Vermischung der Ideen stattzufinden, die zu hoffentlich verbesserten Erkenntnissen bezüglich zukünftiger Kriminalitätsvermeidungsstrategien führen wird.

Allen dargestellten Ansätzen ist eines gemeinsam: *Die Ökonomische Theorie der Kriminalität* kann nur dann sinnvolle Beiträge zur Politikberatung liefern, wenn die Theorie durch eine adäquate empirische Forschung unterstützt wird. Die Theorie ist zwar ein sehr hilfreiches Analyseinstrument, das Einblicke in eine komplexe Materie geben kann, jedoch sind viele Modellvorhersagen ambivalent, so daß nur in der Ökonomie und/oder Kriminologie beheimatete Felder der angewandten Statistik weiterhelfen können, d.h. *Ökonometrie* und/oder *Kriminometrie*.

Dieser Aufsatz ist wie folgt organisiert. Im zweiten Abschnitt wird die Theorie der Abschreckung, bzw. die Theorie des Kriminalitätsangebots vorgestellt. Eine naheliegende Ergänzung dazu bietet die Formalisierung der Kriminalitätsnachfrage, die sich aus der individuellen Opferreaktion herleiten läßt. Das sich aus Angebot und Nachfrage ergebende Marktmodell der Kriminalität ist Thema von Abschnitt C. In Abschnitt D wird dargelegt, daß sich nicht immer eine erfolgreiche Abschreckung ergeben muß. Daran anschließend werden die Kriminalitätsanreize aus legalen und illegalen Einkommensmöglichkeiten untersucht. Abschnitt F beleuchtet die Integration sozialer Faktoren und sozialer Interaktion in die ökonomisch orientierte Literatur der Kriminalität. Abschnitt G beschließt die Arbeit.

B. Ökonomische Täteranreize und die optimale Abschreckung

I. Gesellschaftliche Kosten-Nutzen-Analyse

Die Untersuchung ökonomisch motivierter Kriminalität ist nicht gerade neu, wie folgendes Zitat von Bentham aus dem 18. Jahrhundert zeigt:

> „*... the profit of the crime is the force which urges man to delinquency, the pain of the punishment is the force employed to restrain from it. If the first of these forces be the greater, the crime will be committed; if the second, the crime will not be committed"*
> (Bentham, 1788, 1843, S. 399)[2]

Ferner, wie in vielen anderen Disziplinen der Ökonomie auch hier richtungsweisend, hat schon Adam Smith 1776 festgestellt, daß Kriminalität und die Nachfrage nach Schutz vor Kriminalität durch die Eigentumskonstellation determiniert wird[3].

Eine rigorose Umsetzung dieser Gedanken wurde vor 30 Jahren mit dem zentralen Aufsatz zur ökonomischen Theorie der Kriminalität vorgenommen, mit Gary Beckers (1968) „Crime and Punishment: An Economic Approach". Das vorrangige Ziel der Arbeit ist aber nicht – wie teilweise angenommen – die Formulierung einer mikroökonomischen Theorie der Kriminalität, sondern die Beantwortung der Frage nach der volkswirtschaftlich optimalen Abschreckung:

> „*This essay uses economic analysis to develop optimal public and private policies to combat illegal behavior*"
> (Becker, 1968, S. 207)

Das der Gesellschaft zur Verfügung stehende Instrument zur Erreichung dieses Ziels ist Abschreckung. Becker sieht darin zum einen die „Strafhöhe" und zum anderen die „Strafwahrscheinlichkeit", d.h. die Wahrscheinlichkeit dafür, daß ein Straftäter gefaßt und verurteilt wird. Diese beiden zentralen Größen werden im folgenden durch f (wie „fine") und p (wie „probability") abgekürzt.

Worin besteht nun die in die Kompetenz der Ökonomen fallende Problematik? Die Politik zur Bekämpfung illegaler Aktivität ist Teil der optimalen Allokation der Ressourcen. Mit anderen Worten, es muß entschieden werden, ob knappe Steuermittel zur Neueinstellung von Polizisten oder z.B. für den Bau neuer

---

[2] Gefunden bei *Eide*, 1997, S. 4.

[3] Hierauf weist *Ehrlich* (1996) hin, der insbesondere den Nachfrageaspekt des Smith-Gedankens weiterverfolgt. Siehe dazu Abschnitt 3.

Schulen verwendet werden. Hier besteht ein klarer Interessenkonflikt: Es ist simplerweise zu teuer, jegliche Kriminalität unterbinden zu wollen, was (wenn überhaupt) nur möglich wäre, wenn jedem Bürger ein Polizist an die Seite gestellt würde. In diesem Falle hätte man (vielleicht) eine Strafwahrscheinlichkeit von 100%, der Staat hätte aber kein Geld mehr für andere Aufgaben. Andererseits ist jeglicher Verzicht auf Polizei, Justiz und Abschreckung ebenso teuer, da private und staatliche Institutionen durch die Kriminalität einen nicht tolerierbaren (ökonomischen, physischen und psychischen) Schaden erleiden.

Ein Optimum liegt offensichtlich zwischen diesen beiden Extremfällen, wobei klar wird, daß eine vollkommene Verbrechensvermeidung ausgeschlossen ist. Führt man diesen Gedanken weiter, so impliziert der ökonomische Ansatz die Entscheidung „Wie viele Verbrechen sollten 'erlaubt' sein, wie viele Kriminelle dürfen ungestraft davonkommen?" Daß diese Frage in der alltäglichen Praxis tatsächlich nach ökonomischen Kriterien behandelt wird, sehen wir, wenn wir zum Beispiel der Polizei den Diebstahl einer Geldbörse vermelden: Die Polizei nimmt den Fall zu den Akten, ohne ihn mangels Personal weiterzuverfolgen, da dieses mit Fällen höheren (ökonomischen) Schadens ohnehin vollauf ausgelastet ist[4].

Die Höhe der Abschreckungskosten schwankt nicht nur mit der Beeinflussung der Strafwahrscheinlichkeit (mehr oder weniger Polizisten, Staatsanwälte, Richter usw.), sondern auch durch Erhöhung oder Senkung des Strafmaßes. So würden zwar längere Haftstrafen eventuell erfolgreich Verbrechen vermeiden, sie bedeuten aber nicht nur höheres Strafleid, das gesellschaftlich und ethisch zu bewerten wäre, sondern auch z.B. erhöhte Personalkosten in den Haftanstalten. Insbesondere Verlängerungen der mit einer intensiven Betreuung verbundenen und damit teuren Jugendhaft sind nur dann sinnvoll, wenn sie zu einer deutlichen Absenkung der Jugendkriminalität führen.

Anhand dieser Überlegungen wird klar, daß möglichst Geldstrafen verhängt werden sollten, da sie – wenn sie einkommensabhängig gestaltet sind – in einem gewissen Rahmen erfolgreich Schaden vermeiden könnten (also einen Abschreckungseffekt haben), aber relativ geringe Kosten für die Justiz verursachen.

II. Der rationale Straftäter

Wie sieht die Suche nach der „optimalen" Abschreckung aus? Ausgehend von einer rationalen individuellen Handlungsweise bringt Becker in radikaler (und sicherlich diskutierbarer) Weise alle Beweggründe für Kriminalität auf einen gemeinsamen ökonomischen Nenner:

> *„Some persons become 'criminals' not because their basic motivation differs from that of other persons, but because their benefits and costs differ"*
>
> (Becker, 1968, S. 176)

---

[4] In jüngster Zeit scheint man allerdings davon abzuweichen, da auch Kleinstkriminalität stärker verfolgt werden soll. Offensichtlich werden die Aktionen der gesellschaftspolitische Entscheidungsträger (vorübergehend) nicht mehr durch das neoklassische Paradigma sondern durch politökonomische (Wahlkampf-) Sachzwänge diktiert.

Demnach wird eine Person kriminell, wenn der ihr aus der kriminellen Handlung erwachsende Nutzen den Nutzen übersteigt, den sie aus einer alternativen legalen Verwendung ihrer Zeit und sonstigen Ressourcen erreichen könnte.

Um sein Modell operationalisierbar zu gestalten, entsteht in Beckers Ansatz Nutzen ausschließlich durch monetäre Einkommensgrößen. Auch die Strafhöhe f muß hierzu in monetären Äquivalenten ausdrückbar sein. Bei einer Strafwahrscheinlichkeit p und einem potentiellen „Einkommen" Y aus illegaler Aktivität ergibt sich als erwarteter Nutzen EU im Falle des „Erwischtwerdens" $pU(Y-f)$ da das erzielbare Einkommen Y um die Strafe f vermindert werden muß. Ohne Strafe „davonkommen" kann man also mit der Wahrscheinlichkeit $(1-p)$ so daß sich in diesem Falle der erwartete Nutzen $(1-p)U(Y)$ ergibt. Der erwartete Gesamtnutzen ist dann das Ergebnis der Teilsummen:[5]

$$(1) \qquad EU_{illegal} = pU(Y-f) + (1-p)U(Y)$$

Wie man leicht zeigen kann, verringern sowohl eine Erhöhung der Strafwahrscheinlichkeit p als auch eine Erhöhung der Strafe f den erwarteten Nutzen aus Kriminalität. Für den Spezialfall, daß der Nutzen durch das Einkommen selbst ausgedrückt wird (d.h. U ist eine Identität), ist dieses Ergebnis unmittelbar einsichtig:

$$(2) \qquad EU_{illegal} = EY_{illegal} = Y - pf$$

Ob die Straftat ausgeführt wird oder nicht, hängt von der Differenz zwischen dem unsicheren und nur mit einem Erwartungswert zu quantifizierenden Nutzen aus der Straftat und dem bekannten Nutzen einer legalen Verwendung der Zeit und sonstiger Ressourcen ab. Ist die Differenz „Erwarteter Nutzen aus illegaler Aktivität" minus „Nutzen aus legaler Aktivität" größer als Null, so wird die Straftat ausgeführt, ist sie gleich Null, so ist die Person/Institution indifferent, ist die Differenz kleiner als Null, so wird von der Straftat abgesehen. Der Nutzen aus legaler Aktivität bleibt von der Strafwahrscheinlichkeit und der Höhe der Strafe unbeeinflußt. Der Trade-off zwischen legaler und illegaler Tätigkeit wird somit durch die Attraktivität der illegalen Straftat bestimmt, also wie erläutert von p und f. Je höher diese Werte sind, um so kleiner wird die Anzahl der Entscheidungen für eine illegale Tätigkeit ausfallen.

Die Anzahl der Straftaten O („offenses") drückt Becker folgerichtig in Abhängigkeit von p und f aus:

$$(3) \qquad O = O(p, f, u),$$

wobei eine Erhöhung (Senkung) von p und f die Kriminalität senkt (erhöht). u repräsentiert „sonstige Faktoren" wie Intelligenz, Schulbildung, soziale Herkunft etc., die von Becker natürlich nicht geleugnet werden, auf die Becker aber nicht näher eingeht, da es ihm in erster Linie um die Formalisierung des Abschreckungsgedankens ging. In anderen, insbesonderen neuen Ansätzen, stehen diese

---

[5] Technisch gesprochen handelt es sich also um eine von-Neumann-Morgenstern Nutzenfunktion mit $(\partial U(\cdot)/\partial Y) > 0$

sozioökonomischen und demographischen Faktoren im Mittelpunkt des Interesses (siehe hierzu die Abschnitte D - F).

Der in Gleichung (3) vorgestellte Zusammenhang wird von Becker *als Kriminalitätsangebotsfunktion* (Verbrechensangebotsfunktion, „supply of offenses") bezeichnet. Die Analogie zur üblichen Angebotsfunktion in der Ökonomie ergibt sich durch die Analogie von p und f zu den Preisen in Angebotsfunktionen. So erhöht eine höhere Strafe f den direkten „Preis" für ein Verbrechen, ein höheres p erhöht die Wahrscheinlichkeit dafür, daß man diesen Preis tatsächlich bezahlen muß. Die Veränderung des Preises (der Strafe) führt zu einer Veränderung des Anreizes, die „Leistung" (kriminelle Aktivität) anzubieten.

Da im üblichen Lehrbuchsinne Preissteigerungen eine Anreizverbesserung darstellen, ist die Angebotsfunktion normalerweise positiv ansteigend. Der sich aus Beckers Formalisierung ergebende und eventuell irritierende negative Verlauf wird bei Ehrlich (1996) in die herkömmliche Betrachtungsweise überführt, indem er anstatt p und f das Angebot, also die Anzahl der Straftaten, in Abhängigkeit des erwarteten „Payoffs" je Straftat betrachtet, der invers zu p und f ist (siehe dazu Abschnitt C).

III. Die gesellschaftlich optimale Abschreckung

Da Becker von einem repräsentativen Individuum ausgeht, folgt aus den individuellen Partizipationsentscheidungen, bzw. aus der individuellen *Kriminalitätsangebotsfunktion* (3), unmittelbar die aggregierte Kriminalitätsangebotsfunktion (O steht deshalb im weiteren für die Gesamtzahl der Straftaten in der Gesellschaft). Nun ist es möglich, die soziale Verlustfunktion des kriminellen Handelns aufzustellen, deren Minimierung das Ziel einer effizienten Kriminalpolitik sein muß. Die Analyse der Kosten bildet den Kern von Beckers Analyse und setzt sich aus den drei folgenden Komponenten zusammen:

a) (Netto-) Schäden aus Kriminalität

Der Schaden aus Kriminalität erfaßt in erster Linie Verluste der Opfer, d.h. Vermögensverluste (einschließlich gesellschaftliche Verluste, z.B. durch Umweltstraftaten), aber auch (monetarisierte) körperliche und psychische Leiden. Bemerkenswerterweise, und in seinem Sinne konsequent, spricht Becker hier von Nettoschäden, weil dem (negativen) Verlust des Opfers der (positive) Ertrag des Täters gegenübergestellt wird. Diese Betrachtungsweise ist in den Augen vieler provokativ und hat Kritik hervorgerufen. So bezweifelt z.B. Stigler (1970), ob es sinnvoll sei, den kriminellen Nutzengewinn, also z.B. den Rauschgenuß eines einen Verkehrsunfall verursachenden Verkehrssünders, als positive Größe in eine volkswirtschaftliche Kosten-Nutzen-Betrachtung eingehen zu lassen.

Zum weiteren Verständnis der kriminalpolitischen Beeinflussung der Schäden aus Kriminalität ist es wichtig, die Verkettung der Abhängigkeiten festzuhalten:

(4) $$\begin{array}{c} D \Leftarrow O \Leftarrow f, p \\ D \underset{(-)}{\leftarrow} f, p \end{array}$$

Schäden aus Kriminalität D („Damages") hängen von der Anzahl der Straftaten ab, diese wiederum werden durch Strafe und Strafwahrscheinlichkeit beeinflußt[6]. Eine Erhöhung von p oder f würde bei Gültigkeit der Beckerschen Abschreckungshypothese die Schäden verringern.

b) Kosten der Strafverfolgung und der Verurteilung

Diese Kosten C bestehen hauptsächlich in den Gehältern und den Ausrüstungskosten der Polizei und der Justiz. Die Abhängigkeit dieser Kosten von der Strafhöhe ist bei funktionierender Abschreckung klar negativ (es gäbe weniger Straftaten). Der Effekt der Strafwahrscheinlichkeit ist jedoch unklar. Sie würde zwar die Fallzahlen verringern, andererseits jedoch „kostet" ein höheres p mehr Polizisten, Staatsanwälte, Richter etc. In der Summe ist es plausibel anzunehmen, daß die positive Abhängigkeit überwiegt:

(5)
$$C \leftarrow f \atop (-)$$
$$C \leftarrow p \atop (+)$$

c) Soziale Kosten der Bestrafung

Bei der Erfassung aller sozialen Verluste aus Kriminalität, im folgenden definiert als S, müssen auch sämtliche Bestrafungskosten einbezogen werden. Das sind zum einen Sach- und Personalkosten (Baukosten, Sicherheitsmaßnahmen, Gefängnisaufsicht, Bewährungshelfer, Jugendhelfer, etc.), zum anderen Bestrafungskosten, die bei den Tätern anfallen (Strafleid, entgangene Einkommen, Konsumverzicht etc.). Die Bestrafungskosten sind besonders niedrig, wenn Geldstrafen verhängt werden, und besonders hoch, wenn z.B. Jugendstrafen mit einer personalintensiven Betreuung vorgesehen sind[7]. In jedem Falle würden eine Erhöhung von p und f die gesellschaftlichen Kosten der Bestrafung erhöhen:

(6)
$$S \leftarrow f, p \atop (+)$$

Es ist nun die Aufgabe der Kriminalpolitik, die Summe der Kostenkomponenten (4), (5) und (6), also „Schäden", „Kosten der Strafverfolgung und Verurteilung" und „Soziale Bestrafungskosten" zu minimieren. Mit dem Strafmaß und insbesondere mit der Beeinflussung der Strafwahrscheinlichkeit (z.B. durch Mehreinsatz von Polizei) stehen zwei Möglichkeiten bereit, die Kostenhöhe zu variieren. Es stellt sich also die Frage nach der optimalen Abschreckung. Nach der von Becker verfolgten neoklassischen Vorgehensweise lohnt sich ein zusätzlicher Mitteleinsatz solange, solange die „Erlöse" (vermiedene Verbrechen), z.B. aus einem zusätzlichen Polizeieinsatz, die zusätzlichen (Grenz-) Kosten (Gehälter etc.) übersteigen. So findet er, daß das Optimum an dem Punkt erreicht ist, an dem die kontinuierlich um ein Prozent erhöhte Abschreckung, gemessen durch

---

[6] Becker unterstellt für die Funktion D die üblichen Annahmen der neoklassischen Kostenfunktion, d.h. erste und zweite Ableitungen von $D(O)$ sind positiv.

[7] In dieser Hinsicht ist Beckers Ansatz etwas „kurzsichtig", es fehlt die intertemporale ökonomische Betrachtungsweise. Hier wären die durch eine zukünftige Kriminalitätsabsenkung erzielbaren „Erträge" der Resozialisierung den Kosten einer solchen Betreuung gegenüberzustellen.

die Strafwahrscheinlichkeit p, erstmals die Kriminalität um weniger als ein Prozent senkt (d.h. die Reaktion wird erstmals unterproportional)[8].

Levitt (1995) folgt diesem neoklassischen Kalkül in einer empirischen Analyse des Abschreckungseffektes für die USA. Er findet, daß ein zusätzlich eingestellter Polizist pro Jahr 8 bis 10 Straftaten verhindern würde, bzw. er würde den ökonomischen Schaden durch Kriminalität um 100.000 Dollar verringern. Das würde im Becker'schen Sinne bedeuten, daß die Anzahl der Polizisten unter dem optimalen Niveau wäre, denn diese Summe liegt über der eines zusätzlichen Polizistengehalts. Spengler (1996) hat in einer vorläufigen Schätzung dieses Experiment für Westdeutschland wiederholt und kommt zu dem Ergebnis, daß ein zusätzlicher Polizist je nach Szenario zwischen 3 bis 7.5 Straftaten verhindern würde, was – bei allerdings grob untertriebenen offiziellen Schadenssummen der Polizeilichen Schadensstatistik (BKA, 1994) und daher konservativer Schätzung – den Schaden aus Kriminalität um 14.000 DM bis 35.000 DM verringern würde.

Weitere Ergebnisse in Beckers Arbeiten beruhen auf der Vertiefung der Optimalitätsbedingungen. Bei Gültigkeit der Abschreckungshypothese und unterstelltem neoklassischen Verhalten folgt,

a) daß im Optimum die Elastizität der Straftat bezüglich der Strafwahrscheinlichkeit höher ist als bezüglich der Strafhöhe. Das bedeutet, daß Straftäter eher auf eine Veränderung ihrer Bestrafungswahrscheinlichkeit – z.B. infolge des verstärkten Polizeieinsatzes – reagieren, als auf eine Erhöhung des Strafmaßes.
b) daß die sozialen Kriminalitätskosten in einem Bereich minimiert werden, in dem Kriminelle eher risikofreudig sind (also nicht risikoavers oder risikoneutral).
c) daß die Strafe und Verurteilungsbemühungen um so größer werden, je größer der durch Kriminalität angerichtete Schaden ist.

In der zweiten Hälfte seiner Arbeit setzt sich Becker mit der optimalen Strafform auseinander. Er kommt zu dem Schluß, daß, wenn immer es zu vertreten sei, Geldstrafen verhängt werden sollten. Denn nur durch Geldstrafen kann im Sinne einer Minimierung der sozialen Kosten erreicht werden, daß die Geschädigten durch die Opfer für ihren Schaden voll kompensiert werden und dem Staat Aufwendungen für Strafvollzug und/oder Bewährungshilfe erspart bleiben. Diese Gedanken sind sehr modern und werden zur Zeit im Rahmen *des Täter-Opfer-Ausgleichs* diskutiert. Spengler (1996) beobachtet im übrigen auch in der deutschen Rechtsprechung eine vermehrte Hinwendung zur Geldstrafe. So weist Jeschek (vielleicht etwas übertreibend) in seiner Einführung zum Strafgesetzbuch darauf hin, daß das deutsche Recht mit dem Übergang von der Freiheitsstrafe zur Geldstrafe als weitaus häufigster Strafform an einem ähnlich bedeutsamen Wendepunkt stehe, wie es im Zeitalter der Aufklärung der Übergang von den Leibes- und Lebensstrafen zu den Freiheitsstrafen gewesen wäre (Jeschek, 1994, S. XXXIII).

---

[8] Analoges gilt für die Strafhöhe.

C. Kriminalität als Ergebnis gleichgewichtiger Täter- und Opferreaktion

Während bei Becker (1968) das „gleichgewichtige" Kriminalitätsniveau allein durch die Interaktion von (potentiellen) Straftätern und den die Abschreckungspolitik festsetzenden öffentlichen Stellen zustandekommt, schließt Ehrlich (1996) darüber hinaus die potentiellen Kriminalitätsopfer in seine Betrachtungen ein. Infolge der hierdurch erreichten Berücksichtigung aller mit kriminellem Handeln tatsächlich oder möglicherweise in Berührung kommenden Individuen (bzw. Gruppen oder Institutionen) ist es unter bestimmten Annahmen hinsichtlich des Verhaltens und der Präferenzen der Akteure möglich, ein vollständiges Marktmodell der Kriminalität zu entwickeln, das neben einer Angebots- auch eine explizit spezifizierte Nachfrageseite enthält (siehe dazu auch die Darstellung in Entorf und Spengler, 1998).

Die Entwicklung der individuellen Kriminalitätsangebotsfunktion erfolgt anhand ähnlicher Überlegungen wie bei Becker. Ehrlichs Ansatz ist aber insofern allgemeiner, als er auch das persönliche Normensystem, sprich den Grad der individuellen Abneigung gegen Kriminalität, berücksichtigt. Eine Person wird dann kriminell, wenn ihr aus kriminellem Handeln erwarteter Gewinn, π, so groß wird, daß sie dafür bereit ist, ihre Abneigung gegen die erwogene Straftat zu „überwinden"[9]. Der erwartete Gewinn pro Straftat läßt sich dann als

$$(7) \qquad \pi = \omega^{illegal} - c - \omega^{legal} - pf$$

schreiben, wobei $\omega^{illegal}$ der erwartete „Lohn" der kriminellen Aktivität ist und ω^{legal} das entsprechende Entgeld aus einer alternativen legalen Beschäftigung darstellt. Die Tatdurchführungskosten (Kosten des Selbstschutzes vor Bestrafung, Zeit der Tatvorbereitung, etc.) werden als c bezeichnet und pf charakterisiert die erwartete in Geld bewertete Strafe für die erwogene Tat. Abschreckung im Sinne von Becker verringert also π. Da die Kriminalitätsrate q mit steigenden erwarteten Profiten zunimmt, kann die aggregierte Kriminalitätsangebotsfunktion gemäß A in Schaubild 1 eingezeichnet werden.

Die *Nachfragekurve der Kriminalität* beschreibt die Konstellation von kriminellem Profit und Kriminalitätsrate bei Berücksichtigung der Opferreaktion. Der Verlauf der Kurve wird durch *die Toleranz der Gesellschaft gegenüber Kriminalität* festgelegt. Ehrlich unterscheidet dabei zwischen privater und staatlicher Reaktion auf steigende Kriminalität. Die private Kriminalitätsnachfrage bzw. -toleranz ist als Kurve d im Schaubild eingezeichnet.

---

[9] Es wird angenommen, daß Normen/Hemmschwellen innerhalb der Bevölkerung normalverteilt sind.

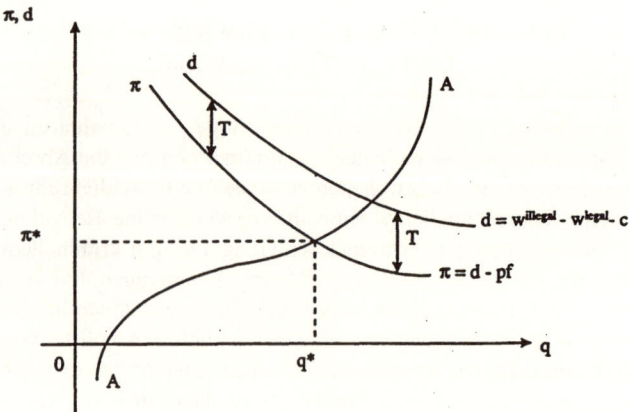

Schaubild 1: Der Markt für Kriminalität

Wie kommt der negative Verlauf zustande? Steigende Kriminalitätsraten führen zu abnehmender Toleranz von Kriminalität und fordern private Abwehrmaßnahmen heraus. So werden Sicherheitsvorkehrungen verstärkt, mehr Wachpersonal eingestellt, Alarmanlagen eingebaut, Wegfahrsperren in Kraftfahrzeuge eingebaut usw. Alle diese Maßnahmen führen dazu, daß mit steigender Kriminalitätsrate der erwartete Gewinn je Straftat sinkt. Die private Nachfrage läßt sich also schreiben als

(8) $$d = \omega^{illegal} - \omega^{legal} - c(q)$$

wobei $c(q)$ die profitreduzierenden Kosten beschreibt, die mit zunehmender Kriminalitätsrate q aufgrund der abnehmenden Toleranz ansteigen.

Mit dem Schnittpunkt der Kurven A und d ist aber noch nicht das gesamtwirtschaftliche Gleichgewicht erreicht, da der private Sektor in seinem Kalkül nur die potentiellen privaten, nicht aber die höher liegenden sozialen Kriminalitätskosten berücksichtigt. Deshalb tritt der für das Gemeinwohl zuständige und zum Strafvollzug legitimierte Staat in Aktion und belegt Kriminalität mit einer Strafe f, deren Erwartungswert $T=pf$ als Steuer interpretierbar ist. Die Erhöhung der Steuer aus Kriminalität bewirkt, daß die gesellschaftliche Kriminalitätstoleranz stets um T geringer ausfällt als die private. Gemäß dieses Zusammenhangs ist die gesellschaftliche Nachfragekurve als π in Schaubild 1 wiedergegeben.

Eine realistische Erweiterung ist, auch für den Staat eine mit steigender Kriminalität abnehmende Toleranz gegenüber Kriminalität anzunehmen. Wie die aktuelle kriminalpolitische Diskussion zeigt, sorgen der öffentliche Druck und Wahlkampfinteressen dafür, daß die Strafwahrscheinlichkeit p und das Strafmaß f keine konstanten Größen sind, sondern daß beide mit zunehmender Kriminalitätsrate steigen, so daß auch T wächst. In Schaubild 1 würde π also einen stärker negativ geneigten Verlauf erhalten.

Der in Schaubild 1 dargestellte Markt für Kriminalität ist im Gleichgewicht, wenn sich eine – stets positive – Kriminalitätsrate q^* einstellt, bei der weder die potentiellen Straftäter, die sich an den erwarteten Gewinnen aus Kriminalität orientieren, noch die potentiellen Opfer, für die Risiko und Höhe einer eventuellen Schädigung relevant sind, noch die Regierung, die den sozialen Verlust aus Kriminalität minimiert, zu Veränderungen des Verhaltens bereit sind. Dieses Marktmodell impliziert, daß Kriminalität als ein unvermeidbares soziales Phänomen zu betrachten ist, dessen Fortbestand nicht verhindert werden kann, da private und staatliche Maßnahmen zur Kriminalitätsvermeidung Kosten verursachen. Der Versuch einer vollständigen Beseitigung von Kriminalität wäre ökonomisch unsinnig.

D. Führen höhere Strafen stets zu weniger Kriminalität?

I. Kriminelle Aktivität und Freizeit.

Die Theorie der Kriminalität im Sinne von Becker (1968) sagt voraus, daß eine Erhöhung der Abschreckung Kriminalität vermeidet, so daß die Angebotskurve in Schaubild 1 stets positiv geneigt wäre. Man weiß aber, nicht zuletzt aus der Theorie des Arbeitsmarktes, daß Angebotsfunktionen nicht immer diese Form haben müssen, sondern daß das Arbeitsangebot beispielsweise ab einem gewissen Lohnsatz zurückgehen kann („backward-bending supply curves"). Da die Analogie zwischen den Profiten π aus Kriminalität und den Löhnen auf dem Arbeitsmarkt naheliegt, ist es lohnenswert auch im Falle von Kriminalität zu hinterfragen, ob der Verlauf der Kurve stets „normal" sein muß.

Tatsächlich werden Vorhersagen bezüglich des Kriminalitätsangebots weniger klar, wenn man berücksichtigt, daß Kriminelle zwar natürlicherweise an Profiterzielung aus Kriminalität interessiert sind, daß aber auch Kriminelle ein Interesse an Freizeitkonsum haben. Ab einer gewissen Einkommenshöhe könnte so das Freizeitinteresse wichtiger werden als das Interesse an einer zusätzlichen Einkommenserzielung. Damit würde die in Kriminalität investierte Zeit eventuell sinken, so daß letztendlich auch die Kriminalitätsrate trotz steigender illegaler Profitanreize sinken könnte.

II. Mikroökonomische Analyse

Die Analyse des Einkommens-Freizeit-Tradeoffs ist in Beckers Ansatz nicht möglich. Bei ihm ergibt sich der Nutzen U direkt aus den erzielbaren Einkommen (legaler und illegaler Art, einschließlich der Einbeziehung monetarisierter Strafen):

(9) $$U_{Becker} = U(Einkommen)$$

In Analogie zur Arbeitsangebotsentscheidung sollte aber auch Freizeit einbezogen werden:

(10) $$U_{allgemein} = U(Einkommen, Freizeit)$$

Die simple Erweiterung ergibt neue Einsichten, aber auch weniger eindeutige Schlußfolgerungen als bei Becker.[10] Die Problematik läßt sich anhand folgender Zusammenhänge verdeutlichen. Da ein Individuum ein begrenztes und konstantes Zeitbudget t_0 zur Verfügung hat, nimmt es eine Aufteilung auf die Bereiche legale Arbeit t_l Betätigung im Kriminalitätssektor t_i und t_c vor. Es wird also davon ausgegangen, daß kriminelle Aktivität nicht legale Aktivität ersetzt, sondern daß Straftaten sozusagen „nebenberuflich" begangen werden. Das dürfte eine vernünftige Annahme sein, da davon auszugehen ist, daß die Mehrzahl der Kriminellen weder „selbständig" (bzw. vollzeitkriminell) noch arbeitslos ist (wobei nicht vernachlässigt werden darf, daß Arbeitslosigkeit Kriminalität begünstigen kann. Darauf wird in Abschnitt E eingegangen). Wenn man ferner realistischerweise annimmt, daß Arbeitszeiten fixiert, also gleichfalls konstant sind, so bleibt ein Trade-off zwischen Freizeit und „Zeit für illegale Betätigung" bestehen:

(11) $$t_c = \overline{t_0 - t_l} - t_i ,$$

wobei die Überstreichung der Zeitkomponenten die Konstanz dieser Größen kennzeichnet.

Die Rückführung von Freizeit auf „Freizeit von illegaler Aktivität" in Gleichung (11) hat den Vorteil, daß man so auf ein Standardproblem der Mikroökonomik zurückgreifen kann, und zwar auf den Fall der Substitution zweier Güter bei Preisveränderung von einem der beiden Güter. Dieser Ansatz induziert (mindestens) drei verschiedene Möglichkeiten, die eine Umkehrung des Bekker'schen Abschreckungseffektes erlauben, und zwar

a) „Freizeit (von Kriminalität)" ist ein inferiores Gut,

b) den „Endowment"-Effekt,

c) die Betrachtung von Straftätern als „risikopräferierende" Gruppe.

Zu a): Um die Analogie zur Mikroökonomie nachvollziehbar zu machen, sei noch einmal an das hier notwendige mikroökonomische Wissen erinnert. Es ist grundsätzlich zu unterscheiden zwischen „normalen" und „inferioren" Gütern. Man spricht von „normalen" Gütern, wenn eine Einkommenserhöhung dazu führt, daß beide Güter stärker konsumiert werden. Entsprechend spricht man von einem inferioren Gut, wenn zusätzliches Einkommen dazu führt, daß dieses Gut weniger präferiert wird[11]. Wenn „normale" Güter vorliegen, dann führt eine Preiserhöhung dazu, daß die Nachfrage nach diesem Gut zurückgeht (das folgt aus der sogenannten Slutsky-Gleichung)[12].

---

[10] Viele von Beckers Arbeit inspirierte Studien weisen auf diese Uneindeutigkeit hin. Zu nennen sind insbesondere *Ehrlich* (1973) und *Block und Heineke* (1975).

[11] In den meisten Lehrbüchern der Mikroökonomie dienen Kartoffeln als Beispiel für inferiore Güter (wobei in Zeiten der ökologisch und vegetarisch orientierten Küche dies nicht unbedingt länger zeitgemäß sein dürfte).

[12] Bei „normalen" Gütern folgt aus der Slutsky-Gleichung, daß Substitutionseffekt und Einkommenseffekt in die gleiche (negative) Richtung wirken (siehe z.B. *Varian*, 1987, S. 139).

In der ökonomischen Theorie der Kriminalität betrachten wir den Trade-off zwischen den Gütern „Freizeit von illegaler Aktivität" und „Konsum" (dessen Variation hier eine Variation der „Arbeitszeit" im illegalen Sektor verlangt). Betrachten wir zunächst den Normalfall, d.h. Freizeit sei ein „normales" Gut (wenn also das illegale Einkommen steigt, dann steigt sowohl die Nachfrage nach Konsum als auch die Nachfrage nach „Freizeit von illegaler Aktivität"). Die Slutsky-Gleichung sagt nun, daß eine Preiserhöhung für Freizeit zu einer niedrigeren Nachfrage nach „Freizeit aus illegaler Aktivität" führen wird, was mehr illegale Aktivität bedeutet.

Die Frage ist nun, was verteuert „Freizeit aus illegaler Aktivität"? Die Antwort ist: Eine verringerte Strafe bzw. eine verringerte Strafwahrscheinlichkeit. Wenn eine oder beide der Abschreckungsvariablen sinken, dann steigen die illegalen Einkommensmöglichkeiten. Freizeit wird somit unattraktiv, weil die Opportunitätskosten des Freizeitkonsums steigen. Damit sind wir bei dem Standard-Abschreckungseffekt angekommen: Eine Absenkung (Erhöhung) der Abschreckung führt zu mehr (weniger) Kriminalität.

Diese Überlegungen bahnen den Weg für mögliche Abweichungen vom „Normalfall". So ist denkbar, daß Preiserhöhungen von Freizeit (verbesserte Möglichkeiten der illegalen Einkommenserzielung durch geringere Strafen) nicht zu einer Senkung der Freizeit führen, sondern eine Erhöhung der Freizeit hervorrufen. Das ist der Fall der „inferioren" Freizeit. Bei ihrer Gültigkeit kann der Effekt einer Strafsenkung auf die Kriminalität ausbleiben oder sogar negativ werden, er muß es aber nicht[13].

„Inferiorität" der Freizeit räumt umgekehrt die Möglichkeit ein, daß im Falle *zunehmender* Strafe und Strafwahrscheinlichkeit die Anzahl der Straftaten nicht abnimmt. Das bedeutet, daß trotz geringer werdender erwarteter Profite nicht Freizeit präferiert wird (wie es bei Freizeit als „normalem" Gut der Fall wäre), sondern Betätigung im illegalen Sektor. Aus ökonomischer Sicht ist ein solches Verhalten eher ungewöhnlich, verlangt es doch, daß Kriminalität so etwas wie ein „Rauschverhalten" erzeugt, in etwa vergleichbar mit dem die Arbeitsmarktökonomen irritierenden Verhalten sogenannter „Workaholics" (siehe Franz, 1996, S. 34, zu diesem Aspekt des Arbeitsangebots).

Zu b): In a) wurde der Preiseffekt unter der *ceteris paribus* Annahme untersucht, daß sich Einkommen nicht ändern. Da man aber auch berücksichtigen sollte, von welchem Niveau des illegalen Einkommens (besser: Vermögens) eine solche illegale Einkommensverbesserung ausgeht, ist eine solche Annahme nicht unproblematisch. Realistischerweise sollte man die Vermögens-*Ausstattung* (daher „Endowment"-Effekt) vor der Preisveränderung berücksichtigen. Wenn bereits ein hohes illegales Einkommen vorhanden ist, dann ist es durchaus vernünftig zu vermuten, daß das zusätzliche Einkommen, das durch eine Senkung

---

[13] Bei „inferioren" Gütern ist der Einkommenseffekt in der Slutsky-Gleichung positiv, der Substitutionseffekt bleibt negativ. Der Netto-Effekt beider Komponenten ist unklar. Wenn der Einkommenseffekt so groß ist, daß er den (normalen) Substitutionseffekt übersteigt, dann wäre „Freizeit aus illegaler Aktivität" ein sogenanntes Giffen-Gut. Die Existenz von Giffen-Güter ist jedoch selten, da sie nur bei Existenz „sehr" inferiorer Güter zu beobachten ist (*Varian*, 1987, S. 140).

der Strafe bzw. der Strafwahrscheinlichkeit (also durch den Preiseffekt) erzielbar ist, durch mehr Freizeit verbraucht wird[14]. Das heißt, wenn bereits eine bestimmte Ausstattung vorhanden ist, werden sinkende p und f (bzw. ein steigendes π) die Kriminalitätsrate nicht unbedingt steigern, sondern senken. Das ist der aus der Theorie des Arbeitsangebots bekannte Fall der „backward-bending supply curve"[15].

Zu c): Üblicherweise kombinieren Kriminelle unsichere illegale Aktivität mit relativ sicheren legalen Aktivitäten, anstatt das Risiko eines Vollzeit-Kriminalitäts-Jobs (mit $t_1 = 0$) einzugehen. Nutzentheoretisch gesprochen, sind also Kriminelle, wie auch für Nicht-Kriminelle üblicherweise unterstellt, risiko*avers*. Durch die Kombination erhalten sie den erwarteten Nutzen aus einem mittleren Kombinationseinkommen, anstatt eine Lotterie „alles oder nichts" zu spielen, wie es risiko*präferierende* Vollzeit-Kriminelle tun würden[16]. Für risikoliebende Kriminelle kann es aber rational sein, den durch eine höhere Strafe drohenden Verlust potentiellen Einkommens durch eine höhere Neigung zur Kriminalität zu kompensieren. Die durch die Strafe verschlechterte Einkommensposition kann durch den risikoliebenden „alles oder nichts" Spieler dadurch behauptet werden, daß er einen noch höheren Einsatz bei der riskanten „Full-Time"-Kriminalität fährt, das heißt eine höhere Strafe würde die Kriminalitätsrate risikopräferierender (Vollzeit-) Krimineller erhöhen[17].

Wie ist die Wichtigkeit der drei Ausnahmen zu bewerten? Aus mikroökonomischer Sicht ist ihr Stellenwert sehr hoch. Sie bieten eine aus individueller Sicht rationale Erklärung für scheinbar irrationales, abweichendes Verhalten. Im makroökonomischen Aggregat sollten solche Ausnahmen allerdings verschwunden sein (siehe dazu auch die Ausführungen bei Ehrlich, 1996). Dafür spricht die Tatsache, daß die Mehrzahl der Kriminellen „teilzeitkriminell" ist, wobei hier nach Kategorien zu unterscheiden ist („teilzeitkriminell" ist insbesondere richtig für das Gros der ökonomisch motivierten Straftaten, nämlich Diebstähle)[18]. Ferner ist der „Endowment"-Effekt per Definition ein Phänomen der Minderheit.

---

[14] Genau dies läßt sich aus der Slutsky-Gleichung bei Existenz eines zusätzlichen „Endowment"-Effekts herleiten. Siehe *Varian* (1987, S. 163 ff.).

[15] Siehe dazu *Varian* (1987, S. 173 f.).

[16] *Risikoaversion* bedeutet, daß die erste Ableitung der Nutzenfunktion bzgl. des Einkommens aus Kriminalität positiv und die zweite Ableitung negativ ist, Risikopräferenz bedeutet, daß beide Ableitungen positiv sind. Risiko*neutralität* beinhaltet eine linear ansteigende Nutzenfunktion. Zur Illustration der Definition siehe z.B. *Varian* (1987, S. 219 ff.).

[17] Technische Hinweise auf diesen Punkt findet man beispielsweise bei *Ehrlich* (1973, Fußnote 13, S. 530). Dort weist er darauf hin, daß bei Vorliegen einer Nutzenfunktion mit mehr als einem Argument ein eindeutiger Abschreckungseffekt wie bei Becker nur dann vorliegen kann, wenn Risikoaversion oder -neutralität vorliegt. Im Falle von Risikopräferenz ist das Ergebnis uneindeutig. Der Grund liegt darin, daß für risikoliebende der Einkommenseffekt positiv ist, so daß der Gesamteffekt von Substitutions- und Einkommenseffekt nicht bestimmbar ist.

[18] *Grogger* (1996) analysiert US-Daten des „National Longitudinal Survey of Youth" (NLSY) des Jahres 1979 und findet keine nennenswerten Unterschiede zwischen Kriminellen und Nicht-Kriminellen. 94.5% der Kriminellen und 94.9% der Nicht-Kriminellen waren in einem Beschäftigungsverhältnis.

Daß für die Mehrzahl der Kriminellen Freizeit ein inferiores Gut ist, ist gleichfalls zu bezweifeln.

III. Empirische Ergebnisse zur Gültigkeit der Abschreckungshypothese

Letztendlich bleibt angesichts des Dilemmas mangelnder theoretischer Ergebnisse nur die Erkenntnis, daß

„... *policy recommendations do not follow from theory but rather require empirical determination of relative magnitudes"*
(Block und Heineke, 1975, S. 323)

In diesem Sinne ist es interessant, empirischen Überprüfungen von Beckers Abschreckungshypothese in der Literatur nachzugehen. Nach bestem Wissen des Autors gibt es nur wenige solcher Ergebnisse für den Bereich der Bundesrepublik Deutschland (siehe Entorf (1996), Spengler (1996), Entorf und Spengler (1998.b) und Curti (1998). So findet Entorf (1996) eine bei ca. -0.3 liegende Abschreckungselastizität für die Strafwahrscheinlichkeit p, d.h. eine einprozentige Erhöhung von p würde die Anzahl der Straftaten um 0.3% verringern. Das liegt etwas unter dem international üblichen Ergebnis. Eide (1994) kommt in einer internationalen Übersicht zu dem Schluß, daß die Mehrzahl der Kriminalitäts-Angebotselastizitäten zwischen 0 und -2 liegen, wobei der Median ca. -0.5 ist.

Nun beruht die Berechnung bei Entorf (1996) auf der aggregierten Zahl aller Verbrechenskategorien, die von Diebstahl (z.B. 55.3% aller Straftaten im Jahre 1996, siehe BKA, 1996) dominiert wird. In Spengler (1996) sowie Entorf und Spengler (1998.b) wird nach 8 Strafkategorien unterschieden. Die Mehrzahl der Schätzungen von p ist auch hier negativ mit typischen Ergebnissen zwischen -0.3 und -0.6[19]. Eine untypische Ausnahme mit positiver Schätzung von p liegt für die Kategorie Betrug vor, bei der eine höhere Abschreckung also eher kriminalitätsfördernd zu wirken scheint. Im Sinne obiger theoretischer Überlegungen heißt das, daß Betrüger beispielsweise eine tendenziell risikofreudige Teilgruppe der Kriminellen sein könnten. Für die Mehrzahl der Kategorien stimmt jedoch Ehrlichs Vermutung, daß die für Einzelfälle rationalen Ausnahmen im Aggregat verschwinden.

E. Die Wirkung legaler und illegaler Einkommensmöglichkeiten

Beckers Kriminalitätsangebotsfunktion erlaubt keine Aussagen über die Wirkung der Einkommenssituation auf das (potentiell) kriminelle Verhalten. Eine solche Erweiterung ist erst möglich, wenn man von der Entweder-Oder-Entscheidung

---

[19] Diese Ergebnisse basieren auf westdeutschen Bundesländerdaten der Jahre 1975 bis 1996. Resultate basierend auf dem aktuellen Rand 1993 bis 1996 und Gesamtdeutschland lassen eine höhere bzw. gestiegene Abschreckungselastizität vermuten. Z.B. steigt p bei einfachem Diebstahl von -0.4 auf -0.6.

der Zeitallokation des Becker-Modells abweicht, d.h. eine Nutzenfunktion wie in Gleichung (9) aufgibt. Um den Mangel in Beckers Modell zu beheben wählt Ehrlich (1973) eine des Typs (10). Hierin nimmt das Individuum eine Aufteilung seines Zeitbudgets auf die Bereiche legale Arbeit, Betätigung im Kriminalitätssektor und Freizeit vor. Da Ehrlich von einer festen Freizeit ausgeht, genügt die Optimierung der Erwartungsnutzenfunktion durch die Differentiation nach einer der beiden „Arbeits"-Zeiten. Über diesen Weg der expliziten Zeitallokation findet die Differenz zwischen der „Entlohnung" für illegales Handeln und dem legalen Einkommen Eingang in das Modell, womit Ehrlich die theoretische Fundierung für die Verwendung von Einkommens- und Einkommensverteilungsvariablen in der Kriminalitätsangebotsfunktion bereitstellt. Je deutlicher der Trade-off zwischen legalen Einkommensmöglichkeiten und illegalen Einkommensmöglichkeiten zugunsten des kriminellen Sektors ausfällt, desto lohnender und damit häufiger wird in der Regel das Begehen von Straftaten. Die Kriminalitätsangebotsfunktion (3) läßt sich somit erweitern zu

(12) $$O = O(p, f, Y_{illegal}, Y_{legal}, u).$$

Dieser Ansatz bietet auch die theoretische Grundlage (siehe Grogger, 1996) dafür, daß Kriminalität typischerweise mit dem Alter ansteigt, um die 20 ein Maximum erreicht, und danach stetig abfällt. Dieses international zu beobachtende und statistisch robuste Phänomen wird von der Kriminologie zwar intensiv studiert, eine konsistente Erklärung fehlt jedoch (Gottfredson und Hirschi, 1986). Wenn aber Kriminalität auf legale und illegale Einkommensmöglichkeiten reagiert, dann ist die Altersverteilung der Kriminalität indirekt ein Phänomen des. Legale Einkommensmöglichkeiten repräsentieren die Opportunitätskosten der kriminellen Aktivität d.h. hierauf verzichtet man, wenn man auf Kriminalität verzichtet – und dieser Verzicht steigt in den ersten Lebensjahren der beruflichen Karriere steil an.

Interessant ist die empirische Operationalisierung der theoretischen Konstrukte „legale" und „illegale Einkommensmöglichkeiten". Ehrlich schlägt vor, potentielle illegale Payoffs durch *relative* Einkommen zu messen, wobei Einkommensbezieher mit einem deutlich unterdurchschnittlichen (überdurchschnittlichen) Payoff einen hohen (niedrigen) Anreiz zur Kriminalität haben müßten[20]. In vielen empirischen Arbeiten wird auch das absolute (legal erzielte) Einkommen als Kriminalitätsfaktor eingesetzt. Die Ergebnisse sind ambivalent (siehe Eide, 1997). Das ist nicht überraschend, denn legal erzieltes Einkommen in einer bestimmten Region repräsentiert nicht nur das Niveau an legalen Einkommensmöglichkeiten, sondern auch potentielle Gewinne und somit Ansatzpunkte illegaler Aktivität[21].

---

[20] Dieser Ansatz wurde in *Entorf* und *Spengler* verfolgt (1998.b). Die Ergebnisse sind robust und bestätigen Ehrlichs Vermutung bezüglich der Wirkung einer solchen Variablen.

[21] In *Entorf* und *Spengler* (1998.b) deuten die Ergebnisse bei allen Eigentumsdelikten (Raub, Betrug, leichter und schwerer Diebstahl) auf die Rolle des (absoluten) Einkommens als Indikator für illegale Aktivität hin: Die Vorzeichen der Variablen in der Kriminalitätsangebotsfunktion sind positiv und signifikant.

Eine die legalen Einkommensmöglichkeiten beeinflussende Größe ist auch die Höhe der Arbeitslosigkeit. Das erwartete Vorzeichen ist somit positiv (eine höhere Quote bedeutet mehr Kriminalität). Hier gibt es überraschenderweise keine eindeutigen Ergebnisse in den bisherigen empirischen Studien (siehe die internationale Übersicht in Eide, 1994, 1997, sowie die Ergebnisse in Entorf, 1996, und Entorf und Spengler, 1998.b), wobei der Effekt der Jugendarbeitslosigkeit jedoch klar positiv ist (Entorf und Spengler, 1998.b).

F. Soziale Faktoren und soziale Interaktion.

Beginnend mit den Arbeiten von Block und Heineke (1975), Heineke (1978) und Schmidt und Witte (1984) werden Modelltypen diskutiert, die individuelle Normen berücksichtigen. Parallel dazu wurde die sozialwissenschaftliche „Kontrolltheorie" entwickelt (eine kurze Einführung aus ökonomischer Sicht findet man bei Williams und Sickles, 1997). Ähnlich wie beim ökonomischen Grundansatz wird auch hier angenommen, daß potentielle Kosten und Gewinne aus Kriminalität für das Begehen oder Nichtbegehen von Straftaten verantwortlich sind. Anders als in der Ökonomie stehen hier *soziale* Sanktionierungen im Mittelpunkt. Es sind die sozialen Bindungen des einzelnen, die die Höhe der Kosten ausmachen. Sind diese Kosten hoch, wird Kriminalität weniger wahrscheinlich.

Ein Ableger der sozialen Kontrolltheorie ist die *nicht-formale* soziale Kontrolltheorie („informal social control theory"), die den Einfluß institutioneller Beziehungen wie Familie, Arbeit und Gemeinde auf die Wahrscheinlichkeit „abweichenden Verhaltens" untersucht[22]. Eine ökonomische Formalisierung dieser Ideen besteht im Ansatz der Bildung von *Sozialkapital* (Coleman, 1988). Sozialkapital besteht aus drei Komponenten: Informations-Netzwerke (z.B. bzgl. Jobangebote), ein Sanktionierungs- und Belohnungssystem und ein System gegenseitiger Schuld und Verpflichtung. Sozialkapital mißt das Ausmaß, in dem ein Individuum an die Gesellschaft gebunden ist, und es wird im Verlaufe des Lebens kumuliert. Laub und Sampson (1993) stellen die Verbindung zwischen Sozialkapital und nicht-formaler Kontrolltheorie her. Sie betonen die Wichtigkeit einer stabilen Bindung zum Arbeitsmarkt und einer dauerhaften Partnerschaft für die Bildung von Sozialkapital. Implikationen des Sozialkapital-Ansatzes werden von Williams und Sickles (1997) herausgearbeitet. Ihre empirischen Ergebnisse bestätigen die Modellvorhersagen: a) Lohneinkommen wächst mit zunehmendem Sozialkapital, b) Sozialkapital hat einen signifikant hohen Stellenwert in der Präferenzstruktur, und c) die Bedeutung des Sozialkapitals wächst mit zunehmendem Alter.

Auch andere aktuelle Entwicklungsströme erweitern die ökonomische Kriminalitätstheorie, indem sie verstärkt die Rolle des sozialen Umfelds einbeziehen. Glaeser, Sacerdote und Scheinkman (1996) leiten diese Notwendigkeit aus der

---

[22] Evidenz dafür findet man bei *Gottfredson* und *Hirschi* (1990).

empirischen Evidenz ab, wonach nur ungefähr 30% der Varianz der Kriminalitätsraten zwischen amerikanischen Städten durch die Unterschiede in den potentiellen örtlichen Kriminalitäskosten und -erträgen erklärt werden können. Demnach muß ein großer Teil der Varianz auf die gegenseitige Beeinflussung von potentiellen Straftätern bei der Kriminalitätsentscheidung zurückgehen. Die Autoren formulieren ein Modell, bei dem durch die Berücksichtigung sozialer Interaktionen genügend Kovarianz zwischen den Individuen erzeugt wird, um die hohe Varianz der Kriminalitätsraten zwischen den Städten zu erklären.

Akerlof (1997) beschreibt das Wesen sozialer Integration und sozialer Entscheidungen sowie die Konsequenzen für die ökonomische Modellbildung wie folgt:

> *"All of these activities will affect who I am in an important way, and thus how I associate with my friends and relatives, as well as who those friends may be. As a consequence, the impact of my choices on my interactions with other members of my social network may be the primary determinant of my decision, with the ordinary determinants of choice [...] of only secondary importance. A proper theory of social decisions then must first spell out their consequences for social exchange"*
>
> (Akerlof, 1997, S. 1006 f.)

Akerlof weist darauf hin, daß bestimmte Entscheidungen einer Person aufgrund ihrer Tragweite und ihrer Konsequenzen nicht losgelöst von ihrer sozialen Umgebung gesehen werden dürfen. Deshalb scheinen die herkömmlichen ökonomischen Entscheidungsmodelle, bei denen Personen ohne Berücksichtigung ihres sozialen Umfelds agieren, für Entscheidungen, die mit dem Schicksal des sozialen Umfelds der Person verknüpft sind – man denke z.B. an Entscheidungen bezüglich Heirat, Scheidung, Kinderzahl, Bildung und eben kriminelles Handeln – nicht geeignet.

Die neueren Ansätze deuten also auf eine längst überfällige *Konvergenz* der sozialwissenschaftlichen und der ökonomischen Denkweisen hin[23].

G. Schlußfolgerungen und Ausblick.

Beckers (1968) vor 30 Jahren veröffentlichte Aufsatz zum Thema „Ökonomie und Kriminalität" wurde seit seinem Erscheinen in vielerlei Hinsicht erweitert. Insbesondere zeigt sich in den letzten Jahren eine stärkere Integration sozialer Faktoren. An der grundsätzlichen Wichtigkeit der zentralen Ergebnisse hat sich jedoch nichts geändert. Nachwievor geht es um die Strategie und die Kosten der Kriminalitätsbekämpfung und -vermeidung. Diese Übersicht hinterfragt alte und neue Erkenntnisse bezüglich der Anreizstruktur potentieller Täter und. Es wird untersucht, wie veränderte Anreizstrukturen (z.B. Strafverschärfungen, Arbeitslosigkeit, Einkommensungleichheit, soziale Interaktion) in die ökonomische Mo-

---

[23] Diese wurde schon von *Opp* (1989) thematisiert.

dellbildung integriert werden, um eine gesamtgesellschafliche Analyse der Ursachen und Konsequenzen der Kriminalität zu ermöglichen. Warum sollten gerade Ökonomen nicht müde werden, zur Erforschung potentieller Effizienzsteigerungen in der Kriminalitätsbekämpfung und -vermeidung beizutragen, warum sind sie geradezu aufgefordert, Hilfe anzubieten?[24] Dafür sprechen mindestens zwei Gründe. Erstens zeigt diese Übersicht, wie viele andere Arbeiten zum Thema, daß Kriminalität ökonomischen Anreizen folgt und volkswirtschaftliche Schäden verursacht. Zweitens eignen sich quantitative und formale, an globale Fragestellungen gewöhnte Denkweisen der Ökonomen, neues Licht auf alte kriminologische Kontroversen zu werfen. Sie helfen, logisch konsistente Antworten auf komplexe Fragen zu geben, die eine Vielzahl interagierender Variablen betrifft.

Unerläßlich für eine sinnvolle Auswertung der Erkenntnisse nicht nur der Ökonomischen Theorie der Kriminalität, sondern der Kriminologie generell, ist eine geeignete statistisch-empirische Auswertung des Datenmaterials. Wie anhand der Abschreckungshypothese klar geworden ist, können Politikempfehlungen letztendlich nur auf empirisch erhärteter Evidenz basieren. Nur die Kombination eines seriösen und kompetenten Einsatzes statistischer Methoden mit theoretisch basierter Erkenntnis über die Wirkungsweise relevanter Kriminalitätsfaktoren kann erfolgreich sein. Die Kombination von Theorie, statistischen Methoden und empirischer Datenanalyse wird in anderen Wissenschaftsdisziplinen erfolgreich vorangetrieben, wie die Bereiche Biometrie, Psychometrie, Medizinstatistik oder Ökonometrie zeigen. Hier ist (insbesondere im deutschsprachigen Raum, ähnlich wie in der Ökonomie) ein gewisser Mangel zu beklagen. Eine Verstärkung diesbezüglicher Aktivitäten bzw. die Etablierung eines Faches *Kriminometrie* wäre wünschenswert und vielversprechend[25].

Literatur

Aasness, J. / Eide, E. / Skjerpen, T., A Criminometric Study Using Panel Data and Latent Variables, Discussion Paper 74, (1992), Statistics Norway.

Akerlof, G.A., Social Distance and Social Decisions, Econometrica 65, (1997), S.1005-1027.

Becker, G.S., Crime and Punishment: An Economic Approach, Journal of Political Economy 76, (1968), S.169-217.

Bentham, J., Principles of Penal Law, in Works 1, (1843), S. 399.

Block, M.K. / Heineke J.M., A Labor Theoretic Analysis of the Criminal Choice, American Economic Review LXV, (1975), S. 314-325.

Bundeskriminalamt, Polizeiliche Kriminalstatistik, Wiesbaden, (1996).

---

[24] „Help Wanted: Economists, Crime and Public Policy", so lautet der Titel eines Artikels von *John J. DiIulio*, Professor für Politics and Public Affairs an der Universität Princeton, *im Journal of Economic Perspective* (1996).

[25] Die englischsprachige Bezeichnung Criminometrics dürfte auf *Aasness/Eide/Skjerpen* (1992) und *Eide* (1994) zurückgehen.

Coleman, J., Social Capital in the Creation of Human Capital, American Journal of Sociology 94, (1988), S95-S120.
Curti, H., Zur Abschreckungswirkung strafrechtlicher Sanktionen in der Bundesrepublik Deutschland - Eine empirische Untersuchung, Vortrag auf dem VI. Symposium zur ökonomischen Analyse des Rechts, 1998.
DiIulio, Jr. J.J., Help Wanted: Economists, Crime and Public Policy, Journal of Economic Perspectives 10, (1996), S. 43-67.
Ehrlich, I., Participation in Illegitimate Activities: A Theoretical and Empirical Investigation, Journal of Political Economy 81, (1973), S. 521-565.
Ehrlich, I., Crime, Punishment, and the Market for Offenses, Journal of Economic Perspectives 10, (1996), S. 43-67.
Eide, E., Economics of Crime: Deterrence and the Rational Offender, Amsterdam: North-Holland, 1994.
Eide, E., Economics of Criminal Behavior: Survey and Bibliography, Working Paper in Law and Economics C No 5, Institutt for privatrett, Universität Oslo, (1997).
Entorf, H., Kriminalität und Ökonomie: Übersicht und neue Evidenz, Zeitschrift für Wirtschafts- und Sozialwissenschaften 116, (1996), S. 417-450.
Entorf, H. / Spengler H., Die Ökonomik der Kriminalität: Theoretische Hintergründe und empirische Evidenz, erscheint demnächst in WiSt (Das Wirtschafts-Studium), (1997).
Entorf, H. / Spengler H., Socioeconomic Factors of Crime in Germany: Evidence from Panel Data on the German Länder, Universität Würzburg und ZEW, Mannheim, Papier für das Meeting der European Economic Association in Berlin, September 1998(.b).
Franz, W., Arbeitsmarktökonomik, 3. Aufl, Springer, 1996.
Freeman, R.B., Why Do So Many Young Men Commit Crimes and What Might We Do About It?, Journal of Economic Perspectives 10, (1996), S. 25-42.
Glaeser, E.L. / Sacerdote B. / und Scheinkman J.A., Crime and Social Interactions, Quarterly Journal of Economics 111, (1996), S. 507-548.
Gottfredson, M. / Hirschi T., The True Value of Lambda Would Appear to be Zero: An Essay on Career Criminals, Criminal Careers, Selective Incapacitation, Cohort Studies, and Related Topics, Criminology 24, (1986), S. 213-234.
Gottfredson, M. / Hirschi T., A General Theory of Crime, Stanford University Press, 1990.
Grogger, J., The Effect of Arrests on the Employment and Earnings of Young Men, Quarterly Journal of Economics 110, (1995), S. 51-72.
Grogger, J., Market Wages and Youth Crime, Manuskript, University of California at Santa Barbara, (1996).
Jeschek, H.H., Einführung zum StGB, in: Strafgesetzbuch, Beck-Texte im Deutschen Taschenbuch Verlag, 1994.
Laub, J.H. / Sampson, R.J., Turning Points in the Life Course: Why Change Matters to the Study of Crime, Criminology 31, (1993), S. 301-325.
Levitt, S., Using Electoral Cycles in Police Hiring to Estimate the Effect of Police on Crime, NBER Working Paper No. 4991, (1995).

Opp, K.D., The Economics of Crime and the Sociology of Deviant Behavior: A Theoretical Confrontation of Basic Propositions, Kyklos 42, (1989), S. 405-430.
Schmidt, P. / A.D. Witte, An Economomic Analysis of Crime and Justice: Theory, Methods and Applications, Academic Press, 1984.
Smith, A., The Wealth of Nations, (1776), Reprint: Random House, (1937).
Spengler, H., Sozioökonomische Ursachen und Wirkungen der Kriminalität in der Bundesrepublik Deutschland, Diplomarbeit, Fakultät für Volkswirtschaftslehre, Universität Mannheim, (1996).
Stigler, G., The Optimum Enforcement of Laws, Journal of Political Economy 78, (1970), S. 526-536.
Varian, H., Intermediate Microeconomics: A Modern Approach, Norton, 1987.
Williams, J. / R.C. Sickles, On The Roles of Human and Social Capital in Youth Crime: A Dynamic Structural Approach, Manuskript, University of Adelaide und Rice University, (1997).

Dieter Schmidtchen

Kommentar

zu

Horst Entorf: Ökonomische Theorie der Kriminalität

Im ökonomischen Paradigma werden menschliche Handlungen durch Anreize (Opportunitätskostendifferenzen) gesteuert. Dies gilt auch für illegale Handlungen. Im Paper wird dargelegt, wie die Veränderungen von Anreizstrukturen durch Strafverschärfungen, erhöhte Aufdeckungswahrscheinlichkeit, Arbeitslosigkeit, Differenzen zwischen legalem und illegalem Einkommen sowie das Sozialkapital illegales Handeln beeinflussen.

Der ökonomische Denkstil zwingt zu der Erkenntnis, daß es gesellschaftlich nicht optimal ist, jegliche Kriminalität zu unterbinden. Gewiß, Kriminalität schafft Kosten, aber die Vermeidung von Kriminalität ebenfalls. Deshalb sollte man Maßnahmen zur Kriminalitätsvermeidung nur soweit ausdehnen, wie damit einhergehende zusätzliche Kosten unterhalb der vermiedenen Kriminalitätskosten liegen.

Das Paper zeigt sehr schön, wie Ökonomen den Zusammenhang zwischen Täteranreizen und Abschreckung durch Strafe modellieren. Es wird gefragt, ob höhere Strafen tatsächlich einen Abschreckungseffekt haben. Empirische Untersuchungen belegen die Gültigkeit der Abschreckungshypothese, was in der Kriminologie und der Kriminalpolitik hinreichend gewürdigt werden sollte.

Die Arbeit zeigt den Fortschritt, den die Ökonomie seit Beckers 1968er bahnbrechendem Artikel in der Zwischenzeit vollzogen hat. Hier ist namentlich auf die Weiterentwicklung durch Ehrlich hinzuweisen, bei der das Niveau der Kriminalität als Ergebnis gleichgewichtiger Täter- und Opferreaktion abgeleitet wird (siehe Abschnitt C. in Entorf).

Lediglich einige Anmerkungen erscheinen mir nützlich:
1. Der Titel ist zu weit: Ökonomische Theorie der Kriminalität umfaßt viel mehr als das im Paper Behandelte. Wenngleich zuzugeben ist, daß das Paper sich mit dem Herzstück beschäftigt, nämlich der Abschreckung. Hier fehlt allerdings eine Untersuchung der Wirkungen nicht-monetärer Strafen. Was wäre zu tun, wenn ein Straftäter Geldstrafen nicht bezahlen kann?

2. Es ist richtig, daß es nicht optimal ist, jegliche Kriminalität zu unterbinden. Das gesamtgesellschaftliche Optimum liegt dort, wo die Summe aller Kostenkomponenten minimal ist. Zu diesen Kostenkomponenten gehören die Schäden aus Kriminalität, die Kosten der Strafverfolgung und Verurteilung sowie die Kosten der Bestrafung. In einem umfassenderen Optimum wären aber auch die Kosten und Nutzen der Vorbeugung von Kriminalität[1] sowie die Kosten und Erfolgsaussichten der Resozialisierung mit zu berücksichtigen.

3. Das auf Kriminalitätsangebot und -nachfrage beruhende Marktmodell der Kriminalität ist schön dargestellt. Nichtsdestotrotz ist zu fragen, ob die Verwendung der Begriffe Angebot und Nachfrage die Akzeptanz der grundlegenden ökonomischen Idee durch Nicht-Ökonomen erschwert. Die mit Nachfrage nach Kriminalität bezeichnete Kurve ist eigentlich eine gesellschaftliche Kriminalitätstoleranz- oder Kriminalitätsakzeptanzkurve. Sie hat den Charakter einer Reaktionskurve. Die gesellschaftliche Akzeptanz zeigt sich u. a. in der privaten Reaktion auf die Kriminalitätsrate „q", etwa in Form von Sicherheitsvorkehrungen. Je höher die Kriminalitätsrate „q", desto höher diese Vorkehrungen und desto höher sind die Kosten der kriminellen Aktivität „c". Dies erklärt den negativen Verlauf der Kurve.

4. In den (Netto-)Schaden aus Kriminalität in Beckers Modell müßten auch die Kosten der privaten Vorsorge gegen Kriminalität eingerechnet werden.

5. Bei der mikroökonomischen Analyse im Abschnitt D habe ich eine kleinere Anmerkung technischer Art: Wenn „Freizeit von Kriminalität" ein inferiores Gut ist, muß der übliche Abschreckungseffekt von Strafe nicht auftreten. Dieses Ergebnis stützt sich auf die Ableitung eines Preiseffekts, ausgelöst durch die Veränderung des Preises für Freizeit. Letzterer besteht aus dem Gewinn aus illegaler Tätigkeit π, auf den der Verbrecher verzichten muß, wenn er sich auf die faule Haut legt. Ein solcher Preiseffekt muß aber unter der ceteris paribus Annahme eines unveränderten Geldeinkommens abgeleitet werden (siehe auch 1. Satz zu b, S. 13). Tatsächlich ändert sich aber das Einkommen, wenn sich π ändert. Deshalb wird in diesem Abschnitt der Ausstattungs-Einkommenseffekt diskutiert.

6. "The major case of crime is law" (K. Mannheim). Ist es effizient, Handlungen zu dekriminalisieren und auf Haftungsrecht zu setzen? Mit dieser Frage soll lediglich angedeutet werden, daß Ökonomik der Kriminalität mit der Ökonomik des Zivilrechts in Zusammenhang steht. Ein weiterer Faktor kommt hinzu: Zivilprozesse werden allgemein als billiger angesehen als Strafprozesse.

Schlußfolgerungen und Ausblick ist nachdrücklich zuzustimmen. In der Tat, die Ökonomie kann maßgebliche Beiträge zur Erforschung potentieller Effizienzsteigerungen in der Kriminalitätsbekämpfung und -vermeidung liefern. Wie Entorf überzeugend belegt, folgt Kriminalität ökonomischen Anreizen und die exakten quantitativen und formalen Methoden können neues Licht auf alte krimi-

---

[1] Siehe zu solchen Maßnahmen *Donohue III, J. J., P. Siegelman*: 1998.

nologische Kontroversen werfen. Worauf es ankommt, ist die intelligente Kombination von Theorie, statistischen Methoden und empirischer Datenanalyse.

Literatur

Donohue III, J. J., Siegelman, P. ‚Allocating Resources Among Prisons and Social Programs in the Battle Against Crime, in: Journal of Legal Studies, (1998), Vol. XXVII: S. 1 - 43.

Ökonomische Analyse des Strafrechts und Alternativen zum Strafrecht

von

Klaus Lüderssen

A. Grundlagen und Ausgangspunkt

I. Das erkenntnistheoretische Dilemma der modernen Kriminalpolitik

Wir sind gewohnt, die Herkunft des Verbrechens oder der Delinquenz aus einer Gemengelage von Sozialstruktur und Sozialisation abzuleiten und fixieren dabei – in der Praxis dann schwer entwirrbare – Interdependenzen. Aufgeklärtere Positionen versetzen diese Dichotomie noch mit den Perspektiven des sogenannten Konstruktivismus, wobei ein radikaler Konstruktivismus von einem (nur) sozialen Konstruktivismus zu unterscheiden empfohlen wird, Fiktion versus Aspektabhängigkeit von Wahrnehmung und Bewertung könnte man also sagen, sagt es aber nicht in der Kriminologie vielleicht deshalb nicht, weil für die Kriminologie ja nur das Defizitäre an Sozialstruktur und Sozialisation interessant ist, dies aber nicht direkt in den Blick kommt – so daß man dann sofort an die Abschichtung von Fiktion und Aspektabhängigkeit gehen könnte – sondern auf dem Umweg über definierende Normen, genauer Strafrechtsnormen. Sie determinieren (über die Festlegung der Rechtsgüter, die nicht verletzt werden dürfen, und die Auswahl der Angriffswege, auf denen das nicht geschehen darf) den Umfang und (über die Fixierung der Schuldformen) die Intensität der Kriminalität.

Insofern wird von der kritischen Kriminologie die Kriminalität mit Recht als etwas „Gemachtes" bezeichnet. Dem „sozialen Konstruktivismus" scheint diese Trivialität zu genügen, mit der Folge freilich, daß darüber das Bedürfnis, zwischen Fiktion und Aspektabhängigkeit zu unterscheiden, schwindet[1]. Man kann an dieser Stelle aber erst einmal anhalten und sagen, daß es so etwas wie eine Kriminalitätsformel gibt: je legitimer die Strafrechtsnormen (gemessen vielleicht an der Verfassung oder an einem mehr oder weniger allgemeinen Konsens) sind,

---

[1] Vgl. dazu die Kontroverse *Hess/Scheerer*, Kriminologisches Journal 1997, S. 83 f und *Lüderssen*, Kritische Justiz 1997, S. 442 ff. einerseits, *Sack, F.*, Kriminologisches Journal 1998, S. 47 ff. andererseits.

um so relevanter werden die Defizite in der Sozialstruktur und in den Sozialisationen (wobei man freilich wiederum nicht übersehen darf, daß diese ihrerseits auch schon oder erst durch die Strafrechtsnormen beeinflußt sind oder sein können). Umgekehrt: in dem Maße, wie die Strafrechtsnormen illegitim sind, wird man nach Defiziten in der Sozialstruktur und der Sozialisation als Ursachen für Kriminalität mehr oder weniger vergeblich suchen. Das Defizit ist dann gleichsam auf der anderen Seite. Schließlich: zwischen Sozialstruktur und Sozialisationsdefizit wiederholt sich dieser Kreislauf im kleinen. Bei intakter Sozialstruktur schaden die Sozialisationsdefizite weniger; bei intakten Sozialisationsverhältnissen verliert die defekte Sozialstruktur an Einfluß.

Diese Plausibilitäten ändern aber nichts daran, daß die Frage nach Fiktion und Aspektabhängigkeit, also nach den konstruktiven Anteilen nicht nur den Umgang mit Sozialstruktur und Sozialisation kompliziert, sondern auch den mit Strafrechtsnormen. Denn auch sie sind, wiewohl gemacht, existent *oder* sind auch dem Vorbehalt, „nur" als (fiktives oder aspektabhängiges) Konstrukt zu gelten, ausgesetzt. Freilich wird diese Frage nie gestellt. Vielmehr wird die Norm eben nur insofern mit Konstruktion assoziiert, als sie es vielleicht ist, die den Konstrukt-Charakter der Kriminalität ausmacht, im Sinne der Herstellung von etwas – eben der Kriminalität. Offen bleibt die Frage danach, wie der Konstruktivismus sich eigentlich zur „Existenz" des Herstellers der Normen stellt, und zum Erscheinungsbild der Norm selbst; verschleiert wird, daß durch die Norm (mit) – hergestellte – Kriminalität von da an gleichsam als Realität behandelt wird. Nicht gesehen wird ferner, daß die Situation des die Norm Herstellenden nie diejenige dessen ist, der in das Nichts hinein agiert; vielmehr stößt er auf etwas, das – bevor die Strafrechtsnorm überhaupt auftreten kann – nach anderen, sozialen Normen bereits mißbilligt ist (manchmal freilich gibt es auch den direkten Durchgriff: erst die Strafrechtsnorm schafft zugleich die soziale Norm; die Beispielsfälle beschränken sich wahrscheinlich aber auf die opportunistischen strafrechtlichen Emanationen der Staatsräson, Zollvergehen etwa und ähnliches). Die sozialen Normen ihrerseits kommen ebenfalls nicht aus dem Nichts, sondern sind Reaktionen auf etwas, das – doch – real passiert. Aus dieser Dialektik kann sich kein Konstruktivismus befreien (auch wenn das, was „passiert", jeweils und sofort perspektivisch relativiert wird).

II. Der Realismus der ökonomischen Analyse des Rechts

Soweit ich sehe, beschäftigen sich die Vertreter der ökonomischen Analyse des Rechts nicht mit Konstruktivismus-Problemen, vielmehr wird unbefangen an die ökonomischen Daten angeknüpft. Das mag daran liegen, daß Zivilrecht und öffentliches Recht – die primären Gegenstände dieses Ansatzes – von der gedanklichen Blässe des Konstruktivismus nicht berührt zu sein scheinen. Möglicherweise ist das im Strafrecht deshalb anders, weil der Gegenstand sensibler ist, was wiederum damit zusammenhängt, daß an die Stelle der in der Vergangenheit im Strafrecht ohne weiteres hingenommenen irrationalen Elemente in der Gegenwart nichts vertretbar Rationales getreten, die Aufklärung gleichsam ins Leere gegangen ist², sich auf rechtsstaatliche Begrenzungen des irrational bleibenden „Strafanspruchs" beschränkt.

Will man über die ökonomische Analyse des Rechts zu Aussagen über die Kriminalität und über sinnvolle Reaktionen auf Kriminalität gelangen, die kriminalpolitisch ernstgenommen werden, so muß der Anschluß zu der hier skizzierten methodologischen Diskussion in Kriminalsoziologie und Strafrecht hergestellt werden. Das heißt, man muß prüfen, ob die Frage nach Fiktion oder Aspektabhängigkeit von Wahrnehmungen und Bewertungen auch in der ökonomischen Theorie wenigstens allgemein auftaucht, und dann – gegebenenfalls – einen Bezug zur ökonomischen Analyse des Rechts, speziell des Strafrechts herstellen.

III. Konstruktivismus und Normativität auch in der ökonomischen Theorie?

Beides wird meines Erachtens sichtbar in der Abkehr vom Modelldenken oder jedenfalls in dessen Relativierung. Die Neue Institutionenökonomik³ versucht sich davon zu lösen, mit der Tendenz einer größeren Nähe zur Realität, die nun aber wieder⁴ (oder zum ersten Mal) den Blick öffnet für viele situationsabhängige Variablen (wie sie etwa bei der Informationsübermittlung – ein Unterfall der von der Neuen Institutionenökonomik in den Vordergrund gerückten Transaktionskosten – auftauchen), bis hin zur Relevanz ganz subjektiver Momente und Einschätzungen (wobei Wahrnehmungs- und Bewertungsabhängigkeit auch hier – wie in der Kriminalsoziologie – leider nicht getrennt werden). Wie weit das geht, und was epistemologisch dabei die treibende Kraft ist, wage ich nicht abschließend zu beurteilen. Die einschlägigen Vokabeln kreisen um eine „rhetorische oder pragmatisch-instrumentalistische Methodologie"⁵, die auf der sogenannten pragmatischen Wende in der Sprachphilosphie basiert⁶, also die wechselseitigen konstitutiven Interdependenzen von Sprache, Handlung und Wirklichkeit zum Thema macht⁷. In der Jurisprudenz steht dafür die Topik, in der Kriminalsoziologie verbindet sich der linguistic turn mit der Ethnomethodologie, durch Begriffe wie Interpretations-Paradigma, Askriptivität oder auch Interaktionismus. Hier zeigen sich also Parallelen. Wie weit sie reichen, mag erst einmal dahin stehen. Festzuhalten ist jedenfalls auch hier, daß zur weiteren Klärung die philosophischen Fundamente aufgesucht werden müßten⁸. Das soll und kann hier natürlich

---

² Anders freilich die säkularisierte Metaphysik eines „liberalen" Strafrechts, das sich sogar als die Freiheit mitkonstituierendes Konzept versteht, den Beweis dafür allerdings schuldig bleibt.

³ Überblick bei *Richter/Furubotn*. Neue Institutionenökonomik, Tübingen 1996.

⁴ Ob die „verstehende Nationalökonomie" auch schon auf diesem Wege war, scheint eine offene Frage zu sein (vgl. *Schefold, B.*, in: Erkenntnisgewinn, Erkenntnisverluste 1997, S. 59).

⁵ *Terberger, E.*, Neo-institutionalistische Ansätze, Wiesbaden 1994, S. 42.

⁶ *Schor, G.*, Zur rationalen Lenkung ökonomischer Forschung, Frankfurt am Main/New York 1990, S. 107.

⁷ *Schor, G.* aaO.

⁸ Von den geisteswissenschatlichen und sozialwissenschaftlichen Disziplinen, die wie Soziologie und Ökonomie darauf angewiesen sind, scheinen Literaturwissenschaft und Rechtsgeschichte am

nicht geschehen; wohl ist aber das Besondere der methodologischen Situation in der ökonomischen Theorie doch etwas genauer herauszustellen.

Es besteht darin, daß die Modellwelt, von der Abschied genommen werden soll, ihrerseits keineswegs mit Realismus identifiziert werden darf. Vielmehr sind Modelle ja Konstruktionen sozusagen in Reinkultur. Von hieraus eröffnen sich zwei aus der Sicht des Neo-Institutionalismus gleichermaßen anfechtbar erscheinende Wege: entweder das Modell wird idealisiert – dann fehlt jeder Realitätsbezug, oder: es fungiert als Hypothese, die nunmehr der empirischen Überprüfung zugeführt wird; diese scheint aber ganz unreflektiert zu geschehen, auch dann, wenn sie nicht die Gestalt naiver Verifikation annimmt, sondern die Technik der Falsifikation benutzt. Insofern gibt sich der Neo-Institutionalismus auch als Anti-Popper-Affekt[9]. Man hätte dabei wissen müssen, daß Popper die facta bruta, an denen sich eine Hypothese bewähren kann, indem sie nicht falsifiziert wird, keineswegs als reale Faktoren einsetzt, sondern vielmehr von der Kommunikation über Basissätze spricht. Freilich wird diese latente Verbindung zum Interaktionismus der Soziologie auch in der Philosophie nicht gesehen. Mit diesem Mißverständnis ist die alte Kontroverse erst zwischen Popper und Adorno und später zwischen Albert und Habermas immer belastet geblieben. So erklärt sich, daß die Abwendung von Popper auch in anderen Wissenschaften, sofern da nicht sogar, wie in der naturwissenschaftlich inspirierten Kriminologie, ein vor-popperianischer, wirklich naiver Realismus herrscht, das Signal für „weichere" Verfahren ist. Dabei nimmt man eine gewisse Vagheit der Ergebnisse in Kauf, was aber – und jetzt sprechen wieder die Ökonomen – durch die „Qualität des wissenschaftlichen Diskussionsprozesses" ausgeglichen wird: „Hierzu zählen die Qualifikation der beteiligten Subjekte"[10] und die „Organisation des Forschungs- und Kommunikationsprozesses"[11]. Einmal so weit, sind es bezeichnenderweise die Ökonomen, die nun sofort *noch* einen Schritt machen und die Frage stellen, ob „die *Messung* von Plausibilität... ein lösbares Problem" sei[12].

Ob man diese Äußerungen am Ende in eine größere Tradition der ökonomischen Theorie stellen kann, möchte ich ebenfalls nicht näher untersuchen[13]; immerhin gibt es die auf ihre Weise schon klassisch gewordene Bemerkung von K.J. Arrow: „Persuasiveness. Does it correspond to our understanding of the economic world? I think it is foolish to say that we rely on hard empirical evidence completely. A very important part of it is just *our* perception of the economic

---

weitesten fortgeschritten zu sein (vgl. *Lüderssen*, Juristenzeitung 1997, S.525 ff. (526), Rechtshistorisches Journal 1997, S.166 ff.).

[9] Der seinerseits sich gegen den umfassenden Anspruch des Verstehens richtete (vgl. dazu *Schefold* aaO.).

[10] Dafür wird *McClosky, D.N.*, The Rhetoric of Economics, Madison et al 1985, zitiert.

[11] Insofern werden Verbindungen zu den Theorien von Habermas und Apel über die ideale Kommunikationssituation, die der Findung der „Wahrheit als Konsens" dient, gezogen; vom „normativen Individualismus" spricht *Kirchner, Ch.*, Kartellrecht und neue Institutionenökonomik: Interdisziplinäre Überlegungen, in: Festschrift für Ingo Schmidt, Baden-Baden 1997, S. 33 ff. (41) und meint damit auch den „Konsens der Akteure" (S. 42, s. auch S. 48).

[12] *Schor* aaO., S. 124 ff.

[13] Vgl. aber oben zu *Schefold* aaO.

world. If you find a new concept, the question is, does it illuminate your perception? Do you feel you understand what is going on in everyday life? Of course, whether it fits empirical and other tests is also important"[14].

Mit welcher Radikalität die Neue Institutionenökonomik hier die Konsequenzen zieht, überblicke ich keineswegs, habe aber den Eindruck, daß das Zugeständnis der Aspektabhängigkeit sich doch vor allem auf die Forderung konzentriert und wohl auch beschränkt, eine *normative* Wissenschaft zuzulassen[15]. Es geht um Handlungsempfehlungen – bezogen auf die Institutionen. Wie sind sie zu gestalten, damit Handlungen stabilisiert bzw. destabilisiert werden können? Dabei ist der Institutionenbegriff sehr weit, er wird definiert als „die Regeln des menschlichen Zusammenlebens"[16]. Offenbar kostet es die Ökonomen große Überwindung, die normativierende Entscheidung zu fällen, anderenfalls müßte man sich darüber wundern, wie einschneidend in die bisherige Tradition der Wissenschaft von der Ökonomie die Empfehlung gewesen sein muß, die Guido Calabresi, bekanntlich ein großer Vorkämpfer für Law and Economics, noch nicht vor allzu langer Zeit geglaubt hat, aussprechen zu sollen. Der Fortschritt sei nicht nur mit dem ökonomischen Argument der Allokationseffizienz einzuleiten, sondern immer auch moralisch-ethisch zu rechtfertigen: „Far from being a desaster, however, this fact should a be a liberating force. It means that economists and lawyer-economists need not indulge in all sorts of contrary to fact assumptions to shore up the crumbling castle... . Economists and lawyer-economists can now cheer their fully accept even regret and changes of mind into models"[17].

IV. Ein spezieller Aspekt von Law and Economics: „Der Normadressat"

Werden so die Institutionen, also eben die Regeln des Zusammenlebens auch von den Ökonomen normativ variabel gehalten, so öffnet sich vielleicht auf diesem Wege eine neue Perspektive auf den Adressaten der Norm. Womöglich ist auch er als homo oeconomicus längst nicht so beschränkt, wie das eine sehr starke Tradition dieses Begriffs, wenn ich recht sehe, bis in unsere Tage hinein behauptet. Es sei daher gestattet, aus der Menge der ökonomischen Aspekte, die für die Erklärung von Kriminalität und sinnvolle Reaktionen darauf im Laufe der Zeit gesammelt worden sind, diesen einen – den des Normadressaten – herauszugreifen, weil wir gerade insofern vielleicht über neue Erkenntnisse verfügen:

---

[14] In: *Feiwel, G.R.*, Arrow and the Ascent of Modern Economic Theory, London et al, S. 199 ff. (242), Vgl. dazu *Schor* aaO., S. 119..

[15] Vgl. dazu *Pies, I.*, Normative Institutionenökonomik, Tübingen 1993 – in Auseinandersetzung mit Max Webers Postulat der Wertfreiheit, S. 3 ff.

[16] *Pies*, aaO., S. VIII.

[17] The Pointlessness of Pareto: Carrying Coase Further, in: Yale Law Journal Volume 100, S. 1211 ff. (1228), s. dazu auch *Terberger* aaO., S. 270.

B. Der dispositionelle Nutzenmaximierer

Ich möchte mich hier ausdrücklich auf das neue Buch von Michael Baurmann, Professor für Soziologie in Düsseldorf, beziehen, das er unter dem Titel: „Der Markt der Tugend – Recht und Moral in der liberalen Gesellschaft" in der von Erik Boettcher begründeten Schriftenreihe „Die Einheit der Gesellschaftswissenschaften, Studien in den Grenzbereichen der Wirtschafts- und Sozialwissenschaften" unlängst vorgelegt hat[18].

Dieser Nutzenmaximierer unterscheidet sich vom herkömmlich als situativ motivierten Nutzenmaximierer durch die Integration der Normbindung in seine Nutzenmaximierung. Die Disposition zur Normbindung wird freilich – als kulturelles Faktum – vorausgesetzt, und damit mag bereits eine Schwäche des Konzepts verbunden sein, auf die in der Kritik auch schon hingewiesen worden ist[19]. Denn dieser kulturelle Hintergrund könnte dann doch ökonomieunabhängig sein. Wäre er es hingegen nicht, dann geriete man freilich am Ende in eine zirkuläre Argumentation. Baurmann bestreitet das, will aber auch die Disposition als Vorgegebenes nicht streichen. Meines Erachtens bleibt er insoweit hinter seinem eigenen Konzept zurück; denn die ganze Phänomenologie von Nutzenmaximierung und Normbindung demonstriert den gemeinsamen Ursprung – allenfalls mit der Einschränkung, daß man sich, wie auch sonst oft, das Bild von „Henne und Ei" vor Augen führen muß („was war früher ... etc."). Aber wer mit diesem Dilemma umgeht, ist noch nicht im Zirkel.

Der Anknüpfungspunkt ist die Wahrnehmung, daß es eine „neue ökonomische Welt, mit Nutzenmaximierern" gibt, „die sowohl in einem folgenorientierten als auch in einem normgebundenen Modus handeln können". Die „alte ökonomische Welt", hingegen „war ausschließlich bewohnt von situativen Nutzenmaximierern im Sinne des Modells des homo oeconomicus"[20]. Die Grundfrage, „der eine ökonomische Theorie sozialer Ordnung in einer neuen ökonomischen Welt nachgehen muß, lautet deshalb: kann unter dem Gesichtspunkt individueller Nutzenverfolgung die *persönliche* Geltung *sozialer* Normen rational begründet sein?". Baurmann ist sich des Problems, daß hier zwei „sich prima facie widersprechende Sachverhalte" harmonisiert werden müssen, durchaus bewußt: „Einerseits beruht die Geltung sozialer Normen auf den Wünschen und dem Wollen von Norminteressenten, die den Interessen der Normadressaten zunächst einmal zuwiderlaufen. Andererseits muß die Geltung persönlicher Normen den Wünschen und dem

---

[18] Tübingen 1996.

[19] Vgl. *Kersting, W.*, Frankfurter Allgemeine Zeitung 29.April 1997, S. 12. Weitere mehr oder weniger kritische Stellungnahmen: *Weede, E.*, in: Kölner Zeitschrift für Soziologie und Sozialpsychologie 1996, S. 758 ff. und – mit teilweiser Zustimmung – *Wittig, P.*, in: Rechtstheorie, im Erscheinen.

[20] AaO., S. 345. Für eine Integration der Gesichtspunkte von Nutzenmaximierung und Normbindung argumentiert ferner auch schon *Eide*, Economics of Crime - Deterrance and the Rational Offender, Amsterdam 1994: „Norm-free rational behaviour and binding norm-guided behaviour thus represent extreme alternatives that may be useful for some types of analysis, but they are generally incomplete. By combining the two, one obtains a comprehensive framework where both norms and traditional utility maximization have their place." aaO., S.14.

Wollen der Normadressaten selber entsprechen, es muß in ihrem eigenen Interesse sein, sich in ihren Handlungen an bestimmte Normen zu binden. Die Übereinstimmung sozialer und persönlicher Normen setzt demnach voraus, daß die Norminteressenten Bedingungen schaffen können, unter denen eine dispositionelle Bindung an die Verhaltensweisen, die sie von den Normadressaten wünschen, den Normadressaten selber nützt"[21].

Baurmann analysiert nun die „empirischen Bedingungen", von denen es „generell abhängt", ob ein „normgebundenes Handeln im Interesse eines dispositionellen Nutzenmaximierers ist *und* von ihm in eine entsprechende Disposition umgesetzt werden kann"[22]. Dabei stößt Baurmann dann z.B. auf „soziale Netzwerke als normgenerierende Situationen". Sie setzen voraus, daß „im Entstehungszeitraum einer Disposition zu einem normgebundenen Handeln" ein „Interesse des Akteurs an einer Normbindung seines Handelns vorhanden" sein und „im Zeitraum der Aktualisierung dieser Disposition .... dieses Interesse weiterhin Bestand haben" muß, „so daß kein Grund zu einer Revision der Disposition besteht"[23]. „Nur wenn diese beiden Bedingungen in verketteten sozialen Kontakten erfüllt sind, kann ein potentieller Interaktionspartner begründet erwarten, daß die Normbindung eines Akteurs die nötige Kontinuität besitzt, um auch in Zukunft in der Beziehung zu ihm als Handlungsgrundlage wirksam zu sein"[24].

Ein weiterer Topos ist: „von der Reziprozität zur Reputation"[25]. Damit will Baurmann zeigen, daß „nicht nur ein Reziprozitätsmechanismus zur Ingeltungsetzung von sozialen Normen funktionieren" kann, sondern „auch ein *Reputationsmechanismus*"[26]. Dafür beruft er sich übrigens auf eine Reihe bekannter Ökonomen und Soziologen[27]. „Die vergangenen und gegenwärtigen Handlungsweisen eines dispositionellen Nutzenmaximierers haben für eine Prognose seiner zukünftigen Handlungen einen unverzichtbare Informationswert. Erst aus seinem tatsächlichen Sanktionsverhalten kann man somit auch 'lernen', wie er als Sanktionsgeber in zukünftigen Situationen handeln wird. Damit ist das Fundament für einen zukunftsgerichteten „Präventionsmechanismus" gelegt, denn unter dieser Bedingung muß die aktuelle Ausführung von Sanktionen (die Erwartungen anderer Personen) im Hinblick auf ihre zukünftige Ausführung wesentlich beeinflussen. Es ist dieser Lerneffekt für die Zukunft, der in einer neuen ökonomischen Welt die Verhängung von Sanktionen für den Sanktionsgeber auch dann zu einer rationalen Entscheidung machen kann, wenn sie nicht Bestandteil einer bedingten Kooperationsstrategie in kontinuierlichen persönlichen Beziehungen sind. Erreichen kann ein Sanktionsgeber das allerdings nicht durch einzelne Sanktionsakte als Ausdruck partikulärer Entscheidung, sondern nur durch eine Disposition, un-

---

[21] AaO., S. 346.
[22] AaO.
[23] AaO., S. 376, 377.
[24] AaO., S. 377.
[25] AaO, S. 383.
[26] AaO.
[27] Vgl. die Hinweise auf S. 383 in Anmerkung 29.

ter bestimmten Bedingungen Sanktionen unabhängig von einzelfallbezogenen Folgenerwägungen zu verhängen"[28].

Das sind nur Kostproben aus einer sehr umfangreichen Untersuchung, die aber vielleicht doch das Entscheidende schon deutlich machen. Es hat sehr viel damit zu tun, daß die moderne Rechtswelt viel stärker als die offizielle Rechtstheorie wahrhaben möchte, von einer *Praxis* der Anerkennung getragen ist – freilich nur unter der Voraussetzung einer bereits sehr weitgehenden und intensiven Friedenssicherung in einer Gesellschaft; es handelt sich, wenn man so will, fast um eine Art Luxus, aber er ist – um es noch einmal zu betonen – durchaus real. Die wechselseitige Nützlichkeit, Anerkennung zu erwarten und selber in dieser Hinsicht verläßlich zu sein, ist ein ökonomischer Faktor. Baurmann hat die rechtstheoretische Seite dieser Sache merkwürdigerweise insofern vernachlässigt, als er die modernen Entwicklungen der Anerkennungstheorien, wie sie etwa auch grosso modo von Habermas vorgetragen worden sind[29], nicht registriert. Aber er macht diesen Mangel wett durch eine Reihe anderer, durchaus dieses Konzept tragender origineller Hinweise: Ausgehend von der Feststellung, „daß Sanktionen offenbar eine bedeutsame Rolle bei der Durchsetzung von Normen spielen"[30], gibt er eine verblüffende Erklärung des Gemeinplatzes vom „Recht als Zwangsordnung". Wiewohl die physische Gewalt, mit der rechtliche Sanktionen gegen widerstrebende Adressaten notfalls durchgesetzt werden, zu „allen bekannten Formen der Zivilisation" gehöre, müsse man diese Zwangsakte von anderen, die es im Alltag gebe, unterscheiden: eine genauere Betrachtung mache nämlich schnell deutlich, daß das „einfache Muster einer Zurückführung von Normgeltung auf die faktische Macht der Normgeber nur selten" zutreffe[31]. Die Verhängung von „Zwangsakten als Mittel der Normdurchsetzung" begleite die Geltung bestimmter Normen nicht nur regelmäßig; vielmehr beruhe die Praxis der Zwangsausübung in wesentlichen Teilen auch wiederum auf der Geltung der Normen, „die eine Ausübung von Zwang und Gewalt zum Gegenstand haben"[32]. Daraus zieht Baurmann die Folgerung, daß der Soziologe die Sanktionierung von Normen durch Zwangsakte „selber mit der Geltung von Normen erklären" muß[33].

C. Folgerungen für die Kriminalpolitik

I. Strafrecht

Der homo oeconomicus neuer Art, wie man vielleicht sagen kann, zeichnet sich durch eine reichhaltigere Motivierbarkeit aus. Sie ist das A und O eines fol-

---

[28] S. 384.
[29] Faktizität und Geltung, Frankfurt am Main 1992; dazu – mit Nachweisen einer Reihe von Rezensionen – *Lüderssen*, Genesis und Geltung in der Jurisprudenz, Frankfurt am Main, 1996, S. 20 ff.
[30] AaO., S. 67.
[31] AaO., S. 69.
[32] AaO..
[33] AaO., S. 69.

genorientierten Strafrechts, kann durchaus die Wahl der zu schützenden Rechtsgüter beeinflussen wie auch die Auswahl der zu pönalisierenden Angriffswege und insbesondere die Strukturen der Zurechnung. Aus diesen drei Komponenten ergibt sich das, was wir das „Delikt" nennen, also die Voraussetzungen für eine Bestrafung. Ich will die möglichen Einflußsphären, die sich aus der Konzeption des dispositonellen Nutzenmaximierers in diesem Bereich ergeben könnten, aber hier jetzt nicht im einzelnen aufsuchen, sondern mich auf die Fragen konzentrieren, die im Rahmen der Auseinandersetzung mit der ökonomischen Analyse des Rechts im Strafrecht eine ganz besondere Aufmerksamkeit gefunden haben, nämlich die Motivierbarkeit des Normadressaten durch die Rechts*folge*. Diese nimmt Gestalt an zunächst in der abstrakten Strafdrohung, dann im Strafausspruch und schließlich im Strafvollzug. In der Strafandrohung ist ausschließlich das präsent, was wir Generalprävention nennen. Im Strafausspruch tritt, weil er einem bestimmten Menschen gilt, die spezialpräventive Motivierbarkeit hinzu, noch deutlicher ist das im Strafvollzug. Normativ gibt es gute Gründe dafür zu sagen, daß die Generalprävention in diesen beiden Stadien – obwohl große Teile der Praxis das nicht wahrhaben wollen – auszuscheiden hat; auch das will ich hier indessen nicht weiter verfolgen, sondern die beiden Rechtsfolgenziele gleichberechtigt nebeneinander behandeln.

(1) Generalprävention

Der schon von Vanberg[34] geäußerte Gedanke, „wenn Strafe ohne erkennbaren systematischen Zusammenhang mit einem vom Bestraften begangenen Delikt verhängt würde, hätte der einzelne überhaupt keine Veranlassung mehr, sich durch die Strafdrohung von Rechtsverletzungen abhalten zu lassen", erhält durch den Rückgriff auf einen Nutzenmaximierer, für den neben der Folgenorientierung im Einzelfall auch Normbindung als Entscheidungsregel maßgebend sein kann, eine ganz erhebliche Unterstützung. Die traditionelle, bei nichtstrafrechtlichen Anhängern der ökonomischen Analyse des Rechts oft anzutreffende Vorstellung von der Funktion der strafrechtlichen Abschreckung durch Normenfallen, kann damit, denke ich, nun auch in Law and Economics endgültig verabschiedet, und insofern der Anschluß an von den Strafrechtlern längst gewonnene Einsichten hergestellt werden[35].

Soweit Generalprävention zunehmend – in Abgrenzung von der sogenannten negativen Generalprävention durch Abschreckung – als normstabilisierende, den die Norm beachtenden Menschen integrierende und damit positive Generalprä-

---

[34] *Vanberg, V.*, Verbrechen, Strafe und Abschreckung. Die Theorie der Generalprävention im Lichte der neueren Diskussion, Tübingen 1982, S. 10, s. auch *Lüderssen*, die generalpräventive Funktion des Rechtssystems, in: Abschaffen des Strafens, S. 99 ff..

[35] Dieser Einschätzung widerspricht *Schmidtchen, D.* mit dem Argument, es bestehe kein Anlaß zu vermuten, „das strafrechtliche Analogon zur Gefährdungshaftung" wirke nicht abschreckend: „Das Problem besteht allein darin, daß die Abschreckung nicht effizient ist. Es werden auch solche Handlungen unterlassen, die gesellschaftlich wünschenswert wären." (Kommentar zu Klaus Lüderssen, Ökonomische Analyse des Strafrechts und Alternativen zum Strafrecht, unv. Ms). Näher zum Ganzen: Schmidtchen, Wozu Strafrecht? Genügt nicht das Zivilrecht?, in diesem Band.

vention verstanden wird[36], ergeben sich aus der Perspektive des dispositionellen Nutzenmaximierers *auch* zusätzliche fruchtbare Aspekte. Freilich gibt es interne Einwände gegen die positive Generalprävention, aber auch ihnen möchte ich hier jetzt nicht nachgehen[37] – denn sie lassen wohl das Argument unberührt, daß schon ein faires Verfahren in diesem Sinne generalpräventiv wirkt[38], und hier ist es wieder die Idee der Kombination von Nutzenmaximierung und Normbindung, die aus neuer ökonomischer Sicht die Argumentation fördern könnte.

(2) Spezialprävention

Hier konzentriert sich das Interesse der ökonomischen Analyse des Rechts ebenfalls auf ein Element, das schon bei der Generalprävention vorkommt: Abschreckung. Was insofern schon zur Generalprävention gesagt ist, kann also wiederholt werden: nur eine gerechte Strafe wird den normgebundenen dispositionellen Nutzenmaximierer abschrecken.

Die Hauptfunktion der Spezialprävention ist in den Augen einer total resignierten Justiz eigentlich die Sicherung: also die Wegsperrung für so-und-soviel Jahre etc. In der Literatur herrscht über die langfristige Kontraindikation dieses Effekts gleichwohl völlige Einigkeit, und es besteht deshalb für eine avancierte ökonomische Analyse des Rechts keine Veranlassung, hierauf weiter einzugehen.

Anders steht es mit der dritten Säule der Spezialprävention: der Resozialisierung. Hier haben lange – unter der Devise „nothing works" – ebenfalls Skepsis und Resignation vorgeherrscht, und die ökonomische Analyse des Rechts hat – freilich wiederum in ihrer eher von Nichtstrafrechtlern propagierten rigiden Form – allenfalls an Konditionierungsprogramme, die eher die Assoziation der Dressur nahelegen, gedacht. Gibt die Präsentation der dispositionellen Nutzenmaximierung der ökonomischen Analyse des Strafrechts einen neuen Auftrieb, dann kann sich auch insoweit etwas ändern. Denn wenn sogar das Nüchternste aller sozialpolitischen Rezepte – das der Ökonomie – in seinen eigenen Grenzen ein Bild von Menschen entwickelt, das ihn in seiner normativen Einsichtsfähigkeit ernst nimmt, dann muß es ihm, hat er mit der Respektierung fremder Rechtsgüter Schwierigkeiten, entsprechende Lernbedürfnisse zubilligen. Damit kann die ökonomische Analyse des Rechts einen Beitrag zur endgültigen Beseitigung des ohnehin absurden Einwands bieten, daß – wohlgemerkt: nicht aufgezwungene – Resozialisierung gegen die Menschenwürde verstoße[39].

Aber man kann den Faden weiterspinnen. Der moderne, auch im Verfassungsrecht, genauer in der verfassungsrechtlichen Literatur, ausgebildete Begriff der Menschenwürde, kapriziert sich immer mehr auf die „Leistung der Identitätsbildung: der Mensch hat seine Würde aufgrund seines eigenen selbstbestimmten

---

[36] Dazu *Hassemer*, in: Festschrift Buchala; *Baurmann, M.*, Vorüberlegungen zu einer empirischen Theorie der positiven Generalprävention, in: Goltdammer's Archiv 1994, S. 368 ff.; *Lüderssen*, Die Krise des Resozialisierungsgedankens im Strafrecht?, Juristische Arbeitsblätter 1991, S. 223.

[37] *Lüderssen* aaO.

[38] Dazu vor allem *Hassemer*, aaO.

[39] Näheres dazu bei *Lüderssen*, Resozialisierung und Menschenwürde, Kritische Justiz 1997, S. 179 ff.

Verhaltens"⁴⁰. Dieses Verhalten wird rekrutiert durch ein Ensemble konkreterer Eigenschaften und Bedürfnisse, an das man unter dem Zeichen des abstrakten Vakuums eines nur durch die Vernunft bestimmten Autonomiebegriffs kantischer Provenienz, in lang anhaltender Unkenntnis darüber, was man psychologisch und soziologisch über den Menschen wissen kann, bis in unsere Tage hinein nicht zu denken wagt. „Die formale und unpersönliche „Maske" der rechtlichen „persona" abstrahiert von der Individualität der konkreten Identität ethischer Personen; das Recht behandelt Rechtspersonen auf eine differenzblinde Art: eine jede Person hat als rechtlicher autonomer Träger subjektive Rechte, die gleichen Ansprüche auf Respekt wie jeder andere auch. Er oder sie ist von allen Verpflichtungen zur Fürsorge entlastet und einfach gehalten, bei der Befolgung gewahrter Interessen rechtskonform zu handeln. Dies ist das traditionelle schematische Bild der liberal-bürgerlichen Konzeption der öffentlichen Personen"⁴¹. Ich weiß nicht, ob es eine zu gewagte Vermutung ist, diesen gewissermaßen individualitätslosen Begriff der Person der idealistischen Philosophie als spiegelbildliche Entsprechung des ebenso individualitätslosen homo oeconomicus alter Schule zu begreifen. Die zeitliche Koinzidenz in der Vergangenheit ist jedenfalls verblüffend, und wenn gegenwärtig ein anderer konkreterer Individualitätsbegriff sich in den Vordergrund schiebt, so scheint es wieder Parallelen zu geben. Denn wenn eine „angemessenere Rekonstruktion der Konzeption einer Rechtsperson" nunmehr darin gesehen wird, daß „der 'konkretere Andere' die Bühne der Theorie des Rechts" betrifft, das heißt, man es als Aufgabe des Rechts ansieht, „die Entwicklung der konkreten Identität ethischer Personen auf gleiche Weise zu schützen und zu ermöglichen, ohne dabei bestimmte Lebensformen zu bevorzugen oder zu benachteiligen..." so daß diese „formale 'Schutzhülle' für die kritischen Ansprüche der Individuen bzw. Gruppen" für die Frage offen sein muß, „welche die als allgemein akzeptabel und gleichheitssichernd geltende Form der Rechtsperson als einseitig oder diskriminierend" anzusehen ist⁴² – wenn das so ist, dann liest man mit besonderer Aufmerksamkeit in der Theorie des dispositionellen Nutzenmaximierers die Stellen, die von psychischen Prozessen handeln, welche „sekundär eine dispositionelle Normbindung verstärken"⁴³. Baurmann spricht von „gleichgerichteten Gefühlsdispositionen, die dazu führen, daß der „betreffende Akteur sich affektuell an die geforderte Verhaltensweise bindet", indem er sich als Normadressat „emotional in die Lage der Norminteressenten hineinversetzt und 'mitleidend' nachvollzieht, daß sie bei einer Mißachtung der Norm einen persönlichen Schaden erfahren". Hierbei sind nach Baurmann „authentische interpersonale Beziehungen"⁴⁴ zentral im Spiel. „In mannigfacher Hinsicht" seien wir Menschen „in unserem Selbstbild, unserem Selbstverständnis und unserer Selbstfindung" davon abhängig, „wie andere Personen auf unsere Eigenschaften und Charakterzüge reagieren, wie sie unser Verhalten, unsere Fähigkeiten, Vor-

---

⁴⁰ Nachweise bei *Lüderssen*, Resozialisierung und Menschenwürde aaO., S. 181 Anm. 7.
⁴¹ *Forst, R.*, Kontexte des Selbst, in: Deutsche Zeitschrift für Philosophie 1997, S. 957 ff. (965).
⁴² *Forst*, aaO.
⁴³ *Baurmann* aaO., S. 495 ff.
⁴⁴ AaO., S. 423.

züge und Schwächen interpretieren und beurteilen. Ohne eine solche Reflexion unserer Persönlichkeit in der Wahrnehmung anderer sind eine adäquate Selbstwahrnehmung und damit Selbsterkenntnis, konstruktive Selbstkritik und persönliche Weiterentwicklung kaum denkbar. Diesen Aspekt kann man als den epistemischen Nutzen authentischer interpersonaler Beziehungen bezeichnen"[45]. Er erinnert freilich stark an die schon bei Dilthey anzutreffenden Mitteilungen über die Identität eines Menschen[46], zeigt aber jedenfalls, daß auch das Rollenverständnis des dispositionellen Nutzenmaximierers sich vom abstrakten Menschenbild der Vernunftautonomie entfernt hat. Allerdings wird gerade die Einbeziehung der Aspekte eines „authentisch geführten Lebens" in die Determinanten nutzenfundierten Handelns besonders kritisch gesehen[47], doch steht dagegen eine gewisse Plausibilität der Einbringbarkeit solcher, wie Baurmann an anderer Stelle sagt, „expressiver Interessen"[48] in jenen Kreis ökonomisch definierter Faktoren, die inzwischen als „Opportunitätskosten" bezeichnet werden[49], bekanntlich ein Unterfall von Transaktionskosten[50].

Man wende nicht ein, derartige Konkretisierungen des Individuellen seien ohne Bedeutung für die Prozesse, die zur Akzeptanz von Normbindungen im Rahmen der Nutzenmaximierung führen. Die moderne Rechtstheorie weiß inzwischen oder sollte es wissen, daß Universalisierbarkeit von Anerkennung die Möglichkeiten des Rechts überfordert. Das Recht bleibt „das in der Mittelhöhe des Lebens wiederkehrend Schwebende"[51], und in den Anerkennungsprozessen – die von widerstrebender, vielleicht sogar nicht ohne Druck zustande gekommener Anpassung über schlicht oberflächlich-indolente Akzeptanz, bewußte und kenntnisreiche Anerkennung bis hin auch zu Tiefenstrukturen erfassenden habituellen oder reflektierten Internalisierungen reichen – kann zwar nur ein Konsens gewissermaßen mittlerer Art und Güte für das Recht fixiert werden, aber selbst dieses verhältnismäßig bescheidene Ergebnis fordert und erwartet viel mehr vom Menschen, als die alten Vertragstheoretiker gemeint haben mögen.

Das mag als Anregung, alte Positionen der ökonomischen Analyse des Strafrechts – hier mit Blick auf Resozialisierung – neu zu überdenken[52], genügen.

---

[45] AaO., S. 425.

[46] Belege bei *Lüderssen*, Produktive Spiegelungen 1991, S. 260 f.

[47] *Wittig, P.*, aaO.

[48] AaO., S. 428.

[49] AaO., S. 429; vgl. auch hier die von *Kirchner* aaO., gezogenen Verbindungslinien.

[50] *Pies, S.*, aaO., S.113 ff.; *Richter/Furubotn* aaO., S. 144 ff, 334 f, 442 f.

[51] *Goethe*, Die natürlich Tochter, dazu *Lüderssen*, Produktive Spiegelungen aaO., S. 147 f (156).

[52] Vielleicht darf an dieser Stelle auch noch darauf aufmerksam gemacht werden, daß *Baurmann* in früheren Arbeiten, die speziell dem Strafrecht gewidmet sind, für die hier aus seiner Arbeit über den Markt der Tugend abgeleiteten Folgerungen selbst den Boden bereitet hat (vgl. zunächst GA 1994, aaO., dann aber auch die Monographie über Zweck, Rationalität und Strafrecht aus dem Jahre 1987, wo unter anderem gegen das Cliché der Nichtvereinbarkeit von Zweckrationalität und verständigungsorientierten Handeln, Einwendungen erhoben werden (aaO., S. 56 ff.).

II. Alternativen zum Strafrecht

Hier möchte ich mich von vornherein auf *rechtliche* Alternativen zum Strafrecht beschränken, also alles aussparen, was ohnehin seit langem insofern sozialpolitisch etwa überlegt wird.

(1) Die sekundäre Rolle des Strafrechts
An diese rechtlichen Alternativen auch und gerade bei neuen kriminalpolitischen Problemen in erster Linie zu denken, ist eine Folgerung aus dem unbestrittenen Prinzip, daß das Strafrecht ultima ratio und im Verhältnis zu anderen Rechtsgebieten subsidiär und akzessorisch ist. Prima vista ist das nicht unbedingt eine Forderung der ökonomischen Analyse des Rechts. Strafrecht könnte nämlich billiger sein als die Lösungen, welche andere Rechtsgebiete bereitstellen. Freilich ist diese Abwägung ganz unsicher, weil strafrechtliche Wirkungen gar nicht gemessen zu werden pflegen; daß auch hier Folgenabschätzung stattfinden müsse, vor allem durch den Gesetzgeber, ist eine nach wie vor ganz vergeblich erhobene Forderung. Daß Strafrecht billiger sein könnte als andere Lösungen, kann also nur behauptet werden, wenn man einer berechenbaren, vielleicht zivilistischen Lösung die Lösung des Strafrechts schlechthin gegenüberstellt, in der praktisch durchaus berechtigten Hoffnung, daß niemand einen ernsthaften Kostenvergleich verlangt. Ein Beispiel dafür ist die Debatte über die Kriminalisierung von Submissionskartellen[53], bis vor kurzem „nur" Ordnungswidrigkeiten nach dem Kartellgesetz, jetzt typisiert in § 299 StGB. Allgemein vorbeugende oder spezielle andere Formen der Intervention eröffnende, die Anwendung des geltenden Ordnungswidrigkeitenrechts effektiver machende Maßnahmen etwa sind während des Gesetzgebungsverfahrens[54] überhaupt nicht erwogen worden. Der Vorschlag für die Schaffung des neuen Straftatbestandes endete routinegemäß auf die Frage: Alternativen? mit der Antwort: Keine.

Hier ist also ein riesiges Feld für die ökonomische Analyse, das ich aber jetzt nicht betreten möchte[55].

Das ultima ratio-Problem stellt sich nicht nur für den Gesetzgeber sondern auch für die Strafverfolgungsbehörden. Sie lösen es gerne zu Gunsten des Strafrechts mit dem Argument, daß die anderen Rechtsgebiete versagen. Das war etwa im Umweltstrafrecht zu hören und ist neuerdings die Devise im Korruptionsstrafrecht. Mit dieser kriminalpolitischen Prämisse werden dann auch bewußt oder unbewußt Grenzen überschritten, die eigentlich nur der Gesetzgeber, durch entsprechende Änderungen, freigeben könnte. Das geschieht durch eine sogenannte eigenständige strafrechtliche Konkretisierung von Begriffen, die mit Bezugnahmen auf andere Rechtsgebiete arbeiten. „Vorteil" etwa im Sinne der Bestechungstatbestände ist etwas, worauf kein rechtlicher Anspruch besteht. Dieser rechtliche Anspruch ergibt sich häufig aus dem Zivilrecht, und das gilt auch für

---

[53] Vgl. dazu *Lüderssen*, Betriebsberater 1997, Beilage zum Heft 25 und S. 2525 ff.
[54] Vgl. dazu *Lüderssen*, Strafverteidiger 1997, S. 318 ff.
[55] Vgl. dazu die im Anhang mitgeteilten Problemfelder.

seine Einschränkungen. Die Strafverfolgungsbehörden hingegen suchen in diesen Fällen sofort nach der sogenannten Unrechtsvereinbarung und versäumen darüber einen notwendigen Zwischenschritt: etwa bei der Bewertung von Forschungsmitteln, die von der Industrie an Krankenhäuser fließen. Hier wäre primär eine genaue Analyse des privatrechtlich-öffentlichrechtlich regulierten Verhältnisses von Markt und Staat zu leisten, und für den Fall, daß sich dabei Unregelmäßigkeiten zeigen, zunächst das für diesen Regelungsbereich zuständige Instrumentarium zu mobilisieren[56]. Der direkte „Durchgriff" des Strafrechts erstickt hier die alternativen Aktivitäten im Keim, läßt ein Gegenkonzept, das den voreiligen Schluß auf die „billigere" und effektivere Lösung durch das Strafrecht widerlegen könnte, gar nicht aufkommen.

(2) Alternative Rechtsfolgen

Doch auch an dieser Stelle möchte ich es bei Andeutungen bewenden lassen[57] und zu der speziellen Frage danach übergehen, welche Rechts*folgen* mit Blick auf den modernen Normadressaten – den dispositionellen Nutzenmaximierer – vorzugswürdig sein mögen. Die präventiven Effekte, die sich bei einem Nutzenmaximierung und Normbindung harmonisierenden Normadressaten einstellen können, sind in einem auf Resozialisierung und – wie ich jetzt hinzufügen möchte – Wiedergutmachung eingerichteten Strafbetrieb leicht unterzubringen, weil dieser Strafbetrieb längst dazu übergegangen ist, zu Lasten der primären Motivation für Strafen, der Vergeltung – Kompromisse zu machen. Und daß man angesichts der allein rationaler Überprüfung zugänglich bleibenden Resozialisierung und Wiedergutmachung noch nicht ganz auf Strafe verzichtet hat, ist ein Kompromiß. Man bringt die rational meßbaren Folgen im Strafrecht unter, weil sie für sich genommen eben doch nicht überzeugen; zu stark ist bei aller Aufklärung der Strafgedanke. Die Aufklärung – im Sinne jener klassischen historischen Epoche – hat es den Modellen für rationale Rechtsfolgenbegründung insofern auch nicht eben leicht gemacht. Die Vertreter von Freiheit und Gleichheit und sozialen Fortschritt haben zu keiner Zeit auf die Strafe für die Durchsetzung ihrer Ideen verzichten wollen und deren irrationale Elemente immer mitgeschleppt bzw. systemwidrig verteidigt[58]. Gleichwohl ist nicht zu übersehen, daß Gewißheitsverluste insofern zunehmen. Die diversen prozessualen Erledigungsmöglichkeiten, die die Strafverfolgungsbehörden suchen und in immer höherer Zahl finden, insbesondere die „Absprachen" im Strafprozeß, sind ganz deutliche Indika-

---

[56] Dazu genauer *Lüderssen*, Die Zusammenarbeit von Medizinprodukte-Industrie, Krankenhäusern und Ärzten – Strafbare Kollusion oder sinnvolle Kooperation, 1998.

[57] Über weitere hierher gehörende Fachkonstellationen vgl. ebenfalls den Anhang.

[58] Daß die Strafe für sich genommen diesen irrationalen Charakter hat, ergibt sich vor allem aus der Entstehung des öffentlichen Strafanspruchs durch den Einfluß von Kirche und Theologie im hohen Mittelalter, was hier aber im einzelnen nicht ausgeführt werden kann (vgl. dazu *Lüderssen*, Die Krise des öffentlichen Strafanspruchs, 1989, S. 25 ff. und die demnächst aus dem DGF-Forschungsschwerpunkt „Die Entstehung des öffentlichen Strafanspruchs" hervorgehenden Forschungsberichte).

toren[59]. Auch die gegenwärtig zunehmende Beachtung der Rolle des Opfers im Strafverfahren und im Strafrecht verdeutlichen diese Tendenzen. Ein konsequenter öffentlicher Strafanspruch, also ein Strafanspruch, der über den Kopf des Opfers hinweg alles Strafen zu einer Sache der Allgemeinheit erklärt, macht die Aktivitäten des Opfers entbehrlich, tritt hier an seine Stelle. Was an Ausgleich zwischen Täter und Opfer nötig ist, verbleibt auf einer extra Schiene, dem Zivilrecht. Dementsprechend schwach entwickelt sind öffentlich-rechtliche Opferentschädigungsregelungen. Weil das eine sehr lange und in sich ganz konsequente Entwicklung gewesen ist, haben die *Straf*bedürfnisse des Opfers, die *vor* der Etablierung des öffentlichen Strafanspruchs stark ausgebildet waren, sich freilich mit Entschädigungs- und anderen Genugtuungsansprüchen unklar mischten[60], eine immer geringere Rolle gespielt, sind fast verkümmert. Die etwa seit einem Jahrzehnt zu beobachtende juristische Aktivierung des Opfers, bei gleichzeitiger, dadurch auch mitbedingter, von den Beteiligten aber keineswegs konsequent registrierter Erosion des öffentlichen Strafanspruchs, führt nun interessanterweise zu einer archaisierenden Wiederbelebung dieser seinerzeit überwundenen oder jedenfalls doch ganz an den Rand gedrängten Opferbedürfnisse. Aber was man vor der Etablierung des öffentlichen Strafanspruchs noch nicht wissen konnte – daß Strafe einerseits und Resozialisierung und Wiedergutmachung andererseits scharf getrennt werden können, vor allem auch im Interesse einer rationalen rechtlichen Reaktion getrennt werden müssen – ist jetzt relativ leicht plausibel zu machen, und hier ist es nun wieder der dispositionelle Nutzenmaximierer, der den Typus eines aufgeklärten Menschen vorstellt, in dessen Namen man der Gefahr, daß die alten Vermischungen von Rationalem und Irrationalem sich erneuern, entgegentreten könnte. Denn diese Gefahren bestehen, wie die insofern repräsentativen sehr suggestiven Darlegungen Philipp Reemtsmas[61] – aus Anlaß seines eigenen Falles – über die Notwendigkeit zeigen, dem Genugtuungsbedürfnis des Opfers zu einer offiziellen Berechtigung zu verhelfen. Hier ist eine sehr wenig verläßliche Empirie am Werke, sowohl was die Methode, wie das Ergebnis angeht. Zur Methode: die gibt es nicht, vielmehr werden mehr oder weniger vorurteilsbeladene Plausibilitäten ausgetauscht. Und die Ergebnisse? Keineswegs steht fest, daß die „Opfer" wirklich die Strafe wollen. Ihnen liegt, wie immer wieder zu hören ist[62] und vor allem bei der Aufarbeitung der in der früheren DDR nicht zur Aburteilung gekommenen Fälle von Kriminalität offenbar geworden ist, in erster Linie an der Fixierung der Verantwortlichkeit und vielleicht auch an einer Entschuldigung der Täter und damit der eindeutigen Fixierung *ihrer* Rolle als Unschuldige und Anspruchsberechtigte. Wie der Klärungsprozeß in bezug auf diese Fragen in Zukunft verlaufen wird, ist schwer vorauszusehen. Es geht ja nicht nur, wie ich es einmal verkürzt sagen möchte, um die Reemtsma-Position. Es geht auch um die im gegenwärtigen Strafprozeß und im Strafbedürfnis der Bevölke-

---

[59] Vgl. dazu *Lüderssen*, Abschaffen des Strafens; dort auch Überlege für andere Deutungen dieser Entwicklungen.
[60] Vgl. dazu *Weitzel*, Savigny-Zeitschrift, Germanistische Abteilung, 1994, S. 66 ff.
[61] Im Keller, 1997.
[62] Vgl. zuletzt den Bericht in der Frankfurter Rundschau vom 19.3.98.

rung nach wie vor ganz stark beteiligten metaphysischen Valenzen, die – was den Gedanken der Strafe angeht (wie ich nachdrücklich behaupten möchte) – letztlich mit Religion zu tun haben. Die ökonomische Analyse des Rechts, die hier durch genauere und tiefergehende Analyse des homo oeconomicus für Aufklärung sorgen kann, ist insofern auch Bestandteil des in unserer Gesellschaft ja nach wie vor nicht abgeschlossenen Säkularisierungsprozesses.

Literatur

Baurmann, M., Vorüberlegungen zu einer empirischen Theorie der positiven Generalprävention, in: Goltdammer's Archiv 1994.
Eide, T., Economics of Crime - Deterrance and the Rational Offender, Amsterdam 1994.
Feiwel, G.R., Arrow and the Ascent of Modern Economic Theory, *London et al*, (242).
Forst, R., Kontexte des Selbst, in: Deutsche Zeitschrift für Philosophie 1997.
Kirchner, Ch., Kartellrecht und neue Institutionenökonomik: Interdisziplinäre Überlegungen, in: Festschrift für Ingo Schmidt, Baden-Baden 1997.
Lüderssen, K., Genesis und Geltung in der Jurisprudenz, Frankfurt am Main 1996.
Lüderssen, K., Juristenzeitung 526 (1997).
Lüderssen, K., Produktive Spiegelungen, 1991.
Lüderssen, K., Die Zusammenarbeit von Medizinprodukte-Industrie, Krankenhäusern und Ärzten – Strafbare Kollusion oder sinnvolle Kooperation, 1998.
Lüderssen, K., Die Krise des Resozialisierungsgedankens im Strafrecht?, Juristische Arbeitsblätter (1991).
Lüderssen, K., Rechtshistorisches Journal 1997.
McClosky, D.N., The Rhetoric of Economics, Madison et al 1985.
Pies, I., Normative Institutionenökonomik, Tübingen 1993.
Richter/Furubotn, Neue Institutionenökonomik, Tübingen 1996
Schefold, B., in: Erkenntnisgewinn, Erkenntnisverluste 1997.
Schor, G., Zur rationalen Lenkung ökonomischer Forschung, Frankfurt am Main/New York 1990.
Terberger, E., Neo-institutionalistische Ansätze, Wiesbaden 1994
Terberger, E., The Pointlessness of Pareto: Carrying Coase Further, in: Yale Law Journal Volume 100 , S. 1211 ff.
Vanberg, V., Verbrechen, Strafe und Abschreckung. Die Theorie der Generalprävention im Lichte der neueren Diskussion, Tübingen 1982.
Weede, E., in: Kölner Zeitschrift für Soziologie und Sozialpsychologie 1996.
Wittig, P., in: Rechtstheorie, im Erscheinen.

Anhang:

Konkrete Fragestellungen zu strafrechtlich relevanten Themenkomplexen, die nichtstrafrechtlichen Lösungen zugeführt werden könnten:

1. Die Präventions- und Kontrollwirkung des zivilen Vertrags- und Deliktrechts einschließlich des Rechts des unlauteren Wettbewerbs bei unerlaubt riskantem Wirtschaften (de lege ferenda auch mit Blick auf „punitive damages") durch werbende und solvente Unternehmen.

2. Die Fragwürdigkeit der Kontrolle und Prävention unerlaubt riskanten Wirtschaftens durch Strafrecht – insbesondere zur Vereinbarkeit von abstrakten Gefährdungsdelikten und Delikten zum Schutz kollektiver Rechtsgüter mit einer rechtsgut- und schadensbezogenen Betrachtungsweise – mit Berücksichtigung der Problematik des Betrugs- und Untreuetatbestandes (§§ 263, 266 StGB) bei wirtschaftlichen Risikotätigkeiten.

3. Kontrolle und Prävention unerlaubt riskanten Wirtschaftens durch präventiv-polizeiliche und „interventionsrechtliche" Bestimmungen gegen Unternehmer (insbesondere: Berufsverbote) als Alternative insbesondere zu Betrug und Untreue.

4. Steuer- und subventionsrechtliche Möglichkeiten zur Kontrolle steuer- oder subventionsunehrlichen Verhaltens werbender und solventer Unternehmen

5. Belastung des Strafprozesses durch zivilprozessuale Beweisinteressen (Konflikte zwischen § 149 ZPO und § 261 StPO);
– Anzeigeerfordernisse bei versicherungs- und bankrechtlicher Schadensregulierung;
– zivilprozessual motivierte Informationsrechte des Verletzten, § 406 e StPO).

Versuch eines partiellen Ausweges: § 153 f StPO nach dem Entwurf des Rechtspflegeentlastungsgesetzes.

6. Die Popularklage als Alternative bei Delikten gegen die Gemeinschaft (z.B. analog § 13 UWG, § 11 WZG und Ausnahmen zu § 42 VwGO).

7. Zum Wandel des Verhältnisses von Schadenersatz und Strafe unter dem Einfluß des Versicherungswesens.

Dieter Schmidtchen

Kommentar

zu

Klaus Lüderssen: Ökonomische Analyse des Strafrechts und Alternativen zum Strafrecht

Lüderssen führt uns in seinem facettenreichen Referat in eine neue ökonomische Welt. Eine Welt, die bevölkert ist von Menschen, die er im Anschluß an Baurman dispositionelle Nutzenmaximierer nennt. Ein dispositioneller Nutzenmaximierer ist eine Figur, die sowohl Eigenschaften des homo oeconomicus wie solche des homo sociologicus in sich vereint (Baurman 1996; Teil III, 3. Abschnitt). Diese beiden Grenztypen lassen sich wie folgt beschreiben: Der homo oeconomicus als Bewohner der „alten ökonomischen Welt" (S. 30) ist ein situativer Nutzenmaximierer[1]. Er wägt in jeder Handlungssituation seine Alternativen gegeneinander ab und entscheidet sich für die, die seinen Erwartungsnutzen maximiert. Baurman nennt ihn einen Mann ohne Eigenschaften. Er ist untersozialisiert.

Der homo sociologicus dagegen ist übersozialisiert. Er handelt nicht folgenorientiert wie der homo oeconomicus, sondern so, wie die gesellschaftlichen Normen es verlangen, die er internalisiert hat. Er orientiert sein Handeln an Prinzipien.

Der dispositionelle Nutzenmaximierer integriert beide Handlungstypen. Er entscheidet sich für Normbindung aufgrund eines Rationalkalküls. Er wählt normgebundenes Verhalten, wenn dies aufgrund der Nützlichkeit der Normbindung rational ist. Weil er „soziale Charakterzüge" besitzt, nennt ihn Baurman „Mann mit Eigenschaften".

Lüderssen fragt in seinem Referat nach den Folgerungen für die Kriminalpolitik, wenn man den dispositionellen Nutzenmaximierer, den er auch homo oeconomicus neuer Art (S.32), später „aufgeklärten Menschen" nennt, zum Adressaten strafrechtlicher Normen macht. Sein Credo faßt er so zusammen: „Der homo oeconomicus neuer Art, wie man vielleicht sagen kann, zeichnet sich durch eine reichhaltigere Motivierbarkeit aus. Sie ist das A und O eines folgenorientierten Strafrechts, kann durchaus die Wahl der zu schützenden Rechtsgüter beeinflussen

---

[1] Seitenangaben ohne Bezeichnung des Autors beziehen sich auf den Beitrag von Lüderssen.

wie auch die Auswahl der zu pönalisierenden Angriffswege und insbesondere die Strukturen der Zurechnung".

In Generalprävention und Spezialprävention werden jedoch keine großen Hoffnungen gesetzt. Der Strafe für sich genommen bescheinigt Lüderssen gar einen irrationalen Charakter (Fn. 58). Und er beklagt „die im gegenwärtigen Strafprozeß und im Strafbedürfnis der Bevölkerung nach wie vor ganz stark beteiligten metaphysischen Valenzen, die – was den Gedanken der Strafe angeht ... – letztlich mit Religion zu tun haben" (S.40). Für ihn ist der Umstand, „daß man angesichts der allein rationaler Überprüfung zugänglich bleibenden Resozialisierung und Wiedergutmachung noch nicht ganz auf Strafe verzichtet hat, ... ein Kompromiß." (S. 39) Aber Lüderssen setzt auch auf die Ökonomische Analyse des Rechts: „Die ökonomische Analyse des Rechts, die hier durch genauere und tiefergehende Analyse des homo oeconomicus für Aufklärung sorgen kann, ist insofern auch Bestandteil des in unserer Gesellschaft ja nach wie vor nicht abgeschlossenen Säkularisierungsprozesses."

Das Verdienst des Papers liegt darin, den dispositionellen Nutzenmaximierer als Normadressaten ins Zentrum zu rücken. Das ist sehr zu begrüßen. Die Folgerungen für die Kriminalpolitik halte ich dagegen nicht für hinreichend begründet. Das liegt im wesentlichen daran, daß ein sauberes Modell des „neuen Menschen" nicht geliefert wird. Ich habe außer vielen verbalen Umschreibungen der Idee auch bei Baurman kein Modell gefunden, das zur Grundlage einer „rationalen" Kriminalpolitik gemacht werden könnte[2].

Ich wende mich nun einzelnen Punkten des Papers zu.

1) Generalprävention. Lüderssen knüpft hier an einen von Vanberg geäußerten Gedanken an, der durch den Rückgriff auf einen dispositionellen Nutzenmaximierer „ganz erhebliche Unterstützung" (S. 33) bekäme. Vanbergs Idee war folgende: „wenn Strafe ohne erkennbaren systematischen Zusammenhang mit einem vom Bestraften begangenen Delikt verhängt würde, hätte der einzelne überhaupt keine Veranlassung mehr, sich durch die Strafandrohung von Rechtsverletzungen abhalten zu lassen" (zitiert nach Lüderssen, S. 33). Ein solches Recht wäre das strafrechtliche Analogon zur Gefährdungshaftung. Entgegen Lüderssens Ansicht besteht kein Anlaß zu vermuten, daß es nicht abschreckend wirkt. Das Problem besteht allein darin, daß die Abschreckung nicht effizient ist. Es werden auch solche Handlungen unterlassen, die gesellschaftlich wünschenswert wären.

Daß die Behauptung Vanbergs durch Einbau des dispositionellen Nutzenmaximierers gestützt wird, sehe ich nicht.

Lüderssen fährt dann fort: „Die traditionelle, bei nichtstrafrechtlichen Anhängern der ökonomischen Analyse des Rechts oft anzutreffende Vorstellung von der Funktion der strafrechtlichen Abschreckung durch Normenfallen, kann damit, denke ich, nun auch in Law and Economics endgültig verabschiedet, und insofern der Anschluß an von den Strafrechtlern längst gewonnenen Einsichten hergestellt werden." Ich weiß nicht, auf welchem Wege die Strafrechtler ihre Einsichten

---

[2] Ein solches Modell existiert und ist auch bereits auf strafrechtliche Fragen angewendet worden, nämlich im Zusammenhang mit Steuerhinterziehungen (siehe *Schmidtchen* (1994) S. 185 ff.; *Kirstein/Schmidtchen* (1998); grundlegend *Heiner* (1983).

gewonnen haben, aber vielleicht sollten sie die Ergebnisse einer Fülle von empirischen Untersuchungen in Law and Economics zur Kenntnis nehmen: Strafandrohung schreckt ab (siehe Ref. 3 von Curti und Ref. 1 von Entorf) in diesem Bande). Ob die Verbrecher die tatsächlich existierenden Strafen als „gerecht" empfunden haben oder diese keine dispositionellen Nutzenmaximierer waren, sei dahingestellt.

2) Spezialprävention. Auch bei der Spezialprävention konzentriert sich nach Ansicht von Lüderssen das Interesse der Ökonomischen Analyse des Rechts auf die Abschreckung. Er folgert: „Was insofern schon zur Generalprävention gesagt ist, kann also wiederholt werden; nur eine gerechte Strafe wird den normgebundenen dispositionellen Nutzenmaximierer abschrecken."

Ich frage mich: Versteht Lüderssen dies als eine empirische Behauptung? Wenn ja, woher weiß er das? Wie sieht die empirische Evidenz aus? Möglicherweise handelt es sich aber um eine theoretische Deduktion. Dann wäre nach dem Modell zu fragen, das dieser zugrundeliegt. Schließlich könnte diese Behauptung auch als Implikation des Begriffs „dispositioneller" Nutzenmaximierer gemeint sein. Dann wäre die Aussage definitorisch wahr.

Zur Spezialprävention gehört auch die Wegsperrung. Man kann zur Wegsperrung (S. 34) stehen, wie man will, aber eins gewährleistet sie: In dieser Zeit werden Schäden von der Gesellschaft ferngehalten (die mit Kosten des Wegsperrens verglichen werden müßten, um den gesellschaftlichen Netto-Nutzen zu ermitteln). Lüderssen behauptet, daß in der Literatur über die langfristige Kontraindikation dieses Effekts völlige Einigkeit herrsche. Über die empirischen Grundlagen liest man nichts. Immerhin haben empirische Untersuchungen eine Elastizität der Kriminalität in Bezug auf Wegsperren von 15 Prozent ergeben (siehe Donohue III, Siegelman 1998)[3]. Die langfristige Kontraindikation des Wegsperreffektes bezieht sich vermutlich auf die Resozialisierung, also die Reparatur der sozialen Defizite des Verbrechers und dessen Wiedereingliederung in die rechtstreue Gesellschaft. Daraus wird natürlich nur ein durchschlagendes Argument, wenn man empirisch gezeigt hat, daß andere Resozialisierungsmaßnahmen auf Dauer erfolgreicher sind (und das zu vertretbaren Kosten).

3) Resozialisierung. Man liest Lüderssen sicherlich nicht falsch, wenn man ihm eine Präferenz für Maßnahmen der Resozialisierung unterstellt. Diese mag beim dispositionellen Nutzenmaximierer gut anschlagen. Was zu zeigen wäre. Aber vielleicht sind die Verbrecher der wirklichen Welt gar keine dispositionellen Nutzenmaximierer, sondern „Menschen ohne Eigenschaften" im Sinne Baurmans? Sie sind doch ausweislich ihrer Taten von der Regel des Rechtsgehorsams abgewichen oder haben von vornherein eine andere Regel gehabt. Wie will man da erfolgreich zu vertretbaren Kosten[4] resozialisieren? Lüderssen bemerkt

---

[3] Diese Elastizität gibt den Anstieg der Zahl von Verbrechen an, wenn die gegenwärtige Population von Gefangenen freigesetzt würde. Unterstellt wird dabei, daß die freigesetzten Gefangenen nicht durch neue ersetzt werden und daß aktuelle und potentielle Rechtsbrecher aufgrund des Null-Risikos der Wegsperrung ihr Verhalten nicht ändern.

[4] Man könnte einwenden, daß es auf die Kosten gar nicht ankommen darf. Resozialisierung müsse aus Gründen der Menschenwürde betrieben werden – egal, was sie koste. Dieses Argument übersieht, daß man eine Mark nur einmal ausgeben kann. Um diese Mark konkurrieren immer auch

dann: Wenn man ein Bild vom Menschen entwickelt, „das ihn in seiner normativen Einsichtsfähigkeit ernst nimmt, dann muß es ihm, hat er mit der Respektierung fremder Rechtsgüter Schwierigkeiten, entsprechende Lernbedürfnisse zubilligen" (S. 34). Man fragt: War das Verbrechen des dispositionellen Nutzenmaximierers nur ein Irrtum, nach dessen Erkenntnis er auf den Pfad der Tugend zurückkehren wird?

Resozialisierung ist bewußte, planmäßige, pädagogische Sozialisierung. Solche Versuche hat es in der Geschichte auf großer Stufenleiter schon häufiger gegeben – mit den bekannten Ergebnissen. Aber vielleicht hat man das nur falsch angepackt.

Wie dem auch sei, aus ökonomischer Sicht wäre es interessant zu erfahren, wie die Nutzen und Kosten von Resozialisierungsmaßnahmen aussehen. Empirische Evidenz wäre hilfreich.

Auf S. 34 lesen wir: „der Mensch hat seine Würde aufgrund seines eigenen selbstbestimmten Verhaltens." Auch der Mörder?

4) Alternativen zum Strafrecht. Lüderssen nennt es ein unbestrittenes Prinzip, „daß das Strafrecht ultima ratio und im Verhältnis zu anderen Rechtsgebieten subsidiär und akzessorisch ist" (S. 37). Diese sekundäre Rolle spielt das Strafrecht auch in der Ökonomie. Im Prinzip sollten Schäden aufgrund rechtswidrigen Tuns durch zivilrechtliche Maßnahmen erfaßt werden. Wo letztere versagen, sollte das Strafrecht subsidiär tätig werden. Vergeltung und Rache spielen als Motive keine Rolle, deshalb kann dem Verständnis einer Strafe im ökonomischen Kontext nicht ein irrationaler Charakter attestiert werden. Wenn allerdings die Menschen ein Bedürfnis nach Vergeltung haben sollten, könnte es der Friedenserhaltung in einer Gesellschaft dienen, diesem Bedürfnis Rechnung zu tragen. Wer wollte sich anmaßen, der Bevölkerung die "richtigen" Präferenzen vorzuschreiben?

Lüderssens Plädoyer, über nichtstrafrechtliche Lösungen für rechtswidriges Tun nachzudenken, kann aus ökonomischer Sicht nur unterstützt werden. Allerdings würde der Ökonom strenge Nutzen-Kosten Analysen einfordern.

Obwohl Ökonomen die Kriminalisierung von Handlungen nur als Notlösung ansehen, gehen sie doch nicht so weit wie Lüderssen im Abschnitt „alternative Rechtsfolgen" (S. 38). Ich lese diesen Abschnitt als ein Plädoyer, das Strafrecht von Strafen zu reinigen und mehr in Vorbeugung und Resozialisierung zu investieren.

Folgende Fragen stellen sich in diesem Zusammenhang:
1) Wie wäre die Wirkung bei gewiß immer noch vorhandenen „Menschen ohne Eigenschaften" im Sinne Baurmans? Resozialisierung senkt den erwarteten Wert der effektiven Strafe, die Zahl der Straftaten würde steigen.
2) Der dispositionelle Nutzenmaximierer hält die Norm nicht ein, weil sie eine Norm ist, sondern weil die Befolgung unter Berücksichtigung der Strafe nutzenmaximierend ist. Würde er bei Abschaffung von Strafe nicht in Versuchung gebracht?

---

andere gesellschaftlich wertvolle Zwecke. In einer funktionsfähigen Demokratie bestimmen die Präferenzen der Bürger den Anteil des Sozialprodukts, der in pädagogische Versuche investiert wird.

3) Wie ist bei Schäden zu verfahren, die das Vermögen des Schädigers übersteigen?

Die im Referat von Lüderssen sowie die in diesem Korreferat angeschnittenen Fragen zeigen, daß Strafrecht für Law and Economics eine Fülle von interessanten Fragen aufwirft. Wenn Law and Economics dies auch für das Strafrecht bewirken sollte, könnte man einem fruchtbaren und spannenden Gedankenaustausch entgegensehen.

Literatur

Baurman, M., Der Markt der Tugend. Recht und Moral in der liberalen Gesellschaft, Tübingen 1996.

Curti, H., Zur Abschreckungswirkung strafrechtlicher Sanktionen in der Bundesrepublik Deutschland. Eine empirische Untersuchung, in diesem Band.

Donohue III, J. J., Siegelman, P., Allocating Resources Among Prisons and Social Programs in the Battle Against Crime, in: Journal of Legal Studies, Vol. XXVII: (1998), S. 1 - 43.

Entorf, H., Ökonomische Theorie der Kriminalität, in diesem Band.

Heiner, R.A., The Origin of Predictable Behavior, in: American Economic Review, 73: (1983), S. 560 – 595.

Kirstein, R., Schmidtchen, D., Imperfect Decision-Making and the Tax Payer Puzzle, Discussion Paper 9801, Center for the Study of Law and Economics, Universität des Saarlandes, (1998).

Lüderssen, K., Ökonomische Analyse des Strafrechts und Alternativen zum Strafrecht (in diesem Band).

Schmidtchen, D., Vom nichtmarginalen Charakter der Steuermoral, in: Smekal, Chr., E. Theurl (Hrsg.): Stand und Entwicklung der Finanzpsychologie, Baden-Baden 1994: S. 185 – 211.

Diskussion

zusammengefaßt von *Daniel O'Sullivan*

Die an die beiden Referate anschließende Diskussion behandelte sowohl die übergeordnete Frage, ob Strafe überhaupt abschreckend wirken könne und wirke als auch einzelne Prämissen innerhalb des ökonomischen Modells, das diese Abschreckungswirkung ergibt.

In dem erstgenannten Bereich wurde darauf hingewiesen, daß auch übergeordnete Werte wie moralische Normen, die Grundrechte oder gar die Menschenrechte, in jede Betrachtung eingestellt werden müßten, weil allenfalls eine legitimierte und von den Normadressaten innerlich zumindest grundsätzlich akzeptierte Vorschrift „abschrecken" könne. Eine Willkürnorm werde dagegen nicht akzeptiert.

Die Diskussionsbeiträge, die sich innerhalb ökonomischer Modellbildung zu dieser Frage bewegten, wurden weitere Prämissen eingeführt, die ebenfalls positive und negative Auswirkungen auf die Abschreckungsfunktion des Strafrechts zeitigen könnten, die vor allem das Modell Gary Beckers nicht berücksichtige.

So seien in einem Modell gesellschaftlich optimaler Kriminalität auch andere Einflüsse außer der Strafe zu berücksichtigen, so etwa Vorbeugung und Schutzmaßnahmen potentieller Opfer wie auch eine normeninternalisierende Sozialisation.

Auch die Resozialisierung habe meßbare Einflüsse auf das Kriminalitätsniveau, allerdings seien diese sehr zwiespältig. Während Resozialisierungen positiv zu einer Norminternalisierung und durch eine Ausbildung gefaßter Straftäter beispielsweise zu einer Erhöhung ihrer Opportunitätskosten und damit zu einem Rückgang der Kriminalität führen könnten, sei gerade bei letzterem Beispiel auch eine gegenläufige Auswirkung denkbar: Eine Ausbildung im Gefängnis könne positive Anreize für Kriminalität setzen, weil einige Menschen anders als durch Straftaten nicht in diesen Genuß kämen.

Abschließend wurde auf einige weitere Funktionen des Strafrechts hingewiesen, die in einem ökonomischen Modell berücksichtigt werden müßten, nämlich die symbolischen Auswirkungen der Öffentlichmachung, die für sich oder durch informelle soziale Sanktionen im Umfeld des Straftäters ebenfalls abschreckend wirken könnten. Ebenfalls seien bei den Auswirkungen höherer Strafen und einer höheren Ergreifungswahrscheinlichkeit die jeweiligen Folgekosten vor allem des Strafvollzugs einzubinden, die das Modell eines gesellschaftlich optimalen Kriminalitätsniveaus beeinflussen könnten. Und letztlich müßten auch in ökonomischen Betrachtungen die sozialwissenschaftlichen Erkenntnisse berücksichtigt werden, so beispielsweise die Reputationsbildung vor allem straffällig gewordener Jugendlicher in ihren Peer-groups, die mit einer gewissen Zwangsläufigkeit zu kriminellen Karrieren führen könnten.

Als Fazit der Diskussion bleibt festzuhalten, daß die verschiedenen wissenschaftlichen Disziplinen zum Teil auf verschiedenen Ebenen argumentieren und daß diese Differenzen zunächst erkannt und überwunden werden müssen, daß aber letztlich nur eine Zusammenarbeit der Ökonomie, der Sozialwissenschaften und der Psychologie sowie der Rechtswissenschaft befriedigende Antworten zu dem gesellschaftlichen Phänomen der Kriminalität geben können.

Wozu Strafrecht? Einige Anmerkungen aus ökonomischer Sicht[*]

von

Dieter Schmidtchen

Hangman: Do you have last words?
W. C. Fields: Well, this is certainly going to be a lesson to me.

A. Schutz von Rechten

1. Strafrecht kriminalisiert Handlungen. Es enthält Rechtsnormen, die an eine begangene Tat die Strafe als Rechtsfolge knüpfen (Strafrecht im engeren Sinne). Ziel ist der Schutz von Rechtsgütern.
2. Die Spezifizierung von Rechtsgütern und die Bezeichnung der nicht erlaubten Angriffswege wird zumeist entweder vom Zivilrecht bzw. vom öffentlichen Recht geleistet. Spezifisch strafrechtlich ist daher in der Regel nur die Frage, welche Angriffe auf welche bereits durch die übrige Rechtsordnung geschützten Rechtsgüter strafwürdig und strafbedürftig sind.
3. In dem hier interessierenden Zusammenhang erscheint es zweckmäßig, unter Rechtsgütern Eigentum im weiten Lockeschen Sinne zu verstehen, nämlich „das Leben, die Freiheit und den Besitz". Folgt man Hayek, so besteht die bisher gefundene Methode zum Schutz des Eigentums darin, „jedem Individuum einen Bereich erlaubter Handlungen durch Bezeichnung von Gegenstandsbereichen abzugrenzen (oder eher dadurch, daß Gegenstandsbereiche durch die Anwendung von Regeln auf die konkreten Umstände erkennbar gemacht werden), über die nur bestimmte Individuen verfügen dürfen und von deren Kontrolle alle anderen ausgeschlossen sind ... Mit anderen Worten, es sind Regeln erforderlich, die es möglich machen, in jedem Augenblick die Grenze des geschützten Bereichs jedes Einzelnen festzustellen und auf diese Weise zwischen dem *meum* und dem *tuum*

---

[*] Ich danke den Herren Christoph Bier, Roland Kirstein, Alexander Neunzig und Stephan Weth für wertvolle Hinweise. Insbesondere danke ich Professor Heinz Giehring von der Universität Hamburg für wertvolle Hinweise und Kritik an einer früheren Fassung dieses Artikels. Selbstverständlich gehen alle verbleibenden Fehler zu Lasten des Verfassers.

zu unterscheiden." (Hayek 1980, Bd. 1, S. 148.)[1] Zu diesen Regeln gehören außer den in einer Gesellschaft geltenden Verhaltensnormen die Regeln des Rechts.

4. Die „geschützten Bereiche", von denen Hayek spricht, sind Gebiete, die der Kontrolle der Individuen unterliegen. Ihre Grenzen werden durch das Bündel an Handlungsrechten definiert, die einer Person zustehen. Die „property rights"-Theorie unterscheidet vier Arten: das Nutzungsrecht, das Aneignungsrecht der Erträge, das Recht der Veränderung einer Ressource oder eines Gutes und das Recht, diese Rechte temporär oder dauerhaft auf andere zu übertragen.

5. Wenn Recht Gebiete erlaubter Handlungen markiert, dann bestehen Rechtsverletzungen in einer Überschreitung der Grenzen dieser Gebiete. Die Sanktionen des Strafrechts schützen Rechte, indem sie vor solchen Grenzüberschreitungen abschrecken.[2] Aber diesem Schutz von Rechten dienen andere Bereiche des Rechts auch, etwa das Haftungsrecht. Deshalb liegt im Schutz von Rechten allein keine hinreichende Legitimation für die Kriminalisierung von Handlungen.

6. Nach Calabresi/Melamed (1972) kann man die Abgrenzung geschützter Bereiche mit Hilfe dreier Regeln vornehmen, die sie Eigentumsregel (property rule), Schadenersatzregel (liability rule) und Unveräußerlichkeitsregel (inalienability rule) nennen. Das Wesen dieser Regeln macht man sich am besten anhand eines Beispiels klar. Betrachtet sei die Handlung „Fahren eines Autos". Sie impliziert, daß ein Fahrer den Zugang zu mindestens zwei Ressourcen hat: dem Kraftfahrzeug und dem Raum, auf dem das Fahrzeug bewegt werden soll.

Die Gesellschaft bestehe aus zwei Personen: A, dem Fahrer und Eigentümer des Autos, und B. Die Eigentumsregel beruht auf einem Handlungsverbot mit Erlaubnisvorbehalt: Es ist nicht erlaubt, das Auto zu bewegen, es sei denn B stimmt zu. Die Überschreitung der Grenze des geschützten Bereichs von B (definiert durch ein exklusives Verfügungsrecht am Raum) darf nur mit seiner Zustimmung erfolgen. Bevor A handeln darf, muß er mit B verhandeln. B hat das Recht, seine Zustimmung an die Zahlung einer Kompensation zu knüpfen, deren Höhe von der Höhe des erwarteten Schadens abhängen wird.

Bei der Schadenersatzregel ist dem A das Bewegen des Autos im Raum erlaubt[3]. Im Falle eines Schadens wird durch eine dritte Instanz, etwa ein Gericht,

---

[1] Auch Nozick verwendet die Metapher eines geschützten Raumes (Gebietes), um das Wesen von Rechten zu verdeutlichen (siehe Nozick (o. J.), Kapitel 4).

[2] Daß dies der Fall ist, dafür gibt es ausreichende empirische Evidenz (siehe Entorf (1999); Curti (1999), Schäfer (....)).Die Strafelastizität, d. h. die relative Veränderung in der Zahl der Straftaten bezogen auf die relative Veränderung entweder der Wahrscheinlichkeit einer Strafe oder der Höhe der Strafe, ist typischerweise kleiner eins, aber größer Null. Andere Strafzwecke sind Sühne und Vergeltung. Nachdem diese Zwecke lange Zeit als mit rationalem Strafrecht unvereinbar angesehen wurden, scheinen sie heute in anderem Gewande wieder eine größere Rolle zu spielen. Das Stichwort heißt Erhaltung des Rechtsfriedens. Zur Erhaltung des Rechtsfriedens gehört auch die Kanalisierung von Gegenaggression der Opfer und der Allgemeinheit. Da diese Gegenaggression zu den gesellschaftlichen Kosten von Kriminalität zu zählen ist, werden diese in dem Maße gesenkt, in dem die Abschreckung durch Strafrecht gelingt. Obwohl aus ökonomischer Sicht der Vollzug der Bestrafung nur notwendig ist, um der Strafandrohung Glaubwürdigkeit zu verleihen und dadurch abzuschrecken, mögen durch den Vollzug der Bestrafung nebenher auch Zwecke erfüllt werden, an denen Strafrechtler und Kriminologen interessiert sind.

[3] Eine Handlung ist erlaubt, wenn sie weder geboten noch verboten ist.

der Schadenersatz festgelegt. Bei der Unveräußerlichkeitsregel darf zwar B den Raum nutzen, aber er darf das Nutzungsrecht nicht auf den A (entgeltlich oder unentgeltlich) übertragen[4]. Dies bedeutet de facto ein Verbot des Autofahrens – ein Resultat, das man auch durch ein an den A gerichtetes Verbot erreichen könnte, ein Auto, dessen Besitz erlaubt ist, im Raum zu bewegen.

In der folgenden Abbildung sind diese Zusammenhänge noch einmal veranschaulicht, wobei in der Kopfspalte das Kriterium Zustimmung des B zur Nutzung des Raumes enthalten ist.

Zustimmung	Eigentumsregel	Schadenersatzregel	Unveräußerlichkeitsregel
mit	erlaubt	erlaubt	nicht erlaubt
ohne	nicht erlaubt	erlaubt	nicht erlaubt
Sanktionen	Schadenersatz gegebenenfalls Strafe		Strafe

Abb. 1: Erlaubnisregeln

Die Auswahl unter diesen Regeln sollte aus ökonomischer Sicht nach der Höhe der Transaktionskosten vorgenommen werden (siehe Koboldt/Leder/Schmidtchen 1995), wobei unter Transaktionskosten die Kosten zu verstehen sind, die mit der Suche nach Transaktionspartnern sowie dem Aushandeln, der Kontrolle und der Durchsetzung von Verträgen verbunden sind.

Überall dort, wo prohibitiv hohe Transaktionskosten eine Einigung zwischen den betroffenen Parteien unwahrscheinlich machen und das Ausmaß der Schädigung infolge einer Eigentumsrechtsverletzung durch die Gerichte problemlos zu bestimmen ist, ist eine Absicherung von Eigentumsrechten über Schadenersatzansprüche dem Verfahren der Absicherung über Verhandlung und ex ante Kompensation vorzuziehen. Dort, wo eine private Vereinbarung nicht durch Transaktionskosten gefährdet scheint, ist die Eigentumsregel vorteilhaft, da die Parteien unmittelbar miteinander verhandeln und nicht Außenstehende (das Gericht) versuchen müssen, die Wertschätzung des geschädigten Eigentümers zu bestimmen.

In den Fällen, wo sowohl die Eigentumsregel als auch die Schadenersatzregel versagen, z. B. wegen eingeschränkter Rationalität mindestens eines Transaktionspartners, ist die Unveräußerlichkeitsregel anzuwenden.

7. Die Definition von Handlungsrechten ist eines, die Durchsetzung ein anderes. Was geschieht bei Rechtsverstößen? Die Antworten sind in der unteren Zeile von Abb. 1 enthalten.

Wenn im Regime der Eigentumsregel eine Erlaubnis vorlag, ist die Frage gegenstandslos: Das Bewegen des Fahrzeugs ist kein Rechtsverstoß. Wenn dabei dem B ein Schaden entstehen sollte, so ist dies aus ökonomischer Sicht unbe-

---

[4] In anderen Zusammenhängen kann die Unveräußerlichkeitsregel bedeuten, daß ein Eigentümer in dieser Regel bestimmte Nutzungen einer Ressource nicht vornehmen darf. Man denke an ein Verbot des Selbstmordes.

achtlich, denn der B wurde für den Fall eines Schadens ex ante kompensiert. Diese Kompensation erhält er – gemäß der Logik dieser Regel – auch, wenn ihm kein Schaden entstanden sein sollte. Bei der Aushandlung der Höhe der Kompensation wird dieser Umstand in Rechnung gestellt werden. Die zur Erteilung der Erlaubnis erforderliche ex ante Kompensation wird (bei Risikoneutralität des B) dem Erwartungswert des Schadens entsprechen. Dieser wird ermittelt, indem man die Höhe des Schadens mit der Wahrscheinlichkeit seines Eintritts multipliziert.

Wenn A das Fahrzeug ohne Erlaubnis im Raum bewegt hat und ein Schaden entstanden ist, dann wäre an Schadenersatz zu denken. Schadenersatz erhöht die Kosten einer Handlung. In Antizipation dieses Schadenersatzes wird A das Fahrzeug im Raum nur dann bewegen, wenn seine Wertschätzung des Fahrens ausreichend hoch ist. Und dies ist die volkswirtschaftlich effiziente Lösung. B wird für den Schaden kompensiert und A hat einen positiven Netto-Nutzen[5].

Ist dagegen kein Schaden entstanden, dann liegt gleichwohl ein Regelverstoß vor. Damit effizientes Verhalten induziert wird, muß in diesem Fall eine Sanktion verhängt werden. Da Schadenersatz wegen der Natur der Sache nicht in Frage kommt, bleibt eine Strafe in Höhe des Erwartungswertes des Schadens. Man beachte, daß die Strafe einen Ersatz für Schadenersatz darstellt, um effiziente Verhaltensanreize zu setzen.

Im Regime der Schadenersatzregel liegt ein Rechtsverstoß dann vor, wenn Schadenersatz fällig wurde und der Schädiger diesen nicht leisten wollte oder konnte. Im ersteren Falle kann bei hinreichend hohem Vermögen der Schadenersatz zwangsvollstreckt werden. Im letzteren Falle verbleibt die Freiheitsstrafe, deren monetäres Äquivalent dem Schaden entsprechen sollte. Auch hier gilt, daß die Strafe einen Ersatz für Schadenersatz darstellt, um effiziente Verhaltensanreize zu setzen[6].

Ein Verstoß gegen die Unveräußerlichkeitsregel liegt dann vor, wenn B dem A die Nutzungsmöglichkeit am Raum gegen Entgelt einräumt. B tut etwas, was ihm nicht erlaubt ist. Er überschreitet die Grenze seines geschützten Raumes. Betrachtet man die Unveräußerlichkeitsregel als eigenständige Regel, dann kann ein Verstoß gegen sie weder durch ex ante Kompensation (wie bei der Eigen-

---

[5] Die Existenz eines positiven Netto-Nutzens impliziert, daß A genügend hohe Zahlungsbereitschaft für den Kauf der Erlaubnis durch B besitzt. Wenn keine Verhandlungen aufgenommen wurden oder diese gescheitert sind, dann liegt das an den mit Verhandlungen verbundenen Transaktionskosten. Der Fall eines Rechtsverstoßes im Regime der Eigentumsregel kann deshalb nur auftreten, wenn die Transaktionskosten hinreichend hoch sind. Bei niedrigen Transaktionskosten – im extrem Transaktionskosten von Null – wird B dem A die Erlaubnis zum Fahren erteilen.

[6] Die Strafe unterscheidet sich vom (ex ante oder ex post) Schadenersatz auch dadurch, daß nichts an den Geschädigten geleistet wird. Die Geldstrafe fließt in die Staatskasse. (Auf den Unterschied zwischen Strafe im Sinne der Kriminalstrafe und der Geldbuße als Folge von Ordnungswidrigkeiten braucht hier nicht näher eingegangen zu werden. Was die Höhe anlangt, sind sie ökonomisch äquivalent.) Die Freiheitsstrafe stellt ebenfalls keine Leistung an den Geschädigten im Sinne eines Schadenersatzes dar (Wiedergutmachung). Allerdings ist Schadenswiedergutmachung nach deutschem Recht möglich (siehe z. B. § 46 a StGB). Täter und Opfer können im Schatten des Strafrechts über das Ausmaß der Wiedergutmachung verhandeln. Wir haben hier eine Regel zum Schutz von Rechten vor uns, die Elemente einer modifizierten „liability rule" in das Strafrecht aufnimmt.

tumsregel) noch ex post Kompensation (wie bei der Schadenersatzregel) sanktioniert werden, sondern man benötigt etwas Drittes – das ist die Strafe.

8. Strafen dienen dazu, den unfreiwilligen Transfer von Rechtspositionen zu verhindern. Dieses Ziel kann nur erreicht werden, wenn die Straftäter hinreichend rational sind, um sich von Strafen abschrecken zu lassen[7]. Die Ökonomie unterstellt dabei, daß Menschen ihre Handlungen wählen, indem sie die Folgen alternativer Handlungen abwägen. Da Strafen zu den Folgen kriminalisierter Handlungen gehören, bestimmen sie die Kosten dieser Handlungen mit. Erhöhen sich die Kosten einer Handlung, sinkt die Wahrscheinlichkeit, daß diese Handlung ergriffen wird; umgekehrt erhöht sie sich, wenn die Kosten sinken.

Ökonomen wie Juristen unterstellen, daß Handlungen nicht schon deshalb unterlassen werden, weil sie zu Angriffen auf Rechtsgüter erklärt wurden. Ohne diese Unterstellung wäre eine Forderung nach Bestrafung nicht nachvollziehbar, die mit der Androhung von Strafe das Verhalten steuern will.

Die wirksame Strafe muß so hoch sein, daß die Straftat dem Täter weniger Nutzen stiftet als legale Handlungen. Der rationale Straftäter begeht eine Straftat, wenn der erwartete Nutzen aus derselben den erwarteten Nutzen aus der besten alternativen Verwendung der Zeit und seiner sonstigen Ressourcen übersteigt. Man betrachte ein Eigentumsdelikt. Seien p die Wahrscheinlichkeit, verurteilt zu werden, f der Geldwert der Strafe und y der Wert der Beute für den Täter, dann gilt für den Fall, daß der Nutzen aus der Beute durch den Wert der Beute für den Täter gemessen wird, $U_{ill} = y - p \cdot f$, mit U_{ill} = Nutzen aus illegaler Tätigkeit. Sei x das legale Einkommen, dann wird die Straftat begangen, wenn $y - p \cdot f - x > 0$. Das legale Einkommen wird hier als Näherungsmaß für die Opportunitätskosten des Begehens der Straftat genommen. Diese bestehen in dem Einkommen, auf das wegen der Aufwendung von Zeit und anderen Ressourcen für die Straftat verzichtet werden muß. Sind p und/oder f hinreichend groß, so lohnt sich bei gegebenem y und x die Straftat nicht. Sind bei gegebenem y die Werte von p, f, x hinreichend groß, dann lohnt sich die Straftat ebenfalls nicht. Man sieht, die Kriminalität ist eine Funktion von p, f, y und x[8].

9. Soll vermittels Strafrecht die unerlaubte Überschreitung geschützter Bereiche abgeschreckt werden, dann muß der Erwartungswert der Strafe $p \bullet f$ so eingestellt werden, daß folgendes gilt: $y - p \bullet f - x < 0$ [9].

---

[7] Abschreckbar ist jemand, dem man unterstellt, daß er aus Einsicht auch anders hätte handeln können, als er tatsächlich gehandelt hat. Sollte sich eine Person nicht abschrecken lassen, spricht das für langfristige Wegsperrung. Ein geistig Verwirrter ist nicht abschreckbar, damit entfällt die ökonomische Ratio für eine Bestrafung. Die Androhung höherer Strafen für Wiederholungstäter unterstellt Abschreckbarkeit von Tätern. (Zu den im Falle von Wiederholungstätern aufgeworfenen theoretischen Problemen siehe Polinsky/Shavel 1998.)

[8] Es lassen sich außerdem sonstige Faktoren wie Intelligenz, Schulbildung, Herkunft usw. in diese Funktion einfügen. (Siehe Entorf 1999.)

[9] Für die Abschreckung kommt es auf den Erwartungswert der Strafe, also das mathematische Produkt aus Strafwahrscheinlichkeit und Strafhöhe. Erhöht man den Wert einer Komponente, kann der der anderen gesenkt werden. Da die Erhöhung der Strafwahrscheinlichkeit teuer ist - man benötigt z. B. zusätzliche Polizisten - lautet die Empfehlung, die Strafe möglichst hoch anzusetzen und

Anhand dieser Formel kann ferner verdeutlicht werden, warum es gesellschaftlich wünschenswert ist, solche Grenzüberschreitungen abzuschrecken. Der Vorteil des Täters in Höhe von y resultiert aus einer Umverteilung von Vermögen. Ihm entspricht keine Wertschöpfung. Auf der anderen Seite ist der Vorgang der Umverteilung für die Gesellschaft mit Kosten verbunden. Diese bestehen im Ausfall an Wertschöpfung in Höhe von x. Solange die für das Betreiben des Strafrechtssystems aufzuwendenden Kosten kleiner als x sind, lohnt sich – gesellschaftlich gesehen – die Abschreckung.

10. Die soeben dargestellten Überlegungen stehen in der Tradition eines Ansatzes der Bestrafung, der von Gary Becker in einem berühmten Aufsatz begründet wurde (siehe Becker 1968).

Bei ihm ist die Möglichkeit von gerichtlichen Fehlurteilen kraft Annahme ausgeschlossen. Da aber die Möglichkeit solcher Fehlurteile verhaltensrelevant ist, muß der oben dargestellte Kalkül modifiziert werden. Hier läßt sich ein Modell, das für einen Schadenersatzfall entwickelt wurde (siehe Kirstein/Schmidtchen 1997), auf das Strafrecht analog anwenden (siehe auch Kirstein 1998: S. 52).

Man benötigt lediglich einige bedingte Wahrscheinlichkeiten. Es sei r die bedingte Wahrscheinlichkeit, daß ein Richter einen Angeklagten verurteilt, gegeben der Angeklagte ist der Täter; $1 - r$ ist dann die bedingte Wahrscheinlichkeit, daß ein Täter nicht verurteilt wird. Sei w die bedingte Wahrscheinlichkeit, daß ein Angeklagter verurteilt wird, der tatsächlich unschuldig ist; $1 - w$ ist dann die bedingte Wahrscheinlichkeit, daß ein Unschuldiger freigesprochen wird.

Die Neigung zu Fehlurteilen eines Gerichts läßt sich demgemäß durch zwei bedingte Wahrscheinlichkeiten erfassen: $1 - r$ und w. Ein perfektes Gericht ist durch folgende Konstellation gekennzeichnet: $r = 1$ und $w = 0$.

Es läßt sich zeigen, daß Abschreckung möglich ist, ohne daß ein Gericht perfekt ist. Erforderlich ist lediglich „positive Verifizierbarkeit", die dann vorliegt, wenn $r - w > 0$ gilt[10].

Abschreckung erfordert:

$$y - r \bullet f - x + w \bullet f < 0$$

$y - r \bullet f$ ist der erwartete Ertrag aus der Straftat, x die Opportunitätskosten der Straftat und $w \bullet f$ steht für die irrtümlich verhängte Strafe.

Dieser Ausdruck läßt sich umformen zu

$$r - w > \frac{y - x}{f}$$. Gilt $x < y$ und $f > 0$,

dann setzt Abschreckung $r - w > 0$ voraus, also positive Verifizierbarkeit.

Aus dieser Formel läßt sich ein interessanter Zusammenhang zwischen Strafprozeßordnung und Höhe der Strafe ableiten. Die Strafprozeßordnung läßt

---

vornehmlich Geldstrafen zu verwenden (siehe Becker 1968; zu einer Kritik siehe Posner 1985: 1207 f.)

[10] Ist $(r - w) = 0$, dann entscheidet das Gericht nicht besser als der Zufall, m. a. W.: Die Wahrscheinlichkeit verurteilt zu werden, hängt nicht davon ab, ob der Angeklagte der Täter war oder nicht. Die Verifizierbarkeit des Gerichts ist in diesem Fall Null.

sich als ein Verfahren interpretieren, Gerichtsirrtümer zu vermeiden. Unter Rückgriff auf die Formel bedeutet dies, $r - w$ möglichst groß zu machen. Je größer die Differenz $(r - w)$, desto niedriger braucht die Strafe auszufallen, um Abschreckung zu gewährleisten.

In Beckers Ansatz wie in der ihm folgenden Ökonomik der Kriminalität wird unterstellt, daß der Angeklagte auch der Täter ist. Dies impliziert, daß $w = 0$ und $p = r$ gesetzt wird. Auch Becker muß deshalb positive Verifizierbarkeit unterstellen.

11. Der Schutz von Rechten verursacht Kosten, die man durch den Wert der dafür in einer Gesellschaft eingesetzten Ressourcen messen kann. Je besser der Schutz, desto höher werden die Kosten sein. Da ein perfekter Schutz von Rechten (= Zahl der Rechtsverstöße = 0) prohibitiv teuer ist, muß man die zusätzlichen Kosten einer Verbesserung des Rechtsschutzes mit den dadurch vermiedenen Kosten aus Rechtsverstößen vergleichen. Das gesellschaftlich anzusteuernde Niveau von Rechtsverstößen ist deshalb nicht zwingend Null, sondern liegt dort, wo die Summe aus gesellschaftlichen Kosten der Kriminalität und gesellschaftlichen Kosten der Kriminalitätsbekämpfung am niedrigsten ist.

Dieses effiziente gesellschaftliche Niveau der Kriminalität läßt sich folgendermaßen bestimmen:

Zunächst sind die Staatsausgaben zur Abschreckung von Kriminalität zu beachten. Diese bestehen aus Ausgaben für Polizei, Staatsanwaltschaft, Gerichte, Gefängnisse etc. Die Gesamtausgaben seien so auf die verschiedenen Bereiche des Justizsystems verteilt, daß dadurch die maximale Abschreckungswirkung erzeugt wird. Außerdem ergreifen die Bürger private Maßnahmen zum Schutz vor Kriminalität, etwa in Form von Türschlössern oder Wachtposten. Die Summe der staatlichen und privaten Ausgaben sei mit a symbolisiert. Die Menge der Kriminalität $q = q(a)$ sei eine abnehmende Funktion von a.

Eine Straftat möge direkte Kosten für das Opfer in Höhe von „d" erzeugen. Dem Täter entstehen Opportunitätskosten pro Straftat für Tatvorbereitung, Tatausübung und der Verschleierung in Höhe von x[11].

Die Gesamtkosten der Kriminalität ergeben sich als Summe der direkten Kosten des Opfers und der Opportunitätskosten des Täters multipliziert mit der Menge an Straftaten:

$$(d + x) \bullet q(a).$$

Die gesellschaftlichen Kosten erhält man, wenn man die Gesamtausgaben zur Bekämpfung der Kriminalität hinzufügt:
(1) Gesellschaftliche Kosten = $(d + x) \bullet q(a) + a$.
Die gesellschaftlichen Kosten der Kriminalität netto gerechnet ergeben sich, wenn man die gesellschaftlichen Kosten aus (1) um den gesellschaftlichen Vorteil der Kriminalität, b, korrigiert[12]:

---

[11] Die Summe $(a + x)$ sei mit Tullock-Kosten bezeichnet, zu Ehren von G. Tullock, der als erster auf die Bedeutung dieser Kosten hingewiesen hat und der – entgegen weitverbreiteter Ansicht – als Begründer der Ökonomik der Kriminalität gelten kann (siehe Tullock 1967).

(2) Netto gesellschaftliche Kosten = *(d + x) • q(a) + a - b • q(a)*
Die gesellschaftlichen Kosten netto gerechnet sind minimiert, wenn folgende Beziehung gilt:

$$1 = - (d + x - b) f \bullet q',$$

wobei *q'* für den marginalen Rückgang der Zahl der Straftaten pro zusätzlicher Einheit Abschreckung steht[13].

Diese Gleichung besagt, daß das gesellschaftlich effiziente Kriminalitätsniveau dort liegt, wo die marginalen Kosten der Abschreckung (= zusätzliche DM, die für Abschreckung ausgegeben wird; linke Seite der Gleichung) gleich sind dem marginalen Netto-Vorteil aus der Abschreckung. Letzterer bestimmt sich aus dem marginalen Fallen der Zahl der Straftaten multipliziert mit dem gesellschaftlichen Netto-Kosten der Kriminalität. Wenn Abschreckung nichts kosten würde, also *a = 0*, und *b = 0*, dann ist eine Kriminalitätsmenge *q = 0* gesellschaftlich optimal. Wenn die Kosten der Abschreckung steigen, sinkt das optimale Niveau. Wenn die Netto-Kosten der Kriminalität steigen, nimmt das optimale Niveau der Abschreckung zu. (Siehe Cooter/Ulen 1988: 539.)

12. In zahlreichen ökonomischen Nutzen-Kosten Analysen des Strafrechts gehen die Vorteile eines Kriminellen aus der Straftat mit positivem Gewicht in die Berechnung der gesellschaftlichen Wohlfahrt ein (so etwa Becker 1968). Daraus folgt, daß die mit einer Reduktion der Kriminalität einhergehenden Nachteile der Kriminellen zu den gesellschaftlichen Kosten der Kriminalitätsbekämpfung zu zählen wären. Wer z. B. einen konkreten Diebstahl als reinen Transfer und insofern die gesellschaftliche Wohlfahrt nicht verändernd ansieht, gibt der individuellen Wohlfahrt des Kriminellen gleiches Gewicht wie der individuellen Wohlfahrt des Opfers.

Die Frage, ob man die Vorteile des Kriminellen zur gesellschaftlichen Wohlfahrt zählen sollte oder nicht, läßt sich nur auf der Grundlage von Werturteilen fällen. In der Ökonomie wurde dieses Problem kontrovers diskutiert (siehe Lewin/Trumbull 1990; McChesney 1993). Der Akt der Kriminalisierung läßt sich als Ausdruck eines Werturteils interpretieren, den individuellen Wohlfahrtsgewinn des Kriminellen nicht als gesellschaftlichen Wohlfahrtsgewinn zu betrachten. McChesney vertritt in dieser Diskussion die Ansicht, daß der Rückgriff auf die Tullock-Kosten des Diebstahls eine Begründung der Kriminalisierung erlaubt – unabhängig davon, ob man die individuellen Vorteile des Kriminellen zur gesellschaftlichen Wohlfahrt rechnet oder nicht. Der Streit um die Einbeziehung der Vorteile des kriminellen Täters sei deshalb irrelevant. Es komme nicht

---

[12] Der gesellschaftliche Vorteil kann Null oder auch positiv sein. Die Entscheidung hängt von einem Werturteil bezüglich des Gewichts ab, das den Täterinteressen bei der Berechnung der gesellschaftlichen Wohlfahrt gegeben werden soll.

[13] Dieselbe Bedingung erhält man, wenn man den gesellschaftlichen Nutzen – netto gerechnet – bestimmt, also *b • q(a) – (d + x) • q_a – a*, und diese Größe maximiert. (Siehe zu diesem Vorgehen Cooter/Ulen 1988 : 539, die *q* aber als Wahrscheinlichkeit des Begehens einer Straftat auffassen. Eine Verbesserung der Abschreckung zeigt sich in der Verringerung dieser Wahrscheinlichkeit. Die Größe *q'* steht dann für den marginalen Rückgang der Wahrscheinlichkeit eines Verbrechens pro zusätzlicher Einheit Abschreckung.)

darauf an, wie man die gesellschaftlichen Vorteile berechnet, sondern daß die Kosten richtig berechnet würden (siehe McChesney 1993: 228). Sein Fazit: „When these costs (gemeint sind die Tullock-Kosten, D. S.) are included – regardless whether criminal's gains are counted – the optimal amount of crime is a corner solution." (McChesney 1993: 228.) In der Tat, selbst wenn die Vorteile des Kriminellen mitgezählt würden, sie wären immer niedriger als die gesellschaftlichen Kosten der Kriminalität, berechnet als Summe aus Verlust des Opfers und Tullock-Kosten. Handlungen, deren optimales Niveau gemessen an diesem Kriterium Null ist, sind Handlungen, die man kriminalisieren sollte[14]. Lewin/Trumbull (1993: 233) haben allerdings mit Recht darauf hingewiesen, daß McChesney's Analyse ein Argument für die Abschreckung solcher Handlungen liefert, aber nicht für sich genommen ein Argument für die Kriminalisierung. Als alternative Methode steht zur Abschreckung ja noch das Schadensrecht zur Verfügung.

B. Transaktionstheorie des Strafrechts

13. Nach Posner besteht die Hauptfunktion von Strafrecht in Marktwirtschaften darin, die Umgehung eines (expliziten oder impliziten) Marktes in solchen Fällen zu verhindern, wo die Transaktionskosten niedrig sind (Posner 1985: 1195, siehe auch Shavell 1985)[15].

Wenn die Transaktionskosten der Marktbenutzung niedrig sind, ist der Markt die effiziente Methode des Ressourcentransfers. Da Markttransaktionen freiwillig sind, bieten sie die Gewähr der Pareto-Verbesserung. Die Nutzung einer Ressource erfolgt durch den, der sie am höchsten bewertet. Der erzwungene, d. h. der nicht freiwillige, Transfer von Ressourcennutzungen, der mit dem unerlaubten Eindringen in den geschützten Bereich eines anderen erfolgt, garantiert dies nicht[16].

Das Kriterium der Bewertung ist die (maximale) Zahlungsbereitschaft und nicht etwa der Nutzen. Wenn Person B das Auto von Person A haben möchte, dann ist der Transfer effizient, wenn B das Auto höher bewertet als A. Wenn B gezwungen wird, mit A zu verhandeln (Markttransaktion), kann getestet werden,

---

[14] Das bedeutet nicht, daß die Zahl dieser Handlungen zwingend auf Null gebracht werden müßte. Die Kriminalitätsbekämpfung verschlingt private und staatliche Ressourcen, so daß die optimale Zahl kriminalisierter Handlungen größer Null sein dürfte. Man beachte, daß in diesem Optimum die staatlichen Grenzkosten einer Einheit "Reduktion Kriminalität" gleich groß sein müssen den privaten Grenzkosten der Verhinderung dieser "Einheit Kriminalität".

[15] Siehe auch Klevorick, der kriminelles Handeln als im Gegensatz zur „transaction structure" einer Gesellschaft stehend ansieht (Klevorick 1985: 289). Fletcher (1985) liefert eine Kritik, die z. T. auch auf Posner zutrifft.

[16] Es sei hier an die Theorie der „property rights" erinnert, wonach Rechtsbündel den Gegenstand von Markttransaktionen bilden. Erzwungene Transaktionen bestehen dann in der Anmaßung von Rechtskomponenten, die den geschützten Bereich des "Eigentümers" von Leben, Freiheit und Besitz definieren. Insofern die Ökonomie die Transaktion zur elementaren Einheit ihrer Untersuchung macht, wird sie notwendigerweise Ökonomik des Rechts.

ob B tatsächlich eine höhere Bewertung hat als A. Wenn B kein Geld haben sollte, aber das Auto haben möchte, wäre es ineffizient, B das Auto einfach in seinen Besitz nehmen zu lassen. Das einfache Faktum, daß B nicht fähig ist, den von A geforderten Preis zu zahlen, belegt, daß das Auto in B's Händen weniger wert ist als in A's.

14. Die Markttransaktion, deren Umgehung das Strafrecht verhindern will, ist nicht notwendigerweise eine zwischen Täter und Opfer. Auch wenn der Täter B das Auto von A stiehlt, um es weiterzuverkaufen und aus dem Erlös seinen Lebensunterhalt zu bestreiten, wird der Markt umgangen. In diesem Falle wird der Arbeitsmarkt umgangen, auf dem der Täter seine Arbeitskraft hätte anbieten können (siehe Posner 1985: 1196), um das für einen Kauf des Autos notwendige Einkommen zu verdienen. Das Beispiel macht klar, daß hier die gesellschaftlichen Kosten des Diebstahls im Ausfall von Sozialprodukt bestehen. Die Produktivität des Strafrechts könnte daran gemessen werden, inwieweit es zur Reduktion dieser Kosten beiträgt.

15. Der Marktumgehungsansatz liefert eine einleuchtende ökonomische Begründung für die Kriminalisierung gewinnsüchtiger Handlungen wie Diebstahl, Einbruch, Raub, Betrug, Unterschlagung, Erpressung, Kidnapping, Morde aus Gewinnsucht, einige Arten von Vergewaltigung (siehe Posner 1985: 1196) [17]. Aber auch Verbrechen aus Leidenschaft können in diesem Ansatz untergebracht werden. Betrachten wir einen Mord, der aus Haß und nicht aus Habsucht begangen wird. Unter „normalen" Umständen wird die Zahlungsbereitschaft (Beschaffungspreisobergrenze) des Hassenden nicht ausreichen, den anderen zur Hergabe seines Lebens zu bewegen[18]. Die Transaktion würde unterbleiben. Genau dies soll die Strafandrohung bewirken. Anders formuliert: Das Unterlassen der Tötung ist Pareto-effizient. Strafe ist in diesem Beispiel ein Sanktionsmittel, das einen Verstoß gegen die „property rule" vermeiden soll.

Wir hatten oben gesehen, daß diese Regel bei niedrigen Transaktionskosten effizient ist. Sollten die Transaktionskosten jedoch hoch sein kann, so sollte grundsätzlich die Schadenersatzregel angewendet werden. Im vorliegenden Beispiel ist sie jedoch aus der Natur der Sache heraus nicht anwendbar.

16. Angenommen, A ist – bei klarem Verstand – gegen Zahlung von 1 Mio. DM bereit, sich von B töten zu lassen. Etwa, weil er davon ausgeht, daß ein Erbe von 1 Mio. den Nutzen seiner Erben steigern wird. Im Lichte der „property rule" könnte diese Transaktion als effizient erscheinen. Allerdings sind bei der Prüfung volkswirtschaftlicher Effizienz einer Transaktion auch deren (positive oder nega-

---

[17] Der Marktumgehungsansatz findet im Falle der Vergewaltigung seine Grenze dort, wo der Täter Befriedigung gerade aus dem Brechen des Willens des Opfers zieht. Das Marktparadigma impliziert Freiwilligkeit. Das, worauf es dem Täter ankommt, kann deshalb aus logischen Gründen niemals am Markt erworben werden. Auch Schauspielerei ist kein Substitut.

[18] Posner weist darauf hin, daß ein reiner utilitaristischer Vergleich wegen der Unvergleichbarkeit von Nutzen in diesem Zusammenhang nicht weiterführt. Nichtsdestotrotz unterstellt er Vergleichbarkeit des Nutzens, wenn er behauptet, daß der Disnutzen des Opfers gegen unendlich geht und man sich kaum vorstellen kann, daß der Nutzen des Täters diese Höhe erreichen wird (Posner 1985: 1197).

tive) Wirkungen auf unmittelbar an der Transaktion nicht beteiligte Dritte zu berücksichtigen. Man spricht von externen Effekten.

Betrachtet sei nun der Fall, in dem die Erben mehr als 1 Mio. dafür zu zahlen bereit wären, daß die Transaktion nicht zustande kommt. In einem solchen Falle wäre die Transaktion volkswirtschaftlich ineffizient. Diese Ineffizienz kann mit der simplen „property rule" nicht vermieden werden. Will man die „property rule" gleichwohl für solche Fälle verwenden, dann müssen alle Betroffenen an der Vereinbarung über die Transaktion mitwirken. Dies kann sehr teuer sein. Wenn zu vermuten ist, daß Drittinteressen einer Transaktion aus Effizienzgründen entgegenstehen, ist der Übergang auf die Unveräußerlichkeitsregel effizient. Gleiches gilt für den Fall, in dem keine externen Effekte auftreten, aber zu bezweifeln ist, daß einer der Transakteure seine wahren Präferenzen kennt oder Zeitinkonsistenz gegeben ist (siehe Koboldt 1995).

17. Es existieren noch vier andere Argumentationsstränge, die bei der Beurteilung von Verbrechen aus Leidenschaft eine Rolle spielen:
– Wenn A den B tötet, weil er Nutzen aus dem Leiden des B zieht, dann steigert das nicht den Wohlstand der Gesellschaft, denn es erfolgt keine Wertschöpfung. Im Gegenteil, die Gesellschaft wird geschädigt, weil eine produktive Ressource vernichtet wird. Daraus kann nicht geschlossen werden, daß aus Effizienzgründen keine Bedenken gegen die Tötung eines Menschen bestehen würden, wenn dieser keine „produktive Ressource" darstellt. Die Begründung liefert das folgende Argument.
– B wird zu Zeiten, in denen er noch produktiv war, Ressourcen zur Vermeidung der Tat aufwenden (oder andere, ihm Nahestehende, werden das tun) und A wird Ressourcen aufwenden, um die Tat auszuführen. Diese Ressourcen werden gesellschaftlich unproduktiv eingesetzt.
– Die Dichotomie zwischen Straftaten aus Gewinnsucht und solche aus Leidenschaft ist übertrieben. Gewinnsüchtige Straftaten umgehen explizite Märkte. Straftaten aus Leidenschaft umgehen implizite Märkte wie Freundschaft, Liebe, Rücksichtnahme (siehe Posner 1985: 1197). Manchmal werden aber auch explizite Märkte umgangen. Posner nennt zwei Beispiele (Posner 1985: 1197 f.): Wer Spaß an Raufhändel hat, umgeht den Arbeitsmarkt. Wer die Schlägerei sucht, umgeht das professionelle Boxen als Marktalternative. Wenn jemand Zeit anstatt für eine Anknüpfung einer Bekanntschaft auf die Vergewaltigung verwendet, wird ein impliziter Markt umgangen. Pönalisierung von Vergewaltigung steht in einer Beziehung zum Heirats- und Sexmarkt wie die Pönalisierung des Diebstahls zum Gütermarkt (siehe Posner 1985: 1199). In allen Fällen gilt: Jemand erhält einen Vorteil, ohne anderen Vorteile zu übertragen.
– Manchmal stellen Straftaten aus Leidenschaft Selbsthilfemaßnahmen dar: A verletzt B, und B tötet A, anstelle ihn zu verklagen (siehe Posner 1985: 1198).

Die Klage mag B fast soviel Befriedigung wie die Tötung gegeben haben, aber die gesellschaftlichen Kosten sind niedriger[19].

18. Sieht man den Zweck des Strafrechts im Falle niedriger Transaktionskosten in der Verhinderung der Umgehung des Marktes, dann wird die Kriminalisierung von Handlungen mit dem Pareto-Effizienzkriterium legitimiert. Eine solche Argumentation ist jedoch nicht hinreichend, wenn man das Kaldor-Hicks Kriterium zur Wohlfahrtsmessung heranzieht. Nach ihm steigt die gesellschaftliche Wohlfahrt, wenn der aus einer Maßnahme Vorteil Ziehende den Geschädigten kompensieren könnte und gleichwohl ein Netto-Gewinn bei ihm anfiele. Wie sich anhand eines Edgeworth-box Diagramms zeigen läßt, wäre durch Diebstahl eine gesellschaftliche Nutzensteigerung zu bewerkstelligen (siehe McChesney 1990: 227)[20]. Eine Kriminalisierung dieser Tat läßt sich dann gleichwohl noch mit einem Argument der Effizienz rechtfertigen. Wie Tullock (1967) gezeigt hat, bestehen die Kosten eines Diebstahls nicht in der Entwendung der Sache selbst, sondern in dem Ressourcenaufwand zur Bewerkstelligung des Diebstahls und privatem und staatlichem Ressourcenaufwand zur Verhinderung desselben (Tullock 1967: 231). Diese Ressourcen werden für unproduktive Zwecke eingesetzt. Sie stellen Transaktionskosten erzwungener Transaktionen dar, die keine Wertschöpfung ermöglichen. Die gesellschaftlichen Kosten des Diebstahls – sie seien Tullock-Kosten genannt – zeigen sich also in der Schrumpfung des für produktive Zwecke verwendbaren Ressourcenbestandes der Volkswirtschaft[21].

19. Wenn die Transaktionskosten der Benutzung des Marktes hoch sind, sollte man in bestimmten Fällen von einer Bestrafung absehen, etwa dann, wenn die „Straftat" zur Rettung von Leben notwendig ist. Entweder man dekriminalisiert solche Handlungen oder reduziert die erwartete Strafe (siehe Posner 1985: 1206). Hingewiesen sei auf Rechtfertigungsgründe sowie auf Schuld- und Strafausschließungsgründe.

20. Von einer Abschreckung aller Taten vermittels hoher Strafandrohungen sollte auch abgesehen werden, wenn die Wahrscheinlichkeit einer zufälligen Verletzung eines Rechtes oder eines juristischen Irrtums hoch ist. Denn „extreme" Strafen können unschuldige Personen dazu bringen, gesellschaftlich wünschenswerte Aktivitäten zu unterlassen. Wenn etwa die Todesstrafe auf die fahrlässige Tötung im Straßenverkehr zu erwarten wäre, würden die Menschen entweder zu

---

[19] Selbstjustiz kann zu einem unendlichen Regreß führen, wenn z. B. Verwandte des Getöteten Rache nehmen wollen. Außerdem ist die Irrtumswahrscheinlichkeit in komplizierter gelagerten Fällen vergleichsweise hoch. Auch mögen unbeteiligte Dritte bei Maßnahmen der Selbstjustiz geschädigt werden.

[20] Man beachte, daß die Richtigkeit dieses Urteils von der Art des gestohlenen Gutes abhängt. Wenn das gestohlene Gut auch im Austausch erworben worden wäre, dann ist eine gesellschaftliche Nutzensteigerung möglich. Wenn dagegen ein Dieb das Gut stiehlt, das er im Falle einer Tauschtransaktion hergegeben hätte, dann ist eine gesellschaftliche Nutzensteigerung ausgeschlossen. Das Pareto-Kriterium ist nicht anwendbar und das Kaldor-Hicks Kriterium ist verletzt.

[21] Zu den Tullock-Kosten zählen auch noch die folgenden Verhaltensänderungen: Man kann Diebstahl verhindern, indem man nichts produziert. Man wählt Investitions- oder Produktionsweisen, die weniger wertproduktiv, dafür aber besser gegen Diebstahl geschützt sind (siehe McChesney 1993: 228).

langsam oder überhaupt nicht Auto fahren (siehe Posner 1985: 1206). Dieser Effekt ist um so dramatischer, je risikoaverser die Menschen sind und je höher die zu erwartende Strafe ausfällt. Dem Effekt wird rechtstechnisch dadurch entgegengewirkt, daß man Rechtfertigungen für an sich illegale Grenzüberschreitungen definiert und Vorsatz verlangt. Im übrigen wären mit der Schwere der Strafe im Falle unbeabsichtigter Rechtsverletzungen die Beweisanforderungen zu erhöhen.

Posner führt jedoch unter Rückgriff auf die Learned Hand-Formel Gründe dafür an, auch bei nicht beabsichtigten Schäden eine Kriminalstrafe vorzusehen. Er sieht einen Anlaß für Kriminalisierung, wenn folgende Bedingung erfüllt ist (1985: 1226): Der individuelle Vorteil aus der schadensträchtigen Handlung ist erheblich niedriger als der erwartete Schaden (es liegt also Fahrlässigkeit vor, wenn man den Verzicht auf den Vorteil als Schadensvorsorge interpretiert) und der Schaden selbst ist sehr hoch. Wenn der Vorteil und der erwartete Schaden etwa gleich groß sind, ist das Risiko sehr hoch, jemandem irrtümlich ein Verschulden anzurechnen. Wegen der sozialen Kosten dieses Irrtums – man denke an die Stigmatisierung als Folge einer Bestrafung – sollten in solchen Fällen keine Kriminalstrafen verhängt werden.

C. Versagen des Schadensrechts

20. Aus ökonomischer Sicht können sowohl Strafen als auch Schadenersatz von rechtswidrigem Verhalten abschrecken.[22] Deshalb wurde bereits oben darauf hingewiesen, daß der Schutz von Rechten allein keine hinreichende Legitimation für Strafen darstellt.

Um diese zu finden, muß man einen kurzen Blick auf die Theorie von Sanktionssystemen werfen. Ein Sanktionssystem (r, w, s, f) besteht aus vier Komponenten:
- die Wahrscheinlichkeit der Sanktionierung einer unerlaubten Grenzüberschreitung (r)
- die Wahrscheinlichkeit einer Sanktionierung, obwohl keine Grenzüberschreitung vorlag (w)
- die Leistungen des Täters/Schädigers an das (den) Opfer (Geschädigten), die aus Schadenswiedergutmachung/Schadenersatz bestehen (s)
- die Strafe (f)

Wie oben gezeigt wurde, werden unerlaubte Grenzüberschreitungen abgeschreckt, wenn folgendes gilt:

$$r - w > \frac{y-x}{f}$$

---

[22] Siehe zum Zivilrecht Ott/Schäfer 1999. Die in der Rechtswissenschaft geführte Diskussion über die Unterschiede und Übereinstimmungen in Wesen und Funktion von Strafe und Schadenersatz (siehe Müller-Dietz 1987) spielt für Fragen der Wirkungsanalyse keine Rolle.

Diese Formel läßt sich nun erweitern zu:

$$r - w > \frac{y-x}{f+s}$$

Strafe und Schadenswiedergutmachung/Schadenersatz sind unter Abschreckungsgesichtspunkten Substitute; m. a. W.: Eine Geldstrafe in Höhe von z. B. 100.000 DM, eine Freiheitsstrafe mit einem monetären Äquivalent in Höhe von 100.000 DM und Schadenersatz in Höhe von 100.000 DM haben (bei gleichem r, w, y und x) den gleichen Abschreckungseffekt Wenn und insofern Zivilprozesse billiger sind als Strafprozesse, verlangt die Effizienz, unerlaubte Grenzüberschreitungen mit dem Haftungsrecht zu bekämpfen. Im Nenner der rechten Seite der Formel sollte also $f = 0$ gesetzt werden. Erst dann, wenn über Haftungsrecht die obige Formel nicht erfüllt werden kann, wäre an einen Einbezug des Strafrechts zu denken.

Im folgenden sollen solche Grenzen des Haftungsrechts untersucht werden.

21. Die Verfolgung von Grenzüberschreitungen nach Deliktsrecht ist Sache der Geschädigten. Wenn die Transaktionskosten der Benutzung des Justizsystems zu hoch sind, unterbleibt die Privatinitiative, was aber die Anreize der Schädiger und der Geschädigten in ineffizienter Weise verändert. Der (potentiell) Geschädigte treibt zuviel, der (potentielle) Schäder zu wenige Vorsorgeaufwand. Zur Korrektur könnte der Staat als Initiator eines Rechtsstreites auftreten (Offizialmaxime). Es wird deutlich, daß in diesem Argument das Strafrecht eine ähnliche Funktion übernimmt wie die Regulierung (siehe auch Easterbrook 1983 sowie Ogus 1994). Wo Privatinitiative versagt, z. B. im Haftungsrecht, könnte staatliche Regulierung über das Strafrecht zur Optimalität beitragen[23].

Bei näherem Zusehen erweist sich dieses Argument jedoch nicht als stichhaltig. Es liefert zwar die Begründung für das staatliche Tätigwerden, nicht aber eine Begründung für den Einsatz von Strafrecht.

Der durch den Staat eingeleitete Prozeß könnte grundsätzlich auch auf Schadenersatz gerichtet sein. Man hätte eine staatliche Regulierung über das Zivilrecht. Im übrigen wäre auch zu fragen, ob man die Transaktionskosten der Benutzung des Justizsystems senken kann.

22. Schadensrecht stellt eine Art von Versicherung dar. Der Geschädigte erhält im Schadensfall seinen Schaden und bei Strafschadenersatz sogar mehr als den Schaden ersetzt. In Fällen, wo der Geschädigte einen Beitrag zur Reduktion der Wahrscheinlichkeit und/oder Höhe des Schadens leisten kann, leidet aufgrund der Vollversicherung der Anreiz des Geschädigten, effizienten Vermeidungsaufwand zu betreiben. Diese Art von Ineffizienz kann bei Strafen nicht auftreten, weil der Geschädigte seinen Schaden nicht ersetzt erhält. Aber möglicherweise betreibt er einen überoptimalen Vermeidungsaufwand.

Eine Versicherung kann noch in anderer Weise sinnlich machen. Man provoziert Schäden in der Hoffnung, einen höheren als den tatsächlichen Schaden er-

---

[23] Man denke auch an solche Fälle, bei denen eine Vielzahl von Tätern oder eine Vielzahl von Geschädigten involviert sind.

setzt zu bekommen[24]. Diese Hoffnung ist nicht unrealistisch, wenn man bedenkt, daß Richter imperfekte Entscheider sind[25]. Sie können irren, was die Person und das Verschulden des Schädigers selbst anlangt oder was die Existenz sowie die Höhe des Schadens angeht. Solch opportunistisches Verhalten von Seiten des Schädigers ist ineffizient (gleiches gilt für opportunistisches Klagen vor Gericht). Auch diese Art der Ineffizienz kann bei Strafen nicht auftreten, weil der Geschädigte durch sie den Schaden nicht ersetzt erhält.

23. Das Deliktrecht ist nicht immer anwendbar. Fehlgeschlagene Versuche, die keinen Schaden hervorgerufen haben, können damit nicht verfolgt werden. Gleichwohl sollten sie mit Strafe belegt werden, um von schwerwiegenden vollendeten Schädigungen abzuschrecken. Die Drohung mit Bestrafung von Versuchen erhöht die erwarteten Kosten der vollendeten Tat und reduziert deren Zahl (siehe Posner 1985: 1195). Ein Beispiel mag diesen Gedanken verdeutlichen.

Ein Mann betritt eine Bank, um sie auszurauben, aber er wird vom Aufsichtspersonal festgenommen, bevor er einen Schaden anrichten kann. Nach Schadensrecht kann er nicht belangt werden, es sei denn, man läßt ihn für die Kosten des Wachpersonals aufkommen.

Eine Bestrafung des Versuchs kann auf zweierlei Weise gerechtfertigt werden: Aus dem Umstand, daß der Versuch unternommen wurde, kann man auf erneute Versuche in der Zukunft schließen. Wegsperrung verhindert dies. Ein zweiter Grund besteht darin, daß die erwarteten Kosten eines Bankraubs für den Bankräuber erhöht werden, ohne die Bestrafung für den (vollendeten) Bankraub zu erhöhen[26].

Ist der (erfolglose) Versuch nicht strafbar, dann wird der Täter von einer Tat nicht abgeschreckt, wenn folgendes gilt:

$$\pi(y - p \bullet f) - x > 0,$$

wobei π = Wahrscheinlichkeit eines erfolgreichen Versuchs (die anderen Symbole wie oben). Links steht der erwartete Netto-Vorteil aus der Tat. Wenn er größer ist als Null, wird die Tat begangen.

Wenn der Versuch fehlschlägt, gibt es keine Beute, aber auch keine Strafe. Wenn jedoch auch der fehlgeschlagene Versuch bestraft wird, dann ergibt sich folgende Formel

$$\pi(y - p \bullet f) - (1 - \pi) \bullet p \bullet f_V - x > 0,$$

wobei f_V = Strafe für den Versuch und $1 - \pi$ = Wahrscheinlichkeit eines erfolglosen Versuchs (die anderen Symbole wie oben).

Bestrafung des Versuchs reduziert den erwarteten Netto-Vorteil aus einer Straftat und damit deren Zahl (wenn $(1 - \pi), p, f_V > 0$).

---

[24] Man beachte, daß dieses Argument nicht identisch ist mit dem "moral hazard" Argument. Zu letzterem siehe Becker/Ehrlich (1972) sowie Cameron (1989).

[25] Imperfektes Entscheidungsverhalten der Richter beeinflußt das Verhalten der Rechtsgenossen in vorhersagbarer Weise. Siehe dazu Kirstein/Schmidtchen 1997; Schmidtchen/Kirstein 1997.

[26] Eine Erhöhung der Strafae hat Nachteile (siehe Posner 1985: 1205 ff.), die man auf diese Weise vermeiden kann.

Das Recht sieht im allgemeinen vor, daß der erfolglose Täter nicht so hoch bestraft wird wie der erfolgreiche ($f_v < f$). Dafür gibt es zwei Gründe (siehe Posner 1985: 1217):
- Dem Täter soll ein Anreiz gegeben werden, im letzten Moment seine Meinung zu ändern und damit Schlimmeres zu verhüten. Das ist der Grundgedanke der marginalen Abschreckung (siehe auch Shavell 1985: 1245).
- Die Kosten des Irrtums sollen minimiert werden: die Wahrscheinlichkeit, daß der des Versuchs Verdächtigte unschuldig ist, ist höher als die Wahrscheinlichkeit, daß der für eine vollendete Tat Verdächtigte unschuldig ist.

Ähnliche Überlegungen lassen sich für die Bestrafung des Bildens von Banden anstellen, auch wenn diese noch keine Straftaten begangen haben (siehe Posner 1985: 1218 f.).

24. Wenn niemand geschädigt ist, entfällt die Möglichkeit von Schadenersatz. Man denke an Fälle des „victimless crime" wie Zuhälterei und Prostitution, Homosexualität, Verkauf von Pornographie, Handel mit Rauschgift oder Unterbietung von staatlich festgelegten Preisen. Aber auch versuchter Mord, bei dem kein Schaden entstanden ist, ist hier zu nennen (siehe Posner 1985: 1200). Allerdings ließe sich das in Rechtsordnungen, die „punitive damage" kennen, dadurch beheben, daß der nach der Intention des Gesetzes zu Schützende „Strafschadenersatz" zugesprochen bekommt. Der wichtigste Grund aber, gleichwohl zur Kriminalisierung solcher Taten zu greifen, besteht darin, daß die Entdeckung kostspielig ist, wenn es kein Opfer gibt, das die staatlicherseits diskriminierte Tat berichten oder bezeugen könnte. Hier muß der Staat von sich aus die Aufklärung und Sanktionierung besorgen.

25. Manchmal reicht einfacher Schadenersatz nicht aus, um von einer Tat abzuschrecken. Man betrachte einen Fall, bei dem der Gewinn für den Täter größer ist als der Schaden für das Opfer (siehe Posner 1985: 1201). A – dem Opfer - seien Juwelen 1.000 DM wert, B – dem Dieb – aber 10.000 DM. Schadenersatz kann den Dieb nur abschrecken, wenn durch ihn die erzwungene Transaktion für den Dieb B zur inferioren Option wird. Nehmen wir einmal an, B sei risikoneutral, die Wahrscheinlichkeit, erwischt zu werden, sei 1 und die Kosten des Gerichtsverfahrens seien Null. Unter diesen Annahmen würde B vom Diebstahl nicht abgeschreckt, weil der erwartete Schadenersatz kleiner ist als der Wert der gestohlenen Sache für ihn. Eine hinreichen hohe Strafe kann die Abschreckung bewirken.

Wenn der Wert für B kleiner ist als der Wert für A, z. B. 500, dann wäre ein Schadenersatz in Höhe von 501 genug, um vom Diebstahl abzuschrecken. Man könnte auch den Marktwert zur Grundlage des Schadenersatzes nehmen.

26. Je geringer die Wahrscheinlichkeit ist, für einen Schaden haftbar gemacht zu werden, desto höher muß der angedrohte Strafschadenersatz sein, damit die Abschreckung funktioniert. Die folgende Formel (nach Posner 1985: 1203) bringt diesen Zusammenhang zum Ausdruck: $\delta = l/p$, mit δ dem optimalen Strafschadenersatz,[27] l dem tatsächlichen Schaden und p der Wahrscheinlichkeit, haftbar

---

[27] Er ist hier brutto berechnet: tatsächlicher Schaden + Zuschlag.

gemacht zu werden. Während bei unbeabsichtigten Schäden – etwa einem Verkehrsunfall – die Evidenz vergleichsweise hoch ist, was zu hohem p führt, dürften bei absichtlichen Schäden Maßnahmen zur Verheimlichung ergriffen werden, die p senken. Deswegen muß kompensierend δ erhöht werden.

Wenn Strafschadenersatz nicht möglich ist, kann eine Kriminalstrafe dessen Funktion übernehmen.

27. Die Schadenersatz- und die Strafschadenersatzregelung finden ihre Grenzen, wo der Schadenersatz das Vermögen des Schädigers übersteigt. Als Ausweg verbleibt die Androhung von Freiheitsstrafen.

Damit Schadenersatz abschreckt, muß folgendes gelten (notwendige Bedingung): Der Nutzen (y) aus der Grenzüberschreitung (Rechtsverletzung) muß kleiner sein als der erwartete Schadenersatz $p \cdot s$, mit p = Wahrscheinlichkeit der Verurteilung zu Schadenersatz, s = Höhe des Schadenersatzes, $0 \leq s \leq \bar{s}$ ($\bar{s}$ ist das Vermögen des Schädigers). Sei l der Schaden, dann wird eine Handlung nicht abgeschreckt, wenn bei gegebener Wahrscheinlichkeit p gilt: $y > p \cdot l$, mit $l = s < \bar{s}$. Daraus ergibt sich jedoch nicht zwingend die Forderung nach Kriminalisierung. „Punitive damage" (e) wäre nämlich eine Möglichkeit, solange: $y < p(s + e)$ und $s + e \leq \bar{s}$. Eine Geldstrafe in Höhe von ($s + e$) hätte die gleiche Wirkung.

Es ist aber unmöglich, jemanden durch Strafschadenersatz oder Geldstrafe abzuschrecken, wenn: $y > p \cdot \bar{s}$. Verhängung einer ausreichenden Freiheitsstrafe führt zu: $y < p \cdot \bar{s} + p \cdot z$, wo z = monetärer Wert des Unnutzens aus Freiheitsstrafe.[28] Es folgt: Eine Freiheitsstrafe sollte erst dann verhängt werden, wenn bei gegebener Verhängungswahrscheinlichkeit p die Größe von $\bar{s}$ zur Abschreckung nicht ausreicht. Und dies ist der Grund, überhaupt Freiheitsstrafen in Betracht zu ziehen.

Man beachte, daß sich die Notwendigkeit des Rückgriffs auf Freiheitsstrafen auch durch eine Verbesserung des Polizeieinsatzes verringern läßt. Denn mit steigendem p kann e abgesenkt werden, wodurch die Vermögensrestriktion „$\bar{s}$" weniger häufig greift. Aus dieser Überlegung folgt ferner, daß zur Herbeiführung der gleichen Abschreckungswirkung die Kriminalstrafe niedriger sein wird als der Strafschadenersatz, denn wegen der Einbeziehung der Polizei im Falle der Kriminalstrafe wird p höher sein. Dieser Effekt wird noch durch den nichtmonetären Disnutzen einer Kriminalstrafe in Form der Stigmatisierung verstärkt.

28. Wenn die Höhe des Vermögens darüber entscheidet, ob anstelle von Schadenersatz eine Freiheitsstrafe verhängt wird, dann folgt daraus, daß ein Reicher für einen Schaden von 1 Mio. mit Schadenersatz davonkommt, während eine Armer in der gleichen Angelegenheit ins Gefängnis muß. Der Übergang von der Geldstrafe auf die Freiheitsstrafe bei Vermögenslosigkeit des Täters entspricht im Grundsatz der Realität des geltenden Strafrechts (Ersatzfreiheitsstrafe). Sie ist

---

[28] z ist als Parameter für Lebensqualität zu interpretieren, wenn $\bar{s}$ für den Barwert des Lebenseinkommens steht. Würde z für entgangenes Einkommen stehen, dann würde dieser Betrag – bei perfektem Kapitalmarkt – bereits in $\bar{s}$ berücksichtigt sein. Bei imperfektem Kapitalmarkt läßt sich z auch als entgangenes Einkommen interpretieren.

aber in der strafrechtswissenschaftlichen Diskussion unter dem Gesichtspunkt sachwidriger Benachteiligung des Vermögenslosen stark umstritten.

Um beide in gleicher Weise abzuschrecken (ist das gesellschaftlich effizient?), müßte dem Reichen weit mehr als einfacher Schadenersatz abverlangt werden. Dies kann von Freiheitsstrafen für beide automatisch bewerkstelligt werden, wenn z. B. das monetäre Äquivalent eines Jahres im Gefängnis beim Armen 20.000,- DM und beim Reichen 20 Mio. DM beträgt.

29. Bei Handlungen, die wir typischerweise zur Gewaltkriminalität zählen, ist es schwieriger, einen Schaden in Geld zu ermitteln. Bei Taten mit hoher Wahrscheinlichkeit einer Tötung dürfte der zur Abschreckung optimale Schadenersatz astronomische Höhen erreichen (siehe Posner 1985: 1202). Das ist der Grund, warum das Schadensrecht in Fällen angezogen wird, wo das Risiko einer Tötung gering ist, z. B. im Straßenverkehr. Wo das Risiko hoch ist, wie bei der Gewaltkriminalität, verläßt man sich auf Freiheitsstrafen. Geldstrafen scheiden aus, weil auch deren optimales Abschreckungsniveau astronomische Höhe erreichen würde.

30. Betrachten wir die „liability rule": Warum sollte man nicht alle Grenzüberschreitungen erlauben, solange adäquate Kompensation bezahlt wird (unterstellt sei, daß die unter Punkt 27. behandelte Vermögensrestriktion nicht „greift")?

Zwei Antworten sind einschlägig (siehe Nozick o. J., Kap. 4; Murphy, Coleman 1984: 117):

— Es gibt Schäden, für die keine Kompensation möglich ist, etwa Tötung.[29]
— Selbst, wenn Kompensation möglich wäre, z. B. für einen abgetrennten Arm, würde die Vorstellung, daß die Abtrennung gegen Kompensation erlaubt ist, den Menschen großes Unbehagen bereiten. Zur Vermeidung dieses „disutility" würden außerdem Transaktionskosten in Form von Vorsorgemaßnahmen aufgewendet, die durch Übergang zu einem anderen Rechtsregime zu vermeiden sind.

31. Staaten beanspruchen das Gewaltmonopol auf ihren Territorien. Im Kern ist dieses ein Monopol bei der Rechtsdurchsetzung. Man kann vertragstheoretisch oder auch auf der Grundlage der Theorie spontaner Ordnung die Effizienz eines solchen Monopols nachweisen. Zur Abschreckung von Handlungen, die gegen dieses Monopol verstoßen, taugt das Zivilrecht nicht. Ein Rückgriff auf das Strafrecht erweist sich als notwendig, wenn es um den Schutz der Regeln zum Schutz von Rechten geht.

Allgemein läßt sich sagen, daß Strafrecht der Abschreckung von Verstößen gegen gesellschaftlich vereinbarte (gültige) Regeln dient. Dieses Regelsystem stellt ein Kollektivgut dar, von dem niemand ausgeschlossen werden kann und bei dem keine Nutzungskonkurrenz existiert. Trittbrettfahrer gefährden die Bereitstellung dieses Kollektivgutes. Strafrecht soll von diesem Trittbrettfahrerverhalten abschrecken. In vertragstheoretischer Sicht bricht der Kriminelle den

---

[29] Ein Kamikaze-Flieger oder jemand, der sich an einem russischen Roulette beteiligt, wird ex ante für das Risiko, sich zu töten, kompensiert. Nozicks Argument bezieht sich auf die Tötung durch fremde Hand.

Verfassungsvertrag. Die im Strafrecht dafür vorgesehenen Strafen haben insofern den Charakter von „Vertragsstrafen", denen die Gesellschaftsmitglieder explizit oder implizit zugestimmt haben.

D. Abschluß

32. Ökonomische Analyse des Strafrechts enthält drei Abteilungen (siehe auch Murphy/Coleman 1984: 244 f.).

In der ersteren steht der potentielle Täter im Mittelpunkt. Gefragt wird, wann Strafe allgemein und Freiheitsstrafe im speziellen den einzelnen Täter zu einem rechtskonformen Verhalten veranlassen können. Wegsperrung, Geldstrafen, Wiedergutmachung und Resozialisierung von Kriminellen werden als eine Form des "social engineering" (Ehrlich 1981: 307) betrachtet, das zum Ziel hat, menschliche und sachliche Ressourcen, die für kriminelle Zwecke genutzt werden, in gesellschaftlich wertvolle Verwendungsrichtungen zu lenken.

Bei der Frage der Verhaltenssteuerung unterscheiden Ökonomen eine individuelle und eine Aggregatebene. Dadurch wird es möglich, Feedback-Effekte zu untersuchen, was zur Vermeidung kollektiver Selbsttäuschungen beitragen kann. Abschreckung mag nämlich auf der individuellen Ebene erfolgreich sein – und doch kann sie selbst zur Ursache zusätzlicher Kriminalität werden. Das Wegsperren von Kriminellen kann z. B. den Ertrag krimineller Aktivitäten erhöhen und so zu einem Zustrom neuer Teilnehmer in den Kriminalitätssektor einer Volkswirtschaft führen.

Die zweite Abteilung der Ökonomik des Strafrechts befaßt sich vornehmlich mit der Frage, wieviel Ressourcen eine Gesellschaft für Kontrollprogramme aufwenden sollte, und wie sie auf verschiedene Kontrollprogramme zu verteilen sind. Diese Abteilung lebt von gesellschaftlichen Nutzen-Kosten Analysen.

In beiden Abteilungen wird die Frage der Kriminalisierung einer Handlung nicht aufgeworfen. Die Antwort wird als gegeben unterstellt.

In der dritten Abteilung wird diese Annahme aufgehoben und gefragt, ob es ein ökonomisches Kriterium für die Kriminalisierung einer Handlung gibt.

Wenn man unterstellt, daß es außer der Strafe auch andere Mittel gibt, Rechtsverstöße zu sanktionieren, dann kommt es letztlich auf einen Vergleich der Wirksamkeit der verschiedenen Sanktionswege an. Wenn zwei Mittel in gleicher Weise zum Ziel führen, aber das eine weniger Kosten verursacht, dann sollte man es wählen.

Es spricht einiges dafür, daß Schadenersatz das effiziente und mildere Sanktionierungsmittel darstellt. Daraus folgt, daß zum Strafrecht erst gegriffen werden sollte, wenn die Mittel des Haftungsrechts erschöpft sind. Wie die Regulierung bei Marktversagen eingreift, so sollten Mittel des Strafrechts bei erwiesenen Zivilrechtsversagen eingesetzt werden. Strafrecht ist im Vergleich zum Haftungsrecht subsidiär.

Man könnte einwenden, daß mit dem Hinweise auf die ultima ratio Idee die Wertungsproblematik nicht gelöst sei. Denn der Aspekt der Erforderlichkeit des Strafrechts sei nur ein Teil dieser Wertungsproblematik. Das am besten geeignete und mildeste Mittel mag deshalb aufgrund von Wertungen unangemessen sein. Über die Richtigkeit von Werturteilen steht Ökonomen kein Urteil zu. Sie können aber auf die gesellschaftlichen Kosten hinweisen, die mit der Realisierung einer von Werturteilen geleiteten Politik verbunden sind.

Literatur

Becker, G. S., Crime and Punishment: An Economic Approach, Journal of Political Economy (1968), S. 169 ff.

Becker, G. S. / Ehrlich, I. H., Market Insurence, Self-Insurence and Self-Protection, Journal of Political Economy 80 (1972), S. 623 - 648.

Calabresi, G. / Melamed, D. A.: Property Rules, Liability Rules and Inalienability: One View of the Cathedral, Harvard Law Review 85 (1972), S. 1089 - 1128.

Cameron, S., Victim Compensation does not Increase the Supply of Crime, Journal of Economic Studies 16 (1989), S. 52 - 59.

Cooter, R. / Ulen, Th., Law and Economics, Glenview, London 1998.

Curti, H., Die Präventivwirkung zivil- und strafrechtlicher Sanktionen, in diesem Band.

Easterbrook, F. H., Criminal Procedure as a Market System, Journal of Legal Studies XII (1983), S. 289 - 332.

Entorf, H., Ökonomische Theorie der Kriminalität, in diesem Band.

Fletcher, G. P., A Transaction Theory of Crime, Columbia Law Review 85 (1985), No. 6, S. 921 - 930.

Hayek, F. A., Recht, Gesetzgebung und Freiheit, Bd. I, Landsberg am Lech 1980.

Kirstein, R., Vertragstreue im Schatten des Gerichts. Eine ökonomische Theorie richterlicher Entscheidungen, Saarbrücker Dissertation 1998.

Kirstein, R./ Schmidtchen, D., Judicial Detection Skill and Contractual Compliance, International Review of Law and Economics 17 (1997), S. 509 - 520.

Klevorick, A. K., Legal Theory and the Economic Analysis of Torts and Crimes, in: Columbia Law Review 85 (1985), No. 6, S. 905 ff.

Koboldt, Chr., Ökonomik der Versuchung, Tübingen 1995.

Koboldt, Chr. / Leder, M. / Schmidtchen, D., Ökonomische Analyse des Rechts, in: Berthold, N. (Hrsg.): Allgemeine Wirtschaftstheorie, München 1995, S. 355 – 384.

Lewin, J. L. Trumbull, W. N., The Social Value of Crime?, International Review of Law and Economics 10 (1990), S. 271 ff.

Lewin, J. L. / Trumbull, W. N., Neither Boxed In nor Circular: A Reply to Professor McChesney, in: International Review of Law and Economics 13 (1993), S. 233 – 235.

McChesney, F. S., Boxed In: Economists and Benefits from Crime, in: International Review of Law and Economics 13 (1993), S. 225 – 231.

Müller-Dietz, H., Zur Befreiung des Strafrechts vom zivilistischen Denken – Am Beispiel der Schadenswiedergutmachung (§ 56 Abs. II Nr. 1 StGB), in: Jahr, G. (Hrsg.): Gedächtnisschrift für Dietrich Schulz, Köln u. a. 1987, S. 253 – 269.

Murphy, J. G / Coleman., J. L., The Philosophy of Law. An Introduction to Jurisprudence, Rowman & Allanheld Publ 1984.

Nozick, R., Anarchie, Staat, Utopia, München.

Ogus, A., Regulation. Legal Form and Economic Theory, Oxford 1994.

Ott, C. / Schäfer, H.-B., Die Anreiz- und Abschreckungsfunktion im Zivilrecht (in diesem Band).

Polinsky, M. A / Shavell, St., On Offense History and the Theory of Deterrence, International Review of Law and Economics 18(3) (1998): S. 305 - 324.

Posner, R. A., An Economic Theory of Criminal Law, Columbia Law Review 85 (1985) No. 6: S. 1193 - 1231.

Schmidtchen, D / Kirstein, R., Abkoppelung der Prozeßkosten vom Streitwert? Eine ökonomische Analyse von Reformvorschlägen, in: Prütting, H. H. Rüßmann (Hrsg.): Verfahrensrecht am Ausgang des 20. Jahrhunderts. Festschrift für Gerhard Lüke, München 1997: S. 741 – 766.

Shavell, St., Criminal Law and the Optimal Use of Nonmonetary Sanctions as a Deterrent, Columbia Law Review, Vol. 85 (1985), No. 6, S. 1232 - 1262.

Tullock, G.: The Welfare Costs of Tariffs, Monopolies, and Theft, Western Economic Journal 5 (1967), S. 224 - 232.

Zur Abschreckungswirkung strafrechtlicher Sanktionen in der Bundesrepublik Deutschland: Eine empirische Untersuchung

von

Henning Curti

A. Einleitung

In der Bundesrepublik spielt die unter dem Schlagwort der inneren Sicherheit geführte Diskussion über Kriminalität in der Politik und den Medien eine recht dominante Rolle. Während auf der einen Seite eine Gruppe von Beobachtern härtere Strafen und die Schaffung neuer Straftatbestände als Mittel zur Kriminalitätsbekämpfung sieht, fordert eine andere Bewegung die Rehabilitation und Therapie bereits straffällig gewordener Personen sowie die Abschaffung ganzer Straftatbestände. Die Forderung nach leichteren Strafen ist jedoch nicht zwingend als Resignation nach dem Motto „Was keine Straftat ist, kann auch keine Kriminalität hervorrufen" zu verstehen, vielmehr sollen die leichteren Strafen und begleitende Therapien die Verbesserung der Lebensumstände unterstützen. So unterschiedlich die Rezepte auch sind, sie sollen zum identischen Ziel führen: der Senkung der Kriminalität. Beide Gruppen haben divergierende Ansichten darüber, wie Strafe speziell und das Strafverfolgungssystem[1] allgemein auf *die Kriminellen* und *die Kriminalität* wirken.

Die *Get Tough*-Rezepte werden in der Regel von Menschen vorgeschlagen, die Kriminalität als risikobehaftete Handlung sehen. Ihrer Ansicht nach ist den Kriminellen bewußt, daß sie mit einer gewissen Wahrscheinlichkeit „gewinnen", also eine Tat erfolgreich beenden können, und auch im Nachhinein nicht gefaßt werden. Allerdings wüßten die Täter auch, daß verlieren möglich ist: die Tat mißlingt oder sie werden gefaßt und zu einer Strafe verurteilt. Für eine andere Gruppe der Betrachter ist Kriminalität eine Reaktion der Täter auf gesellschaftli-

---

[1] Unter dem Strafverfolgungssystem sind hier sowohl die Polizei als auch die Gerichte und die Staatsanwaltschaften zu verstehen. Außerdem zählen die anzuwendenden Rechtsquellen, wie das allgemeine Strafrecht und das Jugendstrafrecht sowie die Strafprozeßordnung zum Strafverfolgungssystem.

che Zustände. Nach dieser Sicht werden Täter durch Normenkonstellationen oder sozialen Druck in illegale Handlungen gedrängt. Die Tat sei nicht das Ergebnis einer individuell-rationalen Entscheidung. Vor diesem Hintergrund erscheint es sinnvoll, unterschiedliche Theorien kriminellen Verhaltens zu beleuchten und ihre jeweiligen Stärken und Schwächen herauszuarbeiten. Von besonderem Interesse ist dabei die jeweilige Eignung der Modelle, empirische Untersuchungen, die die Wirkung des staatlichen Strafverfolgungssystems erfassen, zu ermöglichen. Im folgenden sollen deshalb zuerst einige Theorien kriminellen Verhaltens dargestellt werden. Anschließend wird die Möglichkeit betrachtet, unterschiedliche Modelle zusammenzuführen. Die genauere Betrachtung eines erweiterten Modells offenbart die Schwierigkeiten einer quantitativen Bearbeitung. Die Ergebnisse eines einfacheren Modells unterstützen jedoch die aus dem umfassenderen Modell abgeleiteten Hypothesen.

B. Theorien kriminellen Verhaltens

Die Analyse kriminellen Verhaltens beschäftigt mehrere wissenschaftliche Disziplinen. Eine von ihnen, nämlich die Kriminologie, widmet sich sogar ausschließlich der Erforschung des Verbrechens. Ihre Wurzeln reichen bis zu *Beccaria* und *Bentham* zurück und beziehen sich somit auch auf Überlegungen, welche die Kriminalität als Ergebnis einer rationalen Wahlhandlung betrachten. Diese Denkschule ist in der modernen Kriminologie wenig verankert[2], vielmehr wird dort versucht, kriminelles Verhalten durch verschiedene soziologisch beeinflußte Theorien zu erklären. Die Position der „rationalen Kriminalität" wird in der modernen arbeitsteiligen Wissenschaft vor allem von den Wirtschaftswissenschaften betont. In ihrer ökonomischen Theorie der Kriminalität wägen mögliche Straftäter potentielle Kosten und Nutzen einer Straftat ab und wählen diejenige Handlungsalternative, die den Nutzen maximiert. Ein grundlegendes, einfaches Modell[3] spezifiziert die potentiellen Kosten einer Straftat als Summe der erwarteten Strafe einerseits und sonstigen monetären und nichtmonetären Kosten andererseits. Die sonstigen monetären Kosten können beispielsweise entgangenes Einkommen, das Geldäquivalent der zur Tatbegehung aufgewandten Zeit oder auch Kosten der Vorbereitung sein. Unter die nichtmonetären Kosten werden etwa schlechtes Gewissen oder möglicher Ansehensverlust gefaßt. Wie die Kosten kann auch der Nutzen in monetärer oder nichtmonetärer Form anfallen. Die typische Form des monetären Nutzens ist der aus der Tat zu ziehende Gewinn. Der nichtmonetäre Nutzen, den ein Täter aus einer Straftat erlangen kann, ist in

---

[2] Dies zeigt sich auch in den Ausführungen von Günther Kaiser, einem der führenden deutschen Kriminologen, dessen offensichtliche Ablehnung rationalitätsbetonter Kriminalitätstheorien in folgender Aussage sichtbar wird: „Die ökonomische Abschreckungshypothese scheint auf der hedonistischen Vermutung zu beruhen, wonach die Menschen ihr Verhalten durch die Kalkulation nach Lust und Schmerz bestimmen. Danach sind alle Menschen Geschäftsleute." Siehe *Kaiser, G.,* Kriminologie, 1993, S. 92.

[3] Ein solches Modell findet sich in dem bahnbrechenden Aufsatz von *Becker, G. S.,* Crime and Punishment: An Economic Approach, Journal of Political Economy 1968, S. 169 ff.

der Regel als Befriedigung eines Rachegefühls oder ähnlichem vorhanden. Da der Täter vor der Begehung der Straftat nicht sicher weiß, wie hoch die tatsächlichen Gewinne und Kosten der Tat sind, wird er sich an erwarteten Größen orientieren. Folglich wird er eine Straftat dann begehen, wenn die erwarteten Gewinne aus der Tat größer sind als die erwarteten Kosten. Diese Erwartungswerte ändern sich, wenn sich entweder die jeweiligen Eintrittswahrscheinlichkeiten oder die damit verknüpften Größen ändern. So erhöht sich etwa die erwartete Höhe der Strafe, wenn *ceteris paribus* entweder die Bestrafungswahrscheinlichkeit, die Strafhöhe oder beides ansteigt.

Diese recht allgemeine Spezifizierung der ökonomischen Theorie der Kriminalität zeigt auch deren Schwächen. Sie ist zu allgemein, um einen Großteil plausibler weiterer Einflußfaktoren auf kriminelles Verhalten zu erfassen. Neuere theoretische Entwicklungen versuchen deswegen, zusätzliche Größen in das Modell einzuführen. So wurden beispielsweise Stigmawirkungen[4] dem Modell hinzugefügt, um die Auslöser kriminellen Verhaltens umfassender greifen zu können. Dieser Schritt zeigt auch deutlich die grundlegenden Probleme des ökonomischen Modells der Kriminalität: um die Wirklichkeit zufriedenstellend zu erfassen, muß das Modell erweitert werden. Betrachtet man die Grundfassung, erkennt man das Fehlen jeglicher Variablen, die dezidiert zwischenmenschliche Beziehungen erfassen können. Man mag zwar der Meinung sein, daß sich in den Größen der immateriellen Kosten und Nutzen gesellschaftliche Einflüsse unterbringen lassen, in der allgemeinen Modellform wird eine solche Herangehensweise aber schon fast tautologisch. So wäre es zum Beispiel denkbar, daß bei einer empirischen Bearbeitung des Modells rationalen kriminellen Verhaltens alle Koeffizienten Vorzeichen aufweisen, die nicht mit den theoretischen Erwartungen übereinstimmen und diese fehlende Übereinstimmung damit abgetan wird, daß die nicht operationalisierten immateriellen Gewinne und Kosten dergestalt sind, daß sie eben die Anreizwirkungen der anderen, operationalisierten Variablen aufheben. Falls zum Beispiel die Verurteilungswahrscheinlichkeit und die Strafhöhe keinen Einfluß auf die Kriminalitätsrate ausüben, widerspricht das den aus dem theoretischen Modell zu erwartenden Ergebnissen. Eine Begründung dafür könnte sein, daß die immateriellen Gewinne aus der Tatbegehung derartig hoch sind, daß die Täter trotz einer Erhöhung der erwarteten Strafe nach wie vor einen hohen positiven Nettonutzen aus der Tat ziehen. Es ist deshalb sehr wichtig, daß auch Erklärungsansätze bereitstehen, die den spezifischen Verlauf der schwer operationalisierbaren immateriellen Kosten und Nutzen erklären. Es ist deshalb unabdingbar, weitere, üblicherweise als „soziologische Variablen" gekennzeichnete Größen in das ökonomische Modell kriminellen Verhaltens einzuführen[5]. Dazu ist es notwendig, die in Frage kommenden soziologischen

---

[4] Vgl. *Rasmussen, E.*, Stigma and Self-Fulfilling Expectations of Criminality, Journal of Law and Economics 1996, S. 519-543 ff.

[5] Einige Versuche wurden bereits in diese Richtung unternommen. So versuchten zum Beispiel *Karl-Dieter Opp* und *Travis Hirschi* explizit, die Vorgehensweisen ökonomischer und soziologischer Kriminalitätstheorien zusammenzuführen und ihre Kompatibilität zu zeigen. Vgl. dazu *Opp, K. D.*, The Economics of Crime and the Sociology of Deviant Behavior: A Theoretical Confrontation of Basic Propositions, Kyklos 1989, S. 405 ff. und *Hirschi, T.*, Rational Choice and Social Control

Theorien auf ihre Brauchbarkeit bei der Beschreibung möglicher unterschiedlicher Opportunitätskosten abzuklopfen und gegebenenfalls in die Sprache der Wirtschaftswissenschaften zu übersetzen. Denn schon *Gary S. Becker* betonte, daß Menschen nicht kriminell werden, weil sie unterschiedliche Antriebe und Motive haben, sondern weil durch verschiedenartige Kosten und Nutzen kriminelle Aktivitäten für sie lohnenswert werden[6]. Folglich kommt es darauf an, die unterschiedlichen Kosten und Nutzen krimineller Aktivitäten zu erkennen und nicht mögliche, in den soziologischen Theorien so postulierte verschiedenartige Antriebsgründe.

Betrachtet man die verschiedenen soziologischen Kriminalitätsmodelle, fällt auf, daß die Mehrheit die gesellschaftlichen Einflüsse betont, die bei Menschen zu kriminellem Verhalten führen können. Eine Gruppe dieser Theorien läßt sich als *Makrobetrachtung* kennzeichnen, da sie den Einfluß von Gesellschaftsstruktur und ihrer Organisation auf kriminelles Verhalten betrachten. So erklärt die Anomietheorie, daß eine Gesellschaft einerseits durch die soziale, andererseits durch die kulturelle Struktur charakterisiert wird[7]. Die kulturelle Struktur ist dabei die Menge der gesellschaftlich anerkannten Ziele, die soziale Struktur wird durch die institutionalisierten Möglichkeiten der Zielerreichung bestimmt. Die gesellschaftlich anerkannten Ziele können Dinge wie Reichtum, Wissen oder Anerkennung, die Zielerreichungsmittel zum Beispiel Geld oder Arbeit sein. Die Anomietheorie postuliert nun, daß in einer gleichgewichtigen Gesellschaft die kulturelle und die soziale Struktur übereinstimmen. Dies bedeutet, daß alle Gesellschaftsmitglieder die Ziele kennen und akzeptieren und weiterhin die Möglichkeit haben, die Ziele zu erreichen. In Situationen, in denen die Ziele nicht allgemein anerkannt werden oder die Zielerreichungsmöglichkeiten nicht gemeinhin zugänglich sind, kann es zu anomischen Situationen kommen. Die anomische Situation führt bei den Individuen zu Druck, dem auf verschiedenen Wegen begegnet wird. Diese Adaptionen können in mehreren Formen geschehen. Häufig wird die Konformität beobachtet. Konformisten akzeptieren die kulturellen Ziele und beachten die legitimen Zielerreichungsmittel, selbst wenn sie ihnen nicht zur Verfügung stehen. Unter Ritualisierung wird ebenfalls eine Anerkennung der gesellschaftlichen Ziele und der Zielerreichungsmittel verstanden. Allerdings wird der Zielerreichungsgrad verringert, so daß bereits mit einem sehr viel geringeren Maß an „Erfolg" Zufriedenheit erreicht wird. Während die zuvor geschilderten Adaptionsformen legitimes Verhalten darstellen, ist Innovation eine delinquente Form der Adaption. Innovatoren erkennen zwar die gesellschaftlichen Ziele an, da jedoch die Zielerreichungsmittel für sie nicht zugänglich sind, bedienen sie sich illegaler Mittel, um die gesellschaftlichen Ziele zu erreichen. Rückzug stellt eine Adaptionsform dar, bei der Personen die gesellschaftlichen

---

Theories of Crime, in: Derek B. Cornish und Ronald V. Clarke (Hrsg.): The Reasoning Criminal: Rational Choice Perspectives on Offending, 1986, S. 105 ff. Vgl. hierzu auch *Panther, S. M.*, The Economics of Crime and Criminal Law: An Antithesis to Sociological Theories, European Journal of Law and Economics 1995, S. 365 ff.

[6] Vgl. *Becker, G. S.*, Journal of Political Economy 1968, S. 176

[7] Vgl. *Opp, K. D.*, Abweichendes Verhalten und Gesellschaftsstruktur, 1974, S. 123f.

Ziele und die Zielerreichungsmittel akzeptieren. Falls die Zielerreichungsmittel für diese Personen jedoch nicht zugänglich sind, ziehen sie sich aus der Gesellschaft zurück. Die Rebellion ist schließlich eine Adaption, bei der Personen die Ziele und Zielerreichungsmittel nicht akzeptieren und durch neue Ziele und Mittel zu ersetzen suchen[8]. Übersetzt man diese soziologische Theorie in die Sprache der Wirtschaftswissenschaften, wird sofort sichtbar, daß die Normakzeptanz in der Anomietheorie eine wichtige Rolle bei der Erklärung kriminellen Verhaltens spielt. Kriminalität entsteht nach ihr dadurch, daß Menschen verschiedenartig auf die anomische Situation reagieren. Wenn Personen bestimmte gesellschaftliche Ziele akzeptieren, nicht jedoch die legitimen, zur Zielerreichung zur Verfügung stehenden Normen, dann trägt dies zu abweichendem Verhalten bei. Je geringer die Normakzeptanz, desto geringer die Kosten, die entstehen, wenn man gegen die Norm verstößt. Die Anomietheorie zeigt demnach auf, daß Normverletzungen als Bestandteil der Opportunitätskosten gesehen werden können.

Kriminalitätstheorien, die auf Sozialisations- und Lernprozesse abzielen, verlagern den Kriminalitätsauslöser in den unmittelbaren Einflußbereich des Einzelnen. In der Soziologie wird unter Sozialisation der Prozeß sozialer Interaktion verstanden, durch den Individuen ihre Persönlichkeit erhalten, Werte und Normen internalisieren und Verhaltens- und Denkmuster erlernen. Im allgemeinen wird unter dem Begriff der Sozialisierung die Kindheitsentwicklung subsumiert, tatsächlich jedoch erstreckt sich dieser Prozeß über das gesamte Leben eines Menschen[9]. Die durch den Sozialisierungsprozeß vermittelten Inhalte variieren über Gesellschaften und soziale Gruppen. Erklärungsansätze, die die Entstehung abweichenden Verhaltens auf Sozialisierungsmuster zurückführen, nehmen an, daß abweichendes Verhalten im Laufe des Sozialisationsprozesses erlernt wird. Ein Beispiel hierfür ist die Theorie unterschiedlicher Kontakte, die postuliert, daß kriminelles Verhalten von anderen Individuen gelernt wird[10]. Das Lernen geschieht durch einen Kommunikationsprozeß hauptsächlich in der unmittelbaren Bezugsgruppe. Gelernt werden sowohl die Techniken, die zur Begehung von Straftaten notwendig sind, als auch Motive, Antriebsgründe, Rechtfertigungen und Einstellungen. Eine Person wird dann kriminell, wenn kriminelle Motive die legitimen Motive überflügeln. Das Ausmaß der notwendigen Kontakte, das einer Person eine zustimmende Haltung gegenüber Kriminalität vermittelt, ist von Individuum zu Individuum verschieden. Schließlich ist kriminelles Verhalten zwar ein Ausdruck der allgemeinen Werte und Bedürfnisse, kann aber nicht über diese generellen Werte und Bedürfnisse erklärt werden, da nichtkriminelles Verhalten ebenfalls ein Ausdruck der gleichen Bedürfnisse und Werte ist[11]. Kriminelles Verhalten ist nicht von abstrakten gesellschaftlichen Einflüssen abhängig, son-

---

[8] Vgl. *Curran, D. J./Renzetti, C. M.*, Theories of Crime, 1994, S. 149 ff und *Kürzinger J.*, Kriminologie: Eine Einführung in die Lehre vom Verbrechen, 2. Auflage 1996, S. 81f.

[9] Vgl. zum Beispiel *Wiswede, G.*, Soziologie abweichenden Verhaltens, 1973, S. 90f.

10 Vgl. *Curran, D. J./Renzetti, C M.*, S. 184f.

11 Zur Veranschaulichung führt *Opp* folgendes Beispiel an: „Sowohl Diebe als auch ehrbare Geschäftsleute haben das Bedürfnis, Geld zu verdienen. Somit kann dieses Bedürfnis das Auftreten abweichenden Verhaltens nicht erklären, da es bei kriminellen und nicht-kriminellen Personen gleichermaßen vorliegt." Vgl. *Opp, K. D.*, Abweichendes Verhalten, S. 158.

dern es knüpft direkt an den Einfluß der unmittelbaren Umgebung an. Der Kernpunkt der Theorie liegt in der These, daß eine Person dann kriminell wird, wenn kriminelle Motive die legalen Motive übertreffen. Kriminelle Kontakte fördern kriminelles Verhalten und können somit Veränderungen des Humankapitals erfassen. Durch das Lernen krimineller Techniken erlangt eine solche Person eine Qualifikation, die die Auszahlungen zugunsten illegaler Tätigkeiten verschiebt. Dies bedeutet, daß ihr erwartetes Einkommen aus legalen Tätigkeiten relativ zum illegalen Einkommen geringer wird. Durch den Lernprozeß verändert sich das Humankapital dergestalt, daß illegale Tätigkeiten relativ attraktiver und somit vorgezogen werden. Kriminelle Kontakte können Kosten und Nutzen von kriminellen und legalen Handlungen zugunsten der kriminellen Option verändern[12].

Kontrolltheorien erklären konformes, nichtkriminelles Verhalten mit sozialer Integration und sozialer Regulierung[13]. Soziale Integration ist die Bindung der Personen an die Gesellschaft, während soziale Regulierung die Fähigkeit der Gesellschaft darstellt, bestimmte Verhaltensformen zu unterbinden[14]. Soziale Regulierung ist demnach nur mit einem Mindestmaß an sozialer Integration vorstellbar, da nur durch den Einfluß von und unter der Interaktion mit Gruppen eine soziale Regulierung stattfinden kann. Das Zusammenspiel von sozialer Integration und sozialer Regulierung wird auch als Sozialbindung bezeichnet, wobei die Kontrolltheorie vier Grundelemente charakterisiert [15]. Unter Zuneigung (*Attachment*) werden emotionale Bindungen zwischen Personen verstanden. Personen, die in solchen Beziehungen leben, werden in der Regel nicht gewillt sein, durch nichtkonformes Verhalten diese Beziehungen zu gefährden. Ferner werden durch die Interaktion die gesellschaftlichen Normen transportiert und aufgrund der Beziehung internalisiert. Die Stärke und das Ausmaß, mit dem Individuen sozialkonformem Verhalten folgen, wird als Verpflichtung (*Commitment*) bezeichnet. Verpflichtung stellt die rationale Komponente der Konformität dar. Individuen, die an Aktivitäten teilnehmen wollen, die sozialkonformes Verhalten erfordern oder Ziele haben, die nur durch sozialkonformes Verhalten zu erreichen sind, werden eher sozialkonform handeln, um die Aktivität oder das Ziel nicht zu gefährden. Die Teilnahme an normgerechten Tätigkeiten kann jedoch neben der Verpflichtung noch einen anderen regelnden Zweck erfüllen. Unter Einbeziehung (*Involvement*) wird nämlich die Zeit verstanden, die mit sozialkonformen Tätigkeiten verbracht wird. Je mehr Zeit mit nichtkriminellen Tätigkeiten verbracht wird, desto weniger Zeit steht für kriminelle Tätigkeiten zur Verfügung. Glaube (*Belief*) bezeichnet die Einstellung von Individuen zu konformem Verhalten. Dabei wird davon ausgegangen, daß Einstellungen, die kriminelles Verhalten rechtfertigen, weniger Einfluß auf das Verhalten haben als Einstellungen, die den Glauben in die moralische Rechtfertigung konformer Verhaltensweise schwä-

---

[12] Vgl. *Opp, K. D.*, Kyklos 1989, S. 409f.

[13] Vgl. *Curran, D. J./Renzetti, C. M.*, S. 199.

[14] Vgl. *Krohn M.*, Control and Deterrence Theories, in: Sheley, J. F. (Hrsg.), Criminology: A Contemporary Handbook, 1991, S. 295f.

[15] Die vorherrschende Kontrolltheorie wurde von Travis Hirschi 1969 in seinem Buch *Causes of Delinquency* vorgestellt. Vgl. *Curran, D. J./Renzetti, C. M.*, S. 199 ff.

chen. Durch das Zusammenwirken dieser Einflüsse wird ein Individuum aus der Sicht der Kontrolltheorie von kriminellem Verhalten abgehalten. Sollten jedoch eine oder mehrere dieser Größen eine gewisse, nicht genau definierte Schwelle unterschreiten, werden Personen nicht mehr von kriminellen Handlungen abgehalten. Die Kontrolltheorien betonen demnach die Wichtigkeit der zwischenmenschlichen Bindungen für die Entscheidungsfindung bei kriminellen Aktivitäten. Der Begriff der Sozialbindung legt nahe, daß eine Abweichung von den gesellschaftlich akzeptierten Normen geahndet wird, was für den potentiellen Abweichler mit hohen Kosten verbunden ist. Diese Kosten können so hoch sein, daß sie eine erhebliche präventive Wirkung ausüben. Die Kontrolltheorie erhellt, welche Art von Kosten in den Opportunitätskosten enthalten sein können.

Zusammenfassend läßt sich erkennen, daß soziologische Theorien die Wirkung externer Einflüsse zur Erklärung möglichen kriminellen Verhaltens heranziehen. Es handelt sich jedoch nicht um Variablen, die das Strafverfolgungssystem des Staates beeinflussen kann. Eine Beurteilung der mit dem Strafverfolgungssystem zusammenhängenden Größen Aufklärungs- und Verurteilungswahrscheinlichkeiten sowie Strafhöhe kann mit solchen Modellen nicht erfolgen. Das ökonomische Modell der Kriminalität besagt, daß eine Tat begangen wird, wenn der Nutzen aus einer Tat abzüglich der mit der Tat verbundenen Kosten positiv ist. Als Kosten werden dabei die erwartete Strafe und allgemein sonstige Folgekosten zusammengefaßt. Die Gewinne sind monetärer und nichtmonetärer Art. Ein zentrales Problem der vorstehenden Modellformulierung ist die ungenügende Spezifizierung der Folgekosten sowie der nichtmonetären Gewinne. Jede Operationalisierung ist *ad-hoc* und basiert auf Plausibilitätsannahmen. Die soziologische Theorie kann diese *Ad-hoc*-Annahmen durch theoretisch fundierte Größen ersetzen. Bündelt man nun das ökonomische Modell kriminellen Verhaltens mit einigen soziologisch-kriminologischen Theorien, kann der Erklärungsgehalt des resultierenden Modells deutlich gesteigert werden.

C. Von der Theorie zur Empirie: Methodische Probleme

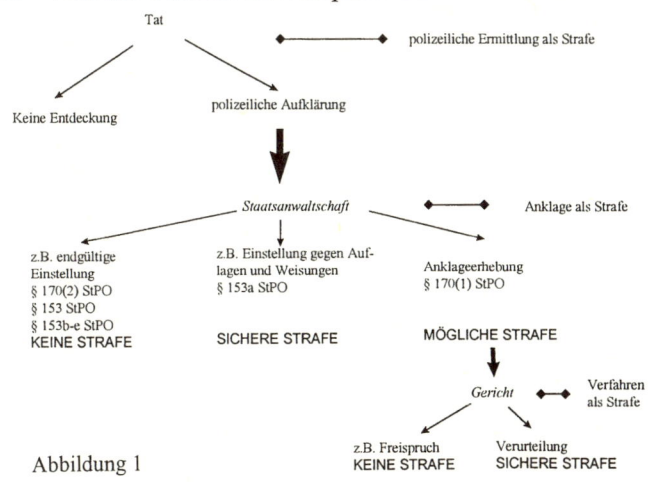

Abbildung 1

Betrachtet man die unterschiedlichen Möglichkeiten, die eine vom Täter begangene Straftat nach sich zieht, so läßt sich dies schematisch wie in obiger Abb. 1 charakterisieren:

Hieraus wird ersichtlich, daß die Konsequenzen einer Tat vielfältig sein können. Dieses Ablaufdiagramm hilft jedoch nicht, Aussagen über erwarteten Gewinne und erwarteten Kosten der Straftat zu treffen. Zur Betrachtung der erwarteten Kosten einer Straftat bietet es sich an, die Abbildung wie folgt zu modifizieren:

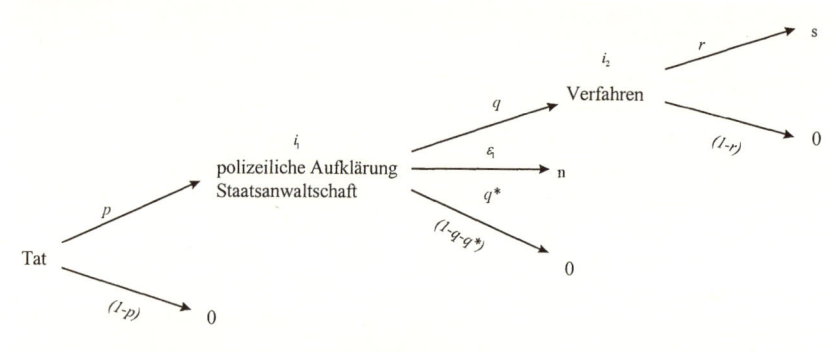

Abbildung 2

Mit p wird dabei die Wahrscheinlichkeit bezeichnet, daß eine begangene Tat auch von der Polizei entdeckt wird, mit $(1-p)$ wird die Wahrscheinlichkeit bezeichnet, daß eine solche Tat unentdeckt bleibt. Die polizeiliche Aufklärung führt mit einer Wahrscheinlichkeit q zur Anklageerhebung und damit zu einem Verfahren, mit einer Wahrscheinlichkeit von q^* wird das Verfahren gegen Auflagen und Weisungen vorläufig eingestellt und mit einer Wahrscheinlichkeit von $(1-q-q^*)$ kommt es zu einer endgültigen Einstellung. Das Verfahren selbst führt mit einer Wahrscheinlichkeit von r zu einer Verurteilung, mit einer Wahrscheinlichkeit von $(1-r)$ gibt es einen Freispruch.

I. Die Ausgangssituation

Betrachtet man ausgehend von Abbildung 2 zunächst die formellen Strafen, so kommt es mit einer Wahrscheinlichkeit von $p \cdot q \cdot r$ zu einer Verurteilung, die dann zu einer Strafe in Höhe von s führt. Wird eine Tat zwar polizeilich aufgeklärt, dann aber gegen Auflagen und Weisungen vorläufig eingestellt, kommt es mit einer Wahrscheinlichkeit von $p \cdot q^*$ zu einer Strafe von n. Neben den formellen Strafen in Höhe von s beziehungsweise n kann es auch zu informellen Strafen kommen, die mit den jeweiligen Reaktionen der Polizei, der Staatsanwaltschaft oder des Gerichts verknüpft sind. Dabei kann es sich um monetäre Folgekosten wie Verdienstausfall oder um nichtmonetäre Folgekosten wie beispielsweise Stigmatisierung oder Kontaktabbruch durch andere Individuen handeln. Benennt man diese informellen Strafen mit i_1 für die Ebene der Polizei und Staatsanwaltschaft und i_2 für die Ebene des Gerichts, so kommt es mit einer Wahrscheinlichkeit von p zu einer informellen Strafe i_1 und mit einer Wahrscheinlichkeit von $p \cdot q$ zu einer informellen Strafe von i_2. ε_1 ist eine zusätzliche informelle Sanktionen, die aus der Einstellung gegen Auflagen und Weisungen resultiert. Führt man diese Einzelgrößen zusammen, so ergibt sich als erwartete Gesamtstrafe:

$$S_g = (p \cdot q \cdot r)s + (p \cdot q*)(n + \varepsilon_1) + p \cdot i_1 + (p \cdot q)i_2.$$

Man erkennt, daß die erwartete Strafe *ceteris paribus* sowohl bei steigender Bestrafungswahrscheinlichkeit als auch bei steigender Strafhöhe zunimmt. Steigende monetäre und nichtmonetäre Kosten führen *ceteris paribus* zu sinkendem Nutzen, zunehmende monetäre und nichtmonetäre Gewinne zu steigendem Nutzen. Steigende Kosten der Tatbegehung können etwa höhere Strafen, zunehmender Einkommensverlust oder verstärkter sozialer Kontaktabbruch sein. Monetäre und nichtmonetäre Gewinne steigen etwa durch zunehmenden Wert der Beute oder gesteigertes Befriedigungsgefühl. Die über soziologische Modelle eingeführten Variablen beeinflussen die monetären und nichtmonetären informellen Kosten und Nutzen einer Tat. Sie können erklären helfen, unter welchen Bedingungen sich das Verhältnis von Kosten und Nutzen einer tat so verschiebt, daß Täter eine kriminelle Handlung als lohnenswert erachten.

Aus der Integration rationaler und soziologisch-kriminologischer Modelle resultiert ein reichhaltigeres Modell als jenes, welche die Disziplinen einzeln anzubieten haben. Die Leistungsfähigkeit des theoretischen Konstrukts muß jedoch empirisch überprüft werden. Nicht die Plausibilitätsüberlegungen sind die Klippe, die ein Modell umschiffen muß, sondern erst der Test an der Wirklichkeit zeigt die tatsächliche Aussagekraft. Für eine empirische Bearbeitung müssen sich alle theoretischen Variablen in empirische Größen übersetzen lassen, damit anschließend dieses Modell statistisch überprüft werden kann.

II. Die Wahrscheinlichkeitseinschätzung

Bei der Umsetzung eines theoretischen Modells in eine empirisch zu bearbeitende Form stellt sich stets die Frage, wie theoretische Größen durch empirisch zu erfassende Variablen abgebildet werden können. Betrachtet man Abbildung 2, so erkennt man, daß die polizeiliche Aufklärung zu weiterer Ermittlungstätigkeit der Staatsanwaltschaft führt, welche nach dem Ermittlungsstand entweder das Verfahren endgültig einstellt, die Hauptverhandlung eröffnet oder eine vorläufige Einstellung des Verfahrens unter Auflagen verfügt. In der Hauptverhandlung selbst besteht die Möglichkeit des Freispruchs, so daß die Wahrscheinlichkeit, für eine begangene Straftat auch wirklich bestraft zu werden, aus drei Einzelwahrscheinlichkeiten zusammengesetzt ist. Wird ein Täter ergriffen, führt dies nicht automatisch zu einer formellen Strafe. Die Wahl dieser Größe macht deutlich, daß die reine Aufklärungswahrscheinlichkeit p nicht ausreichend abschreckt, sondern eine abschreckende Wirkung nur dann attestiert werden kann, wenn einer Erfassung auch die Verurteilung folgt. Da eine abschreckende Wirkung stets nur dann denkbar ist, wenn die erwartete Strafe größer als Null ist, sind die notwendigen Bedingungen für eine Abschreckungswirkung sowohl eine positive Wahrscheinlichkeit, die Strafe zu erleiden als auch eine positive Strafhöhe selbst.

Die Verwendung der Verurteilungswahrscheinlichkeit als approximierende Variable stellt sicher, daß eine Wahrscheinlichkeit benutzt wird, die stets mit einer positiven erwarteten Strafe verknüpft ist.

III. Die Einschätzung der Strafhöhe

Benutzt man das ökonomische Modell der Kriminalität, um die Wirksamkeit staatlicher Reaktionen auf kriminelles Verhalten zu überprüfen, ist sowohl die Wahrscheinlichkeit, zu einer formellen Strafe verurteilt zu werden als auch die Höhe dieser formellen Strafe von Interesse. Der Täter sieht sich nun einem weiteren Einschätzungsproblem gegenüber: die Strafhöhe ist vor einer Verurteilung nicht sicher festgelegt, sondern bewegt sich zwischen einer Unter- und einer Obergrenze. Die Strafe kann je nach Straftatbestand eine Geld- oder eine Freiheitsstrafe sein. Manche Taten werden ausschließlich mit Geldstrafen belegt, andere nur mit Freiheitsstrafen, einige können sowohl durch Geld- als auch durch Freiheitsstrafen geahndet werden. Kriminalpolitische Überlegungen haben dazu geführt, das klassische, auf Sanktionen aufbauende Strafrecht durch andere Reaktionsmittel zu ergänzen[16]. Im Mittelpunkt steht dabei die Strafaussetzung zur Bewährung[17]. Das Gericht kann Bewährung anordnen, wenn die im Urteil verhängte Freiheitsstrafe nicht mehr als ein Jahr, in Ausnahmefällen[18] nicht mehr als zwei Jahre[19] beträgt und zu erwarten ist, daß die Verurteilung Warnung genug ist, damit der Verurteilte keine weiteren Straftaten begeht. Falls es die Wahrung der Rechtsordnung gebietet, wird eine Freiheitsstrafe von mehr als 6 Monaten nicht ausgesetzt[20]. Eine Strafaussetzung zur Bewährung ist in der Regel mit Auflagen verbunden[21]. Diese Auflagen können entweder Wiedergutmachung, Zahlung eines Geldbetrags an eine gemeinnützige Einrichtung oder die Staatskasse sowie das Erbringen einer sonstigen gemeinnützigen Leistung sein[22]. Ferner können Weisungen bezüglich der Lebensführung erteilt werden. Sie haben den Sinn, den Verurteilten in der Zukunft vom Begehen weiterer Straftaten abzuhalten[23].

Das Strafrecht kennt neben der Strafaussetzung zur Bewährung, die nur bei Freiheitsstrafe greift, die Verwarnung mit Strafvorbehalt[24]. Ihre Voraussetzung ist eine potentielle Geldstrafe von weniger als 180 Tagessätzen. In einem solchen Fall spricht das Gericht neben dem Schuldspruch eine Verwarnung aus, bestimmt die Strafe und behält sich die endgültige Verurteilung vor. Die §§ 56b, 56c Abs.

---

[16] Vgl. *Jescheck, H.H.*, Lehrbuch des Strafrechts: Allgemeiner Teil, 1988, S. 751 ff.

[17] Vgl. § 56 StGB.

[18] Bei den zu einer Freiheitsstrafe zwischen 1 und 2 Jahren Verurteilten (alle Straftaten nach dem StGB ohne Verkehrsdelikte) wurden im Jahre 1987 fast 49%, im Jahre 1990 nahezu 51% der Strafen zur Bewährung ausgesetzt. Von Ausnahmefällen kann bei diesen Zahlen sicherlich nicht gesprochen werden. Vgl. *Statistisches Bundesamt*: Fachserie 10, Reihe 3, Jahre 1987 bis 1990.

[19] Vgl. § 56 II StGB.

[20] Vgl. § 56 III StGB.

[21] Vgl. § 56b StGB.

[22] Vgl. § 56b StGB.

[23] Zu den Weisungen vgl. § 56c StGB.

[24] Vgl. § 59 StGB.

3 und 4 und § 56e StGB gelten entsprechend; es können somit die bereits oben erwähnten Auflagen und Weisungen erteilt werden.

In einigen Fällen sieht das Strafrecht ein Absehen von Strafe vor, obwohl der Täter schuldig gesprochen ist. Der Täter hat sich demnach eines strafrechtlich sanktionierten Tatbestands schuldig gemacht, dennoch wird von der Verhängung einer Strafe abgesehen[25]. Diese Regelung greift sowohl bei Bagatelldelikten, soweit dies das Gesetz vorsieht[26], als auch beim Rücktritt von vollendeter Tat[27]. Das Absehen von Strafe liegt im Ermessen des Gerichts, es handelt sich stets um eine „Kann"-Regelung.

Auf den ersten Blick scheint das System der im Strafrecht verankerten Strafen klar und sinnvoll strukturiert zu sein. Durch das stetige Ansteigen der Strafhöhen mit steigender Schuld und steigendem Schaden scheint die marginale Abschreckung gewährleistet. Die Strafzumessung erfährt jedoch durch die Regelungen der Strafaussetzung zur Bewährung nach § 56 StGB und der prozessualen Lösung nach §153a StPO eine empfindliche Einschränkung. Durch diese beiden Regelungen verschiebt sich der aktuelle Strafrahmen: Die Mindestfreiheitsstrafe liegt häufig bei einem, wenn nicht sogar bei zwei Jahren. Tatbestände, die eine niedrigere Freiheitsstrafe rechtfertigen, werden mit Bewährungsstrafe belegt. Aus juristischer Sicht mag die Verurteilung zu einer Bewährungsstrafe zwar bereits eine deutliche Mißbilligung des Verhaltens sein, aus der Sicht des ökonomischen Modells des Verbrechens stellt sie jedoch eine eher schwache Sanktion dar. Eine Verurteilung zu einer Freiheitsstrafe auf Bewährung kann in ihren Auswirkungen für einen rationalen Verbrecher milder sein als eine Geldstrafe.

Die dargestellten Regelungen des StGB und der StPO zeigen, wie kompliziert die Einschätzung der tatsächlichen Strafhöhe zu bilden ist. So muß ein potentieller Täter nicht nur über die Strafart und den im Gesetz verankerten Strafrahmen Kenntnis haben, sondern auch wissen, ob und gegebenenfalls welche der *Minderungsregeln* nach StPO und StGB greifen.

Falls eine Straftat mit Freiheitsstrafe bedroht wird und keine der *Minderungsregeln* nach dem StGB greifen, liegt, wenn die Straftat nicht mit einer erhöhten Mindeststrafe bedroht ist, die minimale Strafhöhe bei einem Monat[28]. Die Maximalstrafe ist, wenn nicht abweichend im Gesetz festgelegt, 15 Jahre. Freiheitsstrafen unter 6 Monaten werden nach § 49 StGB nur in Ausnahmefällen verhängt. Der relevante Strafrahmen vermindert sich nun auf 6 Monate $\leq s \leq$ 15 Jahre.

---

[25] Vgl. *Jescheck, H.H.*, S. 763ff.

[26] Solche Bagatelldelikte sind dadurch zu erkennen, daß das Strafrecht regelmäßig im Gesetzestext die Möglichkeit vom Absehen einer Strafe verankert. Viele umgangssprachlich als Bagatelldelikte, wie zum Beispiel Ladendiebstahl, bezeichneten Straftaten werden vom Gesetzgeber nicht als solche Bagatelldelikte gekennzeichnet und unterliegen somit nicht dieser Regelung. Derart definierte Tatbestände sind zum Beispiel die §§ 157 I und II, 23 III, 85 III, 129 V, 175 III StGB.

[27] Vgl. zum Beispiel die §§ 84 V, 85 III, 129 VI, 315 VI, 323 V StGB.

[28] Dies ist die in § 38 StGB verankerte Mindestdauer der Freiheitsstrafe.

Die Regelungen nach § 56 StGB sehen nun vor, daß Freiheitsstrafen bis zu einem Jahr, in Ausnahmefällen bis zu zwei Jahren, auf Bewährung ausgesetzt werden können. Die Untergrenze des relevanten Strafrahmens erhöht sich nun auf maximal zwei Jahre. Eine Milderung der Strafe ist nach § 49 StGB vorgesehen. Dabei wird sowohl die maximale Höhe der Freiheitsstrafe als auch die Mindeststrafe verringert. Bei zeitiger Freiheitsstrafe darf auf höchstens 2/3 der im Gesetz angedrohten Höchststrafe erkannt werden. Der relevante Strafrahmen wird somit nochmals eingeengt und zwar auf s: 2 Jahre $\leq s \leq$ 10 Jahre.

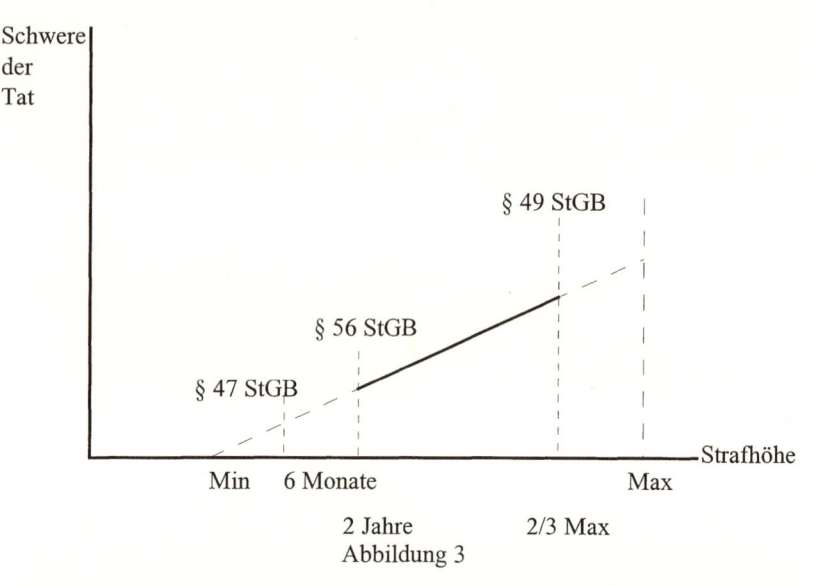

Abbildung 3

Diese auf *ex-ante*-Faktoren aufbauende Einschätzung kann durch dem Täter bekannte *ex-post*-Größen weiter beschränkt werden. Dies ist zum Beispiel dann der Fall, wenn Kriminelle wissen, daß für eine Tat x in vielen Fällen ein Strafrest zur Bewährung ausgesetzt wird. Sie werden erkennen, daß die ausgesprochenen hohen Strafen nur Blendwerk sind und werden bei einer Verurteilung diese Strafen achselzuckend annehmen, da sie die Aussetzung des Strafrestes auf Bewährung erwarten. In ihren Augen wird so zum Beispiel aus einer zweijährigen Freiheitsstrafe schnell ein zwölfmonatiger Gefängnisaufenthalt[29].

Für eine empirische Untersuchung sind zwei unterschiedliche Größen denkbar, um die Strafhöhe zu erfassen. Die Wahl der Bestrafungsgrößen hängt von den betrachteten Straftatbeständen und den dafür im Gesetz vorgesehenen Strafen ab. Die vom Täter subjektiv vermutete und entscheidungsrelevante Strafhöhe

---

[29] Dieses theoretisch denkbare Problem ist jedoch in der Bundesrepublik Deutschland nicht relevant. Der Gesetzgeber schreibt in den §§ 57, 58 StGB vor, welcher Anteil des Strafrestes ausgesetzt werden kann. Bei einer zeitigen Freiheitsstrafe darf frühestens nach der Verbüßung von 2/3 der Strafe der Rest zur Bewährung ausgesetzt werden. Eine Erhöhung der bei der Verurteilung verkündeten Strafe zieht demnach auch stets eine Erhöhung der tatsächlich verbüßten Strafe nach sich. Das Problem der Aussetzung des Strafrests wird nur dann wesentlich, wenn es keine Regelungen gibt.

kann bei mit Freiheits- oder Geldstrafe bestraften Taten durch die durchschnittliche, tatsächlich verhängte Strafhöhe angenähert werden. Kann jedoch eine Tat sowohl durch Geld- als auch durch Freiheitsstrafe geahndet werden, bietet es sich an, die relative Strafhöhe über den Anteil der zu Freiheitsstrafe Verurteilten zu erfassen.

IV. Die Einschätzung der informellen Sanktionen

Die Einschätzung informeller Sanktionen ist für den Täter ähnlich kompliziert wie die Einschätzung der Wahrscheinlichkeit und der Strafhöhe. Informelle Sanktionen lassen sich in monetäre und nichtmonetäre Strafen unterteilen. Ein Beispiel für eine monetäre informelle Strafe ist das entgangene Einkommen, nichtmonetäre informelle Strafen sind beispielsweise schlechtes Gewissen und soziale Stigmatisierung. Sowohl monetäre als auch nichtmonetäre informelle Strafen können für den Täter eine empfindliche Schärfe annehmen und höher sein als formelle Strafen[30].

Eine vermeintlich einfach einzuschätzende informelle monetäre Sanktion ist entgangenes Einkommen. Wenn ein potentieller Täter vor der Begehung der Tat die erwartete Höhe des Einkommensausfalls erfassen will, bedarf es jedoch einer komplexen Erwartungswertbildung, da entgangenes Einkommen von mehreren Einflußfaktoren abhängt. Sowohl die Art der Reaktion des Justizsystems als auch die Art der Strafe bestimmen die Höhe des entgangenen Einkommens. Man kann davon ausgehen, daß der Reputationsverlust mit steigender Wahrscheinlichkeit, mit der die betrachtete Person tatsächlich eine Straftat begangen hat, wächst. Wird jemand als tatverdächtig bezeichnet, besteht zwar eine positive Wahrscheinlichkeit bestimmter Höhe, daß er die Tat wirklich begangen haben könnte, ein der juristischen Unschuldsvermutung genügender Beweis ist aber nicht geführt worden und es ist nicht klar, ob die Vorwürfe dazu ausreichen, ein Verfahren zu eröffnen.

Hat sich der Anfangsverdacht als stark genug erwiesen kommt es zu einer Verhandlung, an deren Ende neben einer Verurteilung auch ein Freispruch stehen kann. Eine gerichtliche Verhandlung ist nicht mit einem gerichtsfesten Beweis der Straftat gleichzusetzen. Erst eine Verurteilung kann so gedeutet werden, daß die betrachtete Person die Straftat begangen hat. Falls ein Straftäter mit Freiheitsentzug bestraft wird, kann er während und möglicherweise auch nach dem Gefängnisaufenthalt seiner legitimen Arbeit nicht nachgehen. Durch den möglichen Reputationsverlust ist auch jede andere Form der Bestrafung mit einem potentiellen Einkommensverlust verbunden[31], welcher eine vom Einkommen des Kriminellen abhängige Zusatzstrafe darstellt. Zur korrekten Abschätzung des Erwartungswertes muß der potentielle Täter sämtliche Einzelwahrscheinlichkei-

---

[30] Vgl. etwa *Rasmussen, E.*, Journal of Law and Economics 1996, S. 519 ff. und *Lott, J. R.*, An Attempt at Measuring the Total Monetary Penalty from Drug Convictions: The Importance of an Individual's Reputation, Journal of Legal Studies 1992, S. 159 ff.

[31] Vgl. zum Beispiel *Lott, J. R.*, Journal of Legal Studies 1992, S. 159 ff.

ten sowie die erwartete Dauer des Verdienstausfalls kennen[32]. Ferner müßte er genau diese komplizierte Berechnung des erwarteten Verdienstausfalls fehlerfrei vornehmen, eine Vermutung, die fraglich ist[33]. Der potentielle Täter wird vielmehr zu einer vereinfachten Beurteilungsheuristik greifen, um die Wahrscheinlichkeiten und den Erwartungswert abzuschätzen[34]. Da die einzige sichere Größe durch das diesjährige Einkommen dargestellt wird, ist anzunehmen, daß dieser Kennziffer auch ein erhebliches Entscheidungsgewicht zufällt[35]. Das diesjährige Einkommen stellt somit eine brauchbare Approximation des erwarteten Verdienstausfalls dar.

Die informelle Strafe des Verdienstausfalls steigt mit zunehmenden Einkommen zwingend an. Personen unterschiedlicher Einkommensgruppen werden somit trotz identischer Bestrafungswahrscheinlichkeiten und gleicher Strafhöhe bei gleichen Taten mit unterschiedlich hohen informellen Strafen und damit ungleichen Gesamtstrafen bestraft[36]. Um diesen Mechanismus adäquat in einer empirischen Untersuchung abzubilden, muß die Einkommensverteilung berücksichtigt werden. Je mehr Personen über ein relativ hohes Einkommen verfügen, desto höher wird für diese Personen die Gesamtstrafe und desto weniger Taten müßten nach der Theorie der rationalen kriminellen Entscheidung begangen werden. Negativ gefaßt bedeutet dies, daß mit steigendem Anteil von Menschen mit geringem Einkommen mehr Taten begangen werden müßten. Nimmt man Sozialhilfe und Arbeitslosengeld beziehungsweise Arbeitslosenunterstützung als Maßstab, müßten mit steigender Anzahl der jeweiligen Bezugsberechtigten *ceteris paribus* mehr Taten begangen werden. Diese Größen scheinen somit zur Approximation geeignet zu sein.

Die Ableitung weiterer wichtiger Näherungsvariablen für informelle Strafen ist weitaus komplizierter. Dieses Problem soll exemplarisch am Beispiel des *schlechten Gewissens* beschrieben werden. In den Rechtswissenschaften wird das

---

[32] Die Dauer des Verdienstausfalls ist nicht auf die Länge einer Haftstrafe beschränkt. Wenn das Individuum nach der Strafverbüßung erneut einer legitimen Arbeit nachgeht, kann der Verdienst geringer sein, als wenn es zu keiner Haftstrafe gekommen wäre.
Sicherlich ist der maximale Verdienstausfall bei der Verbüßung einer Haftstrafe gegeben. Falls die legitime Tätigkeit einer verurteilten Person reputationsabhängig ist, reicht jedoch schon das bloße Signal einer Verurteilung aus, um die zukünftigen legitimen Einkommen zu verringern. Daraus wird ersichtlich, daß die informelle Strafe des Verdienstausfalls bei weitem nicht nur für Täter wirkt, die zu einer Haftstrafe verurteilt wurden, sondern auch auf den sehr viel größeren Anteil der Verurteilten, die mit einer Geldstrafe belegt werden. Vgl. *Lott, J. R.*, Journal of Legal Studies 1992, S. 161 ff.

[33] Vgl. *Adams, M. und Shavell, S.*, Zur Strafbarkeit des Versuchs, GA 137 (1990), S. 337 ff. mit weiteren Nachweisen.

[34] Wie bekannt, beeinflußt die Art und Weise der Problemstellung deutlich die Bewertung unsicherer Situationen. Menschen funktionieren offensichtlich nicht gemäß den Axiomen der Erwartungsnutzentheorie. Vgl. *Tversky, A./Kahnemann, D. L.*, Rational Choice and the Framing of Decisions, Journal of Business 1986, S. 251 ff.

[35] Zu Entscheidungsgewichten und der Erwartungsbildung bei stark unterschiedlichen Einzelwahrscheinlichkeiten vgl. *Tversky, A./Kahnemann, D. L.*, Journal of Business 1986, S. 251 ff.

[36] Die Bestrafungswahrscheinlichkeiten lassen sich in einem gewissen Rahmen von vor Gericht stehenden Personen beeinflussen. Durch die Wahl eines geeigneten Rechtsbeistands kann die Bestrafungswahrscheinlichkeit und somit die erwartete Strafe gesenkt werden. Vgl etwa auch *Lott, J. R.*, Should the Wealthy be Able to „Buy Justice"?, Journal of Political Economy 1987, S. 1307 f.

Gewissen als Sitz des Rechts- und Unrechtsbewußtseins des Menschen gesehen und ihm eine entsprechend wichtige Stellung zuerkannt[37]. Es spielt jedoch nur insofern eine Rolle, da es in Form des Rechtsgewissens dafür Sorge trägt, Unrecht von Recht zu unterscheiden[38]. Das Gewissen wird als reine Entscheidungsinstanz gesehen. Eine derartige Betrachtung zeigt nicht, wie das sprichwörtliche *schlechte Gewissen* Menschen von der Tatbegehung abhalten könnte. Beleuchtet man das *schlechte Gewissen* hingegen aus ökonomischer Sicht, kann sinnvoll erklärt werden, warum es Menschen von kriminellen Handlungen abhalten kann. Verstößt ein Mensch gegen seine internalisierten Normen, wird er von mehr oder weniger starken Schuldgefühlen geplagt. Sie sind aus ökonomischer Sicht Kosten, die bei einer Tatbegehung und dem damit einhergehenden Normverstoß entstehen würden[39]. Die Intensität der Schuldgefühle kann dabei so groß sein, daß sie jeden möglichen positiven Effekt überkompensieren und so das Individuum von der Begehung einer Schuldgefühle auslösenden Tat abhalten können. Je stärker die Normen internalisiert sind, desto weniger lohnend wird ein Verstoß dagegen und desto weniger Verstöße werden *ceteris paribus* auftreten. Falls man diese Normen empirisch erfassen könnte, stünde einer Einführung in ein empirisches Modell nichts im Wege.

Viele von der Jurisprudenz als *schützenswerte Rechtsgüter* bezeichnete Normen sind christlichen Geboten entliehen, so der Schutz des Lebens und des Eigentums. Es liegt deshalb nahe, die Intensität der internalisierten Normen mit einer die religiösen Einstellung abbildenden Variablen anzunähern. Mögliche Größen könnten neben dem Anteil der Kirchenmitglieder in einer Bevölkerungsgruppe auch der regelmäßig kirchenbesuchende Bevölkerungsanteil sein.

Ein hoher Anteil an Kirchenmitgliedern könnte auf eine höhere Akzeptanz traditioneller christlicher Normen hinweisen. Allerdings ist die Kirchenmitgliedschaft kein Garant dafür, daß die kirchlichen Normen vollständig von den Kirchenmitgliedern internalisiert sind. Es erscheint ebenso plausibel, daß eine Akzeptanz dieser Normen nicht im Zusammenhang mit einer Kirchenmitgliedschaft steht[40]. Folglich scheint der reine Anteil von Kirchenmitgliedern keine befriedigende Näherung darzustellen[41].

---

[37] So *Jescheck, H. H.*, S. 371ff.

[38] Vgl. *Jescheck, H. H.*, S. 372.

[39] Zur Rolle von Schuldgefühlen in ökonomischen Modellen vgl. auch *Frank, R. H.*, If Homo Economicus Could Choose His Own Utility Function, Would He Want One with a Conscience?, American Economic Review (1987), S. 593 ff.

[40] So war insbesondere in der Bundesrepublik eine wahre Austrittswelle zu beobachten, die zeitlich mit der Erhebung des Solidaritätszuschlags zusammenfiel. Offensichtlich haben eine Reihe von Kirchenmitgliedern ihren Austritt aus finanziellen Gründen erklärt. Diese Personen werden vermutlich ihre Normakzeptanz nicht geändert haben, sondern reagieren nur auf die relative Preisänderung des Gutes Kirchenmitgliedschaft.

[41] Es kommt als Problem hinzu, daß nicht für alle Länder zuverlässige Statistiken über die Kirchenmitgliedschaften existieren. In der Bundesrepublik Deutschland kann die Zahl der jeweiligen Kirchenmitglieder recht genau ermittelt werden, da über die Kirchensteuerabgaben für die meisten Religionsgemeinschaften zuverlässige Zahlen vorliegen. Allerdings wird in den meisten Ländern keine Kirchensteuer erhoben und die Angaben über die Mitgliedschaft in unterschiedlichen Religionsgemeinschaften stammen von den Kirchen selbst. Hierbei ist nicht gewährleistet, daß die Zahlen

Ein regelmäßiger Kirchenbesuch setzt eine weitergehende Akzeptanz der Institution Kirche und eine größere Internalisierung der von der Kirche vertretenen Werte voraus. Es ist deswegen anzunehmen, daß ein hoher Anteil von Kirchenbesuchern innerhalb einer beobachteten Einheit mit der Akzeptanz der von der Kirche vertretenen Normen korreliert – der Anteil der kirchenbesuchenden Bevölkerung könnte eine brauchbare Näherung für traditionelle Normen darstellen. Doch welcher Kirchenbesuch sollte statistisch erfaßt werden? Einerseits kann jeder Kirchenbesucher innerhalb eines bestimmten Zeitraums gezählt und diese Anzahl auf die Gesamtzahl der Kirchenmitglieder umgelegt werden. Das Ergebnis wäre dann ein Mittelwert von Kirchenbesuchen pro Kirchenmitglied pro betrachtetem Zeitraum. Sollen dabei jedoch den Kirchenbesuchen an Hochfeiertagen wie zum Beispiel Weihnachten oder Ostern das gleiche Gewicht zugemessen werden wie den "normalen" Kirchenbesuchen? Ferner ist die Zusammensetzung der Kirchenbesucher wichtig: eine kleine Gruppe regelmäßiger Kirchenbesucher kann zwar zu einem recht hohen Mittelwert führen, sagt aber nichts über die gesellschaftliche Verteilung der Normakzeptanz aus. Abschließend ist auch nicht klar, ob die Zugehörigkeit zu einer speziellen Religionsgemeinschaft und der Besuch deren Gottesdiensten eine mehr oder weniger größere Internalisierung der kriminalitätshemmenden Werte und Normen bedeutet[42].

Sonstige informelle Strafen, wie etwa soziale Stigmatisierung, die mit einer Kontaktverringerung oder einem -abbruch einhergeht[43], fallen ebenfalls an. Die unterschiedlichen Punkte im Entscheidungsbaum in Abbildung 2 sind gleichzeitig mit verschiedenen Sanktionen verknüpft, die sowohl formell, also vom Strafverfolgungssystem direkt ausgesprochen, als auch informell sein können. Wird eine Person von der Polizei als tatverdächtig bezeichnet, so kommt es zu einer Weitergabe des Falls an die Staatsanwaltschaft, welche über das weitere Vorgehen entscheidet. Die reine polizeiliche Aufklärung ist mit keiner formellen Strafe verbunden. Eine informelle Strafe i_1 kann nichtsdestotrotz anfallen, da der Tatverdacht für Außenstehende bereits Signal genug sein kann, um den Kontakt zur tatverdächtigen Person einzuschränken oder abzubrechen, ihr an der Arbeitsstelle andere Tätigkeiten zuzuweisen, die Reputation in Frage zu stellen und so fort.

Die Entscheidung der Staatsanwaltschaft kann sowohl zu formellen als auch zu informellen Strafen führen. Wird das Verfahren endgültig eingestellt, fällt kei-

---

zuverlässig sind. Für eine Erläuterung unzuverlässiger Angaben über die Stärke von Religionsgemeinschaften vgl. *Iannaccone, L.*, Reassessing Church Growth: Statistical Pitfalls and their Consequences, *mimeo*, Journal for the Scientific Study of Religion (1996), S. 197 ff.

[42] Es stellt sich natürlich sofort die Frage, ob der Besuch eines evangelischen Gottesdienstes eine geringere Norminternalisierung impliziert als der Besuch eines katholischen Gottesdienstes. Welche Religionsgemeinschaft verkörpert die traditionelleren Werte und Normen? Haben etwa evangelische Kirchenmitglieder, die einen katholischen Gottesdienst besuchen, die traditionellen Werte und Normen zu einem besonders hohen Grad internalisiert?
Der Kirchenbesuch als Maßeinheit der Norminternalisierung erscheint nicht besonders vielversprechend, wenn man sich die sizilianische Situation vor Augen führt. Dort ist festzustellen, daß eine enge Assoziation zwischen Kirche und Mafia bestand. Vgl. hierzu *Gambetta, D.*, The Sicilian Mafia: The Business of Private Protection, 1993, S. 48 ff.

[43] Zur Rolle sozialer Stigmatisierung bei kriminellen Personen vgl. *Rasmussen, E.*, Journal of Law and Economics 1996, S. 519 ff.

ne formelle Strafe an. Auch eine informelle Strafe ist auf dieser Stufe wenig wahrscheinlich, da die Staatsanwaltschaft durch ihre Entscheidung das Interesse an einer Strafverfolgung verneint hat. Eine vorläufige Einstellung gegen Auflagen und Weisungen nach § 153a StPO hingegen führt zu einer sicheren formellen Strafe n, die sich in den Auflagen und Weisungen ausdrückt, und zu einer wahrscheinlichen informellen Strafe ε_1. Die Staatsanwaltschaft hat zwar das Interesse an einer Strafverfolgung bejaht, die Schuld des Täters aber als zu gering eingestuft, um eine öffentliche Klageerhebung einzuleiten[44]. Kommt es zu einer Anklageerhebung, sieht sich der Täter einer möglichen formellen Strafe gegenüber. Erkennt das Gericht auf eine Verurteilung, wird eine formelle Strafe s ausgesprochen, kommt es hingegen zu einem Freispruch, wird keine formelle Strafe verhängt. Eine zusätzliche informelle Strafe i_2 kann aber bereits durch das Verfahren anfallen. Selbst ein Freispruch kann oftmals die verringerte Reputation nicht mehr anheben. Soziale Stigmatisierung und Ansehensverlust können allerdings statistisch nicht erfaßt werden.

Die vorstehenden Ausführungen zeigen, wie kompliziert der Erwartungsbildungsprozeß des Täters ist und wie schwer dieser Prozeß in einem empirischen Modell abgebildet werden kann. Jegliche empirische Arbeit ist deshalb darauf angewiesen, die für den Täter entscheidungsrelevanten Größen anzunähern und statistisch faßbar zu machen. Die Erweiterung des ökonomischen Modells kriminellen Verhaltens durch Bestandteile soziologischer Modelle hat auf theoretischer Ebene die Erklärungskraft des Modells gesteigert aber auf empirischer Seite die Bearbeitung erschwert.

V. Eine empirische Schätzung

Obwohl die Zusammenführung des ökonomischen Modells kriminellen Verhaltens und verschiedener soziologischer Modelle erstrebenswert ist, ist eine empirische Bearbeitung des erweiterten Modells wegen der teilweise nicht möglichen Erfassung soziologischer Variablen nur schwer durchführbar. Die folgenden Schätzungen des ökonomischen Modells der Kriminalität bauen deswegen auf der bereits bekannten Struktur anderer empirischer Untersuchungen auf und vernachlässigen über soziologische Theorien eingeführte Einflußgrößen[45]. Der Untersuchungszeitraum erstreckt sich über die Jahre 1976 bis 1990. Da am 01.04.1975 die Reform des Strafgesetzbuches in Kraft trat, ist erst im Jahr 1976 über den gesamten Zeitraum das dann neue Strafrecht angewandt worden. Durch den Beitritt der DDR zur Bundesrepublik ergaben sich deutliche Verschiebungen innerhalb der Bevölkerungsstruktur, außerdem gab es durch den Fall des Eisernen Vorhangs einen nicht unerheblichen „Kriminaltourismus"[46], so daß das Jahr

---

[44] § 153a StPO

[45] Zur Grundstruktur solcher klassischer kriminometrischer Modelle vgl. etwa *Ehrlich, I.*, Participation in Illegitimate Activities: A Theoretical and Empirical Investigation, Journal of Political Economy 1973, S. 521 ff.

[46] So für Österreich *Lewisch, P.*, A Case Study on the Legal Regulation of Shoplifting in Austria and the „Criminal Tourism" from the East, International Review of Law and Economics 1992, S. 439 ff.

1990 als Endzeitpunkt der Betrachtung gewählt wird[47]. Die Schätzungen werden aufgrund des Datenproblems mit aggregierten Daten durchgeführt[48].

Es erscheint wenig sinnvoll, eine Untersuchung über die Gesamtkriminalität durchzuführen, da sich die einzelnen Straftaten in der Verurteilungswahrscheinlichkeit und der Strafart zu sehr unterscheiden. Die Diebstahls- und Unterschlagungsdelikte machten zum Beispiel 1990 zirka 60,4% der gesamten erfaßten Straftaten aus. Betrachtet man die Kriminalität als Ganzes, werden die Diebstahldelikte alle anderen Straftaten dominieren. So können etwa Veränderungen der Verurteilungswahrscheinlichkeit oder der Strafhöhe bei Raubdelikten, deren Anteil an den erfaßten Straftaten 1990 zirka 0,8% betrug, sehr deutlich auf diese einwirken. Betrachtet man jedoch die gesamten Kriminalität, bleibt diese Wirkung verborgen. Es ist deswegen vorteilhaft, einzelne, genau umrissene Straftatgruppen zu betrachten, da dann nicht von der allgemeinen Kriminalität spekulativ auf eine einzelne Kriminalitätsart rückgeschlossen werden muß. Vielmehr können die genauen Wirkungen von Strafe und Aufklärungswahrscheinlichkeiten auf diese Straftaten untersucht und exakte Zusammenhänge festgestellt werden.

Eine Untersuchung von Straftatenklassen, die sich in Aufklärungswahrscheinlichkeit, vorherrschender Strafart und Strafdauer unterscheiden, erscheint besonders interessant. Während Raub und Erpressung größtenteils mit Freiheitsstrafe geahndet wird, sanktionieren die Gerichte Straftaten gegen die Person hauptsächlich mit Geldstrafe. Die polizeiliche Aufklärungswahrscheinlichkeit betrug 1989 bei Raub 43,8%, bei Straftaten gegen die Person 88,6%[49]. Die jeweiligen Verurteilungswahrscheinlichkeiten betrugen 1989 10,9% bei den Raubdelikten beziehungsweise 12,8% bei Straftaten gegen die Person. Auch die Anzahl der Taten weist zwischen den Straftatenklassen erhebliche Diskrepanzen auf. Im Jahr 1989 wurden von der Polizei 2.622.369 Fälle von Diebstahl und Unterschlagung, aber nur 30.152 Fälle von Raub und Erpressung erfaßt. Bei einer ausschließlichen Betrachtung der Gesamtkriminalität könnten Effekte im Bereich von Diebstahl und Unterschlagung allein durch ihren dominanten Anteil falsche Schlußfolgerungen zulassen. Aus diesem Grund werden die Straftatengruppen *Raub und Erpressung*[50], *Diebstahl und Unterschlagung*[51] sowie *Straftaten gegen die Person*[52] einzeln betrachtet.

---

[47] Weitere neue empirische Untersuchungen für die Bundesrepublik Deutschland des ökonomischen Modells der Kriminalität sind *Entorf, H.*, Kriminalität und Ökonomie: Übersicht und neue Evidenz, ZWS 116 (1996), S. 417 ff. und *Spengler, H.*, Sozioökonomische Ursachen und Wirkungen der Kriminalität in der Bundesrepublik Deutschland, *mimeo*, Zentrum für Europäische Wirtschaftsforschung (ZEW), Mannheim, Oktober 1996.

[48] Vgl. zu diesem Problem auch *Eide, E.*, Economics of Crime: Deterrence and the Rational Offender, Amsterdam, 1994, S. 89 ff. Eide zeigt auch Möglichkeiten auf, die Brücke zwischen Mikrovariablen und Makrodaten zu schlagen.

[49] Dies ist nicht zu verwechseln mit der Verurteilungswahrscheinlichkeit, welche den Anteil der zu einer Verurteilung führenden Taten an der Grundgesamtheit der registrierten Taten angibt. Die Verurteilungswahrscheinlichkeit ist deutlich niedriger als die polizeiliche Aufklärungswahrscheinlichkeit, da nicht jeder polizeilich aufgeklärte Fall zu einer rechtskräftigen Verurteilung führt.

[50] §§ 249-256 StGB.

[51] §§242-248c StGB.

In der empirischen Schätzgleichung wird der Einfluß von Verurteilungswahrscheinlichkeit, Strafhöhe, Einkommen und Arbeitslosigkeit auf die Kriminalitätsrate festgestellt. Die Schätzung erfolgt mit der Methode der kleinsten Quadrate. Zeigt ein Hausman-Test Anzeichen für Simultanitäten, wird die Schätzung mit der zweistufigen Kleinstquadrate-Methode durchgeführt. Box-Cox-Transformationen legen stets nahe, daß eine lineare Funktionsform einer loglinearen Form vorzuziehen ist. Die Schätzungen zeigen folgende Ergebnisse:

	Verurteilung	Strafhöhe	erwartete Strafe	Gewinn aus Straftaten	Legale Einkommensmöglichkeiten
Raub					
OLS	-0,8995[a]	-0,2364		-0,2723	0,434[a]
OLS Interaktion			-0,8387[a]	-0,3303	0,4857[a]
2SLS	-0,8995[a]	-0,2389		-0,2834	0,434[a]
2SLS Interaktion			-0,8526[a]	-0,3437	0,4880[a]
Diebstahl					
2SLS	-0,9812[a]	-0,5204[a]		0,0316	0,3593[a]
2SLS Interaktion			-1,0412[a]	0,2763[a]	0,5177[a]
Straftaten gegen die Person					
2SLS	-0,7784[a]	-0,1768[a]		0,115	0,1427[a]
2SLS Interaktion			-0,5844[a]	0,5027[a]	0,4296[a]

a: Signifikanzniveau ≤10%
Elastizitäten bewertet am Mittelwert der erklärenden Variablen, Standardabweichungen nach White bzw. Newey-West
Strafhöhen: Anteil der Freiheitsstrafen > 2 Jahre (Raub und Erpressung), durchschnittliche Anzahl der Tagessätze (Diebstahl und Unterschlagung), Anteil der Freiheitsstrafen (Straftaten gegen die Person)
    Die Angaben zur Kriminalitätsrate stammen aus den Polizeilichen Kriminalstatistiken des BKA der jeweiligen Jahrgänge, die Informationen zur Strafhöhe wurden den Strafverfolgungsstatistiken des Statistischen Bundesamtes entnommen. Angaben zur Arbeitslosigkeit, zum durchschnittlichen Haushaltseinkommen, zu Polizeiausgaben, Polizeistärke und der personellen Ausstattung von Staatsanwaltschaften und Gerichten stammen aus den Quellen des Statistischen Bundesamtes.
    Instrumente bei Schätzungen mit der zweistufigen Methode der kleinsten Quadrate sind die Polizeikräfte pro 1000 Einwohner, die Anzahl der Richter an ordentlichen Gerichten pro 1000 Einwohner, die Zahl der Staatsanwälte pro 1000 Einwohner, die Sachausgaben pro Polizist sowie die Kriminalitätsraten zum Zeitpunkt t und $t-1$.

Tabelle 1

Es zeigt sich, daß alle Taten bei einer verstärkten Verurteilungswahrscheinlichkeit zurückgehen. Auch die Strafhöhe hat in zwei Fällen einen negativen Einfluß auf die Kriminalitätsrate. Werden Verurteilungswahrscheinlichkeit und Strafhöhe als Interaktion, also gemeinsam betrachtet, zeigt sich stets ein signifikant negativer Einfluß auf die Kriminalitätsrate. Eine steigende Arbeitslosenquote führt in allen Fällen zu einer steigenden Kriminalitätsrate. Besonders auffällig ist die erstaunlich gleiche Elastizität der Verurteilungswahrscheinlichkeit in allen drei betrachteten Tatengruppen. Ihre Spannbreite zwischen zirka -

---

[52] Diese Straftatengruppe ist nicht mit einem Abschnitt im StGB identisch. Vielmehr vereinigt sie die Straftatbestände nach §§ 169-173, 201-204, 185-189, 223-230, 234-241a StGB.

0,78 und -0,98 liegt im Bereich von in anderen empirischen Untersuchungen errechneten Elastizitäten[53]. Die Elastizität der Strafe ist deutlich geringer als die der Verurteilungswahrscheinlichkeit. Dies ist ein Anzeichen dafür, daß die Wahrscheinlichkeit der Strafe von potentiellen Tätern stärker in das Kalkül einbezogen wird als die Strafhöhe.

Die Elastizität der Strafe scheint sich im Rahmen anderer Beobachtungen zu bewegen. Eine direkte Vergleichbarkeit ist aber nicht gegeben, da in der vorliegenden Untersuchung andere Näherungen für die Strafhöhe benutzt werden. Aus diesem Grund sind auch die Elastizitäten der hier angeführten Straftatenklassen nicht vergleichbar. Eine Aussage, daß die Strafhöhe bei Diebstahl zum Beispiel einen stärkeren Einfluß auf die Kriminalitätsrate ausübt als bei den Straftaten gegen die Person, ist nicht direkt zulässig, da man in einem solchen Fall die sprichwörtlichen Äpfel und Birnen vergleichen würde: bei Diebstahl wird die Strafe anhand der durchschnittlichen Anzahl der Tagessätze berechnet, bei den Straftaten gegen die Person hingegen der Anteil der Strafen länger 1 Jahr berücksichtigt.

Die Einkommenselastizität der Kriminalitätsrate läßt sich hingegen über die Straftatklassen vergleichen. Da das Einkommen als Näherungsgröße für den erwarteten Gewinn gedacht ist, ist nach der Theorie mit steigendem Einkommen auch eine Steigerung der Kriminalitätsrate zu erwarten. Diese sollte größer sein bei Taten, die direkt auf diesen erzielbaren Gewinn gerichtet sind, also zum Beispiel Diebstähle, und geringer sein, falls der Gewinn aus einer Tat weitgehend nichtmonetär ist, so wie bei Körperverletzungsdelikten. Diese theoretischen Überlegungen werden durch die Ergebnisse nicht gestützt. Unerwartet ist die Einkommenselastizität der Kriminalitätsrate für Diebstahl am geringsten. Die Einkommenselastizität bei Raub ist erwartungsgemäß relativ hoch, allerdings ist sie negativ, ein Ergebnis, welches ebenfalls nicht mit den theoretischen Überlegungen im Einklang steht.

In der vorliegenden Modellspezifikation werden die legitimen Verdienstmöglichkeiten durch die Arbeitslosenquote approximiert. Eine steigende Arbeitslosigkeit verschlechtert die legitimen Verdienstmöglichkeiten und sollte demnach zu einer steigenden Kriminalitätsrate führen. Diese Überlegung wird durch die empirischen Daten gestützt. Erwartungsgemäß ist die Reaktion auf Änderungen der Arbeitslosigkeit bei Raub und Diebstahl, also Taten, bei denen eventuell legitimes durch illegitimes Einkommen substituiert wird, stärker als bei den Straftaten gegen die Person.

Die bei steigender Verurteilungswahrscheinlichkeit sinkende Kriminalitätsrate kann nicht zwingend auf einen Abschreckungseffekt zurückgeführt werden. Falls eine Straftat mit einer Freiheitsstrafe bedroht ist, kann in einem solchen Fall eine erhöhte Verurteilungswahrscheinlichkeit auch auf einen Verunmöglichungseffekt hinweisen, da Täter, die ihre Freiheitsstrafe verbüßen, keine neuen Straftaten be-

---

[53] Eide hat die Elastizitäten der von ihm betrachteten Untersuchungen zusammengefaßt. Die Spannweite der Elastizität der Verurteilungswahrscheinlichkeit liegt für OLS-Schätzungen zwischen -1,62 und 0,43, bei IV-Schätzungen zwischen -1,674 und 0,486. Vgl. *Eide, E.*, S. 156.

gehen können[54]. Bei den in dieser Untersuchung betrachteten Straftaten könnte dieser Zusammenhang besonders auf Raub und Erpressung[55], sowie teilweise auf die Straftaten gegen die Person[56] zutreffen. Bei Diebstahl und Unterschlagung spielt eine Verunmöglichung hingegen keine Rolle, da der Großteil der Taten mit Geldstrafe bestraft wird. Bei Diebstahl und Unterschlagung kann deshalb davon ausgegangen werden, daß der negative Effekt der Verurteilungswahrscheinlichkeit einen Abschreckungseffekt darstellt. Auch bei den Straftaten gegen die Person ist aus Plausibilitätsgründen die sinkende Kriminalitätsrate bei steigender Verurteilungswahrscheinlichkeit überwiegend auf einen reinen Abschreckungseffekt zurückzuführen. Zusammenfassend läßt sich erkennen, daß der Abschreckungseffekt den Verunmöglichungseffekt überwiegt und die Reduzierung der Kriminalitätsrate durch eine Erhöhung der Verurteilungswahrscheinlichkeit nicht auf eine Verunmöglichung, sondern auf Abschreckung zurückzuführen ist.

Die Aussagefähigkeit der empirischen Ergebnisse wird jedoch durch den geringen Umfang der Stichprobe und die geringen Freiheitsgraden relativiert. So sind etwa Aussagen über statistische Signifikanzen nur auf einem 10%-Niveau sinnvoll. Höhere Signifikanzen lassen sich zwar errechnen, ihre Angabe ist bei einem derartig kleinen Datensatz wie dem hier benutzten aber nicht seriös. Selbst bei einer zurückhaltenden Betrachtung kann jedoch abschließend festgestellt werden, daß die empirischen Ergebnisse die formulierten Hypothesen, namentlich eine Abschreckungswirkung von Strafhöhe und Verurteilungswahrscheinlichkeit, nicht ablehnen können. Die nach dem Modell rationalen kriminellen Verhaltens theoretisch zu erwartenden Wirkungen werden durch die Schätzungen gestützt. Der vielfach von Kriminologen und Juristen vorgebrachten Meinung, daß Strafe keine generalpräventive Wirkung entfalte, kann aufgrund der hier gezeigten Ergebnisse widersprochen werden.

D. Zusammenfassung

Das klassische ökonomische Modell kriminellen Verhaltens wurde oft von Sozialwissenschaftlern und Juristen ob seiner vermeintlichen Wirklichkeitsferne und der Unterschlagung wichtiger umweltinduzierter Einflußgrößen auf kriminelles Verhalten und die Betonung der Abschreckungswirkung von Strafe abgelehnt. Soziologische Theorien kriminellen Verhaltens hingegen heben die gesellschaftlichen Einflüsse auf Kriminalität hervor. Sie verlieren jedoch zu einem großen Teil die möglichen Wirkungen des staatlichen Strafverfolgungssystems außer Augen. Eine Zusammenführung beider Modellgruppen verspricht deshalb eine Theorie, die das zu beobachtende kriminelle Verhalten besser erklären kann. Die empirische Bearbeitung dieses erweiterten Modells stößt jedoch auf Schwierig-

---

[54] Der Begriff der Verunmöglichung wird in *Adams, M./Shavell, S.*, GA 137 (1990), S. 337 ff. umfassend erklärt.

[55] Der Anteil der Freiheitsstrafen an der Gesamtzahl der Strafen liegt bei rund 95%.

[56] Der Anteil der mit Freiheitsstrafe bestraften Taten sank zwar deutlich von seinem höchsten Niveau 1976 (34,5%), betrug aber 1990 immer noch 22,9% an allen Straftaten dieser Klasse.

keiten. Wegen fehlender Daten und der Schwierigkeit, einige statistisch nicht zu erfassende Größen für eine empirische Arbeit durch greifbare Variablen anzunähern, wurde hier ein weitgehend „klassisches" ökonomisches Modell kriminellen Verhaltens statistisch geschätzt. Die Ergebnisse lassen klare Rückschlüsse auf die Wirksamkeit von Strafe zu. Sie unterstützen nicht das oft gehörte Argument, daß Strafe keine abschreckende Wirkung habe. Vielmehr führt bei den betrachteten Straftaten eine höhere Strafe zu einer geringeren Kriminalitätsrate. Derselbe Zusammenhang gilt in einem stärkeren Maße auch für die Verurteilungswahrscheinlichkeit. Vergleicht man die Wirkungsstärke dieser beiden Größen, erkennt man eine relativ stärkere Wirkung der Verurteilungswahrscheinlichkeiten. Daraus läßt sich für die Politik die Empfehlung ableiten, daß eine zunehmende Verurteilungswahrscheinlichkeit eine gute Möglichkeit verspricht, die Kriminalität einzudämmen. Weniger großzügige Verfahrenseinstellungen würden bereits zu einer deutlich steigenden Verurteilungswahrscheinlichkeit und damit sinkenden Kriminalitätsraten führen.

Betrachtet man neben den Reaktionen des Strafverfolgungssystems auch sonstige Einflußfaktoren, erkennt man einen deutlichen Zusammenhang zwischen steigenden Arbeitslosenzahlen und zunehmender Kriminalität. Die Arbeitslosenquote beeinflußt besonders Straftaten wie Diebstahl oder Raub, deren erwarteter Gewinn materiell ist. Die Elastizitäten der Arbeitslosigkeit bewegen sich dabei im Rahmen der Strafhöhenelastizitäten. Eine Änderung der Arbeitslosenquote hat somit einen ähnlichen Einfluß auf die Kriminalitätsrate wie eine Änderung der Strafhöhe. Allerdings läßt sich eine Änderung der Arbeitslosenquote nur über einen relativ längeren Zeitraum erreichen. Außerdem beeinflußt nicht allein der Staat die Arbeitslosenquote, auch der Tarifparteien müssen kooperativ mitarbeiten. Aus staatlicher Sicht ist sie demnach nicht geeignet, direkt auf die Kriminalitätsrate einzuwirken. Dennoch sollte der Staat die sozioökonomischen Faktoren als Bestandteil eines Kriminalitätsbekämpfungsprogramms sehen.

Die hier wegen der unzureichenden Datenlagenicht empirisch überprüften aber aufgrund der theoretischen Überlegungen wichtigen Größen, die immaterielle Gewinne und Verluste aus Straftaten bestimmen, sind ein weiterer wirkungsvoller Ansatzpunkt bei der Bekämpfung kriminellen Verhaltens. Viele durch die Sozialisierung vermittelten individuellen Werte und Normen belegen kriminelles Verhalten negativ und können deshalb eine wirkungsvolle Sperre gegen Kriminalität darstellen. So sind die in diesem Zusammenhang besonders in den USA gemachten Versuche, zerrüttete Familienverhältnisse zu reparieren oder gar nicht erst aufkommen zu lassen, durchaus als ein spezielles Verbrechenspräventionsprogramm zu sehen. Der Überprüfung solcher Hypothesen sollte in Zukunft ein größeres Gewicht zukommen, um das Phänomen kriminellen Verhaltens besser zu verstehen und darauf reagieren zu können, um die Kriminalitätsrate nicht nur auf dem derzeitigen Niveau zu stabilisieren, sondern im Laufe der Zeit sogar zu senken.

Literatur

Adams, M./ Shavell, S., Zur Strafbarkeit des Versuchs, GA 137 (1990), S. 337 ff.
Becker, G. S., Crime and Punishment: An Economic Approach, Journal of Political Economy (1968).
Becker, G. S., Journal of Political Economy (1968).
Curran, D. J./Renzetti, C. M., Theories of Crime, 1994.
Eide, E., Economics of Crime: Deterrence and the Rational Offender, Amsterdam, 1994.
Ehrlich, I., Participation in Illegitimate Activities: A Theoretical and Empirical Investigation, Journal of Political Economy (1973), S. 521 ff.
Entorf, H., Kriminalität und Ökonomie: Übersicht und neue Evidenz, ZWS 116 (1996), S. 417 ff.
Frank, R. H., If Homo Economicus Could Choose His Own Utility Function, Would He Want One with a Conscience?, American Economic Review (1987), S. 593 ff.
Gambetta, D., The Sicilian Mafia: The Business of Private Protection, 1993.
Hirschi, T., Rational Choice and Social Control Theories of Crime, in: Derek B. Cornish / Clarke, Ronald V (Hrsg.), The Reasoning Criminal: Rational Choice Perspectives on Offending, 1986.
Iannaccone, L., Reassessing Church Growth: Statistical Pitfalls and their Consequences, *mimeo*, Journal for the Scientific Study of Religion (1996), S. 197 ff.
Jescheck, H.H., Lehrbuch des Strafrechts: Allgemeiner Teil, 1988.
Kaiser, G., Kriminologie, 1993.
Krohn M., Control and Deterrence Theories, in: Sheley, J. F. (Hrsg.), Criminology: A Contemporary Handbook, 1991.
Kürzinger J., Kriminologie: Eine Einführung in die Lehre vom Verbrechen, 2. Auflage1996.
Lewisch, P., A Case Study on the Legal Regulation of Shoplifting in Austria and the „Criminal Tourism" from the East, International Review of Law and Economics (1992), S. 439 ff.
Lott, J. R., An Attempt at Measuring the Total Monetary Penalty from Drug Convictions: The Importance of an Individual's Reputation, Journal of Legal Studies (1992), S. 159 ff.
Lott, J. R., Should the Wealthy be Able to „Buy Justice"?, Journal of Political Economy (1987), S. 1307 f.
Opp, K. D., The Economics of Crime and the Sociology of Deviant Behavior: A Theoretical Confrontation of Basic Propositions, Kyklos (1989).
Opp, K. D., Abweichendes Verhalten und Gesellschaftsstruktur, 1974
Panther, S. M., The Economics of Crime and Criminal Law: An Antithesis to Sociological Theories, European Journal of Law and Economics (1995).
Rasmussen, E., Stigma and Self-Fulfilling Expectations of Criminality, Journal of Law and Economics (1996).

Spengler, H., Sozioökonomische Ursachen und Wirkungen der Kriminalität in der Bundesrepublik Deutschland, *mimeo*, Zentrum für Europäische Wirtschaftsforschung (ZEW), Mannheim, Oktober 1996.

Tversky, A./Kahnemann, D. L., Rational Choice and the Framing of Decisions, Journal of Business (1986), S. 251 ff.

Wiswede, G., Soziologie abweichenden Verhaltens, 1973

Christian Seidl

Kommentar

zu

Henning Curti: Zur Abschreckungswirkung strafrechtlicher Sanktionen in der Bundesrepublik Deutschland: Eine empirische Untersuchung

Der Referent weist zutreffend darauf hin, daß das Ziel, die Kriminalität zu senken, auf zwei diametral entgegengesetzten Wegen anvisiert werden kann. Einmal wird der Weg der Strafverschärfung, härterer Strafverfolgung und intensiveren Polizeieinsatzes als erfolgversprechend angesehen; zum anderen der Weg einer besseren Erziehung und entsprechenden Vermittlung gesellschaftlicher Werte, einer verstärkten Rehabilitation straffällig gewordener Personen sowie die Abschaffung ganzer Straftatbestände.

In Parenthese sei bemerkt, daß die *gemessene* Kriminalität stets dann gesenkt werden kann, wenn genügend viele Straftatbestände abgeschafft werden, oder wenn eine geringe Aufklärungsquote von Kriminaldelikten dazu führt, daß diese von der Bevölkerung in steigendem Maße überhaupt nicht mehr zur Anzeige gebracht werden, weil die Transaktionskosten einer Anzeige als in keinem Verhältnis zur Erfolgschance stehend empfunden werden[1]. In solchen Fällen erfolgen Anzeigen häufig nur zum Zwecke der Substantivierung von Versicherungsansprüchen. Dann sagt eine geringe statistisch erfaßte Kriminalität wenig über die tat-

---

[1] In den einzelnen Bundesländern differieren die Aufklärungsquoten nach der polizeilichen Kriminalstatistik z. T. erheblich. Sie liegen in den nördlichen und in den neuen Bundesländern bei rund 40%, in den südlichen fast bei 60%. Empirische Opferstudien über Telefoninterviews zeigen darüber hinaus, daß die Viktimisierung bei manchen Delikten ein Vielfaches der Anzeigen nach der polizeilichen Kriminalstatistik beträgt. Dies bedeutet, daß ein erheblicher Teil der Opfer krimineller Delikte diese überhaupt nicht zur Anzeige bringt, offenbar weil man die Erfolgschance einer Aufklärung und/oder eines angemessenen Schadenersatzes zu gering einschätzt. Vgl. dazu ausführlich: *Dijk und Mayhew* (1990); *Dijk, Mayhew und Killias* (1992); *Kury* (1992*); Kury, Dörmann, Richter und Würger* (1992); *Kury, Obergfell-Fuchs und Würger* (1995). In den USA gelangen nur 38% aller Delikte zur Anzeige [vgl. Bureau of Justice Statistics (1994)].

sächliche Kriminalität aus[2], da sie die Dunkelziffer als Differenz zur tatsächlichen Viktimisierung vernachlässigt. Empirische Untersuchungen zur Kriminalität müßten daher an das mittlerweile vorliegende reichhaltige Material empirischer Opferstudien[3] anknüpfen statt an das Datenmaterial der polizeilichen Kriminalstatistik.

Der Weg der Senkung der Kriminalität über Strafverschärfung und Erhöhung der Aufklärungs- und Verurteilungsquoten ist offenbar dann zielführend, wenn Kriminalität als *risikobehaftete Handlung* erlebt wird, was scheinbar die Grundkonzeption der *ökonomischen Theorie der Kriminalität*[4] darstellt. Der Weg der Erziehung, der Rehabilitation Straffälliger und Straferleichterungen ist offenbar dann zielführend, wenn Kriminalität eine *Reaktion der Täter auf gesellschaftliche Zustände* darstellt, was die Grundkonzeption der *soziologischen Theorie der Kriminalität (Anomietheorie* darstellt, wie sie der Referent anschaulich entwickelt.

Nach Ansicht des Referenten zögen soziologische Theorien die Wirkung externer Einflüsse zur Erklärung möglichen kriminellen Verhaltens heran, doch handle es sich nicht um Variable, die das Strafverfolgungssystem des Staates beeinflussen könne. Dafür biete sich die ökonomische Theorie der Kriminalität an, nach welcher mögliche Straftäter potentielle Kosten und Nutzen einer Straftat abwägten und jene Handlungsalternative wählten, welche ihren Nutzen maximiere. Anders ausgedrückt: Nach der Anomietheorie gibt es eine durch gesellschaftliche Zustände determinierte Gruppe von Kriminellen, nach der ökonomischen Theorie sind alle Individuen potentiell Kriminelle, wenn nur das Kosten-Nutzenverhältnis stimmt.

Ich bezweifle diese Modelldichotomie. Gary Becker hat nicht umsonst gesagt, daß Individuen nicht deshalb kriminell würden, weil sie eine andere Grundeinstellung hätten, sondern weil sie andere Nutzen und Kosten hätten[5]. Dies wird auch von der soziologischen Theorie der Kriminalität indirekt akzeptiert, indem sie anerkennt, daß kriminelles Verhalten im Laufe von Sozialisierungsprozessen erlernt werden könne und das Humankapital derart verändern könne, daß illegale Tätigkeiten relativ attraktiver würden.

Beide Modelle beschreiben vielmehr dasselbe Problem; das soziologische Modell begreift die Kriminalität als Längsschnittphänomen, das ökonomische Modell als Querschnittphänomen. Gesellschaftliche Zustände prägen die individuellen

---

[2] Der Stellenplan von Polizeibeamten ist direkt an die Kriminalstatistik gekoppelt [vgl. Kieler Express vom 28. Februar 1996, S. 5]. Dies führt einerseits dazu, daß Maßnahmen krimineller Prävention wenig attraktiv erscheinen, andererseits, daß Tendenzen vorhanden sind, die Kriminalstatistik zu schönen, indem etwa die gleichzeitige Anzeige mehrerer Straftaten einer Tätergruppe aus kriminalstatistischen Gründen in Einzeldelikte zerlegt wird. Trotzdem liegt die Viktimisierung deutlich über der Zahl der Delikte nach der polizeilichen Kriminalstatistik.
Die Bindung des Stellenplans von Polizisten an die Kriminalstatistik erklärt auch das Paradoxon, daß entweder kein oder ein positiver (!) Zusammenhang zwischen der Polizeidichte und der Deliktdichte besteht; vgl. *Cameron* (1988), welcher 22 Studien untersuchte. Die Kausalität geht hier von der Kriminalitätsdichte in Richtung Polizeidichte, nicht umgekehrt.

[3] Vgl. z. B. *Dijk, Mayhew und Killias* (1992); *Kury, Dömann, Richter und Würger* (1992).

[4] Wie sie in der Pionierarbeit von *Becker* (1968) begründet wurde.

[5] *Becker* (1968), S. 176.

Präferenzen, die Kosten und Nutzen, die Risikoattitüde, die Lage der Wirtschaftssubjekte, ihre Bildung und ihre Vermögens- und Einkommensposition. Dieses soziologische Modell beschreibt gewissermaßen die *Dynamik* der Kriminalität in einer Gesellschaft. Demgegenüber stellt das ökonomische Modell einen Schnappschuß bei *gegebenen* gesellschaftlichen Zuständen dar, welcher die *Statik* der Kriminalität beschreibt, nämlich die individuelle Entscheidung zu kriminellem Handeln bei *gegebenen Parametern*, welche die Situation eines Individuums beschreiben. In dieser Situation wird das individuelle Handeln zweckmäßigerweise durch den Nutzenmaximierungskalkül beschrieben. Man beachte, daß individuelle Werthaltungen, welche die Wirtschaftssubjekte von kriminellen Handlungen abhalten, als Nutzenminderungen erfaßt werden und deshalb die Anwendung des Nutzenmaximierungskalküls nicht beeinträchtigen.

Ob die Erwartungsnutzentheorie dafür allerdings das geeignete deskriptive Modell der ökonomischen Theorie der Kriminalität darstellt, muß mindestens angezweifelt werden. Jedenfalls scheidet die vom Referenten gewählte Form einer additiv separablen Risikonutzenfunktion wohl als zu speziell von vornherein aus der Betrachtung aus. Zudem ist auch nicht gewährleistet, daß die Wahrscheinlichkeiten den Kolmogoroffschen Axiomen genügen. Wenn beispielsweise eine Aktivität mit 70% Wahrscheinlichkeit zu einer Strafe s führt und mit 50% Wahrscheinlichkeit einen Gewinn b_m erbringt, ergibt dies $\pi_s + \pi_{b_m} = 1{,}2 > 1$, d.h. die Summe der Wahrscheinlichkeiten würde 1 übersteigen, was in der Erwartungsnutzentheorie nicht vorgesehen ist.

Zudem enthält die gewählte Risikonutzenfunktion nur Gewinne und Verluste und wird als von der Vermögensposition des Individuums unabhängig spezifiziert. Für den Fall, daß diese Gewinne und Verluste monetärer Natur sind (bzw. durch monetäre Äquivalente ausgedrückt werden können), hat Pfanzagl gezeigt, daß eine von der Vermögensposition des Wirtschaftssubjekts unabhängige Risikonutzenfunktion ausschließlich eine der beiden folgenden Formen aufweisen muß[6]:

$$U(x) = Ax + B, \quad A > 0, \quad B \in \mathbb{R}$$

$$U(x) = A\lambda^x + B, \quad A > 0, \lambda > 0 \text{ oder } A < 0, 0 < \lambda < 1, \quad B \in \mathbb{R}$$

wobei $x>0$ Gewinne und $x<0$ Verluste bedeutet.

Allgemein sind jedoch Zweifel an der deskriptiven Validität des Erwartungsnutzenmodells für Entscheidungen unter Risiko angebracht. Attraktiver erscheint demgegenüber die Prospekttheorie von Kahneman und Tversky (1979), welche Risikoscheu für Gewinne und Risikofreude für Verluste sowie eine Wahrscheinlichkeitstransformationsfunktion postuliert. Danach werden kleine Wahrscheinlichkeiten überschätzt und große unterschätzt, ein Phänomen, welches empirisch gut dokumentiert[7] ist. Diese und andere Alternativen zur Erwartungsnutzentheorie stellen zum Teil erheblich bessere deskriptive Modelle von Entscheidungen unter

---

[6] *Pfanzagl* (1959), S. 40.
[7] Vgl. z. B. *Preston und Baratta* (1948); *Dale* (1959); *Lichtenstein, Slovic, Fischhoff, Layman und Combs* (1978).

Risiko dar[8]. Zahlreiche empirische Untersuchungen dokumentieren zudem, daß Individuen gravierend gegen elementare Grundregeln der Wahrscheinlichkeitsrechnung verstoßen[9], somit ihre Entscheidungen unter Risiko durch Verzerrungen in der Wahrscheinlichkeitsinformation gekennzeichnet sind. Die ökonomische Theorie der Kriminalität hat bislang von diesen Erkenntnissen noch wenig Notiz genommen[10] und hält noch weitgehend am Paradigma des Erwartungsnutzens fest.

Das vorgelegte Referat gibt zudem zur Frage Anlaß, inwieweit *das Reduktionsaxiom zusammengesetzter Wahrscheinlichkeiten* eine geeignete Verhaltenshypothese darstellt. Ein Beispiel möge dies illustrieren. Einem Individuum werden zwei Entscheidungssituationen vorgelegt, die durch die Entscheidungsbäume in den Abbildungen 1 und 2 gekennzeichnet seien.

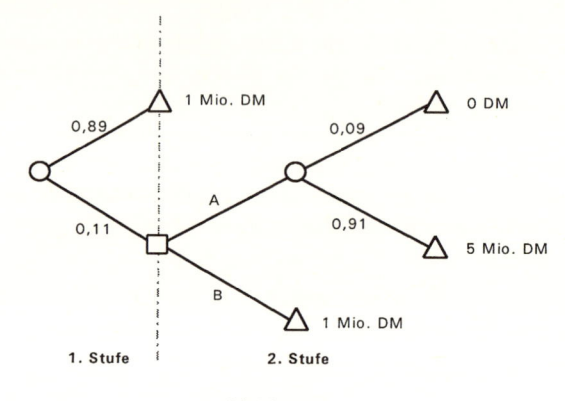

Abbildung 1

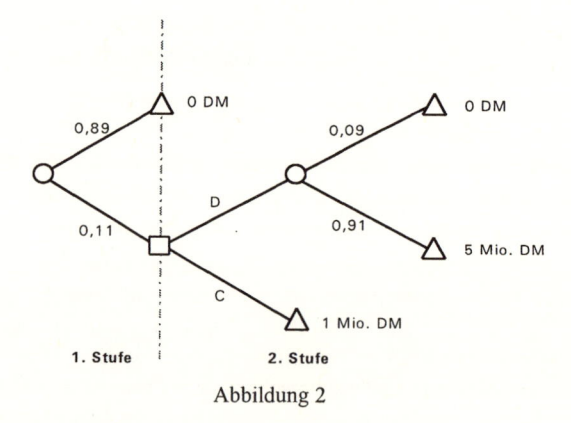

Abbildung 2

---

[8] Vgl. *Harless und Camerer* (1994); *Hey und Orme* (1994).

[9] Vgl. z.B. *Edwards* (1962); *Hogarth* (1975); *Edwards und von Winterfeldt* (1986).

[10] Vgl. dagegen erste allgemeinere Ansätze bei *Lattimore, Baker und Witte* (1992); *Eide* (1995). Analysen der Steuerhinterziehung dagegen haben schon früh auf die Prospekttheorie zurückgegriffen. Vgl. die bei *Chang* (1995), S. 26, genannte Literatur.

In diesen Abbildungen bedeuten Kreise Zufallsknoten, Quadrate Entscheidungsknoten und Dreiecke Endknoten. Das Entscheidungsproblem ist zweistufig. Einer Zufallsstufe folgt eine Entscheidungsstufe. Wie ersichtlich ist die Entscheidungsstufe in beiden Entscheidungsproblemen identisch. Bei dieser sequentiellen Präsentation des Entscheidungsproblems entscheiden 97% aller Probanden konsistent[11], d.h. sie wählen entweder die Strategien A und C oder B und D in den beiden Entscheidungssituationen.

Wendet man hingegen das Reduktionsaxiom an, erhält man Paare einstufiger Entscheidungen:

Entscheidung 1:   A: 1 Mio. DM sicher

                    B: 5 Mio. DM mit 10% Wahrscheinlichkeit

                          1 Mio. DM mit 89% Wahrscheinlichkeit

                          0 DM mit 1% Wahrscheinlichkeit

Entscheidung 2:   C: 1 Mio. DM mit 11% Wahrscheinlichkeit

                          0 DM mit 89% Wahrscheinlichkeit

                    D: 5 Mio. DM mit 10% Wahrscheinlichkeit

                          0 DM mit 90% Wahrscheinlichkeit

In dieser Formulierung stellt dieses Entscheidungsproblem das berühmte Allais-Paradoxon dar[12]. Ein beträchtlicher Teil von Probanden [einschließlich von L. Savage, eines Mitbegründers der Erwartungsnutzentheorie] entscheiden sich in der Situation 1 für A, in Situation 2 jedoch für D, was die Erwartungsnutzentheorie verletzt. Dies wird als ein Verstoß gegen das Unabhängigkeitsaxiom interpretiert, doch zeigt obiges Beispiel, daß in Wahrheit ein Verstoß gegen das Reduktionsaxiom vorliegt, da in der Entscheidungsbaumformulierung des Problems keine Verletzung des Unabhängigkeitsaxioms auftritt.

Im Abschnitt C des Referates wird sehr anschaulich die Wahrscheinlichkeitsverteilung der Strafe herausgearbeitet. Der potentielle Täter hat folgende subjektiven Wahrscheinlichkeiten abzuschätzen: Erstens p_P, die Wahrscheinlichkeit der polizeilichen Aufklärung des Delikts, zweitens p_K, die Wahrscheinlichkeit der Anklageerhebung durch die Staatsanwaltschaft, drittens p_S, die Verurteilungswahrscheinlichkeit, und viertens die zweidimensionale Dichtefunktion $f(g,-m)$ von Gefängnisstrafen $g \geq 0$ und Geldstrafen $m \geq 0$. Die Dichtefunktion $f(g,-m)$ hat offensichtlich Unstetigkeitsstellen an den Punkten $g = 0$ [das Delikt wird nicht mit Gefängnisstrafe bestraft] und $m=0$ [das Delikt sieht keine Geldstrafe vor]. Nach dem Kalkül der Wahrscheinlichkeitstheorie ist die zusammengesetzte Dichtefunktion $\varphi(g,-m)$ der Bestrafung eines spezifischen Delikts daher

---

[11] *Hogarth* (1981), S. 205f.
[12] *Allais* (1979), S. 89.

$$\varphi(g,-m) = p_P p_K p_S f(g,-m), \; g \geq 0, \; m \geq 0.$$

Wegen der sequentiellen Struktur von polizeilicher Aufklärung, Anklageerhebung und Verurteilung ist dies eine zusammengesetzte Wahrscheinlichkeitsverteilung, welche in dieser Form nur dann geschrieben werden kann, wenn das Reduktionsaxiom gilt. Da diese Annahme aber zweifelhaft ist, müßte empirisch untersucht werden, wie diese dynamische Struktur die Perzeption der Bestrafung eines ganz bestimmten Delikts verzerrt. Es mag z.B. durchaus der Fall sein, daß eine Verschiebung von p_P, p_K und p_S selbst bei gleichem Betrag ihres Produkts eine höhere oder geringere Abschreckung der Bestrafung bewirkt. Eine solche Wahrscheinlichkeitsverschiebung müßte selbstverständlich von Kostenüberlegungen begleitet sein.

Bezeichne x den monetären Gewinn oder Verlust eines Delikts δ und $\overline{U}$ den Nutzen eines Wirtschaftssubjekts, wenn es nicht kriminell wird, würde ein Individuum mit Vermögen V das Delikt δ nach der Erwartungsnutzentheorie begehen, wenn

$$\Delta U(\delta) := \int_M \int_G U(g, x-m, V) \; \varphi_\delta(g, x-m) \; dg d(x-m) - \overline{U} > 0$$

gilt[13], wobei M die möglichen Nettogewinne des Delikts und G die möglichen Gefängnisstrafen bezeichnen. Offenbar wird ein Individuum dann kriminell, wenn

$$\exists \delta \in D : \; \Delta U(\delta) > 0,$$

wobei D die Menge der von dem Individuum begehbaren Delikte bezeichnet. Das Individuum wird sich auf die Delikte δ^* spezialisieren, für welche

$$\delta^* \in \arg \max_{\delta \in D} \{\Delta U(\delta) > 0\}$$

gilt (wobei unterschiedlicher Arbeitseinsatz des Individuums der Einfachheit halber vernachlässigt wird). Dieses Modell ist jedoch eine umso schlechtere Beschreibung der Realität, je mehr das Wirtschaftssubjekt von der Erwartungsnutzentheorie abweicht.

Als weiterer gewichtiger Einflußfaktor sind hier noch *Framingeffekte* zu nennen, d.h. die Einschätzung identischer Ergebnisse kann von der Art ihrer Präsentation bedingt sein. Eine wesentliche Rolle kommt hier der positiven oder negativen Einkleidung (z.B. in Form von Gewinnen oder Verlusten) zu. Zur Illustration betrachten wir die beiden folgenden Entscheidungen[14]:

---

[13] Die Dichtefunktion $\varphi_\delta(g, x-m)$ ist auf der Menge der Gefängnisstrafen und Nettogewinne [Gewinne abzüglich Strafen] des Delikts δ spezifiziert.

[14] *Kahneman und Tversky* (1979), S. 273.

Entscheidung 1: Das Individuum erhält DM 1.000,- und soll wählen zwischen
  A: DM 1.000,- mit 50% Wahrscheinlichkeit,
     DM 0 mit 50% Wahrscheinlichkeit
  B: DM 500,- sicher

Entscheidung 2: Das Individuum erhält DM 2.000,- und soll wählen
  C: DM 1.000,- Verlust mit 50% Wahrscheinlichkeit
     DM 0 mit 50% Wahrscheinlichkeit
  D: DM 500,- sicherer Verlust

Obwohl das Individuum in *A* und *C* und in *B* und *D* jeweils dasselbe Ergebnis erhält, präferieren 84% der Probanden bei Entscheidung 1 die Alternative *B*, wogegen 69% bei Entscheidung 2 die Alternative *C* präferieren. Dies zeigt, daß die Verkodung *desselben* Ergebnisses als Gewinn risikoscheues Verhalten bewirkt, als Verlust hingegen risikofreudiges Verhalten, was zu unterschiedlichen Entscheidungen führt[15]. Angesichts der durchgängigen empirischen Bestätigung des Einflusses von Framingeffekten kann davon ausgegangen werden, daß sie auch für die Erklärung der Kriminalität von hoher Relevanz sind. Die Berichterstattung über Kriminalität und – damit verbunden – die Erziehung, welche Kriminalität als Gewinn oder Verlust vermittelt, haben somit erhebliche Auswirkungen auf die Entscheidungen für oder gegen kriminelle Handlungen. Dies alles kann im Erwartungsnutzenmodell nicht untersucht werden.

Den empirischen Teil des Referates fand ich enttäuschend. Es fehlen Angaben über das verwendete Datenmaterial und über die verwendete Schätzgleichung. Ich vermute, daß die Jahresdaten der polizeilichen Kriminalstatistik für die Periode von 1976 bis 1990 und eine loglineare Schätzgleichung verwendet wurden. Die Verwendung von Aggregatdaten im Verein mit einer loglinearen Schätzgleichung hat mit dem Erwartungsnutzenmodell wenig zu tun. Vielmehr wird der Zusammenhang mit dem vorher erörterten Nutzenmaximierungskalkül nicht sichtbar. Die Validierung eines Individualentscheidungsmodells verlangt Mikrodaten unter Einbeziehung der Dunkelziffer der Kriminalität, also Daten aus empirischen Opferstudien. Zusätzlich müssen Daten in die Schätzung eingehen, die das soziale Umfeld der Gesellschaft charakterisieren. Wie bereits oben erwähnt, existieren Mikrodaten aus umfangreichen empirischen Opferstudien[16]. Kury et al. haben zudem für die deutschen Bundesländer sozio-demographische Daten für 22 Kriterien erarbeitet[17]. Daher stellt sich die Frage, weshalb nicht auf dieses detaillierte

---

[15] Vgl. dazu allgemeiner *Einhorn* und *Hogarth* (1981); *Fischhoff* (1983); *Gregory, MacGregor* und *Lichtenstein* (1992); *Johnson, Hershey, Meszaros* und *Kunreuther* (1993); *Kahneman* und *Tversky* (1984); *Slovic, Fischhoff* und *Lichtenstein* (1982).

[16] *Dijk* und *Mayhew* (1990); *Dijk, Mayhew* und *Killias* (1992); *Kury* (1992); *Kury, Dörmann, Richter* und *Würger* (1992).

[17] *Kury, Obergfell-Fuchs* und *Würger* (1995), S. 774f.

Datenmaterial zurückgegriffen wurde und Schätzgleichungen aus Modellen abgeleitet wurden, die dem Nutzenmaximierungskalkül näher stehen. Daten über Täterprofile beinhaltet natürlich auch dieses Datenmaterial nicht, aber dennoch stellt es alles in den Schatten, was vordem verfügbar war.

Bemerkenswert erscheint der stärkere Einfluß der Verurteilungswahrscheinlichkeit auf die Senkung der Kriminalität im Vergleich zur Erhöhung der Strafe. Dies indiziert ein Ungleichgewicht in unserer Judikative. Wenn die Verurteilungswahrscheinlichkeit Null wäre und von den Kriminellen als solche erkannt würde, hätten selbst extreme Strafen keine Wirkung. Verurteilungswahrscheinlichkeiten, die sich – wie im Referat angeführt – im Bereich von 10-12% bewegen, berauben die Strafen ihrer Drohwirkung, da sie als wenig wahrscheinlich erachtet werden. Eine Erhöhung der aus dem Ruder gelaufenen Verurteilungswahrscheinlichkeit muß somit stärkere Wirkungen zeitigen als eine Erhöhung der wenig wahrscheinlichen Strafen.

Schließlich werden in dem Referat eine Reihe interessanter Probleme nicht angesprochen.

1) *Die optimale Ausgestaltung von Strafen:* Strafen sind mit indirekten Steuern verwandt, jedoch mit dem Unterschied, daß diese die Güternachfrage *minimal* erzerren sollen, während jene die Kriminalität *maximal* verzerren sollten, um die soziale Wohlfahrt zu maximieren[18].

2) *Abschreckungs- versus Ausschaltungseffekt:* Strafen haben einen Abschreckungseffekt, Gefängnisstrafen haben zusätzlich noch einen Ausschaltungseffekt, da ein Täter während seiner Inhaftierung keine weiteren Delikte begehen kann. Interessant sind in diesem Zusammenhang Straferhöhungen für Wiederholungstäter[19] sowie im Extrem die „Drei-Mal-Gesetzgebung" in den USA [„three strikes and you're out"][20]. Straferhöhungen für Wiederholungstäter haben zweifellos einen stärkeren Abschreckungseffekt. Zu lange Gefängnisstrafen sind jedoch ineffizient, da sie Leute ausschalten, deren Verbrechensneigung relativ gering ist (welche bekanntlich mit steigenden Lebensalter sinkt).

3) *Externe Effekte von Strafen:* Werden bestimmte Delikte stärker bestraft oder steigt deren Bestrafungswahrscheinlichkeit, tritt ein Substitutionseffekt zu anderen Delikten auf, da sich die Kriminellen anpassen[21]. Vergleichbare Wirkungen haben auch private Schutzmaßnahmen gegen Kriminalität, die anderen Individuen, die nunmehr von Kriminalität stärker betroffen sind, negative externe Effekte auferlegen[22]. Sind jedoch die Schutzmaßnahmen für die Kriminellen nicht identifizierbar

---

[18] Vgl. z.B. *Waldfogel* (1993).

[19] Vgl. *Burnovski* und *Safra* (1994); *Polinsky* und *Rubinfeld* (1991); *Polinsky* und *Shavell* (1996).

[20] Vgl. *Blumstein, Nagin* und *Cohen* (1978); *Ehrlich* (1981); *Shavell* (1987); *Spelman* (1994); *Levitt* (1995).

[21] Vgl. *Ehrlich* (1973); *Heinecke* (1978); *Hakim, Spiegel* und *Weinblatt* (1984); *Cameron* (1987); *Koskela* und *Virén* (1996).

[22] Vgl. *Clotfelter* (1978); *Cook* (1986); *Shavell* (1991); *De Meza* und *Gould* (1992); *Hui-Wen* und *Pug* (1994); *Ben-Shahar* und *Harel* (1995).

(wie z.B. „Lojack"-Vorrichtungen gegen Autodiebstahl), weisen sie positive externe Effekte auf[23].

Eine Untersuchung über die Abschreckungswirkung strafrechtlicher Sanktionen müßte sich meines Erachtens auch mit solchen Problemen auseinandersetzen.

Literatur

Allais, M., The Foundations of a Positive Theory of Choice Involving Risk and a Criticism of the Postulates and Axioms of the American School, in: M. Allais and O. Hagen (Hrsg.), Expected Utility Hypotheses and the Allais Paradox, Boston und London 1979, S. 27 - 145.

Ayres, I. / Levitt, S.D., Measuring Positive Externalities from Unobservable Victim Precaution: An Empirical Analysis of Lojack, Discussion Paper No. 197 (1996), Harvard Law School, Cambridge (MA).

Becker, G.S., Crime and Punishment, An Economic Approach, Journal of Political Economy 76 (1968), S. 169 - 217.

Ben-Shahar, O. / Harel, A., Blaming the Victim: Optimal Incentives for Private Precautions Against Crime, Journal of Law, Economics and Organisation 11 (1995), S. 434 - 455.

Blumstein, A. / Nagin, D. / Cohen, J. (Hrsg.), Deterrence and Incapacitation: Estimating the Effects of Criminal Sanctions on Crime Rates, Washington (D.C.), 1978.

Bureau of Justice Statistics, Criminal Victimization in the United States 1992, Washington (D.C.) 1994.

Burnovski, M. / Safra, Z., Deterrence Effects of Sequential Punishment Policies: Should Repeat Offenders Be More Severely Punished?, International Review of Law and Economics 14 (1994), S. 341 - 350.

Cameron, S., Substitution Between Offence Categories in the Supply of Property Crime: Some New Evidence, International Journal of Social Economics 14 (1987), S. 48 - 60.

Cameron, S., The Economics of Crime Deterrence: A Survey of Theory and Evidence, Kyklos 41 (1988), S. 301 - 323.

Chang, O.H., An Investigation of Taxpayers' Framing Behavior, in: Advances in Taxation, Bd. 7, Greenwich (Conn.) und London 1995, S. 25 - 42.

Clotfelter, C., Private Security and the Public Safety, Journal of Urban Economics 5 (1978), S. 388 - 402.

Cook, P., The Demand and Supply of Criminal Opportunities, Crime and Justice 7 (1986), S. 1 - 27.

Dale, H.C.A., A Priori Probabilities in Gambling, Nature 183 (1959), S. 842 - 843.

De Meza, D. / Gould, J.R., The Social Efficiency of Private Decisions to Enforce Property Rights, Journal of Political Economy 100 (1992), S. 561 - 580.

---

[23] Vgl. *Ayres* und *Levitt* (1996).

Dijk, J.J.M. van / Mayhew, P., Experiences of Crime Across the World, Key Findings from the 1989 International Crime Survey, Deventer 1990.

Dijk, J.J.M. van / Mayhew, P. / Killias, M., Crime Victimisation in the Industrialised World, Key Findings from the 1989 and 1992 International Crime Surveys, Den Haag 1992.

Edwards, W., Subjective Probabilities Inferred from Decisions, Psychological Review 69 (1962), S. 109 - 135.

Edwards, W. / von Winterfeldt, D., Cognitive Illusions and their Implications for the Law, Southern California Law Review 59 (1986), S. 225 - 276.

Ehrlich, I., Participation in Illegitimate Activities: A Theoretical and Empirical Investigation, Journal of Political Economy 81 (1973), S. 521 - 565.

Ehrlich, I., On the Usefulness of Controlling Individuals: An Economic Analysis of Rehabilitation, Incapacitation, and Deterrence, The American Economic Review 71 (1981), S. 307 - 322.

Eide, E., RDEU Models of Crime, Working Paper Law and Economics, C No 1 (1995), Universität Oslo.

Einhorn, H.J. / Hogarth, R.M., Behavioral Decision Theory: Processes of Judgement and Choice, in: M.R. Rosenzweig und L.W. Porter (Hrsg.), Annual Review of Psychology 32 (1981), S. 53 - 88.

Fischhoff, B., Predicting Frames, Journal of Experimental Psychology: Learning, Memory, and Cognition 9 (1983), S. 103 - 116.

Gregory, R. / MacGregor, D. / Lichtenstein, S., Assessing the Quality of Expressed Preference Measures of Value, Journal of Economic Behavior and Organization 17 (1992), S. 277 - 292.

Hakim, S. / Spiegel, U. / Weinblatt, J., Substitution, Size Effects, and the Composition of Property Crime, Social Science Quarterly 65 (1984), S. 719 - 734.

Harless, D.W. / Camerer, C.F., The Predictive Utility of Generalized Expected Utility Theories, Econometrica 62 (1994), S. 1251 - 1289.

Heineke, J.M., Substitution Among Crimes and the Question of Deterrence: An Indirect Utility Function Approach to the Supply of Legal and Illegal Activity, in: J.M. Heineke (Hrsg.), Economic Models of Criminal Behaviour, Amsterdam 1978, S. 153 - 209.

Hey, J.D. / Orme, C., Investigating Generalisations of Expected Utility Theory Using Experimental Data, Econometrica 62 (1994), S. 1291 - 1326.

Hogarth, R.M., Cognitive Processes and the Assessment of Subjective Probability Distributions, Journal of the American Statistical Association, 70, (1975), S. 271- 289.

Hogarth, R.M., Beyond Discrete Biases: Functional and Dysfunctional Aspects of Judgmental Heuristics, Psychological Bulletin 90 (1981), S. 197 - 217.

Hui-Wen, K. / Pug, I.P.L., Private Security: Deterrent or Division?, International Review of Law and Economics 14 (1994), S. 87 - 101.

Johnson, E.J. / Hershey, J. / Meszaros, J. / Kunreuther, H., Framing, Probability Distortions, and Insurance Decision, Journal of Risk and Uncertainty 7 (1993), S. 35 - 51.

Kahneman, D. / Tversky, A., Prospect Theory: An Analysis of Decision under Risk, Econometrica 47 (1979), S. 263 - 291.

Kahneman, D. / Tversky, A., Choices, Values, and Frames, American Psychologist 39 (1984), S. 341 - 350.
Koskela, E./ Virén, M., An Occupational Model of Crime Switching, Discussion Paper No. 394 (1996), Dept. of Economics, University of Helsinki.
Kury, H., Kriminalität und Viktimisierung in Ost- und Westdeutschland, Ergebnisse der ersten vergleichenden Victim Survey in der ehemaligen DDR und BRD. In: H. Kury (Hrsg.), Gesellschaftliche Umwälzung: Kriminalitätserfahrungen, Straffälligkeit und soziale Kontrolle, Freiburg 1992, S. 141 - 228.
Kury, H. / Dörmann, U. / Richter, H. / Würger, M., Opfererfahrungen und Meinungen zur Inneren Sicherheit in Deutschland, Wiesbaden 1992.
Kury, H. / Obergfell-Fuchs, J. / Würger, M., Zur Regionalverteilung der Kriminalität in Deutschland, Ergebnisse des International Crime Survey und der Deutsch-Deutschen Opferstudie 90, Kriminologie 49 (1995), S. 769 - 778.
Lattimore, P.K. / Baker, J.R. / Witte, A.D., The Influence of Probability on Risky Choice, A Parametric Examination, Journal of Economic Behavior and Organization 17 (1992), S. 377 - 400.
Levitt, S.D., Why Do Increased Arrest Rates Appear to Reduce Crime: Deterrence, Incapacitation, or Measurement Error? NBER Working Paper No. 5268 (1995), Cambridge (MA).
Lichtenstein, S. / Slovic, P. / Fischhoff, B. / Layman, M. / Combs, B., Judged Frequency of Lethal Events, Journal of Experimental Psychology: Human Learning and Memory 4 (1978), S. 551 - 578.
Pfanzagl, J., Die axiomatischen Grundlagen einer allgemeinen Theorie des Messens, Würzburg 1959.
Polinsky, A.M. / Rubinfeld, D.L., A Model for Optimal Fines for Repeat Offenders, Journal of Public Economics 46 (1991), S. 291 - 306.
Polinsky, A.M. / Shavell, S., Repeat Offenders and the Theory of Deterrence, Discussion Paper No. 188 (1996), Harvard Law School, Cambridge (MA.).
Preston, M.G. / Baratta, P., An Experimental Study of the Auction-Value of an Uncertain Outcome, American Journal of Psychology 61 (1948), S. 183 - 193.
Shavell, S., A Model of Optimal Incapacitation, The American Economic Review, Papers and Proceedings 77 (1987), S. 107 - 110.
Shavell, S., Individual Precautions to Private Theft: Private versus Socially Optimal Behavior, International Review of Law and Economics 11 (1991), S. 123 - 132.
Slovic, P. / Fischhoff, B. / Lichtenstein, S., Response Mode, Framing, and Information-Processing Effects in Risk Assessment, in: R. Hogarth (Hrsg.), New Directions for Methodology of Social and Behavioral Science: Question Framing and Response Consistency No. 11, San Francisco 1982, S. 21 - 36.
Spelman, W., Criminal Incapacitation, New York 1994.
Waldfogel, J., Criminal Sentences as Endogenous Taxes: Are they ''Just''or ''Efficien''?, Journal of Law and Economics 36 (1993), S. 139 - 151.

Diskussion

zusammengefaßt von *Stefanie Schmid*

Die Diskussion bezog sich zum einen auf das vom Referenten vorgestellte Modell und die Problematik einer empirischen Analyse der Kriminalität im allgemeinen. Zum anderen wurden mögliche Determinanten des Täterverhaltens ausführlichen Plausibilitätsüberlegungen unterzogen, insbesondere die im Referat hervorgehobenen Faktoren Strafhöhe und Verurteilungswahrscheinlichkeit. Im Mittelpunkt der Diskussion stand die Frage nach der Abschreckungswirkung einer Strafe.

Der dem Referat zugrunde liegende Ansatz der Integration soziologischer, sozialpsychologischer und ökonomischer Theorieansätze sowie der empirischen Überprüfung der vorgestellten Theorien wurde begrüßt. Gleichzeitig wurde festgestellt, daß ein interdisziplinärer theoretischer Ansatz bei der empirischen Umsetzung auf erhebliche Probleme stoße, da operationalisierbare Modelle für eine empirische Analyse üblicherweise auf ausschließlich ökonomischen Modellen basieren. In der Literatur sei das Problem einer empirischen Überprüfung interdisziplinärer, auch außerökonomische Faktoren berücksichtigender Ansätze noch nicht in befriedigender Weise gelöst worden.

Es wurde angeregt, im Modell auch zu berücksichtigen, daß Kriminalitätsziffern erst verzögert auf Veränderungen der Einflußfaktoren reagieren. Aus diesem Grund sollten zusätzlich zeitverzögerte Variablen ins Modell eingeführt werden.

Auch die Frage, ob die Verwendung aggregierter Daten für eine empirische Analyse der Kriminalität zulässig ist, wurde erörtert. Mit dem Hinweis auf den Anspruch der Ökonomie, Verhalten im Mittel zu erklären, sei ein solches Vorgehen jedoch zu rechtfertigen.

Außerdem wurde auf das Problem von Fehlverurteilungen und ihrer Behandlung in der empirischen Analyse hingewiesen. Eine hohe Verurteilungswahrscheinlichkeit erhöhe auch die Wahrscheinlichkeit einer Fehlverurteilung. Aus strafrechtlicher Sicht wurde angemerkt, daß andererseits ein Freispruch aus Mangel an Beweisen nicht als Fehler zweiter Art zu kritisieren sondern rechtspolitisch erwünscht sei.

Zentrales Thema im weiteren Verlauf der Diskussion war die Frage, ob Strafe überhaupt abschreckend wirkt. Dabei standen sich zwei gegensätzliche Positionen gegenüber. In der Strafrechtsdogmatik gehe die herrschende Meinung davon aus, daß Strafen nicht abschreckend wirken. Auf der anderen Seite wurde argumentiert, daß diese Position nach empirischen Erkenntnissen nicht haltbar sei. Empirische Studien zeigten, daß die erwartete Strafhöhe und noch mehr die Verurteilungswahrscheinlichkeit abschreckende Wirkung auf potentielle Täter hat. Dies würde von Strafrechtlern und Kriminologen zu wenig berücksichtigt. Gegen diese ökonomische Position, die von einer "preis"abhängigen Nachfrage nach Straftaten ausgeht, wurde aus strafrechtlicher und kriminologischer Sicht argumentiert, daß eine große Zahl anderer, beispielsweise soziologischer Einflußfaktoren für die Straffälligkeit verantwortlich sei. Die hohe Zahl von Einflußfaktoren, zu deren Erklärung auf verschiedene Disziplinen zurückgegriffen werden muß, könne zwar in einer empirischen Untersuchung realistischerweise nie vollständig erfaßt werden. Dies dürfe jedoch nicht zu einem "schmalen ökonomisierenden Zugriff" führen, der nicht offen sei für die Erkenntnisse kriminologischer Forschung und Praxis.

Insgesamt wurde dennoch hervorgehoben, daß empirische Ergebnisse der im Referat vorgestellten Art neue und wichtige Erkenntnisse lieferten, die in Kriminologie wie auch Rechtspolitik größere Beachtung verdient hätten.

Komplementierung zivilrechtlicher und ordnungswidrigkeitenrechtlicher durch strafrechtliche Sanktionen

von

Christian Kirchner

A. Vorbemerkungen

Als sich die Volksrepublik China im Jahre 1981 anschickte, die grundlegenden rechtlich-institutionellen Voraussetzungen für ein gemischtes Wirtschaftssystem mit marktwirtschaftlichen Elementen zu schaffen, war das Interesse an der deutschen Entwicklung, insbesondere der Nachkriegsentwicklung nach 1945, groß. Fast regelmäßig tauchte die Frage auf: „Und wo finden sich die Vorschriften, Belohnungen und Bestrafungen?"

Art. 118 des 19. Entwurfs des vietnamesischen Gesellschaftsgesetzes, der Verfahren bei Gesetzesverstößen gegen das Gesetz regelt, enthält die Vorschrift des Art. 118 Abs. 2c), der in der englischen Fassung lautet: „Where the breaching embodies all incorporation elements of crime, be subject to criminal prosecution in accordance with laws."

Das Vertrauen in die Allzweckwaffe Strafrecht scheint in gemischten Wirtschaftsordnungen ungebrochen zu sein. Ist das bei uns anders? Aus der Formulierung des Art. 13 S. 2 der EG-Insider-Richtlinie[1] hatte der deutsche Gesetzgeber abgeleitet, daß er verpflichtet sei, strafrechtliche Sanktionen für das *Verbot des Insiderhandels* einzuführen[2].

Als *Absprachen im Rahmen von Submissionskartellen* – unter anderem als Folge der Mängel des geltenden Vergaberechts – immer stärker in das Zentrum der öffentlichen Aufmerksamkeit rückten, und die Verbindungslinien zwischen dem Schutz des Wettbewerbs und der Korruptionsbekämpfung immer deutlicher wurden, reagierten Bundesrat und Bundesregierung durch Gesetzesvorlagen, die

---

[1] „Richtlinie des Rates zur Koordinierung der Vorschriften betreffend Insider-Geschäfte" vom November 1989, AB1. Nr. L334/30 vom 18.11.1989.
[2] Dazu kritisch *Kirchner* (1992), insbes. S. 677 f.

Submissionsabsprachen zu Straftatbeständen machen sollten[3]. Zwischenzeitlich ist der Rechtsentwurf in Gestalt des § 298 StGB Gesetz geworden[4], obwohl namhafte Strafrechtler vor einem solchen Einsatz des Strafrechts gewarnt haben[5].

B. Problemstellung

Geht es um den Einsatz strafrechtlicher Sanktionen, um gegebene Ziele – wie Verminderung des Insiderhandels oder Submissionsabsprachen – zu erreichen, so könnte es zweckmäßig sein, die Aufmerksamkeit allein dem strafrechtlichen Sanktionsmechanismus zu widmen und nach seiner Geeignetheit im Rahmen eines Zweck-Mittel-Zusammenhangs zu fragen. Eine solche Analyse könnte aber die Frage nicht beantworten, ob es günstiger wäre, statt strafrechtlicher Sanktionen andere – etwa zivilrechtliche oder ordnungswidrigkeitenrechtliche – einzusetzen. Und selbst die Frage nach einer solchen Alternativität erscheint zu kurz gegriffen, stellt man in Rechnung, daß es heute vielfach um den *komplementären Einsatz unterschiedlicher Sanktionsmechanismen* in einem und denselben Regelungsbereich geht. Beispiele sind etwa das UWG, das GmbHG, das AktG. Die Liste der Beispiele ließe sich beliebig erweitern.

Dieser *komplementäre Einsatz unterschiedlicher Sanktionsinstrumente* mag als Ausdruck der Unsicherheit des Gesetzgebers gedeutet werden, der dem Vorwurf begegnen will, bei der Bekämpfung gewisser Zustände – die allgemein als „Mißstände" apostrophiert werden – bestimmte Pfeile im Köcher zurückzuhalten, anstatt diese auch abzuschießen. Es mag die Vorstellung dahinter stehen, daß einzelne Sanktionsinstrumentarien Lücken enthielten, die dann geschlossen werden könnten, wenn sozusagen eine zweite Front errichtet wird. Je verwerflicher nun ein „Mißstand" allgemein eingeschätzt wird, um so leichter ist es dann, ihn nicht als bloßes Ordnungsunrecht einzuordnen, sondern als Kriminalunrecht[6], was dann eben den Einsatz strafrechtlicher Sanktionen legitimieren soll.

Hinter all diesen Überlegungen steht die *ungetestete Hypothese*, daß nichtstrafrechtliche Sanktionsmechanismen – also zivilrechtliche und ordnungswidrigkeitenrechtliche – dadurch *effektiviert* werden könnten, daß ihnen strafrechtliche Sanktionsmechanismen an die Seite gestellt würden. Zweifel an einer solchen Hypothese kommen dann auf, betrachtet man die Diskussion um die auf den Insiderhandel anwendbaren Sanktionen[7] und die um die Sanktionierung von Absprachen in Submissionskartellen[8]. Insbesondere die zweite Diskussion ist insofern aufschlußreich, als es hier um das Problem geht, daß durch die Hinzufügung straf-

---

[3] Vgl. insbes. *Bangard* (1997) S. 167f.. Mein Interesse an der strafrechtlichen Verfolgung von Submissionsabsprachen ist im Jahre 1996 durch meinen Kollegen Felix Herzog geweckt worden, der mich gebeten hat, das Zweitgutachten für die von ihm betreute Dissertation von Dirk Oldigs zu übernehmen [Oldigs (1996)].
[4] Korruptionsbekämpfungsgesetz vom 13.08.1997, BGBl.4, 2083.
[5] Vgl. u.a. *Lüderssen* (1996); ders. (1997).
[6] Vgl. *Lemke* (1996).
[7] Vgl. *Kirchner* (1992).
[8] Vgl. *Bangard* (1997) m.w.N.

rechtlicher Sanktionsmechanismen die Effektivität der Sanktionen insgesamt gefährdet wird[9]. Im Ergebnis würde sich dann also die Lage durch die zusätzliche Einführung strafrechtlicher Sanktionen nicht verbessern sondern verschlechtern.

Damit steht nunmehr eine *zweite – ebenfalls ungetestete Hypothese* – im Raum: Durch eine Ergänzung zivilrechtlicher und ordnungswidrigkeitenrechtlicher Sanktionen durch strafrechtliche wird die Effektivität der Sanktionsmechanismen tendenziell beeinträchtigt.

Um diese widersprechenden Hypothesen näher untersuchen zu können, erscheint es zweckmäßig, sich anhand der genannten Beispiele anzusehen, welche Wirkungen im einzelnen eine Komplementierung zivilrechtlicher und ordnungswidrigkeitenrechtlicher Sanktionen durch strafrechtliche mit sich bringt, um von da aus Rückschlüsse ziehen zu können, ob eine solche Addition verschiedener Sanktionsmechanismen wünschbar erscheint oder nicht.

C. Methodischer Ansatz

Das hier zu untersuchende Problem kann grundsätzlich aus zwei Blickwinkeln betrachtet werden: (1) Man kann die Ebene des (objektiven) Gesetzgebers verlassen und danach fragen, warum denn Politiker – als grundsätzlich rational eigennutzorientiert handelnde Akteure – daran interessiert sein können, in verstärktem Maße zu strafrechtlichen Sanktionen zu greifen [public-choice-Ansatz] (2) Man kann aus der Perspektive des (objektiven) Politikberaters nach der optimalen Kombination nichtstrafrechtlicher und strafrechtlicher Sanktionen fragen, indem man die Bedingungen für die Komplementierung zivilrechtlicher und ordnungswidrigkeitenrechtlicher Sanktionen durch strafrechtliche herausarbeitet.

Beide Ansätze sind insofern aufeinander bezogen, als der Politiker, der den komplementären Einsatz strafrechtlicher Sanktionen empfiehlt, um auf diese Art und Weise unter Beweis stellen zu können, daß seine Wiederwahl die kompromißlose Bekämpfung der „Mißstände" verspreche, befürchten muß, daß dann, wenn es zu einer Verminderung der Sanktionswirkungen insgesamt kommt, dies ihm angelastet werden könnte. Also wird er an dem zweiten Ansatz insofern Interesse haben, als er keine Möglichkeit sieht, mögliche auftauchende Sanktionsdefizite anderen Faktoren anlasten zu können.

Ausgangspunkt der Untersuchung soll die jeweils spezifische Sachmaterie sein, im ersten Fall also das Problem von Insideraktionen, im zweiten Fall das Problem der von Submissionskartellen. Im zweiten Fall bedeutet dies ‚daß sich die Diskussion auf weite Strecken parallel zur strafrechtlichen bewegen wird, bevor sie dann das Instrumentarium der Ökonomik einbezieht.

---

[9] Vgl. *Bangard* (1997), S. 163, 168 f.

D. Zivil- und strafrechtliche Sanktionen im Insiderhandel

Insidergeschäfte, also Wertpapieraktionen, bei denen ein Marktteilnehmer Zugang zu kursrelevanten Informationen hat, die den anderen Marktteilnehmern nicht zur Verfügung stehen, sind heute in einer Vielzahl von Ländern verboten[10]. Vorbild für die meisten dieser gesetzlichen Vorschriften ist die US-amerikanische Regelung[11]. In der Europäischen Gemeinschaft ist in der Insider-Richtlinie von 1989[12] die Einführung einer Insiderhandelsverbotes in allen Mitgliedstaaten vorgesehen, das durch zieladäquate Sanktionen durchzusetzen ist. Dies ist in der Bundesrepublik Deutschland durch das am 1. August 1994 verabschiedete Wertpapierhandelsgesetz in Abschnitt 3 geschehen[13]. Die Frage, welche Sanktionen eingesetzt werden sollen, um das Insiderhandelsverbot wirksam durchzusetzen, ist umstritten[14]. Der deutsche Gesetzgeber hat sich für strafrechtliche Sanktionen entschieden, um einen möglichst effektiven Schutz gegen Insiderhandel zu gewährleisten. Damit ist auch nach außen ein Signal gesetzt worden, daß es sich hier um einen schwerwiegenden Eingriff in die Funktionsfähigkeit der Kapitalmärkte handele, er deshalb auch mit den schwersten Sanktionen, die die Rechtsordnung zur Verfügung stelle, zu ahnden ist. Im Hintergrund steht die erwartete generalpräventive Wirkung eines strafrechtlichen Verbots.

Strafrechtliche Sanktionen für den Insiderhandel erfüllen damit zwei Funktionen gleichzeitig: (1) Sie signalisieren die Ernsthaftigkeit der politischen Regelung; (2) sie machen sich die generalpräventive Wirkung strafrechtlicher Sanktionen zunutze. Die erste Funktion liegt auf der Ebene des oben eingeführten public-choice-Ansatzes; die zweite auf der Ebene einer Optimierung des Mitteleinsatzes zur Erreichung eines vorgegebenen Zwecks. Die für die an der Gesetzgebung beteiligten politischen Akteure erwartete positive Wirkung ist aber davon abhängig, ob auch die zweite Funktion erfüllt wird oder nicht. Hier handelt es sich eigentlich um eine ungetestete Hypothese, die einer näheren Untersuchung bedarf.

Die These von der Überlegenheit des Einsatzes strafrechtlicher Sanktionen zur Durchsetzung des Insiderhandelsverbots gegenüber alternativer Sanktionsmechanismen läßt sich nur näher untersuchen, wenn geklärt ist, was bzw. wer durch die Sanktionen geschützt werden soll. Es kommt der Schutz bestimmter am Wertpapierhandel teilnehmender Akteure in Betracht (Personenschutz) oder *der Schutz der Funktionsfähigkeit des Wertpapiermarktes* bzw. *der Effizienz des Kapitalmarkts*[15]. Sowohl die Präambel der EG-Insiderrichtlinie als auch die moderne

---

[10] Vgl. zur Insiderproblematik: *Grunewald* (1990); *Hauschka/Harm* (1988); *Hawes* (1982).
[11] Vgl. *Hopt* (1991), S. 54.
[12] Richtlinie des Rates zur Koordinierung der Vorschriften betreffend Insider-Geschäfte (89/592/EEC), ABl.EG 18.11.1989, L 334/30.
[13] BGBl.I vom 30.07.1994, S. 1749 - 1760.
[14] Vgl. insbes. *Mennicke* (1996) m.w.N. und *Kirchner* (1992); *Mag* (1998);
[15] Vgl. *Kirchner* (1992), S. 673.

Insiderliteratur stellen heute klar auf den Funktionenschutz ab[16]. Die Argumentationen für einen Funktionenschutz des Wertpapiermarktes bzw. der Börse ist einfach: Nehmen Insider am Wertpapierhandel teil und erzielen sie durch Verwendung der Insiderinformationen Vorteile, so geht die Summe der von Insidern erzielten Gewinne den anderen Marktteilnehmern – den „Nicht-Insidern" – verloren. Diese stehen sich also insgesamt in einem Markt, in dem Insidertransaktionen möglich sind, schlechter als in einem, in dem dies nicht der Fall ist.

Da bei einer Kapitalanlage neben den Gewinnausschüttungen auch erzielte Kursgewinne (oder vermiedene Kursverluste) eine Rolle spielen und die Renditeerwartung beeinflussen, erscheint die Annahme berechtigt, daß ein rational handelnder Anleger dann von seinen Renditeerwartungen einen Risikoabschlag vornehmen wird, wenn er mit Insidertransaktionen rechnen muß[17]. Damit sinkt die Wettbewerbsfähigkeit eines Kapitalmarktes, auf dem Insidertransaktionen zugelassen sind, im Vergleich zu anderen, in denen dies nicht der Fall ist. Es geht beim Insiderhandelsrecht also um einen Wettbewerbsfaktor (neben anderen) bei der Konkurrenz von Kapitalmärkten, die unterschiedlichen rechtlichen Regelungen unterworfen sind.

Folgt man der Argumentation bis zu diesem Punkt, so biete sich anscheinend eine relativ einfache Verbindung zwischen der Zielsetzung eines Insiderhandelsrechts und den einzusetzenden Sanktionen an: Die Durchsetzung eines Insiderhandelsverbots sollte effektiv in der Weise sein, daß der potentielle Insider wirksam von der Verwendung seines Informationsvorsprungs abgehalten wird – demnach böten sich strafrechtliche *Sanktionen* als Instrument der Durchsetzung eines Insiderhandelsverbots schon deshalb an, weil man ihnen die weitestgehende generalpräventive Wirkung zuschreibt. Doch ist diese Argumentation aus einer Reihe von Gründen nicht haltbar: Der Insider verfügt über Informationen, die eine zuverlässigere Unternehmensbewertung erlauben; also tragen Insidertransaktionen dazu bei, den Kurs in die richtige Richtung zu verschieben[18]. Der Insider verfügt über einen Informationsvorsprung, dessen Offenlegung die Funktionsfähigkeit des Wertpapiermarktes verbessern würde. Nun hat das Insiderhandelsverbot, das dem Insider die Verwertung seiner Information untersagt, die Wirkung eines Verwertungsverbots. Es entzieht dem Insider eine Rechtsposition in Bezug auf die Insiderinformation, sein möglichstes „property right". Solche Insiderhandelsverbote weisen dieses Recht aber keinem anderen Marktteilnehmer zu. Sie können dieses auch nicht, solange es sich um nur dem Insider zugängliches Wissen handelt. Der Insider kann zwar nur negativ an der Verwertung der Information gehindert werden; ihn aber zu zwingen, die betreffende Information offenzulegen, scheitert bereits daran, daß jede Überwachungsinstanz, die eingesetzt werden könnte, zwangsläufig über weniger Informationen als der Insider verfügte. Eine ex-ante-Kontrolle scheidet also aus; es ist nur eine ex-post-Kontrolle möglich. Unter Markteffizienzgesichtspunkten wäre eine Lösung optimal, derzufolge der Insider

---

[16] Vgl. zu diese Zielsetzung, die etwas allgemeiner auch als Funktionenschutz des Kapitalmarktes bezeichnet wird: *Holschbach* (1973); *Hopt* (1991), S.51; *Pfister* (1981), S. 337; *Ulmer* (1975), S. 626; *Ulsenheimer*(1975),S. 1999; *Grunewald* (1990), S. 130.

[17] Vgl. *Hopt* (1991), S. 25.

[18] Vgl. *Manna* (1966), S.115; *Hopt* (1991); S. 23.

zur unverzüglichen Offenlegung der Insiderinformationen gezwungen werden könnte. Eine Verwertungssperre kann immer nur eine suboptimale Lösung sein. Ökonomisch ginge es dann darum, die Periode, in der Wertpapiertransaktionen zu Kursen, die auf falschen Informationen über den Unternehmenswert basieren, so kurz wie möglich zu halten, der Gesamtumfang von Wertpapiertransaktionen zu „falschen" Kursen, also solchen, die sich bei unvollständiger Informationsvergabe bilden, wäre also zu minimieren.

Im Lichte der vorangegangenen Analyse sind unqualifizierte Insiderhandelsverbote in bezug auf die Versorgung des Marktes mit relevanten Informationen mangelhafte Instrumente. Dasselbe gilt aber auch für unqualifizierte Zulassung von Insidertransaktionen; in diesem Fall würde sich das Interesse des Insiders gerade auf die Verlangsamung der Informationsverbreiterung richten. Werden Insidertransaktionen grundsätzlich verboten und wird dieses Verbot auch sanktioniert, die Sanktionierung in ihrer Höhe aber davon abhängig gemacht, ob der Insider seine Information nunmehr offengelegt hat oder nicht, so ändert sich die Lage. Der Anreiz zur Offenlegung bestände dann darin, die Sanktion für bereits durchgeführte – und verbotene – Insidertransaktionen in ihrer Höhe reduzieren zu können. Eine solche Reduktionsmöglichkeit der Sanktion, die an Offenlegung von Insiderinformation geknüpft ist, hätte den Vorteil, daß in Situationen, in denen sich eine Insiderinformation allmählich verdichtet und der Insider bereits in einer Anfangsphase Transaktionen getätigt hat, er, wenn er die niedrigere Sanktion akzeptiert, nunmehr am Handel wieder teilnehmen kann.

Damit bietet sich als Problemlösung ein Insiderhandelsverbot an, das bezüglich der Sanktionshöhe mit der erfolgten Offenlegung der Insiderinformation variiert und damit positive Offenlegungsanreize schafft. Der Vorteil einer derart abgestuften Sanktionierung läge darin, daß das Eigeninteresse des Insiders als Instrument für die Offenlegung der Information eingesetzt werden kann.

Betrachtet man vor dem so skizzierten Hintergrund die Wirkungsweise strafrechtlicher Sanktionen für Insidertransaktionen, so wird deutlich, daß diese, sofern sie überhaupt wirksam wären, eine Unterdrückung von Insidertransaktionen erreichen können, ohne zugleich irgendeinen Anreiz zur Offenlegung der Insiderinformationen zu geben. Der Insider müßte gerade befürchten, wenn er bereits Transaktionen getätigt hat und nun offenlegte, mit der strafrechtlichen Sanktion für die bereits durchgeführten Geschäfte belegt zu werden. Nimmt man den Fall, daß sich eine Insiderinformation allmählich verdichtet, daß der Insider deshalb bereits bei dem Verdacht einer bestimmten Unternehmensentwicklung aktiv geworden ist (etwa Verkauf von Papieren bei drohender Unternehmenswertminderung), so muß ihn die Gefahr der strafrechtlichen Verfolgung, die ja mit der Offenlegung konkret würde, eben an diesem Schritt hindern. So ließe sich allenfalls daran denken, daß für den Fall der Offenlegung die Strafdrohung für die bereits getätigten Insidertransaktionen entfiele. Dies bedeute nun aber, daß eben diese Transaktionen als rechtmäßig einzustufen wären. Das strafrechtliche Sanktionsinstrumentarium würde damit querliegen zu einem gegebenenfalls parallel eingesetzten zivilrechtlichen, das mit dem Instrumentarium der Gewinnabschöpfung arbeitete.

Bisher ist nicht erörtert worden, wie alternativ zu strafrechtlichen Sanktionen zivilrechtliche Sanktionen – wie Schadensersatz und Gewinnabschöpfung[19] – eingesetzt werden können. Das ist hier auch nicht erforderlich. Da aus der vorangegangenen Analyse hervorgeht, daß die strafrechtliche Sanktion falsch ansetzt; auch wenn sie mit einer zivilrechtlichen Sanktion verknüpft wird, ist sie geeignet, deren Wirkungsweise zu beeinträchtigen. Damit läuft der anfangs gepriesene Vorteil der strafrechtlichen Sanktion ins Leere, nämlich ihre generalpräventive Wirkung. Geht es, wie hier beim Insiderhandelsverbot nicht um ein einfaches Verbot einer bestimmten Klasse von Transaktionen, sondern um das richtige Setzen von Anreizmechanismen, erweisen sich strafrechtliche Sanktionen schlicht als zu monolithisch. Die Instrumentarien, die das Strafrecht hier bereithalten könnte, nämlich Rechtfertigungsgründe für bestimmte Unterklassen von Transaktionen, oder das Absehen von Strafverfolgung, erweisen sich dann als zu schwerfällig, wenn es um den Funktionenschutz hochkomplexer Märkte geht. Die Komplementierung zivilrechtlicher durch strafrechtliche Sanktionen führt also beim Verbot des Insiderhandels zu kontraproduktiven Ergebnissen, die auch nicht durch eine Modifizierung der strafrechtlichen Sanktionen verbessert werden können.

E. Ordnungswidrigkeitenrechtliche und strafrechtliche Sanktionen für Submissionsabsprachen

I. Vorbemerkungen

Für Bieter ergeben sich im Rahmen von Öffentlichen Ausschreibungsverfahren erheblich Anreize, durch Absprachen zu regeln, wer das günstigste Angebot zu welchen Konditionen abgeben soll. Diese Art von Kartellabsprache war schon im Römischen Reich bekannt[20]. Für die ausschreibende Stelle, sei es die öffentliche Hand oder ein privater Nachfrager, der unter das öffentliche Vergaberecht fällt, kann sich daraus, vergleicht man die Konditionen, die aufgrund der Absprache vereinbart worden sind, mit solchen hypothetischen Konditionen, die ohne eine solche Absprache zustande gekommen wären, eine Vermögensdifferenz, ein „Schaden", ergeben. Unabhängig davon, ob man eine Vermögensdifferenz als Schaden im zivilrechtlichen Sinne qualifiziert oder nicht[21], steht das Problem an, entweder die konkrete ausschreibende Stelle, den „Wettbewerb" als solchen, oder beides zu schützen, da jedenfalls das mit der Ausschreibung angepeilte Ziel, einen Wettbewerbspreis mittels des Ausschreibungsverfahrens zu bestimmen, nicht realisiert werden kann, wenn es zu derartigen (Submissions-)Absprachen kommt.

Dieses Problem kann grundsätzlich mittels zweier unterschiedlicher Instrumentarien gelöst werden: Entweder verbessert man das Ausschreibungsverfahren selbst, oder man versucht, Absprachen effektiv auszuschalten. Der erste Weg führt etwa in die Richtung, den Kreis der Bieter zu erweitern, so daß Transak-

---

[19] Vgl. ausführlich *Kirchner* (1992), S. 678 - 680.
[20] *Oldigs* (1996),1.
[21] Dazu ausführlich *Oldigs* (1996), S. 59-75.

tionskosten für Absprachen zu hoch werden; oder man kann Nachverhandlungen einführen, im Laufe der dann eine Abstimmung der Bieter erheblich erschwert wird.

Ist man nicht gewillt oder bereit, den Weg über die Verbesserung des Ausschreibungsverfahrens zu gehen, bleibt gleichsam als *Ausweg das Verbot der Absprache*. Ein derartiges Verbot ist – wie jedes Kartellverbot – mit dem Problem konfrontiert, daß derartige Absprachen aus Sicht der Bieter lohnend sind, sie also jedenfalls von rationalen Bietern solange betrieben werden, bis die erwarteten Kosten (multipliziert mit dem Eintritt der Wahrscheinlichkeit) höher liegen als die erwarteten Vorteile (ebenfalls multipliziert mit dem Eintritt ihrer Wahrscheinlichkeit).

Diese Fragestellung war Thema des Arbeitskreises Kartellrecht am 7. und 8. Oktober 1996 in Berlin[22]. So durfte in der Diskussion natürlich das vielzitierte Bonmot von Adam Smith nicht fehlen:

> *„People of the same trade seldom meet together, even for merriment and diversion, but the conservation ends in a conspiracy against the public or in some contrivance to raise prices."*[23]

Und Smith fügte hinzu:

> *„It is impossible indeed to prevent such meeting, by any law which either could be executed, or would be consistent with liberty and justice"*

Hier liegt der Stein des Anstoßes. Ist es nicht gerade Aufgabe des Kartellrechts, hier effektive Abhilfe zu schaffen, indem Kostenrelationen für die an der Absprache beteiligten Akteure so weit verschoben werden, daß diese Art von Kartellen nicht mehr lohnend scheint? Es sind drei verschiedene Wege beschritten worden, nämlich der strafrechtliche, der zivilrechtliche und der ordnungswidrigkeitenrechtliche. Der zivilrechtliche Weg soll hier deshalb nicht verfolgt werden, wie er in der deutschen Diskussion trotz seiner potentiellen Meriten nur eine untergeordnete Nebenrolle gespielt hat[24]. Der ordnungswidrigkeitenrechtliche Weg ist der seit Erlaß des GWB in der Bundesrepublik Deutschland eingeschlagene, der immer wieder zu spektakulären Erfolgen gegen Submissionskartelle geführt hat.

Die relevante Frage ist die, ob es wünschbar ist, das vorhandene ordnungswidrigkeitenrechtliche Instrumentarium durch ein strafrechtliches zu komplementieren. Aus dem Ergebnis dieser Untersuchung sind dann gegebenenfalls allgemeinere Schlußfolgerungen abzuleiten.

---

[22] Vgl. dazu den Bericht von *Bangard* (1996).
[23] An Inquiry into the Nature and Cause of the Wealth of Nations, 1776.
[24] Problem eine Schadensersatzes aus § 35 Abs. 1 GWB i. V.m. §§1,38 Abs.1 Nr.1 GWB unter der Voraussetzung, daß die zuletzt genannten Vorschriften als Schutzgesetze zu qualifizieren sind.

II. Die historische Kontroverse

Es war Preußen, das mit einer königlichen Verordnung vom 14. Juli 1797 zuerst strafrechtliche Sanktionen für die Einflußnahme auf öffentliche Versteigerungen und Ausschreibungen in Deutschland einführte[25]. §1 dieser Verordnung lautet: „Alle Verträge und Verabredungen, bei welchen die Absicht zu Grunde liegt, bei gerichtlichen und anderen Subhasitationen und Aktionen, sie mögen zu den notwendigen oder freiwilligen gehören, Kauflustige zum Vorteil eines Licitanten von der Abgabe ihres Gebotes oder vom weiteren Mitbieten zurückzuhalten, es geschehe nun solches durch Bewilligung eines gewissen Abstandsgeldes oder durch Versprechung oder wirkliche Einräumung anderer Vorteile, werden hiermit für unerlaubt und strafbar erklärt." Nach dem Rechtsgedanken dieser Verordnung wurde § 270 im Preußischen Strafgesetzbuch vom 14. Mai 1851 geschaffen[26]. Dieser lautet: „wer andere vom Mitbieten oder Weiterbieten bei den von öffentlichen Behörden oder Beamten vorgenommenen Versteigerungen, dieselben mögen Verkäufe Verpachtungen, Lieferungen, Unternehmungen oder Geschäfte irgendeiner Art betreffen, durch Gewalt oder Drohung oder durch Zusicherung oder Gewährung eines Vorteils abhält, wird mit Geldbuße bis zu dreihundert Talern oder mit Gefängnis bis zu sechs Monaten bestraft." Allerdings wird aus diesem Wortlaut deutlich, daß der typische Fall des Submissionsabsprache hier gerade nicht erfaßt wird, da es am Tatbestandsmerkmal fehlt, einen anderen vom Bieten oder Weiterbieten abzuhalten.

Alle Versuche, einen Straftatbestand für Submissionsabsprachen im Strafgesetzbuch des Deutschen Reiches einzuführen, scheiterten[27]. Derartige Absprachen konnten also nur über den allgemeinen Betrugstatbestand oder über § 138 BGB erfaßt werden. Auch in der Zeit der Weimarer Republik kam es nicht zu einer Schaffung eines Straftatbestandes, der Submissionsabsprachen direkt erfaßt hätte[28]. In der Zeit des Nationalsozialismus erübrigte sich die Fragestellung mit der Umwandlung der Kartelle in Zwangskartelle, die damit zu ausführenden Organen der staatlichen Wirtschaftslenkung wurden.

In der Zeit nach 1945 setzte eine differenzierte Entwicklung in den drei Westzonen auf der einen und der sowjetisch besetzten Zone auf der anderen Seite ein. In der letzteren stellte sich das Problem nicht, da Ausschreibungsverfahren keine Rolle mehr spielten. Die *alliierten Kartellverordnungen* in den drei Westzonen[29] sahen explizit Strafbestimmungen für Kartelle vor, damit also auch für Submissionskartelle. Allerdings ist in Rechnung zu stellen, da es bis 1948 eine zentral geplante und gelenkte Wirtschaft gab. Für die Zeit vom 21. Juni 1948 bis zum 31. Dezember 1957 spielten allerdings die strafrechtlichen Bestimmungen auch für

---

[25] Vgl. *Oldigs* (1996), S. 29.

[26] Vgl. *Oldigs* (1996), S. 29.

[27] Vgl. *Oldigs* (1996), S. 30 f.

[28] Vgl. *Oldigs* (1996), S. 32 - 34.

[29] Amerikanische MRG Nr. 56; Brit. VO N.78 vom 12.2.1947; Franz. VO Nr. 96 vom 9. Juni 1947.

Submissionskartelle eine Rolle und wurden von den Gerichten auch durchgesetzt[30]. Mit dem Inkrafttreten des Gesetzes gegen Wettbewerbsbeschränkungen am 1. Januar 1958 änderte sich die Lage, da zu diesem Zeitpunkt die alliierten Militärverordnungen außer Kraft traten. An ihre Stelle traten nunmehr die Bußgeldvorschriften des § 38 Abs. 1 Nr. 1 GWB als Teil des Ordnungswidrigkeitenrechts.

Von nun an verlief die Diskussion einer strafrechtlichen Verfolgung von Submissionsabsprachen auf zwei Ebenen, zum einen auf gesetzgeberischer, zum anderen auf der judikativen, nämlich der möglichen Anwendung des allgemeinen Betrugstatbestandes des § 263 StGB auf Submissionsabsprachen. Die gesetzgeberische Diskussion führte bis zum Jahre 1997 zu keinem greifbaren Ergebnis, zumal Plänen, Submissionsabsprachen strafrechtlich zu verfolgen, von seiten des Bundeswirtschaftsministeriums lange Zeit erheblicher Widerstand entgegengesetzt wurde[31]. Auf der Ebene der Rechtsprechung war es eine Entscheidung des 1. Strafsenats des Bundesgerichtshofs aus dem Jahre 1961[32], die eine Anwendung des § 263 StGB für fast 30 Jahre faktisch ausschloß[33]. In dieser Entscheidung hatte der BGH für den Fall eines Submissionskartells zwar den Tatbestand der Täuschung bejaht, nicht aber den einer wirtschaftlichen Schädigung, der aber ein notwendiges Element des Betrugstatbestandes des § 263 StGB darstellt. Erst mit der Rheinausbau-Entscheidung des 2. Strafsenats des Bundesgerichtshofes vom 8. Januar 1992[34] hat sich die Anwendbarkeit des § 263 StGB auf Submissionsabsprachen in der Praxis entscheidend erweitert[35]. Nunmehr argumentierte der BGH, daß zwar die Entstehung des Marktpreises durch die Handlung der Bieter gerade vereitelt werde, daß in einer solchen Situation aber versucht werden müsse, anhand von Indizien einen *hypothetischen Marktpreis* zu ermitteln. Damit ist der Weg zur Berechnung eines Vermögensschadens offen und § 263 StGB kann grundsätzlich auf Submissionskartelle angewandt werden, sofern nämlich eine Diskrepanz zwischen dem tatsächlichen Preis und dem ermittelten hypothetischen Marktpreis festgestellt werden kann.

Mit dieser historischen Wende in der BGH-Rechtsprechung zur Anwendung von § 263 StGB auf Submissionskartelle ist eine Überlagerung der existierenden ordnungswidrigkeitenrechtlichen Sanktionen des GWB durch strafrechtliche Sanktionen geschaffen worden. Die Einfügung des § 298 (Wettbewerbsbeschränkende Absprachen bei Abschreibungen) in das Strafgesetzbuch durch das Korruptionsbekämpfungsgesetz[36] stellt sich dann als gesetzgeberische Extrapolation dieser judikativen Weichenstellung heraus, allerdings mit der Besonderheit, daß das Schutzgut hier die Funktionsfähigkeit des Wettbewerbs ist, nicht das Vermögensinteresse des Ausschreibenden. So interessant diese Differenzierung aus straf-

---

[30] OLG Düsseldorf WuW/B OLG 108 ff.; OLG Frankfurt/M WuW/E OLG 148 ff.; OLG Hamm, BB 1957, 1055 ff.
[31] Vgl. *Oldigs* (1996), S. 40f., S. 43 - 52.
[32] BGHSt 16, 367ff.
[33] Vgl. *Oldigs* (1996), S. 41-43.
[34] BGH WuW/E BGH 2849 - 2855= BGHSt 38, 186ff. = NJW 1992, 921 ff.
[35] Vgl. *Bangard* (1997), S. 162; vgl. auch *Oldigs* (1996), S. 53 - 55
[36] Vgl. Nachweis in Fn. 4.

rechtlicher Perspektive auch sein mag, für die hier anzustellende Untersuchung kommt es in erster Hinsicht auf die Friktionen an, die nunmehr zwischen ordnungswidrigkeitenrechtlichen Sanktionsmechanismen geschaffen worden sind.

III. Die strafrechtliche Argumentation für die Schaffung eines Straftatbestandes für Submissionsabsprachen

(1) Vorüberlegungen

Bisher wurde die historische Entwicklung, die zu einer strafrechtlichen Sanktionierung von Submissionsabsprachen in der Bundesrepublik Deutschland geführt hat, dargestellt, ohne wertend Stellung zu nehmen. Nunmehr erscheint es notwendig, die normative Diskussion zu führen, und zwar zuerst auf der traditionell strafrechtlichen, bevor dann im nächsten Abschnitt auf die ökonomische Argumentation einzugehen ist. Es wird sich zeigen, daß die Unterschiede dieser beiden Argumentationen eher im Detail, in der Akzentuierung und im methodischen Ausgangspunkt liegen.

(2) Die strafrechtliche Argumentation

Ausgangspunkt der strafrechtlichen Argumentation ist der Hinweis auf die unzureichende Abschreckungswirkung des ordnungswidrigkeitenrechtlichen Sanktionsinstrumentariums[37]; denn, so wird argumentiert, reicht dieses Instrumentarium nicht aus, so müsse es entweder um ein strafrechtliches ergänzt werden oder ein strafrechtliches müßte komplett an die Stelle des nicht funktionsfähigen Instrumentariums treten. Es sei hier aus zivilrechtlicher Perspektive angemerkt, daß eine solche Argumentation nicht schlüssig sein kann, solange nicht eruiert worden ist, ob das ordnungswidrigkeitenrechtliche Instrumentarium gegebenenfalls auch durch ein zivilrechtliches ergänzt oder ersetzt werden kann. Aber dieser Aspekt soll aus der Diskussion ausgeklammert werden.

Allerdings sei hier angemerkt, daß eine funktionale, am Ziel einer effektiven Bekämpfung aller Arten von Mißständen qualifizierten Handlungen ausgerichtete Sehweise keineswegs stellvertretend für die ganze Strafrechtswissenschaft steht. Geht es – wie dies hier der Fall ist – um sehr allgemein umschriebene Schutzziele wie Schutz des Wettbewerbs, Schutz der ordnungsgemäßen Durchführung von Ausschreibungsverfahren, und wird auf eine konkrete Gefährdung verzichtet, sollen also abstrakte Gefährdungsdelikte geschaffen werden, läßt sich nämlich die Vorfrage stellen, ob in diesen Fällen überhaupt Strafrecht eingesetzt werden soll[38]. Dies ist dann eine konstitutionelle Frage, nämlich die nach dem richtigen Platz von Strafrecht in einem modernen Rechtsstaat. Wird, wie hier in bezug auf die strafrechtliche Verfolgung von Submissionsabsprachen (oder Insidertransaktionen) erhebliche Zweifel angebracht werden können, auf den Einsatz des strafrechtlichen Instrumentariums aus einer strafrechtlichen Argumentation heraus verzichtet, bedarf es weiter keiner ökonomischen Untersuchung möglicher Probleme bei der Einführung solcher strafrechtlichen Sanktionen. Im folgenden ist

---

[37] Vgl. *Oldigs* (1996), S. 90.
[38] Vgl. *Lüderssen* (1997)

deshalb von der strafrechtlichen Position auszugehen, die im funktionalen Sinne die Aspekte „Geeignetheit" und „Erforderlichkeit" der Schaffung strafrechtlicher Sanktionen für Submissionsabsprachen analysiert[39].

Ein Mittel ist dann im Sinne der Strafwürdigkeit geeignet, wenn mit dem vom Gesetzgeber gewählten Mittel der angestrebte Erfolg gefördert werden kann[40]. Erforderlich ist also eine Prognose bezüglich der tatsächlichen Wirkungen des einzusetzenden strafrechtlichen Instrumentariums[41]. Bezüglich der *Erforderlichkeit* einer strafrechtlichen Bewehrung des Verbots von Submissionsabsprachen ist die Frage zu klären, ob ein Straftatbestand hier erfolgreicher sein kann als der gegebene Bußgeldtatbestand, der durch kompetente und spezialisierte Fachbehörden, nämlich die Kartellbehörden umgesetzt wird[42]. Wiederum ist eine *Prognose* erforderlich. Diese hat den Vergleich des gegebenen ordnungswidrigkeitenrechtlichen und des strafrechtlichen Instrumentariums vorzunehmen. Nun wird in der strafrechtlichen Diskussion die Mühsal einer solchen vergleichenden Prognose dann entbehrlich, wenn sich allgemeine Argumente dafür ins Feld führen lassen, daß die Wirksamkeit des strafrechtlichen Instrumentariums auf alle Fälle günstiger eingeschätzt werden kann als die des ordnungswidrigkeitenrechtlichen Instrumentariums. In einem solchen Verfahren wird dann an Stelle einer Prognose eine *Hypothese* bezüglich der Überlegenheit des strafrechtlichen Instrumentariums gesetzt. Es verwundert nicht, daß eine solche Hypothese in der strafrechtlichen Argumentation auf die unterstellte Wirkung der *Generalprävention* abhebt[43]. Diese generalpräventive Wirkung wird auf zwei Faktoren zurückgeführt, nämlich zum einen auf den mit einer Verurteilung verbundenen sozialethischen Tadel (Stigmatisierung)[44], zum anderen auf den Einsatz der *Freiheitsstrafe* als Sanktion[45]. Hält man sich vor Augen, daß es sich bei der These von der generalpräventiven Wirkung der strafrechtlichen Sanktion um den Ersatz einer Prognose handelt, so ist in Rechnung zu stellen, daß unter Anwendung der Regeln der §§ 47 und 56 StGB die angedrohte Freiheitsstrafe oftmals in eine Bewährungstrafe umzuwandeln ist, die insbesondere in Fällen, in denen es sich bei den Tätern (wie bei Submissionsabsprachen wohl anzunehmen) um sozial voll integrierte, oftmals verheiratete, finanziell gut situierte Ersttäter handelt. Die Generalprävention kann in diesem Fall also nicht einfach auf die Drohung einer Freiheitsstrafe abstellen, sondern lediglich auf die Inaussichtstellung einer Verurteilung zu einer Freiheitsstrafe auf Bewährung. Anders wäre das nur dann, wenn man die gegenwärtige Abstinenz, kurzfristige Freiheitsstrafen zu verhängen, ändern wollte und gerade aus generalpräventiven Zielsetzungen heraus, hier das Ruder herumwerfen wollte[46]. Als Fazit bleibt eine gewisse Skepsis in die tatsächliche Wirkung der gene-

---

[39] Vgl. *Oldigs* (1996), S. 134 - 141.
[40] BVerfGE 30, 292,316; BVerfGB 39,1,47; vgl. auch *Selmer* (1977)
[41] Vgl. *Oldigs* (1996), S. 135.
[42] Vgl. *Sellmer* (1977), S. 36; *Karte/Portarius* (1975), S. 1170 f.; *Ulmer* (1976), S. 7 f.; *Oldigs* (1996), S. 137.
[43] Vgl. *Schmid* (1982), S. 129 m.w.N.; *Oldigs* (1996), S. 137.
[44] Vgl. *Oldigs* (1996), s. 137.
[45] Vgl. *Steindorff* (1974), S. 506.
[46] Vgl. zu derartigen Forderungen: *Oldigs* (1996), S. 139-

ralpräventiven Wirkung der strafrechtlichen Sanktionierung von Submissionsabsprachen[47]. In der strafrechtlichen Diskussion wird hier ergänzend ins Spiel gebracht, daß es nicht bloß auf die Verschärfung der Strafdrohung ankomme, sondern auf die Intensivierung der praktischen Verfolgung und damit auf die Erhöhung des Risikos faktischer Strafbarkeit[48].

Geeignetheit und Erforderlichkeit einer strafrechtlichen Bewehrung des Verbots von Submissionsabsprachen lasse sich – wie betont – erst dann evaluieren, wenn die möglichen Friktionen mit anderen – parallel eingesetzten Sanktionsmechanismen – bekannt sind. In der strafrechtlichen Diskussion wird dieses Problem unter dem Aspekt der „Systemkohärenz" behandelt[49]. Hier geht es um mögliche Beeinträchtigungen der Arbeit der Kartellbehörden, die das Bußgeldinstrumentarium einsetzen, durch die an das Legalitätsprinzip gebundenen Staatsanwaltschaften.

Als *Zwischenergebnis* der strafrechtlichen Diskussion läßt sich festhalten: Soweit von strafrechtlicher Seite die Schaffung eines eigenen Straftatbestandes für Submissionsabsprachen gefordert wird, sind die zentralen Punkte die Geeignetheit und die Erforderlichkeit einer solchen strafrechtlichen Sanktionierung neben der existierenden ordnungswidrigkeitenrechtlichen. In beiden Fällen müssen Prognosen aufgestellt werden, wie sich die Einführung der strafrechtlichen Sanktionen auswirken wird. Entscheidend ist eine vergleichende Prognose, die in Rechnung stellt, daß es zwischen den parallel anwendbaren Sanktionsmechanismen zu Friktionen kommen kann. Allein aus dem Aspekt der Generalprävention lassen sich die offenen Fragen nicht beantworten, da es nicht allein auf die angedrohte Schärfe der Sanktion ankommt, sondern auf die faktische Durchsetzung. Damit gibt die strafrechtliche Diskussion einen konsistenten Rahmen vor für eine ökonomische Wirkungsanalyse, mit Hilfe derer die Bedingungen für die Komplementierung ordnungswidrigkeitenrechtlicher durch strafrechtliche Sanktionen herausgearbeitet werden können.

IV. Ökonomische Überlegungen

Bringt man das ökonomische Instrumentarium für die Lösung der hier zu beantwortenden Frage zum Einsatz, so zeigt sich die große Nähe zur strafrechtlichen Argumentation. Allerdings ist der Ausgangspunkt insofern genauer definiert, als hier die Akteure als rational eigennutzorientiert handelnde Individuen begriffen werden, und zwar nicht nur die Akteure, deren Handlungen es zu sanktionieren gilt, sondern auch diejenigen, die eben diese Sanktionierung umsetzen. Benötigt die strafrechtliche Fragestellung für den Geeignetheits- und Erforderlichkeitstest Prognosen, so entsprechen dem in der ökonomischen Untersuchung nun Wirkungsanalysen, aus denen testbare Hypothesen abgeleitet werden können.

Dem Konzept der Generalprävention in der strafrechtlichen Diskussion entspricht nunmehr die Anwendung des Rationalkalküls des Normadressaten. War im Rahmen der Diskussion der Generalprävention betont worden, daß es keines-

---

[47] Vgl. *Oldigs* (1996), S.140.
[48] *Tiedemann* (1972), C41.
[49] Vgl. *Oldigs* (1996), S. 141 - 144.

wegs allein auf die Strafhöhe ankomme, sondern auf die Intensität der Strafdurchsetzung , so taucht dieser Aspekt dergestalt wieder auf, daß der potentielle Täter sich ändernde Kosten für seine Handlungen in Rechnung stellen wird. Dann sind aber nicht Sanktionen direkt in Kosten umzurechnen. Vielmehr erscheint aus der Perspektive des potentiellen Täters das Verfahren zur Durchsetzung der Sanktionen als ein Spiel, an dem er unter den gegebenen Spielregeln mitspielen kann, so daß er die Chance hat, die für ihn am Ende resultierenden Kosten zu beeinflussen. Die Spielregeln unterscheiden sich nach der Regelungsmaterie; sie liegen im Ordnungswidrigkeitenrecht anders als im Strafrecht. Vorteilhaft erweist es sich für den potentiellen Täter, wenn die beiden Sätze von Spielregeln nicht genau aufeinander abgestimmt sind, so daß er aus den existierenden Friktionen einen Vorteil ziehen kann. Betrachtet man den potentiellen Täter als Spieler, so gilt dies gleichermaßen für diejenigen Akteure, die die Sanktionen umsetzen.

Was bedeutet dies nun im konkreten Fall, wenn für die potentiellen Täter von Submissionsabsprachen neben die Bußgelddrohung des Kartellrechts diejenige der strafrechtlichen Verfolgung nach den §§ 263, 298 StGB tritt?

§ 263 StGB wird wegen der erheblichen Probleme eines konkreten Nachweises eines Vermögensschadens weiterhin nicht im Vordergrund stehen, so daß es um die tatsächliche Wirkung von § 298 StGB geht. Dieser Norm zufolge wird derjenige, der bei einer Ausschreibung über Waren oder gewerbliche Leistungen ein Angebot abgibt, das auf einer rechtswidrigen Absprache beruht, die darauf abzielt, den Veranstalter zur Annahme eines bestimmten Angebots zu veranlassen, mit Freiheitsstrafe bis zu fünf Jahren oder mit Geldstrafe bestraft. Damit wird die Anwendung des § 38 Abs. 1. Nr. 1 GWB auf Submissionsabsprachen nach dem Willen des Gesetzgebers verschlossen, weil jeder Verdacht einer Ordnungswidrigkeit in diesem Bereich zugleich Anhaltspunkte für eine Straftat enthält und die Kartellbehörde somit gem. § 41 OWiG zur Abgabe an die Staatsanwaltschaft verpflichtet ist[50]. Dann stellt sich aus der Sicht des Normadressaten die Frage, wie seine Position gegenüber Staatsanwalt und den Strafgerichten aussieht. Es sind jedenfalls drei Dinge, von denen er profitieren wird: (1) Kapazitätsengpässe bei der Staatsanwaltschaft [Flaschenhalsproblem] (2) mangelnde Spezialkenntnisse bei der Staatsanwaltschaft [verglichen mit denen der bisher tätigen Kartellbehörde] (3) dezentrale Erfassung der umfassenden Sachverhalte. Aber es stellt sich das Problem, ob diese Mängel teilweise dadurch behoben oder gemildert werden können, daß die Staatsanwaltschaft das Verfahren aus Opportunitätsgründen (§ 153 StPO) zugunsten einer Verfolgung durch die Kartellbehörden einstellen kann[51]. Daß in diesem Fall die Kartellbehörden zuständig sind, regelt jedenfalls der neu ins GWB eingefügte § 81a. Die eigentliche Problematik liegt aber darin, daß nunmehr der Submissionsbetrugstatbestand des § 298 StGB und der Ordnungswidrigkeitentatbestand des § 38 Abs. 1 Nr.1 GWB inhaltlich zusammenfallen, so daß Zweifel auftauchen, ob es überhaupt grundsätzlich möglich ist, daß die Staatsanwaltschaft zugunsten der Kartellbehörde, der ja gerade durch die Schaffung des § 298 StGB die Zuständigkeit genommen worden war, das Verfahren

---

[50] BT-Drucksache 13/5584 vom 24.9.1996, S. 9.
[51] Vgl. *Bangard* (1997), S. 163.

einstellen kann[52]. Nun läßt sich so argumentieren, daß es zweckmäßig sei, daß in weniger schweren Fällen die Staatsanwaltschaft nicht gehindert sei, das Verfahren einzustellen und zur weiteren Verfolgung wegen der Ordnungswidrigkeit an die Kartellbehörden abzugeben[53]. Das ist eine am Ziel einer effektiven Bekämpfung von Submissionskartellen orientierte Betrachtungsweise, die sehr schön deutlich macht, daß dieses Ziel eben nur zu realisieren ist, wenn trotz Einfügung des neuen Straftatbestandes es möglich ist, diesen beiseite zu schieben. Der einzige Effektivitätsverlust der neuen Regelung besteht dann im aufgetretenen Zeitverlust.

Kommt es nicht zu einer Verfahrenseinstellung seitens der Staatsanwaltschaft zugunsten einer Verfolgung der Ordnungswidrigkeit durch die Kartellbehörden, ist das Strafrecht mit dem bereits erwähnten Problem der Strafzumessung und der Aussetzung der Freiheitsstrafe konfrontiert. In diesem Fall fehlt dann das bisher sehr effektiv eingesetzte Instrumentarium der Verhängung einer Geldbuße gegen das Unternehmen gem. § 30 OWiG. Aus der Perspektive der potentiellen Täter könnte diese bedeuten, daß sich die strafrechtliche Verfolgung als die im Ergebnis sehr viel harmlosere Sanktionierung herausstellt, die zugleich den Vorteil hat, die Belegung mit Bußgeld auszuschließen. Von daher lohnt sich eine Strategie, die in jedem Fall eine Einstellung seitens der Staatsanwaltschaft vermeidet. Falls ein Unternehmen im Zeitablauf häufiger an Submissionskartellen beteiligt sein sollte, würde es sich auch lohnen, die persönliche Teilnahme einzelner Mitarbeiter so zu organisieren, daß die möglicherweise anfallenden Sanktionen sich minimieren lassen. Es ist auch schon die Vision ins Spiel gebracht worden, eigene sit-in-Direktoren einzustellen, die dann gegebenenfalls verhängte Freiheitsstrafen abzusitzen haben[54].

Bisher ist nur auf die Strategien der Normadressaten abgestellt worden. Eine Konkurrenz zwischen Kartellbehörden und Staatsanwaltschaften könnte hier interessante Konstellationen ins Spiel bringen. Geht man davon aus, daß die (positive) Publizität von Kartellbehörden heute stark mit spektakulären Fällen erfolgreicher Bekämpfung von Submissionskartellen korreliert, so ist abzusehen, daß es auf diesem Gebiet zumindest mit einigen Schwerpunktstaatsanwaltschaften in Zukunft zu einem Konkurrenzkampf kommen wird. Diese Konkurrenz wird aber zum einen durch eine Informationssymmetrie geprägt, zum anderen durch den Kompetenzvorrang der Staatsanwaltschaft. Man braucht nicht viel Phantasie anzustrengen, um sich auszumalen, wie entsprechende Tauschgeschäfte bei dieser Anfangsverteilung aussehen könnten.

F. Fazit

Das Ergebnis einer Komplementierung ordnungswidrigkeitenrechtlicher durch strafrechtliche Sanktionen im Falle von Submissionskartellen ist damit ebenso

---

[52] Vgl. zur Rechtslage vor Inkrafttreten des § 298 StGB: *Bangard* (1997), S. 164; zur Unsicherheit der Rechtslage nach Inkrafttreten: *Bangard* (1997); S. 167.

[53] So *Bangard* (1977), S. 168.

[54] Vgl. *Jung* (1978), S. 5f.

negativ, wie das der Komplementierung zivilrechtlicher Sanktionen durch strafrechtliche beim Verbot des Insiderhandels. Die strafrechtlichen Sanktionen führen jeweils zu kontraproduktiven Ergebnissen. Aus der Komplementierung wird eine Reduktion der Effektivität des Sanktionseinsatzes. Mußte im Fall des Verbots des Insiderhandels daraus der Schluß gezogen werden, daß eine solche Komplementierung angesichts der spezifischen Zielsetzung der Sanktionen ganz zu entfallen hat, sieht die Situation bei Submissionskartellen möglicherweise etwas differenzierter aus, wenn es nämlich gelingen sollte, eine klare Trennungslinie zwischen dem Sanktionsinstrument der Geldbuße gegen an Submissionsabsprachen beteiligten Unternehmen und dem strafrechtlichen Sanktionsinstrument gegen individuell beteiligte Personen zu ziehen. Entscheidend wäre dann eine klare Kompetenzabgrenzung zwischen den Kartellbehörden und Staatsanwaltschaften, die jedenfalls die Ermittlungen der Kartellbehörden weder zeitlich noch sachlich beeinträchtigt. All dies scheint mit der Idee des Vorrangs des Strafrechts gegenüber dem Ordnungswidrigkeitenrecht aber auch gegenüber zivilrechtlichen Sanktionen schlecht vereinbar zu sein. Aber gerade hier liegt derzeit die eigentliche Schwachstelle bei einem Zusammenwirken strafrechtlicher und nichtstrafrechtlicher Sanktionsmechanismen. Die erforderliche Gesetzesänderungen betreffen dann nicht in erster Linie das materielle Recht, sondern das Verfahrensrecht.

Schließlich bleibt ein gerüttelt Maß an Skepsis, ob denn strafrechtliche Sanktionen heute tatsächlich die wirksameren – verglichen mit zivilrechtlichen und ordnungswidrigkeitenrechtlichen – sind. Die Wunderwaffe der Generalprävention hat sich als recht stumpfes Schwert erwiesen. Es könnte nur geschärft werden, wenn man auf dem Gebiet strafrechtlicher Sanktionen zu radikalen Änderungen bereit wäre, indem man wieder auf die tatsächliche Durchführung – auch kurzfristiger – Freiheitsstrafen setzte. Dann fragt es sich aber, ob der Preis, den eine demokratische Gesellschaft hier zu zahlen hätte, nicht im Verhältnis zur geringfügigen Verbesserung der Effektivität der Bekämpfung bestimmter Mißstände zu hoch wäre. Die eigentlich generalpräventive Wirkung erhält die Verhängung – und tatsächliche Durchsetzung – von Freiheitsstrafe dort zurück, wo die Abschreckungswirkung vom Strafvollzug ausgeht, wo etwa Manager, die kurzfristige Freiheitsstrafen abzusitzen haben, befürchten müssen mit schweren Ansteckungskrankheiten infiziert zu werden, Diese Art der Komplementierung von nichtstrafrechtlichen durch strafrechtliche Sanktionen erscheint nun aber kaum als nachahmenswertes Beispiel.

Literatur

Bangard, A., Aktuelle Probleme der Sanktionierung von Kartellabsprachen, WuW, (1996), S. 980-984.

Bangard, A., Aktuelle Probleme der Sanktionierung von Kartellabsprachen, wistra, (1997), S. 161-171.

Baumann, J., Zum Ärgernis Submissionsbetrug, In: Festschrift für Dietrich Oehler, Köln 1985, S. 291 ff.

Baumann, J., Endlich strafrechtliche Bekämpfung des Submissionsbetruges, NJW, 1992, S. 1661 ff.

Bruns, H.-J., Können ordnungswidrige Preisabsprachen bei öffentlichen Ausschreibungen nach geltendem Recht auch als Betrug mit Kriminalstrafe geahndet werden?, NStZ, 1983, S. 385 ff.

Eichler, H., Submissionsabsprachen auf dem Bausektor zwischen Verwaltungsrecht und Strafrecht, BB, 1972,S. 1347 ff.

Forstmoser, P., Insiderstrafrecht, Die Schweizerische Aktiengesellschaft (SAG), 1973, S. 122-133.

Franzen, K., Die Strafbarkeit und Strafwürdigkeit von Submissionskartellen und Bietungsabkommen, Köln, 1970.

Grunewald, B., Neue Regeln zum Insiderhandel, Zeitschrift für Bankrecht und Bankwirtschaft (ZBB) 1990, S. 128-133.

Haft, F., Absprachen bei öffentlichen Bauten und Strafrecht, NJW (1996), S. 238 ff.

Hauschka, C. E. / Harm, C., Argumente zur Reformbedürftigkeit des Deutschen Insiderrechts, Betriebs-Berater (BB) 43 (1988),s. 1189 ff.

Hawes, D. W. / Lee, T. P., Robert, M.-C., Insider Trading Law Developments: An International Analysis, Law & Politics in International Business 14 (1982), S. 335 ff.

Hefendahl, R., Die Submissionsabsprache als Betrug: Ein Irrweg! – BGHSt 38, 186, JuS (1993), S. 805 ff.

Heldmann, P., Das deutsche Insider-Gesetz ad portas, Zeitschrift für Rechtspolitik (ZRP) 1990, S. 393 - 397.

Holschbach, U., Haftungsprobleme im Bereich der Insider-Wertpapiergeschäfte, Neue Juristische Wochenschrift (NJW) 1973, S. 2006 ff.

Hopt, K. J., The European Insider Dealing Directive. Common Market, Law Review 27 (1990), S. 51 - 82.

Hopt, K. J., Europäisches und deutsches Insiderrecht, Zeitschrift für Unternehmens- und Gesellschaftsrecht (ZGR) 20 (1991), S. 17 -73, S. 51 - 54.

Hopt. K. J. / Will, M. E., Europäisches Insiderrecht, Stuttgart, 1973.

Jung, H., Die Bekämpfung der Wirtschaftskriminalität als Prüfstein des Strafrechtssystems, Berlin, 1979.

Kartte, W. / Portarius, A. von, Kriminalisierung des Kartellrechts? BB (1975) S. 1169 ff.

Kirchner, C., Zur zentralen Rolle der zivilrechtlichen Sanktionen im Recht des Insiderhandel, in: Leser, H.-G./ Isomura T. (Hrsg.), Wege zum Japanischen Recht, Festschrift für Zentaro Kitagawa zum 60. Geburtstag am 5. April 1992, Berlin 1992, S. 665- 682.

Lembke, M., Ordnungsunrecht oder Kriminalrecht? Neue Justiz (1996) S. 632 ff.

Lüderssen, K., Ein Prokrustesbett für ungleiche Zwillinge, Betriebs-Berater 51 (1996), S. 2525 - 2530.

Lüderssen, K., Die Symbiose von Markt und Staat – auseinanderdividiert durch Strafrecht, Der Strafverteidiger (1997), S. 318 - 323.

Lutter, M., Europäisches Unternehmensrecht, Sonderheft 1 der Zeitschrift für Unternehmens- und Gesellschaftsrecht, 3. Aufl., Berlin, New York 1991, S. 86 - 89.

Manne, H. G., In Defence of Insider Trading, Havard Buisness Review 44 (1966) Nov./Dez., S. 115 ff.

Maug, E., Insider Trading and Corporate Governance, Duke University, Mimeo, 1998.

Mennike, P. R., Sanktionen gegen Insiderhandel. Eine rechtsvergleichende Untersuchung unter Berücksichtigung des US-amerikanischen und britischen Rechts, Berlin 1996.

Möschel, W., zur Problematik einer Kriminalisierung von Submissionsabsprachen, Köln 1980.

Möschel, W., Zur Kriminalisierung von Kartellrechtsverstößen, in: Festgabe für Max Kummer, Berlin 1980, S. 43 ff.

Oldigs, D., Möglichkeiten und Grenzen der strafrechtlichen Bekämpfung von Submissionsabsprachen, Diss. Humboldt-Universität zu Berlin 1996.

Pfister, B., Stand der Insiderdiskussion, Zeitschrift für Unternehmens- und Gesellschaftsrecht (ZGR) 10 (1981), S. 318 - 347, S. 326 - 328.

Schäfer H.-B. / Ott, C.. Regulation of Insider Trading, Manuskript, Seventh Annual Conference, European Association for Law and Economics, Rome, 1990.

Schaupensteiner, W., Submissionsabsprachen und Korruption im öffentlichen Bauwesen, ZRP 1993, S. 250 ff.

Schmid, R. Th., Der Ausschreibungsbetrug als ein Problem der Strafgesetzgebung, Tübingen 1993.

Schödermeier, M. / Wallach, E., Die Insider-Richtlinie der Europäischen Gemeinschaft, EuZW 1 (1990), S. 122- 126.

Steinhoff, E., Gesetzgeberische Möglichkeiten zu verbesserter Durchsetzung des Gesetzes gegen Wettbewerbsbeschränkungen, ZHR 138 (1974), S. 504 ff.

Tiedemann, K., Gutachten, Verhandlungen des 49. DJT 1972, Teil C, Kartellverstöße und Strafrecht, 1972.

Tiedemann, K., Submissionskartell als Betrug (Gespräch), ZRP (1992), S. 149 ff.

Ulmer, P., Rechtspolitische Probleme des Insiderhandels, Juristenzeitung (JZ) 30 (1975), S. 625 ff.

Ullmer, P., Sollen einzelne Kartellrechtsverstöße – einschließlich typisierungsfähiger Fälle aus dem Bereich der Mißbrauchsaufsicht – unter Strafandrohung gestellt werden? Korreferat, in: Tagungsberichte der Sachverständigenkommission zur Bekämpfung der Wirtschaftskriminalität – Reform des Wirtschaftsrechts, Band X, Anlage2, Bonn 1976.

Ulsenheimer, K., Zur Strafbarkeit des Mißbrauchs von Insider-Informationen, Neue Juristische Wochenschrift (NJW) 1975, S. 1999 ff.

Michael Adams

Kommentar

zu

Christian Kirchner: Komplementierung zivilrechtlicher und ordnungswidrigkeitenrechtlicher durch strafrechtliche Sanktionen

In seiner Arbeit stellt *Kirchner* die Frage, ob die gegenwärtige Mischung der Sanktionen auf Insiderhandel und Submissionsabsprachen durch die Einbeziehung strafrechtlicher Normen wirksam und sinnvoll sei. *Kirchner* ist skeptisch, ob die vorgesehenen strafrechtlichen Normen angesichts der Vermeidung kurzer Freiheitsstrafen generalpräventive Wirkung entfalten könnten. Zudem möchte Kirchner die Sanktionshöhe beim Insiderhandel an die erfolgte Offenlegung der Insiderinformation koppeln.

Zunächst ist festzustellen, daß spätestens nach der in diesem Buch enthaltenen umfassenden international vergleichenden empirischen Arbeit von *Curti* kein Zweifel mehr darüber bestehen kann, daß Strafen abschreckend wirken. Das vielfach in der juristischen Literatur bis jetzt noch ohne empirische Grundlage behauptete Gegenteil läßt sich damit nicht mehr seriös vertreten. Damit steht fest, daß Strafen, die zu zivil- und ordnungswidrigkeitenrechtliche Sanktionen hinzutreten, Straftaten verhindern.

Zudem sind erst strafrechtliche Sanktionen hinreichend gewichtig, um mit Millionengewinnen verbundene Wirtschaftsstraftaten zu verhindern, da erst aufgrund der Strafdrohung die möglichen Täter ihre berufliche Stellung aufs Spiel setzen. In vielen Berufen wird bereits die Verwicklung in ein Strafverfahren von Seiten des Marktes mit Abbruch von Geschäftsbeziehungen beantwortet. Strafrecht übt damit durch seine privaten und beruflichen Anschlußfolgen ein beeindruckendes „Kosten"risiko für die ins Auge gefaßte Tat aus.

Richtig ist zwar die Beobachtung von *Kirchner*, daß die Strafaussetzung zur Bewährung einen Teil der abschreckenden Kraft der Strafdrohung vernichtet. Dennoch ist das Strafverfahren als solches, die Verfolgungsintensität und die erhöhte Abschreckung von Taten nach der ersten Bewährungsstrafe eine erhebliche Steigerung des Sanktionsdrucks auf den möglichen Täter verglichen mit einer bloß zivilrechtlichen oder ordnungswidrigkeitsrechtlichen Drohung.

Daß zivilrechtliche Maßnahmen keine hinreichende Drohung darstellen können, ergibt sich daraus, daß der zivilrechtliche Schadensersatz in der Höhe auf den erlittenen Schaden begrenzt ist. Da es immer Täter gibt, die nicht ermittelt werden können oder von denen aus anderen Gründen kein Schadensersatz erlangt werden kann, ergibt sich aufsummiert über alle möglichen Täter eine systematische Unterabschreckung. Bei fehlenden zusätzlichen strafrechtlichen Sanktionen schafft ein bloß zivilrechtliches Sanktionsinstrumentarium somit den Anreiz, die nicht gewünschte Tat – hier Insiderhandel und Submissionsbetrug – dennoch zu begehen.

Insiderhandel und Submissionsabsprachen stellen Taten dar, die dem Täter nicht selten astronomisch hohe Gewinne ermöglichen. Zudem ist der erfolgreiche Nachweis der Tat selbst bei Einsatz der staatsanwaltschaftlichen Mittel aufwendig und selten erfolgsversprechend. Die Täter investieren zudem viele Ressourcen in die Abwehr ihrer Entdeckung. So wurde in Deutschland erst vor kurzem ein Kartell entdeckt, das über 90 Jahre seine Kabelkunden erfolgreich betrügen konnte. Eine bloß zivilrechtliche oder ordnungswidrigkeitenrechtliche Sanktionenmischung, die ja nur die wenigen entdeckten Fälle erfaßt, würde aufgrund ihrer geringen Sanktionshöhe im Markt den verlockenden wirtschaftlichen Anreiz aufrecht erhalten, weiter die Inhaber von Wertpapieren oder die Kunden von Kartellen zu betrügen.

An der Wünschbarkeit der Abschreckung von Insiderhandel und Submissionsabsprachen kann es angesichts des bedeutenden Unrechtsgehalts dieser Taten und der mit ihr verbundenen erheblichen Schädigung anderer Marktteilnehmer keinen vernünftigen Zweifel geben. Die von *Kirchner* ins Auge gefaßte Differenzierung in der Sanktionshöhe kann im Strafmaß berücksichtigt werden. Ihre Einbeziehung in den Straftatbestand würde eine für das Strafrecht nicht hinnehmbare Abgrenzungsunsicherheit mit sich bringen. Insgesamt stellt sich damit die gegenwärtige Rechtslage als eine vernünftige Regelung dar. Eine Abschaffung oder Schwächung der strafrechtlichen Sanktionen kann nicht empfohlen werden.

Diskussion

zusammengefaßt von *Stefanie Schmid*

Ausgangspunkt der Diskussion waren die gegensätzlichen Positionen vom Referenten und Kommentator bezüglich des Einsatzes zivil-, ordnungswidrigkeiten- und strafrechtlicher Sanktionen.

Zu Anfang wurde kurz erörtert, inwieweit in den Fällen von Submissionskartellen und Insiderhandel überhaupt von sozial schädlichen Aktivitäten ausgegangen werden kann, so daß ein Einsatz des Strafrechts zu rechtfertigen ist. Es bestand weitgehender Konsens darüber, daß Submissionskartelle und Insiderhandel grundsätzlich wohlfahrtsschädigend sind, da sie die Fehlallokation von Ressourcen bzw. Ineffizienz der Kapitalmärkte aufgrund von Informationsdefiziten sowie unerwünschte Verteilungswirkungen mit sich brächten.

Es könne jedoch nicht davon ausgegangen werden, daß die Höhe der Schäden leicht quantifizierbar ist, wie Adams dies in seinem Beitrag annimmt.

Hauptinhalt der weiteren Diskussion waren Wirkungsweise und Bewertung der vorgestellten Sanktionsinstrumente sowie die Kriterien für die Wahl zwischen alternativen Instrumenten oder Kombinationen verschiedener Sanktionsinstrumente.

Entsprechend der Position des Kommentators wurde die spezifische Abschreckungswirkung strafrechtlicher Sanktionen betont. Die mit einer Strafe verbundene Stigmatisierung des Täters könne eine stärkere Abschreckungswirkung entfalten als zivilrechtliche Sanktionsinstrumente. Es blieb jedoch kontrovers, ob die Stigmatisierung des Täters durch strafrechtliche Sanktionen im Fall von Insiderhandel zum Zwecke der Generalprävention gewollt ist oder ob sie gerade vermieden werden soll, um einzelne Personen – im Unterschied zu Unternehmen – zu schützen.

Weiter wurde festgestellt, daß im Strafrecht das zu schützende Rechtsgut grundsätzlich höher geschützt werde als durch zivilrechtliche Sanktionen. Es müsse deshalb der erwünschte Grad an Schutz eines Rechtsgutes abgewogen werden gegen mögliche Nachteile einzelner Sanktionsinstrumente. Aus strafrechtlicher Sicht wurde angemerkt, daß das Strafrecht grundsätzlich anderen Zwecken diene als aufgerüstetes Zivilrecht. Strafrechtliche Verfolgung dürfe jedoch in ihrer Bedeutung nicht überbetont werden. Beispielsweise werde häufig die Macht der Staatsanwaltschaft überschätzt, wenn sie lediglich Schriftsätze vom Zivilanwalt übernimmt.

Als weiteres Argument für den Einsatz des Strafrechts wurde vorgebracht, daß nicht davon ausgegangen werden könne, daß zivilrechtliche Sanktionsinstrumente hinreichend greifen. Um auch nicht integere Täter belangen zu können, seien deshalb die spezifischen Waffen des Strafrechts, wie Haussuchung oder Beschlagnahme, notwendig.

Ferner wurde angemerkt, daß im Strafrecht ein gegebener Schaden unterschiedlich behandelt werden könne, wenn die persönlichen Umstände des Täters und seine Vorgeschichte berücksichtigt werden. Dies sei beim Einsatz zivilrechtlicher Sanktionen nicht möglich.

Die Mehrheit der Diskussionsteilnehmer zeigte sich sehr skeptisch gegenüber dem Plädoyer des Kommentators für einen vorrangigen Einsatz strafrechtlicher Sanktionen. Es wurde betont, daß diese Position auch im Gegensatz zur Mehrheit der juristischen und rechtsökonomischen Literatur stehe. In vielen Fällen könne das Strafrecht aufgrund spezifischer Regeln im Strafprozeß nicht hinreichend greifen. Beispielsweise müsse das Strafrecht, basierend auf Menschenrechtsüberlegungen oder Naturrecht, gegenüber einem mutmaßlichen Täter von einer hohen Unschuldsvermutung bis zum Ende des Prozesses ausgehen.

Bei unbestimmten Tatbeständen stünden dem Zivilrecht zudem weiterreichende Instrumente zur Verfügung als dem Strafrecht, beispielsweise durch die spezifische Zuordnung der Beweislast im Zivilprozeß. Im Strafrecht sei dagegen die Ermittlung von Beweisen gewollt erschwert.

Selbst beim Einsatz strafrechtlicher Instrumente im Fall von Insiderhandel stelle sich die Frage, ob die Staatsanwaltschaft aufgrund interner Informationen aus einem Unternehmen eingreifen darf. Der Referent führte ergänzend an, daß im Fall von Insiderhandel dem Strafrecht zwar deutlich bessere Zugriffsmöglichkeiten zur Verfügung stünden, dieser Vorteil aber aufgehoben werde durch die Erschwerungen im Strafverfahren.

Weitere Bedenken gegen den Einsatz strafrechtlicher Sanktionen bei Submissionskartellen und Insiderhandel bestanden darin, daß sich die dabei zugrunde liegende Abschreckungswirkung des Strafrechts nicht notwendigerweise entfalte. Am Kommentar wurde kritisiert, daß er die generalpräventive Wirkung des Strafrechts betone, ohne zu erklären, warum Strafrecht stärker abschreckend wirken soll als gut ausgefeilte zivilrechtliche Sanktionen wie beispielsweise eine Gewinnabschöpfung. Der Kommentator widersprach diesem Einwand mit dem Hinweis, daß im deutschen Rechtssystem keine gut ausgefeilten zivilrechtliche Sanktionen existierten.

Zur rechtspolitischen Diskussion über eine sinnvolle Kombination unterschiedlicher Sanktionsmechanismen bei Insiderhandel wurde festgestellt, daß zwei getrennte Fragen gestellt werden müßten: Zum einen die Frage, ob und gegebenenfalls warum Insiderhandel unterbunden werden soll. Erst nach positiver Beantwortung dieser Frage sei die zweite Frage zu stellen, mit welchen Mitteln dies geschehen soll. Es sei im folgenden davon auszugehen, daß Insiderhandel aus Wohlfahrtsgründen zu unterbinden ist. Strafrecht könne dann zwar als ultima ratio eingesetzt werden, es müsse aber geprüft und gut begründet werden, warum zivilrechtliche Sanktionen nicht greifen. Dabei müsse auch berücksichtigt werden, wie das Zivilrecht gegebenenfalls aufgerüstet werden kann, beispielsweise durch Interessenbündelung (class action), Erfolgshonorare für Anwälte oder punitive damages. Bei einer solchen strafrechtlichen Aufrüstung des Zivilrechts stelle sich jedoch die Frage, warum nicht gleich auf strafrechtliche Sanktionen zurückgegriffen wird.

In diesem Zusammenhang wurde auf zwei Beispiele hingewiesen. Das US-amerikanische Rechtssystem, das in vielen Fällen, beispielsweise bei Produkthaftungsfragen, in besonders ausgeprägter Weise auf das Zivilrecht setzt, sieht gerade bei Insiderhandel strafrechtliche Behandlung vor. Dies solle zu bedenken geben, ob nicht gerade im Fall von Insidergeschäften spezifische Gründe für strafrechtliche Regulierung vorliegen. Ferner wurde darauf hingewiesen, daß die Abschreckungswirkung des Strafrechts auf Mitglieder oberer Führungsebenen von Unternehmen durch die Stigmatisierung des Täters („Abführung in Handschellen") nicht zu unterschätzen sei.

Die Anreiz- und Abschreckungsfunktion im Zivilrecht

von

Claus Ott / Hans-Bernd Schäfer

A. Einleitung

Die Anreiz- und Abschreckungsfunktion im Zivilrecht wird definiert als Steuerung des individuellen Verhaltens mit dem Ziel, schadensträchtige Aktivitäten zu reduzieren oder schadensvermeidende Aktivitäten zu fördern. Aus ökonomischer Sicht steht dabei im Mittelpunkt die Orientierung des Zivilrechts am Effizienzziel[1]. Nach dieser Auffassung dienen rechtliche Institutionen entweder der Abschreckung oder der Versicherung von unerwünschten Ereignissen, soweit dies unter Berücksichtigung institutioneller Kosten gerechtfertigt erscheint. Obwohl die Ausrichtung am Effizienzziel seit dem Erscheinen der Pionierarbeiten[2] zur ökonomischen Analyse des Rechts innerhalb dieser Disziplin kaum noch diskutiert wird, ist sie in der Rechtswissenschaft bisher wenig akzeptiert. Im folgenden wollen wir uns mit einigen der am häufigsten vorgetragenen Einwände gegen Effizienz im Recht im allgemeinen und der Abschreckungsfunktion des Zivilrechts im besonderen befassen. In der ersten Phase der Diskussion in Deutschland löste die ökonomische Analyse des Rechts zwar nur vereinzelte, dafür aber meist generell ablehnende Reaktionen aus[3]. Diese richteten sich in gleicher Weise gegen eine befürchtete Ökonomisierung des Rechts wie gegen das Verhaltensmodell des homo oeconomicus. In neuerer Zeit sind die Einwände nicht weniger grundsätz-

---

[1] *Kaplow/Shavell*, Why the Legal System is less efficient than the Income Tax in Redistributing Income, 23 JL.Stud. 1994, S. 667-681.

[2] *Demsetz, R.*, When does the Rule of Liability Matter, 1 JL.Stud. (1972), S. 13-28; *Posner, R.*, Economic Analysis of Law, Boston 1972 (4. Aufl. 1992); *Calabresi, G.*, The Costs of Accidents, A Legal and Economic Analysis, 1970; *Landes/Posner*, The Economic Structure of Tort Law, 1987.

[3] *Fezer, K. H.*, Aspekte einer Rechtskritik an der economic analysis of law und am property rights approach, JZ 1986, S. 817 ff. sowie ders. nochmals: Kritik an der ökonomischen Analyse des Rechts, JZ 1988, S. 223 ff.; abwägend *Horn, N.*, Zur ökonomischen Rationalität des Privatrechts, die privatrechtstheoretische Verwertbarkeit der Economic Analysis of Law, AcP 176 (1976), S. 317 ff.; *Gotthold, J.*, Zur ökonomischen Theorie des Eigentums. Eine kritische Einführung, ZHR 144 (1980), S. 545 ff.

lich, aber spezifischer geworden⁴. Letztlich gelangen sie zu dem Schluß, daß der wirtschaftswissenschaftlichen Analyse innerhalb der Rechtswissenschaften keine tragende Bedeutung zukommt. Wir wollen uns besonders mit dieser Kritik auseinandersetzen. Neuerdings sind auch in der rechtsökonomischen Diskussion Einwände wieder aufgegriffen worden, die sich zwar nicht gegen die Relevanz einer ökonomischen Analyse von Rechtsregeln richten, wohl aber bestreiten, daß effiziente Regeln durch planende Konstruktion erreicht werden können. Da diese Kritik sich teilweise mit derjenigen von Rechtswissenschaftlern berührt, soll sie hier mitbehandelt werden.

B. Alternative Konzepte im Zivilrecht

I. Zivilrecht mit Abschreckungs- und Anreizfunktion

Eine Zivilrechtsordnung, die an solchen Funktionen orientiert ist, muß in einer differenzierten Weise Verhaltensmaßstäbe setzen und entsprechende Sanktionen verhängen, um die Einhaltung dieser Maßstäbe zu gewährleisten. Eine derartige Zivilrechtsordnung besteht in einem umfassenden System der Zuordnung von Verhaltenspflichten und verhaltenssteuernden Mechanismen und entsprechenden Haftungssanktionen. Dabei werden die Risiken des Verkehrs mit der Zielsetzung zugeordnet, Anreize zu optimaler Schadensvermeidung bei Schädiger und Geschädigtem zu generieren. Es ist dabei von großer Wichtigkeit, wie diese Risiken erfaßt und zugeordnet werden, weil jede Fehlspezifikation zur Ausweitung von Unfällen und schadensträchtigen Ereignissen führt⁵. Ein solches System ist sehr teuer, weil es aus einer Vielzahl von Regeln besteht, deren Herausbildung Ressourcen beansprucht, die zudem entsprechend den technischen und wirtschaftlichen Entwicklungen fortwährend durch den Gesetzgeber und die Gerichte fortentwickelt werden müssen, was ebenfalls Ressourcen beansprucht⁶. Zudem fallen in jedem Einzelfall Transaktionskosten der Schadensersatzzahlung an, die besonders hoch sind, wenn die Gerichte in Anspruch genommen werden müssen, die aber auch dann bereits erheblich sind, wenn lediglich eine vorgerichtliche Rechtsberatung erfolgt.

II. Zivilrecht ohne Abschreckungsfunktion

Eine Zivilrechtsordnung, die davon ausgeht, daß abschreckende Wirkungen nicht oder kaum erzielbar sind, würde demgegenüber lediglich Funktionen der Schadensstreuung, nicht aber der Schadensvermeidung wahrnehmen können. Dies hätte einen dramatischen Bedeutungsverlust des Zivilrechts zur Folge. Denn in den meisten Fällen kann eine Versicherung durch den Geschädigten selbst erlangt

---

⁴ *Eidenmüller, H.*, Effizienz als Rechtsprinzip, 1995; ders., Rechtsanwendung, Gesetzgebung und ökonomische Analyse, AcP 197 (1997), S. 80 ff; *Taupitz, J.*, Ökonomische Analyse und Haftungsrecht, eine Zwischenbilanz, AcP 196 (1996), S. 114 ff.

⁵ S. *Rose-Ackerman*, Tort Law in the Regulatory State, in: P. H. Schuck, Hrsg., Tort Law and The Public Interest, 1991, S.80 ff.

⁶ S. *Shavell*, Liability for Harm versus Regulation for Safety, 13, JLStud. 1984, S. 357 ff.

werden, was unter dem Gesichtspunkt der reinen Versicherungsfunktion auch die günstigere Lösung wäre, weil hierbei die tertiären Kosten der Schadensübertragung auf den Verursacher wegfallen würden[7]. In der Konsequenz würde dies bedeuten, daß praktisch der gesamte Bereich des Unfallrechts aus der zivilrechtlichen Haftung herausgenommen und durch Eigenversicherungen abgedeckt werden würde. So würden zum Beispiel die Bereiche der Verkehrsunfälle und der Produktunfälle aus dem Zivilrecht herausgenommen, wie das für die Arbeitsunfälle auch seit langem geschehen ist. Zivilrecht würde in diesem Bereich nur noch die Funktion haben, die Geltung von Versicherungsverträgen zu gewährleisten.

Im übrigen würde sich die Rolle des Zivilrechts auch im vertraglichen Bereich verändern. Vertragsrechtliche Haftungssanktionen wären nur noch dann vertretbar, wenn die Schadensstreuung durch eine Vertragspartei typischerweise besser als durch die andere Vertragspartei vorgenommen werden kann und wenn aufgrund besonderer Marktbedingungen diese Risikoverteilung nicht durch Vereinbarung der Parteien zustande kommt. Dies ist insbesondere dann der Fall, wenn typischerweise eine Vertragspartei in bezug auf bestimmte Risiken risikoneutral, die andere dagegen risikoavers ist und wenn wegen hoher Markttransaktionskosten eine Einigung über die optimale Risikoallokation privatautonom nicht zustande kommt. Diese Situation entspricht den typischen Verbraucherschutzkonstellationen mit dem Endverbraucher als Käufer. Dieser muß z.B. durch Gewährleistungsrecht versichert werden[8]. Hierbei besteht aber eine Tendenz des Verkäufers, diese Versicherung durch Ausschluß seiner Gewährleistungshaftung zu vermeiden, wie die Entwicklung der Inhaltskontrolle von AGB zeigt. Das Zivilrecht würde somit auf einen Restbereich des Vertragsrechts zurückgeschnitten werden müssen.

III. Vorläufiges Fazit

Betrachtet man die Wirklichkeit der Zivilrechtsordnung, dann ist offensichtlich, daß sie eher dem ersten, auf Anreizwirkung und Abschreckung zielenden Konzept entspricht als dem im Kern aus Versicherungsrecht bestehenden. Eine Ausnahme stellt hier lediglich der Bereich der Arbeitsunfälle dar.

Schlußfolgerung: Die Ausrichtung des Zivilrechts als hochdifferenziertes System von Risikozuordnungen in allen Kategorien und Schadensbereichen würde sich als gigantische Fehlinvestition erweisen, wenn festzustellen wäre, daß Anreiz- und Abschreckungswirkungen tatsächlich nicht stattfinden. Das ist im folgenden zu untersuchen.

---

[7] *Schäfer/Ott*, Lehrbuch der ökonomischen Analyse des Zivilrechts, 2. Aufl. 1995, S. 113 ff.
[8] *Wehrt, K.*, die Qualitätshaftung des Käufers aus ökonomischer Sicht, in: Ott/Schäfer, Ökonomische Probleme des Zivilrechts, 1991, S. 235 ff.

C. Empirische Untersuchungen zu Anreiz- und Abschreckungswirkungen im Zivilrecht

Eine umfassende Darstellung empirischer Untersuchungen zu den Wirkungen des Unfallrechts liegt mit der Monographie von Dewees, Duff und Trebilcock[9] vor. Die stärksten Abschreckungswirkungen können für Autounfälle und die schwächsten für Umweltschäden behauptet werden[10]. Insgesamt gelangen die Autoren auf Grundlage hunderter empirischer Studien zu den Abschreckungswirkungen zu den folgenden Einschätzungen.

Bei Autounfällen gelangt das Recht der unerlaubten Handlungen am ehesten an die Abschreckungswirkungen heran, die von der theoretischen Literatur zur ökonomischen Analyse behauptet werden. Allerdings kommt es in diesem Bereich oft zu Kompensationen, die unter dem Schaden liegen (insbesondere wegen zu niedrigen Schmerzensgeldes). Die Abkehr von der zivilrechtlichen Haftung und ihre Ersetzung durch reine Versicherungslösungen ist mit einer erheblichen Zunahme von Unfällen verbunden, wenn diese Lösungen nicht mit differenzierten Tarifen verbunden sind, die ihrerseits Abschreckungswirkungen zur Folge haben[11]. Eine vergleichsweise geringe Abschreckungswirkung wird dagegen im Bereich medizinischer Unfälle registriert[12]. Diese lassen sich zumeist nur durch geeignete organisatorische Maßnahmen, etwa in Krankenhäusern, vermindern und die an sich vorhandenen Abschreckungswirkungen des Haftungsrechts werden durch zu flache Versicherungstarife teilweise wieder zunichte gemacht. Allerdings wurde ermittelt, daß sich abschreckende Wirkungen des Haftungsrechts auch hier, besonders bei Arztpraxen, z.B. durch verbesserte Diagnose und Führung der Patientenakten feststellen ließen. Im Bereich produktbezogener Unfälle wurde für die USA festgestellt, daß die Tendenz zur Gefährdungshaftung besonders dann mit negativen Wirkungen hinsichtlich der Opferabschreckung verbunden ist, wenn das Verhalten des Opfers bei der Bemessung des Schadensersatzes nicht ausreichend berücksichtigt wird[13]. Insgesamt scheint die Abschreckungswirkung der Produkthaftung jedoch relativ gering zu sein, weil nur wenige Konsumenten – anscheinend nur wenige Prozent der Geschädigten – von der Möglichkeit einer Produkthaftungsklage Gebrauch machen[14]. Obwohl es eine Fülle von Materialien gibt, die nahelegen, daß die Produkthaftung zur Überabschreckung und zum Rückzug wichtiger Produkte von Märkten sowie zu geringeren Forschungsaufwendungen führt, scheint nach den Ergebnissen industriespezifischer Studien der

---

[9] *Dewees/Duff/Trebilcock*, Exploring the Domain of Accident law, Taking the Facts Seriously, 1996.
[10] *Dewees/Duff/Trebilcock*, a.a.O. (Fn. 9), S. 3.
[11] *Dewees/Duff/Trebilcock*, a.a.O. (Fn. 9), S. 415.
[12] *Dewees/Duff/Trebilcock*, a.a.O. (Fn. 9), S. 95 ff.
[13] *Dewees/Duff/Trebilcock*, a.a.O. (Fn. 9), S. 93.
[14] *Dewees/Duff/Trebilcock*, a.a.O. (Fn. 9), S. 418.

Einfluß auf die Produktsicherheit zwar vorhanden aber nicht erheblich zu sein[15]. Im Bereich der Umweltschäden sind Abschreckungswirkungen nur in Teilbereichen zu beobachten, insbesondere dort, wo erhebliche Emissionen aus leicht isolierbaren Quellen charakteristische Schäden anrichten[16]. Die weitaus meisten Verminderungen der Umweltschäden sind jedoch das Ergebnis öffentlich rechtlicher Regulierung. Hinsichtlich der Versicherungsfunktion der Haftung gelangen die empirischen Untersuchungen zu dem Ergebnis, daß sie in fast allen Schadenskategorien unvollständig sowie sehr kosten- und zeitaufwendig sind und diese Funktion insgesamt unbefriedigend wahrgenommen wird[17]. Insgesamt sind nach diesem bisher umfassensten Survey zu den Abschreckungswirkungen des Haftungsrechts (bezogen auf das Recht der unerlaubten Handlungen) die Abschreckungswirkungen geringer als es in der Literatur zur ökonomischen Analyse des Rechts oft behauptet wird. Die rechtspolitischen Konsequenzen dieser Studie sind noch nicht ganz zu übersehen. Sie ist zudem begrenzt auf das Unfallrecht und klammert damit weite Bereiche des Zivilrechts aus. Es kann jedoch festgestellt werden, daß das Zivilrecht im Institutionenvergleich nach diesen Studien anscheinend für Abschreckungszwecke weniger geeignet ist, als behauptet wird, insbesondere dann, wenn Schadens- und Haftungsrisiken mit flachen Tarifen versichert werden.

D. Alternative Rechtfertigung eines ausdifferenzierten Zivilrechtssystems

I. Notwendigkeit der Legitimation des Zivilrechtssystems durch Bezug auf Gerechtigkeitsprinzipien

Angesichts der Differenziertheit des bestehenden Zivilrechtssystems und der Tendenz zur Herausbildung weiterer Differenzierungen bei der Haftung und Risikozuordnung in allen Bereichen stellt sich die Frage, ob es neben der Versicherungs- und der Abschreckungswirkung weitere Begründungen geben kann, die ein solches System, dessen Handhabung mit hohen Kosten verbunden ist, rechtfertigen. In der rechtswissenschaftlichen Literatur wird dies mit Bezug auf Schadensersatzhaftung oft mit der Ausgleichsfunktion begründet[18]. Dabei ist zunächst nicht immer klar, was mit der Ausgleichsfunktion gemeint ist. Soweit nur darauf abgestellt wird, daß der eingetretene Schaden auszugleichen ist, wird damit nur eine Rechtsfolge beschrieben, aber nicht eine Aussage zu dem damit verbundenen rechtspolitischen Ziel gemacht. Da die Regeln der Schadensersatzhaftung stets darauf gerichtet sind, ausgleichspflichtige von nicht-ausgleichspflichtigen Schadensfällen abzugrenzen und somit zwei Klassen von Schadensereignissen voneinander zu

---

[15] *Dewees/Duff/Trebilcock*, a.a.O. (Fn. 9), S. 419.
[16] *Dewees/Duff/Trebilcock*, a.a.O. (Fn. 9), S. 419.
[17] *Dewees/Duff/Trebilcock*, a.a.O. (Fn. 9), S. 421 f.
[18] Siehe dazu nur *Lange, H.*, Schadensersatz, Handbuch des Schadensrechts, 2. Auflage, 1990, S. 10; MünchKomm-Mertens, 3. Aufl. 1997, Rn. 41, 44 vor §§ 823 ff. BGB; *Esser-Schmidt*, Schuldrecht, Allgemeiner Teil, § 30 II; *Esser-Weyers*, Schuldrecht Besonderer Teil, § 53,4.

trennen, kann der Ausgleichsgedanke als solcher keine Begründung für Schadensersatzzahlungen liefern[19].

Eine alternative Legitimation differenzierter Zurechnungskriterien könnte sich bei Ablehnung der Abschreckungs- und Versicherungsfunktion aus einer sozialen Schutzfunktion des Haftungsrechts ergeben. Diese läßt sich mit dem Gedanken der Verteilungsgerechtigkeit und der notwendigen Umverteilung zugunsten sozial Schwacher in Verbindung bringen[20]. Dies führt zu der Frage, inwieweit Regeln des Zivilrechts zur Lösung dieses Problems, nämlich des Schutzes sozial Schwacher, herangezogen werden sollten[21]. Zur Stützung wird oft auf bestimmte zivilrechtliche Entwicklungen des 20. Jahrhunderts hingewiesen, die dieser Interpretation zu entsprechen scheinen, wie z.B. die Kontrolle Allgemeiner Geschäftsbedingungen durch Gesetze und Rechtsprechung[22]. Die Stärkung der Rechte des Konsumenten und die Herausbildung der Produzentenhaftung werden oft als Entwicklungen interpretiert, durch die soziale Ungerechtigkeiten überwunden werden und die Ausbeutung von Konsumenten und allgemein von schutzbedürftigen Parteien verhindert werden soll. Diese Interpretation ist allerdings fehlerhaft, denn die modernen Entwicklungen des Zivilrechts reflektieren gerade nicht die Umverteilung zugunsten sozial Schwacher. Vielmehr geht es um die Korrektur von Marktversagen, insbesondere bei asymmetrischer Information, und daher um Anreizmechanismen, die darauf abzielen, Märkte effizienter zu gestalten. Für komplizierte sogenannte Erfahrungsgüter mit schwer erkennbaren Produkteigenschaften sind unter Effizienzgesichtspunkten andere Haftungsregeln notwendig als in einer Agrargesellschaft, die überwiegend Güter produziert, deren Qualität und Risiken der Käufer vor dem Kauf erkennen kann[23]. Die Massenproduktion bringt zudem die Notwendigkeit Allgemeiner Geschäftsbedingungen und standardisierter Verträge mit sich. Bei schwer überschaubaren Risiken entwickelt sich dabei kein funktionsfähiger Markt für AGBs. Es kommt zu einem unproduktiven Wettlauf (sog. „race to the bottom"), bei dem die schlechten Vertragsklauseln die guten aus dem Markt verdrängen werden[24]. Wenn dies durch rechtliche Kontrollen verhindert wird, dient das nicht dem Schutz der sozial Schwachen, sondern der Korrektur von Marktversagen. Es wäre auch falsch, zu behaupten, die Wirkungen des Verbraucherschutzes kämen ausschließlich dem Verbraucher zugute und die Theorie der asymmetrischen Information liefere lediglich eine andere Begründung für jene Maßnahmen und rechtlichen Wirkungen, die von Verbraucherschützern ohnehin gefordert werden. Vielmehr geht es um die Sicherung der Funktionsvoraussetzungen für eine effiziente Allokation von Ressourcen über den Markt, durch die gesamtgesellschaftliche Verluste vermieden werden, die nicht nur zu Lasten der Verbraucher gehen. Wenn die für die Funktionsfähigkeit des

---

[19] *Kötz, H.*, Deliktsrecht, 7. Aufl. 1996, Rn. 482 f.

[20] Zu Verteilungsproblemen und ihren Konsequenzen für das Haftungssystem eingehend *Blaschczok, A.*, Gefährdungshaftung und Risikozuweisung, 1993, S. 319 ff.

[21] Dazu *Eidenmüller*, (Fn. 4), S. 294 ff.

[22] Siehe statt vieler *Hippel, E.v.*, Der Schutz des Schwächeren, 1984.

[23] *Priest, G.*, A theory of Consumer Product Warranty, Yale Law Journal 90 (1981), S. 1297 ff.

[24] *Akerlof, G. A.*, The Market for Lemons: Qualitative Uncertainty and the Market Mechanism, Quarterly Journal of Economics 84 (1970), S. 488 ff.

Marktes erforderlichen Regeln – im allgemeinen als Verbraucherschutz bezeichnet – nicht erlassen werden, dann wird sich entweder gar kein Markt bilden oder nur ein suboptimales Marktvolumen entstehen mit Produktqualitäten, die nicht den Käuferpräferenzen entsprechen. Dies wirkt sich negativ auf die Konsumentenrenten und die Produzentenrenten aus und führt damit zu negativen Wirkungen für Konsumenten **und** Produzenten. Die juristische Betrachtungsweise orientiert sich demgegenüber an der Vorstellung eines „Zwei-Parteien-Kosmos", in dem es lediglich darum geht, die Interessen einer Seite gegenüber der anderen Seite durch eine Vermögensverschiebung mittels des Haftungsrechts durchzusetzen[25].

II. Ausgleichsprinzip als Legitimation einer ausdifferenzierten Haftungsordnung ?

Die bisher erörterten Aspekte des Schutzes der Schwachen im Zivilrecht verweisen alle auf das Effizienzziel. Es stellt sich die Frage, ob das Zivilrecht darüber hinaus auch den Schutz des Schwachen im eigentlichen Sinne, nämlich im Sinne der Herstellung von Verteilungsgerechtigkeit dient bzw. dienen sollte[26]. Das scheint auf den ersten Blick nahezuliegen, weil der Ausgleich eingetretener Schäden in der rechtswissenschaftlichen Diskussion vielfach als primäre Aufgabe des Schadensersatzrechts genannt wird. Bei näherem Hinsehen wird jedoch deutlich, daß eine Umverteilung durch das Zivilrecht mit besonders hohen Nachteilen verbunden ist. Bereits die Vertreter der Freiburger Schule und der sozialen Marktwirtschaft wie Eucken[27], Röpke, Müller-Armack und Böhm haben gefordert, soziale Gerechtigkeit nicht durch Eingriffe in den Markt, sondern durch direkte staatliche Transferleistungen zu realisieren. "Den sozialen Zweck sichern, ohne störend in die Marktapparatur einzugreifen" (Müller-Armack)[28]. Jede Umverteilung führt unvermeidlich zu Einbußen an Sozialprodukt, weil sie sowohl bei Begünstigten als auch bei Benachteiligten Leistungsanreize vermindert. Eine Umverteilung durch zivilrechtliche Instrumente hat darüber hinaus weitere Nachteile zur Folge. Zivilrechtliche Haftungsregeln, die darauf abzielen, Anreize zur optimalen Schadensvermeidung zu setzen, lassen den sozialen Status der Normadressaten außer Betracht. Knüpfen dagegen zivilrechtliche Haftungsregeln auch an den sozialen Status von Schädigern bzw. Geschädigten an, dann werden notwendigerweise Anreize zur Schadensvermeidung verwässert, so daß über diese Methode der Umverteilung zusätzliche Verluste durch höhere Gesamtschadenskosten entstehen. Eine systematische Umverteilung durch Zivilrecht ist ohnehin nicht möglich, weil die Aufgreifkriterien des Zivilrechts nicht am sozialen Status, sondern an einer Parteirolle (Verkäufer/Käufer, Vermieter/Mieter etc.) anknüpfen und deshalb nur durch Zufall eine Umverteilung stattfinden kann. Gleichwohl ist empirisch beobachtet worden, daß auf zivilrechtliche Instrumente zurückgegriffen

---

[25] *Schäfer/Ott*, (Fn. 7), S. 7.
[26] *Eidenmüller, H.*, (Fn. 4), S. 294 ff.
[27] *Eucken, W.*, Grundsätze der Wirtschaftspolitik, 5. Aufl. 1975; *Müller-Armack, A.*, Wirtschaftsordnung und Wirtschaftspolitik, Studien und Konzepte zur sozialen Marktwirtschaft und zur europäischen Integration, 1966; *Böhm, F.*, Wirtschaftsordnung und Staatsverfassung, 1950.
[28] a.a.O. (Fn. 27), S. 246.

wurde, um soziale Ziele zu verfolgen[29]. So war z.B. der über die Rechtsprechung bewirkte Übergang von der Verschuldens- zur Gefährdungshaftung bei Arbeitsunfällen in den Common Law-Staaten um die Jahrhundertwende im wesentlichen sozialpolitisch motiviert, weil ein Sozialversicherungssystem zu jener Zeit noch nicht entwickelt war[30]. Es wurde deshalb die einzig greifbare Möglichkeit wahrgenommen, den durch Arbeitsunfälle in ihrer Existenz bedrohten Arbeitern zu helfen. Dies geschah ohne Rücksicht auf die damit verbundenen Auswirkungen auf das Unfallgeschehen. In Entwicklungsländern findet man heute oft eine Praxis des Zivilrechts vor, die in ähnlicher Weise einkommensschwache Schichten schützt, etwa wenn Grundpfandrechte nicht existieren bzw. nicht vollstreckt werden oder wenn das Konkursrecht nicht die Schließung unproduktiver Betriebe bewirkt[31] oder wenn bei Verkehrsunfällen – wie oft berichtet wird – stets der relativ einkommensstarke Autohalter zur Haftung herangezogen wird. In diesem Zusammenhang ist auch darauf hinzuweisen, daß die sogenannte Haftungskrise[32] in den USA durch eine überzogene Produzentenhaftung und Arzthaftung auch den Effekt hat, Lücken im sozialen Sicherungssystem zu schließen. In dem Maße, in dem sich ein soziales Sicherungssystem entwickelt und Transfermechanismen zugunsten sozial Schwacher entstehen, verliert diese Funktion im Zivilrecht an Bedeutung und vermag nicht mehr eine Abweichung vom Ziel der Abschreckung und der kostengünstigen Versicherung zu rechtfertigen.

III. Fazit

Zivilrecht kann in seiner derzeitigen differenzierten Ausgestaltung anders als durch Anreiz- und Abschreckungsfunktionen nicht legitimiert werden.

E. Kompatibilität der Anreiz- und Abschreckungsthese mit dem Entscheidungsverhalten der Rechtsprechung

I. Allgemeines

Im folgenden soll untersucht werden, inwieweit die Rechtsprechung sich an der Anreiz- und Abschreckungsfunktion des Haftungsrechts orientiert oder daneben andere Funktionen zur Bestimmung der haftungsrechtlichen Zurechnungskriterien heranzieht. Der Rechtsprechung kommt im Haftungsrecht eine wesentliche Bedeutung zu, da die gesetzlichen Normen viele offene Wertbegriffe enthalten und daher die Konkretisierung von Haftungsregeln Aufgabe der Gerichte ist. Haftungsrechtliche Fälle werfen vielfach auch sozialpolitische Aspekte auf, denen die

---

[29] *Zweigert/Kötz*, Einführung in die Rechtsvergleichung, 3. Aufl. 1996, S. 148.
[30] *Zweigert/Kötz*, a.a.O. (Fn. 29), S. 610 f.
[31] Weltentwicklungsbericht, 1997, S. 100.
[32] *Huber, P.*, The Legal Revolution and ist Consequences, 1988; G. Priest, The Current Insurance Crisis, Yale Law Journal, 96 (1987), S. 1560 ff.; relativierend allerdings Dewees/Duff/Trebilcock, (Fn. 9), S. 412 ff.

II. BGH-Entscheidungen zur Aufsichtspflicht über verhaltensgestörtes Kind

In einer Entscheidung aus dem Jahre 1995[33] ging es um den Ersatz eines den Versicherungsschutz übersteigenden Schadens, der durch ein schwer verhaltensgestörtes, 9 Jahre altes Kind angerichtet worden war. Das Kind hatte auf der Straße ein Feuerzeug gefunden und in einem landwirtschaftlichen Anwesen Stroh angezündet. Der BGH verurteilte die Eltern zu Schadensersatz wegen Verletzung ihrer Aufsichtspflicht. Der Umfang der gebotenen Aufsicht wurde, wie auch schon in früheren Entscheidungen, nach Alter, Eigenschaft und Charakter des Minderjährigen bestimmt, wobei aber die für normale Kinder geltenden Maßstäbe auf ein Kind, das schwere Verhaltensstörungen mit ausgeprägter Aggressionsbereitschaft aufweist, nach der Entscheidung des BGH nicht angewendet werden können. Für einen solchen Fall hat der BGH vielmehr eine mehr oder weniger ständige unmittelbare Kontrolle durch die Eltern für geboten erachtet. Den Einwand, daß eine Beaufsichtigung in diesem Umfang im praktischen Leben nur schwer realisierbar und deshalb unzumutbar sei, hat der BGH nicht gelten lassen sondern vielmehr ausgeführt: „Die Zumutbarkeit von Aufsichtsmaßnahmen richtet sich stets nach dem Ausmaß der Gefahr, die außenstehenden Dritten durch die Eigenart und den Charakter eines Kindes droht. Außergewöhnliche Gefahren erfordern im Einzelfall ein außergewöhnliches Maß an Aufsicht."

Ein ähnlicher Sachverhalt lag auch einer weiteren Entscheidung des BGH aus dem Jahre 1996 zugrunde[34]. Auch hier ging es um einen durch ein Kind angerichteten Brandschaden und um die Aufsichtspflicht der alleinerziehenden Mutter. Eine Überwachung auf Schritt und Tritt und eine regelmäßige Kontrolle etwa in halbstündigen Abständen kann -so der BGH- bei einem normal entwickelten Kind unangemessen sein. Bei einem Kind, das aufgrund seiner besonderen psychischen Situation die Gefährlichkeit des Zündelns nicht zu erkennen und Ermahnungen und Belehrungen nicht zu beachten vermag, besteht dagegen eine Verpflichtung zu einer „engmaschigen Überwachung", und zwar auch für einen berufstätigen und alleinerziehenden Elternteil. Außergewöhnliche Gefahren, so betont der BGH, erfordern ein außergewöhnliches Maß an Aufsicht.

III. Anreiz- und Abschreckungsfunktion oder Billigkeit als Leitlinie der Rechtsprechung?

Die geschilderten Fälle sind drastische Einzelbeispiele für die Dominanz der Abschreckungsfunktion des Zivilrechts aus der Sicht der Rechtsprechung mit allerdings paradigmatischem Charakter. Die Rechtsprechung hat im Laufe ihrer Entwicklung Prinzipien mittlerer Reichweite erarbeitet, deren teleologische Interpretation ihren Abschreckungscharakter belegt. So ist nach ständiger Rechtspre-

---

[33] BGH NJW 1995, 3385 (Urteil vom 10.10. 1995-VI ZR 219/94).
[34] BGH, NJW 1996, 1404 (Urteil vom 27.2.1996-VI ZR 86/95).

chung im Rahmen der Verschuldenshaftung das Ausmaß der drohenden Gefahr der alleinige Maßstab für die Sorgfaltsaufwendungen, die dem Schädiger zugemutet werden, während Fragen der persönlichen Leistungsfähigkeit explizit aus dem Begriff der Zumutbarkeit ausgeschlossen sind. Dieses Prinzip deckt sich nahezu vollständig mit dem in die ökonomische Analyse des Rechts eingegangenen Learned-Hand-Kriterium.

F. Grenzen der Berücksichtigung der Anreiz- und Abschreckungsfunktion durch die Zivilgerichte

I. Kognitive Grenzen

Ein verbreitetes Argument gegen die Abschreckungsfunktion im Zivilrecht bezieht sich auf die begrenzten kognitiven Fähigkeiten von Sozialentscheidern im allgemeinen und Richtern im besonderen. So wird eingewandt, den optimalen Schadensvermeidungsaufwand zu bestimmen, setze Informationen über Schadenskosten und Schadenswahrscheinlichkeiten voraus, die im Rahmen eines gerichtsförmigen Verfahrens nicht verfügbar seien und auch nicht verfügbar gemacht werden könnten[35]. Abgesehen davon, daß Informationsprobleme des Richters in allen Bereichen der Rechtsanwendung auftreten, ohne daß dies aber die Entwicklung differenzierter Rechtsnormen gehindert hätte, sind die Informationsprobleme in bezug auf die Umsetzung der Abschreckungsfunktion im Haftungsrecht auch nicht generell so unüberwindlich, wie dies manchmal behauptet wird[36].

Hierzu sei exemplarisch auf eine Entscheidung des BGH verwiesen, bei der es um Schadensersatzansprüche eines verunglückten Motorradfahrers gegen das Land Hessen ging[37]. Der Motorradfahrer war des Nachts auf einer durch einen Wald führenden Landstraße mit einem Wild zusammengestoßen und verletzt worden. Er machte das Land für den Unfall verantwortlich, weil an der fraglichen Stelle kein Wildschutzzaun angebracht war. Die Klage wurde in allen Instanzen abgewiesen. Der BGH stellte insbesondere darauf ab, daß die Kosten eines Wildschutzzauns unzumutbar hoch gewesen wären. Tatsächlich erwies es sich aber als möglich, ohne größeren Aufwand präzise Informationen für eine Kosten-Nutzen-Rechnung von der zuständigen Polizeibehörde und dem Forstamt zu erlangen. Zu diesen Ergebnissen hat u.a. Taupitz Stellung genommen und zum einen die Relevanz dieses Falles für das Schadensrecht bestritten, zum anderen aber auch die vorgeschlagene Lösung kritisiert[38].

Ein wichtiger Einwand von Taupitz lautet, es sei beim Wildschutzzaunfall zwar dargelegt, daß das Land Hessen als Trägerin der Verkehrssicherungspflicht durch Errichtung des Zauns eine Schadensreduktion bewirken könne, die größer

---

[35] S. *Rose-Ackerman*, a.a.O. (Fn. 5), S. 80 ff.
[36] *Taupitz, J.,* (Fn. 4), S. 165.
[37] BGH, NJW 1989, 2808; dazu *Kötz/Schäfer*, Judex Calcula, JZ 1992, 355.
[38] *Eichenberger, R.,* Verhaltensanomalien und Wirtschaftswissenschaft, Herausforderung, Reaktionen, Perspektiven, 1992, (Fn. 4), S. 156 ff.

sei als die dafür notwendigen Schadensvermeidungskosten. Es bliebe aber offen, ob dies nicht mit noch niedrigerem Aufwand von den Geschädigten selbst bewirkt werden könne. Es hätte somit der Aufwand der Straßennutzer geschätzt werden müssen, durch eine angepaßte Fahrweise diese Schäden selbst zu vermeiden. Erst durch den Vergleich der Aufwendungen beider Seiten sei somit eine am Effizienzkriterium orientierte Rechtsentscheidung möglich. Dies – so Taupitz – würde allerdings einen Informationsaufwand erforderlich machen, der im Gerichtsverfahren wohl kaum zu erbringen sei. Dazu wäre es notwendig, jene Höchstgeschwindigkeit zu ermitteln, die Unfälle dieser Art weitgehend ausschließt und danach zu schätzen, welche Verluste sich für die Nutzer der Straße durch die Anpassung ergeben. Taupitz ist zuzugeben, daß der notwendige Informationsaufwand kaum zu bewältigen ist. Es müßten dabei weiche Daten – etwa über Einkommens- oder Freizeiteinbußen – verwendet werden, was aber bei Kosten-Nutzen-Rechnungen keineswegs unüblich ist.

Im konkreten Fall kann auf diese Prüfung unseres Erachtens aber verzichtet werden. Denn aus den bekannten Daten ergeben sich Hinweise darauf, daß die Straßennutzer nicht als „cheapest cost avoider" angesehen werden können. Das aufgestellte Warnschild (Vorsicht Wildwechsel) hat 50-60 Unfälle pro Jahr nicht verhindert. Bei Annahme rationalen Verhaltens der Straßennutzer läßt dies nur zwei Schlußfolgerungen zu. Entweder war es völlig rational, sich unter Inkaufnahme des Risikos nicht an die Gefahrensituation anzupassen, weil die erwarteten Unfallschäden eines Autofahrers niedriger lagen als die Kosten -in Form von Zeitverlust- einer angepaßten Fahrweise. Dann war der Träger der Verkehrssicherungspflicht der „cheapest cost avoider". Oder das Warnschild reichte als Informationsträger nicht aus und die Warnung ist viel zu unspezifisch, um ausreichende Informationen für das der Gefahrenlage angepaßte Verhalten zu geben. Für diesen Fall ist zumindest nachgewiesen, daß der Wildschutzzaun besser geeignet ist, die Schäden zu vermindern als das aufgestellte Schild. Fahrlässigkeit sollte aber in einem Prozeß bejaht werden, wenn der Schädiger ein Schadensprojekt benennen kann, das besser geeignet ist, Schäden kostengerechtfertigt zu vermeiden, als das tatsächlich vom Beklagten durchgeführte Projekt.

Eine andere Betrachtungsweise, die sich Ergebnisse neuerer empirischer psychologischer Forschung zum Rationalverhalten zu Nutze macht, könnte zu dem Ergebnis kommen, daß die Autofahrer ihre Fähigkeiten überschätzen und glauben, sie könnten mit der Gefahrensituation auch bei hoher Geschwindigkeit besser umgehen als alle anderen. Die Unfälle wären dann das Ergebnis der von Tversky und Kahneman analysierten Selbstüberschätzungsanomalie, die mit Rationalverhalten unvereinbar ist[39]. Sollte der Fall so gelagert sein, führt dies allerdings zur Begründung von patriarchalischem Verhalten der Rechtsordnung, die den einzelnen vor sich selbst in Schutz zu nehmen hat. Dann ist es ebenfalls gerechtfertigt, den Zaun zu bauen, weil Information über die Gefahrenlage wegen der Selbstüberschätzungsanomalie nicht ausreicht.

---

[39] *Eichenberger, R.*, Verhaltensanomalien und Wirtschaftswissenschaft, Herausforderung, Reaktionen, Perspektiven, 1992.

Wenn auch zuzugeben ist, daß die Informationslage im Wildzaunfall besonders günstig für eine Kosten-Nutzen-Analyse der allein in Betracht kommenden Schadensvermeidungsmaßnahme war, so ist doch festzustellen, daß in vielen Schadensbereichen Informationen verfügbar oder beschaffbar sind, die eine quantitative Erfassung der relevanten Faktoren ermöglichen und zu einer ausreichenden Näherung führen. Bei der Planung öffentlicher Projekte wie etwa im Verkehrs- oder Gesundheitswesen oder bei Entwicklungshilfeprojekten sind Kosten-Nutzen-Rechnungen allgemein üblich. Bei der Festsetzung von zivilrechtlichen Sorgfaltspflichten werden derartige Kosten-Nutzen-Kalkulationen in Form quantitativer Schätzungen nicht durchgeführt, obwohl auch hier, wie sich am Beispiel der Rechtsprechung zur Konkretisierung von Sorgfaltsanforderungen bei Fahrlässigkeiten zeigt, eine Orientierung an Kosten-Nutzen-Erwägungen festzustellen ist[40]. Dies wird allerdings nicht zum Anlaß für quantitative Schätzungen genommen, vielmehr werden rohe Approximationen durchgeführt. Dies soll nicht generell kritisiert werden; es gibt aber Fälle, in denen quantitative Schätzungen – d.h. Berechnungen, die sich auf differenziert aufgeschlüsselte Mengen- und Preisgerüste stützen – nicht nur möglich, sondern auch kostenmäßig vertretbar sind und ein Verzicht auf sie zu erheblichen Effizienzverlusten führen muß. Dies dürfte insbesondere bei Großschäden der Fall sein, bei der auch kostenaufwendige Berechnungen vertretbar sind.

Ein Beispiel hierfür stellen die Probleme der Streupflichten auf öffentlichen Straßen dar. Hier wird durch die Rechtsprechung den Trägern der Verkehrssicherungspflicht ein ausdifferenzierter Pflichtenkatalog vorgegeben. Daraus ergeben sich Kostenaufwendungen, die die öffentlichen Kassen erheblich belasten. Allein in der Freien und Hansestadt Hamburg müssen entsprechend diesem Pflichtenkatalog 1.000 von insgesamt 1.500 Straßenkilometern bei Eis und Schnee gestreut werden[41]. Die Hansestadt ist der Ansicht, daß dies ein überzogener Sorgfaltsmaßstab sei und streut tatsächlich nur 700 km und erwartet von den betroffenen Autofahrern eine angepaßte Fahrweise bzw. ein Ausweichen auf andere Verkehrsmittel. In derartigen Fällen ist es möglich und angesichts der riesigen Kostenaufwendungen auch kostengerechtfertigt, Untersuchungen durchzuführen, um jenen Sorgfaltsmaßstab zu ermitteln, der zur optimalen Sorgfalt und zur optimalen Abschreckung führt. Statt dessen wird aber in vielen Fällen lediglich mit Plausibilitätsannahmen gearbeitet.

Ein weiteres Beispiel ist die Ruhrschnellweg-Entscheidung des BGH[42], in der es um die nächtliche Streupflicht an Wochenenden auf dem Ruhrschnellweg ging. Hier wurde zwar auf das Verhältnis der Streukosten und der dadurch bewirkten Unfallvermeidung hingewiesen, so insbesondere auf den relativ geringen nächtlichen Wochenendverkehr, eine quantitative Analyse findet sich aber nicht. Teilweise wird behauptet, daß eine systematische quantitative Erfassung der für eine Kosten-Nutzen-Analyse relevanten Faktoren in einem Gerichtsverfahren auch gar nicht möglich sei. Selbst soweit dies zutrifft, können jedoch Plausibilitätserwä-

---

[40] *Kötz, H.*, (Fn. 19), Rn. 482 f.
[41] Auskunft der Baubehörde.
[42] BGH NJW 1972, 903.

gungen in vielen Fällen zu hinlänglich verläßlichen Aussagen führen, ohne die Parteien mit einem unzumutbar hohen Darlegungsaufwand zu belasten. Fehl geht dagegen die Kritik, die Gerichte seien schon aus prozeßrechtlichen Gründen daran gehindert, die notwendigen Informationen für eine Kosten-Nutzen-Rechnung zu beschaffen bzw. zu verarbeiten[43]. Diese Kritik behauptet, daß Richter – anders als regulierende Behörden – lediglich auf jene Informationen angewiesen sind, die ihnen die Parteien von sich aus liefern, da sie selbst keine eigenen Untersuchungen anstellen können. Dabei wird jedoch außer Acht gelassen, daß sich der Sachvortrag der Parteien im Zivilprozeß an den für die Parteien erkennbaren Entscheidungskriterien des Gerichts orientiert. Wenn das Gericht deutlich macht, daß es den Umfang der gebotenen Sorgfaltsmaßnahmen nach dem Ausmaß der drohenden Gefahr bestimmt, dann ergeben sich für die Parteien Anreize, die für entsprechende quantitative Schätzungen erforderlichen Informationen beizubringen. Wenn der Kostenaufwand für die Beschaffung solcher Informationen den Parteien im Verhältnis zum Prozeßrisiko als zu hoch erscheint, werden sie Plausibilitätserwägungen vorbringen, die ggfs. zu einer ungefähr richtigen Einschätzung des nach Kosten-Nutzen-Kriterien erforderlichen Sorgfaltsaufwands durch den Richter führen können. Es ist zudem darauf hinzuweisen, daß der über die Rechtsprechung generierte Katalog von Verhaltenspflichten nicht durch eine einzelne Grundsatzentscheidung statuiert wird, sondern sich aus einer Vielzahl von Einzelfallentscheidungen heraus entwickelt[44]. Die Festlegung von Verhaltensstandards beruht demgemäß auf einer Fülle von Informationen, die bei einer Vielzahl von Verfahren generiert werden. Es ist deshalb ein Irrglaube, anzunehmen, nur die in einem Einzelverfahren verwendeten Informationen seien insgesamt maßgeblich für die Herausbildung gerichtlicher Standards.

II. Grenzen der Informationsbeschaffung

Die kognitiven Grenzen der Informationsverarbeitung durch die Gerichte werden oft hervorgehoben, sind aber im Zivilprozeß bisher noch nie wirklich getestet worden. Gleichwohl ist ohne weiteres zuzugeben, daß derartige kognitive Grenzen bestehen. Aber selbst wenn eine Kosten-Nutzen-Rechnung weder in methodisch anspruchsvoller noch in approximativer Form vorgenommen werden kann, bestehen für das Gericht Möglichkeiten, sich an Hilfsgrößen zu orientieren. Eine solche Hilfsgröße kann das Verhalten sein, das sich herausgebildet hat, wenn es um die Vermeidung von Schäden geht, die denjenigen, der den Vermeidungsaufwand tätigt und finanziert, unmittelbar selbst bedrohen. Ist dieser Sorgfaltsaufwand vom Gericht beobachtbar, so kann er zur Statuierung von Sorgfaltsanforderungen verwendet werden, die sich auf die Vermeidung von Schäden Dritter beziehen. Ein Beispiel bezieht sich auf interne Informationssysteme von Banken. Leistet die Bank einen bestimmten Informations- und Kontrollaufwand, um sich vor Schäden zu schützen, so kann erwartet werden, daß sie den gleichen Aufwand betreibt, um ihre Kunden vor vergleichbaren Schäden zu bewahren. Die Begrün-

---

[43] *Eidenmüller, H.*, (Fn. 4), S. 458.

[44] *Ott/Schäfer*, Negligence as Untaken Precaution, Limited Information, And Efficient Standard Formation in the Civil Liability System, IRLE (1997), S. 15-29.

dung für diesen Schluß liegt darin, daß selbst bei unvollständigen Informationen ein Entscheidungsträger die bestmögliche Kombination von Sorgfalt und Risiko wählen wird, die denkbar ist und daß sich der Rechtsverkehr daran orientieren kann. Eine besondere Konstellation liegt bei ausgeprägten Informationsasymmetrien zwischen den Parteien zugunsten des Beklagten vor. Hier bietet sich das Mittel der Beweislastumkehr an, das zusätzliche Anreize für den Beklagten setzt, Informationen, die nur er besitzt, offenzulegen bzw. diese zu beschaffen. Auch in derartigen Fällen wird es einem Gericht oft möglich sein, Entscheidungen entsprechend dem Kosten-Nutzen-Kriterium zu treffen. Auch diese Methode stößt an Grenzen, wenn das Informationsproblem allgemeiner Natur ist und nicht lediglich auf Informationsasymmetrien beruht.

Prinzipiell unmöglich wird die Orientierung der Rechtsprechung an Kosten und Nutzen, wenn man der subjektivistischen Kritik folgt, wonach individuelle Präferenzen nur in vertraglichen Vereinbarungen ihren sichtbaren Ausdruck finden und es folglich keine andere Methode gibt, diese festzustellen[45]. Damit entfällt auch die Möglichkeit, externe Kosten-Nutzen-Rechnungen anzustellen und zum Beispiel gerichtlich effiziente Verhaltensstandards mit entsprechenden Sanktionen festzulegen. Diesem grundlegenden Einwand ist zuzugeben, daß es Bereiche gibt, in denen Kosten-Nutzen-Analysen mangels Erkennbarkeit der zugrunde liegenden Präferenzen ausgeschlossen sind. Demgemäß sieht das Zivilrecht keinen Schadensersatz vor, wo es kaum Anhaltspunkte für die Schadensbemessung gibt. Deshalb ist bei immateriellen Schäden ein Geldersatz grundsätzlich ausgeschlossen.

Im übrigen würde aber nicht nur der subjektivistische Ansatz, sondern auch der vielfach anzutreffende Pessimismus in bezug auf die Beschaffung von Informationen, die für Kosten-Nutzen-Erwägungen durch die Gerichte erforderlich sind, in der Konsequenz zu einem gänzlich anderen Zivilrecht führen. Es käme dann im wesentlichen nur darauf an, die Durchsetzung von Verträgen zu gewährleisten, so wie sie geschlossen sind, und außerhalb des Vertragsrechts Ansprüche auf Schadensersatz auf Fälle des Vorsatzes und der groben Fahrlässigkeit zu beschränken sowie nur einen offensichtlichen Mindestschaden auszugleichen. Alles andere würde lediglich zu sicheren Transaktionskosten im Vertrags- und Deliktsrecht führen, ohne einen nachweisbaren Nutzen zu stiften. Das geltende Zivilrecht, dessen Schwerpunkt in der Herausbildung differenzierter Regeln zur Risikoverteilung sowohl im Vertragsrecht als auch im Deliktsrecht und übrigens auch im Sachenrecht liegt, würde im wesentlichen seine Rechtfertigung verlieren.

Den Vertretern eines allgemeinen "Informationspessimismus", die eine an Kosten-Nutzen-Konsequenzen orientierte Ausrichtung des Zivilrechts wegen der angeblich unlösbaren Informationsprobleme ablehnen, scheint nicht hinreichend klar zu sein, daß dies zu einer drastischen Reduktion des Zivilrechts führen muß. Vielmehr beteiligen sie sich am Prozeß einer weiteren Ausdifferenzierung des Zivilrechts, ohne dessen Sinn und Richtung angeben zu können. Dieser Vorwurf

---

[45] *Schmidtchen, D.*, Jenseits von Maximierung, Gleichgewicht und Effizienz, Neuland für die ökonomische Analyse des Rechts? in: Ott/Schäfer, Hrsg., Ökonomische Probleme des Zivilrechts, 1991 S. 316 ff.; *Allessi/Staaf*, Subjective Value in Contract Law, JITE, 145 (1989), S. 561 ff.; R. Cooter, The Theory of Market Modernization of Law, IRLE 16 (1996), S. 141.

kann den Vertretern der subjektivistischen Schule allerdings nicht gemacht werden, da sie das Effizienzziel als relevant für die Entwicklung des Zivilrechts ansehen und der Auffassung sind, daß sich das Zivilrecht diesem Ziel evolutorisch annähern kann. Dies soll durch Umwandlung von sozialen Normen in Rechtsnormen geschehen, soweit es sich um soziale Normen handelt, die sich unter Strukturvoraussetzungen entwickelt haben, die zu einer effizienten Kooperation der Gesellschaftsmitglieder führen[46]. Ähnlich wie eine Kartellbehörde die Wirksamkeit und Intensität des Wettbewerbs nicht durch direkte Beobachtung von Preisen und Kosten, sondern durch die Beobachtung von Marktstrukturen beurteilt, kann nach dieser Ansicht die Effizienz einer sozialen Norm aus bestimmten Strukturbedingungen ermittelt werden, die mit Hilfe der Spieltheorie bestimmt werden können. So weist z.B. Cooter darauf hin, daß die Herausbildung des Wechselrechts in England des 17. Jhd. auf die Formalisierung bereits bestehender Handelsbräuche zurückzuführen ist, nach denen der Empfänger einer Ware darauf verzichtete, gegenüber dem Inhaber der Forderung aus dieser Leistung Einwendungen aus dem Grundgeschäft geltend zu machen, sofern die Forderung vom Verkäufer abgetreten war[47]. Keine Kosten-Nutzen-Kalkulation hätte – nach Cooters Meinung – ein derart innovatives und ausdifferenziertes Rechtsinstrument wie den Wechsel hervorbringen können. Nach dieser Auffassung ist es die vornehmliche Aufgabe der Gerichte, derartige Entwicklungen aufzugreifen, sie dem Strukturtest für effiziente Kooperation zu unterziehen und derartige Normen zu formalisieren. Diese sehr an Savigny erinnernde Auffassung von der Rechtsentwicklung geht allerdings von einer sehr optimistischen Auffassung von der Evolution von Normen aus. Wie wir an anderer Stelle bereits ausgeführt haben[48], gibt es eine Reihe von Faktoren, die zwar zu Kooperation und zur Herausbildung von Normen führen, welche aber weder sozial erwünscht noch effizient sind. Ein wichtiger Grund hierfür ist das Vorliegen von Netzwerk-Externalitäten, bei denen die Kosten der Nutzung eines Standards oder einer Norm für jeden zusätzlichen Benutzer sinken. Diese machen es für neue Nutzer profitabler, den Pionieren zu folgen, anstatt die beste Qualität zu wählen. Dies kann zur Entstehung von Normen führen, die Menschen bei einer freien Wahl nicht akzeptieren würden.

Ein weiterer Einwand ergibt sich aus dem Vorliegen von überspringenden Effekten sozialer Kooperation (spillover effects). So kann Kooperation mit Nachteilen für solche Gesellschaftsmitglieder verbunden sein, die am Kooperationsspiel nicht beteiligt sind. Beispielsweise kann der Kaufmannsbrauch, der den Verkauf unter Einstandspreis negativ sanktioniert, zu Marktzutrittsschranken für neue Wettbewerber führen. Effizienz in der Spieltheorie bezieht sich stets auf die Gruppe der Spieler. Das wohlfahrtsökonomische Konzept der Effizienz bezieht sich jedoch auf alle Mitglieder der Gesellschaft. Wenn eine kooperative soziale Norm entsteht, muß vor ihrer Transformation in eine Rechtsnorm eine Analyse ihrer Auswirkungen auf Dritte vorgenommen werden. Diese Transformation

---

[46] *Cooter, R.*, a.a.O. (Fn. 45).

[47] *Cooter, R.*, The Rule of State Law and The Rule-of-Law State: Economic Analysis of the Legal Foundations of Development, in: World Bank, Annual Conference on Development Economics, 1996, S. 191-215.

[48] *Ott/Schäfer*, Emergence and Construction of Efficient Rules, IRLE 13 (1993), S. 285 ff.

macht jedoch eine Folgenabschätzung mit entsprechenden Informationsproblemen für den Sozialentscheider notwendig. Fraglich ist auch, ob Signalisierungsprobleme durch eine spontane Ordnung in einer befriedigenden Weise gelöst werden können. Das Status- oder Kastensystem sind spontane Ordnungen, die versuchen, das Signalisierungsproblem zu lösen, allerdings in einer Form, die mit hohen sozialen Kosten verbunden ist.

Schließlich ist es möglich, daß sich zur Lösung des gleichen Kooperationsproblems sehr unterschiedliche soziale Normen unabhängig voneinander im gleichen Rechtssystem entwickeln. Die Rechtsordnung muß dann zwischen den verschiedenen Kooperationsformen auswählen, wozu wiederum Abschätzungen der sozialen Höherwertigkeit mit den damit verbundenen Informationsproblemen notwendig werden. Mit diesen Einwänden soll keineswegs die Bedeutung eines strukturevolutischen Ansatzes im Recht generell in Frage gestellt werden. Die mit ihm verbundenen Probleme lassen es jedoch wenig wahrscheinlich erscheinen, daß dieser an die Stelle einer rational kalkulierenden Folgenabwägung bei der Fortbildung des Rechts tritt.

G. Rolle der Effizienz in der Rechtsprechung

Nach einer in der Rechtswissenschaft verbreiteten Meinung ist zwar Effizienz ein rechtspolitisch relevantes Ziel, das zu verfolgen jedoch dem demokratisch legitimierten Gesetzgeber vorbehalten ist. Diese Auffassung gründet sich darauf, daß die Abwägung zwischen dem Effizienzziel und anderen gesellschaftlichen Zielen eine politische Gestaltungsaufgabe ist, für die die an Gesetz und Recht gebundene Rechtsprechung kein Mandat hat. Diese Ansicht ist insbesondere von Eidenmüller in seinem Buch "Effizienz als Rechtsprinzip"[49] vertreten worden, das eine scharfe Grenze zwischen Rechtsprechung und Gesetzgebung zieht.

Richtig ist, daß der Gesetzgeber im Rahmen seines verfassungsmäßigen Gestaltungsspielraums frei ist, die Ziele und Prinzipien, die durch Gesetze verfolgt werden sollen, zu bestimmen und daß er dabei auch dem Effizienzziel in Abwägung mit anderen Gerechtigkeitszielen Bedeutung beimessen kann. Allerdings ist darauf hinzuweisen, daß es im Gesetzgebungsverfahren häufig zu Effizienzverlusten kommt nicht wegen der Verfolgung anderer Gerechtigkeitsprinzipien, sondern wegen der Durchsetzung von Partikularinteressen aufgrund des politischen Einflusses von Interessengruppen. Dieses Problem stellt sich jedoch im Zivilrecht in geringerem Umfange als im öffentlichen Recht (z.B. Steuerrecht, Subventionsrecht, Regulierungsrecht), weil die Normen des Zivilrechts weniger geeignet sind, Umverteilungswirkungen zugunsten spezifischer Gruppen zu erzeugen. Auch hier gibt es allerdings Ausnahmen, wenn man an bestimmte Entwicklungen im Arbeitsrecht und im Mietrecht denkt. Die scharfe Grenzziehung zwischen Gesetzgebung und Rechtsprechung, wie Eidenmüller sie vornimmt[50], entspricht weder der Tradition noch der aktuellen Entwicklung des Zivilrechts. Dieses ist, anders als

---

[49] *Eidenmüller, H.*, a.a.O. (Fn.4).
[50] a.a.O. (Fn. 4), S. 393 ff.

die Materien des öffentlichen Rechts, nicht durch detaillierte und den Entscheidungsspielraum des Richters stark einschränkende gesetzliche Regelungen geprägt, sondern durch Generalklauseln und offene Wertbegriffe, die großen Spielraum für richterliche Entscheidungen und Rechtsfortbildung lassen. Das Zivilrecht dient vorrangig der privatautonomen Gestaltung der Rechtsbeziehungen der Beteiligten. Das Vertragsrecht ist darauf ausgerichtet, die Vereinbarungen der Parteien durchzusetzen und zu ergänzen, soweit die Parteien auf eine privatautonome Regelung verzichtet haben. Das Deliktsrecht regelt demgegenüber die Gestaltung von Rechtsbeziehungen in jenen Bereichen, in denen privatautonome Transaktionen in aller Regel wegen der hohen Transaktionskosten nicht möglich sind. Im Vertragsrecht besteht demgemäß die Rolle der Rechtsprechung im wesentlichen darin, die Vereinbarungen der Parteien zu ermitteln und sie soweit notwendig zu ergänzen, wobei auch hier der mutmaßliche Wille von ausschlaggebender Bedeutung ist. Im Deliktsrecht ist eine derartige Orientierung zwar nicht möglich, auch hier geht es aber darum, die gesetzlichen Regelungen in einer Weise anzuwenden, die den Interessen der Beteiligten möglichst weitgehend Rechnung trägt. Wendet man den Begriff der Transaktionskosten auf beide Rechtsgebiete an, so besteht – methodisch gesehen – zwischen der Rechtsanwendung im Vertrags- und Deliktsrecht kein grundsätzlicher Unterschied, denn in beiden Bereichen geht es darum, jene Regeln aufzuspüren, die privatautonome Parteien sich bei Transaktionskosten von Null selbst gegeben hätten. In diesem Sinne besteht das Zivilrecht einerseits aus den genuin getroffenen Vereinbarungen und andererseits aus Regeln, die letztlich am Konsensprinzip und damit am Vertragsparadigma orientiert sind. Für das eigentliche Vertragsrecht liegt das ohne weiteres auf der Hand.

Auch für das Deliktsrecht gilt aber die Orientierung an den Interessen der beteiligten Verkehrskreise mit der Maßgabe, daß es für die Konsensfähigkeit einer Regel nicht auf die individuelle Betroffenheit im Einzelfall, sondern auf die generelle Vorzugswürdigkeit aus Sicht aller potentiell Betroffenen ankommt, wobei angenommen wird, daß jeder mit gleicher Wahrscheinlichkeit Täter oder Opfer ist[51]. Insgesamt ist das Zivilrecht eng am Vertragsparadigma orientiert. Vertragliche Lösungen sind aber nicht nur ein Ausdruck der Willensfreiheit, sie führen vielmehr – unter ökonomischer Perspektive betrachtet – unter idealen Voraussetzungen zu Effizienzsteigerungen. Insofern weist das Zivilrecht faktisch eine besondere Nähe zum Effizienzziel auf. Dies wird besonders bestätigt durch die Untersuchungen jener Rechtsökonomen, die sich mit den positiven Auswirkungen von Zivilrechtsnormen intensiv befaßt haben. Vor 40 Jahren wäre kaum ein Ökonom oder Rechtswissenschaftler auf den Gedanken gekommen, daß Begriffe wie Fahrlässigkeit, Verursachung, Geschäftsführung ohne Auftrag oder Quasi-Kontrakte auf das Effizienzziel beziehbar sind. Landes und Posner[52] haben gezeigt, daß derartige Rechtsinstitute zu sozialen Konsequenzen führen, als ob jemand diese mit dem Ziel entworfen hätte, den Reichtum der Gesellschaft zu erhöhen, und daß ein großer Teil der rechtswissenschaftlichen Argumentation

---

[51] *Behrens, P.*, Utilitaristische Ethik, in F. Bydlinski, T. Meyer-Maly (Hrsg.), Die ethischen Grundlagen des Privatrechts, 1990, S. 35 ff., S. 43.
[52] *Landes/Posner*, a.a.O. (Fn. 2).

tatsächlich auf die Vergrößerung des Reichtums gerichtet ist. Dieser Befund ist sehr wichtig, weil er zeigt, daß Begriffe, die völlig ohne Bezug zueinander sind, identisch oder zumindest ähnlich sein können. Insofern geht die Kritik von Eidenmüller fehl. Dies gilt auch für die Ansicht von Kirchner, der das Effizienzkriterium als ein „external value judgement" versteht, das nicht dem Zivilrechtssystem immanent ist und das deshalb auf große Schwierigkeiten stoßen muß, innerhalb der juristischen Diskussion verwendet zu werden. Bei Lichte betrachtet ist das Effizienzkriterium kein aus systemfremden gesellschaftstheoretischen Konzepten abgeleitetes Kriterium, welches gleichsam wie ein Trojanisches Pferd in das Recht einzudringen versucht, sondern der Ausdruck von Regelungsprinzipien, die am Vertragsparadigma ausgerichtet sind. Im Sinne der Terminologie von Kirchner[53] handelt es sich also um genuine „internal value judgements".

Aus dem Dargelegten ergibt sich zugleich, daß die offene Verwendung von Effizienzkriterien nicht zu einer grundlegenden Umgestaltung des Zivilrechts und zu einer grundsätzlichen Ausrichtung der Gerechtigkeitsziele des Zivilrechts führt. Es handelt sich vielmehr um eine Weiterentwicklung in dem Sinne, daß die immanenten Ziele des Zivilrechts explizit gemacht und die Entscheidungskriterien präziser daran ausgerichtet werden.

H. Grenzen der Abschreckungsfunktion im Zivilrecht

Von den bereits behandelten Grenzen jeglicher Abschreckungswirkung von Rechtsnormen abgesehen, bestehen für das Zivilrecht besondere Grenzen der Abschreckung, die sich aus dem Zivilrechtssystem ergeben. Diese Grenzen können teilweise durch zivilrechtliche Innovationen überwunden oder hinausgeschoben werden, teilweise sind sie aber systemimmanent[54]. Ein Dilemma des Zivilrechts ergibt sich in all den Fällen, in denen schadensträchtige Aktivitäten zu hohen Gesamtschäden führen, die aber auf eine Vielzahl von Geschädigten verstreut sind. Hier haben die Geschädigten wenig Anreize, diese Schäden einzufordern, wenn sowohl die Kosten der individuellen Rechtsverfolgung als auch die Kosten einer kollektiven Rechtsverfolgung durch die Geschädigten hoch sind. Die zur Behebung dieses Defizits verfügbaren Instrumente der class action, der Verbandsklage, des Musterprozesses und der Streitgenossenschaft können das Defizit letztlich nicht beheben, weil sich die zwischen Anwalt und Mandant ohnehin bestehenden principal-agent-Probleme hier noch weiter verschärfen.

Auf eine Grenze stößt die Abschreckungswirkung der Haftung ferner, wenn der Schädiger vermögenslos bzw. sein Vermögen geringer als der Schaden ist. Die damit verbundenen Probleme können entweder durch Zwangsversicherungen oder durch ex ante-Regulierungen gelöst werden. Bei der Zwangsversicherung bleibt die Abschreckungsfunktion dann erhalten, wenn genügend differenzierte

---

[53] *Kirchner, C.*, The Difficult Reception of Law and Economics in Germany, IRLE, 11, (1991), S. 277 ff.

[54] S. *Shavell*, Liability for Harm Versus Regulation of Safety, a.a.O. (Fn. 6); S. *Rose-Ackerman*, Tort Law and The Regulatory State, a.a.O. (Fn. 5).

Prämienklassen eingerichtet werden[55]. Es ist in diesem Zusammenhang allerdings darauf hinzuweisen, daß die Rechtsordnung in bestimmten Bereichen sogar Möglichkeiten eröffnet, die Haftung und das Risiko für den Schädiger zu begrenzen und auf den Geschädigten zu übertragen. Dies gilt insbesondere im Unternehmensrecht, wo die Haftung des Kapitaleigentümers auf die Höhe seiner Einlage begrenzt werden kann durch die Wahl einer entsprechenden Rechtsform. Auch die Restschuldbefreiung vermindert das Haftungsrisiko des einzelnen Schuldners. Derartige Begrenzungen der Haftung vermindern zwar die abschreckende Wirkung des Haftungsrechts, sie sind aber rechtspolitisch dann geboten, wenn dies dazu führt, das risikoaverse Individuen Risiken eingehen, die in der Summe für die Gesellschaft insgesamt mehr Vorteile als Nachteile mit sich bringen.

In bestimmten Bereichen ergeben sich faktisch Haftungsausschlüsse, wenn die Kausalität des Verhaltens eines möglichen Schädigers für einen eingetretenen Schaden nach den Regeln des geltenden Zivilrechts nicht nachweisbar ist. Die sich daraus ergebenden Grenzen können jedoch hinausgeschoben werden durch verschiedene Formen einer pro-rata-Wahrscheinlichkeitshaftung wie z.B. die Marktanteilshaftung[56]. Derartige haftungsrechtliche Innovationen werden sich jedoch nicht leicht durchsetzen lassen, wie die Erfahrung in den USA mit der Marktanteilshaftung in den DES-Fällen gezeigt hat[57].

Ein weiteres Abschreckungshemmnis ergibt sich in jenen Schadenskategorien, in denen der Schädiger leicht seine Anonymität wahren kann. Dann führt eine Haftungsregel, bei der die Haftung der Höhe nach durch den im Einzelfall eingetretenen Schaden begrenzt ist, zwangsläufig zu einer zu geringen Abschreckung.

Die gleiche Folge einer zu geringen Abschreckung tritt ein, wenn es sich um Schäden handelt, die ihrer Natur nach schwer beobachtbar und dadurch nicht objektiv meßbar sind, wie z.B. Beeinträchtigungen von Affektionsinteressen und allgemeine psychische Schäden.

Weitere mögliche Grenzen hängen mit spezifischen Kosten des Zivilrechtssystems zusammen. Ist der effiziente Sorgfaltsstandard für alle potentiellen Schädiger in einer Schadenskategorie gleich, dann kann es kostengünstiger sein, diesen in einem zentralen Verfahren durch eine Behörde zu ermitteln und festzulegen. Kommt dies nicht zustande, dann besteht die Möglichkeit, daß die Kosten der Informationsbeschaffung für ein einzelnes Gerichtsverfahren zu hoch sind und es deshalb nicht zur Bestimmung des effizienten Sorgfaltsmaßstabs kommt. Auch in solchen Fällen besteht zwar eine Abschreckung, die aber nicht zuverlässig zu effizienten Ergebnissen führt.

Eine weitere Begrenzung der zivilrechtlichen Abschreckung ergibt sich aus den hohen Kosten von Prozessen, die zum Schadensersatz führen. Dabei ist allerdings zu berücksichtigen, daß eine präventive Kontrolle, die sich auf gefahrenträchtiges Verhalten bezieht, nur wirksam ist, wenn eine bestimmte Kontrolldichte gewährleistet ist, die aber mit sehr hohen Kosten verbunden ist. Neue empirische Untersuchungen deuten darauf hin, daß zumindest im Bereich der Verkehrsunfälle

---

[55] *Kötz/Schäfer*, Economic Incentives to Accident Prevention, An Empirical Study of the German Sugar Industry, IRLE 13 (1993), S. 19 ff.
[56] *Otte, K.*, Marktanteilshaftung, 1990; *Wiese, G. T*, Umweltwahrscheinlichkeitshaftung, 1997.
[57] S. *Rose-Ackerman*, a.a.O. (Fn. 5), S. 84.

ein hoher Kontrollaufwand notwendig ist, um diese durch polizeiliche Sanktionen gefährlichen Verhaltens zu reduzieren[58].

Die dargelegten Grenzen der Abschreckungspotentials zivilrechtlicher Normen dürfen jedoch keineswegs darüber hinwegtäuschen, daß die Möglichkeiten der Abschreckung durch Zivilrecht innerhalb dieser Grenzen noch nicht ausgeschöpft sind.[59]

Dies läßt sich zum einen am Beispiel des Umwelthaftungsrechts verdeutlichen. Das Zivilrecht hat bisher zum Schutz der Umwelt keine praktische Bedeutung erlangt, weil eine Haftung für Umweltschäden praktisch auf Umweltunfälle und Umweltschäden im kleinräumigen Bereich – wie insbesondere die klassischen Rauchschäden – begrenzt ist. In beiden Bereichen treten keine besonderen haftungsrechtlichen Schwierigkeiten auf, insbesondere keine unlösbaren Kausalitätsprobleme. Anders verhält es sich dagegen bei den bei der Diskussion der Umweltschäden im Vordergrund stehenden Summations- und Distanzschäden. Hier spielt die zivilrechtliche Haftung für Umweltschäden faktisch keine Rolle. Dies beruht vor allem auf den bislang ungelösten Problemen der Schadenszurechnung nach Kausalitätskriterien. Bei Summations- und Distanzschäden ist es so gut wie ausgeschlossen, den Beweis dafür zu erbringen, daß eine bestimmte Emission einen bestimmten Schaden verursacht hat. Auch das Inkrafttreten des Umwelthaftungsgesetzes hat daran nichts grundlegendes geändert. Zwar enthält § 6 Abs. 1 UmwHaftG eine Vermutung dafür, daß der Schaden durch eine Anlage verursacht worden ist, sofern diese Anlage zu den gesetzlich benannten Anlagen gehört und nach den Gegebenheiten des Einzelfalles geeignet ist., den Schaden zu verursachen. Diese gesetzliche Kausalitätsvermutung wird aber eingeschränkt auf Störfälle (§ 6 II UmwHG). Für Schäden aus dem Normalbetrieb wird die Haftung dadurch weitgehend ausgeschlossen. Abhilfe könnten hier Regelungen schaffen, bei denen die Haftung entsprechend der Wahrscheinlichkeit der Schadensverursachung durch eine bestimmte Emission begrenzt wird. Konzepte einer pro-rata-Haftung, die auf Wahrscheinlichkeitsschätzungen beruhen, werden diskutiert. Dies wäre allerdings eine juristische Innovation, die zwar nicht die Grenzen des geltenden Rechts, wohl aber die Grenzen der vorherrschenden juristischen Dogmatik überschreitet. Diese Innovation würde zu einer Effektivierung der Abschreckungspotentials des Haftungsrechts in bezug auf Umweltschäden führen.

Ein eindeutiges Abschreckungsdefizit kann im Bereich des Schmerzensgeldes festgestellt werden. Zum einen sind, wie sich aus verschiedenen Untersuchungen ergibt, die von den Gerichten zugesprochenen Schmerzensgeldbeträge wesentlich zu niedrig, zum zweiten ist die Gewährung von Schmerzensgeld bislang auf Fälle der Verschuldenshaftung beschränkt. Dies hat zur Folge, daß in allen unfallträchtigen Bereichen die Versicherungsprämien wesentlich zu niedrig sind, was dazu führt, daß die Sorgfaltsaufwendungen systematisch auf ein zu niedriges

---

[58] *Dewees/Duff/Trebilcock*, a.a.O. (Fn. 9), S. 416.

[59] S. dazu insbesondere *Ott/Paschke*, Ausgleichswürdige Summations- und Distanzschäden am Beispiel der neuartigen Waldschäden, Umweltbundesamt, Forschungsbericht 201 06 053 UBA FB 97-107, Texte 89/97; *Wiese* a.a.O. (Fn. 56); *Otte, K.*, a.a.O. (Fn. 56); *Ott/Schäfer*, Unternehemenspublizität, Umweltschadensbilanz und Haftung für Umweltschäden, in: Ott/Schäfer (Hrsg.), Ökonomische Analyse des Unternehmensrecht, 1993, S. 217 ff.

Niveau gesteuert werden. Hier liegt ein Bereich vor, in dem Regulierungs- und Strafrecht durch Zivilrecht eindeutig entlastet werden kann. Zur Erhöhung der Schmerzensgeldbeträge entsprechend den tatsächlich entstandenen Schäden ist lediglich eine funktionsorientierte Anwendung des geltenden Rechts erforderlich, die die Präventivfunktion des Haftungsrechts akzeptiert und dessen Aufgabe nicht darin sieht, Versicherungsprämien für gefährliches Verhalten möglichst niedrig zu halten[60]. Eine Ausweitung des Schmerzensgeldanspruchs auf die Fälle der Gefährdungshaftung ist dagegen nur durch den Gesetzgeber möglich. Eine entsprechende gesetzliche Regelung hat erst kürzlich der Deutsche Juristentag empfohlen[61].

Infolgedessen wird die Abschreckungswirkung der zivilrechtlichen Haftung systematisch eingeschränkt. Das Ziel kann allerdings nicht sein, generell die reinen Vermögensschäden der gleichen Haftung zu unterwerfen wie Schäden aus Eigentums- und Gesundheitsverletzungen. Regelmäßig verursachen die Handlungen, die zu solchen primären Vermögensschäden führen, zugleich zu Vermögenszuwächsen bei anderen Personen, so daß der saldierte Gesamtschaden in der Regel nur einen kleinen Bruchteil reiner Vermögensschäden ausmacht. Dies kann sich beispielsweise dann ergeben, wenn durch eine Fehlinformation über den Wert eines Unternehmens Käufe und Verkäufe von Aktien ausgelöst werden und dementsprechend eine Gruppe von Aktionären Gewinne und die andere Verluste macht. Demgemäß muß es darauf ankommen, primäre Vermögensschäden dort zu erfassen, wo sie per saldo zu Verlusten führen. Dies ist regelmäßig dann der Fall, wenn durch schädigenden Handlungen Ressourcen zerstört werden, denen die Rechtsordnung keine property rights zugewiesen hat, etwa der Wert von Gemeingütern wie Fischschwärmen auf hoher See. In derartigen Fällen ist die Ausweitung der Haftung durch Einbeziehung primärer Vermögensschäden notwendig. In den übrigen Fällen sind hingegen differenzierte Lösungen erforderlich, die eine Übermaßhaftung bzw. eine übermäßige Abschreckung verhindern. Im allgemeinen Deliktsrecht sind Entwicklungen festzustellen, die auf eine stärkere Einbeziehung primärer Vermögensschäden abzielen. Dazu gehört die Erweiterung des Rechtsgüterschutzes durch das allgemeine Persönlichkeitsrechts und durch das Recht am eingerichteten und ausgeübten Gewerbebetrieb. Primäre Vermögensschäden können außerhalb vertraglicher Beziehungen in größerem Umfang auch erfaßt werden durch § 826 BGB, wenn dessen Tatbestandsvoraussetzungen weiter ausgelegt werden. Zu nennen ist in diesem Zusammenhang insbesondere auch die Entwicklung der quasi-vertraglichen Haftung aus culpa in contrahendo.

Derartige Ansätze erlauben, wenn sie in differenzierter Weise weiter entwikkelt werden, eine beträchtliche Ausweitung des zivilrechtlichen Abschreckungspotentials, insbesondere zur besseren Regulierung von Märkten. Dies gilt zum Beispiel für Schadensersatzklagen wegen Vermögensschäden, die auf unzulässigen Wettbewerbsbeschränkungen und monopolistisch überhöhten Preisen beruhen. Ein wirksam ausgestaltetes Haftungsrecht könnte dazu führen, daß der durch

---

[60] S. dazu näher *Ott/Schäfer*, Schmerzensgeld bei Körperverletzungen, JZ (1990), S. 563.
[61] .Verhandlungen des 62. DJT, hrsg. von der ständugen Deputation des DJT, Bremen 1968. S. dazu *v. Bar*, Gutachten A zum 62. Deutschen Juristentag, Bremen 1998, S. A 72.

Monopolpreise verursachte gesamtgesellschaftliche Schaden (Deadweight loss) vermieden wird.

Ein weiteres Defizit der Abschreckungswirkung zivilrechtlicher Haftung ergibt sich, wenn nur ein Teil des Schadens ersetzt wird, weil der Schädiger anonym bleibt oder weil der Geschädigte keinen Schadensersatz geltend macht. Da der Schädiger seinen Schadensvermeidungsaufwand an den Schadensersatzansprüchen ausrichtet, mit denen er faktisch rechnen muß, führt dieser Effekt dazu, daß systematisch zu wenig Vermeidungsaufwand betrieben wird. Diese Anreizlücke läßt sich schließen, indem der zu leistende Schadensersatz um „punitive damages" erhöht wird, die den Unterschied zwischen dem insgesamt entstehenden Schaden und dem geltend gemachten Schaden entsprechen müssen. Dazu muß der geltend gemachte Schaden dividiert werden durch die Wahrscheinlichkeit, daß der Schaden eine Schadenskategorie geltend gemacht wird. Ist z.B. die Wahrscheinlichkeit der Geltendmachung des Schadens 1/3 und der geltend gemachte Schaden 100, so wäre nach dieser Überlegung der vom Schädiger zu zahlende Betrag = 100 : 1/3 = 300. Die „punitive damages" betrügen in diesem Fall 200[62].

Abschreckungsdefizite ergeben sich weiter bei Streuschäden, die für den einzelnen Geschädigten so gering sind, daß er keine Anreize hat, sie geltend zu machen, obwohl ihr Umfang insgesamt erheblich sein kann. Soweit derartige Schäden nicht haftungsrechtlich erfaßt und damit dem Schädiger angelastet werden, besteht für diesen ein Anreiz, schadensträchtige Aktivitäten weder zu reduzieren noch ihnen durch entsprechende Schadensvermeidungsmaßnahmen zu begegnen, sondern sie vielmehr, soweit technisch möglich, auf möglichst viele Geschädigte zu verteilen. Ein Beispiel hierfür ist die „Politik der hohen Schornsteine". Während in der Frühphase der Industrialisierung der Fabrikanten regelmäßig mit Nachbarschaftsklagen zu rechnen hatten, verteilten die hohen Schornsteine die Schadstoffimmissionen so weiträumig, daß mit Schadensersatzklagen der betroffenen Grundstückseigentümer kaum mehr zu rechnen war.

Derartige Konstellationen entstehen besonders auch im Bereich des Verbraucherschutzes. So führen nicht taggenaue Bankgutschriften zu Zinsverlusten die den einzelnen Kunden nur wenig belasten, die aber in der Summe erheblich sind. Das so entstehende Abschreckungsdefizit des Haftungsrechts kann durch neue Formen der Bündelung von Ansprüchen wie z.B. der „class action" oder der Ausweitung der Verbandsklage auf den Schadensersatz überwunden werden[63]. Allerdings muß auf mögliche Fehlentwicklungen hingewiesen werden, die mit derartigen Erweiterungen der Klagemöglichkeiten verbunden sein können. So führt z.B. die „class action" in den USA regelmäßig zu grundlosen Klagen, die wegen des „nuisance value" dazu führen, daß die Beklagten sich im Vergleichswege zu Zahlungen zu.

---

[62] Zur Möglichkeit von „punitive damages" im deutschen Recht vgl. *Köndgen*, Immaterialschadensersatz, Gewinnabschöpfung oder Genugtuung in Geld bei vorsätzlichem Vertragsbruch?, in: Ott/Schäfer (Hrsg.), Ökonomische Probleme des Zivilrechts, 1991, S. 179 ff.; *Engelhardt*, Strafzuschlag zum Schadensersatz, Kommentar, a.a.O., S. 183 ff.; S. *Shavell*, Punitive damages, 1997 ????

[63] S. dazu *Ott/Schäfer*, Unternehmenspublizität, Umweltschadensbilanz und Haftung für Umweltschäden, in: Ott/Schäfer, Hrsg., Ökonomische Analyse des Unternehmensrechts, 1993, S. 217 ff.

I. Zusammenfassung

Die Abschreckungsfunktion erweist sich faktisch als eine tragende Säule des Zivilrechts. Ohne die Orientierung zivilrechtlicher Normen an der Vermeidung von Schäden bzw. dem Schutz berechtigter Erwartungen durch Risikoallokation ist das ausdifferenzierte System des Zivilrechts mit seinen detaillierten Verhaltensregelungen nicht zu verstehen. Ohne den Rekurs auf die Abschreckungsfunktion ließe sich das Zivilrecht in seiner derzeitigen Ausgestaltung wegen seiner hohen Kosten auch nicht legitimieren. Weder eine Umverteilung im Sinne des sozialen Ausgleichs noch eine Schadensversicherung durch Zivilrechtsnormen können die Komplexität des geltenden Zivilrechts erklären und rechtfertigen. Faktisch werden Umverteilungen durch Transferzahlungen und Regulierungen bewirkt. Ausnahmen bestätigen hier die Regel. Derartige Umverteilungen wurden im allgemeinen mit dem Instrumentarium des öffentlichen Rechts durchgeführt. Das Zivilrecht ist dazu auch eindeutig weniger geeignet als das Sozial- und Steuerrecht. Stellt man dagegen auf den Versicherungsaspekt ab, so ergibt sich gleichfalls, daß das Zivilrecht in seiner bestehenden Komplexität nicht gerechtfertigt werden kann, weil dieses Problem durch „first party insurance" besser zu lösen ist.

Die Abschreckungswirkung von Rechtsnormen wird zudem durch empirische Studien eindeutig belegt, wenn auch möglicherweise nicht in dem Umfange, wie vielfach angenommen. Rechtspolitisch führt aber ein derartiger empirischer Befund, der die Abschreckungsfunktion in Frage stellt, stets zur Empfehlung von Versicherungslösungen anstelle des klassischen Zivilrechts. Die Abschreckungsfunktion hat Bedeutung nicht nur für eine allgemeine Erklärung und Rechtfertigung des Zivilrechts, sondern läßt sich auch in der Rechtsprechung zum Haftungsrecht konkret exemplarisch nachweisen.

Die Orientierung von zivilrechtlichen Verhaltensnormen am Abschreckungsziel wird zwar von kognitiven Grenzen eingeschränkt; die kognitiven Möglichkeiten werden andererseits aber bei weitem nicht ausgeschöpft. Sie könnten erheblich erweitert werden durch systematische Kosten-Nutzen-Analysen insbesondere bei größeren Schadensvermeidungsprojekten. Ein allgemeiner Informationspessimismus würde dagegen nicht die Abschreckungsfunktion des Zivilrechts, sondern weithin auch das Zivilrecht selbst in seinem heute erreichten Differenzierungsgrad in Frage stellen.

Literatur

Akerlof, G. A., The Market for Lemons: Qualitative Uncertainty and the Market Mechanism, Quarterly Journal of Economics 84 (1970).
Allessi, L.A./ Staaf, R.J., Subjective Value in Contract Law, JITE, 145 (1989), S. 561 ff.
Bar, L. v., Gutachten A zum 62. Deutschen Juristentag, Bremen 1998.
Behrens, P., Utilitaristische Ethik, in F. Bydlinski, T.Meyer-Maly (Hrsg.), Die ethischen Grundlagen des Privatrechts, 1990.

BGH NJW 1972, 903.
BGH NJW 1995, 3385 (Urteil vom 10.10. 1995-VI ZR 219/94).
BGH, NJW 1989.
BGH, NJW 1996, 1404 (Urteil vom 27.2.1996-VI ZR 86/95).
Blaschczok, A., Gefährdungshaftung und Risikozuweisung, 1993.
Böhm, F., Wirtschaftsordnung und Staatsverfassung, Tübingen 1950.
Calabresi, G., The Costs of Accidents, A Legal and Economic Analysis, 1970.
Cooter, R., The Theory of Market Modernization of Law, IRLE 16 (1996), S. 141.
Cooter, R., The Rule of State Law and The Rule-of-Law State: Economic Analysis of the Legal Foundations of Development, in World Bank, Annual Conference on Development Economics, 1996, S. 191-215.
Demsetz, R., When does the Rule of Liability Matter, 1 JL.Stud. (1972), S. 13-28.
Dewees / Duff / Trebilcock, Exploring the Domain of Accident law, Taking the Facts Seriously, 1996.
Eichenberger, R., Verhaltensanomalien und Wirtschaftswissenschaft, Herausforderung, Reaktionen, Perspektiven, 1992.
Eidenmüller, H., Effizienz als Rechtsprinzip, 1995.
Eidenmüller, H., Rechtsanwendung, Gesetzgebung und ökonomische Analyse, AcP 197 (1997), S. 80 ff.
Engelhardt, W., Strafzuschlag zum Schadensersatz.
Esser, I./ Schmidt, E., Schuldrecht, Allgemeiner Teil, 7. Aufl. Karlsruhe 1993.
Esser, I./ Weyers, H.-L., Schuldrecht Besonderer Teil, 7. Aufl. Karlsruhe 1993.
Eucken, W., Grundsätze der Wirtschaftspolitik, 5. Aufl. 1975
Fezer, K. H., Aspekte einer Rechtskritik an der economic analysis of law und am property rights approach, JZ 1986, S. 817 ff.
Fezer, K. H., Kritik an der ökonomischen Analyse des Rechts, JZ (1988), S. 223 ff.
Hippel, E.v., Der Schutz des Schwächeren, 1984.
Horn, N., Zur ökonomischen Rationalität des Privatrechts, die privatrechtstheoretische Verwertbarkeit der Economic Analysis of Law, AcP 176 (1976), S. 317 ff.
Huber, P., The Legal Revolution and ist Consequences, 1988.
Kaplow L. / Shavell, S., Why the Legal System is less efficient than the Income Tax in Redistributing Income, 23 JL.Stud. 1994, S. 667-681
Kirchner, C., The Difficult Reception of Law and Economics in Germany, IRLE 11 (1991), S. 277 ff.
Köndgen, J., Immaterialschadensersatz, Gewinnabschöpfung oder Genugtuung in Geld bei vorsätzlichem Vertragsbruch?, in: Ott/Schäfer, Hrsg., Ökonomische Probleme des Zivilrechts, 1991, S. 179 ff.
Kötz, H. / Schäfer, H.B., Judex Calcula, JZ (1992), S. 355.
Kötz, H. /Schäfer, H.B., Economic Incentives to Accident Prevention, An Empirical Study of the German Sugar Industry, IRLE 13 (1993), S. 19 ff.
Kötz, H., Deliktsrecht, 7. Aufl. 1996.
Landes, W./Posner, R., The Economic Structure of Tort Law, 1987.
Lange, H., Schadensersatz, Handbuch des Schadensrechts, 2. Auflage, 1990.

Müller-Armack, A., Wirtschaftsordnung und Wirtschaftspolitik, Studien und Konzepte zur sozialen Marktwirtschaft und zur europäischen Integration, 1966.

MünchKomm-Mertens, 3. Aufl. 1997.

Ott, C. /Paschke, M., Ausgleichswürdige Summations- und Distanzschäden am Beispiel der neuartigen Waldschäden, Umweltbundesamt, Forschungsbericht 201 06 053 UBA FB 97-107, Texte 89/97.

Ott C. /Schäfer, H.B., Emergence and Construction of Efficient Rules, IRLE, 13, (1993), S. 285 ff.

Ott C. /Schäfer, H.B., Lehrbuch der ökonomischen Analyse des Zivilrechts, 2. Aufl. 1995.

Ott C. /Schäfer, H.B., Negligence as Untaken Precaution, Limited Information, And Efficient Standard Formation in the Civil Liability System, IRLE (1997), S. 15 - 29.

Ott C. /Schäfer, H.B., Schmerzensgeld bei Körperverletzungen, JZ (1990), S. 563.

Ott C. /Schäfer, H.B., Unternehemenspublizität, Umweltschadensbilanz und Haftung für Umweltschäden, in: Ott/Schäfer, Hrsg., Ökonomische Analyse des Unternehmensrecht, 1993.

Ott C. /Schäfer, H.B., Unternehmenspublizität, Umweltschadensbilanz und Haftung für Umweltschäden, in: Ott/Schäfer, Hrsg., Ökonomische Analyse des Unternehmensrechts, 1993, S. 217 ff.

Otte, K., Marktanteilshaftung, 1990.

Posner, R., Economic Analysis of Law, Boston 1972 (4. Aufl. 1992).

Priest, G., A theory of Consumer Product Warranty, Yale Law Journal 90 (1981).

Priest, G., The Current Insurance Crisis, Yale Law Journal 96 (1987), S. 1560 ff.

Rose-Ackerman, S., Tort Law in the Regulatory State, in: P. H. Schuck, Hrsg., Tort Law and The Public Interest, 1991.

Schmidtchen, D., Jenseits von Maximierung, Gleichgewicht und Effizienz, Neuland für die ökonomische Analyse des Rechts? in: Ott/Schäfer, Hrsg., Ökonomische Probleme des Zivilrechts, 1991, S. 316 ff.

Shavell, S., Liability for Harm versus Regulation for Safety, 13 JLStud. (1984).

Shavell, S., Punitive damages, 1997.

Taupitz, J., Ökonomische Analyse und Haftungsrecht, eine Zwischenbilanz, AcP 196, (1996), S. 114 ff.

Wehrt, K., Die Qualitätshaftung des Käufers aus ökonomischer Sicht, in: Ott/Schäfer, Ökonomische Probleme des Zivilrechts, 1991.

Weltentwicklungsbericht, 1997.

Wiese, G. T., Umweltwahrscheinlichkeitshaftung, 1997.

Zweigert / Kötz, H., Einführung in die Rechtsvergleichung, 3. Aufl. 1996.

Andreas Blaschczok

Kommentar

zu

Claus Ott / Hans-Bernd Schäfer:
Anreiz- und Abschreckungsfunktion im Zivilrecht

A. Befürwortung oder Ablehnung einer Präventionsaufgabe auch des Zivilrechts

Die Frage, ob und inwieweit Schadensoptimierung, also die sinnvolle Vermeidung von Schäden Aufgabe des Zivilrechts ist, ist umstritten. Die Referenten haben sich insoweit mit vollem Recht auf deliktsrechtliche Schadenskonstellationen konzentriert. Zwar greift die Überschrift „Zivilrecht" deutlich weiter, zwar lassen sich auch Gefahrtragungsregeln wie etwa §§ 446, 447 BGB oder § 644 BGB in einem weiteren Sinne als Beiträge des Zivilrechts zur Schadensoptimierung und zur Prävention ansprechen und zwar lassen sich sogar Gewinnherausgaberegeln wie §§ 667, 681, 687 II BGB oder die in ihrer Einordnung umstrittenen §§ 281, 816 BGB noch in diesem Sinne ausdeuten, weil sie ja mit entzogenen Nutzungsmöglichkeiten und Gewinnchancen des dinglich oder obligatorisch Berechtigten zu tun haben; die Diskussion um die als im engeren oder weiteren Sinne deliktsrechtlich zu qualifizierenden Fälle ist aber paradigmatisch und bereits für sich komplex genug, um das Thema „Prävention" mit Leben zu erfüllen.

So richtig es einerseits ist, daß es umstritten ist, ob und inwieweit Schadensoptimierung Aufgabe des Zivilrechts ist, so unzutreffend wäre andererseits aber auch die These, daß präventive Effekte von einer breiten Literaturströmung als unerwünscht angesehen würden. Umstritten ist nur, welchen Rang die (im Prinzip erwünschten) präventiven Effekte und die eventuelle Präventionsfunktion haben. Man diskutiert darüber, ob sie derart dominant sind, daß von dort her die gesamte Funktion des Deliktsrechts erklärt werden kann[1], ob sie nur einen Topos darstellen, der irgendwie in einem ungeklärten Rangverhältnis mit anderen Topoi ins

---

[1] *Adams*, Ökonomische Anlayse der Gefährdungs- und Verschuldenshaftung, 1985, 8 ff.

Benehmen gesetzt werden muß[2], oder ob sie lediglich angenehme Nebenprodukte darstellen[3].

Als eventuelle konkurrierende Funktion wird dann üblicherweise die „Ausgleichsfunktion" des Deliktsrechts genannt. Daß Schadensausgleich als solcher unmöglich der tiefere Sinn des Haftungsrechts sein kann und die Anerkennung einer Ausgleichsfunktion als ratio des Haftungsrechts zu dessen Sinnentleerung führen würde, habe ich bereits vor Jahren[4] dargelegt: Der „Ausgleich" bzw. der Schadensersatz ist nichts anderes als die Rechtsfolge der Norm. Den Sinn einer Rechtsnorm einfach darin zu sehen, daß die vorgesehene Rechtsfolge eingreift, bedeutet, ihr jeden Sinn abzusprechen. Wäre der Ausgleich als solcher die ratio der Deliktshaftung, denn müßte § 823 BGB lauten: „Jeder Schaden wird ersetzt."

Canaris hat diese sehr einfache These als wohl doch etwas zu einfach empfunden und den Ausgleichsgedanken mit einem Hinweis auf die Nikomachische Ethik von Aristoteles verteidigt[5]. Richtig hieran ist, daß durch die genannte These nicht etwa die Überlegungen von Aristoteles zur „iustitia commutativa" widerlegt werden, sondern nur die Idee, jeder Schaden sei kraft Haftungsrecht rückgängig zu machen, wie sie in der Kontrastierung Prävention contra Ausgleich zum Ausdruck kommt. Nur um die Widerlegung dieser Idee geht es einstweilen aber auch[6]. Wer sie vertritt, mißversteht Aristoteles und die iustitia commutativa, nicht wer sie in der Literatur vorfindet und als unrichtig bezeichnet. Die Idee, daß etwa die schadensausgleichende Wirkung des Schadensersatzes bereits als solche erklären könnte, warum er angeordnet wird, ist und bleibt irrig.

B. „Umverteilung durch Zivilrecht"

I. „Um-"Verteilung und Berücksichtigung von Verteilungswirkungen

„Umverteilung" ist eine Vokabel, die im Kampf um die Eigentumsverhältnisse an Produktionsmitteln und um die anteilige Entlohnung von Produktionsfaktoren ihre feste Bedeutung hat. Wer hiervon spricht, riskiert Einordnung in Schubladen. Eine Einordnung als „Umverteiler" riskiert natürlich auch, wer in der Diskussion um Pro und Contra der Gefährdungshaftung nicht nur auf den Umstand hinweist, daß das deliktsrechtliche Haftungsrecht Verteilungseffekte hat, soweit es nicht ledig-

---

[2] So etwa *Mertens* in: MünchKomm Vor §§ 823-853 Rz 41 (Übergewicht der Ausgleichsfunktion, ausnahmsweise freilich auch der Präventionsfunktion).

[3] In diesem Sinne *Deutsch*, Haftungsrecht Band I, Allgemeine Lehren, 1976, § 22 III 3 (S. 379) - hier Verleugnung der Prävention als Aufgabe – in Verbindung mit § 22 I 1 (S. 366) – dort Lob für die präventiven Wirkungen –; beides freilich bezogen speziell auf die Gefährdungshaftung

[4] *Blaschczok*, Gefährdungshaftung und Risikozuweisung, 1993, S. 343 (Kurzfassung der Habilitationsschrift von 1990).

[5] *Larenz-Canaris*, Lehrbuch des Schuldrechts, Band II, Halbband 2, Besonderer Teil, 13. Auflage 1994, § 84 I 2 b (S. 607 FN 607); Kritik aufgegriffen von *Röckrath*, ARSP 1997, 506, 533 FN 103.

[6] *Blaschczok* aaO 342.

lich wie etwa das Produkthaftungsrecht Austauschprozesse begleitet, sondern darüber hinaus meint, man sollte diese Effekte – bei der legislatorischen Ausgestaltung, aber auch bei der sich anschließenden, natürlich kunstgerechten und rechtstreuen Handhabung – des Haftungsrechts bedenken.

Daß es bei solchen Thesen um eine Egalisierung oder gar um eine Umkehrung der Vermögensverhältnisse im Sinne eines simplen „deep pocket approach" überhaupt nicht gehen kann, liegt demgegenüber wohl doch auf der Hand. Ich verzichte hier[7] auf jede Begründung für die These, daß die Entscheidung über einen haftungsrechtlichen Rechtsfall nicht von dem konkreten Vermögensgefälle zwischen Kläger und Beklagten abhängen darf.

Nicht in derselben Weise selbstverständlich, letztlich aber wohl doch noch relativ leicht einsichtig ist, daß auch Spekulationen über die typischen Vermögensverhältnisse der typischerweise an bestimmten Schadenskonstellationen Beteiligten, abgesehen davon, daß sie kaum in sinnvoller Weise möglich sind, mit der eigentlichen Fragestellung höchstens mittelbar zu tun haben. Das Deliktsrecht eignet sich überhaupt nicht dazu, systematisch Vermögensverhältnisse zu „korrigieren", und will es auch nicht. Es reagiert auf Schadensfälle, nicht auf Vermögensungleichgewichte. Es belastet schadensursächliche Aktivitäten mit Kosten, nicht Personen als solche ohne Rücksicht auf ihre Aktivitäten[8]. Und ein Zusammenhang zwischen Spezifika der Vermögensausstattung des Akteurs und seinen schadensursächlichen Aktivitäten besteht gar nicht zwangsläufig.

Es kann bei der Berücksichtigung der ja ganz zwangsläufig auftretenden Verteilungseffekte des Haftungsrechts folglich nicht um Umverteilungsprogramme gehen, sondern nur um eine haftungsrechtliche Privilegierung oder Diskriminierung bestimmter Arten von Aktivitäten.

II. Aus ökonomischer Sicht zu bedenkende Verteilungseffekte

Daß die Zuerkennung oder gerade die Verweigerung von Schadensersatz Verteilungseffekte hat, ist banal. Bedeutsam ist aber, daß diese Verteilungseffekte in weiten Teilen des Haftungsrechts Rückwirkungen auf die Effizienz haben. Das hat die Auseinandersetzung mit dem Coase-Theorem gezeigt. Die in dem Theorem mit enthaltene Invarianzthese ist ja seit langem ökonomisch widerlegt. Als Kronzeugen hierfür sind aus dem amerikanischen Schrifttum z.B. Demsetz[9], Regan[10] und Buchanan[11] und aus dem deutschen Schrifttum z.B. Endres[12], Wegehenkel[13] sowie Schäfer-Ott[14] zu nennen. Hiervon betroffen sind bekanntlich die Fälle, in denen der Konflikt zwischen den Beteiligten darin besteht, daß sie ein und den-

---

[7] Näher *Blaschczok* aaO 210, 320 ff, 385.

[8] *Nagel-Eger*, Wirtschaftsrecht II, 1989, 213, 222.

[9] *Demsetz* 9 (1966) Journal of Law & Economics 61, 62.

[10] *Regan* 15 (1972) Journal of Law & Economics 427, 432 ff.

[11] *Buchanan* in: Ansprüche, Eigentums- und Verfügungsrechte, Schriften des Vereins für Socialpolitik, NF 140 (1984) 9, 13.

[12] *Endres* ZgS (jetzt: JITE) 133 (1977) 637, 640; ders. JbSozW 30 (1979) 278 ff.

[13] *Wegehenkel*, Coase-Theorem und Marktsystem, 1980, 52 ff.

[14] *Schäfer-Ott*, Lehrbuch der ökonomischen Analyse des Zivilrechts, 2. Auflage 1995, 86.

selben „Faktor" nutzen wollen, nicht hingegen diejenigen Fälle, in denen der eine Beteiligte mit dem anderen ausschließlich in der Weise in Berührung kommt, daß er dessen Produkte abnimmt oder verwendet[15].

Über die soeben verwendete Terminologie wird man sicher streiten können, insbesondere über die Aussage, die Varianz der Ergebnisse, also die Unrichtigkeit der zunächst mit dem Coase-Therem verbundenen Invarianzthese, habe etwas mit der Frage der Effizienz zu tun. Selbstverständlich kann man stattdessen sagen, die rechtliche Entscheidung über die Verteilung nicht zu vertretender Schäden führe je nach dem, wie sie ausfalle, zwar zu unterschiedlichen rechtlichen Arrangements mit unterschiedlichen Realfolgen, gleichwohl könne aber innerhalb jedes dieser Arrangements für ein wirtschaftliches Optimum und damit für Effizienz gesorgt werden. Nur ändert dieses ja nichts an dem Befund, daß es um unterschiedliche (relative) Optima geht, die nicht nur ein unterschiedliches reales Erscheinungsbild haben, sondern sich auch in ihrer gesamtwirtschaftlichen Bedeutung durchaus ziffernmäßig voneinander unterscheiden können.

Diesem Befund, daß die jeweils in Betracht kommenden Optima von „unterschiedlicher Optimalität" sein können, entspricht es, daß die Ökonomie diese Problematik in der Folgezeit aufgenommen hat, und zwar als ein Problem der Steuerung der Aktivitätenniveaus konfligierender Aktivitäten[16]. Selbstverständlich geschah dies in der Hoffnung, mit Hilfe positiver Ökonomie zu Lösungen zu kommen, anstatt das Feld einer dem Selbstverständnis der derzeitigen Volkswirtschaftspolitik widersprechenden normativen Verteilungsökonomie räumen zu müssen. Diese Hoffnungen haben sich aber nicht erfüllt.

Eine wirklich nur positive Effizienz-Ökonomie hat keinen Ansatz, mit dessen Hilfe sich ermitteln ließe, das Aktivitätenniveau welches der Beteiligten in welchem Ausmaße abgesenkt werden muß. Es gibt in einer wirklich positiven Ökonomie nicht den Fall einer „unilateralen Verursachung", bei der man dann eben das Aktivitätenniveau dieses Verursachers abzusenken hätte[17]. Es gibt in einer wirklich positiven Ökonomie keine Möglichkeit, die Aktivität eines der Beteiligten als „relativ unerwünscht", z.B. als „besonders gefährlich" oder „ultrahazardous" zu identifizieren[18]. Und nicht weiterführend ist schließlich auch die Denkfigur der „integrierten Gesamtperson"[19]. Aus der Sicht einer wirklich ausschließlich positiven Effizienzökonomie bleibt es dabei: Haftungsrecht behindert zwangsläufig Aktivitäten, die „eigentlich" effizient wären und senkt das Aktivitätenniveau von „eigentlich" erwünschten Aktivitäten möglicherweise weiter ab, als dies unter Effizienzgesichtspunkten wünschenwert wäre, wobei das richtige Aktivitätenniveau nicht positiv bestimmbar ist. Kürzer gesagt: Auch wer sich

---

[15] Näher *Blaschczok* aaO 158 ff.

[16] Näher hierzu *Shavell* 9 (1980) Journal of Legal Studies 1 ff; ders., Economic Analysis of Accident Law, 1987, 21 ff; *Adams*, aaO 120 ff; *Schäfer-Ott*, aaO 171 f; *Blaschczok*, aaO 171 ff, 223 ff; *Blaschczok* ZHR 150 (1986) 374, 377.

[17] Siehe hierzu *Schäfer-Ott*, aaO 171 f einerseits; *Blaschczok*, aaO 176 f, 225 ff andererseits (unrichtig ders. ZHR 152 (1988) 626, 628 f).

[18] Siehe hierzu *Shavell*, Economic Analysis of Accident Law, 1987, 29, 31 einerseits; *Blaschczok*, aaO 227 f andererseits.

[19] Siehe hierzu *Adams* aaO 165 einerseits; *Blaschczok* ZHR 150 (1986) 374, 377 andererseits.

darauf beschränken will, positive Ökonomie zu betreiben, muß zugeben, daß die positive Ökonomie mit den Verteilungseffekten ein ernst zu nehmendes Problem hat, das sie mit ihren Mitteln nicht bewältigen kann. Schon wegen der auch aus ihrer Sicht dringend zu lösenden Frage der Aktivitätenniveaus sind normative Vorgaben unverzichtbar, normative Vorgaben zur Verteilung. Ob man an Verteilung Spaß hat oder nicht, die Aufgabe muß so oder so gelöst werden. Daß es nicht um Veränderungen der Vermögensausstattung der Gesellschaftsmitglieder, sondern ausschließlich um die Förderung oder Behinderung bestimmter Aktivitäten gehen kann, ist erneut zu betonen.

III. Zielkonflikte

Es entspricht akademischer Tradition, zwischen verschiedenen Leitlinien Zielkonflikte aufzudecken und sich dann auf abstrakter Ebene zu einem der Ziele zu bekennen. Für die hier zu bedenkenden Leitlinien läßt sich der Zielkonflikt bekanntlich in ganz wundervoller Polemik umschreiben: Wollen wir der Gesellschaft lieber einen ganz kleinen Kuchen zur Verfügung stellen, der dann im Sinne der Verteilungsgerechtigkeit gleichmäßig auf alle verteilt wird, so daß alle hungern? Oder wollen wir der Gesellschaft im Sinne der Effizienz lieber einen ganz großen Kuchen liefern und uns aus der Verteilung heraushalten, wobei wir vielleicht hoffen würden, daß letztlich der Hunger irgendwie besiegt wird? Sinnvoller wäre es, sich zwar auch an abstrakten Diskussionen z.B. über abstrakte Zielkonflikte zu beteiligen, ansonsten aber „am Fall zu bleiben". Das würde hier bedeuten, daß man sich zunächst einmal konkret anschaut, welchen konkreten Schaden man im Einzelfall dem einen Ziel zufügt, wenn man auch das andere Ziel beachtet.

C. Schadensoptimierung und Prävention

Was man sich unter dem ökonomischen Gebot der Schadensoptimierung vorstellen könnte, ist noch relativ klar. Was man unter einer juristischen Präventionsfunktion des Haftungsrechts zu verstehen hat, ist schon nicht mehr ganz so klar. Sehr klar ist jedenfalls, daß eine juristische Präventionsfunktion des Haftungsrechts in keiner seriöserweise denkbaren Bedeutungsvariante mit dem ökonomischen Ziel der Schadensoptimierung identisch sein kann. Die interdisziplinäre Diskussion leidet ein wenig darunter, daß nicht bei allen Stellungnahmen ganz deutlich ist, worauf genau sie eigentlich abzielen. Zum Beispiel können Stellungnahmen zu der gewissermaßen rechtswissenschaftsinternen Frage, wie denn nun genau die Grenzen zwischen der üblicherweise mit Verhaltenssteuerung und Prävention in Verbindung gebrachten „vergeltenden Gerechtigkeit" und der üblicherweise mit Verteilungsfragen assoziierten „austeilenden Gerechtigkeit" zu ziehen sind, zu dem Fehlschluß verleiten, hier werde etwas über die Relevanz positiver ökonomischer Erkenntnisse gesagt. Zum Beispiel können aber auch Stellungnahmen, die gegen eine Vereinnahmung des Haftungsrechts durch „positive" Ökonomie gerichtet sind, den Eindruck erwecken, hier werde die Präventionsfunktion des Haftungsrechts unter den Tisch geredet. Diese ganz unterschiedlichen Fragen müssen natürlich sorgsam auseinander gehalten werden.

I. Prävention und Verhaltenssteuerung

Juristen müssen sich zunächst terminologisch darüber klar werden, ob Präventionsfunktion und Verfolgung eines Verhaltenssteuerungsziels für sie dasselbe sein sollen oder ob sie zu unterscheiden wünschen. Ökonomen würden dies vermutlich nicht unterscheiden wollen. Sie würden sich überlegen, welche Verhaltensweisen der Beteiligten sie am liebsten durchsetzen würden, würden sich einen rechtlichen Rahmen ausdenken, der einzig und allein dem Zweck dient, die Beteiligten zu dem gewünschten Verhalten zu bewegen und abweichendes Verhalten ökonomisch zu frustrieren. Sie hätten dann keine Bedenken, die diesem Zweck dienenden Regeln als Regeln mit einer präventiven Zwecksetzung zu bezeichnen.

Viele Rechtswissenschaftler benutzen den Terminus „Prävention" anscheinend in einer erheblich engeren Bedeutung. Sie denken offenbar, beeinflußt möglicherweise von der Strafrechtsdogmatik und den Strafzwecklehren, nur an solche Normen, die Verhaltensverbote mit Sanktionen bewehren. Das führt dann dazu, daß sie sich z.B. auf den Standpunkt stellen, Gefährdungshaftungsnormen, bei denen die Haftungsfolge ja gerade nicht von der Verbotswidrigkeit einer Handlung abhängen, verfolgten nicht die Prävention[20], um dann aber gleichzeitig die der Verschuldenshaftung überlegenen präventiven Effekte der Gefährungshaftung zu loben[21]. Diese terminologische Verengung ist unnötig. Sie ist auch unrichtig. Es könnte nämlich sein, daß es dem Schöpfer der entsprechenden Gefährdungshaftungsnorm von vornherein um nichts anderes gegangen ist als darum, gerade diese zusätzlichen präventiven Effekte zu erzielen. Für diese Fälle den Präventionszweck zu verleugnen, wäre seltsam.

Diese Fälle lassen sich historisch nachweisen, wenn auch mit Mühe. Bekanntlich kann auf den Verletzer ein effizienter Druck, nach schadensreduzierenden Innovationen Ausschau zu halten, nur mit Hilfe der Gefährdungshaftung ausgeübt werden[22]. Bundesrichter geben gelegentlich zu, insgeheim Gefährdungshaftung zu kreieren, wobei dann als Motiv allgemeine Unzufriedenheit mit dem derzeit verfügbaren Sicherheitsniveau genannt wird[23]. In der Gesetzgebungsgeschichte des LuftVG lassen sich ähnliche Gedanken aufspüren, aber wohl doch nicht zwingend nachweisen[24].

In der Masse der gesetzlich geregelten Fälle läßt sich das Judiz des Gesetzgebers nicht in eine klare Relation zu präventiven Zielsetzungen bringen. Man wird aber davon auszugehen haben, daß ihm die Präventionsfunktion, die ja alles andere als eine Neuentdeckung ist, zumindest bekannt war und daß er sie in seine Zielstellungen mit aufgenommen hat. Es gibt keinen Grund dafür, sie als vom Recht nicht gewollte Zufallsfolge hinzustellen.

---

[20] *Deutsch* aaO 379; *Will*, Quellen erhöhter Gefahr, 1980, 297.
[21] *Deutsch* aaO 366.
[22] Statt vieler *Blaschczok* aaO 229.
[23] *Steffen* VersR 1980, 409, 410.
[24] Näher *Blaschczok* aaO 309.

II. Prävention und Ausgleich

(1) Fragestellung

„Iustitia commutativa" und „iustitia distributiva" sind von Anfang an als konkurierende Ziele gesehen worden[25]. Dabei verstand sich, daß jedenfalls der Gedanke der austeilenden Gerechtigkeit (iustitia distributiva) mit Präventionszielen nichts zu tun haben sollte. Sie setzt Verteilungskriterien um und mißt die Beteiligten personal an diesen Kriterien. Der Gedanke der ausgleichenden oder vergeltenden Gerechtigkeit (iustitia commutativa) war immer in Verbindung gesehen worden mit unerwünschtem Verhalten eines Beteiligten und Reaktionen der Rechtsordnung, die dem anderen Beteiligten einen Ausgleich für die ihm nachteiligen Folgen dieses Verhaltens gewähren sollten. Ob die Unterscheidung in dieser Form für die Zwecke des zivilrechtlichen Haftungsrechts wirklich zweckmäßig ist[26], ist sehr zweifelhaft. „Verteilung" durch Haftungsrecht knüpft ja, anders als es dem traditionellen Verständnis von „iustitia distributiva" entspricht, gerade nicht personenbezogen an Armut oder an moralische Verdienste als solche an, sondern an Handlungen. Es geht also doch wieder – wie bei der iustitia commutativa – um die Bewertung von Handlungen, allerdings – anders als bei der iustitia commutativa – um die Bewertung von nicht zu beanstandendem Verhalten.

Bedeutsamer als die genaue Ausformulierung einer haftungsrechtlichen „iustitia distributiva" ist im Augenblick aber die dem Bereich der „iustitia commutativa" zugehörige Frage nach einem eventuellen Gegensatz zwischen ausgleichender Gerechtigkeit und Prävention. Die in der Literatur anzutreffende These, gerade auch das der Thematik des unerwünschten Verhaltens gewidmete Recht der Unerlaubten Handlungen diene in erster Linie dem Ausgleich und nicht der Prävention, behauptet inzident ja die Existenz eines solchen Gegensatzes. Da sich gerade im Bereich der nicht lediglich unerwünschten, sondern sogar unerlaubten Handlungen ein Sachzusammenhang zwischen Sanktionsverhängung und Verhaltenssteuerungszielen aber überhaupt nicht von der Hand weisen läßt, kann man die Frage nach einer eventuell nur eingeschränkten Maßgeblichkeit oder gar Unmaßgeblichkeit der Präventionsfunktion nur so stellen: Ordnet das Recht der Unerlaubten Handlungen Rechtsfolgen an, die weiter reichen als dasjenige, was sich mit dem Präventionsziel legitimieren ließe? Dann könnte man vielleicht – in Anlehnung an die absoluten Strafzwecktheorien – sagen, das Deliktsrecht wolle Unrechtsfolgen aus der Welt schaffen, obwohl die Sanktionen weder im voraus als Drohung (Generalprävention) noch im nachhinein zur Einwirkung auf das weitere Verhalten des Verletzers (Spezialprävention) erforderlich sei. Oder bleibt es – im Gegenteil – gerade hinter demjenigen zurück, was für präventive Zwecke erforderlich wäre?

---

[25] Zu diesem unfeindlichen Spannungsverhältnis siehe etwa *Larenz-Canaris* aaO 607 f; *Röckrath* ARSP 1997, 506, 516 ff.

[26] Bejahend wohl *Larenz-Canaris* aaO 608.

(2) Präventionsüberschießende Sanktionen

Für den Ökonomen ist es verführerisch, sich auf den Standpunkt zurückzuziehen, das Gebot der Schadensoptimierung verlange, daß der Schädiger stets den gesamten drohenden Schaden berücksichtige, so daß es präventionsüberschießende Sanktionen gar nicht geben könne, solange der Schadensersatz nicht größer sei als der tatsächlich entstandene Schaden, was das Haftungsrecht ja aber ohnehin nicht vorsehe. Für den Juristen ist es ganz so einfach nicht. Sicher, das Gebot eines vollen Schadensersatzes, also das Prinzip der Totalreparation, würde auf keinen Fall präventionsstörende Effekte haben. Es stellt sich aber die Frage, ob es nicht doch auch Fälle gibt, in denen man sagen müßte, dem Anliegen der Prävention wäre auch mit einer geringeren Schadensersatzdrohung vollauf gedient. Das würde dann bedeuten, daß der darüber hinausgehende Schadensersatz durch das Anliegen der Prävention nicht mehr gedeckt wäre und man auf eine andere Rechtfertigung der Sanktion angewiesen wäre.

Daß es solche Fälle wirklich geben könnte, wird vielfach angenommen. Von einigen Autoren, besonders deutlich von Canaris[27] wird eine schadensrechtliche Reduktion für hin und wieder erforderlich gehalten, obwohl der Grundsatz der Totalreparation als durch die Präventionsaufgabe des Haftungs- und Schadensrechts im Prinzip hinlänglich legitimiert nicht in Frage gestellt wird. Er denkt z. B. an Fälle, in denen ein junger Mensch infolge des Grundsatzes der Totalreparation für den Rest seines Lebens auf die Grenzen des pfändungsfreien Existenzminimums beschränkt werden könnte, weil er – vielleicht sogar vorsätzlich – ein der öffentlichen Hand oder einem vielfachen Millionär gehörendes Kunstwerk vernichtet hat, dessen Wert ihm – vielleicht, vielleicht auch nicht – unbekannt war. Canaris hält es dann für verfassungsrechtlich geboten, von einer für den Einzelfall blinden Prävention abzurücken und die Ersatzpflicht auf ein sozialverträgliches Maß zu reduzieren. Natürlich könnte man es sich leicht machen und sich darauf zurückziehen, daß ja auch Canaris das Prinzip der Prävention anerkennt und sagt, es legitimiere die Totalreparation, so daß es dann eben auch nach Canaris präventionsüberschießende Sanktionen gar nicht geben kann. Nur gebe es eben gegenläufige Prinzipien, die auch noch beachtet werden wollten. Das wäre ein semantischer Taschenspielertrick. Das Anliegen von Canaris wird wohl doch umfassender gewürdigt, wenn man in seine Thesen hineinliest, daß die Prävention, jedenfalls eine dem Menschenbild des Grundgesetzes entsprechende Prävention, möglicherweise nicht per se bis zur Totalreparation führt, so daß immer auch andere Erwägungen mit im Spiel sein müssen, wenn man Totalreparation anordnet.

Man muß sich daher den Vorstellungen von Canaris schon offen widersetzen und kann sie nicht einfach semantisch passend machen. Canaris hat ein bedeutendes Problem in das Bewußtsein gerückt und es – richtig – mit dem Verfassungsrecht verbunden, aber unangemessen gelöst. Die Schuldturmproblematik gibt es wirklich. Die neue Insolvenzordnung rückt ihr ja auch zu Leibe, allerdings mit Hilfe des Instruments der Restschuldbefreiung nach Ablauf einer Wohlverhaltensfrist (§§ 286 ff. InsO) und nicht in der Weise, daß sie von vornherein

---

[27] *Canaris*, JZ 1987, 993, 1001 ff; ders. JZ 1988, 494, 497; s. ferner *Hohloch* in: Gutachten und Vorschläge zur Überarbeitung des Schuldrechts, Band I 1981, 375, 460, 462 f.

eine „zu weitreichende" Verurteilung verhinderte. Diese Lösungstechnik ist auch richtig. Canaris operiert mit einer statischen Beobachtung – der Schuldner hat nichts –, kombiniert sie mit einer ganz fiktiven Prognose – der Schuldner wird in Zukunft nicht mehr haben, als die Pfändungsgrenzen ihm belassen – und folgert aus diesen personen- und nicht handlungsbezogenen Aspekten, aus Aspekten also, die bestenfalls in den Bereich der iustitia distributiva gehören, daß der Schuldner nicht in diesem Umfang zur Zahlung verurteilt werden dürfe. Aber woher nimmt er diese Prognose? Was ist, wenn dem Schuldner wenige Tage nach der Verurteilung entgegen aller Lebenserfahrung Millionen in die Hände fallen? Warum soll der Schuldner sie genießen und das Opfer unentschädigt lassen dürfen? Das Menschenbild des Grundgesetzes legt eine solche von der Konzeption der Insolvenzrechtsreform abweichende Lösung nicht nahe. Es ist Totalreparation anzuordnen. Und diese ist durch die Präventionsfunktion des Haftungsrechts legitimiert.

(3) Für das Präventionsziel insuffiziente Sanktionen

Daß es zur Erreichung des Präventionsziels hin und wieder an zulänglichen haftungsrechtlichen Sanktionen fehlt, weil der Grundsatz der Totalreparation nicht vollständig umgesetzt ist, wird gerade von Autoren, die sich der ökonomischen Analyse des Haftungsrechts verbunden fühlen, immer wieder moniert. Es geht z.B. um Lebens-, Freiheits- und Persönlichkeitsrechte, Rechte also, die vom Deliktsrecht als absolute Rechte angesehen werden, deren Verletzung aber keine („gestohlene Zeit") oder keine dem Schaden angemessene („Tötung zum Nulltarif") Haftungsfolgen auslösen[28]. Des weiteren geht es um Unzulänglichkeiten der Nutzungsentschädigung[29]. Die dahinter stehenden Entscheidungen der Zivilrechtsordnung oder der höchsten Gerichte sind aber niemals als Absage an die Präventionsfunktion des Haftungsrechts gemeint gewesen. Man hat stattdessen Probleme bei der Monetarisierung oder „Kommerzialisierung" des Schadens gesehen und sich ansonsten – jedenfalls beim Schutz immaterieller Rechte – darauf verlassen, daß die übrigen Instrumente des Rechts, insbesondere auch diejenigen des Strafrechts, die nicht in Abrede gestellte Präventionsfunktion in diesen Fällen auch allein ausfüllen könnten.

III. Durch Schadensoptimierungsgebote nicht gedeckter Legitimationsbedarf

War soeben gesagt worden, daß die Präventionsfunktion des Haftungsrechts nicht durch eine nur auf die Herbeiführung der Rechtsfolge fixierte Ausgleichsfunktion, nicht durch einen Hinweis auf die eventuelle Erlaubtheit der haftungsbewehrten Handlung und auch nicht im Hinblick auf die – richtig diagnostizierte, aber anders zu therapierende – Schuldturmproblematik in Frage gestellt werden sollte, sondern als – unter dem Vorbehalt der noch anzudeutenden Einkommensaspekte – maßgebende Funktion des deliktsrechtlichen Haftungsrechts gesehen werden sollte, so muß nunmehr die bereits aufgestellte These begründet werden, daß die

---

[28] Siehe hierzu nur *Schäfer-Ott* aaO 253 ff. mwNachw.
[29] Siehe hierzu nur *Schäfer-Ott* aaO 261 ff.

juristische Präventionsfunktion des Haftungsrechts mit dem ökonomischen Ziel der Schadensoptimierung nicht identisch sein kann. Die wichtigsten Gründe hierfür sind folgende: Es besteht – erstens – ein besonderer juristischer Legitimationsbedarf, dem Schuldner zum Schutze fremder Interessen Aktivitäten abzufordern. Daß die Aktivitäten ökonomisch sinnvoll wären, genügt nicht. Es würde aber – zweitens – auch ein besonderer juristischer Legitimationsbedarf bestehen, um den Schuldner vor als legitim einzustufenden Verhaltenserwartungen des Opfers zu bewahren. Daß die Erwartungen des Opfers ökonomisch unsinnig sind, genügt nicht, um ihnen ihre Legitimität abzusprechen. Der – drittens – zu beachtende weitere Umstand, daß sich für einige Nichtmarktgüter, z.B. Leben und Gesundheit, keine tauglichen Schattenpreise ermitteln lassen, ja daß die Rechtsordnung sich an solchen Quasi-Marktpreisen nicht einmal dann orientieren könnte, wenn sie ermittelbar wären, so daß hiermit im Zusammenhang stehende positiv-ökonomische Schadensoptimierungsgebote schon deswegen nicht zu übernehmen wären, sei hier[30] nur erwähnt und nicht vertieft.

Ökonomisch überzogene, trotzdem aber als legitim einzuschätzende und von der Rechtsordnung zu stabilisierende Schutzerwartungen des Opfers sind auch aus ökonomischer Sicht im Grunde dann kein Problem, wenn zwischen dem Adressaten der Schutzpflicht und dem Opfer ein Vertragsverhältnis besteht. Wenn ich einen Sicherheitsdienst dafür anheuere, Tag und Nacht meinen einsamen Stachelbeerstrauch zu bewachen und vor feindlichen Kindern zu schützen, dann kann der Sicherheitsdienst sich nicht der Bewachung entziehen und sich im „Schadensfalle" darauf berufen, der Bewachungsaufwand wäre wirtschaftlich ganz unsinnig gewesen. Ökonomisch kein Problem: Ich habe meine Güter eben privatautonom höher bewertet, und mein Vertragspartner hat sich privatautonom auf diese Bewertung eingelassen. Ähnliches gibt es aber auch abseits privatautonom begründeter oder quasivertraglicher Rechtsverhältnisse: Auch wenn der LKW-Fuhrunternehmer es sehr eilig hat und wenn Zeitverlust bei ihm zu einem großen Schaden führen würde, darf er nicht einfach mein die Kreuzung blockierendes Auto überrollen oder einen Grünstreifen überfahren und zerstören. Vom Wert meines Autos oder des Grünstreifens hängt das nicht ab. Er hat die fremde Integrität zu respektieren. Falls dies ökonomischer Vernunft widerspricht und er die fremde Integrität mißachtet, muß er eben zahlen, auch wenn er sich ökonomisch richtig verhalten hat.

Mit – gewissermaßen umgekehrten Vorzeichen – gilt dasselbe für den Fall, daß eine Maßnahme zugunsten des Opfers ökonomisch erwünscht wäre. Ich muß nicht schon deswegen helfen, weil mein Aufwand durch die dem Opfer drohenden Einbußen mehr als nur gedeckt wäre. Es gibt Freiheitsrechte. Der von Einbußen Bedrohte muß fremde Freiheitsrechte respektieren und kann niemanden ohne weiteres in Dienst nehmen. Mag er sich die gewünschte Unterstützung zu erkaufen versuchen.

Entsprechende Freiheitsüberlegungen sind auch dann anzustellen, wenn man als Gesetzgeber oder als sich zur Rechtssetzung berufen fühlender Richter eine Gefährdungshaftung etablieren will. Es reicht nicht aus, daß man mit dem derzeit

---

[30] Ausführlich hierzu *Blaschczok* aaO 248 ff.

verfügbaren Sicherheitsniveau unzufrieden ist[31] und daß man der festen Überzeugung ist, daß sich schon eher für die Aktivität des Verletzers (z.B. des Autofahrers oder des Flugzeugführers) bessere Sicherungstechniken entwickeln lassen als für die konfligierende Aktivität des Opfers (z.B. Zufußgehen oder Zuhausesitzen). Ökonomisch wäre es belanglos, ob man sich die entsprechenden Innovationen vom Verletzer selbst, von seinem Lieferanten, vom Hersteller des von ihm verwendeten Produkts oder von sonst wem erhoffen würde. Juristisch muß speziell der auf den Verletzer selbst ausgeübte Innovationsdruck (Ausschauhalten) legitimiert werden[32].

D. Aspekte einer Berücksichtigung haftungsrechtlicher Einkommenseffekte und ihre Konkurrenz zu Aspekten einer Behinderung unerwünschten Verhaltens

Zur Konkurrenz zwischen „verhaltenssteuerungsaspekten" und „Verteilungsaspekten" sind zwei zentrale Statements bereits abgegeben worden: Erstens ist bereits gesagt worden, daß es nicht wirklich um Verteilungspolitik gehen kann, sondern ausschließlich um eine Steuerung der haftungsrechtlichen Einkommenseffekte, daß es auch dabei um die Förderung oder die Behinderung von Aktivitäten, also um Verhaltenssteuerung geht, allerdings um die Steuerung von Verhalten, das rechtlich nicht zu beanstanden ist. Zweitens ist im Zusammenhang mit der von Canaris als haftungsrechtlich relevant eingestuften Schuldturmproblematik gesagt worden, daß man in deliktsrechtlichen Zusammenhängen an den Verletzer gerichtete legitime Schutzerwartungen nicht aus sozialen Gründen reduzieren sollte. Im Hinblick auf die Reziprozität der Schadensverursachung sollte man dann natürlich auch die an das Opfer zu richtenden Erwartungen, es möge zum Selbstschutz beitragen, nicht aus sozialen Gründen zurückschrauben und auf diese Weise den Verletzer mit überzogenen Schutzerwartungen belasten. Es geht – kurz gesagt – nicht an, den Verletzer damit zu hören, gerade er sei aber zu arm, als daß man ihm dieselbe Rücksichtnahme auf Dritte abfordern dürfe, die man allen anderen in seiner Situation mit vollem Recht abfordere, oder er sei zumindest zu arm, um sich die eigentlich von ihm einzufordernden Schadensersatzzahlungen leisten zu können. Und es geht auch nicht, das Opfer mit entsprechenden Bekundungen zu hören.

Für Erwägungen zur Richtigkeit von Verteilungseffekten besteht daher nur ein eingeschränkter, sehr spezifischer Anlaß. Er ergibt sich daraus, daß sich Verhaltenssteuerung – mit Ausnahme der Steuerung von Innovationstätigkeiten – im Prinzip mit einer Verschuldenshaftung und mit einer Gefährdungshaftung gleichermaßen betreiben läßt. Eine Orientierung am Verhaltenssteuerungsziel im engeren Sinne und auch an der Präventionsfunktion des Haftungsrechts ermöglicht daher keine Entscheidung über die Zuordnung der „unvermeidbaren" Schäden, derjenigen Schäden also, deren Vermeidung man den Beteiligten nicht unter

---

[31] Siehe hierzu oben unter A.I.
[32] Näher *Blaschczok* aaO 306 ff.

Sanktionsandrohungen abverlangen würde. Es reicht auch nicht aus, sich an der aus dem Römischen Recht hergeleiteten Culpa-Doktrin zu orientieren und zu sagen, wenn der Verletzer für den Schaden nichts könne, dann treffe ihn eben keine Verantwortlichkeit, und das Opfer müsse den Schaden selbst tragen („casum sentit dominus"). Auch das Opfer kann nichts dafür, und beide gemeinsam haben den Schaden verursacht. Die Culpa-Doktrin mag daher als Regel – genauer: als Faustregel – insofern ihre Richtigkeit haben, als sich in der Tat in den meisten Fällen auch bei näherem Hinsehen die ihr immanente Lösung als richtig erweist. Verkörperung des hinter der Entscheidung stehenden Prinzips kann sie nicht sein.

Da die Gefährdungshaftung auf dieser Veranstaltung nicht gerade im Zentrum der Erörterung steht, kann es hier nicht um Details gehen. Nur der Ansatz sei benannt, weil er zeigt, daß neben der Präventionsfunktion auch noch eine Distributionsfunktion im Raume stehen kann. Es gibt einen engen Sachzusammenhang zwischen der Zuweisung unvermeidbarer Schäden und demjenigen, was die – ökonomisch widerlegte – Invarianzthese des Coase-Theorems zu verdecken drohte: Die Zuweisung unvermeidbarer Schäden produziert, je nachdem wie die Entscheidung ausfällt, unterschiedliche Lebenswelten. Es werden entweder Aktivitäten des (poteniellen) Opfers gefördert oder Aktivitäten des (potentiellen) Schädigers. Die Aktivitäten der anderen Seite werden zurückgedrängt. Aus den bereits geschilderten Gründen sehe ich keine andere Möglichkeit als hierüber Aspekte entscheiden zu lassen, die man wohl oder übel als Verteilungsaspekte bezeichnen muß.

Daß es vom Ansatz her zunächst nicht um Armut oder Reichtum der (typischerweise) beteiligten Personen gehen kann, ist bereits mehrfach gesagt worden. Es geht ja um Förderung oder Diskriminierung von Aktivitäten. Diese also müssen vergleichend bewertet werden, nicht die Akteure. Die Diskussion um die Frage, wie man dieses überhaupt in intersubjektiv vermittelbarer Weise leisten könnte, ist im Stadium zaghafter Versuche steckengeblieben. Mit anderen Worten: Eine Diskussion gibt es gar nicht, nur Anregungen eines Autors[33]. Es gibt daher auch keinen Diskussionsstand, über den zu berichten sich hier lohnen würde.

E. Ergebnisse in Thesen

1) Niemand erklärt Präventionseffekte für unerwünscht. Die Idee, daß die schadensausgleichende Wirkung des Schadensersatzes bereits als solche erklären könnte, warum er im konkreten Fall angeordnet wird, ist ein Irrtum.
2) Eine Ignoranz gegenüber den haftungsrechtlichen Einkommenseffekten ist aus ökonomischer Sicht zu beanstanden. Es geht nicht um „Umverteilungsgelüste", sondern um einen Vergleich unterschiedlicher ökonomischer Optima.

---

[33] *Blaschczok* aaO 319 ff.

3) Die Rechtswissenschaft sollte künstliche terminologische Unterscheidungen zwischen dem Ziel einer Norm, Verhalten zu steuern, und einer „eventuellen" Präventionsfunktion dieser Norm fallen lassen.

4) Zwischen einer recht verstandenen ausgleichenden oder vergeltenden Gerechtigkeit und der Präventionsfunktion des Haftungsrechts gibt es keinen Gegensatz. Die in diesem Zusammenhang angesprochene Schuldturmproblematik gehört einerseits in den Bereich einer im engsten Sinne verstandenen Verteilungsgerechtigkeit und nimmt andererseits der Präventionsfunktion nichts von ihrer Legitimität.

5) Ökonomisches Ziel der Schadensoptimierung und rechtlich legitimierbare Präventionsfunktion des Haftungsrechts sind nicht identisch.

6) Überlegungen zur Gerechtigkeit der zwangsläufigen Einkommenseffekte haftungsrechtlicher Regeln, die aber mit dem klassischen Postulat der Verteilungsgerechtigkeit wenig gemein haben und insbesondere die klassischen personalen Aspekte nicht schon als Ansatz wählen, sind auch aus rechtswissenschaftlicher Sicht erforderlich.

Literatur

Adams, M., Ökonomische Anlayse der Gefährdungs- und Verschuldenshaftung, 1985.
Blaschczok, A. Gefährdungshaftung und Risikozuweisung, 1993.
Blaschczok, A., ZHR 150 (1986).
Deutsch, Haftungsrecht Band I, Allgemeine Lehren, 1976.
Hohloch, in: Gutachten und Vorschläge zur Überarbeitung des Schuldrechts, Band I 1981
Larenz-Canaris, Lehrbuch des Schuldrechts, Band II, Halbband 2, Besonderer Teil, 13. Auflage 1994.
Nagel-Eger, Wirtschaftsrecht II, 1989.
Demsetz, Journal of Law & Economics 9 (1966).
Regan, Journal of Law & Economics 15 (1972), S. 427.
Röckrath ARSP 1997.
Schäfer, H-B./Ott, C., Lehrbuch der ökonomischen Analyse des Zivilrechts, 2. Auflage 1995.
Wegehenkel, Coase-Theorem und Marktsystem, 1980.
Will, Quellen erhöhter Gefahr, 1980.

Diskussion

zusammengefaßt von *Christian Tetzlaff*

Die anschließende Diskussion zu de Referaten Ott und Schäfer sowie Blaschczokbeschäftigte sich eingehend mit den verschiedenen Funktionen und Aufgaben des Zivilrechts, insbesondere des Schadensrechts. Im Verlauf der Erörterungen konnte die Bedeutung der Anreiz- und Abschreckungsfunktion im Zivilrecht in der Gegenüberstellung zu anderen Funktionen näher herausgearbeitet und anhand von Beispielfällen konkretisiert werden.

So betonte ein Diskussionsteilnehmer nochmals die Probleme, im Schadensrecht die Präventionsfunktion gegenüber der Ausgleichsfunktion in den Vordergrund zu stellen. Er erklärte dies mit dem grundlegend anderen Verständnis, mit dem Ökonomen an die Frage herangehen, welche Aufgaben dem Schadensrecht zukommen. So sei es aus der Sicht der Ökonomen nicht unbedingt notwendig, daß der Geschädigte einen Ausgleich des Schadens erhalte, im Vordergrund stehe vielmehr die Überlegung, das Verhalten von potentiellen Schädigern so zu steuern, daß diese einen effizienten Vermeidungsaufwand betreiben.

Nachfolgend wurde die neue Rechtsprechung des BGH zum Persönlichkeitsrecht (Caroline v. Monaco) als Beispiel dafür ausgeführt, daß der BGH in einigen Teilbereichen den Präventionsgedanken bereits weitgehend berücksichtigt, während die Ausgleichsfunktion des Schadensrechts dahinter zurücktritt. Ein Teilnehmer der Diskussion sah in der Entscheidung des BGH auch Ansätze von Spezialprävention (dieser Begriff stammt aus dem Strafrecht) im Zivilrecht, wenn die eine Falschmeldung veröffentlichende Zeitung in einer nachfolgenden Ausgabe die falschen Behauptungen auf Seite 1 widerrufen und richtigstellen muß.

In diesem Zusammenhang wurde anhand der Personenschäden infolge Umweltverschmutzung und infolge von Produktfehlern (Milupa-Fall) auch auf bestehende Ursachen für eine mangelnde Präventionswirkung des Schadensrechts eingegangen. Bei den angeführten Fällen bestehe aufgrund des in Deutschland vorhandenen umfassenden Sozialversicherungsschutzes, der dazu führt, daß die Behandlungskosten bei den verursachten Personenschäden durch die Krankenkasse getragen werden, die Tendenz, daß sich kein Kläger findet, da die Krankenkasse in einer Vielzahl von Fällen vom Regreß beim Schädiger absehe.

Von den Diskussionsteilnehmern wurden umfassende Änderungen im Sozialversicherungsrecht gefordert. Die Referenten befürworteten in ihrer Stellungnahme zur Lösung dieses Problems die Schaffung von Anreizen, daß die Krankenkasse in diesen Fällen von ihren Regreßmöglichkeiten Gebrauch macht.

Ein Diskussionsteilnehmer wies darauf hin, daß sich die Präventionswirkung von zivilrechtlichen Normen nicht nur auf das Schadensrecht beschränkt, als Beispiel führte er u. a. § 817 Satz 2 BGB i. V. m. §§ 134, 138 BGB an. Allerdings habe die Norm in der Praxis aufgrund der einschränkenden Rechtsprechung nicht die Bedeutung, die sie eigentlich im Hinblick auf eine Verwirklichung des Präventionsgedankens entfalten könnte.

Als Reaktion auf die Ausführungen von der Referenten zur Verteilungsgerechtigkeit als Aufgabe des Zivilrechts wurde in der Diskussion darauf hingewiesen, daß Haftungsregeln durchaus der Herstellung von Verteilungsgerechtigkeit dienen sollten, solange es sich bei dem Einsatz von Zivilrecht gegenüber anderen Methoden um die kostengünstigste Methode zur Erreichung des Ziels handele. In der nachfolgenden Stellungnahmen von den Referenten und Diskussionsteilnehmern wurde anhand von Beispielen (Frankreich: kein Mitverschuldenseinwand bei unter 16jährigen und bei über 70jährigen Geschädigten; Niederlande: kein Mitverschuldenseinwand gegenüber Fahrradfahrern; Deutschland: Vorschlag des BMdJ zur Minderjährigenhaftung) diskutiert, ob in diesen Fällen bei der Verteilung Wohlfahrtsverluste auftreten. Die Referenten vertraten die Ansicht, daß in den genannten Beispielen kaum Verteilungsgerechtigkeit erreicht werden könne, wenn man sich vorstelle, daß auch der 75jährige Millionär in Frankreich vor dem Mitverschuldenseinwand geschützt werde. Daraufhin wurde in der Diskussion darauf hingewiesen, daß jugendliche Schädiger vor einer lebenslangen Verschuldung geschützt werden müßten.

In Reaktion auf das Koreferat entwickelte sich eine Diskussion zu dem Problem der Bestimmung von Marktpreisen für bestimmte Schäden, insbesondere wurde auf die Schwierigkeiten bei der Ermittlung des Wertes eines Menschenlebens hingewiesen. Von Seiten der Referenten wurde eingeräumt, daß es bestimmte Bereiche gebe, in denen eine monetäre Bewertung schwierig sei. Er wies aber auf die schwerwiegenden Nachteile hin, wenn diese Bewertungen unterblieben und nur implizite Bewertungen durch Sicherheitsstandards erfolgten. Als Beispiel nannte er die unterschiedliche Definition von Sicherheitsstandards in den USA, die zur Folge haben, daß bei Tod durch Asbest ein Menschenleben den Wert von 150 Mio. $ habe, während bei Tod durch Kinderspielzeug der Wert nur 200 Tsd. $ betrage und bei einem durch Tierfutter verursachten Tod ein Menschenleben 200 Mio. $ wert sei.

Die Realisierbarkeit des Vorschlages eines Diskussionsteilnehmers, den Wert eines Menschenlebens durch eine Bestimmung von zu zahlenden Risikoprämien für eine gefährlichere Arbeit durch eine Befragung zu ermitteln, wurde durch den Koreferenten angezweifelt, da die Antworten der Befragten dadurch geprägt seien, daß sich die Antwortenden jeweils in einem anderen Lebensabschnitt befinden oder eine andere Vorgeschichte haben (Bsp.: überstandener Herzinfarkt).

Einen weiteren Schwerpunkt in der an die Referate anschließenden Diskussion bildete die Erörterung des Problems, daß in den Fällen, in denen aufgrund der Tatsache, daß die Schäden relativ gering sind bzw. durch die Sozialversicherungssysteme ausgeglichen werden, die Bereitschaft der Geschädigten zur Klage kaum besteht, wodurch eine Präventionswirkung des Zivilrechts nicht erreicht werden kann. Ein Diskussionsteilnehmer präferierte die Einrichtung von Fonds zur Senkung der Transaktionskosten. Die Referenten erläuterten ausführlich die Möglichkeiten, die die Bündelung der Ansprüche der Geschädigten im Wege der sogenannten class-action zur Lösung des Problems bieten.

Haftungsfolgen
Entwicklungstendenzen im europäischen und deutschen Schadensersatzrecht

von

Gert Brüggemeier

A. Einleitung

Ich möchte einige neuere Entwicklungslinien im Haftungs- und Schadensrecht diskutieren, bei denen sich die Abgrenzung oder Alternativität von strafrechtlicher und zivilrechtlicher Sanktion als Problem stellt. Zwei Entwicklungen sind auf das Engste mit der *Europäisierung des außervertraglichen Schadensersatzrechts* in der Europäischen Gemeinschaft verbunden – Diskriminierung im Arbeitsleben und Staatshaftung wegen Verstoßes gegen das Gemeinschaftsrecht. Der dritte Aspekt betrifft aktuelle Entwicklungen im deutschen Recht zur *„billigen Entschädigung in Geld"* bei Personenverletzungen („Schmerzensgeld" nach § 847 I BGB). Bei dem abschließend skizzierten vierten Phänomen handelt es sich – jedenfalls für das deutsche Recht – (noch) um eine virtuelle Entwicklung, während es in anderen westlichen Zivilrechtsordnungen und im europäischen Gemeinschaftsrecht anerkannt ist – *nomineller Schadensersatz*. Die ersten beiden Fallkomplexe haben es zumeist mit reinen Vermögensschäden zu tun; die beiden anderen handeln von Nicht-Vermögensschäden. Für alle vier Entwicklungslinien scheint sich sowohl rechtsdogmatisch als auch ökonomisch-analytisch noch keine abschließende Bewertung durchgesetzt zu haben.

B. Schadensersatz bei Diskriminierung im Arbeitsleben

Der erste Fallkomplex betrifft eine seit nunmehr 20 Jahren in Deutschland viel und kontrovers diskutierte Thematik – Diskriminierung wegen des Geschlechts im Arbeitsleben. Zwar stellt bekanntlich Art. 3 II GG seit 1949 (in präskriptiver Absicht!) fest, daß Frauen und Männer gleichberechtigt *sind*. Art. 3 III 1 GG regelt, daß niemand wegen seines Geschlechts benachteiligt oder bevorzugt werden darf. Neben diesen Grundgesetzartikeln steht seit 1957 Art. 119 EGV, der EG-weit ein gleiches Entgelt für Männer und Frauen vorschreibt. Gemeinsam war Art. 3 GG und Art. 119 EGV, daß sie genauso unbestritten *de iure* unmittelbar geltendes Recht waren, wie sie weitgehend *de facto* wirkungslos geblieben sind[1]. Zum Tanzen gebracht wurden die juristischen Verhältnisse bei der Geschlechtsdiskriminierung im Arbeitsleben erst durch zwei EG-Richtlinien aus den 70er Jahren: die Lohngleichheits-Richtlinie von 1975[2] und die Gleichbehandlungs-Richtlinie von 1976[3]. Beide Gleichstellungs-Richtlinien sind in Deutschland erst mit mehrjähriger Verspätung durch das EG-Anpassungsgesetz vom 13.8.1980[4] umgesetzt worden. Art. 6 der Gleichbehandlungs-Richtlinie verlangte von den Mitgliedstaaten, sicherzustellen, daß diskriminierte Personen ihre „Rechte gerichtlich geltend machen" können; auf welche Weise dies zu erfolgen hatte, ließ die Richtlinie offen. Der deutsche Gesetzgeber wählte eine zivilrechtliche Schadensersatzlösung. So sind denn u.a. die §§ 611a und 611b in das BGB eingefügt worden. § 611a I BGB formuliert das Benachteiligungsverbot. § 611a II 1 beinhaltete die Sanktion für die Verletzung des Verbots durch den Arbeitgeber: „*Ersatz des Schadens, den der Arbeitnehmer dadurch erleidet, daß er darauf vertraut, die Begründung des Arbeitsverhältnisses werde nicht wegen eines solchen Verstoßes unterbleiben*". § 611a III stellt fest, daß kein Anspruch auf Einstellung besteht. § 611b schreibt die geschlechtsneutrale Ausschreibung von neu zu besetzenden Arbeitsplätzen vor. § 612 BGB ist um einen Abs. 3 ergänzt worden, wonach eine unterschiedliche Bezahlung wegen des Geschlechts untersagt ist[5].

---

[1] Innerstaatlich wurden die Implikationen von Art. 3 Abs. 2 und 3 GG für die Gleichbehandlung im Berufsleben erst sehr spät „entdeckt". Vgl. BVerfG, AP Nr. 9 zu Art. 3 GG m. Anm. M. Schlachter = NJW 1994, 647; dazu auch *Zimmer, M.*, Diskriminierung wegen des Geschlechts bei der Einstellung von Arbeitnehmern, NJW 1994, 1203.

[2] Richtlinie 75/117/EWG zur Angleichung der Rechtsvorschriften der Mitgliedstaaten über die Anwendung des Grundsatzes des gleichen Entgelts für Männer und Frauen vom 10.2.1975, ABl.EG 1975 L 45/19.

[3] Richtlinie 76/207/EWG zur Verwirklichung des Grundsatzes der Gleichbehandlung von Männern und Frauen hinsichtlich des Zugangs zur Beschäftigung, zur Berufsbildung und zum beruflichen Aufstieg sowie in bezug auf die Arbeitsbedingungen vom 9.2.1976, ABl.EG 1976 L 39/40: Art. 1 I enthält den allgemeinen Rechtsgedanken der Gleichbehandlung. Art. 2 untersagt jede unmittelbare und mittelbare Diskriminierung aufgrund des Geschlechts. Art. 6 schreibt vor, daß die Mitgliedstaaten die erforderlichen Vorschriften erlassen, damit jede rechtswidrig diskriminierte Person ihre „Rechte gerichtlich geltend machen kann".

[4] Gesetz über die Gleichbehandlung von Männern und Frauen und über die Erhaltung von Ansprüchen bei Betriebsübergängen (Arbeitsrechtliches EG-Anpassungsgesetz), BGBl. 1980 I, 1308; vgl. dazu *Eich, R.-A.*, Das Gesetz über die Gleichberechtigung von Männern und Frauen am Arbeitsplatz, NJW 1980, 2329; *Knigge, A.*, Gesetzliche Neuregelung der Gleichbehandlung von Männern und Frauen am Arbeitsplatz, BB 1980, 1272.

[5] Keinen Verstoß gegen den Grundsatz der Gleichbehandlung der Geschlechter soll die Diskriminierung der gleichgeschlechtlichen Lebensgemeinschaft darstellen. Vgl. dazu EuGH, Urt. v. 17.2.1998, Rs. C-249/96, *Grant*, EuZW 1998, 212 = JZ 1998, 724 m. Anm. *Th. Giegerich*.

I. Der EuGH: Von v. *Colson* bis *Draehmpaehl*

Ob dies eine den Zielen der Gleichbehandlungs-Richtlinie gerecht werdende effektive Sanktionsregelung war, ist in der deutschen arbeitsrechtlichen Literatur von Anfang an bezweifelt worden.[6] 1982 kam es dann zum Testfall. Die Arbeitsgerichte Hamm und Hamburg legten unabhängig voneinander dem EuGH in zwei Vorabentscheidungsverfahren nach Art. 177 II EGV Fragen zur richtlinienkonformen Ausgestaltung der Entschädigungsregelungen vor[7]. In zwei gleichlautenden Urteilen vom 10.4.1984[8] hat der EuGH entschieden: Wenn der Mitgliedstaat den zivilen Schadensersatz als Sanktion für die Diskriminierung wähle, müsse die Entschädigung, um eine abschreckende Wirkung zu gewährleisten, *in einem angemessenen Verhältnis zu dem erlittenen Schaden stehen*. Ein nur symbolischer Schadensersatz wie etwa die bloße Erstattung der Bewerbungskosten sei nicht ausreichend.

Auf der Grundlage dieser beiden EuGH-Entscheidungen meinten die Arbeitsgerichte Hamm und Hamburg in den konkreten Ausgangsverfahren *v. Colson* und *Harz* die Grundlage für einen „angemessenen" Schadensersatz im Deliktsrecht finden zu können[9]. Beide interpretierten das Benachteiligungsverbot des § 611a I als ein Schutzgesetz i.S. des § 823 II BGB und bejahten dessen fahrlässige Verletzung durch die Entscheidungsgremien der Justizvollzugsanstalt bzw. der GmbH. Da nicht davon ausgegangen werden konnte, daß die Klägerinnen die jeweils best-qualifizierten Bewerber gewesen waren, kam nur ein Schmerzensgeld in Betracht. Dies brachte sie in Konflikt mit § 253 BGB, der den Ersatz immaterieller Schäden grundsätzlich ausschließt. Diese Kollision lösten sie, indem sie – unter entsprechender Anwendung der Grundsätze zur Entschädigung bei Persönlichkeitsrechtsverletzungen – von einem *schwerwiegenden* Verstoß gegen den Gleichbehandlungsgrundsatz ausgingen. Im Ergebnis sprachen beide Arbeitsgerichte als Rechtsfolge eine „billige Entschädigung in Geld" nach § 847 I BGB in Höhe von sechs Monatsgehältern zu[10]. Einige Landesarbeitsgerichte sahen darin eine unzulässige richterliche Rechtsfortbildung[11]. Das BAG schloß sich hin-

---

[6] Vgl. die Stellungnahmen zum EG-Anpassungsgesetz in Fn. 4.

[7] ArbG Hamm, DB 1983, 1102; ArbG Hamburg, BB 1983, 1858.

[8] Rs. 14/83, von *Colson* und *Kamann*, Slg. 1984, 1891; Rs. 79/83, *Harz*, Slg. 1984, 1921. Vgl. dazu u.a. *Birk, R.*, Auswirkungen der Rechtsprechung des EuGH zur Gleichbehandlung von Frauen und Männern beim Berufszugang, NZA 1984, 145; *Bleckmann, A.*, Gleichbehandlung von Männern und Frauen hinsichtlich des Zugangs zur Beschäftigung, DB 1984, 1574; *Scholz, R.*, Urteilsanm., SAE 1984, 250; *Bertelsmann, K./Pfarr, H.*, Diskriminierung von Frauen bei der Einstellung und Beförderung, DB 1984, 1297; *Zuleeg, M.*, Gleicher Zugang von Männern und Frauen zur beruflichen Tätigkeit, RdA 1984, 325.

[9] ArbG Hamm, DB 1984, 2700 – v. Colson und Kamann (Zwei junge Frauen hatten sich als Sozialarbeiterinnen in einer Justizvollzugsanstalt beworben.); ArbG Hamburg, DB 1985, 1402 – Harz (Eine Dipl.Betriebswirtin bewarb sich um eine Managementstelle bei einer GmbH.).

[10] ArbG Hamm, DB 1984, 2700; ArbG Hamburg, DB 1985, 1402.

[11] LAG Niedersachsen, DB 1985, 1401; LAG Köln, Urt. v. 25.6.1986, in: Bertelsmann, K./Colneric, N./Pfarr, H./Rust, U. (Bearb.), Handbuch zur Frauenerwerbstätigkeit, 1993 ff., Bd. 2, Teil V, P 8 Nr. 5.

gegen 1989 – im Prinzip – den beiden Arbeitsgerichten an.[12] Es beschränkte das Schmerzensgeld allerdings auf den Betrag von *einem* Monatsgehalt. Den Ersatz von Vermögensschäden sah es – wohl unzutreffend – als durch § 611a II 1 (a.F.) BGB ausgeschlossen an[13].

Angesichts dieser vielfachen Unklarheiten über die Konsequenzen der beiden EuGH-Urteile von 1984 für das deutsche Schadensersatzrecht wurde schließlich in den 90er Jahren der Bundesgesetzgeber aktiv. In der Zwischenzeit sind weitere Konkretisierungen der Gleichbehandlungs-Richtlinie durch den EuGH erfolgt[14] und 1993 hatte auch das BVerfG § 611a I BGB als Ausdruck grundrechtlicher Schutzpflichten qualifiziert[15]. Durch das Zweite Gleichberechtigungsgesetz vom 24.6.1994[16] erhielt § 611a II 1 BGB nunmehr folgende Fassung:

„Hat der Arbeitgeber bei der Begründung eines Arbeitsverhältnisses einen Verstoß gegen das Benachteiligungsverbot des Absatzes 1 zu vertreten, kann der hierdurch benachteiligte Bewerber eine angemessene Entschädigung in Höhe von höchstens drei Monatsverdiensten verlangen."

Damit wurde die Rechtsprechung der Arbeitsgerichte nachkodifiziert und das Schmerzensgeld für Geschlechtsdiskriminierung als gesetzliche Ausnahmeregel i.S. des § 253 in das System des BGB eingepaßt. Die Reaktionen in der arbeitsrechtlichen Literatur blieben jedoch skeptisch.[17] 1995 wandte sich ein weiteres Mal das Arbeitsgericht Hamburg[18] an den EuGH mit der Bitte um Vorabentscheidung. Diesmal ging es mehr oder weniger offen um die Gemeinschaftsrechtskonformität der Neufassung von § 611a II 1 BGB. Die Antwort, die der EuGH mit dem Urteil vom 22.4.1997 in der Rechtssache *N. Draehmpaehl*[19] gegeben hat, war unmißverständlich. Die Konsequenzen für das Arbeitsgericht Hamburg lassen sich in drei klaren Aussagen[20] zusammenfassen:

(1) Die summenmäßige Begrenzung des Schadensersatzes auf höchstens drei Monatsverdienste bei der Geschlechtsdiskriminierung des *best-qualifizierten* Bewerbers verstößt gegen die Ziele der Gleichbehandlungs-Richtlinie 76/207 und ist EG-rechtswidrig.

---

[12] BAG, NJW 1990, 65 (Bewerbung um eine Spätdienstmitarbeiterstelle in einem Tierheim).

[13] BAG, NJW 1990, 65, 66 sub.V.

[14] EuGH, Rs. C 177/88, *Dekker*, Slg. 1990, I-3941 = NJW 1991, 628; EuGH, Rs. C 271/91, *Marshall* II, Slg. 1993, I-4367 = EuZW 1993, 706 m. Anm. N. *Colneric*, ZEuP 1995, 650.

[15] Vgl. Fn 1.

[16] BGBl. 1994 I, 1406; vgl. dazu u.a *Maurer, J.*, Das Zweite Gleichberechtigungsgesetz, BB 1994, 1283; *Schiek, D.*, Das Zweite Gleichberechtigungsgesetz, Streit 1995, 3.

[17] Vgl. die Nachweise in Fn 16.

[18] DB 1995, 1234. Auf „sanften Druck" der Prozeßvertreter K. Bertelsmann und H. Pfarr hin. Zu den „merkwürdigen" Begleitumständen dieses Arbeitsrechtsstreits vgl. u.a. *Oetker, H.*, Urt. Anm., ZIP 1997, 802 ff.

[19] EuGH, Rs. 180/95, *Draehmpaehl*, Slg. 1997, I-2195. Vieles von dem hier zu I Vorgetragenen findet sich schon in meiner Anmerkung zu diesem Urteil, ZEuP 1998, 752. Aus der Unzahl von Stellungnahmen seien herausgegriffen: *Steindorff, E.*, Urt.Anm., (1997) 34 CMLR 1259; *Ward, A.*, New Frontiers in Private Enforcement of E.C. Directives, (1998) 23 E. L. Rev. 65; *Hergenröder, C.W.*, Urt.Anm., JZ 1997, 1174.

[20] Von dem Problem des § 61b ArbGG wird hier abgesehen.

(2) Eine pauschalisierende Begrenzung des Schadensersatzes bei der Geschlechtsdiskriminierung von Bewerbern ohne echte Chance auf die ausgeschriebene Position ist mit dem EG-Recht vereinbar.

(3) Der Schadensersatz nach (1) und (2) wegen Geschlechtsdiskriminierung bei der Einstellung darf nicht an die Voraussetzung des Verschuldens gebunden werden.

Soweit das Arbeitsgericht für die Fallkonstellation der Diskriminierung des best-qualifizierten Bewerbers die EG-Rechtswidrigkeit feststellt, folgt daraus die Nicht-Anwendbarkeit von § 611a II 1 n.F. BGB! Die (europarechtlichen) Konsequenzen hieraus können wiederum fünffach sein: Direktwirkung der Richtlinie, richtlinien- bzw. gemeinschaftsrechtskonforme Auslegung, Anwendung sonstigen nationalen Rechts, richterliche Fortbildung nationalen Rechts, Haftung des Mitgliedstaats.

Die *Direktwirkung* einer Richtlinie bei fehlerhafter, d.h. nicht rechtzeitiger, unvollständiger oder unkorrekter, Umsetzung ist anerkannt bei staatlichen Einrichtungen als Adressaten der Richtlinie. Im Horizontalverhältnis zwischen Subjekten des Privatrechts wird eine Direktwirkung vom EuGH bis heute bekanntlich verneint[21]. Unabhängig von Horizontal- und Vertikalverhältnis kommt eine Direktwirkung bei der Gleichbehandlungs-Richtlinie schon deshalb nicht in Betracht, weil Art. 6 der Richtlinie es insoweit den Mitgliedstaaten überläßt, die Mittel zur Gewährleistung eines wirksamen Rechtsschutzes zu bestimmen. Es fehlt an der unbedingten und hinreichend bestimmten Rechtsfolge.

Als nächstes könnte das Arbeitsgericht versuchen, auf dem Weg einer *richtlinienkonformen Auslegung*[22] des § 611a II 1 n.F. BGB die Ziele der Richtlinie zu erreichen. Die richtlinienkonforme Auslegung setzt jedoch wie jede andere traditionelle Auslegungsmethode einen unbestimmten, auslegungsfähigen Gesetzestext voraus. Ist der Text des Transformationsgesetzes, wie hier im Fall des § 611a II 1 n.F. BGB, unmißverständlich und eindeutig, entfällt die Möglichkeit, über eine Interpretation des Textes die Ziele der EG-Richtlinie im innerstaatlichen Recht zu erreichen[23].

Ist die EG-Rechtswidrigkeit nicht über eine richtlinienkonforme Auslegung des Transformationsgesetzes zu beseitigen, bleibt es bei dessen Nicht-Anwendbarkeit. Das Gericht hat die Möglichkeit, ungehindert durch den (nicht anwendbaren) § 611a II 1 n.F. BGB im *nationalen Recht* nach Möglichkeiten zu suchen, um die Anforderungen von Art. 6 der Gleichbehandlungs-Richtlinie zu erfüllen. – Ggf. müssen im Wege *richterlicher Rechtsfortbildung* Lösungen für die Verwirklichung der Ziele der Gleichbehandlungs-Richtlinie entwickelt werden. Als Rechts-

---

[21] Vgl. u. a. EuGH, Rs. C-91/92, *Dori*, Slg. 1994, I-3325 m. w. Nachw. Str.; immerhin drei Generalanwälte haben dies anders gesehen. Vgl. dazu *Klauer, I.*, Europäisierung des Privatrechts, 1998, S. 44 ff. m. w. Nachw.

[22] Vgl. dazu insbes. *Brechmann, W.*, Die richtlinienkonforme Auslegung, 1994; *Ehricke, U.*, Die richtlinienkonforme und gemeinschaftsrechtskonforme Auslegung nationalen Rechts, RabelsZ 59 (1995), 598.

[23] So auch schon zutr. für die alte Fassung des § 611a II 1 BGB: BAG, NJW 1990, 65, 66.

grundlage hierfür dienen Artt. 5, 189 III EGV.[24] Diesen Rechtsfortbildungsauftrag müssen die Gerichte auch schon deshalb wahrnehmen, weil nur auf diese Weise – bei unzureichender Richtlinienumsetzung durch den nationalen Gesetzgeber – sich eine *Staatshaftung* der Bundesrepublik Deutschland nach der *Francovich-Doktrin* des EuGH[25] vermeiden ließe.

II. Haftung des Arbeitgebers nach deutschem Recht

§ 611a I 1 BGB untersagt dem Arbeitgeber gleichermaßen die Benachteiligung von Arbeitnehmern wegen des Geschlechts bei der *Begründung, Änderung und Beendigung von Arbeitsverhältnissen*. Bei Verstößen gegen den Gleichbehandlungsgrundsatz haben die Mitgliedstaaten wirksame Sanktionen vorzusehen. Zivilrechtliche Schadensersatzregelungen müssen eine angemessene Entschädigung beinhalten[26]. Angemessen ist eine Entschädigung nur dann, wenn sie es erlaubt, die durch die Geschlechtsdiskriminierung „tatsächlich entstandenen Schäden .... *in vollem Umfang* auszugleichen"[27]. Gleiche schadensersatzrechtliche Grundsätze hinsichtlich Geschlechtsdiskriminierung bei der Begründung, Änderung und Beendigung von Arbeitsverhältnissen – voller Schadensausgleich – bedeuten nun wiederum nicht, daß der Schadensersatz in allen drei Konstellationen denselben Umfang haben muß. Hier ist vielmehr nach der jeweiligen Ausgangslage zu unterscheiden.

(1) Geschlechtsdiskriminierung bei Einstellung

Bei der Einstellung unterscheidet der EuGH in dem *Draehmpaehl*-Urteil zutreffend zwei Konstellationen, die ich im folgenden als *materielle* und *formelle Diskriminierung* bezeichne:

– Der/die best qualifizierte BerwerberIn wird aus Gründen des Geschlechts nicht eingestellt. (Die in praxi schwierigste Hürde in dieser Fallkonstellation dürfte in dem Nachweis der besten Qualifikation bestehen. § 611a I 3 enthält hierfür eine Beweisregel: Der/die ArbeitnehmerIn muß eine Geschlechtsdiskriminierung plausibel vortragen. Dann trifft den Arbeitgeber die Beweislast dafür, daß der eingestellte Bewerber besser qualifiziert war.[28])

– Ein Bewerber wird bei dem Auswahlverfahren wegen seines Geschlechts diskriminiert (z.B. Nicht-Einladung zur Vorstellung), hatte aber mangels bester Qualifikation keine reale Chance auf Einstellung.

---

[24] Zu dieser hoch umstrittenen Frage vgl. u. a. *v. Bogdandy*, in Grabitz, E./Hilf, M. (Hrsg.), Kommentar zur Europäischen Union, 1983 ff., Art. 5 Rn. 2 (EUV); *Steindorff, E.*, Sanktionen des staatlichen Privatrechts für Verstöße gegen EG-Recht, Jura 1992, 561; ders., EG-Vertrag und Privatrecht, 1996, S. 385 ff. jew. m. w. Nachw.

[25] Vgl. dazu weiter unten im Text.

[26] Vgl. EuGH, *v. Colson* und *Harz* (Fn 8).

[27] EuGH, Rs. C-271/91, *Marshall* II, Slg. 1993, I-4367, Rz. 26. Ebenso Generalanwalt Léger in seinem Schlußantrag in Rs. C-180/95, *Draehmpaehl*, Rz. 52.

[28] Dies entspricht der Beweisregel bei den Öffnungsklauseln in Quotenregelungen. Vgl. dazu EuGH, Rs. C-409/95, *Marschall*, EuZW 1997, 756 m. Anm. *R. Abele.*

(a) Materielle Diskriminierung

Bei der Nicht-Einstellung des besten Bewerbers aus Gründen des Geschlechts ist in erster Linie an quasi-vertragliche und deliktische Ansprüche zu denken: culpa in contrahendo (c.i.c.) und §§ 823 II, 611a I 1, 842 BGB.

(i) Quasi-vertragliche Ansprüche (c.i.c.)

Ein besonderes gesetzliches Schuldverhältnis, das gegenseitige Verhaltenspflichten begründet, ist mit der Ausschreibung einer Stelle und der Bewerbung auf diese Stelle zwischen dem Bewerber und dem Arbeitgeber zustandegekommen. Eine schuldhafte Verletzung dieser Pflicht zur gegenseitigen Rücksichtnahme und Nicht-Schädigung begründet einen Schadensersatzanspruch. Üblicherweise wird der Schadensersatz aus c.i.c. mit dem Vertrauensschaden oder dem negativen Vertragsinteresse verbunden. Bei einem zustandegekommenen Vertrag eröffnet das Rechtsinstitut der c.i.c. dann qua Schadensersatz den Weg zu einer außerordentlichen Lösung von dem Vertrag, jenseits der allgemeinen Regeln über Anfechtung, Rücktritt, Wandelung, Widerruf etc. Dies darf jedoch nicht darüber hinwegtäuschen, daß der Inhalt des Schadensersatzes aus c.i.c. grundsätzlich dahin geht, daß der Anspruchsinhaber verlangen kann, so gestellt zu werden, wie er bei korrektem Verhalten der anderen Seite stehen würde. D.h.: Er kann bei unterbliebenem Vertragsschluß oder bei einem Vertrag mit „unrichtigem" Inhalt ggf. verlangen, in die Situation gebracht zu werden, wie wenn er den Vertrag geschlossen hätte bzw. wie wenn der Vertrag mit einem anderen Inhalt zustande gekommen wäre.[29]

Für die Fallkonstellation der diskriminierenden Nicht-Einstellung des bestqualifizierten Bewerbers schließt § 611a III BGB jedoch einen Einstellungsanspruch aus. Dies scheint solange mit dem Gemeinschaftsrecht vereinbar zu sein, wie der vergleichbare Effekt auf dem Wege der Kompensation herbeigeführt wird. Schadensrechtlich heißt dies: Er ist durch die Entschädigung aus c.i.c. *vermögensmäßig* so zu stellen, wie wenn er eingestellt worden wäre! Der Schaden besteht in dem entgangenen Arbeitslohn (§ 252 BGB). Hinsichtlich der Feststellung des konkreten Schadensumfangs sind folgende Umstände zu berücksichtigen:

– Dieser Schadensersatz gewährt dem Diskriminierten den Vorteil des Arbeitslohns ohne den Nachteil des Arbeiten-Müssens. Diese Situation muß sich hingegen der Arbeitgeber als Folge seines Fehlverhaltens zurechnen lassen. Für den diskriminierten Arbeitnehmer ist ausreichend, daß er seine Arbeitsleistung anbietet. Insoweit findet der Rechtsgedanke des § 615 BGB entsprechende Anwendung.

– Üblicherweise wird eine Probearbeitszeit von maximal 6 Monaten vereinbart. Zum Ende der Probearbeitszeit kann der Arbeitgeber mit einer Frist von zwei Wochen ohne Angabe von Gründen kündigen (§ 622 III BGB). Ist insofern die Berechnung des entgangenen Arbeitslohnes von vornherein auf sechs Monate zu beschränken? Diesem scheinbar plausiblen Einwand ist jedoch entgegenzuhalten, daß damit wiederum das Ziel der Gleichbehandlungs-Richtlinie unterlaufen würde, wenn auf diesem Wege erneut eine ausschließlich ge-

---

[29] Ständige BGH-Rechtsprechung: BGHZ 40, 22; BGHZ 108, 200, 205 ff; BGHZ 120, 281.

schlechtsbezogene Differenzierung durchgesetzt werden könnte. Die allgemeinen arbeitsrechtlichen Grundsätze zum Probearbeitsverhältnis sind daher ihrerseits richtlinienkonform zu interpretieren. D.h.: Um auszuschließen, daß der Arbeitgeber unter dem Deckmantel der zulässigen Kündigung ohne Begründung nicht erneut de facto diskriminiert, ist hier ausnahmsweise ein sachlicher Kündigungsgrund anzugeben. In der Schadensersatzsituation der faktischen Nicht-Einstellung ist der Arbeitgeber jedoch außer stande, verhaltensbezogene Kündigungsgründe vorzubringen. Sofern nicht andere sachliche Kündigungsgründe – insbes. betriebsbedingte Kündigung – sich darlegen lassen, bleibt es bei der (hypothetischen) unbefristeten Einstellung und der entsprechenden Zahlung des Arbeitslohnes als Schadensersatz.

– Den diskriminierten Bewerber trifft allerdings die allgemeine Schadensminderungs"pflicht" oder -obliegenheit (§ 254 II 1 BGB). Er oder sie muß sich weiter um einen Arbeitsplatz bemühen. Eine entsprechende Anstellung führt zum Verlust bzw. zur anteiligen Minderung des Schadensersatzanspruchs.

– Der volle Lohnausgleich bis zur Pensionierung, ggf. unter Berücksichtigung zu erwartender Lohnsteigerungen und Beförderungen, stellt eine Überkompensation dar. Es werden insbesondere bei einer dauerhaften Rentenzahlung keine Anreize gesetzt, sich weiter um einen Arbeitsplatz zu bemühen. Von daher ist es Aufgabe des Gerichts, im Wege der freien Schadensschätzung nach § 287 ZPO einen sachgerechten Kompromiß zwischen der Sanktionierung des Fehlverhaltens des Arbeitgebers und der Effektivierung der Schadensminderungsbemühungen des Arbeitnehmers zu finden. Die Aufgabe ist nicht leicht, unterscheidet sich aber nicht von vergleichbaren Operationen, die die Zivil- und Arbeitsgerichte von jeher im Rahmen von §§ 252, 842 BGB bei der Bemessung des Erwerbsschadens[30] vornehmen: Auszugehen ist von der konkreten Arbeitsmarktsituation und den Chancen der individuellen, diskriminierten Person, dort einen Arbeitsplatz zu finden. Dies kann auf eine Schätzung des konkreten Schadens in Höhe von einem bis drei Jahresgehältern hinauslaufen.

(ii) Deliktische Ansprüche

Neben dem Quasi-Vertragsrecht kommt als Grundlage für einen außervertraglichen Schadensersatz des diskriminierten Arbeitnehmers noch das Deliktsrecht in Betracht. Das Diskriminierungsverbot des § 611a I 1 BGB kann als Schutzgesetz i.S. des § 823 II BGB qualifiziert werden[31]. Das häufig benutzte Argument, daß § 611a in Abs. 2 eine abschließende Regelung des Schadensersatzes bei Nicht-Einstellungen vorsieht, ist wegen dessen EG-Rechtswidrigkeit obsolet. Die Nicht-Anwendbarkeit von § 611a II BGB läßt gerade diese Sperrwirkung entfallen.[32]

---

[30] *Stürner, R.*, Der Erwerbsschaden und seine Ersatzfähigkeit, JZ 1984, 412/461; *Lange, Herm.*, Schadensersatz, Handbuch des Schuldrechts, Bd. 1, 2. Aufl. 1990, § 6 IX 4; Münchener Kommentar zum Bürgerlichen Gesetzbuch, Bearb. *U. Stein*, Bd. 5, 3. Aufl. 1997, § 842 Rz. 6 ff. (MünchKomm-Bearb.).

[31] H.M. Vgl. MünchKomm - *Mertens*, Bd. 5, 3. Aufl. 1997, § 823 Rz. 193.

[32] Zutr. insbes. *Zuleeg*, RdA 1984, 325, 331.

Genauso wie sie den Weg in das Quasi-Vertragsrecht eröffnet, ermöglicht sie grundsätzlich auch die Anwendbarkeit des Deliktsrechts.

§ 611a I 1 BGB geht es dabei nicht abstrakt um die Durchsetzung des Rechtsgrundsatzes der Gleichbehandlung, sondern um den Schutz konkreter Männer und Frauen gegen geschlechtsbedingte Diskriminierungen im Arbeitsleben (Art. 6 der Richtlinie 76/207). – Doch worin besteht der Schutzzweck des § 611a I 1 i.V.m. § 823 II BGB? Das Verbot der Diskriminierung des oder der best Qualifizierten nach dem Geschlecht im Arbeitsleben hat unzweideutig eine doppelte Schutzrichtung: 1. Schutz gegen finanzielle Benachteiligung durch die Nicht-Einstellung; insoweit geht es um reine Vermögensschäden! 2. Schutz gegen Verletzung der Persönlichkeit („sozialer Geltungsanspruch") durch die Diskriminierung. Dies kann ggf. zu einer „billigen Entschädigung in Geld" nach §§ 823 I, 847 BGB für immaterielle Einbußen führen.

Bei einer schuldhaft-diskriminierenden Nicht-Berücksichtigung des best-qualifizierten Bewerbers i.S. des § 611a I 1 BGB ist somit ein reiner Vermögensschaden gegeben, der nach §§ 823 II, 842, 252 BGB zu kompensieren ist. Schadensrechtlich kann insoweit auf das oben zu c.i.c. Gesagte verwiesen werden. *Neben diesem Ersatz des Vermögensschadens besteht kein anerkennenwertes Bedürfnis nach einer weiteren „billigen Entschädigung in Geld" für immaterielle Einbußen.* Auch bei Persönlichkeitsrechtsverletzungen nach §§ 823 I, 847 BGB kommt das Schmerzensgeld lediglich in Fällen zum Zuge, wo die Ausgleichs- und Präventionsfunktion des Haftungsrechts auf andere Weise nicht befriedigt werden kann.[33]

(b) Formelle Diskriminierung

Bei der formellen Diskriminierung, bei der die (bei der Vorauswahl) benachteiligte Person keine reale Chance auf Einstellung hatte, ist außer den sprichwörtlichen Portokosten für das Bewerbungsschreiben kein Vermögensschaden entstanden. Nach deutschem Zivilrecht kommt eine „billige Entschädigung in Geld" wegen einer Persönlichkeitsrechtsverletzung des/der BewerberIn (§§ 823 I, 847 BGB) nur bei schweren Verstößen in Betracht. Ob diese Voraussetzungen bei der formellen Diskriminierung gegeben sind, erscheint durchaus zweifelhaft[34]. Eine Rechtsprechungspraxis der Arbeitsgerichte, die in diesen Fällen *einen* Monatsverdienst als Schmerzensgeld zuspricht, vollzieht in der Sache schon den Übergang zu einem nominellen oder symbolischen Schadensersatz[35]. Aus gemeinschaftsrechtlicher Sicht hat dies die Zustimmung des EuGH gefunden[36]; dies beseitigt aber nicht ohne weiteres die Widerstände des innerstaatlichen Rechts.

(2) Geschlechtsdiskriminierung bei Beförderung

Entsprechende schadensrechtliche Grundsätze finden bei *einem bestehenden Arbeitsverhältnis* Anwendung, wenn bei der Beförderung, bei Zuschlägen etc. we-

---

[33] Vgl. dazu *Steffen, E.*, Die Aushilfeaufgaben des Schmerzensgeldes, in: *Böttcher, R./Hueck, G./Jähnke*, B. (Hrsg.), FS *W. Odersky*, 1996, S. 723 (*Steffen, E.*).

[34] Nach Herrmann handelt es sich nicht um eine Verletzung, sondern lediglich um eine *Berührung* von Persönlichkeitsrechten. *Herrmann, E.*, Die Abschlußfreiheit – ein gefährdetes Prinzip, ZfA 1996, 19, 41 ff.

[35] Vgl. dazu weiter unten im Text.

[36] EuGH, *Draehmpaehl*, Rn. 31 ff.

gen des Geschlechts diskriminiert worden ist. Arbeitsvertragliche Anspruchsgrundlage ist dann die positive Vertragsverletzung (pVV). Die Nichtanwendbarkeit des § 611a II (wegen seiner festgestellten Richtlinien-Inkonformität) eröffnet den schadensersatzrechtlichen Gleichlauf von c.i.c. und Delikt bei Nicht-Einstellung sowie von pVV bei Nicht-Beförderung.

(3) Geschlechtsdiskriminierung bei Kündigung

Bei einer geschlechtsdiskriminierenden Kündigung bleibt es unstreitig bei der Wirksamkeit des Arbeitsverhältnisses. Der Vergütungsanspruch aus § 611 I BGB besteht fort. Es gibt dafür keinerlei Obergrenze[37].

III. Verschuldensunabhängigkeit

(1) Sondertatbestand der Haftung für Gemeinschaftsrechtswidrigkeit?

Es bleibt allerdings noch ein weiteres Ergebnis des *Draehmpaehl*-Urteils. Für den Ersatz des entstandenen Vermögensschadens kann nicht mehr ohne weiteres auf c.i.c., pVV und §§ 823 II, 611a I 1 BGB zurückgegriffen werden. Alle drei Anspruchsgrundlagen machen den Schadensersatz vom Vorliegen eines Arbeitgeber-Verschuldens abhängig. Das Gleiche gilt für den deliktsrechtlichen Anspruch nach §§ 823 I, 847 BGB bei formeller Diskriminierung. Dem steht das unmißverständliche und wiederholt ausgesprochene Dictum des EuGH entgegen, daß der Schadensersatz nicht an die Voraussetzung eines Arbeitgeberverschuldens geknüpft sein darf.[38]

Hier bleibt für die deutschen Arbeitsgerichte nur der Ausweg, gestützt auf Artt. 5, 189 III EGV einen europarechtlich begründeten Sondertatbestand der verschuldensunabhängigen Schadensersatzhaftung für Geschlechtsdiskriminierung im Arbeitsleben zu formulieren, der sich in den Rechtsfolgen an die Rechtsinstitute des deutschen Rechts – c.i.c., pVV, §§ 823 II, 611a I 1 BGB – anschließt. Entsprechendes gälte für die Zuerkennung einer symbolischen „billigen Entschädigung in Geld" (Schmerzensgeld) nach §§ 823 I, 847 BGB für die Fälle formeller Diskriminierung.

(2) Zweite Novelle zu § 611a II BGB[39]

Bei der verbreiteten Unsicherheit hinsichtlich der richterlichen Rechtsfortbildungskompetenz im allgemeinen und in diesem komplexen europarechtlichen Kontext im besonderen ist es daher zu begrüßen, daß der Bundesgesetzgeber erneut initiativ geworden ist. In dem Referentenentwurf eines „Gesetzes zur Änderung des Bürgerlichen Gesetzbuches und Arbeitsgerichtsgesetzes" vom 25.8.1997 aus dem Bundesministerium für Arbeit war folgende (dritte!) Fassung des § 611a II BGB vorgesehen:

„Hat der Arbeitgeber bei der Begründung eines Arbeitsverhältnisses gegen das Benachteiligungsverbot des Absatzes 1 verstoßen, so kann der hierdurch benach-

---

[37] Vgl. MünchKomm=*Müller-Glöge*, BGB, Bd. 4, 3. Aufl. 1997, § 611a Rz. 40.

[38] Grdl. EuGH, Rs. C-177/88, *Dekker*, Slg. 1990, I-3941.

[39] Vgl. dazu auch *Treber, J.*, Entschädigung bei diskriminierenden Bewerbungsverfahren, DZWir 1998, 177.

teiligte Bewerber Ersatz des ihm entstandenen Schadens sowie eine angemessene Entschädigung in Geld verlangen. Der Anspruch auf Entschädigung ist auf höchstens drei Monatsverdienste begrenzt, wenn der Arbeitgeber beweist, daß der Bewerber die zu besetzende Position wegen der besseren Qualifikation des eingestellten Bewerbers auch bei benachteiligungsfreier Auswahl nicht erhalten hätte." (Es folgt Satz 2 a.f.)

Diesem Regelungsvorschlag wäre vorbehaltlos zuzustimmen. Er schließt sich sprachlich an die Terminologie des deutschen Schadensrechts an (wobei zu überlegen ist, ob, wenn mit „angemessener Entschädigung"[40] der Ersatz immaterieller Einbußen gemeint ist, die Formulierung des § 847 I BGB nicht vorzuziehen ist.) Diese vorgeschlagene Neufassung eröffnete verschuldensunabhängig den *Ersatz des Vermögensschadens* (nach den Grundsätzen von c.i.c, pVV und §§ 823 II, 611a I 1 BGB) bei materieller Diskriminierung und die „billige Entschädigung in Geld" (*Schmerzensgeld*) bei formeller Diskriminierung[41]. Gechlechtsdiskriminierung bei Begründung, Änderung und Beendigung von Arbeitsverhältnissen würde schadensersatzrechtlich gleich behandelt. – Der vom Bundeskabinett Anfang 1998 beschlossene Gesetzentwurf[42] hat die Differenzierung zwischen Schadensersatz und (angemessener) Entschädigung wieder aufgehoben. § 611a II (E) sieht danach eine verschuldensunabhängige unbeschränkte „angemessene Entschädigung" in Fällen der Diskriminierung des/der bestqualifizierten BewerberIn vor. In der deutschen Gesetzgebungsgeschichte zu § 611a bedeutet angemessene Entschädigung immaterieller Schadensersatz. Es bliebe den deutschen Gerichten überlassen, diese Formel gemeinschaftsrechtskonform i.S. eines vollen (Vermögens-)Schadensersatzes zu interpretieren![43]

C. Europäisierung des Staatshaftungsrechts der Mitgliedstaaten durch die EuGH-Rechtsprechung

So wie sich die Europäische Kommission (bisher mit wenig Erfolg) um die Grundlegung einer europäischen Unternehmenshaftung im Gemeinschafts*privatrecht* bemüht[44], so hat der EuGH (mit größerem Erfolg) eine originäre *Staatshaftung* für Gemeinschafts*unrecht* entwickelt.

---

[40] Die Formulierung „angemessene Entschädigung in Geld" ist in § 651f II BGB ja nur gewählt worden, weil man seinerzeit offen lassen wollte, ob es sich um einen Vermögensschaden oder einen Ersatz immaterieller Schäden handelte. – „Angemessener" Schadensersatz meint im Gemeinschaftsrecht wiederum auch Ersatz des konkreten materiellen Schadens! Vgl. dazu die Nachweise in Fn 27.

[41] Diesen Doppelcharakter der „angemessenen Entschädigung" betont auch *Treber*, DZWir 1998, 177, 183.

[42] Entwurf eines Gesetzes zur Änderung des Bürgerlichen Gesetzbuches und des Arbeitsgerichtsgesetzes, BT-Drs. 13/10242 v. 30.3.1998.

[43] Vgl. Fn. 40. – Das Arbeitsgericht Hamburg hatte keine rechte Gelegenheit, bei seiner Entscheidung in der Vorlagesache *N. Draehmpaehl* Neuland zu betreten. Es erließ ein Versäumnisurteil über drei Monatsgehälter gegen den beklagten Arbeitgeber. Urteil v. 29.4.1998, Az. 21 Ca 74/95.

[44] *Deutsch, E.*, Aspekte für ein europäisches Haftungsrecht, Karlsruher Forum 1992; *Joerges, Chr./Brüggemeier, G.*, Europäisierung des Vertrags- und Haftungsrechts, in: Müller-Graff, P.-C.

Die immer enger zusammenwachsende Europäische Gemeinschaft und das immer dichter werdende Netz des Gemeinschaftsrechts haben zu der Notwendigkeit geführt, Verletzungen des gemeinschaftlichen Primär- und Sekundärrechts EG-weit wirksam zu sanktionieren. Der Geltungsanspruch des Gemeinschaftsrechts verlangt nach effektivem Rechtsschutz bei *europarechtswidrigem Handeln* der (i) Gemeinschaft und ihrer Organe, der (ii) Mitgliedstaaten und ihrer Institutionen sowie von (iii) privaten Akteuren. Bei dieser Durchsetzung von Gemeinschaftsrecht kommt dem außervertraglichen Schadensersatzrecht eine immer größere Rolle zu.

Art. 215 II EGV bestimmt in lakonischer Kürze, daß sich die außervertragliche Haftung der Gemeinschaft für ihre Organe und Bediensteten nach den „allgemeinen Rechtsgrundsätzen richtet, die den Rechtsordnungen der Mitgliedstaaten gemeinsam sind"[45]. Die einschlägige Rechtsprechung des EuGH zu Art. 215 II EGV orientierte sich zunächst an den Artt. 34 I, 40 II EGKSV, die ein Verschulden der Organe oder Bediensteten voraussetzen. Seit den 70er Jahren wird hingegen stärker auf die Verletzung des Gemeinschaftsrechts abgestellt. Die Staatshaftung der Gemeinschaft nach Art. 215 II EGV entwickelte sich zu einer objektiven Unrechtshaftung[46]. – Mit der Entscheidung in den verb. Rechtssachen *Francovich* und *Bonifaci* vom 19.11.1991 eröffnete der EuGH eine völlig neue Dimension des gemeinschaftlichen Staatshaftungsrechts[47]: Bei der Verletzung von Gemeinschaftsrecht durch einen Mitgliedstaat (hier: Nicht-Umsetzung einer Richtlinie trotz durchgeführten Vertragsverletzungsverfahrens nach Art. 169 EGV) kann ein Schadensersatzanspruch der benachteiligten Marktbürger gegen den Mitgliedstaat gegeben sein, wenn folgende Voraussetzungen erfüllt sind:

– unmittelbare Geltung von primärem oder sekundärem Gemeinschaftsrecht
– hinreichende Bestimmtheit des Schutzes von Individualinteressen durch das jeweilige Gemeinschaftsrecht (Schutznormtheorie),
– Verstoß gegen das Gemeinschaftsrecht,
– Vorliegen eines materiellen (oder immateriellen[48]) Schadens bei einem EG-Marktbürger (Unternehmen, Arbeitnehmer, Privatperson). „Reine Vermögens-

---

(Hrsg.), Gemeinsames Privatrecht in der Europäischen Gemeinschaft, 1993, S. 233, 261 ff. – 2. Aufl. 1998 im Erscheinen – (Joerges, Chr./Brüggemeier, G.).

[45] Vgl. dazu *Heldrich, A.*, Die allgemeinen Rechtsgrundsätze der außervertraglichen Schadenshaftung im Bereich der Europäischen Wirtschaftsgemeinschaft, 1961; *Schermers, H.G./Heukels, T./Mead, Ph.* (eds), Non-Contractual Liability of the European Communities, 1988; *Ewert, D.*, Die Funktion der allgemeinen Rechtsgrundsätze im Schadensersatzrecht der EWG, 1991.

[46] Grdl. EuGH, Rs. 5/71, *Schöppenstedt*, Slg. 1971, 975, 985 Rn. 11: „hinreichend qualifizierte Verletzung einer höherrangigen, dem Schutz der einzelnen dienenden Rechtsnorm" – Zur älteren Rechtsprechung vgl. EuGH, verb. Rs. 5/66 und 13/66, *Kampffmeyer*, Slg. 1967, 287; *Ipsen, H.P.*, Europäisches Gemeinschaftsrecht, 1972, S. 536 ff, 539: „objektiviertes Verschulden"

[47] EuGH, Rs. C-6/90 und C-9/90, *Francovich et al.*, Slg. 1991, I-5357. Die Literatur zu der Francovich-Doktrin füllt europaweit Bibliotheken! An dieser Stelle sei auf die Nachweise in den aktuellen Kommentaren und Lehrbüchern verwiesen.

[48] EuGH, Rs. 18/78, Frau V., Slg. 1979, 2093, 2103 Rn. 19.

schäden" sind grundsätzlich ausreichend.[49] Es gilt der Grundsatz der vollen Kompensation.

- (Unmittelbare) Kausalität zwischen der Verletzung des Gemeinschaftsrechts und dem individuellen Schaden.

In einer Reihe von Folgeentscheidungen, am wichtigsten ist das Urteil in den verb. Rechtssachen *Brasserie du Pêcheur* und *Factortame III* von 1996[50], hat der EuGH die Francovich-Doktrin modifiziert, aber im Grundsatz unbeirrt an ihr festgehalten. Die Modifikation bezieht sich in erster Linie auf das zentrale haftungsbegründende Kriterium der Rechtsverletzung. In dem *Brasserie*-Urteil nimmt der EuGH eine Formel aus seiner älteren Rechtsprechung[51] wieder auf und formuliert als Haftungsvoraussetzung einen „hinreichend qualifizierten Verstoß" gegen das Gemeinschaftsrecht („sufficiently serious breach")[52]. Einer zusätzlichen, davon gesonderten Voraussetzung des Verschuldens bedarf es nicht[53]. Diese unbestimmte Formel erlaubt es den Gerichten, flexibel für die einzelnen Felder mitgliedstaatlichen Handelns zu differenzieren. Insbesondere in Bereichen, wo – anders als bei den klaren Fällen der Nicht-Umsetzung von Richtlinien[54] – dem Migliedstaat ein weiter Beurteilungsspielraum für die zu ergreifende – legislative oder administrative[55] – Maßnahme eingeräumt ist, dürften die Voraussetzungen eines „offenkundigen und erheblichen Überschreitens der Befugnisse" i.d.R. nur schwer nachweisbar sein. Insgesamt scheint sich die Francovich-Rechtsprechung des EuGH bisher eher als „a vain triumph for the plaintiffs but not for the Community Law" (*van Gerven*) erwiesen zu haben[56].

Festzuhalten bleibt, daß der EuGH mit seiner Staatshaftungsrechtsprechung (Art. 215 II EGV/"Francovich-Doktrin") weitgehend nationalstaatliche Reformforderungen nach einer originären und ausschließlichen Außenhaftung des Staates umgesetzt und so für einen entsprechenden Harmonisierungsdruck gesorgt hat. Im Vordergrund steht nicht mehr die traditionelle Orientierung auf die Amtspflichten individueller Bediensteter und deren Fehlverhalten, sondern entscheidend ist die

---

[49] Sämtliche bisher auf der Grundlage der Francovich-Doktrin ergangene Entscheidungen betreffen reine Vermögensschäden!

[50] EuGH, Rs. C-46 und 48/93, Slg. 1996, I-1029 (dazu statt vieler *Ehlers, D.*, JZ 1996, 776); vgl. auch BGHZ 134, 30 = NJW 1997, 123 – „*Brasserie du Pêcheur*".

[51] Vgl. Fn 44.

[52] EuGH, Fn 48, I-1149, Rn. 51. Bei einem weiten Ermesensspielraum des Mitgliedstaates liegt ein hinreichend qualifizierter Verstoß vor, wenn das betreffende staatliche Organ die Grenzen seiner Befugnisse „offenkundig und erheblich überschritten" hat (Rn. 45).

[53] EuGH, Fn 48, I-1156, Rn. 79.

[54] Vgl. dazu insbes. EuGH, verb. Rs. C-178, 179, 188-190/94, *Dillenkofer et al.,* Slg. 1996, I-4845; dazu statt vieler *Reich, N.*, Der Schutz subjektiver Gemeinschaftsrechte durch Staatshaftung, EuZW 1996, 709.

[55] Vgl. dazu EuGH, Rs. C-5/94, *Hedley Lomas*, Slg. 1996, I-2553; *Aubin, P.*, Die Haftung der europäischen Wirtschaftsgemeinschaft und ihrer Mitgliedstaaten bei gemeinschaftsrechtswidrigen nationalen Verwaltungsakten, 1982.

[56] *van Gerven, W.*, Bridging the Unbridgeable, (1996) 45 ICLQ 507. – In fast sämtlichen Francovich-Fällen, einschließlich des Ausgangsfalles selbst (vgl. EuGH, Rs. C-479/93, *Francovich II*, Slg. 1995, I-3843) haben die Kläger letztlich verloren!

objektive Verletzung von Gemeinschaftsrecht durch die Gemeinschaft(sorgane) und die Mitgliedstaaten. Die Formel von dem „hinreichend qualifizierten Verstoß" („sufficiently serious breach") ist flexibel genug, um gerade in den Fällen von reinen Vermögensschäden, um die es hier in erster Linie geht, nur in extremen Konstellationen die Sanktion des Schadensersatzes greifen zu lassen.

D. Ersatz immaterieller Schäden bei Personenverletzungen[57]

Die immateriellen Einbußen sind im legislativen Konzept des BGB eine schadensrechtlich diskriminierte Kategorie. Sie sind ausschließlich negativ definiert, ja geradezu ausgegrenzt als Nicht-Vermögensschäden (§ 253 BGB). Sie betreffen nicht-marktfähige Interessen. Im Vordergrund steht die *menschliche Person* und die Beeinträchtigung ihres physischen, psychischen und emotionalen Wohlbefindens. Einen immateriellen Personenschaden in Geld aufzuwiegen widersprach gleichermaßen dem pandektistischen Schadensbegriff wie dem moralischen Selbstverständnis des deutschen Bürgertums am Ende des 19. Jahrhunderts[58]. Bei *Verletzungen der Person*, d.h. von Körper, Gesundheit und (Bewegungs-)Freiheit, stehen – wie bei den *Sach*substanzschäden – zwei Rechtsbehelfe im Vordergrund: (i) Wiederherstellung der Körper-/Gesundheitsverletzung durch Ersatz der Behandlungskosten (§ 249 S. 2 BGB)[59] und (ii) Kompensation von Vermögens(folge)schäden nach §§ 251, 252, 842 ff. BGB. Nur bei den Personenschäden kann ausnahmsweise für weitere – nicht restituierbare und nicht vermögenswerte – (bleibende oder vorübergehende) Beeinträchtigungen des Wohlbefindens eine „billige Entschädigung in Geld" (sog. Schmerzensgeld nach § 847 I BGB) zugesprochen werden. – Für *nicht-körperliche Verletzungen* der Person sieht das BGB gar keine „billige Entschädigung" vor[60]. Etwas anderes galt lediglich für die „Geschäftsehre", wo es allerdings wieder um konkrete "reine" Vermögensschäden

---

[57] Vgl. u. a. *Stoll, Hans*, Empfiehlt sich eine Neuregelung der Verpflichtung zum Geldersatz für immateriellen Schaden?, Gutachten, in: Verh. 45. DJT, Bd. I/1, 1964, S. 1 (Stoll, H., Gutachten); *Köndgen, J.*, Haftpflichtfunktionen und Immaterialschaden, 1976 (Köndgen, J.); *Kötz, H.*, Zur Reform der Schmerzensgeldhaftung, in: *Ficker, H.C./König, D./Kreuzer, K.F.* u.a. (Hrsg.), FS E.v.Caemmerer, 1978, S. 389; *Lorenz, E.*, Immaterieller Schaden und „billige Entschädigung in Geld", 1981 (Lorenz, E.); *Nehlsen-v. Stryk, K.*, Schmerzensgeld ohne Genugtuung, JZ 1987, 119; *Kern, B.-R.*, Die Genugtuungsfunktion des Schmerzensgeldes, AcP 191 (1991), 247; *Müller, G.*, Zum Ausgleich des immateriellen Schadens nach § 847 BGB, VersR 1993, 909; *Steffen, E.*, S. 723.

[58] D. h. den „in den besseren Kreisen" vertretenen Anschauungen (Protokolle I, 622; Motive II, 22). Man hat diese schadensrechtliche deutsche Eigenart insbesondere auf den Einfluß des deutschen Idealismus auf die Moralstandards des deutschen Bildungsbürgertums zurückzuführen gesucht. Vgl. etwa *Köndgen, J.*, S. 74 ff.

[59] Bzw. Wiederherstellung der Bewegungsfreiheit durch „Freilassung" (§ 249 S. 1).

[60] Zum „Schmerzensgeld" bei Persönlichkeitsrechtsverletzungen vgl. BGHZ 26, 349 = NJW 1958, 827 m. Anm. *Larenz* – „Herrenreiter"; BGHZ 35, 363 – „Ginseng"; BGHZ 39, 131 – „Fernsehansagerin"; BVerfGE 34, 269 – „Soraya"; st. Rspr. – Aus der Lit.: Karlsruher Forum 1996: Schutz der Persönlichkeit, 1997; *Baston-Vogt, M.*, Der sachliche Schutzbereich des zivilrechtlichen allgemeinen Persönlichkeitsrechts, 1997; *Damm, Reinh.*, Persönlichkeitsrecht und Persönlichkeitsrechte, in Heldrich, A./Schlechtriem, P./Schmidt, E. (Hrsg.) FS H. Heinrichs, 1998, S. 115; *Gounalakis, G.*, Persönlichkeitsschutz und Geldersatz, AfP 1998, 10 jew. m. w. Nachw.

ging (Kreditgefährdung nach § 824 BGB). Wie auch auf anderen Gebieten des Haftungsrechts bedurfte es auch hier einer langjährigen, von Irrungen und Wirrungen nicht freien, Rechtsprechungsentwicklung, um diese historisch bedingte, enge schadensrechtliche Konzeption aufzubrechen.

I. Die Vorgeschichte: Von v.Waechter (1874) bis BGHZ 120, 1 (1992).

Die Einordnung des Schmerzensgeldes zwischen strafrechtlicher Buße und zivilem Schadensersatz war wohl immer schon umstritten. Mitte des 19. Jahrhunderts herrschte in den deutschen Staaten die Qualifizierung als strafrechtliche Sanktion vor.[61] Gelegentlich wurde auch der gänzliche Verzicht auf das Schmerzensgeld als einer Hybridform (Privatstrafe) *zwischen* Strafrecht und Zivilrecht gefordert. Der Umschwung in Deutschland kam erst, als sich *Windscheid* 1875 der zuvor von *v.Waechter*[62] begründeten Ansicht anschloß, daß das Schmerzensgeld ein zivilrechtlicher Ersatzanspruch für immaterielle Einbußen sei.[63] Diese Klassifizierung wurde jedoch teuer bezahlt. Damit wurde zum einen die „billige Entschädigung in Geld" für immaterielle Einbußen unzutreffend identifiziert mit Gefühlsschadensersatz. Zum anderen geriet dieses sog. Schmerzensgeld unter das Joch des pandektistischen Vermögensschadensbegriffs: „Auch das ist Entschädigung, wenn die dem Verletzten verursachte schmerzliche Empfindung durch Verursachung einer angenehmen Empfindung wieder aufgewogen wird."[64] Das RG übernahm diese Rechtsansicht 1882 für das seinerzeitige Gemeine Recht.[65] Beides wirkt bis heute nach. Das sog. Schmerzensgeld fand in dieser Form 1896 Eingang in das BGB, ohne daß der historische Gesetzgeber zu den Streitfragen um „Rechtsnatur", Funktion, Bemessungsfaktoren etc. Stellung genommen hätte. Auch als „billige Entschädigung" eines Nicht-Vermögensschadens blieb das „Schmerzensgeld" so eingebunden in das Schadensersatzkonzept des BGB: Ausgleich von etwas „Negativem" durch etwas „Positives" bzw. „Fortsetzung des Vermögensschadensersatzes mit anderen Mitteln" (*Schwerdtner*)[66].

Diese Konzeption als zivilrechtlicher Ersatzanspruch ist durch den BGH gleich zu Beginn seiner Rechtsprechung 1952 sehr nachdrücklich bestätigt worden. Das „Schmerzensgeld" sei ein „an die Stelle des Anspruchs auf Wiedergutmachung von Unlustgefühlen tretende(r) Geldanspruch".[67] Mit dieser Zweckbestimmung

---

[61] Vgl. statt vieler *Nehlsen-v. Stryk*, JZ 1987, 119 und *Kern*, AcP 191 (1991), 247, 256 ff. m. w. Nachw.

[62] *Waechter, C. G. v.*, Die Buße bei Beleidigungen und Körperverletzungen nach dem heutigen gemeinen Recht, 1874.

[63] *Windscheid, B.*, Pandektenrecht II, 4. Aufl. 1875, § 455 A 31 unter Aufgabe seiner bisherigen gegenteiligen Ansicht.

[64] *Windscheid*, a. a. O.

[65] RGZ 8, 117, 118: Das Schmerzensgeld sei „keine Privatstrafe im technischen Sinne, sondern ein (gewohnheitsrechtlich anerkannter) zivilrechtlicher Ersatzanspruch wegen rechtswidrig erlittener Schmerzen".

[66] *Schwerdtner, P.*, Das Persönlichkeitsrecht in der deutschen Zivilrechtsordnung, 1977, S. 264.

[67] BGHZ 7, 223, 227 = JZ 1953, 40 m. Anm. *H. Lehmann*.

als Schadensersatz i.S. der §§ 249 ff. BGB sei eine Berücksichtigung der Vermögensverhältnisse des Verletzers bei der Bemessung des Schmerzensgeldes nicht vereinbar.[68] Drei Jahre später war der Goße Zivilsenat aufgerufen, erneut über die Funktion des Schmerzensgeldes nach § 847 BGB zu entscheiden. Diesmal ging es um die Vorlagefrage, ob – entgegen BGHZ 7, 223, aber mit der ständigen Rechtsprechung des RG – der Verschuldensgrad bei der Festsetzung der „billigen Entschädigung" zu berücksichtigen sei. Der Große Zivilsenat bejaht dies.[69] Statt jedoch pragmatisch auf die Faktoren „Billigkeit" und „Inkommensurabilität" als Spezifika des sog. Schmerzensgeldes abzustellen, die die richterliche „Würdigung aller Umstände (des konkreten Falles) nach freier Überzeugung" möglich machen (§ 287 ZPO), rückt der Große Zivilsenat von der bisherigen in Praxis und Lehre vertretenen Konzeption ab. Das „Schmerzensgeld" sei ein schadensrechtliches Aliud. Der Anspruch auf „billige Entschädigung in Geld" nach § 847 BGB sei kein gewöhnlicher Schadensersatzanspruch, sondern „ein Anspruch eigener Art mit einer doppelten Funktion: Er soll dem Geschädigten einen angemessenen *Ausgleich* für diejenigen Schäden bieten, die nicht vermögensrechtlicher Art sind, und zugleich dem Gedanken Rechnung tragen, daß der Schädiger dem Geschädigten *Genugtuung* schuldet für das, was er ihm angetan hat"[70]. Mit diesem Ansatz folgt der BGH einerseits weiter der *Windscheid*schen Logik einer „emotionalen Differenzhypothese", wie er andererseits diesen Ansatz damit gleichzeitig sprengt. Diese unvermittelt eingeführte Genugtuungsfunktion[71] ist bis auf den heutigen Tag diffus geblieben. Die Genugtuung ist zu einer Art symbolischer Sühne geworden[72]. Diese ist in ein ziviles Schadensersatzrecht nicht mehr integrierbar. Ein doppelter Ausweg bietet sich an: Entweder Rückkehr zum Verständnis des „Schmerzensgeldes" als einer Privatstrafe[73] – oder Beschränkung auf die Pönalisierung von extremem sozialen Fehlverhalten (vorsätzliche/absichtliche Schädigung) i.S. von punitive damages[74]. Ein dritter Weg besteht in der konsequenten Re-Interpretation als Schadensersatz.

Paradoxerweise hat der Große Zivilsenat 1955 die Notwendigkeit der Genugtuungsfunktion gerade mit einer Fallkonstellation begründet, auf die sie gar nicht anwendbar ist, den Fällen von Schwerverletzten ohne Empfindungsfähigkeit[75]. Dies führte die Rechtsprechung in ein weiteres Dilemma: Die Gerichte entschä-

---

[68] Anders die RG-Rechtsprechung. Danach stellte schließlich auch die Haftpflichtversicherung des Schuldners einen zu berücksichtigenden Faktor dar: RGZ 136, 60.

[69] BGHZ (GS) 18, 149 = JZ 1955, 670 m. Anm. *G. Boehmer* = NJW 1955, 1675.

[70] BGHZ (GS) 18, 149: 1. Leitsatz.

[71] Jhering hat im 19. Jahrhundert gelegentlich auch einmal eine zivilrechtliche Satisfaktionsfunktion angesprochen. *Jhering, R. v.*, Ein Rechtsgutachten, betr. die Gäubahn, JherJb 18 (1879), 1, 41 ff. Die Genugtuungsfunktion ist dann besonders von Degenkolb vertreten worden. *Degenkolb, H.*, Der spezifische Inhalt des Schadensersatzes, AcP 76 (1889), 1.

[72] Vgl. u. a. *Köndgen, J.*, S. 83 ff; *Nehlsen-v.Stryk*, JZ 1987, 119; *Kern*, AcP 191 (1991), 247 jew. m. w. Nachw.

[73] So insbes. *Großfeld, B.*, Die Privatstrafe, 1961; vgl. auch *Kern*, AcP 191 (1991), 247.

[74] So insbes. *Stoll, H.*, Gutachten, D IV 5 (S. 163/164); vgl. dazu passend BGHZ 128, 117 - „Geiselnahme".

[75] BGHZ 18, 149, 156/157.

digten unbestrittenermaßen bei der Verletzung von Personen mit bleibenden Schäden diese Behinderung mit dem sog. Schmerzensgeld. Insoweit versagt die Naturalrestitution mit dem Geldersatzanspruch nach § 249 S. 2 BGB. Es bleibt lediglich der Ersatz für Vermögensfolgeschäden nach §§ 251, 842, 843 BGB (vermehrter Aufwand, medizinische und pflegerische Betreuungskosten, beeinträchtigte Erwerbsfähigkeit). Dem sog. Schmerzensgeld kommt hier eine wichtige Ergänzungsfunktion zu. Die „billige Entschädigung in Geld" nach § 847 I BGB dient in der Systematik des BGB-Schadensrechts als „Ausgleich" für einen personalen Verletzungsschaden, der (i) nicht restituierbar und (ii) kein Vermögensschaden ist[76]. – Dies ist der grundlegende Unterschied zu den Eigentumsverletzungen. Der nicht restituierbare Schaden an einer wertlosen Sache bleibt unkompensiert!

Bei empfindungsunfähigen Schwerst- und Dauergeschädigten, etwa comatösen Patienten oder hirngeschädigten Unfallopfern, entfiel nach der neuen Doktrin die Möglichkeit, ein Schmerzensgeld zuzusprechen. Diese Kläger konnten keine Genugtuung über die geleisteten Geldzahlungen empfinden. Folgerichtigerweise hätte man hier nur ein symbolisches „Schmerzensgeld" zusprechen können, – oder aber (nach der alten Lehre) die schwere Verletzung auch in diesen Fällen der Empfindungsunfähigkeit mit einer angemessen hohen Entschädigung sanktionieren müssen. Inkonsequenterweise tat der BGH, gefangen in der selbst gestellten Genugtuungsfalle, weder das eine noch das andere. Er entschied sich zu einer Art Zwischending, einem mittleren Betrag als „Basisschmerzensgeld" (Odersky)[77]. Es dauerte bis zum Beginn der 90er Jahre, daß der BGH diese wenig überzeugende Rechtsprechung[78] aufgab. In einem Grundsatzurteil aus dem Jahre 1992 hat er entschieden, daß auch die irreparable „Zerstörung einer Persönlichkeit", die zur völligen Empfindungsunfähigkeit führt, einen immateriellen Verletzungsschaden darstellt, der einen selbständigen Entschädigungsanspruch aus § 847 I BGB begründet[79].

---

[76] RG, JW 1913, 543 Nr. 7 (bleibende Steifheit des Armes). Vgl. auch schon Motive II, 801: Es wolle nicht einleuchten, weshalb nur das Erdulden eines körperlichen Schmerzes durch Zahlung einer Geldsumme auszugleichen sei, wenn eine ähnliche Ausgleichung wegen aller anderen nicht vermögensrechtlichen Schäden für unstatthaft erachtet werde, zumal gerade die schwersten Verletzungen auch schmerzlos verlaufen können."

[77] Vgl. BGH, NW 1976, 1147; BGH, NJW 1982, 2123.

[78] Auch im anglo-amerikanischen Recht ist dies Gegenstand kontroverser Diskussionen. Für die USA hatte der N.Y. Court of Appeals 1989 in einem viel beachteten Urteil ebenfalls Schmerzensgeld bei Empfindungsunfähigkeit abgelehnt: *McDougald v. Garber*, 536 N.E.2d 372; *anders u. a. Flannery v. United States*, 297 S.E.2d 433 (W.V. 1982). Wie die neuere BGH-Rechtsprechung auch die englischen Gerichte; dazu und zu der ein „Schmerzensgeld" bei Empfindungsunfähigkeit ablehnenden Stellungnahme der Pearson-Kommission 1978 vgl. *Kötz*, VersR 1979, 585, 587.

[79] BGHZ 120, 1 = NJW 1993, 781 m. Anm. *E. Deutsch* = JZ 1993, 516 m. Anm. *D. Giesen*: Infolge eines ärztlichen Behandlungsfehlers kam ein Kind mit einem schweren Hirnschaden zur Welt, der einen weitgehenden Verlust der Wahrnehmungs- und Empfindungsfähigkeit zur Folge hatte. Vgl. auch BGH, NJW 1993, 1531 – „Ertrinkungsunfall"; BGH, N/W 1998, 2741; *Jaeger, L.*, Höhe des Schmerzensgeldes bei tödlichen Verletzungen im Lichte der neueren Rechtsprechung des BGH, VersR 1996, 1177.

II. Eine „billige Entschädigung in Geld" auch bei Tötung?

Obwohl an der Genugtuungsfunktion-Doktrin des „Schmerzensgeldes" bisher offiziell festgehalten wird[80], ist damit m.E. in der Sache auch für die „billige Entschädigung in Geld" nach § 847 I BGB wieder von der Geltung der allgemeinen Grundsätze des Haftungsrechts auszugehen. Die Doppelfunktion auch des „Schmerzensgeldes" besteht in *Ausgleich und Prävention*. Seine im Interesse des primären Rechtsgüterschutzes auch verfassungsrechtlich gebotene Präventivfunktion kann das Haftungsrecht nur ausüben, wenn die Schadenskosten demjenigen angelastet werden, der am besten in der Lage ist, das Risiko zu steuern.[81] Gerade in den Fällen, in denen das enge Vermögensschadenskonzept des BGB-Schadensrechts nicht weiter führt, ist die Entschädigungszahlung mit dem Präventionsgedanken zu legitimieren. Mit der Rehabilitierung der „billigen Entschädigung in Geld" als gleichberechtigter dritter Spur des Schadensersatzes bei Personenverletzungen – neben Naturalrestitution und Kompensation –, der den gleichen haftungsrechtlichen Prinzipien und Funktionen unterliegt, können auch weitere Ungereimtheiten des bisherigen Lehre und Praxis beseitigt werden: Die Übernahme auch des „Schmerzensgeldes" durch die Haftpflichtversicherung wirft keine zusätzlichen Probleme auf; der Einführung eines „Schmerzensgeldes" auch in der Gefährdungshaftung stehen keine (rechtssystematischen) Hindernisse entgegen[82]; die zivilrechtliche „billige Entschädigung" steht völlig selbständig neben den strafrechtlichen Sanktionen[83].

Bei Personenverletzungen[84] ist nach § 847 I BGB daher unter Berücksichtigung der Doppelfunktion des Haftungsrechts in erster Linie zu entschädigen: (i) der objektive n*icht restituierbare* (bleibende) *Schaden, der nicht Vermögens-*

---

[80] Der BGH hat dies erst kürzlich wieder bestätigt; sowohl für die Persönlichkeitsrechtsverletzung (BGHZ 128, 1, 15) als auch in dem Fall einer kriminellen Geiselnahme (BGHZ 128, 117). Nachdem er in dem Caroline v. Monaco-Fallkomplex erneut auch die Präventionsfunktion bemüht hat (BGHZ 128, 1), scheint der BGH neuerdings von einer *Tripelfunktion des „Schmerzensgeldes"* auszugehen: Ausgleich, Genugtuung und Prävention! Vgl. zur Multifunktionalität des „Schmerzensgeldes" auch *Steffen, E.*, S. 723. – Zu der streitigen Fage der „Gewinnabschöpfung" durch deliktische „billige Entschädigung in Geld" oder durch Eingriffskondiktionsrecht vgl. die Beiträge auf dem Karlsruher Forum 1996: Schutz der Persönlichkeit, 1997, und *Köndgen, J.*, hier in diesem Band.

[81] *Schäfer, H.B./Ott, C.*, Lehrbuch der ökonomischen Analyse des Zivilrechts, 2. Aufl. 1995, S. 98 ff.; zutr. insbes. auch *Bullinger, M.*, Verfassungsrechtliche Aspekte der Haftung, in: FS E.v.Caemmerer, 1978, S. 297 ff. (Bullinger, M.), der zwischen Ausgleichs-, Schadensanlastungs- und Präventivfunktion der Haftung unterscheidet. Zur „market deterrence" vgl. grdl. *Calabresi, G.*, The Costs of Accidents, 1970.

[82] Vgl. dazu den Entwurf eines Zweiten Schadensersatzrechtsänderungsgesetzes vom 21.4.1998 (BT-Drs. 13/10435), durch den ein Schmerzensgeld auch in der Gefährdungshaftung eingeführt werden sollte bei „schwerwiegenden und dauerhaften Verletzungen" (§ 253 II-E). Vgl. dazu *Müller, G.*, Zum Entwurf eines Zweiten Gesetzes zur Änderung schadensersatzrechtlicher Vorschriften, ZRP 1998, 258.

[83] Vgl. dazu BGHZ 128, 117 – „Geiselnahme".

[84] Die Persönlichkeitsrechtsverletzungen (Privatheit, Autonomie etc.) bleiben hier außer Betracht.

schaden ist. Dies reicht etwa vom Verlust des Mittelfingers bis zur Zerstörung tiefgefrorenen Spermas[85]. Daneben kommen weiterhin (ii) die subjektiven *immateriellen Verletzungsbegleitschäden* in Betracht, d.h. die erheblichen verletzungsbedingten (vorübergehenden) Beeinträchtigungen des physischen, psychischen oder emotionalen Wohlbefindens (sog. Gefühlsschäden)[86]. Hierzu zählen nicht nur die klassischen Schmerzen, sondern etwa auch die Todesangst des Opfers bei der Geiselnahme[87].

Die aus präventiven Gründen angezeigte „billige Entschädigung" des nicht restituierbaren Personenschadens führt in letzter Konsequenz zu dem *originären Schmerzensgeldanspruch der (nahen) Angehörigen in Tötungsfällen*[88]. Dafür sind mit der 1990 vollzogenen Abkehr von der *Moritur*-Doktrin in § 847 I 2 a.F. BGB, d.h. dem Übergang zu der uneingeschränkten Vererblichkeit der in der Person des Verstorbenen noch entstandenen eigenen Schmerzensgeldansprüchen, – und mit der bereits angesprochenen, 1992 erfolgten, Zuerkennung von „Schmerzensgeld" auch in den Fällen der „Zerstörung der Persönlichkeit" die strukturellen Vorentscheidungen gefallen. Ob man etwa bei einem Flugzeugabsturz à la *Birgen Air* im Februar 1996 wegen der kurzen, aber intensiven Todesangst der Opfer vor dem Aufprall bzw. bei mehr oder weniger kurzer Überlebensdauer der Opfer nach dem Aufprall einen „Schmerzensgeld"anspruch noch in der Person der zu Tode Gekommenen entstehen läßt, oder diesen gleich als originären Anspruch der hinterbliebenen Angehörigen begründet, macht im Ergebnis keinen Unterschied mehr. Entscheidend ist die zivilrechtliche Sanktionsbedürftigkeit diesen schwersten, nicht restituierbaren Personenschadens, unbeschadet ggf. von Vermögensschäden unterhaltsberechtigter Dritter. Konstruktiv wird hier nur die Konsequenz aus der Emanzipation des „Schmerzensgeldes" als selbständigem dritten Element des Schadensrechts gezogen: Die „billige Entschädigung in Geld" nach § 847 I BGB ist „Ersatz" für die Tötung und tritt in diesen Fällen *neben* die Kompensation des konkreten Vermögensschadens der unterhaltsberechtigten Hinterbliebenen in den §§ 844, 845 BGB! Die Entschädigung ist an die Angehörigen, den Lebenspartner[89] oder an eine Wohlfahrtseinrichtung zu zahlen. Wie auch immer man jedoch den „Schmerzensgeld"anspruch bei Tötung konstruiert, windfall-Effekte bei den Angehörigen („lachende Doppelerben") sind zu vermeiden. Übergegangene „Schmerzensgeld"ansprüche des Opfers schließen entsprechende eigene Ansprüche der Hinterbliebenen aus. Bei dieser „Entschädigung für Tötung" handelt es

---

[85] BGHZ 124, 52. Vgl. dazu die vielfach als „Gliedertaxen" apostrophierten Schmerzensgeldtabellen.

[86] Dies entspricht verbreiteter internationaler Praxis. – Anders insbes. *Lorenz, E.*, 1981, der die Entschädigung auf „äußere immaterielle Verletzungs- und Verletzungsfolgeschäden" beschränken will.

[87] Vgl. etwa BGHZ 128, 117.

[88] Dafür insbes. *Stoll, H.*, Gutachten, D IV 4 a (S. 163); vgl. dazu auch *Odersky, W.*, Schmerzensgeld bei Tötung naher Angehöriger, 1989, der sich zur Entlastung der Rechtsprechung für eine entsprechende gesetzliche Regelung ausspricht.

[89] Auch hier bleibt bereits de lege lata – bei Ansprüchen nach §§ 844, 845 BGB – die deutsche Schadensersatzpraxis hinter dem westeuropäischen Standard zurück. Vgl. dazu *Ferrari, F.*, Der Schutz des Lebensgefährten und die Systematik des Deliktsrechts, ZEuP 1997, 1122 m. w. Nachw.

sich – wie neuerdings auch bei den Persönlichkeitsverletzungen anerkannt[90] – nicht um ein „Schmerzensgeld" nach § 847 I BGB, sondern um einen Rechtsbehelf, der unmittelbar auf den verfassungsrechtlichen Schutzauftrag (Artt.1,2 I GG) zurückgeht.

Auf eine weitere an Bedeutung gewinnende Fallkonstellation sei in diesem Kontext eingegangen. Bei dem fortgeschrittenen Stand der Pränatalmedizin kann es vorkommen, daß ein Fötus infolge eines ärztlichen Behandlungsfehlers „abstirbt". Auch hier stellt sich die Frage, ob ein Schmerzensgeldanspruch noch in der „Rechtsperson" des Fötus entstanden ist, der dann auf die Mutter/die Eltern übergeht (gewissermaßen ein Fall des „non-nasciturus"), oder ob unmittelbar in der Person der Mutter/der Eltern ein originärer Anspruch auf „billige Entschädigung in Geld" wegen der Tötung des vorgeburtlichen Lebens entsteht.

E. Nomineller Schadensersatz

Der Begriff des nominellen Schadensersatzes findet sich im deutschen Schadensrecht nicht. Gemeint ist damit die Verurteilung zur Zahlung von *einem symbolischen* Franken, 1 Euro, 1 US $, 1 Yen etc.[91] Der nominelle Schadensersatz hat seine Heimat im Common Law. Dies ist dadurch begründet, daß das Common Law traditionell nur die Einheitssanktion des Geldschadensersatzes (damages) kennt. Klagen auf Vornahme tatsächlicher Handlungen/Erfüllung, auf Unterlassung oder auf Feststellung haben sich erst vergleichsweise spät und dann außerhalb des Common Law entwickelt. Als subsidiäres Sanktionsmittel für Vertrags- und (deliktische) Rechtsverletzungen, die nicht zu einem ausgleichsfähigen materiellen oder immateriellen Schaden geführt haben, diente so der nominelle Schadensersatz.[92] Er ist aber nicht auf das Common Law beschränkt geblieben. Er findet sich auch im französischen Recht, in Ansätzen im schweizerischen Recht und ist auch im gemeinschaftsrechtlichen Schadensersatzrecht (Art. 215 II EGV) anerkannt.[93] Die Symbolik des nominellen Schadensersatzes unterstreicht, daß es bei ihm weniger um Ausgleich und Prävention geht; hier steht in der Tat die *Genugtuungsfunktion* im Vordergrund. Da der BGH in anderem Kontext die Genugtuungsfunktion auch für das deutsche Schadensersatzrecht anerkannt hat, bleibt

---

[90] BGHZ 128, 1, 15 – „Caroline v. Monaco I"; vgl. aber auch schon BGH, NJW 1985, 1617, 1619 – „Nacktfoto".

[91] Vgl. dazu *Stoll, Hans*, Consequences of Liability: Remedies, International Encyclopedia of Comparative Law (IECL), vol. XI: Torts, chap. 8, s. 84-89; *Brüggemeier, G.*, Verurteilt zur Zahlung von 1 Euro!, in: FS H. Heinrichs, 1998, S. 79 (Brüggemeier, G.).

[92] „... it laid up among the very elements of the common law that, wherever there is a wrong, there is a remedy to redress it; that every injury imports damage in the nature of it; and, if no other damage is established, the party injured is entitled to a verdict for nominal damages". *Webb v. Portland Manufacturing Co.*, 3 Sumner Rep. 189 (1838).

[93] EuGH, Rs. 18/78, Frau V., Slg. 1979, 2093, 2103 Rn. 19.

abzuwarten, ob – und wenn ja für welche Fallkonstellationen – sich der nominelle Schadensersatz auch in Deutschland durchsetzen wird.[94]

F. Zusammenfassung

Josef Esser's bekannte Formel von der „Zweispurigkeit des Haftpflichtrechts"[95] zielte vordergründig auf die Differenz von Verschuldens- und Gefährdungshaftung, die das Recht der modernen Industriegesellschaft ausgebildet hat. Hintergründig ging es um den Gegensatz von personaler Haftung für Verschulden (vorsätzlich-rechtswidrige und fahrlässige[96] Integritätsverletzung) und verschuldensunabhängiger Haftung von Unternehmen und sonstigen Organisationen.[97] Vor diesem Hintergrund werden die beiden europäischen Entwicklungen interpretierbar und einordbar. Wie übrigens auch bei dem durch Richtlinien harmonisierten europäischen Haftungsrecht[98] geht es hier um Organisationshaftung. Der Arbeitgeber ist hier nicht als Privatperson angesprochen, sondern es haftet *das Unternehmen*, dessen Geschäftsleitung die Entscheidungen über Einstellung, Entlassung, Beförderung etc. trifft. Die Arbeitgeberhaftung für Geschlechtsdiskriminierung ist eine objektive Unrechtshaftung für die Verletzung von Rechtspflichten. Am allerwenigsten sollen hier „punitive damages in das deutsche Arbeitsrecht" eingeführt werden, wie es eine sich wieder einmal überschlagende Kritik in Deutschland argwöhnt.[99] Es geht um den konkreten Vermögensschaden bei der materiellen Diskriminierung und um eine billige Entschädigung bei der formellen Diskriminierung.

Das gleiche trifft mehr oder weniger auf die Francovich-Doktrin zu. Auch hier handelt es sich um eine verschuldensunabhängige Organisationshaftung für *Gemeinschaftsunrecht,* diesmal allerdings nicht von privaten Unternehmen – sondern des Staates. Der außervertragliche Schadensersatz dient der Prävention von Verstößen gegen das Gemeinschaftsrecht durch die Mitgliedstaaten und befördert damit dessen Effektivität.[100] Betroffen von den mitgliedstaatlichen Maßnahmen oder Unterlassungen sind zumeist geschäftliche Transaktionen von EG-Marktbürgern – Unternehmen, Arbeitnehmern, Verbrauchern. Bei der Haftung der

---

[94] Vgl. BGHZ 68, 331 – „Horten-SPIEGEL" (ablehnend); *Stoll, Hans,* Typen der Feststellungsklage aus der Sicht des Bürgerlichen Rechts, in: Bettermann, K.A./Zeuner, A. (Hrsg.), FS E. Bötticher, 1969, S. 341; *Brüggemeier, G.,* S. 79, insbes. die Fälle nicht schuldhafter Persönlichkeitsverletzungen ansprechend.

[95] *Esser, J.,* Die Zweispurigkeit unseres Haftpflichtrechts, JZ 1953, 129.

[96] Wie objektiviert auch immer!

[97] Vgl. dazu detailliert *Brüggemeier, G.,* Prinzipien des Haftungsrechts, 1999, Kap. E (im Erscheinen).

[98] Vgl. dazu u.a. *Joerges, Chr./Brüggemeier, G.,* S. 233, 261 ff.

[99] *Herrmann, E.,* ZfA 1996, 19, 37; *Volmer, M.,* „Punitive Damages" im deutschen Arbeitsrecht?, BB 1997, 1582.

[100] Zu den verfassungsrechtlichen Anforderungen gerade auch an die Staatshaftung vgl. Bullinger, M., S. 297.

Mitgliedstaaten geht es daher ausschließlich um reine Vermögensschäden.[101] Beides – Verschuldensunabhägigkeit und Ersatz für reine Vermögensschäden – führen dazu, daß die Haftungsvoraussetzungen hoch geschraubt werden: Es muß sich um einen „hinreichend qualifizierten Verstoß" („sufficiently serious breach") handeln. Hierbei sind alle Umstände des jeweiligen Falles zu berücksichtigen. – Ihren Rechtsgrund findet diese verschuldensunabhängige Unternehmens- und Staatshaftung unmittelbar im Gemeinschaftsrecht.

Im „Schmerzensgeld"bereich ist festzuhalten, daß die jüngere Rechtsprechungsentwicklung m.E. dazu geführt hat, die „billige Entschädigung in Geld" nach § 847 I BGB als selbständige dritte Spur des Schadensrechts anzuerkennen, für die – was die Haftungszwecke anbelangt – keine Sonderregeln mehr gelten. Trifft die Ausgleichs- und Präventionsfunktion aber auch bei dem sog. Schmerzensgeld zu, ist es nur noch ein Schritt bis zur Zahlung einer „billigen Entschädigung" auch bei Tötung als dem schwersten Fall eines nicht restituierbaren Personenschadens. – Der Genugtuung kommt im zivilen Schadensersatzrecht keine eigenständige Funktion zu; auch bei den Persönlichkeitsverletzungen kann, wenn überhaupt, nur von einer unselbständigen Reflexfunktion gesprochen werden.[102] Etwas anderes gälte jedoch für den sog. nominellen Schadensersatz, der (aus diesem Grunde?) bisher im deutschen Recht (noch) nicht anerkannt ist.

Literatur

Aubin, P., Die Haftung der europäischen Wirtschaftsgemeinschaft und ihrer Mitgliedstaaten bei gemeinschaftsrechtswidrigen nationalen Verwaltungsakten, 1982.

Bertelsmann, K./Pfarr, H., Diskriminierung von Frauen bei der Einstellung und Beförderung, DB 1984, S. 1297.

Bogdandy, in Grabitz, E./Hilf, M. (Hrsg.), Kommentar zur Europäischen Union, 1983.

Bullinger, M., Verfassungsrechtliche Aspekte der Haftung, in: FS E.v.Caemmerer, 1978.

Damm, Reinh., Persönlichkeitsrecht und Persönlichkeitsrechte, in Heldrich, A./ Schlechtriem, P./Schmidt, E. (Hrsg.) FS H. Heinrichs, 1998.

Ewert, D., Die Funktion der allgemeinen Rechtsgrundsätze im Schadensersatzrecht der EWG, 1991.

Ferrari, F., Der Schutz des Lebensgefährten und die Systematik des Deliktsrechts, ZEuP 1997, 1122

Großfeld, B., Die Privatstrafe, 1961.

Heldrich, A., Die allgemeinen Rechtsgrundsätze der außervertraglichen Schadenshaftung im Bereich der Europäischen Wirtschaftsgemeinschaft, 1961.

Herrmann, E., Die Abschlußfreiheit – ein gefährdetes Prinzip, ZfA 1996.

---

[101] Übrigens mit bisher wenig Erfolg für die Kläger. Vgl. dazu schon Fn 54.
[102] Zutr. *Köndgen, J.*, S. 101 ff.

Joerges, Chr./Brüggemeier, G., Europäisierung des Vertrags- und Haftungsrechts, in: Müller-Graff, P.-C. (Hrsg.), Gemeinsames Privatrecht in der Europäischen Gemeinschaft, 1993.

Kern, B.-R., Die Genugtuungsfunktion des Schmerzensgeldes, AcP 191 (1991), 247.

Köndgen, J., Haftpflichtfunktionen und Immaterialschaden, 1976.

Kötz, H., Zur Reform der Schmerzensgeldhaftung, in: Ficker, H.C./König, D./Kreuzer, K.F. u.a. (Hrsg.), FS E.v.Caemmerer, 1978.

Lange, Herm., Schadensersatz, Handbuch des Schuldrechts, Bd. 1, 2. Aufl. 1990.

Lorenz, E., Immaterieller Schaden und „billige Entschädigung in Geld", 1981.

Nehlsen-v. Stryk, K., Schmerzensgeld ohne Genugtuung, JZ 1987.

Reich, N., Der Schutz subjektiver Gemeinschaftsrechte durch Staatshaftung, EuZW 1996.

Schäfer, H.-B./Ott, C., Lehrbuch der ökonomischen Analyse des Zivilrechts, 2. Aufl. 1995.

Schermers, H.G./ Heukels, T./ Mead, Ph. (eds), Non-Contractual Liability of the European Communities, 1988.

Schwerdtner, P., Das Persönlichkeitsrecht in der deutschen Zivilrechtsordnung, 1977.

Steffen, E., Die Aushilfeaufgaben des Schmerzensgeldes, in: Böttcher, R./Hueck, G./Jähnke, B. (Hrsg.), FS *W. Odersky*, 1996.

Stoll, H., Empfiehlt sich eine Neuregelung der Verpflichtung zum Geldersatz für immateriellen Schaden?, Gutachten, in: Verh. 45. DJT, Bd. I/1, 1964.

Stoll, H., Consequences of Liability: Remedies, International Encyclopedia of Comparative Law (IECL), vol. XI.

Stürner, R., Der Erwerbsschaden und seine Ersatzfähigkeit, JZ 1984.

Treber, J., Entschädigung bei diskriminierenden Bewerbungsverfahren, DZWir 1998, S. 177.

Volmer, M., „Punitive Damages" im deutschen Arbeitsrecht?, BB 1997.

Waechter, C. G. v., Die Buße bei Beleidigungen und Körperverletzungen nach dem heutigen gemeinen Recht, 1874.

Peter Weise

Kommentar

zu

Gert Brüggemeier: Haftungsfolgen, Entwicklungstendenzen im europäischen und deutschen Schadensersatzrecht

A. Einleitung

Durch die ökonomische Analyse des Rechts hat auch der Gedanke in das Strafrecht Eingang gefunden, möglichst alle strafrechtlichen in zivilrechtliche Sanktionen umzuwandeln und allgemein Strafen und Sanktionen durch wertäquivalisierende Geldzahlungen zu ersetzen. Gemäß dieser Sicht sind Gefängnisstrafen u.a.m. inoptimal, da sie gesellschaftliche Kosten verursachen. Hingegen führen Geldstrafen zu einer Entschädigung der Geschädigten oder der Gesellschaft. Das Strafrecht sollte also weitgehend durch ein Schadensersatzrecht ersetzt werden. Nur für diejenigen Schädiger, die eine Geldstrafe nicht bezahlen können, greift das Strafrecht. Und auch nur sie werden kriminell: Die anderen wandeln durch Zahlen der Geldstrafe ihre Schädigung nachträglich in eine Markttransaktion um[1].

In seinem Referat stellt Gert Brüggemeier einige Bereiche vor, bei denen eine Abgrenzung von strafrechtlicher und zivilrechtlicher Sanktion ein Problem darstellt. Des weiteren zeigt er, inwieweit in diesen Bereichen durch die neuere Rechtsprechung die Sanktion durch einen Schadensersatz ersetzt wird. Diese Ausführungen Brüggemeiers werde ich im folgenden kurz zusammenfassen. Anschließend werde ich versuchen, die Gemeinsamkeiten und Unterschiede von Sanktionen und Schadensersatz herauszuarbeiten.

---

[1] Vgl. zum folgenden *Nagel, B./Eger, T.*, Wirtschaftsrecht II, 3. Aufl. 1997; *Schäfer, H.-B./Ott, C.*, Lehrbuch der ökonomischen Analyse des Zivilrechts, 1986; *Weise, P./Brandes, W./Eger, T./Kraft, M.*, Neue Mikroökonomie, 3. Aufl. 1993; *Weise, P.*, Verhaltenskoordination durch soziale Normen und Kräfte, in: Priddat, B. P./Wegner, G. (Hrsg.), Zwischen Evolution und Institution, 1996, S. 187 ff.

B. Zusammenfassung der Ausführungen Brüggemeiers

Gert Brüggemeier betrachtet vier Beispiele für die Entwicklung im europäischen und deutschen Schadensersatzrecht: Schadensersatz bei Diskriminierung im Arbeitsleben, Europäisierung des Staatshaftungsrechts, Ersatz immaterieller Schäden bei Personenverletzungen und nominellen Schadensersatz.

I. Schadensersatz bei Diskriminierung im Arbeitsleben

Hier geht es um die Gleichberechtigung von Frauen und Männern im Arbeitsleben, d.h. im wesentlichen um die Gleichberechtigung beim Zugang zum Beruf, bei Beförderung und Entlassung sowie beim Entgelt. Als Sanktion für die Diskriminierung muß der Schadensersatz aber so hoch sein, daß er in einem angemessenen Verhältnis zu dem erlittenen Schaden steht; denn nur dann kann er eine abschreckende Wirkung entfalten. In § 611 a II 1 BGB wird die angemessene Entschädigung allerdings auf höchstens drei Monatsverdienste begrenzt. In einem Urteil hat der EuGH diese Beschränkung bei einer Diskriminierung des bestqualifizierten Bewerbers als rechtswidrig bezeichnet – eine Beschränkung ist nur zulässig bei diskriminierten Bewerbern ohne echte Chance auf Einstellung – und hat die Voraussetzung des Verschuldens bei einem Schadensersatz als unzulässig bestimmt.

In „einem angemessenen Verhältnis zum erlittenen Schaden" steht der Schadensersatz nur dann, wenn die tatsächlich entstandenen Schäden in vollem Umfang ausgeglichen werden. Dies bedeutet im einzelnen:
a) Nicht-Einstellung des bestqualifizierten Bewerbers (materielle Diskriminierung): Wird er nicht eingestellt, hat er einen Anspruch auf eine Entschädigung in einer Höhe, daß er vermögensmäßig so gestellt wird, als ob er eingestellt worden wäre. Die Entschädigung hat dann die Höhe des vollen Lohnausgleichs. Um einen Anreiz für den abgelehnten Bewerber zu schaffen, Schadensminderung zu betreiben, d.h. weiter sich um eine Anstellung zu bemühen, müßten Abschläge vom Schadensersatz erfolgen. Realistisch ist ein Schadensersatz in Höhe von einem bis drei Jahresgehältern.

Analoges gilt für die Beförderung; eine diskriminierende Kündigung läßt das Arbeitsverhältnis weiterhin wirksam bleiben.
b) Nicht-Berücksichtigung eines Bewerbers ohne echte Chance (formelle Diskriminierung): Hier ist kein Vermögensschaden entstanden. Es sind lediglich die Bewerbungsauslagen zu erstatten und gegebenenfalls eine „billige Entschädigung in Geld" wegen einer Persönlichkeitsverletzung zu gewähren, diese aber auf eine bestimmte Höhe beschränkt.
c) Verschuldensunabhängigkeit: Da die Anspruchsgrundlagen im deutschen Recht das Verschulden des Arbeitgebers voraussetzen, muß ein neuer Sondertatbestand der verschuldensunabhängigen Schadensersatzhaftung bei Diskriminierung im Arbeitsleben formuliert werden.

Diesen Punkten wird die vorgesehene dritte Fassung des § 611 a II BGB gerecht, die Diskriminierung im Arbeitsleben gemäß den oben formulierten Vorstellungen regelt: Schadensersatz bei materieller Diskriminierung, „billige Entschädigung in Geld" bis höchstens drei Monatsverdienste bei formeller Diskriminierung sowie Verschuldensunabhängigkeit.

II. Europäisierung des Staatshaftungsrechts

Hier geht es um die Frage, wie weit ein Staat für Gemeinschaftsunrecht zu haften hat. In einem Urteil stellt der EuGH fest, daß unter bestimmten Bedingungen bei der Verletzung von Gemeinschaftsrecht durch einen Mitgliedstaat ein benachteiligter Bürger einen Schadensersatzanspruch gegen den Mitgliedstaat haben kann. Mit diesem Urteil wird der Anreiz für die Mitgliedstaaten erhöht, Gemeinschaftsrecht auch national umzusetzen.

III. Ersatz immaterieller Schäden bei Personenverletzungen

Hier geht es um die Frage, inwieweit immaterielle Schäden bei Personenverletzungen zu ersetzen sind. Bei Verletzungen der Person, d.h. von Körper, Gesundheit und Freiheit, gibt es im wesentlichen zwei Rechtsbehelfe, nämlich die Wiederherstellung der Körper- und Gesundheitsverletzung durch Ersatz der Behandlungskosten und die Kompensation von Vermögensschäden. Nur ausnahmsweise existiert ein Anspruch für weiteren entgangenen Nutzen auf eine „billige Entschädigung in Geld" (Schmerzensgeld). Für nicht-körperliche Verletzungen der Person gibt es überhaupt kein Schmerzensgeld. Das Schmerzensgeld war zwischen strafrechtlicher Buße und zivilem Schadensersatz eingeordnet und wurde später als Ersatz für einen immateriellen Schaden aufgefaßt, als Wiederherstellung des früheren Zustandes oder als Ausgleich von etwas Negativem durch etwas Positives.

Das Schmerzensgeld entfaltet zweierlei Wirkungen: Ausgleich und Prävention. Das Schmerzensgeld ist neben der Naturalrestitution und der Kompensation eine dritte eigenständige Art des Schadensersatzes. Bei Personenschäden ist nach § 847 I BGB auf zweierlei Weise zu entschädigen: immaterielle Verletzungsbegleitschäden (Gefühlsschäden) und nicht-restituierbare Personenschäden, die nicht Vermögensschäden sind.

IV. Nomineller Schadensersatz

Hier geht es um die Frage, wie eine Verurteilung zur Zahlung einer symbolischen Währungseinheit zu beurteilen ist. Es geht dabei nicht um Ausgleich und Prävention, sondern um Genugtuung. Bisher hat sich der nominelle Schadensersatz in Deutschland noch nicht durchgesetzt.

V. Fazit

Als Fazit läßt sich festhalten:
a) Verschuldensunabhängige Haftung von Unternehmen und Organisationen wird gegenüber einer personalen Haftung für Verschulden gestärkt.
b) Materielle Diskriminierung wird mit dem Ersatz des Vermögensschadens, formelle Diskriminierung mit einer billigen Entschädigung sanktioniert.

c) Schmerzensgeldgewährung wird als selbständige Entschädigung anerkannt; allerdings gilt hier die Ausgleichs- und Präventionsfunktion noch nicht im gleichen Maße.
d) Der Genugtuung kommt keine eigenständige Funktion zu; allerdings könnte dies anders werden, wenn der nominelle Schadensersatz anerkannt wird.

C. Prävention und Ausgleich bei Norm und Markt

In allen vier Fällen Brüggemeiers geht es um die Probleme der Prävention und des Ausgleichs. Es ist daher nützlich, sich mit diesen beiden Problemen zunächst einmal grundsätzlich auseinanderzusetzen.

Es gibt zwei extreme gesellschaftliche Organisationsformen, den Markt und die Norm. Sowohl bei reiner Marktkoordination als auch bei reiner Normkoordination gibt es keine Schäden. Diese sind nicht-internalisierte, d.h. externe Effekte. Dies bedeutet, daß man sowohl durch den Koordinations-Mechanismus „Tue, was du willst, aber entschädige alle" als auch durch den Koordinations-Mechanismus „Tue nur, was erlaubt ist" Schäden vermeiden kann. Wegen zu hoher Transaktionskosten lassen sich aber beide Mechanismen nicht vollständig installieren.

In der Realität gibt es ein Mixtum beider:
a) Handlungen sind erlaubt, und man muß entschädigen; dies ist die Marktkoordination.
b) Handlungen sind verboten und werden sanktioniert; dies ist die Normkoordination.

Im Fall der Handlungserlaubnis verteuert man die Handlungen in der Absicht, daß sie einen Nutzen stiften. Das Marktkonzept entspricht hier dem Zivilrecht. Es geht um optimale Handlungsanreize für Schädiger und Geschädigten. Ziel ist eine effiziente Realisierung gesellschaftlicher Überschüsse durch wechselseitige nutzenerhöhende Handlungen. Im Fall des Handlungsverbots verteuert man die Handlungen in der Absicht, daß sie auf jeden Fall unterbleiben sollen, der Nutzen für den Schädiger soll nicht realisiert werden. Dieses Normkonzept entspricht dem Strafrecht. Es geht um wirkungsvolle Prävention und Abschreckung. Ziel ist die Sicherstellung der Autonomie der Gesellschaftsmitglieder und die Realisierung von nutzenstiftenden Handlungen, die nicht wertäquivalent durch andere substituiert werden können.

Ausgleich und Prävention funktionieren in der Realität aber nicht vollkommen. Daher geht es um die Frage, inwiefern negative externe Effekte oder externe Schäden, die aus den interdependenten Handlungen der Individuen resultieren, durch geeignete Strafen und Schadensersatzregeln auf ein ökonomisch sinnvolles Maß reduziert werden können. Es ist aus ökonomischer Sicht nicht so sehr von Interesse, wie ein gerechter Schadensausgleich bzw. eine gerechte Strafe aussehen sollte, nachdem ein Schaden eingetreten ist. Der Ökonom fragt vielmehr danach, ob der Umfang der Schäden durch die geltenden Schadensersatzregeln und Sanktionen und durch die damit verbundenen Verhaltensanreize auf ein gesellschaftlich sinnvolles Maß reduziert wird.

Aus ökonomischer Sicht ist ein *Schaden* definiert als der Nutzenentgang, der durch Handlungen des Schädigers beim Opfer verursacht wird. Dabei ist es unerheblich, ob der Nutzenentgang auf materielle oder immaterielle Schäden zurückzuführen ist.

Es lassen sich grundsätzlich zwei Möglichkeiten unterscheiden, einen Schadensersatz korrekt festzulegen:
a) Man stellt exakt den Zustand wieder her, der vor Eintritt des Schadens bestanden hat (Naturalrestitution).
b) Es wird eine Geldzahlung in derjenigen Höhe geleistet, die dem Opfer den gleichen Nutzen sichert, den es realisiert hätte, wenn der Unfall nicht eingetreten wäre (wertäquivalenter Ausgleich).

Eine *Naturalrestitution*, die das Opfer tatsächlich in dieselbe Lage versetzt wie vor dem Schaden, ist nur in wenigen Fällen möglich. Selbst wenn es sich bei dem Schaden um die Zerstörung eines marktgängigen Gutes handelt, müßte man dem Opfer zur Wiederherstellung des ursprünglichen Zustandes ein Exemplar gleichen Alters, mit gleichen Abnutzungserscheinungen etc. beschaffen.

In der Regel sollte deshalb die Höhe der Entschädigung dem durch den Schaden entstandenen Nutzenentgang des Opfers entsprechen; d. h. das Opfer soll sich nach der Geldzahlung auf der gleichen Indifferenzkurve befinden wie vor dem Unfall (*wertäquivalenter Ausgleich*). Es wird nicht angestrebt, den gleichen Punkt auf dieser Indifferenzkurve zu realisieren, wie das bei einer Naturalrestitution der Fall wäre. Nach diesem Konzept erhält beispielsweise das Opfer eines Autounfalls einen Geldbetrag, der ausreicht, die Reparatur zu zahlen, und der zugleich für den Nutzungsausfall während der Reparaturzeit entschädigt sowie einen Ausgleich für die unfallbedingte Reduzierung des Zeitwerts des Fahrzeugs bietet.

D. Beurteilung der Haftungsfolgen

In Brüggemeiers vier Fällen geht es bei den ersten beiden Fällen (Diskriminierung und Staatshaftung) um Prävention, bei den zweiten beiden (immaterielle Schäden und Genugtuung) um optimale Handlungsanreize.

I. Diskriminierung

Aus ökonomischer Knappheit folgt die Notwendigkeit von Diskriminierung, d.h. die Unterscheidung nach bestimmten Kriterien. Der Markt diskriminiert (unterscheidet) nach Ressourcenbesitz und diesen nach dem Grad der Liquidität, die Hochschule unterscheidet Besitzer eines zum Zugang berechtigenden Zertifikats von Nicht-Zertifikatsbesitzern, das Wahlsystem unterscheidet Inländer und Ausländer, Volljährige und Minderjährige, die Norm diskriminiert nach Normeinhaltung und Normübertretung usw. Entscheidend aus ökonomischer Sicht sind die folgenden Aspekte der Diskriminierung:
a) Welche Arten der Diskriminierung (Diskriminierungsmechanismen) gibt es,
b) Wie funktionieren sie,
c) Wer wird bei welchem Diskriminierungsmechanismus nach welchen Kriterien diskriminiert,

d) Welche Verhaltensweisen werden dadurch ermutigt oder entmutigt? Wie läßt es sich dann erklären, daß weltweit zahlreiche Resolutionen gegen die Diskriminierung nach der Hautfarbe, dem Geschlecht, nach Abstammung und Rassenzugehörigkeit verabschiedet wurden? Warum existieren keine vergleichbaren Kampagnen gegen die Diskriminierung nach Leistung, Zertifikaten, Zeugnissen und Reihenfolge? Die Antwort ist einfach. Die erstgenannten Kriterien sind dadurch gekennzeichnet, daß sie von den betroffenen Personen nicht verändert werden können. Das hat zur Folge, daß es zum einen für die diskriminierte Personengruppe hoffnungslos ist, jemals an bestimmte knappe Güter heranzukommen; zum anderen bestehen bei derartigen Diskriminierungskriterien keine Anreize, die in einer Gesellschaft positiv bewerteten Kriterien zu erwerben und damit zu vermehren. Im ersten Fall haben wir eine Alles-oder-nichts-Konkurrenz bei gegebenen Kriterien, im zweiten Fall haben wir eine Konkurrenz bei beeinflußbaren und veränderlichen Kriterien.

Daraus folgt: Die *materielle Diskriminierung* soll auf jeden Fall verhindert werden. Denn derartige diskriminierende Handlungen verhindern, daß Produktionsfaktoren effizient eingesetzt werden. Daher werden sie sanktioniert. Die privaten Ziele, d.h. die Realisierung eines Nutzens aus Diskriminierung, sollen nicht berücksichtigt werden. Daß der Diskriminierte Ersatz erhält, ist ein zusätzliches Argument. Darauf gehe ich weiter unten noch ein.

II. Staatshaftung

Die *Staatshaftung* soll bewirken, daß die Mitgliedstaaten und die Organe die Gemeinschaftsrechte umsetzen. Auch hier steht der Präventionsgesichtspunkt im Vordergrund. Die Staatshaftung kann analog zum Organisationsverschulden gesehen werden: Um zu vermeiden, daß an die Stelle einer Verschuldenshaftung faktisch eine Opferhaftung träte, haftet der Staat.

III. Immaterieller Schaden

Der *Ersatz des immateriellen Schadens* soll für optimale Handlungsanreize für Schädiger und Geschädigten sorgen, um ein gesellschaftliches Kostenminimum zu erreichen. Hier steht der anreizkompatible Ausgleich im Vordergrund. Allerdings ist aus ökonomischer Perspektive die Unterscheidung zwischen materiellem und immateriellem Schaden nicht gerechtfertigt.

Aus ökonomischer Sicht ist jede Nutzeneinbuße, die durch schädigende Handlungen bewirkt wird, ein Schaden. Das Zivilrecht bestimmt aber bestimmte Arten von Schäden als nichtersatzfähig. Schadensersatz in Geld ist bei immateriellen Schäden nur in den durch das Gesetz bestimmten Fällen zu leisten (§ 253 BGB). Ein Beispiel für den Ersatz immaterieller Schäden ist das Schmerzensgeld (§ 847 BGB); doch bleibt dieses zumeist weit unter dem Betrag der Schadenseinbuße. Bei Tötung werden nur die Begräbniskosten erstattet und gesetzliche Unterhaltsansprüche berücksichtigt. Der Verlust des Lebens als solcher wird nicht erfaßt. Dadurch wird der immaterielle Schaden mit einem zu geringen Preis versehen; es besteht die Tendenz, daß zu viele derartige Schäden auftreten.

Aber auch Vermögensschäden, die nicht durch die Verletzung eines absoluten Rechts wie Leben, Gesundheit, Freiheit, Eigentum entstanden sind (§ 823 BGB), werden nicht ersetzt. Allerdings sind neue absolute Rechte geschaffen worden: allgemeines Persönlichkeitsrecht, Recht am eingerichteten und ausgeübten Gewerbebetrieb, Haftung aus culpa in contrahendo. Aber es bleibt eine Vielzahl von Vermögensschäden und immateriellen Schäden ohne Ersatz. Dies mag dann gerechtfertigt sein, wenn der Geschädigte selbst den Schaden am leichtesten abwehren kann oder wenn die Güter nicht substituierbar sind. Doch ist als Fazit festzuhalten, daß in denjenigen Fällen, in denen der Schädiger der einzige ist, der die Wahrscheinlichkeit des Schadenseintritts und die Höhe des Schadens bestimmt, ein zu geringer Schadensersatz die Schadenshöhe steigern wird.

Allerdings muß zwischen Nachfragepreis und Abgabepreis unterschieden werden. Zumeist bewertet der Nachfrager (Schädiger) das Gut anders als der Anbieter (Geschädigter). Der korrekte Gesichtspunkt bezieht sich also auf die Frage der optimalen Abschreckung (Präventionsfunktion des Rechts). Davon zu trennen ist die wertäqualisierende Entschädigung (Ausgleichsfunktion des Rechts). Wieder wird die Unterscheidung zwischen Sanktion und Preis bedeutsam.

Bei der Bewertung des menschlichen Lebens geht es nicht um eine (monetäre) Bewertung dieses Lebens, d.h. die Ermittlung des Abgabepreises – denn das Leben ist ein nicht substituierbares Gut –, sondern um die Bewertung der Kosten des Tötens (durch Veränderung der Sorgfalt, der Aufdeckungswahrscheinlichkeit usw.), d.h. die Bestimmung des Nachfragepreises.

Im deutschen Recht wird der Wert der Todesverhütung mit einem Preis von Null angesetzt. Das Interesse Dritter und der Wert für den immateriellen Todesschaden werden nicht berücksichtigt. Das Strafrecht ist hier nur ein schwacher Ersatz, da hier persönliches Verschulden verlangt wird und viele unfallerhöhende Faktoren außer Acht gelassen werden. Man könnte einfach den Nachfragepreis durch eine Steuer erhöhen: Der Anreiz, jemanden zu schädigen, wird geringer. Aus dem Ausgleichsprinzip (§ 249 BGB) folgt, daß der Ersatzpflichtige den Zustand wieder herzustellen hat, der bestehen würde, wenn der zum Ersatz verpflichtende Umstand nicht eingetreten wäre. Dies gilt sowohl für Vermögensschäden als auch für immaterielle Schäden. Allerdings wird immaterieller Schaden nur in bestimmten Fällen ersetzt (§ 253, § 847, § 1300, § 651 BGB).

Die Unterscheidung zwischen materiellem und immateriellem Schaden basiert aus juristischer Sicht auf dem Vermögenskonzept und nicht, wie aus ökonomischer Sicht, auf dem Nutzenkonzept. Was ist Vermögen? Vermögen kann ein Bestand an Gütern sein; Vermögen kann die Ressourcen meinen; Vermögen kann die Fähigkeit meinen, etwas zu tun; Vermögen kann der (abdiskontierte) Wert eines Nutzenstroms sein.

Das Affektionsinteresse gehört aus juristischer Sicht nicht zum Vermögen. Dem ist aber entgegenzuhalten, daß alle objektiven Preise durch das „Affektionsinteresse" gebildet werden, so die funktionale, Snob-, Prestige-, Konformitäts- und Spekulations-Nachfrage. Es soll nach dem BGH nur der Wert gelten, den Dritte einem Gut beimessen. Also: nur der Nachfragepreis, nicht der Abgabepreis, wird berücksichtigt. Dies ist aber nur im Gleichgewicht des idealtypischen Lehrbuchmodells der Fall. In Ungleichgewichten und in der Realität divergieren die Werte, die ein Nachfrager einem Gut beimißt, und die Werte, die Dritte einem Gut beimessen.

Der BGH erkennt nur die funktionale Nachfrage an; hier ist im wesentlichen auch Nachfrage- gleich Abgabepreis. Er verkennt, daß der Vermögenswert einer Sache nichts weiter ist als der (abdiskontierte) Nutzungsstrom. Es gibt nicht einen Substanzwert getrennt von einem auf Gebrauchsvorteilen beruhenden Vermögenswert. Man muß vielmehr unterscheiden zwischen einem subjektiven und einem objektiven Wert. Welcher ist zu ersetzen?

Ein Schaden ist ein Nutzenentgang, und zwar die Differenz des Nutzens vor und nach dem Eingriff. Das hat mit „Vermögen" und „immateriellem Schaden" nichts zu tun. Allerdings sind Schäden nur solche Eingriffe, die durch Normen verhindert werden sollen. Sachen, die durch Normen nicht geschützt sind, kann auch kein Schaden zugefügt werden.

IV. Genugtuung

Die symbolische Bewertung der *Genugtuung* schließlich dient ebenfalls einem anreizkompatiblen Ausgleich. „Man selbst hat recht und der andere unrecht!" Diese Differenzierung ist für die Akzeptanz und das Wirksamwerden von Normen von großer Bedeutung.

Normen koordinieren das Verhalten von Menschen, indem in typischen, wiederkehrenden Situationen aus einer Vielzahl von Handlungsmöglichkeiten bestimmte Handlungen als zu befolgende oder zu unterlassende für alle Adressaten einer Norm verbindlich gemacht werden. Es lassen sich formale Normen wie Gesetze, Gerichtsurteile, Statuten und Satzungen von informellen Normen wie Sitten, Gebräuchen, Konventionen, Usancen und Gruppenstandards unterscheiden.

Eine Norm erlangt nicht dadurch Gültigkeit bzw. Verbindlichkeit in einer Gesellschaft, daß sie in irgendwelchen Gesetzestexten oder sonstigen klugen Büchern geschrieben steht und daß die Gesellschaftsmitglieder sie als verbindlich ansehen. Entscheidend für die Verbindlichkeit einer Norm ist vielmehr die Tatsache, daß die *Öffentlichkeit* auf Abweichungen von der Norm *reagiert*. Als Öffentlichkeit kann man in diesem Fall eine einzelne Person sowie eine Gruppe oder gar eine ganze Gesellschaft bezeichnen. Diese Reaktionen können eher spontan sein (Zeigen der kalten Schulter, grimmige Blicke, Worte des Tadels, Verspottung, Liebesentzug, bis hin zum Ausschluß aus einer Gruppe und körperlicher Gewalt), sie können aber auch in stärkerem Maße organisiert sein. Ein Spezialfall einer stark organisierten und zentralisierten Reaktion der Öffentlichkeit auf Normabweichungen sind Sanktionen des Staates (Geldstrafen, Gefängnisstrafen), der ein Gewaltmonopol innehat.

Das einzelne Gesellschaftsmitglied wird somit vor die Alternative gestellt, entweder die Norm zu befolgen oder die Norm zu übertreten und dabei das Risiko einer negativen Reaktion der Öffentlichkeit einzugehen. Der Schaden, den die Öffentlichkeit durch ihre Reaktionen dem Normübertreter zufügt, ist die *Sanktion*. Diese Sanktion kann anknüpfen an eine Ordnungswidrigkeit oder an eine strafrechtlich relevante Normübertretung.

Tatsächlich sind Normen aus der Sicht des einzelnen Individuums zunächst einmal lästig. Sie belegen ja bestimmte Handlungen, die das Individuum unter

Umständen gerne durchführen möchte, mit „zusätzlichen" Kosten, sprich: Sanktionen. Dies ist aber nur die halbe Wahrheit; denn eine gültige Norm hat für das Individuum auch zwei positive Seiten. Zum einen schützt eine Norm das Individuum auch vor Willkürhandlungen der jeweils anderen Individuen, und zum anderen senken Normen die Entscheidungskosten. Aus der Sicht des einzelnen Menschen hat eine Norm also drei Eigenschaften: Sie belegt bestimmte Handlungen mit zusätzlichen Kosten (Sanktionen), sie dient als Schutz vor Willkürhandlungen der jeweils anderen, und sie gibt ihm eine Orientierung, wie er sich in relativ diffusen Situationen zu verhalten hat.

Wichtig ist die Unterscheidung zwischen Preisen und Sanktionen. *Preise* belegen erlaubte, gesellschaftlich erwünschte Handlungen mit Kosten. Das wichtigste Kriterium bei der Festlegung von Preisen ist ihr *Entschädigungseffekt*: Durch den Brötchenpreis wird der Bäcker von seinem Kunden für die entstandenen Kosten entschädigt, und durch den Zins wird der Inhaber von Sparbüchern und Wertpapieren für seinen gegenwärtigen Konsumverzicht entschädigt. *Sanktionen* belegen demgegenüber verbotene, gesellschaftlich unerwünschte Handlungen mit Kosten. Das wichtigste Kriterium bei der Festlegung von Sanktionen ist ihr *Abschreckungseffekt*. So will z.B. die Rechtsprechung die Menschen dadurch von strafbaren Handlungen abschrecken, daß sich eine Sanktion mit der Wiederholung der Tat und mit der Bösartigkeit der Gesinnung des Täters erhöht.

Die Bepreisung von (erlaubten) Handlungen stützt sich auf die Philosophie, daß das Opfer einer individuellen Handlung durch den Preis vollkommen entschädigt wird. Eine *vollkommene Entschädigung* liegt dann vor, wenn es dem Opfer gleichgültig ist, ob es keinen Schaden erleidet oder ob es einen Schaden erleidet und anschließend entschädigt wird – getreu dem alten juristischen Rechtssatz: „Dulde und liquidiere!" In vielen Fällen ist aber eine vollkommene Entschädigung nicht möglich. Offensichtlich kann man das Opfer eines Mordes nicht vollkommen entschädigen. Ebensowenig lassen sich die psychischen Schäden, die eine Frau durch eine Vergewaltigung erlitten hat, durch Geld- oder Sachleistungen aus der Welt schaffen. Leben, Gesundheit und Menschenwürde sind schwer substituierbare Güter, die nur durch Normen und Sanktionen, nicht aber durch Entschädigungen (d.h. Preise) angemessen geschützt werden können. Während also Verletzungen leicht substituierbarer Güter durch anschließende Entschädigungszahlungen wieder ausgeglichen werden können, müssen die Individuen durch Sanktionen wirksam von Verletzungen schwer substituierbarer Güter abgeschreckt werden, wenn sie alle Konsequenzen ihrer Handlungen für andere internalisieren sollen.

Die Gewährung eines *nominellen Schadensersatzes* trägt diesem Gesichtspunkt Rechnung: Ein wertäquivalisierender Schadensersatz kann offensichtlich nicht erfolgen; die Gewährung des nominellen Schadensersatzes bestätigt aber, daß eine Norm übertreten worden ist und daß eigentlich ein Schadensersatz in beträchtlicher Höhe zu leisten gewesen wäre. Es wird sozusagen das richtige Verhalten bestätigt, das falsche Verhalten wird als solches festgestellt: Ordnungs- und Rechtssicherheit werden bekräftigt.

E. Prävention und Ausgleich aus juristischer und ökonomischer Sicht

Um sich zu versichern, daß man als Ökonom die fein ziselierten Unterschiede zwischen Ordnungswidrigkeit, Sanktion, Prävention und Ausgleich verstanden hat, übertrage ich diese Begriffe auf eine Marktsituation.

Angenommen, ich gehe zu einem Porschehändler. Im Verkaufsraum steht ein gelber sich tief duckender Carrera. „Den nehme ich", denke ich mir. Doch da steht ein Preisschild: 150.000 DM. Ich frage den Verkäufer, ob er mich mit diesem Preisschild abschrecken will, oder in feinem Juristendeutsch: ob das Preisschild als Sanktion eine Präventivwirkung entfalten soll. Was bedeutet hier Prävention oder Abschreckung? Abgeschreckt werden alle diejenigen, die nicht bereit sind, 150.000 DM für das Auto zu bezahlen. Die anderen werden nicht abgeschreckt. Bezahle ich den Preis, entschädige ich den Hersteller für die von ihm aufgewendeten Kosten.

Juristen sagen, daß aus der Prävention oder Abschreckung nicht unbedingt auch die Entschädigung des Geschädigten folgen muß. Lediglich die Gesellschaft insgesamt sollte entschädigt werden. Ein Ausgleich müßte mit zusätzlichen Argumenten besonders begründet werden. Also sage ich dem Händler: „Ich nehme das Auto, erkenne Ihre Ausgleichsforderungen aus juristischer Sicht aber nicht an. Ich werde allerdings zu Daimler Benz fahren und dem Mercedes-Händler 150.000 DM bezahlen." Dadurch, daß ich das Auto nehme, den Preis aber nicht zahle, entsteht dem Porsche-Händler betriebswirtschaftlich ein Schaden von 150.000 DM. Volkswirtschaftlich ist allerdings kein Schaden entstanden.

Man könnte auch argumentieren, daß ab und zu jemand mit einem Mercedes-Coupé beim Porsche-Händler vorfährt und diesem 150.000 DM als Preis für das Porsche-Coupé gibt. Damit ist eine Generalkompensation zwischen Mercedes- und Porsche-Händler hergestellt. Jeder wird auf die Dauer und im Durchschnitt für seine aufgewendeten Kosten entschädigt.

Man könnte auch das Argument des Strafrechtlers übernehmen. Der Porsche-Händler dringt in mich, doch ihm das Geld zu geben, damit ich als Schädiger resozialisiert werde. Dies leuchtet mir sofort ein, es ist ein starkes Argument. Ich gebe dem Porsche-Händler 150.000 DM – und überlasse ihm großzügig, zum Altruisten mutiert, auch noch den Porsche. In diesem Fall bin ich zum Entschädiger resozialisiert worden, übertreibe allerdings ein wenig.

Im Anschluß an die ökonomische Analyse des Rechts könnte man auch den Käufern erlauben, die Zahlung des Preises zu vergessen. Mit einer gewissen Entdeckungswahrscheinlichkeit wird ein Käufer von mehreren zur Preiszahlung für die anderen Käufer verpflichtet. So zahlt beispielsweise ein Käufer für fünf andere mit, d.h. er bezahlt für seinen Porsche 900.000 DM. Eine betriebswirtschaftliche Entschädigung findet statt. Ein volkswirtschaftlicher Schaden entsteht nicht. Es erfolgt lediglich eine Einkommensumverteilung zwischen den Käufern – bei Porschefahrern vermutlich unerheblich und unbeachtlich.

Insgesamt betrachtet entstehen die Systematisierungsprobleme dadurch, daß nicht exakt zwischen

a) Sanktion und Preis, d.h. Prävention und anreizkompatiblem Ausgleich, sowie zwischen

b) Nutzen und Schaden, d.h. positivem und negativem Wohlergehen, unterschieden wird.

Abgesehen davon ist der Ausdruck Prävention ungenau: Er sollte differenziert werden in „wertäquivalenten Ausgleich" und „Sanktion", entsprechend den Mechanismen „Markt mit Preis" und „Norm mit Sanktion". Mit der generellen Erlaubnisfreistellung von Handeln ist nämlich impliziert, daß es erlaubt ist, andere zu schädigen. Hier geht es nur noch um optimale Anreize, die Kosten zu minimieren. Mit dem generellen Erlaubnisverbot ist impliziert, daß es nicht erlaubt ist, andere zu schädigen. Hier geht es nur noch um wirksame Sanktionen zu tragbaren Kosten.

Literatur

Nagel, B./ Eger, T., Wirtschaftsrecht II, 3. Aufl. 1997.

Schäfer, H.-B./ Ott, C., Lehrbuch der ökonomischen Analyse des Zivilrechts, 1986.

Weise, P./Brandes, W./Eger, T./Kraft, M., Neue Mikroökonomie, 3. Aufl. 1993.

Weise, P., Verhaltenskoordination durch soziale Normen und Kräfte, in: Priddat, B. P./Wegner, G. (Hrsg.), Zwischen Evolution und Institution, 1996

Diskussion

zusammengefaßt von *Christian Tetzlaff*

Die an das Referat von Gert Brüggemeier und das Ko-Referat von Peter Weise anschließende Diskussion setzte sich vertiefend mit der Frage der Bemessung eines adäquaten Schadensersatzanspruchs bei Diskriminierung im Arbeitsleben sowie bei Tötung auseinander. Da bei den Erörterungen zur ersten Frage der Rechtsprechung des EuGH zur Umsetzung von EU-Richtlinien und zu Schadensersatzansprüchen bei Nichtumsetzung entsprechender Richtlinien eine entscheidende Bedeutung zukommt, bildete die Diskussion der Staatshaftung bei Nichtumsetzung von EU-Richtlinien einen weiteren Schwerpunkt der Erörterungen im Anschluß an die Vorträge.

In Reaktion auf die Darstellung des Referenten zur Entwicklung der Reform des § 611 a BGB und die damit einhergehende Verschärfung der Sanktionierung von Diskriminierung im Arbeitsleben wurden folgende Fragen und Probleme angesprochen, die nachfolgend in Thesenform wiedergegeben werden sollen:

- Dem unqualifizierten Bewerber, der sich auf eine Stelle bewirbt, die nicht geschlechtsneutral ausgeschrieben ist, steht kein Schadensersatzanspruch zu.
- Gibt das Gesetz in diesen Fällen dem Bewerber trotzdem einen Schadensersatzanspruch, so kann dies zu einer Überabschreckung führen, die ineffizient ist.
- Es werden Möglichkeiten einer Beschränkung der Haftung auf Evidenzfälle diskutiert. Es wird vorgeschlagen, hinsichtlich einer Schadensersatzpflicht an das Kriterium der Fahrlässigkeit anzuknüpfen.
- Bei funktionierenden Märkten dürfte es zu keiner Diskriminierung im Arbeitsleben kommen, da die diskriminierenden Unternehmen aus dem Markt wegen Verlustes der Konkurrenzfähigkeit ausscheiden würden. Möglicherweise liegt hier ein klassischer Fall von Marktversagen vor.
- Dann stellt sich aber die Frage nach den Auswahlkriterien hinsichtlich der Qualifizierung der BewerberInnen. Geht ein Unternehmen davon aus, daß eine weibliche Bewerberin wegen Schwangerschaft ausfallen wird und will deshalb keine Bewerberinnen einstellen, so kann es sein, daß die Zubilligung von Schadensersatzansprüchen nicht zu einer Beseitigung der Diskriminierung führt, sondern nur zusätzliche Transaktionskosten verursacht.

Abschließend erfolgte eine allgemeine Diskussion der Staatshaftung bei Nichtumsetzung von EU-Richtlinien. Es wurde dabei behauptet, daß die EU-Kommission in den Richtlinien häufig eine Folgenabwägung anhand von Effizienzkriterien vornehme und daß sich auch der EuGH bei seinen Entscheidungen auf Effizienzkriterien stütze. Dies wurde als positiv bewertet.

Präventionswirkungen des Umwelthaftungsgesetzes und der Umwelthaftpflichtversicherung – eine theoretische und empirische rechtsökonomische Analyse.

von

Reimund Schwarze

A. Einleitung

Kann die zivilrechtliche Haftung in einem technisch und naturwissenschaftlich komplexen Bereich wie dem Umweltschutz zu erhöhter Sorgfalt und einer verbesserten Schadensprävention beitragen oder läuft sie hier ins Leere? Diese Frage beschäftigt Umweltjuristen und Umweltökonomen, seit die Idee einer Haftungsverschärfung im Anschluß an einen folgenschweren Störfall bei der Firma Sandoz im Jahr 1986 aufgekommen ist und insbesondere seit das Umwelthaftungsgesetz im Jahr 1991 verabschiedet wurde. Eine anhaltende politische Brisanz hat diese Frage dadurch, daß die EU-Kommission erwägt, eine entsprechende, in Einzelpunkten (z.B. dem Verbandsklagerecht) sogar weitergehende Umwelthaftungsregelung EU-weit einzuführen[1], und dabei sorgsam auf die Erfahrungen mit dem Umwelthaftungsgesetz in Deutschland achtet.

In diesem Beitrag wird die These begründet, daß das Umwelthaftungsgesetz als Impuls für eine präventionsorientierte Umwelthaftpflichtversicherung zu einer meßbaren Verringerung der Unfallhäufigkeit im gewerblichen Bereich geführt hat.

Der Aufbau der Arbeit folgt dabei der Struktur eines theoretischen und empirischen Hypothesentests. Im theoretischen Teil B werden ausgehend von der rechtsökonomi-

---

[1] Aufgrund einer Entscheidung der EU-Kommission vom 29.1.97 wird derzeit ein Weißbuch Umwelthaftung erarbeitet, das die Kernelemente eines zu verabschiedenden Gemeinschaftsregimes der Umwelthaftung enthalten soll.

schen Prämisse, daß eine Gefährdungshaftung präventiv wirkt, wenn keine Wirkungsbrüche existieren, die wichtigsten in der juristischen und ökonomischen Literatur diskutierten Hemmnisse für eine Präventionswirkung des Umwelthaftungsgesetzes erörtert. So wird im Abschnitt B.I argumentiert, daß die beobachtete geringe Zahl der Umweltklagen im relevanten Bereich der Nachbarschaftsssschäden nicht als Anzeichen hoher Transaktionskosten des Zivilrechts, sondern als Ausdruck des erreichten hohen Niveaus der Störfallvorsorge zu werten ist. Im Abschnitt B.II wird dargelegt, daß das Umwelthaftungsgesetz trotz seines zweifelhaften juristischen Ranges von den Haftungsadressaten als deutliche Haftungsverschärfung wahrgenommen und dadurch die Bereitschaft zu einem verbesserten betrieblichen Risikomanagement gefördert hat. Im Abschnitt B.II wird begründet, daß die sog. Normalbetriebregelung des Umwelthaftungsgesetz entgegen einer verbreiteten ökonomischen Kritik geeignet ist, Anreize für eine spezifische, über den Vollzug des öffentlichen Rechts hinausgehende Störfallvorsorge zu geben. Hierzu wird im Anhang zu dieser Arbeit ein ökonomisches Modell der Anreizstruktur der Normalbetriebsregelung des Umwelthaftungsgesetzes entwickelt. Im Abschnitt B.IV schließlich wird dargelegt, daß die Versicherungspflicht der Umwelthaftung, insbesondere das jetzt praktizierte Umwelthaftpflichtmodell, die Präventionsanreize der rechtlichen Regelung unverfälscht weitergibt und sogar verstärkt. Die damit erfolgte Zurückweisung der gängigen Kritik am Umwelthaftungsgesetz im Kapitel B begründet die Hypothese, daß das Umwelthaftungsgesetz in der Verbindung mit der Umwelthaftpflichtversicherung zu einer deutlichen Verbesserung der Störfallvorsorge im gewerblichen Bereich führt. Diese Hypothese wird im Teil C auf Grundlage der Trends der Daten zur Entwicklung der Schäden in der Umwelthaftpflichtversicherung sowie auf Grundlage der Trends in den Störfallstatistiken des Umweltbundesamtes und des Statistischen Bundesamtes empirisch verifiziert. In der Korrelation von sinkender Umweltunfallquote und zunehmender Ausbreitung der Umwelthaftpflichtpolice findet sich darüber hinaus auch ein empirisches Indiz für den hier behaupteten Wirkungszusammenhang. Im Teil D erfolgt eine Gegenüberstellung der hier gewonnenen Ergebnisse mit dem abweichenden Ergebnis einer Befragung im Verband der Eisen-, Blech und Metallverarbeitung aus dem Jahr 1995[2]. Im abschließenden Teil E werden die wichtigsten Ergebnisse dieser Arbeit in knapper Form zusammengefaßt.

B. Hypothesen zur Präventionswirkung des Umwelthaftungsgesetzes und der Umwelthaftpflichtversicherung

Das Umwelthaftungsgesetz (UmweltHG) ist die einzige Regelung des vielschichtigen Systems der deutschen Umwelthaftung, die ausdrücklich und vorrangig auf die Prävention von Umweltschäden (im Gegensatz zu der sonst dominierenden Kompensa-

---

[2] *Küpper, G.* (1996), S. 541ff..

tionsfunktion) zielt. In der Begründung des Gesetzgebers zum UmweltHG heißt es: Das Gesetz soll „*die Rechtsstellung des Geschädigten nachhaltig verbessern, Umweltschadensverursacher dazu veranlassen, schadensvermeidende Maßnahmen zu ergreifen, (und) durch die Belastung umweltgefährdender Produktionsprozesse zu einer Verteuerung der betroffenen Produkte und Dienstleistungen am Markt beitragen*" sowie darüber vermittelt „*umweltgefährdende Produktionsprozesse zurückdrägen und schadensvermeidende Maßnahmen dort durchsetzen, wo sie am kostengünstigsten sind.*"

Im Zentrum des UmweltHG steht dabei eine alle Umweltmedien umfassende, allerdings auf spezifische Anlagen und deren Betrieb eingeschränkte Umweltgefährdungshaftung. Sie lautet: „*Wird durch eine Umwelteinwirkung, die von einer der im Anhang 1 genannten Anlagen ausgeht, jemand getötet, sein Körper oder seine Gesundheit verletzt oder eine Sache beschädigt, so ist der Inhaber der Anlage verpflichtet, dem Geschädigten den daraus entstehenden Schaden zu ersetzen*" (§ 1 UmweltHG). Bewehrt wird diese Gefährdungshaftung mit einer (allerdings an zahlreiche Voraussetzungen geknüpften) Kausalitätsvermutung für Umweltschäden, also einer Beweislastumkehr zugunsten des Umweltklägers, welche lautet: „*Ist eine Anlage nach den Gegebenheiten des Einzelfalls geeignet, den entstandenen Schaden zu verursachen, so wird vermutet, daß der Schaden durch diese Anlage verursacht ist. Die Eignung im Einzelfall beurteilt sich nach dem Betriebsablauf, den verwendeten Einrichtungen, der Art und Konzentration der eingesetzten und freigesetzten Stoffe, den meteorologischen Gegebenheiten, nach Zeit und Ort des Schadenseintritts und nach dem Schadensbild sowie allen sonstigen Gegebenheiten, die im Einzelfall für oder gegen die Schadensverursachung sprechen*" (§ 6 UmweltHG). Diese Kausalitätsvermutung kann vom Beklagten nur durch bestimmte, im Gesetz näher definierte Darlegungen entkräftet werden (§ 7 UmweltHG). Eine Verbesserung der Geschädigtenposition ergibt sich auch aus den erweiterten Auskunftspflichten der Betreiber umweltgefährdender Anlagen und von Umweltbehörden gegenüber dem Umweltkläger in den §§ 9 und 10 UmweltHG. Prima facie erscheint das Gesetz daher im Bereich der Anlagenhaftung als ein scharfes und damit zielführendes Haftungsregime, von dem man auf der Grundlage der ökonomischen Theorie der Gefährdungshaftung[3] deutliche Verhaltensanreize bei potentiellen Umweltschädigern erwarten kann.

Nun gilt der ökonomische Satz der Präventionswirkung der Gefährdungshaftung allerdings nur unter sehr einschränkenden Annahmen, die man negativ als „Fehlen von Wirkungsbrüchen" (Endres) definieren kann[4] und deren Abwesenheit im Konkreten zu untersuchen ist. Aus der Vielzahl möglicher Wirkungsbrüche der Umwelthaftung[5]

---

[3] Vgl. grundlegend z.B. *Endres, A.* (1991), S. 24 ff.

[4] Vgl. *Endres, A.* (1991), S. 51 ff.

[5] Vgl. im Überblick *Schwarze, R.* (1996), S. 100 ff.

werden dabei hier die in der juristischen und ökonomischen Literatur zentral diskutierten Hemmnisse für eine Präventionswirkung des Umwelthaftungsgesetzes analysiert. Dies sind:
1) Die hohen Transaktionskosten der gerichtlichen Geltendmachung von Umweltschäden,
2) die juristischen Zweifel an einer effektiven Haftungsverschärfung durch das Umwelthaftungsgesetz,
3) die fehlenden ökonomischen Anreize zu einer intensiven Störfallvorsorge aufgrund der Entlastungsmöglichkeit des Schädigers über die Einhaltung des Normalbetriebs und
4) die Abschwächung der Haftungsanreize durch das System der Pflichtversicherung.

Diese Einwände gegen eine effektive Präventionswirkung des Umwelthaftungsgesetzes werden nachfolgend einzeln widerlegt.

I. Geringe Zahl der Umweltklagen aufgrund hoher Transaktionskosten

Seit Verabschiedung des Umwelthaftungsgesetzes im Jahr 1991 – also in den letzten sieben Jahren – sind insgesamt nur zwei Gerichtsentscheidungen auf der Grundlage dieses Gesetzes ergangen (NJW-RR 1993, S. 598ff.; NJW 1997, 2748ff.). Dies wird von zahlreichen Beobachtern als Ausdruck hoher Transaktionskosten des Zivilrechts bei der Regulierung von Umweltschäden gewertet. Schäfer spricht in diesem Zusammenhang von einem „rationalen Desinteresse der Umweltopfer"[6]. Er versteht darunter, daß es für den Umweltgeschädigten ökonomisch nicht rational ist, eine kostenintensive Zivilklage auf Schadensersatz anzustreben, wenn der Schaden geringfügig ist bzw. durch das System der Sozialversicherung aufgefangen wird[7]. Schäfer weist daraufhin, daß dieser Anreizdefekt insbesondere bei Streuschäden vom Typus der sog. Summations- und Distanzschäden[8] auftritt. Er wirkt aber auch grundlegend bei Umweltschäden in nachbarschaftlichen Verursachungszusammenhängen und damit im vom Gesetz anvisierten Schadensbereich. Es ist daher zu prüfen, ob die geringe Zahl der Klagen unter dem Umwelthaftungsgesetz als ein Ausdruck des Phänomens dieser rationalen Klageapathie zu werten ist.

Nun ist die Zahl der Klagen prinzipiell ein ambivalenter Indikator bezüglich der Transaktionskosten und der Präventionswirkung des Rechts. Eine geringe Klagezahl kann sowohl als Ausdruck einer Klageapathie und damit einer mißlungenen Präven-

---

[6] Vgl. *Schäfer, H.-B.* (1994), S. 316.

[7] Ähnlich *Wagner, G.*, (1991), S. 179 ff..

[8] Summations- und Distanzschäden ergeben sich aus den weiträumig verteilten Emissionen hoher Schornsteine und mobiler Quellen (Verkehr). Sie werfen aufgrund der Vermischung verschiedener Emissionen ein unüberwindliches Kausalitätsproblem auf. Aus diesem Grund wurden sie vom Gesetzgeber aus dem Zielbereich der Umwelthaftung ausgeschlossen (s. Begründung zum Gesetzentwurf der Bundesregierung, BT-Drucksache 11/704 zu V. 14).

tion gewertet werden als auch als Ausdruck weniger Schäden und damit einer gelungenen Prävention. Eine Klärung in dieser Frage kann nur empirisch auf der Grundlage der Unfallstatistik erfolgen. Dies ist das Vorgehen weiter unten in dieser Arbeit. An dieser Stelle soll ein prominentes Beispiel genügen, um zu zeigen, daß die Umwelthaftung aus Sicht der betroffenen Industrie keine leere Drohung und deshalb auch nicht folgenlos ist.

Im Frühjahr des Jahres 1993 ist es zu vier aufeinanderfolgenden Störfällen in Chemieanlagen der Firma Hoechst im Raum Frankfurt gekommen. Bei diesen Störfällen sind Schadstoffe (u.a. o-Nitroanisol) ausgetreten, die langzeitliche Krebsschäden hervorrufen können.[9] Die Firma Hoechst hat im Frühjahr 1995 ein millionenschweres Langzeituntersuchungsprogramm bei den Anwohnern in der Nachbarschaft eingeleitet. Ein Motiv hierfür ist die mögliche und wegen der wirksamen Kausalitätsvermutung des UmweltHG im gegebenen Fall besonders aussichtsreiche Klage von Geschädigten aus der Nachbarschaft. Ein anderes Motiv ist die Pflege eines fortschrittlichen Systems des betrieblichen Umweltmanagements und der Umweltöffentlichkeitsarbeit („Nachbarschaftskreise") bei der Firma Hoechst. Die beiden Motive wirken zusammen und verstärken sich gegenseitig: Der mögliche Reputationsschaden addiert sich zur Haftungserwartung und wächst über den Kreis der Nachbarschaft hinaus, wenn die Nachbarn erfolgreich klagen. Heute verfügt Hoechst über ein System der Anlagensicherheit, welches anerkanntermaßen zu den besten der Welt („international best practice") zählt[10].

II. Juristische Zweifel an einer Haftungsverschärfung durch das Umwelthaftungsgesetz

Im krassen Gegensatz zur politischen und betrieblichen Wahrnehmung der Reichweite des Umwelthaftungsgesetzes wird in der juristischen Literatur weithin bezweifelt, daß dieses Gesetz einen Rechtsfortschritt darstellt, welcher zu einer effektiven Besserstellung des Umweltgeschädigten beitragen könne[11]. Mit Blick auf verschiedene Einzelregelungen wird von manchen Autoren sogar von einem Rückschritt gegenüber dem durch die frühere Zivilrechtsprechung bereits erreichten Opferschutz gesprochen[12]. Als besondere „rechtspolitische Verfehlung" (Hager) wird hierbei die sog. Normalbetriebsregelung des UmweltHG (§ 6,2) gewertet[13]. Sie ermöglicht die Widerlegung der Kausalitätsvermutung des Gesetzes durch den Beklagten mit dem Hinweis auf die Einhaltung der Betriebspflichten und das Fehlen einer Betriebsstörung. Bei einer re-

---

[9] Vgl. *Thomann, K.D.*, Beruf: Facharbeiter, Diagnose: Blasenkrebs, in: Zeit 12 v. 19.3.93, S. 66.

[10] Zu diesem Ergebnis kommen die vom hessischen Umweltministerium im Anschluß an die Störfälle eingesetzten unabhängigen Gutachter *Adams & Partner* und *Little, A.D.*

[11] Vgl. z.B. *Salje, P.* (1990) oder *Hager, G. / Rehbinder, E.* (1992), Kommentar zu § 1 UmweltHG, 16. EL, S. 5.

[12] Vgl. z.B. *Diederichsen* (1991), S. 23, 29 (These 11).

[13] Vgl. *Hager, G. / Rehbinder, E.* (1992), Kommentar zu § 6 UmweltHG, 16. EL, S. 12.

striktiven Auslegung fällt diese Regelung hinter die frühere Umweltzivilrechtssprechung z.B. im sog. Thallium-Fall (NJW-RR 1986, 947 ff.) zurück. Die juristischen Kritiker sprechen deshalb davon, das Umwelthaftungsgesetz gebe dem Umweltkläger „Steine statt Brot" (Gottwald)[14].

Es gibt aber in dieser Frage auch andere juristische Wertungen[15]. Eine dieser Wertungen hat die Wahrnehmung des Gesetzes durch die Haftungsadressaten so wesentlich geprägt, daß es durchaus angemessen erscheint, bei dem im folgenden beschriebenen Effekt vom einem „Schmidt-Salzer-Effekt" zu sprechen. Joachim Schmidt-Salzer ist ein der Versicherungswirtschaft nahestehender Jurist (er starb im Jahr 1996), der als erster auf die erheblichen versicherungswirtschaftlichen und betrieblichen Gefahren der Umwelthaftung hingewiesen und damit eine große politische Wirkung erzielt hat[16]. In seinen zahlreichen Veröffentlichungen[17] zum Umwelthaftungsrecht kommt er zu einer völlig anderen Einschätzung der Bedeutung des Umwelthaftungsgesetzes. Sein zentrales Argument lautet, daß das Umwelthaftungsgesetz nur einen Zwischenschritt auf dem Weg zu einer „Anspruchsgesellschaft" darstellt, welche historisch-gesetzmäßig in „amerikanischen Verhältnissen" mündet, d.h. in einer weitgehenden Überwälzung von allgemeinen Lebensrisiken in den Bereich der Unternehmensführung[18]. Diese Sicht hat die Haltung der Versicherer und der Industrie zum Umwelthaftungsgesetz wesentlich geprägt. Über lange Zeit wurde deshalb seitens dieser Gruppen gegen das Umwelthaftungsgesetz mit dem Argument der fehlenden Versicherbarkeit gestritten[19]. In der Realität bestärkt wurde diese Sicht durch die Tatsache, daß für die deutsche Umwelthaftung auf dem internationalen Rückversicherungsmarkt keine Deckung erhältlich war und auch heute noch nicht ist[20].

Gesetzt, die überwiegend skeptische juristische Sicht der rechtlichen Reichweite des Umwelthaftungsgesetz ist zutreffend, haben wir es mit einem interessanten rechtspolitischen Phänomen zu tun: Ein rechtlicher Impuls, der für sich genommen nur eine geringe oder gar keine Stoßkraft hat, kann durch die Einbettung in einen dynamischen rechtspolitischen und versicherungswirtschaftlichen Kontext Wirkungen entfalten, die bei einer isolierten rechtswissenschaftlichen Betrachtung nicht zu erwarten wären. Täuschungs- bzw. Selbsttäuschungsphänomene dieser Art mit realen Wirkungen sind aus dem Bereich der Wirtschaftspolitik (z.B. als „Geldillusion") bekannt und mit einer

---

[14] Vgl. *Gottwald, P.* (1991), S. 447.

[15] Vgl. z.B. *Landsberg, G. / Lülling, W.* (1990), S. 2211 („erster Schritt") oder *Schmidt, G.* (1991), S. 883 („in Grenzen positive Wirkungen").

[16] Vgl. *Schmidt-Salzer, J.* (1986).

[17] Von herausragender Bedeutung ist sein Kommentar zum Umwelthaftungsrecht (*Schmidt-Salzer, J.* (1992). Dort findet sich auch ein Verzeichnis seiner umfangreichen Schriften zum Thema.

[18] Vgl. *Schmidt-Salzer, J.* (1991), S. 101 ff., insbes. S. 119-123.

[19] Vgl. z.B. *Nickel, F.G.* (1987); zur Kritik s. *Endres, A./ Rehbinder, E./ Schwarze, R.* (1992), S. 83 ff..

[20] Vgl. *Schilling, H.* (1993), 1440.

Theorie des Rationalverhaltens bei Transaktionskosten vereinbar[21]. Die im gegebenen Fall vorliegende Bedingung hierfür ist, daß der genaue Rechtsgehalt aufgrund des sehr komplexen Gesetzestextes unklar ist und die daran anknüpfende Rechtspolitik unbestimmt.

III. Fehlende ökonomische Anreize zur Störfallvorsorge durch die Normalbetriebsregelung des Umwelthaftungsgesetzes

Die Normalbetriebsregelung ist nicht nur Gegenstand juristischer Kritik, sondern wurde auch von Rechtsökonomen angegriffen. Es wurde vorgetragen, diese Vorschrift verkürze die Gefährdungshaftung des UmweltHG zu einer Vollzugssanktion für das öffentliche Umweltrecht.[22] Diese Kritik interpretiert die Normalbetriebsregelung dabei so: Wenn die Betreiber umweltgefährdender Anlagen den Normalbetrieb einhalten, können sie die Kausalitätsvermutung des Gesetzes abwehren und damit bei den überwiegend multikausalen Schäden im Umweltbereich zugleich die Haftung, mindestens aber einen Großteil der Haftung. Feess, ein Vertreter dieser Kritik, spricht deshalb von einer „impliziten Verschuldenshaftung"[23].

Diese Kritik greift jedoch zu kurz. Sie übersieht, daß der Normalbetrieb des § 6 Abs. 2 UHG doppelt bestimmt ist, nämlich zum einen über die eingehaltenen Betriebspflichten und zum anderen über den störungsfreien Betrieb. Der potentielle Verursacher kann also die Kausalitätsvermutung des Gesetzes nur dann mit dieser Regelung abwehren, wenn er die Betriebspflichten erfüllt *und* wenn er sicherstellt, daß es zu keiner Betriebsstörung kommt. Letzteres ist aber praktisch nicht möglich, jedenfalls nicht durch die Einhaltung des bestimmungsgemäßen Betriebs. Dies zeigen beispielhaft die Ereignisse bei der Firma Hoechst in Frankfurt aus dem Jahr 1993. Hier handelte es sich – wie unabhängige Gutachter und das hessische Umweltministerium übereinstimmend festgestellt haben[24] – um sog. Restrisiken, die auch bei Einhaltung aller vorgeschriebenen Schutzvorkehrungen nicht vermeidbar gewesen wären. Die Einhaltung des bestimmungsgemäßen Betriebs stellt insofern nur einen Mindeststandard für die Abwehr der Kausalitätsvermutung des Gesetzes dar, der durch eine ausreichende Störfallvorsorge flankiert werden muß, wenn die Abwehr tatsächlich wirksam sein soll[25].

---

[21] Vgl. *Schmidtchen, D.* (1983).

[22] Diesen auch von mir anderenorts vorgetragenen Standpunkt (*Schwarze, R.* (1996), S. 203) korrigiere ich hiermit.

[23] *Feess, E.* (1995), S. 141.

[24] *Adams & Partner* (1993), S. 7.

[25] Das genaue Verhältnis von Verhältnis von spezifisch haftungsinduzierter und pflichtgemäßer Störfallvorsorge ergibt sich dabei aus der Intensität der Haftungsverschärfung durch die Kausalitätsvermutung wie im Anhang 1 zu dieser Arbeit mithilfe eines mikroökonomischen Modells dargelegt wird.

IV. Fehlende Anreizkompatibilität der Umwelthaftpflichtversicherung

Die Präventionswirkung des UmweltHG übersetzt sich in der Praxis nicht direkt im Verhältnis von haftungsrechtlicher Regelung und Haftungsadressaten, sondern vermittelt über die Anreize der Umwelthaftpflichtversicherung. Für die im Anhang I des UmweltHG aufgelisteten Anlagen ergibt sich dies zwingend durch die Deckungsvorsorgepflicht des § 20 UmweltHG. Für die sonstigen vom Gesetz erfaßten Anlagen folgt dies aus einer verbreiteten Risikoaversion, die sich in der allgemeinen Verbreitung der Umwelthaftpflichtversicherung zeigt. Nun wird vielfach befürchtet, daß diese zwischengeschaltete Institution zu einer Abschwächung des Präventionsanreizes der Haftung führt.[26] Man kann dies sogar als die (noch) herrschende Meinung unter Juristen und Ökonomen bezeichnen. Tatsächlich gilt natürlich, daß die Vorsorge eines potentiellen Schädigers bei Haftungsangst immer stärker ausfällt als bei einer durch die Versicherung gedämpften und auf die Prämienzahlung zurückgeführten Haftungserwartung. Allerdings ergibt sich hieraus noch kein systematischer Störfaktor für die Präventionswirkung der Haftung. Vielmehr stellt dies die erwünschte risiko- bzw. Risikoangst vernichtende Wirkung der Versicherung dar. Problematisch wird die Versicherung unter Präventionsgesichtspunkten erst, wenn es zu Versicherungsmißbrauch kommt oder wenn die Tarifierung nicht risikogerecht erfolgt, so daß die Prämie falsche Signale an die Versicherten sendet. Beide Probleme sind im Kern auf eine Informationsasymmetrie innerhalb des Prinzipal-Agenten-Verhältnis einer Versicherung zurückzuführen.[27] Sie sind deshalb unausweichlich. Es würde aber einen Nirwana-Ansatz darstellen, wollte man von einer wirklichen Versicherung vollständige Informiertheit verlangen. Ganz grundlegend gilt für den Vergleich von Realinstitutionen, daß immer nur unterschiedliche Grade der Annäherung an ideale Referenzbilder (hier: die vollständig informierte Versicherung) gesucht werden können. Es geht also immer nur um Komparatistik. Hierin aber schneidet die Umwelthaftpflichtversicherung, wie sie heute praktiziert wird, viel besser ab als alles, was zuvor diesen Namen getragen hat. Wir sehen dies deutlich in der Gegenüberstellung mit der Umweltpolice der 70-er Jahre: Wurde in den 70-er Jahren das Umweltrisiko unbesehen und zeitweilig sogar untarifiert als „Beigabe" zur allgemeinen Betriebshaftpflicht versichert, so finden wir heute ein sehr differenziertes System der Versicherung von Einzelanlagen mit strengen Vorschriften gegen den Versicherungsmißbrauch und relevanten Selbstbehalten (z.B. im Bereich der Eigenschäden). Die Indeckungnahme erfolgt häufig auch erst nach der Durchführung von Sicherheits-Audits und Risikoberatungen vor Ort.[28] Man kann daher hier durchaus mit Wagner von einer „Annäherung an eine ideale Versiche-

---

[26] Vgl. z.B. *Rehbinder, E.* (1992), S. 122 m.w. Vw..
[27] Vgl. grundlegend *Shavell, S.* (1979), S. 541 ff.; angewandt auch: *Endres, A. / Schwarze, R.*, (1991), S. 1ff..
[28] Hierzu näherhin *Schwarze, R.* (1997), S. 331 ff..

rung" sprechen[29]. Eine näherungsweise ideale Versicherung übersetzt die Regelungen des Umwelthaftungsgesetzes aber näherungsweise exakt, so daß wir auf Grundlage der rechtsökonomischen Theorie auch im Setting mit einer Haftpflichtversicherung eine Präventionswirkung erwarten können.

Zur tatsächlichen Präventionswirkung der Umwelthaftpflichtversicherung im Verhältnis zum Umwelthaftungsgesetz ist allerdings folgendes anzumerken:

a) Das Umwelthaftpflichtmodell liegt in der jetzt praktizierten Fassung erst seit 1993 vor. Es gab zwar auch schon zuvor eine gesteigerte Vorsicht der Versicherer bei der Indeckungnahme von Umweltrisiken auf Grundlage der sog. CKW-Problematik der 80-er Jahre[30], aber bis 1993 existierte kein abgestimmtes Modell einer differenzierten Risikoerfassung und -beratung. D.h. die Präventionswirkung der Umwelthaftpflichtversicherung tritt realiter mit einer mindestens zweijährigen Zeitverzögerung zum Umwelthaftungsgesetz ein.

b) Eine zeitverzögerte Wirksamkeit der Umwelthaftpflichtversicherung gegenüber dem UmweltHG ergibt sich auch dadurch, daß die neue Umwelthaftpflichtpolice unmittelbar zunächst nur zu einer risikogerechten Tarifierung führt und zu einer (je nach Betriebsgröße und -risiko mehr oder weniger umfassenden) sicherheitstechnischen und organisatorischen Beratung. Dies setzt zusammengenommen zunächst nur die richtigen Anreize und gibt die notwendigen Informationen für eine verbesserte Störfallvorsorge der Betriebe. Eine unmittelbare Regelungsmacht haben die Versicherer diesbezüglich nicht. Es gibt zwar anekdotische Evidenz, daß Deckungen bei „unabsehbar hohen Risiken" oder „uneinsichtigen Kunden" abgelehnt wurden, die insgesamt von der Versicherung ausgelöste Störfallvorsorge tritt aber wohl eher langfristig über einen allmählichen betrieblichen Anpassungsprozeß ein als unmittelbar mit dem Versicherungsabschluß.

c) Die Umwelthaftpflichtpolice wird heute in Erwartung einer allgemein scharfen Umwelthaftung (z.B. aus § 823 BGB) von den Industrieversicherern im Gesamtbestand der gewerblichen Umwelthaftpflicht angewandt, d.h. nicht nur im Bereich der pflichtversicherten Anlagen des Umwelthaftungsgesetzes. Letzere stellen tatsächlich heute nur einen kleinen Teil (< 10%) der Anlagen, die unter diesem Modell versichert werden. Die Trends im Bestand der versicherten Risiken bilden insofern allgemeine Trends des betrieblichen Umweltrisikomanagements ab. Aber diese Trends sind ebenso wie das Umwelthaftpflichtmodell ganz eindeutig durch das Umwelthaftungsgesetz angestoßen bzw. verstärkt worden. Dies zeigt die Debatte im Vorfeld der Verabschiedung dieses Policenmodells und dessen Struktur, z.B. die feinziselierte Fassung der Deckung für Normalbetriebsschäden. Das Umwelthaftungsgesetz stellt insofern den entscheidenden rechtlichen Impuls für die im folgenden beobachtete *erweiterte* Wirkung der Umwelthaftpflichtversicherung dar.

---

[29] Vgl. *Wagner, G.* (1996), S. 98 ff..

[30] Vgl. *Schmidt-Salzer, J.* (1986), 605 ff..

C. Empirische Analyse der Präventionswirkung des Umwelthaftungsgesetzes

Die These einer steigenden Störfallvorsorge durch das Umwelthaftungsgesetz und die Umwelthaftpflichtversicherung läßt sich empirisch bestätigen. Ein guter Indikator hierfür ist die Entwicklung der Unfallhäufigkeit nach 1993, also nach der Einführung der neuen Umwelthaftpflichtpolice. Diese ist in der Tabelle 1 und Abbildung 3 als Unfallquote, d.h. als Verhältnis von Unfall- und Anlagenzahl bzw. im Bereich der Versicherungen als Verhältnis von Schadens- und Policenzahl, dargestellt.[31]

Bevor wir diesen Indikator näher im Hinblick auf die aufgeworfene Frage untersuchen, sind einige Erläuterungen zur Datengrundlage zu geben: Die nachfolgende Empirie basiert auf Daten der Zentralen Meldestelle für Störfälle in verfahrenstechnischen Anlagen (ZEMA 1997) beim Umweltbundesamt (UBA), der Statistik der Unfälle bei der Lagerung und beim Transport wassergefährdender Stoffe (LTWS) des Statistischen Bundesamtes (StatBA 1998) – hier beschränkt auf die Lagerunfälle im Gewerbebereich[32] – und auf Angaben eines großen deutschen Unwelthaftpflichtversicherers, den wir als repräsentativ betrachten und auf Basis des Marktanteils hochrechnen. Diese Statistiken sind unterschiedlich gut für die statistische Analyse geeignet und geben uns jeweils unterschiedliche Informationen. Die ZEMA-Statistik ist wegen der geringen Ereigniszahl für sich allein nicht aussagekräftig. Wir fassen sie daher auf Grundlage einer Quasi-Unabhängigkeit (Schnittmenge < 4%) mit der LTWS-Statistik zusammen und bezeichnen diese zusammengefaßte Beobachtungsmenge als „amtliche Störfallstatistik". Die amtliche Störfallstatistik erfaßt damit die nach Umweltstatistikgesetz (§§ 9 und 10 UStatG i.d.F. vom 14.3.80) und nach Störfall-Verordnung (§ 11 der 12. BImSchG-VO) meldepflichtigen und tatsächlich gemeldeten Umweltunfälle. Bei einer Dunkelziffer im Bereich von 80% (lt. UBA) ist die Zahl der amtlich erfaßten Störfälle relativ klein. Die Grundgesamtheit für die Störfallstatistik beträgt 10,888 Mio. und faßt die Daten aus einer Schätzung der Anzahl der Lagerbehälter für wassergefährdende Stoffe in Deutschland des Statistischen Bundesamtes (Statistisches Bundesamt 1995, S. 7) sowie einer UBA-Erhebung der Anlagen der Störfall-Verordnung (ZEMA 1995, S. 11) zusammen[33].

---

[31] Die Darstellung der Unfallhäufigkeit als Quote ist nötig, um die starken Veränderungen in der Grundgesamtheit bedingt durch die Umstellungen vom System der Betriebshaftpflicht auf das Umwelthaftpflichtmodell der Versicherer zu eliminieren.

[32] Die gewerblichen Lagerunfälle werden dabei mit 58% der insgesamt in der LTWS-Statistik erfaßten Lagerunfälle angesetzt. Diese Schätzung basiert auf einer Angabe des Statistischen Bundesamtes aus dem Jahr 1996.

[33] Die 8360 Anlagen der Störfall-Verordnung stellen allerdings nur einen winzig kleinen Bruchteil (< 0,0001) dar.

Die Statistik der Versicherer ist vollständiger und deshalb größer, weil hier ein Meldeinteresse des Versicherten besteht. Allerdings bildet diese Statistik einen sehr heterogenen und über die Zeit stark veränderten Risikobestand ab. Dieser Bestand weist eine auf Grundlage der vorliegenden Daten nicht näher bestimmbare Überschneidungsmenge mit der amtlichen Störfallstatistik auf. Hier ist also keine Zusammenfassung möglich. Sie wäre auch nicht sinnvoll, da die Veränderungen in den beiden Beständen unterschiedliche Informationen liefern:

- Die Analyse der Unfallquote der Störfallstatistik gibt Auskunft über die Veränderung der relativen Unfallhäufigkeit *im Gesamtbestand* der umweltgefährdenden Anlagen in Deutschland. Diese interpretieren wir auf Grundlage unserer Vorüberlegungen als Ergebnis veränderter rechtlicher bzw. versicherungstechnischer Anreize zur Störfallvorsorge.

- Die Analyse der Unfallquote im Bestand der versicherten Risiken gibt uns Informationen über den Diffusionsprozeß dieser Anreize, d.h. über die Geschwindigkeit, mit der sich diese Anreize in der betrieblichen Praxis durchsetzen und in einer sinkenden Unfallzahl auswirken.[34]

Die beiden Informationen ergänzen sich, da sich der Trend im Bestand der versicherten Anlagen natürlich auch im Gesamtbestand der umweltgefährdenden Anlagen zeigen muß. Wir erwarten daher in beiden Statistiken auf Grundlage unserer Vorüberlegungen eine sinkende Unfallquote. Tatsächlich liefert eine einfache lineare Trendabschätzung Steigungswerte von -1,12 (= -12,4% bezogen auf das Jahr 1993) für die Störfallstatistik und -1,13 (= -13,1% bezogen auf 1993) für die Versichererstatistik. D.h. die relative Unfallhäufigkeit ist im betrachteten Zeitraum jährlich um ca. 12-13% zurückgegangen. Sie liegt damit in etwa um die Hälfte unter dem Wert von vor vier Jahren.[35] Es zeigt sich damit in der Empirie ein signifikanter Trend zu einer sinkenden Störfallhäufigkeit in Deutschland[36], welcher die im Abschnitt A begründete Hypothese der Präventionswirkung des Umwelthaftungsgesetzes bestätigt.

---

[34] Man könnte darin allerdings auch vermeintliche Effekte der Bestandspolitik erkennen, z.B. derart, daß die Versicherer der Reihe nach zunächst die besonders risikoträchtigen Policen umgestellt haben und erst späterhin die weniger riskanten Anlagen. Nach mir vorliegenden Auskünften hat es eine solche systematische Bestandspolitik aber nicht gegeben. Die tatsächliche Bestandsumwälzung soll vielmehr von den vereinbarten Vertragslaufzeiten bestimmt worden sein.

[35] Natürlich gibt es für diesen Trend einen unteren Gleichgewichtswert. Dieser Grenzwert kann allerdings ebenso wie andere nähere quantitative Bestimmungen des Trends verläßlich erst auf Basis einer längeren Zeitreihe bestimmt werden.

[36] Die Nullhypothese (eines nicht sinkenden Unfalltrends) muß bei einem Signifikanzniveau von 10% verworfen werden (P-Wert=0, 0547). Zur Nachprüfbarkeit dieses Ergebnisses ist der folgende Hinweis zu geben: Für diesen Hypothesentest wurde die Daten aus der Störfallstatistik und der Versichererstatistik gepoolt. Um diese Poolung bei unbekannter Überschneidungsmenge vornehmen zu können, wurde die jeweils betrachtete Änderung der Unfallzahl in der Versicherungsstatistik um die Änderung in der amtlichen Störfallstatistik im gleichen Jahr bereinigt und der Trend auf der Basis dieser bereinigten Änderungswerte ermittelt. So beträgt z.B. die unbereinigte Änderung der Unfallzahl im Versicherungsbestand im Jahr 1994 385 Unfälle (=21128*8,6% erwartete Unfälle -1432 tatsächliche Unfälle) und die bereinigte

Präventionswirkungen von Umwelthaftungsgesetz und Umwelthaftpflichtversicherung 217

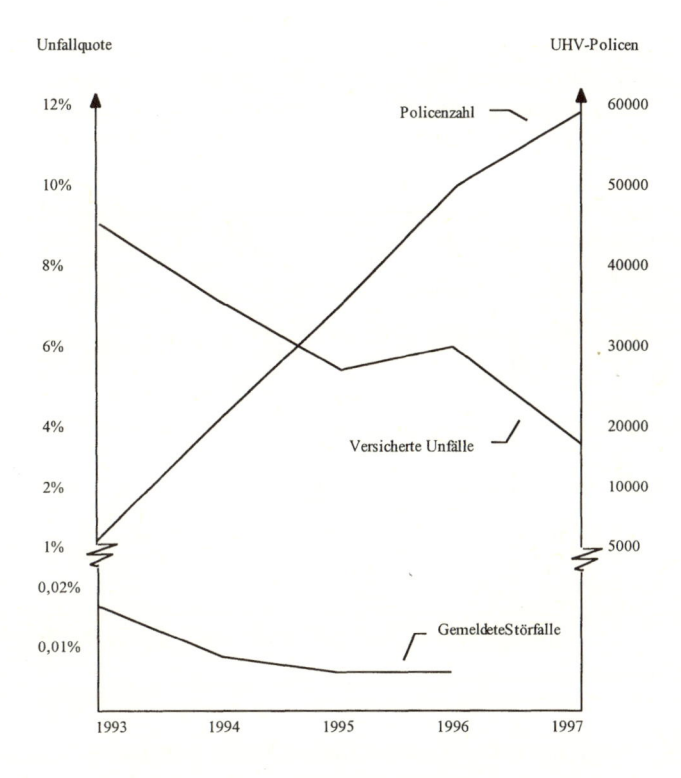

Abb. 1 Umweltunfälle und Umwelthaftpflichtversicherung

Dieser Trend korrespondiert mit einer beschleunigten Durchsetzung des neuen Umwelthaftpflichtversicherungsmodell. Hier sehen wir zunächst: Die Anzahl der Versicherungsabschlüsse hat sich seit Inverkehrbringung dieser Police im Jahr 1993 verzehnfacht[37]. Korreliert man diese Zahlenreihe mit den Schadenszahlen in der amt-

---

Änderung 56 Unfälle (385-(905-576). D.h es wurde bei dieser Berechnung von dem Extremfall ausgegangen, daß die im Jahresvergleich ausgebliebenen Unfällen in der Störfallstatistik (329 im Jahresvergleich 1993/94) sämtlich auch in der Veränderung der Versicherungsstatistik erfaßt sind. Die auf dieser Basis gemachten Aussagen können daher als relativ robust gelten.

[37] Überwiegend handelt es sich hierbei zwar nicht um Neuabschlüsse, sondern um Umstellungen alter Betriebshaftpflichtversicherungen in den Bausteinen des Umwelthaftpflichtmodells auf die neuartige Umwelthaftpflichtpolice. Ein Zusammenhang zur Verbesserung der Störfallvorsorge ergibt sich aus dieser Umschichtung jedoch dadurch, daß diese Umstellung, wie erläutert, mit einem intensivem „Screening", d.h. mit einer differenzierten Risikoerfassung, und regelmäßig auch mit einer Risikoberatung durch die Versicherer verbunden ist.

lichen Störfallstatistik ergibt dieses einen negativen Zusammenhang mit hoher Bestimmtheit ($r= -0{,}83$, $r^2= 0{,}69$). Wir ziehen auf dieser Grundlage und auf Grundlage unserer juristisch-ökonomischen Überlegungen den Schluß, daß es eine Präventionswirkung des Umwelthaftungsgesetz gibt und daß diese wesentlich durch die unmittelbare Interaktion zwischen Versicherern und Versicherten vermittelt wird.

	Umwelthaftpflichtversicherung			LTWS	ZEMA	Störfallstatistik	
Jahr	Policen-zahl	Schadenszahl	Schadenshäufigkeit (%)	Unfallzahl	Unfallzahl	Unfallzahl	Unfallquote ($^o/_{oo}$)
1993	5104	440	8,6	885	20	905	0,143
1994	21128	1432	6,8	564	12	576	0,091
1995	36704	1864	5,1	537	6	543	0,086
1996	50920	2896	5,7	535	8	543	0,086
1997	59368	2056	3,5	n.n.	n.n.	n.n.	n.n.

Tab. 1: Umweltunfälle und Umwelthaftpflichtversicherung

D. Vergleich mit den Ergebnissen einer Befragung im EBM-Verband

Dieses Ergebnis widerspricht dem Ergebnis einer empirischen Studie zur Wirkung des Umwelthaftungsgesetzes und der Umwelthaftpflichtversicherung in der metallverarbeitenden Industrie (Küpper, G. 1996) Hier wurde im Rahmen einer Befragung von Mitgliedsunternehmen des Verbandes der Eisen-, Blech- und metallverarbeitenden Industrie (EBM) ermittelt, daß es im Vergleich der Zeiträume 1985-1990 (d.h. vor Verabschiedung des UHG) und 1991-1994 (d.h. nach UHG) nicht zu einer signifikanten Erhöhung der freiwilligen Umweltschutzinvestition gekommen ist. Als freiwillige Umweltschutzinvestitionen werden dabei solche Investitionen bezeichnet, die „nicht vom Gesetzgeber (Immissionsschutz, Gewerbeaufsicht etc.) erzwungen wurden". Die Einzelergebnisse dieser Befragung sind überblicksartig in Tabelle 2 wiedergegeben.

Freiwillige Umweltschutzinvesititionen	1985-1990	1991-1994
Anzahl	17	20(19)[1)]
Kosten (in Mio.)	15,21	13,97
Kosten pro Jahr (in Mio.)	2,54	3,49
... „auf Anregung des Versicherers"	1	3

1) In der Quelle finden sich zwei voneinander abweichende Angaben zur Investitionszahl.

Tab. 2: Umweltschutzinvestitionen und Umwelthaftpflichtversicherung

Hier zeigt sich nach Einschätzung von Küpper, des Verfassers dieser Studie, nur ein „insignifikanter Anstieg" der Investitionszahl und -kosten sowie ein „geringer Einfluß der Betriebshaftpflichtversicherer auf die Investitionstätigkeit der Unternehmen". Der Autor kommt auf Basis dieser Statistik zu der These: „Die Haftungsverschärfung durch das UHG hatte ebensowenig wie die Schwierigkeit, ausreichenden Versicherungsschutz zu einer akzeptablen Prämie zu erhalten, maßgeblichen Einfluß auf die Investitionstätigkeit der Unternehmen". Er führt den beobachteten Trend statt dessen auf „eine grundlegend positive Einstellung der Unternehmen zum Umweltschutz" zurück.

Dieser Aussage kann methodisch und theoretisch widersprochen werden. Methodisch problematisch erscheint die Bereitschaftsauswahl dieser Studie insbesondere in Verbindung mit der kleinen Stichprobe. Von den insgesamt 1400 angeschriebenen Unternehmen des EBM-Verbandes haben 30 geantwortet, d.h. die Befragung hat eine Rücklaufquote von 2,14 %. Da es sich hierbei nicht um eine repräsentative Stichprobe, sondern um eine Bereitschaftsauswahl handelt, müssen wir mit einer hohen Selektivität der Aussagen rechnen. Vereinfacht gesagt: Die wenigen, die aus eigener Initiative geantwortet haben, werden schon diejenigen sein, die überdurchschnittlich viel für den Umweltschutz aus eigenem Antrieb (d.h. auch ohne den Druck der Versicherer) tun. Diese Einschätzung deckt sich mit der Tatsache, daß von den insgesamt getätigten Umweltschutzinvestitionen der Befragten 2/3 freiwillig und nur 1/3 aufgrund gesetzlicher Vorschriften vorgenommen wurden. Hinzu kommt, daß zum Zeitpunkt der Befragung (1994) erst 17% der Unternehmen des EBM-Verbandes ihre Versicherungspolicen auf das neue Umwelthaftpflichtmodell umgestellt hatten (ibid., 542). In dieser frühen Phase der neuen Umwelthaftpflichtpolice können daher nur erste Anzeichen der Wirkung der Umwelthaftpflichtversicherung erkannt werden.[38]

---

[38] Und diese Anzeichen lassen sich auch noch anders interpretieren nämlich in der Weise, daß sich die *jährlichen* Ausgaben für freiwilligen Umweltschutz mit der Einführung des Umwelthaftungsgesetzes um über 37% erhöht haben, und daß der Anteil der durch die Versicherer angeregten Investitionen von 1 auf 3 gestiegen ist.

Theoretisch problematisch ist die Messung der Wirksamkeit des Umwelthaftungsgesetzes an den freiwilligen Umweltschutzinvestitionen und zwar aus zwei Gründen: Zum einen stellen die Maßnahmen der Unfallverhütung immer zugleich Maßnahmen zur Verbesserung der Arbeitssicherheit dar und werden daher vielfach nicht als Umweltschutzaufwendung verbucht, zum anderen handelt es sich hierbei überwiegend um höhere laufende Aufwendungen z.B. für interne Sicherheitsaudits, die Erstellung von Umwelthandbüchern, Dokumentationen des Betriebsablaufs sowie andere organisatorische Maßnahmen. Insofern erscheint die hier analysierte effektive Unfallwirkung ein besserer Indikator als die freiwilligen Umweltschutzinvestitionen.

Zur Relativierung des eigenen Standpunkts in dieser Frage ist allerdings im Anschluß an Küpper zu sagen, daß neben dem Umwelthaftungsgesetz sicher auch der allgemeine Trend zu einem verbesserten Umweltbewußtsein der Betriebe eine wichtige Rolle für die verbesserte Prävention von Umweltunfällen gespielt hat. Hier besteht allerdings wie dargelegt eine positive Rückkopplung zur Umwelthaftung, die sich empirisch in dem hohen Stellenwert der Rechtssicherheit als Motiv für das freiwillige betriebliche Öko-Audit zeigt (vgl. HessMWi (1995), S. 21 ff.).

E. Fazit

Die vielfältig geäußerte Kritik an einer Präventionswirkung des Umwelthaftungs gesetz ist auf Grundlage einer differenzierten Betrachtung des Gesetzes und des Gesetzesumfelds nicht begründet und wird durch die tatsächliche Entwicklung der Umweltunfälle in Deutschland widerlegt. Das Umwelthaftungsgesetz zeigt eine meßbare Präventionswirkung ab dem Jahr 1993, d.h. ab dem Jahr der Einführung der neuen Umwelthaftpflichtpolice. Ein gesetzgeberischer Reformbedarf ist vor diesem Hintergrund unter dem Gesichtspunkt der industriellen Unfallverhütung nicht zu erkennen. Eine weitere empirische Beobachtung der Gesetzeswirkung ist aber dringend angezeigt, da die hier vorgestellten Trends und Hypothesen insgesamt noch als vorläufig einzustufen sind.

Literatur

Adams & Partner, Gutachten zur Organisation der Sicherheit der Hoechst AG, 1993, unveröffentlicht;

Diederichsen, U., Industriegefährdung durch Umweltgefährdungshaftung? In: Kölnische Rück. (Hrsg.), S. 5 - 34.

Endres, A., Ökonomische Grundlagen des Haftungsrechts, Heidelberg, 1991.

Endres, A. / Schwarze, R., Allokationswirkungen einer Umwelthaftpflicht-Versicherung, in: Zeitschrift für Umweltpolitik und Umweltrecht, Bd. 14 (1991), S. 1 - 25.

Endres, A. / Rehbinder, E. / Schwarze, R., Haftung und Versicherung für Umweltschäden aus ökonomischer und juristischer Sicht, Bonn, 1992.
Feess, E., Haftungsregeln für multikausale Schäden, Marburg, 1995.
Gottwald, P., Die Schadenszurechnung nach dem Umwelthaftungsgesetz, in: Medicus, D., Mertens, H.J. (Hrsg.), Festschrift für Hermann Lange zum 70. Geburtstag am 24.1.92, Stuttgart/Berlin/Köln, S. 447 - 467.
HessMWi, Hessisches Ministerium für Wirtschaft, Verkehr und Landesentwicklung (Hrsg.), Pilot-Öko-Audits in Hessen, Frankfurt, 1995.
Hager, G., Das neue Umwelthaftungsgesetz, NJW (1991), S. 134 - 143.
Hager, G. / Rehbinder, E., Umwelthaftungsgesetz, in: Landmann, R.v./Röhmer, G. (Hrsg.), Umweltrecht Bd. II, München, 1992.
Küpper, G., Welchen Einfluß haben Haftung und Versicherung auf die Investitionstätigkeit der Unternehmen im Umweltbereich?, in: Betriebs-Berater, 51 Jg. (1996), H. 11, S. 541 - 544.
Landsberg, G. / Lülling, W., Das neue Umwelthaftungsgesetz, in: Der Betrieb, Heft 44 v. 2.11.1990, S. 2205 - 2211.
Landsberg, G. / Lülling, W., Umwelthaftungsrecht: Kommentar, Köln, 1991.
Nickel, F.G., Der Umweltschaden in der Betriebshaftpflichtversicherung: Keine Deckung für Daueremissionen, in: Versicherungswirtschaft, Bd. 42 (1987), H. 18, S. 1170 - 1176.
Salje, P., Verschärfung der Haftung für Umweltschäden? in: Umwelt- und Planungsrecht, Bd. 10 (1990), S. 1 - 6.
Salje, P., Umwelthaftungsgesetz: Kommentar, München, 1993.
Schäfer, H.-B., Haftung für Schäden aus dem Normalbetrieb, in: Ministerium für Umwelt, Raumordnung und Landwirtschaft des Landes Nordrhein-Westfalen (Hrsg.), Umwelthaftung aus juristischer und ökonomischer Sicht. Vorträge und Diskussionen auf den Umweltrechtstagen 1993 des Landes Nordrhein-Westfalen, Eschborn, S. 315 - 332.
Schilling, H., Haftungsrisiken und Haftpflichtversicherung. Entwicklung und Perspektiven, in: Versicherungswirtschaft, H. 22 (1993), S. 1438 - 1443.
Schmidt, G., Haftung für Umweltschäden, in: Die öffentliche Verwaltung, H. 20 (1991), S. 878 - 883.
Schmidt-Salzer, J., Umwelt-Altlasten und Haftpflichtversicherung. Oder: Das übersehene Risiko, Betriebs-Berater, 41 Jg. (1986), S. 605 - 612.
Schmidt-Salzer, J., Kommentar zum Umwelthaftungsrecht, Heidelberg, 1992.
Schmidtchen, D., Tricks und Täuschungen als Mittel der Wirtschaftspolitik? - Die Sicht der Theorie rationaler Erwartungen, in: Woll, A. (Hrsg.), Aktuelle Wege der Wirtschaftspolitik, Schriften des Vereins für Sozialpolitik N.F. 130, Berlin, 1983, S. 79 - 125.
Schwarze, R., Präventionsdefizite der Umwelthaftung und Lösungen aus ökonomischer Sicht, Bonn, 1996.

Schwarze, R., Risikopolitische Instrumente zur Kontrolle des moralischen Risikos bei verdeckten Langzeitschäden am Beispiel der Umwelthaftpflichtversicherung, in: Männer, L. (Hrsg.), Langfristige Versicherungsverhältnisse. Ökonomie, Technik, Institutionen, 1997, Karlsruhe, S. 331 - 353.

Shavell, S., On Moral Hazard and Insurance, in: Quarterly Journal of Economics, Bd. 83 (1979), S. 541 - 562.

Statistisches Bundesamt, Statistik der Unfälle bei der Lagerung und beim Transport wassergefährdender Stoffe 1997 – Ausgewählte Ergebnisse, 1998, Wiesbaden.

Statistisches Bundesamt, Statistik der Unfälle bei der Lagerung und beim Transport wassergefährdender Stoffe 1993 – Ausgewählte Ergebnisse, 1995, Wiesbaden.

Wagner, G., Die Aufgaben des Haftungsrechts – eine Untersuchung am Beispiel der Umwelthaftungsrechts-Reform, Juristen-Zeitung, Bd. 46 (1991), S.175 - 183.

Wagner, G., Versicherungsfragen der Umwelthaftung, in: Ahrens, M., Simon, J. (Hrsg.), Umwelthaftung, Risikosteuerung und Versicherung, 1996, S. 98 - 146.

ZEMA, Zentrale Melde- und Auswertungsstelle für Störfälle und Störungen in verfahrenstechnischen Anlagen beim Umweltbundesamt, Jahresbericht 1996, 1997, Berlin.

Anhang : Ein ökonomisches Modell der Normalbetriebsregelung des Umwelthaftungsgesetzes

Angesichts der verbreiteten ökonomischen Fehlinterpretation der Normalbetriebsregelung des Umwelthaftungsgesetzes als „implizite Verschuldenshaftung" erscheint es angezeigt, im Anhang zu dieser Arbeit ein rechtskonformes mikroökonomisches Gegenmodell zu präsentieren. Dieses ermöglicht darüber hinaus, einige Sensitivitäten in der Präventionswirkung des Umwelthaftungsgesetzes genauer zu bestimmen als es allein durch juristisch-ökonomische Erörterung im Hauptteil der Arbeit möglich ist.

Wir gehen dabei – wie in den Grundmodellen der Rechtsökonomik üblich – von einem vollständig informierten, risikoneutralen Schädiger aus, der wegen der angedrohten Haftung ex ante ein Vorsorgeniveau (x) wählt, welches seine erwarteten Gesamtkosten ($K(x)$) bestehend aus Vorsorgekosten ($k(x)$) und erwarteter Schadensersatzzahlung ($p(x)S$)) minimiert[39]. Die Vorsorge soll dabei als ein Bündel von Einzelaktivitäten zur Abwehr von Störfällen und sonstigen Anstrengungen zur Vermeidung von Umweltschäden definiert sein[40] und die erwartete Schadensersatzzahlung als zusammengesetzte Ersatzleistung für

---

[39] $p(x)$ steht für die durch die Vorsorge beeinflußbare Eintrittswahrscheinlichkeit und S für die (gegebene) Höhe des Schadens. Es gelten die üblichen Eigenschaften zur Sicherung eines inneren Minimums der Gesamtkostenfunktion: $dk/dx > 0$, $d^2k/dx^2 \geq 0$, $dp/dx < 0$, $d^2p/dp^2 \geq 0$.

[40] Für eine vertiefte modellökonomische Analyse dieses Zusammenhangs wäre es wichtig, die Wechselbeziehung zwischen der störfallunabhängigen Schadensvermeidung (Emissionsminderung) und der

1) nachweisbare Schäden(S^N) und
2) vermutete Schäden (S^V) [41].

Bei den nachweisbaren Schäden handelt es sich um Schäden, die bereits auf Grundlage der tradierten Kausalitätsregeln, d.h. ohne die Ursachenvermutung des UHG, dem Schädiger zuzurechnen sind. Wir wollen annehmen, daß es sich hierbei ausschließlich um Störfallfolgen handelt. [42]

Bei den vermuteten Schäden handelt es sich um Schäden, die erst durch die wirksame Kausalitätsvermutung des Umwelthaftungsgesetzes in den Haftungsbereich des Schädigers gelangen. Es handelt sich also um die Menge an Kausalitäten, die durch das Umwelthaftungsgesetz neu hinzu kommen und die wir oben als „Präventionspotenz" dieses Gesetz bezeichnet haben. Die vermuteten Schäden können sowohl schwer zurechenbare Störfallfolgen, also z.B. Langzeitschäden nach Umweltunfällen, sein als auch sonstige unaufklärbare Schäden in der Nachbarschaft. Diese Kategorie kann daher auch allgemein fremdverursachte Schäden umfassen, z.B. PER-Kontaminationen aus Haushaltsreinigern in der Nachbarschaft einer chemischen Reinigung.

Mit S^V haben wir die Haftungsmenge bestimmt, die ein potentieller Schädiger mit der Einhaltung des Normalbetriebs auf Grundlage des §6 Abs. 2 UHG abwehren kann. Ihm stehen dazu zwei Wege zur Verfügung, zum einen eine erhöhte Störfallvorsorge und zum anderen Maßnahmen zur Sicherstellung des bestimmungsgemäßen Betriebs. Eine vollständige Abwehr dieser Haftung ist allerdings nicht möglich, da er die Störfallwahrscheinlichkeit in der Praxis nicht auf Null senken kann, wie oben am Beispiel Hoechst dargelegt. Fassen wir dieses Problem etwas anders, so können wir erkennen, wie seine beiden Handlungsparameter – Störfallvorsorge und bestimmungsgemäßer Betrieb – interagieren. Mit der Störfallvorsorge kann der potentielle Schädiger die Unfallwahrscheinlichkeit ($p(x)$) absenken und damit die Wahrscheinlichkeit für die erweiterte Haftung des Umwelthaftungsgesetzes (S^V). Mit der Einhaltung des bestimmungsgemäßen Betriebs (x^*) kann er die Anlastung dieser Schäden in einer Situation ohne Störfall (beschrieben durch die 0,1-Variable $\phi(x)$ und die Wahrscheinlichkeit ($1-p(x)$) steuern. Seine Entscheidung über die Einhaltung des pflichtgemäßen Betriebs kann dabei vereinfacht als diskretionäre Wahl zwischen Normvollzug und Normver-

---

Störfallvermeidung zu untersuchen, da sich hier eine interessante Komplementarität ergibt, die den Anreizeffekt der Umwelthaftung erhöht. Um die Analyse hier aber so einfach wie möglich zu halten, betrachten wir nur die Störfallvorsorge im engeren Sinne. Dies hat zur Folge, daß die Pflichten der Betriebsbestimmung als Vorschriften der Störfallverordnung zu interpretieren sind.

[41] Es gilt also: $S = S^N + S^V$.

[42] Dies läßt sich damit begründen, daß ein Dauerbetrieb, der nachweisbar zu Schäden in der Nachbarschaft führt, eigentlich nicht genehmigungsfähig sein dürfte. Es würde allerdings nichts an den hier vorgetragenen Ergebnissen ändern, wenn wir auch nachweisbare Daueremissionsschäden als Teil des Haftungskalküls mit einbeziehen würden.

letzung modelliert werden.[43] Wir kommen damit zu der folgenden verhaltensleitenden Gesamtkostenfunktion des potentiellen Schädigers:

(1) $$K(x)= k(x) + p(x)S^N + p(x)S^V + \phi(x)(1-p(x))S^V$$

$$= k(x) + p(x)(S^N+S^V) + \phi(x)(1-p(x))S^V \text{ mit } \begin{cases} \phi(x) = 0 & \forall x \geq x^* \\ \phi(x) = 0 & \forall x < x^* \end{cases}$$

Sie setzt sich also zusammen aus den Kosten der Vorsorge ($k(x)$), den erwarteten Schadensersatzzahlungen bei einem Störfall $p(x)(S^N+S^V)$ – bestehend aus nachweisbaren und gesetzlich vermuteten Störfallfolgen – sowie den gesetzlich vermuteten Schäden bei Dauerbetrieb, wenn hierbei gegen Betriebspflichten verstoßen wurde $\phi(x)(1-p(x))S^V$.

Die kostenminimierende Gleichgewichtsvorsorge des Schädigers läßt sich für dieses Programm am einfachsten grafisch bestimmen (s. die fett markierte, zusammengesetzte Funktion $K(x)$ in Abb. 2).

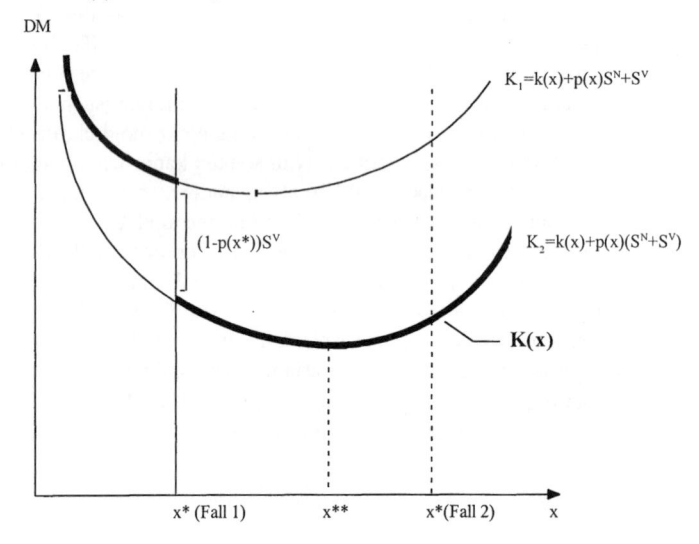

Abb. 2: Mikroökonomisches Modell des Umwelthaftungsgesetzes

– Im Bereich $x < x^*$ muß der Schädiger wegen seiner pflichtwidrigen Vorsorge stets, d.h. unabhängig von einem Störfall, mit der durch die Kausalitätsvermutung er-

---

[43] Die Normverletzung mag darüber hinaus eine Ordnungstrafe nach sich ziehen, die wir hier allerdings nicht gesondert betrachten wollen, weil sie das Modell nur ohne Erkenntnisgewinn verkomplizieren würde.

Präventionswirkungen von Umwelthaftungsgesetz und Umwelthaftpflichtversicherung

weiteren Haftung S^V rechnen, natürlich auch mit den nachweisbaren Störfallschäden im Umfang $p(x)S^N$.
- Im Bereich $x \geq x^*$ trifft ihn die verschärfte Haftung des UHG nur nach einem Störfall. Da dieser in x^* immer mit einer Wahrscheinlichkeit kleiner eins auftritt – andernfalls würde der bestimmungsgemäße Betrieb den sicheren Störfall implizieren! –, sinkt der Erwartungswert der Haftung um den Differenzbetrag (1-$p(x))S^V$).

Die Normalbetriebsregelung enthält insofern tatsächlich ein „Element der Verschuldenshaftung" (Endres, A. 1992). Dies hat zur Folge, daß der bestimmungsgemäße Betrieb nahezu immer eingehalten wird.[44] Es ist allerdings möglich, daß der potentielle Schädiger darüber hinaus Vorsorge betreibt, um die Kausalitätsvermutung nach einem Störfall abzuwehren bzw. das Risiko dieser erweiterten Störfallhaftung zu verringern. Ob es dazu kommt, hängt von der relativen Lage des Kostenminimums der Funktion K_2 (x^{**}) im Verhältnis zur Lage des öffentlich-rechtlichen Standards x^* ab. In der Abb. 2 sind zwei Fälle unterschieden:
- In Fall 1 bindet der bestimmungsgemäße Betrieb den potentiellen Schädiger nicht. D.h. das Umwelthaftungsgesetz übt hier einen Anreiz aus, über die Normen des öffentlichen Rechts hinausgehend vorzusorgen.
- In Fall 2 bindet der bestimmungsgemäße Betrieb. Das Motiv der Störfallvermeidung ist, z.B. wegen weitgehend ausgereizter technisch-organisatorischer Möglichkeiten, hier nicht ausreichend, um eine weitergehende Vorsorge hervorzubringen.

Modellmäßig kommen wir damit zu einem unbestimmten Ergebnis in der Kritik an der Normalbetriebsregelung: Es kann sein, daß die Umwelthaftung hierdurch zur Vollzugshilfe für das öffentliche Recht verkürzt wird, aber es kann auch anders sein.

Zur Klärung trägt die folgende Überlegung bei: Der Fall 1 in Abb. 2 ist um so wahrscheinlicher, je höher die Gleichgewichtsvorsorge x^{**} auf K_2 ist. Deren Lage wiederum hängt zentral von der Intensität der Haftungsverschärfung durch das Umwelthaftungsgesetz ab, d.h. von Höhe von S^V. Dies zeigt die folgende komparative Statik:

(2) $\quad d(dK_2/dx) = (d^2k/dx^2 + d^2p/dx^2(S^N+S^V))dx + (dp/dx)dS^V = 0$

$\Rightarrow dx/dS^V = -(dp/dx) / (d^2k/dx^2 + d^2p/dx^2(S^N+S^V)) > 0$.[45]

Wir können daher zusammenfassend feststellen: Entscheidend für eine eigenständige Präventionswirkung des UHG ist die Filterwirkung der §§ 6 Abs. 1 und 7 UHG,

---

[44] Abgesehen wird hier von extremen Randlagen der Normen im Bereich der „exzessiven Ineffizienz" (Endres), die im betrachteten Zusammenhang wegen der angedrohten Übermaßhaftung keine Rolle spielen. Vgl. *Endres, A.*, (1991), S. 114.

[45] $dx/dS^V > 0$ folgt aus der schadenssenkenden Wirkung der Vorsorge ($d/dx < 0$) bei gleichzeitig abnehmender Wirksamkeit ($d^2p/dx^2 > 0$) und steigenden oder konstanten Grenzkosten der Vorsorge ($d^2k/dx^2 \geq 0$).

also die Regelungen zum Ein- und Ausstieg in die gesetzliche Kausalitätsvermutung, nicht so sehr die Normalbetriebsregelung des UHG. Je höher die Haftungsverschärfung durch die Kausalitätsvermutung effektiv ausfällt, um so eher kommt es (trotz Normalbetriebsregelung) zu einer eigenständigen Präventionswirkung des Umwelthaftungsgesetzes. Unter der Annahme einer relevanten Ausdehnung des erwarteten Haftungsbereichs durch die Kausalitätsvermutung, rechnen wir mit einem intensiven Präventionschub durch das UHG, der über das öffentlich-rechtlich Vorgeschriebene hinaus geht.

Peter Salje

Kommentar

zu

Reimund Schwarze: Präventivwirkungen des Umwelthaftungsgesetzes und der Umwelthaftpflichtversicherung – eine theoretische und empirische rechtsökonomische Analyse

Schwarze[1] unternimmt den interessanten und lobenswerten Versuch, das mögliche Zurückgehen von Umweltunfällen in einen Zusammenhang mit dem Inkrafttreten des Umwelthaftungsgesetzes im Jahre 1991 zu bringen. Er hat aber wohl selbst Zweifel in bezug auf die Verläßlichkeit der zugrundeliegenden Datenbasis; eine statistischen Ansprüchen hinreichend genügende Definition und Erhebung des „Umweltunfalls" gibt es offenbar nicht, und auch für die durch Gesetze besser definierten „Störfälle" existiert derzeit noch kein zentrales Register. Da zudem zwischen Umweltschaden und Umweltunfall bzw. (konkreter) Umweltstörfall zu unterscheiden ist, das UmweltHG also einen weitaus breiteren Bereich als den der Störfälle abdeckt, wird der Zusammenhang zunehmend weniger verläßlich.

A. Prävention durch Haftungsrecht?

Zusätzlich soll auf einige weitere Schwierigkeiten hingewiesen werden, die den Nachweis eines Zusammenhangs zwischen dem Inkrafttreten des UmweltHG und dem Rückgang von Umweltunfällen oder Umweltschäden und damit eine mögliche Präventionswirkung des UmweltHG als weniger plausibel erscheinen lassen.

---

[1] In diesem Band

I. Mangel der Isolierbarkeit

Umwelthaftungsrecht wurde auch bereits vor Inkrafttreten des UmweltHG betrieben[2]. Da mit § 14 Satz 2 BImschG, § 906 Abs. 2 Satz 2 BGB, § 22 WHG sowie § 823 Abs. 1 und Abs. 2 BGB – um nur einige wenige Haftungsnormen zu nennen – viele Anspruchsgrundlagen bereits seit langem zur Verfügung stehen, mit Hilfe derer auch Umweltschäden ausgeglichen werden können, müßte für das UmweltHG eine Art „Zusatznutzen" festgestellt werden können. Diese zusätzliche Präventionswirkung durch das Inkrafttreten dieses Gesetzes dürfte aber deshalb kaum meßbar sein, weil sich die Wirkungen dieses Gesetzes nicht von anderen Reformvorhaben ausreichend genau isolieren lassen. So sind in den 90er Jahren auch die öffentlich-rechtlichen Umweltschutzvorschriften und insbes. das Bundesimmissionsschutzgesetz einschl. des dazu ergangenen Sekundärrechts ständig reformiert worden, so daß eine daraus resultierende verschärfte Genehmigungspraxis oder Nachrüstungsauflagen gegenüber Altanlagen ebenso zur Verbesserung des Schutzes vor Umweltschäden beigetragen haben mögen wie das Inkrafttreten des UmweltHG. Der Einwand mangelnder Isolierbarkeit der Präventionswirkung eines neuen Gesetzes wird nur dann nicht erhoben werden können, wenn dieses Gesetz ein Gebiet / einen Sektor insgesamt und völlig neu regelt bzw. erfaßt, vorher also Normen praktisch nicht vorhanden waren. Dies läßt sich zwar möglicherweise für einige öffentlich-rechtliche Bereiche (z. B. Genehmigungspraxis für gentechnische Anlagen), nicht aber für Haftungsrecht verifizieren, weil insofern rechtliche Regelungen schon immer existiert haben.

II. Ursachenvermutung

Auch wenn der Einwand mangelnder Isolierbarkeit der neuen Regelung überwindbar erschiene, darf das UmweltHG nicht auf die Ursachenvermutung nach §§ 6, 7 UmweltHG reduziert werden. Das Gesetz trifft sehr eigenständige Regelungen in bezug auf den Kreis der Ersatzpflichtigen, Bagatellschäden (§ 5 UmweltHG) und den Umfang der Ersatzpflicht bei Sachschäden (§ 16 UmweltHG), so daß von diesem Gesetz Gesamtwirkungen ausgehen, die über die Ursachenvermutung hinausreichen.

Schwarze erwartet einen „deutlichen Präventionseffekt des Umwelthaftungsgesetzes im Bereich der Störfallvorsorge" und begründet dies wie folgt[3]: Da die Ursachenvermutung des § 6 Abs. 1 UmweltHG gem. Abs. 2 nur Anwendung finde, wenn die Anlage bestimmungsgemäß betrieben wird, also keine Betriebsstörung vorliegt und die besonderen Betriebspflichten (§ 6 Abs. 3 UmweltHG) eingehalten sind, wird sich der Anlageninhaber besonders bemühen, Betriebsstörungen (Störfälle) zu vermeiden. Dabei ist unter Störfallbetrieb in Anlehnung an

---

[2] Zu früheren Haftungsfällen in der höchstrichterlichen Rechtsprechung vgl. *Salje*, UmweltHG, München 1992, § 18 Rz. 26 ff.

[3] *Schwarze*, Präventionswirkungen des Umwelthaftungsgesetzes in der Umwelthaftpflichtversicherung, in diesem Band Abschn. B. III.

§ 2 Abs. 1 Störfallverordnung[4] ein anormaler Betriebszustand zu verstehen, bei dem eine beträchtliche Gefahr für Personen oder Sachen eintritt[5]. Zur Feststellung der Betriebsstörung müssen daher die Eigenschaften des normalen Betriebs mit dem Betriebszustand zum Zeitpunkt der Schädigung verglichen werden (Erhebung über Betriebsdaten, freigesetzte Schadstoffe, äußerlich wahrnehmbare Erscheinungen wie Brand oder Druckwellen bei Explosion). Betriebsabweichungen innerhalb der technischen Auslegung sollen nicht als Störfall behandelt werden[6]. Die Eignung zur Schadensverursachung gehört nicht zum Betriebsstörungsbegriff[7]. Die Kernaussage Schwarzes lautet daher: Der Anlageninhaber wird in Umweltschutzmaßnahmen investieren, um aus § 6 UmweltHG resultierende Haftungsgefahren zu vermeiden; da § 6 Abs. 1 UmweltHG nur bei Verletzung besonderer Betriebspflichten oder bei Betriebsstörung eingreift, ist hier der größte Präventionseffekt zu vermuten.

Im folgenden wird davon ausgegangen, daß „Störfall" i. S. v. Schwarze den nicht ordnungsgemäßen Betriebsablauf (z. B. Brand, Explosion, nicht durch Gesetz oder Genehmigung gedeckte Immissionen) und zusätzlich die Einhaltung der Betriebspflichten umfaßt. Beide Bereiche lassen sich nicht exakt trennen, da regelmäßig bei gestörtem Betrieb Betriebspflichten nicht mehr eingehalten werden können, weil etwa Emissionen ungehindert die Anlage verlassen. Die Einhaltung der Betriebspflichten dient dazu, Störfälle möglichst zu vermeiden; umgekehrt verdient eine schonende Behandlung derjenige nicht, der noch nicht einmal Recht und Gesetz beachtet. Die Gesetzesfassung erschwert es, die Präventionswirkung zu messen; beschränkt man nämlich diese Messung auf Störfälle, so bleibt derjenige Teil der Präventionswirkung außer Betracht, der bereits aus der besonders angemahnten Einhaltung der Betriebspflichten resultiert.

Ein „deutlicher Präventionseffekt" ist jedoch nur zu erwarten, wenn § 6 Abs. 1 UmweltHG, von dem dieser Effekt ja ausgehen müßte, über die bisherige Rechtslage hinaus Verbesserungen erwarten ließe. Ein deutlicher Präventionseffekt und die daraus resultierende Verbesserung der Rechts- und Sachlage potentiell Geschädigter ist jedoch nur zu erwarten, wenn § 6 Abs. 1 UmweltHG als Ursachenvermutung im Verhältnis zum früheren Rechtszustand deutliche Fortschritte bewirkt hat. Dies ist jedoch nach Auffassung eines wichtigen Teils der Literatur gerade nicht der Fall.

In der Literatur ist zu Recht ausgeführt worden, daß die Ursachenvermutung keine zusätzliche, neue bzw. verschärfte Regelung darstelle. Nach verbreiteter Auffassung hat das UmweltHG insofern nur die Rechtsprechung des BGH zu den

---

[4] Zwölfte Verordnung zur Durchführung des Bundesimmissionsschutzgesetzes in der Bekanntmachung v. 20.9.1990, BGBl. I S. 1891, zuletzt geändert durch Verordnung v. 26.10.1993, BGBl. I S. 1782, 1809.

[5] *Landsberg/Lülling*, UmweltHR, Köln 1991, § 6 Rz. 73; a. A. wohl *Salje*, UmweltHG, § 6 Rz. 35 *Landmann/Rohmer/Hager*, Umweltrecht, Bd. 3, München, Loseblattsammlung, Stand: 10.97, § 6 Rz. 42.

[6] *Feldhaus*, Umwelthaftungsgesetz und Bundes-Immissionsschutzgesetz, UPR 1992, S. 161, 165.

[7] *Salje*, UmweltHG, § 6 Rz. 36.

Beweiserleichterungen[8] aufgenommen und präzisiert, nicht aber verschärft. Diederichsen hat sogar die Regelung hart kritisiert[9]:

„Die Präsumption (§ 6 UmweltHG, d. Verf.) geht daher m. E. ins Leere; es wird etwas geregelt, was in unserer Rechtsordnung bereits in einem viel eindeutigeren Sinne geregelt ist ... Der Vermutungstatbestand erweckt den Anschein, als sei rechtspolitisch etwas für den Umweltschutz geschehen; in Wirklichkeit ist er als Tatsachenvermutung dogmatisch verfehlt undrechtspolitisch irreführend."

Andere halten § 6 UmweltHG für „funktionslos, überflüssig und verwirrend", weil die Norm dem Geschädigten „Steine statt Brot" gebe[10]. Zwar hat jetzt der BGH in der „Lackierkabinen-Entscheidung" versucht, den Tatsacheninstanzen den naheliegenden Weg zu verbauen, durch restriktive Anwendung des § 6 UmweltHG Beweisaufnahmen mit vielen Zeugen und Sachverständigen zu vermeiden. Dennoch ist zweifelhaft, ob mit Hilfe dieser Vorschrift ein substantieller Beitrag i. S. einer besseren Präventionswirkung im Bereich der Umwelthaftung erreicht worden ist.

Wenn aber § 6 Abs. 1 UmweltHG keinen Fortschritt im Verhältnis zum früheren Recht erkennen läßt oder gar gegenüber dem früheren Rechtszustand zurückfällt, kann auch im Hinblick auf Störfälle insofern keine Präventionswirkung erwartet werden. Allenfalls ist deshalb die Präventionswirkung von der verschuldenslosen Haftung des § 1 UmweltHG i. V. m. dem Anlagenkatalog zu erwarten, weil hiervon – und nicht von § 6 UmweltHG – die entscheidende Signalwirkung ausgeht: Weil die potentiell Haftpflichtigen überprüfen werden, ob sie sog. Kataloganlagen betreiben, werden sie untersuchen, ob der Betrieb dieser Anlagen durch Nachrüstung usw. zu verbessern ist, weil sie wissen, daß nunmehr auch bei sorgfältigem Betrieb gehaftet werden muß. Der ersten These – Präventionseffekt des § 6 Abs. 1 UmweltHG im Hinblick auf die Vermeidung von Störfällen – kann daher nicht zugestimmt werden.

B. Präventionsminderung durch Umwelthaftpflichtversicherung?

Herkömmlich wird von Versicherungen erwartet, daß sie den Präventionsanreiz einer jeden Haftung abschwächen, also den Anlageninhaber sorglos machen, weil ja nicht er, sondern die Versicherung mögliche Schäden zu bezahlen hat. Schwarze prognostiziert diese „falschen Signale" im Hinblick auf die Umwelthaftpflichtversicherung in der Form der ab ca. 1993 geltenden Neufassung[11] deshalb

---

[8] BGHZ 92, 143, 146 f. = NJW 1985, 47 - Kupolofen.

[9] *Diederichsen*, Industriegefährdung durch Umweltgefährdungshaftung?, PHI 1990, S. 78, 88 und 93 (These 11).

[10] *Gottwald*, Die Schadenszurechnung nach dem Umwelthaftungsgesetz, in: FS für Lange, Köln 1991, S. 447, 456 und 467; vgl. auch *Schimikowski*, Haftung für Umweltrisiken, St. Augustin 1991, Rz. 44 sowie *Schimikowski*, Umwelthaftungsrecht und Umwelthaftpflichtversicherung, 3. Aufl. Karlsruhe 1994, Rz. 180.

[11] Vgl. dazu *Peter*, Die Versicherung von Umweltrisiken, IUR 1992, S. 79 ff.

nicht, weil er mit Wagner[12] eine „Annäherung an eine ideale „Versicherung" annimmt[13]. Im Gegenteil erwartet er auch von der Umwelthaftpflichtversicherung einen deutlichen Präventionsschub in bezug auf die Störfallvorsorge mit zweijähriger Verzögerung (ab 1993), weil die Versicherungsunternehmen sicherheitstechnische und organisatorische Beratung im Hinblick auf die zu versichernden Anlagen gewährt und die Prämien erstmals risikogerecht festgesetzt hätten. Allerdings handele es sich um einen allmählichen betrieblichen Anpassungsprozeß im Gefolge der Neufassung der Versicherungsbedingungen[14].

Mit Schwarze bin ich der Auffassung, daß den Versicherungen ein großes Verdienst in bezug auf Verbesserungen bei Betrieb und Unterhaltung umweltgefährlicher Anlagen zukommt. Nachdem offenbar frühere Industriehaftpflichtversicherungen (Betriebshaftpflicht einschl. Umweltpolice) zu schweren Verlusten geführt hatten, hat die Versicherungswirtschaft verständlicherweise das UmweltHG dazu benutzt, die Versicherungsprämien anzuheben und dadurch wenigstens die Erlöslage zu verbessern. Deshalb ist es wohl weniger das komplizierte neue Umwelthaftpflichtversicherungsmodell mit seinen (verteuernden) Grund- und Zusatzbausteinen, sondern vielmehr der Umstand der gründlichen Sichtung des vorhandenen Risikobestandes, was tendenziell zur Verbesserung der Situation als geeignet erscheint. Überspitzt könnte man sagen: Weil die Versicherer das Gesetz als Signal benutzt haben, die eigene, auch durch Konkurrenz verursachte Erlössituation zu verbessern, haben sie Anreize in die richtige Richtung gesetzt. Da aber wahrscheinlich immer noch viele „Altverträge" noch nicht ausgelaufen sind, müßte methodisch richtig zunächst geklärt werden, im Umfang welchen Risiko-Prämien-Volumens die neuen Bedingungen eingreifen bzw. in welchem Umfang Betriebe von den Versicherern untersucht wurden. Auch müßte geklärt werden, ob tendenziell der Anreiz zu vermehrten Schutzmaßnahmen vom Gesetz, von den neuen Versicherungsbedingungen oder durch Aktivitäten der Versicherungen hervorgerufen worden ist.

I. Investitionen in Umweltschutzmaßnahmen

In einer Studie aus dem Jahre 1995 konnte dieser Nachweis nicht geführt werden[15]. Die EG-Kommission hat seit Anfang 1995 Vorteile und Nachteile des zivilen Umwelthaftungsrechts in verschiedenen Mitgliedstaaten der EU untersuchen lassen. Im Rahmen dieses Gesamtprojekts wurde auch ein Gutachten für den Bereich der Bundesrepublik Deutschland vergeben, das Helmut Karl (Institut für Agrarpolitik, Marktforschung und Wirtschaftssoziologie der Universität Bonn) übernommen hat[16]. Weil in der Eisen, Blech und Metall verarbeitenden Industrie (EBM-Industrie) ein hoher Prozentsatz von kleinen und mittelgroßen Betrieben

---

[12] Versicherungsfragen der Umwelthaftung, in: *Ahrens/Simon* (Hrsg.), Umwelthaftung, Risikosteuerung und Versicherung, Berlin 1996, S. 97, 98 (dort findet sich das Zitat nicht).
[13] *Schwarze*, Präventionswirkungen, Abschn. B. IV.
[14] *Schwarze* ebenda Abschn. B. IV. a).
[15] Vgl. *Küpper*, Welchen Einfluß haben Haftung und Versicherung auf die Investitionstätigkeit der Unternehmen im Umweltbereich?, BB 1996, S. 541, 543 ff.
[16] *Küpper* ebenda, S. 542.

(bis 500 Mitarbeitern) vorhanden ist (95 %), hat die EG-Kommission die Datenerhebung bei der metallverarbeitenden Industrie befürwortet.

Der vierseitige Fragebogen wurde an 1400 Unternehmen übersandt, von denen aber nur 30 Unternehmen den Fragebogen zurückgesandt haben (2,14 %). Wenn auch Küpper dies als „gutes Umfrageergebnis" bezeichnet, zumal die zugrunde liegenden Daten nicht abrufbereit vorgelegen haben dürften[17], so bleiben doch Zweifel, ob diese 30 Unternehmen als repräsentativ anzusehen sind. Schwarze[18] weist zu Recht auf die möglicherweise „hohe Selektivität" der Aussagen hin, weil insbesondere diejenigen geantwortet haben dürften, die ohnehin überdurchschnittlich viel für den Umweltschutz aus eigenem Antrieb und ohne Druck der Versicherer tun.

Die von Küpper berichteten Ergebnisse der Umfrage sind – mit den obigen Einschränkungen – nicht geeignet, die These eines fehlenden Zusammenhangs zwischen dem Inkrafttreten des UmweltHG und daraus folgender erhöhter Umweltvorsorge zu entkräften. Zum einen[19] habe das Gesetz auf das Investitionsverhalten der kleinen und mittleren Unternehmen keinen nennenswerten Einfluß gehabt, weil im wesentlichen freiwillige Investitionen getätigt worden seien und sich die Investitionsvolumina in den sechs Jahren vor Inkrafttreten des Gesetzes und in den vier Jahren nach dessen Inkrafttreten nicht signifikant verändert hätten. Der Einfluß der Betriebshaftpflichtversicherer auf die Investitionstätigkeit der Unternehmen muß nach dieser Umfrage als sehr gering eingeschätzt werden, wobei wiederum zwischen den verschiedenen Policearten vor und nach Inkrafttreten des Gesetzes ein signifikanter Unterschied nicht beobachtet werden konnte. Auch haben die Unternehmen nicht angegeben, daß eine möglicherweise günstige Versicherungsprämie für sie einen Anreiz dargestellt habe, zusätzliche Umweltschutzmaßnahmen vorzunehmen. Die Umfrage beim EBM-Wirtschaftsverband im Jahre 1995 läßt deshalb nicht erkennen, daß UmweltHG und/oder Einführung neuer Versicherungsbedingungen zu einer vermehrten Umweltvorsorge geführt haben.

II. Unfallstatistik

Das von Schwarze herangezogene Material zur Aufklärung des Zusammenhangs zwischen Präventionswirkung von Umwelthaftung/Umwelthaftpflichtversicherung und vermehrter Umweltvorsorge stützt sich zum einen auf Unfall- bzw. Störfallmeldungen[20], zum anderen auf die Relation neuer Umwelthaftpflichtversicherungspolicen und Anzahl der insofern gemeldeten Schadenszahlen[21]. Das ausgewertete Material betrifft allerdings nur die Zeit ab 1993, so daß daraus nicht belegt werden kann, wie sich Unfallzahlen und Unfallquoten vor dem Jahre 1993

---

[17] *Küpper* ebenda, S. 542.

[18] Präventionswirkungen, Abschn. D. a. E.

[19] Vgl. *Küpper* ebenda S. 543 f.

[20] Zentrale Meldestelle für Störfälle in verfahrenstechnischen Anlagen beim Umweltbundesamt sowie Statistik der Unfälle bei der Lagerung und beim Transport wassergefährdender Stoffe des Statistischen Bundesamtes.

[21] *Schwarze* ebenda Abschn. D.

entwickelt haben. Dies ist im Verhältnis zur Untersuchung von Karl zum Umwelt-Investitionsverhalten ein beträchtlicher methodischer Nachteil.

Schwarze stellt fest, daß mit zunehmender Einführung der neuen Umwelthaftpflichtversicherung die Anzahl der Schadensfälle relativ immer stärker zurückgegangen sei (von 8,6 % im Jahre 1993 auf 3,5 % im Jahre 1997). Während sich die Policenzahl von 5104 im Jahre 1993 auf 59368 im Jahre 1997 mehr als verzehnfacht habe, habe sich die Anzahl der gemeldeten Schäden aus diesen Policen weniger als verfünffacht.

Diesem Befund werden Störfallstatistiken gegenübergestellt, die – möglicherweise methodisch bedenklich – zusammengefaßt werden. Nach diesen Statistiken sind die Unfallzahlen zwischen 1993 und 1996 um mehr als 1/3 zurückgegangen, was ebenfalls einen signifikanten Zusammenhang mit neuem Haftungs- und Versicherungsrecht aufweisen könnte. Gleichwohl bestehen gegenüber diesen Nachweisen einige Bedenken.

a) Schwarze gibt nicht an, welche Sektoren von Industrie, Bergbau, Handel usw. durch die zugrundeliegenden Statistiken bzw. Schadensquoten in der Umwelthaftpflichtversicherung erfaßt werden. Für den von ihm „amtliche Unfallstatistik" genannten Bereich scheint es sich lediglich um Störfälle in verfahrenstechnischen Anlagen einerseits nach § 11 der Störfallverordnung zu handeln, zum anderen um Unfälle bei der Lagerung und beim Transport wassergefährdender Stoffe. Da der Begriff der Störfallverordnung mitnichten dem Begriff des störungsfreien Betriebs i. S. v. § 6 Abs. 2 UmweltHG gleichzusetzen ist, vielmehr die Störfallverordnung nur sehr wenige äußerst gefährliche Vorfälle in Anlagen – noch dazu unter Berücksichtigung einer hohen Dunkelziffer (80 % nicht gemeldete Fälle) – erfaßt, kann die Anzahl der Störfälle nicht pars pro toto für „Störfälle i. S. v. § 6 UmweltHG" gesetzt werden. Die zweite Statistik umfaßt nur Lager- und Transportgefahren und deshalb ebenfalls einen sehr eingeschränkten Bereich des Kataloges zu § 1 UmweltHG. Ob die Zahlen möglicherweise dennoch repräsentativ für alle durch das UmweltHG erfaßten Anlagen sind, müßte näher aufgeklärt werden. Eine Versicherungsverbandsstatistik über Umweltschäden bestand im Jahre 1995 offenbar noch nicht[22].

b) Schwarze gibt nicht an, ob und in welchem Umfang sich die sog. Umwelthaftpflichtpolicen (ab 1993) mit den durch das UmweltHG erfaßten Risiken decken. Da das Umwelthaftpflichtmodell aus Bausteinen besteht, die ganz unterschiedliche Risiken einschl. des Gewässerschadensrisikos nach § 22 WHG abdecken, spricht sehr viel dafür, daß sich die fast 60.000 neuen Policen des Jahres 1997, die Schwarze bei einem bedeutenden Versicherungsunternehmen feststellen konnte, wahrscheinlich auf viele Arten von Umweltrisiken beziehen, von denen nur einige durch Kataloganlagen nach § 1 UmweltHG ausgelöst wurden. Wenn dies aber so ist, dann kann die sich im Zeitlauf vermindernde Anzahl von Schadensfällen auch auf Bereiche zurückzuführen sein, die gar nicht dem UmweltHG unterliegen, so daß insofern auch keine Präventionswirkung bestehen kann. Dies zeigt sehr deutlich, daß Präventionswirkungen aus Versicherungstätigkeit – möglicherweise angestoßen durch das UmweltHG – und die Wirkungen des Gesetzes

---

[22] Vgl. *Schlicht*, Lage und Entwicklung der deutschen Versicherungswirtschaft aus der Sicht des DVS, VP 1995, S. 93, 94.

selbst strikt voneinander zu trennen sind. Auch im Falle erfreulich verkoppelter Wirkungen der Arbeit des Gesetzgebers einerseits und der Versicherungen andererseits ist es methodisch erforderlich, beide Effekte getrennt zu betrachten und auch das vorliegende Material daraufhin zu untersuchen, für welchen Bereich tragfähige Aussagen möglich erscheinen.

c) Schwarze betrachtet Schadensmeldungen bzw. Unfallzahlen, nicht aber Schadenssummen. Nun ist es durchaus möglich, daß trotz verringerter Unfall- oder Schadensmeldungen der Gesamtaufwand für die Schadensregulierung gleich geblieben, gestiegen oder nur geringfügig geschrumpft ist, selbst wenn man eine inflationsbereinigte Untersuchung durchführt. Es ist aus meiner Sicht daher unbedingt erforderlich, den Schadenszahlen den Schadensaufwand gegenüberzustellen.

C. Zusammenfassung

(1) Die §§ 6, 7 UmweltHG bilden nicht den Kern des Umwelthaftungsrechts, sondern sind nur in dessen Gesamtzusammenhang möglicherweise präventionswirksam. Der Hauptanreiz zu vermehrter Investitionstätigkeit im Hinblick auf die Vermeidung von Umweltschäden dürfte von § 1 UmweltHG ausgehen (Gefährdungshaftung).

(2) Deshalb darf eine mögliche Präventionswirkung des UmweltHG auch nicht (allein) an der Entwicklung der Störfälle i. S. v. § 6 Abs. 2 UmweltHG gemessen werden. Abgesehen davon, daß sowohl Umweltschäden aus bestimmungsgemäßem Betrieb als auch solche aus gestörtem Betrieb verhindert werden müssen, greift eine auf Störfälle beschränkte Betrachtung viel zu kurz.

(3) Nicht immer werden sich Umweltschäden aus gestörtem und solche aus Normalbetrieb leicht unterscheiden lassen. Zudem bliebe bei dieser Differenzierung das Eingreifen der Ursachenvermutung bei Verstoß gegen Betriebspflichten außer Betracht, obwohl dies vom Störfallbetrieb deutlich zu unterscheiden ist.

(4) Die Beschränkung auf Störfälle ließe auch unberücksichtigt, daß bei Vorliegen eines Störfalls regelmäßig „menschliches Versagen" und damit eine Verkehrspflichtverletzung vorliegen dürfte, was schon bisher nach § 823 Abs. 1 BGB zu einer verschräften Haftung mit erheblichen Beweiserleichterungen geführt hat. Das UmweltHG hat also insofern die Rechtslage praktisch nicht verbessert, was ihm seine Kritiker ja auch vorwerfen.

(5) Die Wirkungen des Inkrafttretens des UmweltHG müssen von den Wirkungen der Aktivitäten der Versicherer klar getrennt werden. Nicht die neue Umweltschutzhaftpflichtpolice mit ihren höheren Prämien, sondern die Aktivitäten der Versicherungen im Bereich der Erfassung des Risikos mit dem Ziel, die eigene Erlössituation zu verbessern, lassen einen Präventionseffekt erhoffen. Das UmweltHG ist hier nur Anlaß, nicht aber Auslöser gewesen.

(6) Die bisher vorliegenden Daten ermöglichen noch keinen sicheren Rückschluß auf Präventionswirkungen des UmweltHG und/oder der neuen Umwelthaftpflichtversicherungspolicen. Die beim Verband der Eisen, Blech und Metall verarbeitenden Industrie durchgeführte Umfrage zum Umwelt-Investitionsverhalten vor und nach Inkrafttreten des Gesetzes spricht eher für ein gleichbleibendes, unverändertes Verhalten im Hinblick auf die Umweltvorsorge.

(7) Bei der Auswertung von Statistiken darf der Störfallbegriff der Störfallverordnung nicht mit dem Begriff „keine Störung des Betriebs" i. S. v. § 6 Abs. 2 UmweltHG gleichgesetzt werden. Vielmehr gilt die Störfallverordnung für nur sehr wenige Anlagen, wie Anhang 2 zum UmweltHG (betreffend die Deckungsvorsorge) auch zeigt. Auch unter Berücksichtigung der hohen Dunkelziffer nicht gemeldeter Störfälle (80 %) kann das Störfall-Meldeverhalten nicht als Indiz für die Präventionswirkung von Umwelthaftungsgesetz und Umwelthaftpflichtversicherung herangezogen werden.
(8) Eine Beschränkung auf die bloße Menge von Unfällen bzw. die gemeldeten Schäden bei der Auswertung statistischen Materials reicht nicht aus. Die Präventionswirkung des Umwelthaftungsrechts muß auch darauf abzielen, die Summe der Umweltschäden insgesamt oder je Schadensmeldung zu verringern. Die Unfallzahl im Zeitablauf ist daher zu wenig aussagekräftig.
(9) Die Präventionswirkung kann einigermaßen sicher nur abgeschätzt werden, wenn Unfall- und Schadensverläufe sowohl vor Inkrafttreten des Gesetzes als auch nach dessen Inkrafttreten erhoben werden. Nur der Vergleich beider Situationen läßt eine einigermaßen sichere Aussage als möglich erscheinen.
(10) Umwelthaftpolicen erfassen auch Umweltrisiken außerhalb des Anlagenkatalogs zu § 1 UmweltHG. Methodisch richtig dürfen daher nur solche Entwicklungen von Schäden und Policen ausgewertet werden, die Anlagen i. S. d. UmweltHG betreffen. Eine undifferenzierte Aussage für alle derartigen Policen, die z. B. auch das Gewässerschadensrisiko aus § 22 WHG betreffen, wäre daher ungenügend fundiert.

Literatur

Ahrens/Simon (Hrsg.), Umwelthaftung, Risikosteuerung und Versicherung, Berlin 1996.
Diederichsen, Industriegefährdung durch Umweltgefährdungshaftung?, PHI 1990.
Feldhaus, Umwelthaftungsgesetz und Bundes-Immissionsschutzgesetz, UPR 1992.
Gottwald, Die Schadenszurechnung nach dem Umwelthaftungsgesetz, in: FS für Lange, Köln 1991.
Küpper, Welchen Einfluß haben Haftung und Versicherung auf die Investitionstätigkeit der Unternehmen im Umweltbereich?, BB 1996.
Landmann/Rohmer/Hager, Umweltrecht, Bd. 3, München, Loseblattsammlung, Stand: 10.97.
Landsberg/Lülling, UmweltHR, Köln 1991.
Peter, Die Versicherung von Umweltrisiken, IUR 1992, S. 79 ff.
Schimikowski, Umwelthaftungsrecht und Umwelthaftpflichtversicherung, 3. Aufl. Karlsruhe 1994.
Schimikowski, Haftung für Umweltrisiken, St. Augustin 1991.

Diskussion

zusammengefaßt von *Roland Kirstein*

In der Diskussion wurde die Frage, ob das Umwelthaftungsgesetz Wirkungen gezeigt habe, kontrovers beantwortet. Auf der einen Seite scheine der Einfluß der Versicherungen die Präventivwirkung des Haftungsrechts in diesem Bereich eher verstärkt als abgeschwächt zu haben (was sonst häufig die Folge von Versicherungen ist). Der Grund hierfür könne darin liegen, daß Pflichtversicherung und periodenbezogene Schadensanlastung einer strategischen Konkursbereitschaft der Unternehmen entgegenwirken. Außerdem berücksichtigten Banken heutzutage bei der Kreditvergabe auch das Risiko von Umweltschäden. Auf der anderen Seite sei der Einfluß von Versicherungen möglicherweise nur ein Initiationseffekt, der nach wenigen Jahren verpuffe.

Jedenfalls zeige das Umwelthaftungsgesetz, daß der Gesetzgeber auch Präventivwirkungen erstrebe; dies werde aus der amtlichen Begründung des Gesetzentwurfes deutlich. Das Gesetz habe die Situation der Unternehmen verändert, weil eine Gefährdungshaftung eingeführt worden sei. Ob das Gesetz sich als Totgeburt erweise, hänge davon ab, wie weit die Ursachenvermutung gehe. Dabei sei zwischen Summationsschäden, Distanz- und Nahschäden zu differenzieren. Distanz- und Summationsschäden seien aus dem Programm der gesetzlichen Regelung herausgenommen worden; sie könnten durch Ursachenvermutungen auch gar nicht erfaßt werden. Zur Erfassung der Nahschäden sei die Neuregelung jedoch gar nicht erforderlich.

Darüber hinaus sei bei dem Gesetz fraglich, inwieweit das Kriterium der „Nachhaltigkeit" – unter Berücksichtigung des nichtdiskontierten Nutzen zukünftiger Generationen – beachtet werde. Immerhin habe das Umwelthaftungsgesetz einen Erfolg gezeigt, der von seiner Papierform her nicht zu erwarten gewesen wäre: Zwar sei es bei statischer Betrachtung so, daß die Paragraphen 6 und 7 nichts bringen, aber die Versicherungen konnten den Unternehmen doch Angst einjagen. Es wäre wichtig zu untersuchen, wie sich Recht, Rechtsprechung und Rechtsanwendung weiterentwickeln.

Die These des Korreferenten, daß die Versicherungen vor der Neuregelung Verluste gemacht hätten, wurde kritisiert. Warum hätten sie sich darauf einlassen sollen, anstatt Gewinnmaximierung zu betreiben? Es müsse aufgezeigt werden, daß Quersubventionierung aus anderen Unternehmensbereichen betrieben worden sei.

In seiner Replik warnte der Referent davor, empirische Aussage über die Wirkung von Gesetzen aus Daten ziehen zu wollen. Vielmehr bedürfe eine derartige Analyse einer Theorie, die vorab Ursachen erklärt bzw. postuliert. Leiste das Modell dies, dann könne man anhand von Daten prüfen, ob die Empirie ihm entgegenstehe. Der umgekehrte Weg funktioniere jedoch nicht. Das Verhalten der Versicherungen lege allerdings nahe, daß das Umwelthaftungsgesetz nicht nur PR-Effekt habe, sondern vielmehr die Policengestaltung beeinflusse.

Eindämmung Opportunistischen Verhaltens in der öffentlichen Verwaltung: Das Problem des „Anfütterns" bei Korruptionsdelikten

von

Georg von Wangenheim

A. Einleitung

Korruption wird in letzter Zeit immer häufiger[1] nicht mehr als Problem vor allem von Entwicklungsländern und einzelnen industrialisierten Staaten mit besonderen Traditionen gesehen, sondern auch als ein Problem aller Länder. Auch für die Industriestaaten wird zunehmend davon ausgegangen, daß ein erheblicher Teil der staatlichen Entscheidungen durch Korruption, auch in der kruden Form der Bestechung, beeinflußt sind.[2] Diese Erkenntnis der allgemeinen Bedeutung des Problems führte im internationalen Bereich zur OECD Konvention zur Bekämpfung der Bestechung ausländischer Amtsträger bei internationalen Wirtschaftstransaktionen (verabschiedet am 21. November 1997, die Konvention tritt in Kraft, wenn mindestens fünf der großen OECD-Staaten sie ratifiziert haben.) Ziel dieser Konvention ist es, die Bestechung ausländischer Amtsträger zu Straftatbeständen in den Mitgliedsstaaten zu machen[3].

---

[1] Aus der inzwischen umfangreichen Literatur sei hier nur verwiesen auf *Vahlenkamp* und *Knauß* (1995), *Kerbel* (1995), *Schaupensteiner* (1994), *Rügemer* (1995), *Scholz* (1995), *Dölling* (1996).

[2] *Hettinger* (1996: 2264-7) bezweifelt allerdings, daß Korruption im staatlichen Bereich tatsächlich zugenommen habe oder auch wirklich bedeutend sei. Gestützt auf die polizeiliche Kriminalstatistik hält er die aktuelle Bedeutung der Korruption in der öffentlichen Diskussion nicht für eine Folge tatsächlich vorhandener Korruption in großem Umfang, sondern für eine Folge der öffentlichen Meinungsbildung.

[3] Die Abschaffung der steuerlichen Absetzbarkeit von Bestechungsgeldern wurde schon in einer früheren Konvention gefordert, ist aber von Deutschland, wo selbst die an inländische Amtsträger gezahlten Gelder bzw. die Kosten von Sachzuwendungen bis 1995 steuerlich absetzbar waren, bisher nicht realisiert.

Auf nationaler[4] Ebene führte die Erkenntnis, daß Korruption auch ein deutsches Problem ist, zunächst zur Abschaffung der steuerlichen Absetzbarkeit von strafrechtlich relevanten Bestechungs- und Vorteilsgewährungsgeldern (§4 Abs 5 S.1 Nr. 10 EstG geändert durch Jahressteuergesetz 1996 vom 11.10.1995) und dann zu den am 4.7.1997 verabschiedeten Gesetzen zur Bekämpfung der Korruption[5]. Vier Zielrichtungen der Reformen lassen sich hier ausmachen: erstens wurde das Strafmaß für Bestechung, Bestechlichkeit, Vorteilsgewährung und Vorteilsnahme (§§ 331ff StGB) erhöht und der Anwendungsbereich dieser Vorschriften ausgeweitet. Zweitens wurden im Sinne einer Kronzeugen-Regelung die Nachteile, die korrumpierte Beamten durch eine Entfernung aus dem Dienst erleiden, bei Geständigkeit und Hilfe bei der Aufklärung abgeschwächt. Drittens wurde die Einziehung des Korruptionsgewinns oder entsprechender Geldsummen auf beiden seiten erheblich erleichtert. Viertens wurde durch die Anzeigepflicht aller, auch nicht genehmigungsbedürftiger Nebenbeschäftigungen von Beamten versucht, die Wahrscheinlichkeit der Entdeckung von Korruption zu erhöhen. Daneben führen diese Gesetze einen Abschnitt „Straftaten gegen den Wettbewerb" in das Strafgesetzbuch ein, welcher die Korruption innerhalb des privaten Sektors als solche teilweise aus dem Nebenstrafrecht heraus ins Strafgesetzbuch führt und verstärkt, wenn auch noch lange nicht in dem Ausmaß wie die Korruption in der öffentlichen Verwaltung pönalisert.

Ein wesentlicher Streitpunkt im Zuge des Gesetzgebungsverfahrens war die Ausweitung des Anwendungsbereiches der Vorteilsannahme. Die kriminologische Forschung[6] deutet ebenso wie die Lebenserfahrung vieler mit Korruption in Berührung Gekommener stark darauf hin, daß Korruption, insbesondere wenn die Initiative nicht vom Beamten[7] ausgeht,[8] nicht in der Art durchgeführt wird, daß der Bestechende dem zu Bestechenden direkt eine Summe oder einen sonstigen Vorteil für die (legale oder illegale) Durchführung einer Handlung anbietet und der zu Bestechende dann entweder akzeptiert oder nicht oder den Bestechenden anzeigt (so aber die Modellierung in der ökonomischen Literatur, vgl. dazu Abschnitt B.). Vielmehr wird der Beamte langsam — wie Fische beim Angeln — „angefüttert", das heißt, er bekommt zunächst nur kleine Geschenke oder andere Vorteile, die scheinbar nichts mit seiner Amtsführung zu tun haben, und wird

---

[4] Für den Vergleich verschiedener nationaler Strafrechtsordnungen im Umgang mit Korruption vgl. *Eser*, *Überhofen* und *Huber* (1997)

[5] Um dem Protest der Gewerkschaften und Beamtenverbände gerecht zu werden, wurde die gesetzliche Regelung der Nebentätigkeiten von Beamten (Zweites Nebentätigkeitsbegrenzungsgesetz) von den Änderungen der straf- und disziplinarrechtlichen Sanktionen der Korruption getrennt.

[6] *Vahlenkamp* und *Knauß* (1995: 206-7, 298-300), *Dölling* (1996: C21-2), *Schaupensteiner* (1994:517), *Forstenhäusler* (1996: 552), *König* (1996: 360), *Schaupensteiner* (1996: 411), *Kerner* und *Rixen* (1996: 381-2)

[7] Angestellte des öffentlichen Dienstes sind hier und im folgenden ebenso wie andere Amtsträger und ihnen gleichgestellte Personen nicht explizit erwähnt, sind aber, da der Unterschied hier kaum (Ausnahme ist nur die erwähnte Regelung über die Versorgungsbezüge) relevant ist, immer auch mit gemeint.

[8] Beispiele für den nicht seltenen Fall, in dem die Initiative vom Beamten ausgeht, sind u.a. bei *Kerbel* (1995: 40-126) zu finden.

nach und nach mit immer größeren Zuwendungen bedacht, bis, wie es in den kriminologischen Schriften ausgedrückt wird, sein Unrechtsbewußtsein bzw. seine Hemmschwelle[9] gegen die Bestechlichkeit weit genug gesunken ist und / oder er erpressbar wird[10]. Erst zu diesem Zeitpunkt werden Forderungen an den Beamten gestellt, denen er sich meist nicht entziehen „kann" (kriminologisch), deren Erfüllung er dem Abbruch der Korruptionsbeziehung mit ihren disziplinar- und strafrechtlichen Konsequenzen vorzieht (ökonomisch). Zum Teil wird aber auch argumentiert, daß es beim „Anfüttern" eher darum geht, herauszufinden, welche Beamten empfänglich für die Verlockungen der Korruption sind.[11]

Das Anfüttern wird aus zwei Gründen als Problem angesehen, auch wenn dadurch noch keine Entscheidungen von Amtsträgern unmittelbar beeinflußt werden. Zum einen wird argumentiert, daß jegliche Zuwendung an einen Beamten, selbst wenn sie in keinerlei Zusammenhang mit dessen Entscheidungen, wohl aber mit dessen Amt[12] steht, das Vertrauen in seine unbestechliche Amtsführung gefährdet und somit ein Rechtsgut verletzt oder, anders ausgedrückt, einen volkswirtschaftlichen Schaden anrichtet. Da dieser Schaden aber im Vergleich zu dem durch tatsächliche Korruption einschließlich ihrer Vorbereitungshandlungen angerichteten klein ist und ihm der Nutzen aus einer normalen menschlichen Beziehung zwischen Beamten und Bürgern gegenübersteht, soll dieser Aspekt hier vernachlässigt werden und der Schwerpunkt der Betrachtung auf den zweiten Grund gelegt werden, dessentwegen das Anfüttern als Problem gesehen wird. Dieser besteht darin, daß das Anfüttern mindestens von einer Seite der Korruptionsbeziehung als notwendige Voraussetzung für eben diese Beziehung angesehen wird. Sie ist deshalb in den allermeisten Fällen als Vorbereitungshandlung für korrupte Aktivitäten anzusehen. Als solche ist sie, so wird argumentiert, aus rechtspolitischer Sicht zurückzudrängen oder zu verhindern. Werden dem Beamten Vorteile nur im Rahmen des bei einer nicht korrupten (Geschäfts)- Beziehung Üblichen gewährt, so ist es dann nicht einmal sinnvoll, vom „Anfüttern" zu sprechen.

Während des Gesetzgebungsverfahrens zog der Bundesrat (BTDrucksache 13/3353) aus der Bedeutung des Anfütterns für die Entwicklung der Korruption den Schluß, die Pönalisierung schon von Vorteilen, die ein Beamter „im Zusammenhang mit seinem Amt" bekommt, zu fordern. Diese Forderung ließ sich aber nicht durchsetzen. Zum einen wurden Probleme darin gesehen, daß es in vielen Geschäftsbereichen üblich ist, sich kleine Geschenke zu machen oder sich gegenseitig zum Essen einzuladen, und daß die Ablehnung entsprechender Angebote als Affront aufgefaßt würde. Eine so provozierte Verschlechterung des Verhältnisses zwischen Bürger und Verwaltung hätte im diametralen Widerspruch zu den derzeitigen Bestrebungen, die „Kundenorientierung"[13] der öffentlichen Ver-

---

[9] z.B. *Vahlenkamp* und *Knauß* (1995: 206), *Dölling* (1996: C22)

[10] *Schaupensteiner* (1996: 411), *Vahlenkamp* und *Knauß* (1995: 298)

[11] z.B. *König* (1996: 360), *Vahlenkamp* und *Knauß* (1995: 299)

[12] Rein private Zuwendungen sind selbstverständlich problemlos, wenn auch nicht immer problemlos zu definieren.

[13] kritisch zu diesem Ansatz: *König* (1997)

waltung zu verstärken, gestanden. Eine freundliche Atmosphäre zwischen Verwaltung und Bürgern muß aber auch unabhängig von diesen Bestrebungen als vorteilhaft angesehen werden, da sie die Kommunikation erleichtert und damit das Verwaltungshandeln beschleunigen, den je Vorgang notwendigen Aufwand also reduzieren kann.[14] Zum anderen wurde eine solche Ausweitung des Strafbarkeitsbereiches aber auch für nicht durchführbar gehalten, weil sie die Probleme der Abgrenzung zwischen strafwürdigen und nicht strafwürdigen Zuwendungen geringen Gewichts noch verschärft hätte. Eine gewisse Ausweitung des Strafbarkeitsbereiches wurde dann aber doch dadurch eingeführt, daß der Tatbestand der Vorteilsannahme nicht mehr daran anknüpft, daß der Vorteil eine Gegenleistung für eine vergangene oder künftige Diensthandlung ist, sondern nur noch daran, daß der Vorteil „für die Dienstausübung" gefordert, angenommen oder versprochen lassen wird. Damit entfällt im Strafprozeß die Notwendigkeit, den Zusammenhang mit einer bestimmten Diensthandlung nachzuweisen. Um Rechtsklarheit zu schaffen, wurde daneben die Annahme eines Vorteils für einen Dritten ausdrücklich der Annahme eines Vorteils für den Beamten selbst gleichgestellt.

Um das Anfüttern zurückzudrängen, wurde außerdem der Tatbestand der Vorteilsgewährung zum Spiegelbild der Vorteilsannahme gemacht: Nachdem der Gesetzgeber bereits im Jahre 1995 die Absetzbarkeit von strafbaren Bestechungsgeldern und Amtsträgern gewährten Vorteilen abgeschafft hatte (§4 Abs 5 S.1 Nr. 10 EstG), pönalisierte er 1997 auch jegliche Vorteilsgewährung, unabhängig von dem Zeitpunkt, zu dem sie geleistet wurde. Auch hinsichtlich der Person des Begünstigten und des Tatbestandsmerkmales „für die Dienstausübung" wurde die Vorteilsgewährung der Vorteilsannahme angepaßt.

Nicht übernommen wurde aber der Vorschlag des Bundesrates, eine Kronzeugenregelung zugunsten eines aktiv oder passiv in Korruptionsdelikte Verwickelten einzuführen. Seine Strafe sollte gemildert werden oder ganz entfallen können, wenn er über seinen eigenen Tatbeitrag hinaus zur Aufklärung beiträgt oder sein Wissen so früh offenbart, daß Bestechung und Bestechlichkeit noch verhindert werden können (§ 335 b des Gesetzentwurfes des Bundesrates, BTDrucksache 13/3353). Allein im Dienstrecht wurde eine abgeschwächte Form einer Kronzeugenregelung übernommen, die die Versorgungsansprüche, welche nach dem Ausscheiden eines korrupten Beamten aus dem Dienst verloren gehen, teilweise durch monatliche Unterhaltsleistungen ausgleicht (§ 11 a Bundesdisziplinarord-

---

[14] Optimistischer über den Zusammenhang zwischen der Gesamtheit der aktuell angestrebten Verwaltungsreformen einschließlich der Kundenorientierung der Verwaltung ist *Kerbel* (1995: 196), die ihre Hoffnung vor allem darauf stützt, daß ein attraktiveres Beschäftigungsverhältnis im öffentlichen Dienst die Opportunitätskosten korrupten Verhaltens erhöht, dabei aber übersieht, daß mehr „Eigenverantwortung" mehr Entscheidungsbefugnisse und also auch mehr Gelegenheiten zu korruptem Verhalten eröffnet. Ihr Vertrauen auf eine Leistungsprämie in Abhängigkeit von der Höhe des Budgets der einzelnen Verwaltungseinheit setzt einen starken Einfluß der Korruption auf die Höhe des Gesamtbudgets der Einheit voraus oder eine relativ genaue Kenntnis des „richtigen" Budgets, um so die marginale Abhängigkeit der Leistungsprämie von der Budgethöhe groß halten zu können. Bei genauer Kenntnis des „richtigen" Budgets erübrigt sich aber das Problem der Korruption, da die Kontrolle sehr einfach wird.

nung). Schließlich wurde die Anzeigepflicht von Nebentätigkeiten für Beamte erheblich ausgeweitet.

Dieser Aufsatz beschäftigt sich mit der Frage, ob der vom Gesetzgeber schließlich gewählte Weg, Korruption und insbesondere das „Anfüttern" durch die dargestellten Mittel zurückzudrängen, aus ökonomischer Sicht der optimale Weg ist oder ob es bessere, wirkungsvollere Änderungen des Strafrechts[15] gegeben hätte. Dafür soll zunächst ein kurzer Überblick über die ökonomische Literatur zur Korruption gegeben werden. Danach sollen drei Ansätze einer ökonomischen Modellierung des Anfütterns als besonderes, in der ökonomischen Literatur bisher nicht behandeltes Problem der Korruption entwickelt werden. Im ersten Modell wird das Anfüttern als Mittel gesehen, das Unrechtsbewußtsein und damit die Hemmschwelle gegen die Begehung einer Straftat zu senken, wobei das Unrechtsbewußtsein hier vielleicht etwas zu sehr ökonomisierend als wahrgenommene Kosten der Begehung einer Straftat verstanden wird. Das zweite Modell stellt dar, wie der Prozeß des Anfütterns den Beamten in eine ungewollte Erpreßbarkeit führen kann. Im dritten Modell wird das Anfüttern schließlich als Mittel gesehen, Informationen darüber zu sammeln, wie anfällig der einzelne Beamte für Bestechungen ist. Daraus werden Konsequenzen für die rechtliche Behandlung der verschiedenen Stufen der Korruption gezogen. Eine Zusammenfassung beendet den Aufsatz.

B. Korruption in der ökonomischen Literatur

Die ökonomische Theorie der Korruption wurde maßgeblich geprägt durch die Veröffentlichungen von Susan Rose-Ackermann (1975,1978). In jenen Veröffentlichungen werden verschiedene Aspekte der Korruption, insbesondere der Korruption in öffentlichen Verwaltungen und in der Politik diskutiert. Neben der Frage, ob Korruption ein effizienter Mechanismus der Zuteilung knapper staatlicher Ressourcen ist (vgl. hierzu auch Shleifer und Vishny: 1993), entwickelt Rose-Ackerman Modelle zur Darstellung verschiedener Konstellationen, in denen Korruption auftreten kann. Soweit sie dabei die Steuerung des Umfanges der Korruption durch rechtliche Sanktionen untersucht, geht sie mit der Tradition der Becker'schen (1968) Economics of Crime and Punishment stets davon aus, daß sich der individuelle Beamte einmalig (oder mehrmalig, aber jeweils unabhängig voneinander) entscheidet, sich bestechen zu lassen oder nicht. Die Problematik des Anfütterns wird nicht angesprochen.

Der größte Teil der Literatur zur Korruption baut auf Rose-Ackermans Untersuchungen auf. Insbesondere in der Entwicklungspolitischen Diskussion spielt die Effizienz der Korruption als Allokationsmechanismus eine erhebliche Rolle

---

[15] Es wird deshalb hier nicht auf verwaltungsorganisatorische Mittel der Zurückdrändung der Korruption eingegangen. Hier sei nur kurz auf das wohl wichtigste Mittel zur Vermeidung des Aufbauens langfristiger Beziehungen zwischen Amtsträgern und privaten verwiesen: Bei der Rotation der Amtsträger werden bewußt Verluste von spezifischen Wissen und spezifischen Fähigkeiten in Kauf genommen, um keine Korruptionsbeziehungen entstehen zu lassen.

(z.B. Dey: 1989 sowie die bei Bardhan: 1997 zitierte Literatur). Soweit Korruption dazu dienen kann, ineffiziente Regulierungen zu korrigieren, wirkt sie effizienzsteigernd (so z.B. Liu: 1996, Tullock, 1996). Es ist allerdings stets dabei zu berücksichtigen, daß die Illegalität der Korruption einen erheblichen Ressourcenverbrauch bedeutet. Weitere nachteilige Effekte werden in konzentrierter Form bei Rose-Ackerman (1996) beschrieben. Für eine ökonomische Analyse einzelner Vorschriften zur Kontrolle der Korruption ist es sinnvoll anzunehmen, daß Korruption nachteilig ist und vermieden werden sollte. Wiche man hiervon ab, so liefe das immer wieder auf die Überlegung hinaus, daß über die Korruption andere Fehler im Recht, insbesondere in Regulierungen, korrigiert werden sollten. Es muß dann aber scheinheilig wirken, als rechtspolitische Maßnahme die (teilweise) Legalisierung von Korruption zu fordern, anstatt die eigentlichen Fehler rechtlicher Regeln anzugreifen und nach ihrer Behebung zu streben.

Über die Ansätze von Rose-Ackerman deutlich hinaus geht der Aufsatz von Lui (1986), in dem in der Form eines Overlapping Generations Modells eine Dynamik der Korruption im Zusammenspiel zwischen einer Verwaltung und den betroffenen Bürgern entwickelt wird, die multiple Gleichgewichte aufweisen kann (vgl auch Cadot: 1987). Solche dynamischen Aspekte der Korruption, insbesondere sich selbst erfüllende Prophezeiungen über die Existenz von Korruption, und die damit verbundene Multiplizität von Gleichgewichten werden auch bei Sah (1988) dargestellt. Tirole (1996) folgert aus einem ähnlichen Modell, in dem kollektive Reputation nur langsam, über mehrere Generationen aufgebaut wird, daß kurzfristige Maßnahmen der Korruptionsbekämpfung längerfristig erfolglos sein können, selbst wenn sie kurzfristig die tatsächliche Korruption erheblich zurückdrängen.

Ebenso muß die Erweiterung der Korruptionsmodelle um Korruptionanfälligkeit auch derjenigen, die Korruption kontrollieren, (Basu, Bhattacharya und Mishra: 1992; ansatzweise auch Cadot: 1987) als Fortschritt angesehen werden. In diesem Zusammenhang ist auch der Aufsatz von Bowles und Garoupa (1997) zu erwähnen, in dem der Einfluß der Korruption von Polizisten auf die Becker'sche Schlußfolgerung, daß die optimale Kombination von Strafhöhe und Strafwahrscheinlichkeit diejenige ist, in der die Strafhöhe maximal ist. Bowles und Garoupa gehen dabei von einem einmaligen Zusammentreffen von Polizist und Straftäter aus.

Trotz all der Fortentwicklungen der ökonomischen Modelle zur Beschreibung verschiedener Aspekte der Korruption ist das Problem des Anfütterns bisher aus ökonomischer Sicht nicht behandelt. Dies ist, wie bereits erwähnt, Ziel dieses Aufsatzes.

C. Bedeutung des „Anfütterns"

Das Problem des Anfütterns besteht vor allem in solchen Ländern, in denen Korruption nicht der Normalfall in der öffentlichen Verwaltung ist. Da diese Länder bisher nicht im Mittelpunkt des Interesses der ökonomischen Betrachtung der Korruption standen, wurde dieser Aspekt bisher vernachlässigt. Ihm wird aber, wie erwähnt, in der aktuellen politischen Diskussion zumindest in Deutschland ebenso wie in der kriminologischen Literatur erhebliche Bedeutung zugemessen.

Im folgenden sollen verschiedene Ansätze zur Modellierung des Prozesses des Anfütterns vorgeschlagen und mit der Argumentation der Kriminologie verglichen werden. Zunächst ist dafür nach Begründungen zu suchen, warum Beamte überhaupt angefüttert werden und nicht einfach dann bestochen werden, wenn der
Bestechende eine besondere Entscheidung wünscht (So explizit die Annahmen z.B. bei Bowles und Garoupa: 1997). Dabei kann der kriminologischen Literatur insofern gefolgt werden, als unterstellt wird, der Beamte sei nur (oder zumindest einfacher oder billiger) auf dem Weg des Anfütterns in die Korruption zu führen. Ein Bestechungsversuch ohne vorheriges Anfüttern würde vom Beamten abgelehnt.

Ein solches Entscheidungsverhalten des Beamten scheint zunächst intransitive Präferenzen zu offenbaren: Der Beamte zieht im direkten Vergleich zwischen Ehrlichkeit und Bestechlichkeit die Ehrlichkeit vor. Wird ihm aber ein geringer Vorteil angeboten, läßt er sich anfüttern. Kann er sich dann auch bestechen lassen, so scheint er die Bestechlichkeit wiederum gegenüber dem einfachen Anfüttern vorzuziehen, so daß er bei Transitivität seiner Präferenzen die Bestechlichkeit gegenüber der Ehrlichkeit vorziehen müßte, was er aber gerade nicht tut. Allerdings ist zu berücksichtigen, daß der Beamte nach dem Anfüttern nicht vor die Wahl zwischen Anfüttern und Bestechlichkeit gestellt wird, sondern nur entscheiden kann zwischen Rückkehr zur Ehrlichkeit und der Bestechlichkeit. Entscheidet er sich hier für die Bestechlichkeit, so hängt seine Präferenzordnung über die Alternativen Ehrlichkeit und Bestechlichkeit davon ab, welche Handlung er zur Zeit durchführt. Auch dies wäre eine Verletzung grundlegender Rationalitätsannahmen, wenn sich nicht die relative Bewertung der beiden Alternativen durch das Anfüttern verändert.

Diese Bewertungsveränderung ist Gegenstand der ersten beiden hier zu entwickelnden Modelle des Anfütterns. Im ersten Modell wird die Veränderung der Bewertung auf eine veränderte Wahrnehmung des mit der Bestechlichkeit verbundenen Strafrisikos zurückgeführt (unten I.). Das zweite Modell knüpft an einer Veränderung der Opportunitätskosten der Bestechlichkeit aufgrund eines Sunk-Cost-Problems und der mangelnden Selbstbindungsfähigkeit des Beamten an (unten II.).

In der kriminologischen Literatur wird das Anfüttern aber auch als Mechanismus gesehen, mit dessen Hilfe jemand, der darüber entscheidet, ob er Beamte bestechen will, Informationen darüber sammeln kann, welche Beamte bestechlich sein könnten und welche es höchstwahrscheinlich nicht sind. Dieser Ansatz wird im dritten Modell verfolgt (unten III.).

Bevor die Modelle im einzelnen entwickelt werden, sollen noch ein paar Begrifflichkeiten geklärt werden. Im folgenden wird ein Beamter als bestechlich bezeichnet, wenn er seine Entscheidungen aufgrund der Zuwendung eines Geldbetrages oder eines sonstigen Vorteils Entscheidungen anders trifft, als er es ohne diese Zuwendung getan hätte. Damit liegt der hier gewählte Begriff der Bestechlichkeit sehr nahe an dem des deutschen Strafrechts: dort wird zwischen Bestechlichkeit und Vorteilsannahme danach unterschieden, ob der Beamte die Zuwendung für eine pflichtwidrige (dann Bestechlichkeit) oder für eine nicht pflichtwidrige (dann Vorteilsannahme) Handlung annimmt. Bei gebundenen Entscheidungen ergibt sich damit kein Unterschied zu der hier gewählten Begrifflichkeit. Gleiches gilt für Ermessensentscheidungen, da die Änderung der Entscheidung aufgrund der Zuwendung bedeutet, daß sachfremde Überlegungen in die Entscheidung eingehen, womit die Entscheidung pflichtwidrig ist. Nur die seltenen Fällen, in denen der Beamte nach Belieben entscheiden kann, würden in der hier gewählten Begrifflichkeit unter die Bestechlichkeit subsumiert werden, im deutschen Strafrecht aber unter die Vorteilsannahme. Als Beispiel für eine Entscheidung, die im Belieben des Beamten steht, wird in der juristischen Literatur praktisch ausschließlich eine BGH-Entscheidung aus dem dritten von inzwischen fast hundertvierzig Bänden der Entscheidungssammlung erwähnt, einen aktuelleren Fall scheint es nicht zu geben.

Unter Anfüttern soll hier die Gewährung eines jeglichen Vorteils an den Beamten verstanden werden, wenn daran nicht die Erwartung geknüpft ist, der Beamte werde aufgrund dieses Vorteils eine Entscheidung anders treffen als ohne diesen Vorteil. Angefüttert werden oder sich anfüttern lassen ist dann gegeben, wenn man als Beamter einen Vorteil im Zusammenhang mit dem Dienst annimmt, sich davon aber nicht in seinen dienstlichen Entscheidungen beeinflussen läßt und die Vorteilsgewährung der Anbahnung einer Bestechung dient. Vorteilsannahme ist dann nach dieser Begrifflichkeit gegeben, wenn ein Beamter als solcher einen Vorteil ohne Einfluß auf seine Entscheidungen annimmt und der Vorteil nicht als vernachlässigbar angesehen werden kann.

Unter einem Bürger soll hier derjenige verstanden werden, der den Beamten anfüttert oder besticht, ohne damit ausdrücken zu wollen, daß es typisch für die Bürger Deutschlands oder eines anderen Staates sei, Beamte zu korrumpieren, sondern nur um einen griffigen Ausdruck zu haben.

I. Anfüttern zur Reduktion des wahrgenommenen Risikos

Im ersten Modell soll dargestellt werden, wie des Beamten Wahrnehmung der Wahrscheinlichkeit, für Korruptionsdelikte bestraft zu werden, sinkt, wenn er angefüttert wurde und bisher nicht entdeckt wurde. Dies setzt voraus, daß der Beamte die Wahrscheinlichkeiten, mit denen er für die Annahme von Vorteilen und für Bestechlichkeit bestraft wird, nur ungenau kennt, sich dessen bewußt ist, und von der Wahrscheinlichkeit, wegen Vorteilsannahme bestraft zu werden, Rückschlüsse auf die Wahrscheinlichkeit zieht, wegen Bestechlichkeit bestraft zu werden. Diese Rückschlüsse sollen durch Bayes'sches Lernen modelliert werden. Sind diese Voraussetzungen — und einige weitere, die sich aus der Analyse ergeben werden — gegeben, dann kann ein Bürger, der einen Beamten bestechen will, diesen durch Anfüttern davon überzeugen, daß das Risiko der Bestechlichkeit geringer ist, als bisher angenommen, und deswegen eine beiderseitig vorteilhafte Vereinbarung über die Verletzung einer Dienstpflicht möglich ist.

Um diese Überlegungen zu modellieren, sollen einige vereinfachende Annahmen getroffen werden, die aber alle wenigstens abgeschwächt werden können, ohne daß sich die Grundaussagen des Modells ändern. Der Beamte geht davon aus, daß jede einzelne Vorteilsannahme und jede einzelne Bestechlichkeit mit derselben Wahrscheinlichkeit entdeckt werden, wobei er für beide Delikte von derselben Wahrscheinlichkeit ausgeht. Er ist der Überzeugung, daß entweder jede Tat mit Wahrscheinlichkeit $W = \overline{W}$ oder jede Tat mit der Wahrscheinlichkeit $W = \underline{W} < \overline{W}$ entdeckt und bestraft wird. Er gewichtet in seiner Entscheidung, ob er einen Vorteil annehmen will bzw. sich bestechen lassen will, die beiden Wahrscheinlichkeiten entsprechend seiner subjektiven Wahrscheinlichkeiten, die er den beiden Bestrafungswahrscheinlichkeiten zuordnet, und bildet so einen Schätzer $\hat{W}$ für den Wert W. Liegt der aus diesem Schätzer gebildete Erwartungswert der Strafe, welche für jede Vorteilsannahme T_a und für jede Bestechlichkeit T_b sei[16], unter dem gebotenen Vorteil a bzw. b, so entscheidet sich der Beamte für die Straftat, anderenfalls bleibt er ehrlich. Der Vorteil a wird vom Bürger so klein gewählt, daß er gerade ausreicht, um den Beamten zu einer ersten Vorteilsannahme zu bringen (oder gleich Null gesetzt, wenn dem Bürger das zu teuer ist, dann entsteht aber das hier behandelte Problem nicht). Der Bestechungsvorteil b wird vom Bürger so festgesetzt, daß ihm ein erwarteter Gewinn aus der Bestechung bleibt. b wird als fixe Größe unterstellt, obwohl man auch hier ein Optimierungskalkül durchführen müßte, da der Bürger zwischen seiner Zeitpräferenz und dem weiteren Rückgang der vom Beamten wahrgenommenen Strafwahrscheinlichkeit abwägt. Dieses Kalkül würde diesen Abschnitt aber zu komplex machen.

Da das Anfüttern ein Prozeß im Zeitverlauf ist und wir untersuchen wollen, wie sich das Sammeln von Erfahrungen im Laufe dieses Prozesses auf die Risikoeinschätzung des Beamten auswirkt, müssen wir die bisher betrachteten totalen Bestrafungswahrscheinlichkeit aufspalten in die Wahrscheinlichkeiten, innerhalb kurzer, aufeinander folgender Zeiträume nach Begehung der Tat entlarvt und in der Folge bestraft zu werden. Betrachten wir zum Beispiel die Wochen nach der Tat und gehen von einer fünfjährigen Verjährungsfrist aus, so ist die Wahrscheinlichkeit W, überhaupt für die Tat bestraft zu werden, gegeben durch die Summe der Wahrscheinlichkeiten, in einer der 261 Wochen (= fünf Jahre) nach der Tat entlarvt und in der Folge der Entlarvung bestraft zu werden.

Definieren wir w_t als die Wahrscheinlichkeit, mit der ein Täter innerhalb der t-ten Woche nach Begehung der Tat entlarvt und in der Folge bestraft wird (im folgenden als „wöchentliche Entdeckungswahrscheinlichkeit" bezeichnet), wenn er bis dahin noch nicht entlarvt wurde, so läßt sich also die Wahrscheinlichkeit W, überhaupt für eine Tat bestraft zu werden, schreiben als:

$$W = w_1 + \sum_{t=2}^{T}\left(w_t \prod_{\tau=1}^{t-1}(1-w_\tau)\right)$$

---

[16] Jede Straftat wird in diesem Modell also einzeln bewertet. Die Bildung einer Gesamtstrafe nach deutschen Recht ließe sich auch, aber leider nur auf Kosten der Überschaubarkeit der Argumentation modellieren.

wobei T die Verjährungsfrist in Wochen ist. Nehmen wir vereinfachend an, daß die wöchentliche Entdeckungswahrscheinlichkeit unabhängig von der seit der Tat vergangenen Zeit ist ($w_t = w \;\forall\; t$), läßt sich W einfacher in der Form

$$W = \sum_{t=1}^{T} w(1-w)^{t-1}$$

schreiben. Bei gegebener Verjährungsfrist (oder ausreichend großer Zeitpräferenzrate) ergibt sich dann ein eindeutiger Zusammenhang zwischen W und w.

Erfährt der Täter nun während der Wochen nach der Tat, daß sie nicht entdeckt wurde, wird er daraus schließen, daß wohl eher die niedrigere der beiden von ihm für möglich gehaltenen Wahrscheinlichkeiten die richtige ist. Nahm er zu Beginn einer Woche t an, daß mit Wahrscheinlichkeit π_t die wirkliche wöchentliche Bestrafungswahrscheinlichkeit durch $\overline{w}$ und nicht durch $\underline{w}$ gegeben ist, wird er diese Einschätzung am Ende einer Woche, in der er wieder nicht wegen seiner Tat bestraft wurde, entsprechend dem Satz von Bayes korrigieren:[17]

$$\pi_t = \frac{(1-\overline{w})\pi_{t-1}}{(1-\overline{w})\pi_{t-1} + (1-\underline{w})(1-\pi_{t-1})}$$

In Worten vergleicht der Täter die Wahrscheinlichkeit, daß er wieder eine Woche nicht entdeckt wurde, *obwohl* die wöchentliche Entdeckungswahrscheinlichkeit hoch ist, mit der Wahrscheinlichkeit, wieder eine Woche nicht entdeckt worden zu sein, *weil* die wöchentliche Entdeckungswahrscheinlichkeit niedrig ist. Entwickeln wir die sich ergebende Reihe über alle Wochen fort, so ergibt sich die Formel:

$$\pi_t = \frac{(1-\overline{w})^t \pi_o}{(1-\overline{w})^t \pi_o + (1-\underline{w})^t (1-\pi_o)} = \frac{1}{1 + \frac{(1-\underline{w})^t}{(1-\overline{w})^t} \cdot \frac{(1-\pi_o)}{\pi_o}}$$

Da $\overline{w} > \underline{w}$ gilt, sinkt π_t mit steigendem t und nähert sich im Laufe der Zeit asymptotisch[18] dem Wert Null. Der Erwartungswert $\hat{w}$ der wöchentlichen Entdeckungswahrscheinlichkeit geht gegen $\underline{w}$. Je länger der Täter nicht entlarvt wird, für desto geringer hält er also die Wahrscheinlichkeit, überhaupt entdeckt und bestraft zu werden.

Lassen wir den Täter nicht nur einmal wöchentlich seine Erfahrung, immer noch nicht entdeckt worden zu sein, bewerten, sondern täglich, stündlich oder gar minütlich, mit anderen Worten, lassen wir den kurzen Einheitszeitraum und entsprechend natürlich auch die Wahrscheinlichkeiten, innerhalb eines solchen kurzen Zeitraumes entdeckt[19] zu werden, gegen Null gehen, so läßt sich die Formel umschreiben zu

---

[17] Ähnlich auch *Ben-Shahar* (1997: 418), der allerdings davon ausgeht, daß der Delinquent ab und zu auch bestraft wird, weshalb es dort auch zum umgekehrten Effekt der Steigerung des wahrgenommenen Risikos kommen kann.

[18] Ist $\pi_o > 0{,}5$, so ist π_t als Funktion von t zunächst konkav, wird aber konvex, sobald $\pi_t < 0{,}5$ gilt, und nähert sich ab dann asymptotisch dem Wert Null an.

[19] Die Bestrafung wird sich dann erst nach Abschluß des Zeitraumes anschließen.

$$\pi_t = \frac{1}{1 + e^{(\overline{w}-\underline{w})(t-t_0)}} \quad \text{mit} \quad t_0 = \frac{\ln\left(\frac{1-\pi_0}{\pi_0}\right)}{-(\overline{w}-\underline{w})}$$

was erstens erlaubt, die Zeit als stetige Variable zu betrachten und zweitens weitere Rechnungen vereinfacht. Außerdem läßt sich die totale Entdeckungswahrscheinlichkeit einfacher schreiben als:

$$W = 1 - e^{-T \cdot w} \quad \text{oder} \quad W = \frac{w}{r}$$

bei einer gegebenen Verjährungsfrist mit einer Zeitpräferenzrate von Null bzw. bei einer positiven Zeitpräferenzrate r ohne Verjährungsfrist. Beide Schreibweisen erlauben eine einfache Auflösung nach w, so daß jeweils ein $\hat{w}_b$ festgelegt werden kann, ab dessen Unterschreitung sich der Beamte wegen $\hat{W} < b/T_b$ bestechen läßt. Nach einigen Umformungen[20] ergibt sich für die Formulierung mit gegebener Verjährungsfrist T, daß dieser Wert zum Zeitpunkt

$$t_b = \frac{1}{\overline{w}-\underline{w}} \cdot \ln\left(\frac{T_b \overline{w} - b}{b - T_b \underline{w}} \cdot \frac{\pi_0}{1-\pi_0}\right)$$

unterschritten wird, wenn die Tat des Beamten nicht vorher entdeckt wurde. Die Wahrscheinlichkeit hierfür ergibt sich im zeitstetigen Fall leicht als:

$$P(t_b) = e^{-t_b \cdot w}$$

wobei w hier für die tatsächliche Entdeckenswahrscheinlichkeit steht. Nehmen wir an, daß diese tatsächliche Entdeckungswahrscheinlichkeit durch $\underline{w}$ gegeben ist (durch diese Annahme wird sichergestellt, daß der Beamte möglichst viel „Lernen" kann). Dann ist die Wahrscheinlichkeit, daß der Bestechungszeitpunkt nach einer einmaligen Anfütterung erreicht wird, bevor der Beamte entlarvt wird, gegeben durch:

$$P(t_b) = \left(\frac{b - T_b \underline{w}}{T_b \overline{w} - b} \cdot \frac{1-\pi_0}{\pi_0}\right)^{\frac{\underline{w}}{\overline{w}-\underline{w}}}$$

Es läßt sich nun zeigen, daß die Elastizität dieser Wahrscheinlichkeit bezüglich der Höhe der Bestechungsstrafe identisch ist mit der Elastizität dieser Wahrscheinlichkeit bezüglich einer proportionalen Erhöhung der *beiden* vom Beamten für möglich gehaltenen Bestrafungswahrscheinlickeiten.[21] Ist das Ziel der Politik, Bestechungen möglichst unwahrscheinlich zu machen, ist es nach dieser Überlegung also gleichgültig, ob die Strafe verdoppelt wird oder die tatsächlichen Bestrafungswahrscheinlichkeiten, wenn dadurch auch die vom Beamten alternativ für möglich gehaltenen Bestrafungswahrscheinlichkeiten der Vorteilsannahme

---

[20] Man beachte, daß Zähler und Nenner des ersten Bruches der Logarithmusfunktion positiv sind: Wäre der Zähler negativ oder Null, bräuchte es nicht zum Anfüttern zu kommen, da der Beamte sofort bereit wäre, sich bestechen zu lassen. Wäre der Nenner negativ oder Null, ließe sich der Beamte nie bestechen, solange er der hohen Bestrafungswahrscheinlichkeit noch ein positives Gewicht beimißt.

[21] Beide Elastizitäten sind gegeben durch $\dfrac{b\,T_b\,\underline{w}}{(b - T_b\underline{w})(T_b\overline{w}-b)}$.

und der Bestechlichkeit verdoppelt wird. Dies entspricht der Becker'schen Regel, daß es für die Begrenzung der Kriminalität gleichgültig ist, ob die Strafwahrscheinlichkeit oder die Strafhöhe um einen bestimmten Faktor erhöht werden. Allerdings beruht dieses Ergebnis hier nicht allein auf dem Abschreckungsmechanismus, sondern auch darauf, daß vorbereitende Taten rechtzeitig entdeckt und damit die eigentliche Tat spezialpräventiv verhindert werden kann.

Wird nur die tatsächliche und damit die untere der vom Beamten für möglich gehaltene Bestrafungswahrscheinlichkeit erhöht, so sinkt die Wahrscheinlichkeit, daß es zu einer Bestechung kommt, eventuell noch stärker. Dies gilt insbesondere dann, wenn $\hat{w}_b$ sehr klein ist, denn dann führt ein hohes $\overline{w}$ zwar zu einem im Ausgangspunkt hohen Schätzer der Bestrafungswahrscheinlichkeit, dieser wird aber aufgrund des starken Lerneffektes, der aus einem großen Unterschied zwischen $\overline{w}$ und $\underline{w}$ folgt, schnell mehr als ausgeglichen. So führt eine überproportionale Steigerung von $\overline{w}$ aufgrund einer Erhöhung von $\underline{w}$ bei einem niedrigen Schwellenwert $\hat{w}_b$ zu einer verminderten Senkung der Wahrscheinlichkeit, daß es zur Bestechung kommt. Entsprechend führt eine überproportionale Steigerung von $\underline{w}$ unter diesen Bedingungen zu einer erhöhten Senkung der Wahrscheinlichkeit, daß es zur Bestechung kommt.

Ist es möglich, die tatsächliche Bestrafungswahrscheinlichkeit zu erhöhen, ohne die vom Beamten alternativ für möglich gehaltene Strafwahrscheinlichkeit um denselben Faktor zu steigern, so ergibt sich also eine Abweichung von der Regel der Gleichwertigkeit einer Erhöhung der Strafwahrscheinlichkeit und der Strafhöhe um denselben Faktor zugunsten der Erhöhung der Bestrafungswahrscheinlichkeit.

Bisher wurde davon ausgegangen, daß die Bestechung nur durch einen Anfütterungsakt vorbereitet wurde. Tatsächlich werden aber fast immer mehrere vorbereitende Vorteile gewährt bis es zur ersten eigentlichen Bestechung kommt. Das ist auch innerhalb des Modells aus Sicht des korrumpierenden Bürgers sinnvoll, da dadurch der Lerneffekt verstärkt werden kann: die Wahrscheinlichkeit wegen einer von zwei Taten entdeckt zu werden, ist gegeben durch $1-(1-w)^2$, was zur Folge hat, daß die Bestrafungswahrscheinlichkeit für beide Taten schneller wächst, je größer die Bestrafungswahrscheinlichkeit für die einzelne Tat ist. Eine zweite Vorteilsgewährung wirkt also auf des Beamten Schätzer der Bestrafungswahrscheinlichkeit wie eine ungleichmäßige Erhöhung der beiden vom Beamten für möglich gehaltenen Bestrafungswahrscheinlichkeiten, bei der die höhere mögliche Bestrafungswahrscheinlichkeit überproportional erhöht wird. Damit steigt wie oben dargestellt die Wahrscheinlichkeit, daß es zur Bestechung kommt, der Bürger hat also gute Gründe, mit mehreren Vorteilen anzufüttern. Dagegen wägt er selbstverständlich die Kosten der einzelnen Vorteilsgewährungen ab. Da der mit dem weiteren Anfüttern bezweckte zusätzliche Lerneffekt mit zusätzlichen Anfütterungsstufen abnimmt, wird die Anzahl der Anfütterungen vor der eigentlichen Bestechung endlich sein. Andererseits ist aber der Lerneffekt der ersten Anfütterungsschritte besonders groß. Es ist deshalb unter nicht sehr strengen Bedingungen für korrumpierende Bürger günstiger, zunächst anzufüttern und nicht zu versuchen, den Beamten durch höhere Bestechungszahlungen zur Bestechlichkeit zu bringen.

Vor der Diskussion der Wichtigkeit dieses Ansatzes sei noch ganz kurz auf das erste Anfüttern eingegangen und die Kronzeugenregelung eingegangen. Beim ersten Anfüttern wirken die Höhe der Strafe und die Wahrscheinlichkeit, daß eine Strafe verhängt wird, wie bei jeder anderen Straftat auch: welche der beiden Größen verdoppelt wird, ist gleichgültig. Natürlich wird hier durch eine Straf- oder eine Verfolgungsverschärfung nicht nur von der Vorteilsannahme als solcher abgeschreckt. Es wird vielmehr auch die Vorteilsgewährung als Anfütterung teurer gemacht, was sich aber nicht eins zu eins in einer Verminderung der Bestechlichkeit übersetzen dürfte. Eine Kronzeugenregelung, die Täter von der bereits verwirkten Strafe befreit oder diese wenigstens mindert, steigert die Opportunitätskosten der Begehung weiterer Taten. Dies hat hier aber nur einen geringen Einfluß, weil die Bestrafungswahrscheinlichkeiten durch die Beamten ja gerade aufgrund des mit dem Angefüttertwerden verbundenen Lernens als relativ niedrig wahrgenommen werden.

Das hier beschriebene Modell ist in der Lage, das Anfüttern zur Senkung von Hemmschwellen zu erklären. Es setzt allerdings voraus, daß es eine erhebliche Unsicherheit der Beamten über die Bestrafungswahrscheinlichkeiten gibt. Begreift man die Probleme, Zahlenbeispiele für die beschriebenen Zusammenhänge zu finden (die stärkste Restriktion sind hier Bedingungen, die dazu führen, daß es überhaupt zum Anfüttern kommt: das Strafrisiko darf nicht so hoch sein, daß es nie zu einer Bestechung kommt, darf aber auch nicht so gering sein, daß gar nicht angefüttert zu werden braucht), als Hinweis auf die mögliche reale Bedeutung des Modells, so stellt sich heraus, daß es erst ab einem Verhältnis der beiden für möglich gehaltenen Bestrafungswahrscheinlichkeiten von etwa eins zu zehn einfacher wird, Zahlenbeispiele zu finden. Bei diesem Verhältnis führen sie aber immer noch dazu, daß etwa die Hälfte der Anfütterungsversuche in dem Modell nicht bis zur Bestechung kommt. Sollte die Erklärung des Anfütterns als Weg zur Senkung des wahrgenommenen Strafrisikos also von starker realer Bedeutung sein, so müßten die Wahrnehmungen der Bestrafungswahrscheinlichkeit vor dem „Experiment" der ersten Delikte in erheblichem Maße — wie gesagt um wenigstens eine Zehnerpotenz — von den realen Größen abweichen. Es ist natürlich nicht auszuschließen, daß das deutsche Rechtssystem Durchsetzungskosten zu sparen versucht, indem es gezielt Fehlinformationen über die Bestrafungswahrscheinlichkeiten fördert.

II. Anfüttern zur Reduktion der Opportunitätskosten weiteren korrupten Verhaltens

Betrachten wir nun als zweiten Aspekt, der dazu führen kann, daß der Bestechung das Anfüttern wegen einer Veränderung der Realitätswahrnehmung vorausgeht, die Senkung der Opportunitätskosten korrupten Verhaltens aufgrund eines sunk-cost-Effektes (vgl. zu den Problemen zeitlich konsistenten Verhaltens auch Jon Elster, 1984). Nehmen wir an, der Beamte habe zunächst drei Handlungsmöglichkeiten zur Auswahl: 1) Er kann ehrlich sein und sich weder bestechen noch anfüttern lassen. 2) Er kann einen Bestechungsversuch akzeptieren. 3) Er kann Vorteile, die ohne Gegenleistung gewährt werden, akzeptieren.

Um die Entscheidung zwischen den drei Alternativen in der ersten Periode abzubilden, seien die folgenden zusätzlichen Annahmen getroffen, die ohne große Probleme erweitert werden können: Der Nutzen aus ehrlichem Verhalten sei auf Null normiert. Akzeptiert der Beamte einen Bestechungsversuch, so führt das in der Bestechungsperiode selbst zu einem Nutzengewinn von 3 Einheiten: Vom Brutto-Nutzen des Bestechungsgeldes in Höhe von $b = 7$ Einheiten ist der Nutzenverlust aufgrund des Risikos, in dieser Periode erwischt und bestraft zu werden, in Höhe von $s_b = 4$ Einheiten abzuziehen. Nachdem das Bestechungsgeld in der Bestechungsperiode verbraucht wurde, bleibt in den n Folgeperioden wegen des Bestrafungsrisikos ein Nutzenverlust in Höhe von je $s_b = 4$ Einheiten. In der $(n+1)$-ten Periode ist die Bestechung, wie auch alle anderen Korruptionsstraftaten, verjährt. Um die Darstellung einfach zu halten, sei unterstellt, daß $n = 2$, die Verjährungsfrist beträgt also zwei Perioden. Über alle (beiden) Perioden zusammen betrachtet ist der Nutzen des einmalig[22] bestechlichen Beamten also um eine Einheit niedriger als der Nutzen des ehrlichen Beamten ($U_b = b - n \cdot s_b = -1$). Akzeptiert der Beamte Vorteile, die ohne Gegenleistung gewährt werden, führt das in der Gewährungsperiode selbst zu einem Nutzengewinn in Höhe von 3 (Brutto-Nutzen aus Vorteil $a = 5$; Nutzenverlust aus Bestrafungsrisiko $s_a = 2$) und in den $n-1$ Folgeperioden wegen des Verbrauches des Vorteils zu einem Nutzenverlust in Höhe von je $s_a = 2$.

Die Entscheidung des Beamten ist einfach: Er zieht die Vorteilsannahme gegenüber der Ehrlichkeit vor, welche er gegenüber der Bestechlichkeit vorzieht. Zur Verdeutlichung und zur Einführung einer im folgenden weiter verwendeten Darstellung dient folgende Tabelle:

Periode	0		1	
	u	U	u	U
Ehrliches Verhalten	0	**0**	0	
Bestechlichkeit in Periode 0	$b - s_b = 3$	$b - n \cdot s_b = -1$	$-s_b = -4$	
Vorteilsannahme in Periode 0	$a - s_a = 3$	$a - n \cdot s_a = 1$	$-s_a = -2$	

Tabelle 1

Dabei steht das kleine u für den Periodennutzen und das große U für den Nutzen, der aus der Entscheidung für eine Verhaltensweise in der Entscheidungsperiode und allen folgenden Perioden zusammen anfällt, also für den Gegenwartswert des Nutzens, bei Unterstellung einer Zeitpräferenzrate von

---

[22] Eine Wiederholung der Bestechlichkeit senkt den Nutzen jeweils um eine weitere Einheit.

Null[23] (für Periode 1 ist damit U noch nicht definiert). Die Entscheidung des Beamten wird durch diesen kumulierten Nutzen bestimmt.

Erweitern wir nun die Darstellung um eine Periode, um zu untersuchen, ob ein Bürger durch das Anfüttern den gewünschten Zweck erreichen kann, nämlich daß der Beamte bestechlich wird. In Periode 1 wird der Bürger dem Beamten nicht anbieten, ihn nochmals anzufüttern,[24] sondern ihn vor die Wahl stellen, keine Vorteile mehr zu bekommen (also zur Ehrlichkeit zurückkehren zu müssen) oder sich bestechen zu lassen. Die Bestechlichkeit in Periode 1 sei mit denselben, um eine Periode verschobenen Nutzen verbunden wie die Bestechlichkeit in Periode 0. Wird U für die Periode(n), in denen der Beamte eine Verhaltensweise nicht mehr neu ergreifen, sondern nur noch beibehalten kann, definiert als der Nutzen, den der Beamte aus der Beibehaltung dieser Verhaltensweise in dieser und in allen folgenden Perioden zusammen ziehen kann (also der Gegenwartswert des verbleibenden Nutzens), dann sieht die erweiterte Tabelle folgendermaßen aus:

Periode	0		1		2	
	u	U	u	U	u	U
Ehrliches Verhalten	0	0	0	0	0	0
Bestechlichkeit in Periode 0	$b-s_b = 3$	$b-n \cdot s_b = -1$	$-s_b = -4$	$-(n-1) \cdot s_b = -4$	0	0
$-(n-1) \cdot s_a = -2$	$a-s_a = 3$	$a-n \cdot s_a = 1$	$-s_a = -2$		0	0
Bestechlichkeit in Periode 1			$b-s_b = 3$	$b-n \cdot s_b = -1$	$-s_b = -4$	$-(n-1) \cdot s_b = -4$

Tabelle 2

In Periode 1 hat der Beamte nun nur die Wahl zwischen einem Gegenwartswert des Nutzens von $-(n-1) \cdot s_a = -2$ (Beibehaltung der Verhaltensweise „Vorteilsannahme [nur] in Periode 0") oder von $b-n \cdot s_b = -1$ (Übergang zur Verhaltensweise „Bestechlichkeit [nur] in Periode 1").[25] Da der Beamte sein Verhal-

---

[23] Eine höhere Zeitpräferenzrate ändert an der Struktur der Argumentation nichts, macht die Darstellung aber komplizierter.

[24] Tatsächlich erfolgen meist mehrere, sich im Wert meist langsam steigernde Vorteilsgewährungen, die auch angenommen werden. Daß immer größere Vorteile angenommen werden, — bald auch solche, die beim ersten Anfütterungsversuch nicht akzeptiert worden wären — läßt sich aber ganz analog zu dem hier dargestellten direkten Übergang zur Bestechung darstellen und würde die Darstellung damit nur unnötig verkomplizieren. Der an die Anfütterung anschließende Übergang zur Bestechung fände in der selben Weise, wie hier dargestellt, statt.

[25] Hier ist unterstellt, daß die erwartete Strafe für Bestechlichkeit mit vorangegangener Vorteilsannahme nicht größer ist als die erwartete Strafe für Bestechlichkeit alleine. Dies ist allerdings keine notwendige Voraussetzung für das dargestellte Ergebnis: wenn die Wahrscheinlichkeit, daß die Korruption entdeckt und bestraft wird, durch zusätzlich begangene Korruptionsdelikte nicht steigt, reicht es, daß die Strafen nicht einfach addiert werden, sondern eine Gesamtstrafe gebildet wird, die

ten in Periode 0 nicht für alle Zukunft binden konnte, wird er jetzt die Bestechlichkeit wählen. Seine Opportunitätskosten der Bestechlichkeit sind gesunken. Sie sinken im Laufe der Zeit sogar noch weiter: in Periode 2 ist der Gegenwartswert des Nutzens $-(n-1)\cdot s_b = -4$, wenn der Beamte mit dieser ersten Bestechlichkeit seine Korruptions-Karriere beendet. Er wird sich also auf Bestechlichlichkeiten einlassen, deren Gegenwartswert des Nutzens für ihn noch kleiner ist als der der ersten Bestechlichkeit. Durch Anfüttern kann ein Bürger den Beamten also in die Korruption führen und auf diesem Weg zu Taten veranlassen, die der Beamte nicht begehen würde, wenn er sich bisher stets ehrlich verhalten hätte.

Bisher wurden nur die Entscheidungen des Beamten betrachtet, obwohl der Rahmen, innerhalb dessen er entscheiden kann, wenigstens teilweise durch den Bürger gesetzt wird.[26] Es stellt sich damit die Frage, ob der Bürger den Beamten vor die hier dargestellten Entscheidungen stellt. Er wird dies sicher nicht tun, wenn die Kosten, die die Bestechungs- und Vorteilsleistungen beim Bürger verursachen, linear abhängig sind vom Nutzen, den die Leitsungen beim Beamten stiften. Wäre dies der Fall, so wäre es für den Bürger im dargestellten Beispiel sinnvoller, alle Leistungen auf die sofortige Bestechung in der ersten Periode zu konzentrieren: Der Nutzen des Beamten aus sofortiger Bestechlichkeit wäre mit $a+b-n\cdot s_b = 4$ deutlich positiv, der Bürger könnte also noch etwas einsparen und den Beamten dennoch erfolgreich bestechen.[27] Ist allerdings der Zusammenhang zwischen den Korruptionskosten des Bürgers und dem Korruptionsnutzen des Beamten nicht linear, sondern wird unterstellt, daß die Kosten des Bürgers zunehmend mit dem Nutzen des Beamten steigen (z.B. wegen abnehmenden Grenznutzens der Korruptionsleistungen), so gilt dieser Zusammenhang nicht

---

ausreichend weit unterhalb der Summe der Strafen liegt. Dies ist nach deutschem Recht der Fall. Allerdings muß davon ausgegangen werden, daß die Wahrscheinlichkeit, daß die Korruption entdeckt und bestraft wird, mit zusätzlichen Korruptionsdelikten steigt. Dann muß der durch die Bildung der Gesamtstrafe gewährte „Mengenrabatt" groß genug sein, damit das dargestellte Argument das Phänomen des Anfütterns erklären kann. Man beachte, daß hier nicht die Strafe in DM bzw. in Monaten oder Jahren betrachtet werden darf, sondern auf den Nutzenverlust, der mit der Strafe verbunden ist, abgestellt werden muß.

[26] Für den Hinweis auf dieses Problem danke ich meinem Korreferenten Peter Jost. Die Verantwortung für die hier vorgeschlagene Lösung trage ich allein.

[27] Der Zusammenhang läßt sich auch allgemein darstellen: Damit der Beamte sich in Periode 0 anfüttern und in Periode 1 bestechen läßt, müssen jeweils seine Vorteile größer sein als die erwartete (zusätzliche) Strafe über alle künftigen Perioden aufsummiert, es muß also gelten: $a > n\cdot s_a$ und $b > n\cdot s_b - (n-1)\cdot s_a$. Gelten die beiden Bedingungen, so kann der Bürger mit geringerem Gesamtaufwand auch in der ersten Periode bestechen: Es gilt $a + b > n\cdot s_b + s_a$, so daß des Beamten Vorteile aus sofortiger Bestechlichkeit um s_a größer ist als die erwartete Strafe. Ist, wie hier bisher unterstellt wurde, die erwartete Strafe für die Bestechlichkeit unabhängig von der Bestechungssumme (die durch die Bestechung beeinflußte Handlung wird hier nicht variiert) und unterstellen wir der Einfachheit halber die Identität von Korruptionskosten des Bürgers und Korruptionsnutzen des Beamten, so braucht der Bürger bei sofortiger Bestechung nur $a + b - s_a$ aufzuwenden, um den Beamten erfolgreich zu bestechen, während er bei vorherigem Anfüttern $a + b$ aufwenden muß.

mehr: es lassen sich dann leicht Fälle konstruieren, in denen der Bürger genau das hier vorgestellte Verfahren des sukzessiven Anfütterns wählt.[28]

In der bisherigen Argumentation wurde nicht mit einbezogen, daß der korrumpierende Bürger den Beamten auch mit der Drohung, seine bisherigen Vorteilsannahmen und Bestechlichkeiten anzuzeigen, erpressen könnte. Diese Drohung würde das Dilemma des einmal einen Vorteil angenommen habenden Beamten verschärfen: er hätte z.B. in Periode 1 nicht mehr die Wahl zwischen einem erwarteten Gegenwartswert des Nutzens von $b - n \cdot s_b = -1$ (Bestechlichkeit) und $-(n-1) \cdot s_a = -2$ (Beendigung der Korruptionskarriere nach einmaliger Vorteilsannahme), sondern zwischen einem erwarteten Gegenwartswert des Nutzens von $b - n \cdot s_b = -1$ (Bestechlichkeit) und einem sicheren Gegenwartswert des Nutzens von $-S_a$, wobei $-S_a \ll -s_a = -2$ für die dann mit Sicherheit verhängte Strafe für Vorteilsannahme steht. Die Drohung des korrumpierenden Bürgers, den Beamten anzuzeigen, ist natürlich nur solange glaubwürdig, wie sein eigenes Risiko, wegen der Vorteilsgewährung bestraft zu werden, gering ist. Deshalb läßt sich als erstes Ergebnis festhalten, daß die Erweiterung des §333 StGB (Vorteilsgewährung) dahingehend, daß er das exakte Spiegelbild der Vorteilsannahme (§331 StGB) wird, ein wichtiger und richtiger Schritt zur Zurückdrängung des Anfütterns war. Vollständig wird das Problem der Erpressbarkeit dadurch aber auch nicht gelöst, da die Ermittlungsbehörden im Korruptionsbereich Straftaten meist ohne die Kooperation von Beteiligten nicht beweisen können und deshalb die Kooperation im Ermittlungs- und im Strafverfahren honorieren, was die Drohung, den ausstiegswilligen Beamten anzuzeigen, glaubwürdiger macht. Die hiermit zusammenhängenden Fragen von Kronzeugenregelungen sollen im folgenden genauer betrachtet werden.

Kronzeugenregelungen sind Regelungen, nach denen an einer Straftat Beteiligte Straffreiheit oder Strafminderung genießen, wenn sie entweder zur Aufklärung der Tat über den eigenen Tatbeitrag hinaus beitragen oder die Begehung weiterer Straftaten durch ihre Anzeige verhindern. Da das deutsche Strafrecht Kronzeugenregelungen nur für bestimmte einzelne Straftatbestände vorsieht, sind die Einzelheiten unterschiedlich geregelt. Eine Kronzeugenregelung erhöht die Opportunitätskosten der Begehung weiterer, an bereits begangene Straftaten anknüpfende Straftaten. Am Beispiel der auf eine Vorteilsannahme folgende Bestechlichkeit läßt sich dies leicht erkennen: Der Beamte steht in Periode 1 nicht mehr vor der Wahl, sich entweder bestechen zu lassen oder nur noch dem Straf-

---

[28] Bei gegebenen Gesamtkorruptionskosten des Bürgers folgt nun daraus, daß der Beamte sich erst anfüttern und anschließend bestechen läßt, zwar immer noch, daß $a + b > n \cdot s_b + s_a$ gilt, aber nicht mehr notwendig, daß den Beamten Vorteile aus sofortiger Bestechlichkeit größer sind als die daraus folgende erwartete Strafe. Letzteres trifft nur zu, wenn $a + b - \mu > n \cdot s_b$, wobei μ die durch den abnehmenden Grenznutzen der Korruptionsleistungen bedingte Subadditivität ausdrückt. Ist die Subadditivität stark genug ($\mu > s_a$), ist es dem Bürger nicht mehr möglich, mit den Mitteln, die er notwendig braucht, um erfolgreich erst anzufüttern und dann zu bestechen, sofort erfolgreich zu bestechen. Dasselbe Ergebnis folgt auch, wenn die erwartete Strafe für die Bestechlichkeit schneller mit der Bestechungssumme steigt, als die erwartete Gesamtstrafe für Vorteilsannahme und anschließende Bestechlichkeit bei identischer Gesamtsumme der Korruptionsvorteile des Beamten.

[29] So im Ergebnis auch *Vahlenkamp* und *Knauß* (1995: 301)

risiko aus der vergangenen — und ihm keinen Vorteil mehr bringenden Vorteilsannahme — ausgesetzt zu sein, sondern hat jetzt die Alternative, direkt und ohne eine Strafe zu verwirken, zu ehrlichem Verhalten zurückzukehren. Wird ganz von der Strafe für die Vorteilsannahme abgesehen, so ist seine Entscheidungsituation genau so wie in Periode 0: er wird sich nicht bestechen lassen[29].

Allerdings sinken aus einer ex-ante Betrachtung die Kosten der Vorteilsannahme: Der Beamte dürfte bei Existenz einer Kronzeugenregelung im Rahmen der Entscheidung über die Begehung einer Vorteilsannahme darauf hoffen, daß er über die Kronzeugenregelung straffrei wird. Die Wirkung einer Kronzeugenregelung im Bereich der Korruption scheint also zweischneidig zu sein: Zwar nimmt die Bestechlickeit der Beamten ab, aber ihre Anfälligkeit für Vorteilsannahmen nimmt zu. Berücksichtigt man aber auch die Anreize, die von einer Kronzeugenregelung für die Bürger ausgehen, dürfte der Effekt wieder eindeutig positiv sein: Es steigt nicht nur das Strafrisiko für den bestechenden Bürger, so daß er eher von Bestechungsversuchen absehen wird. Er verliert auch den Anreiz, Beamte überhaupt anzufüttern, da ein angefütterter Beamter keine anderen Opportunitätskosten der Bestechlichkeit mehr hat als ein nicht angefütterter Beamter. Die Steigerung der Anfälligkeit der Beamten für Vorteilsannahmen geht also ins Leere: Ihnen werden gar keine (wenigstens kaum noch) Vorteile angeboten. Der Gesamteffekt einer Kronzeugenregelung zugunsten angefütterter Beamter ist also eindeutig positiv, es wird deutlich weniger angefüttert, wenn die Kronzeugenregelung großherzig ausgelegt wird.

Leider ist von der Kronzeugenregelung, die der Bundesrat in seinem Gesetzentwurf vorgesehen hatte (§ 335 b des Gesetzentwurfes des Bundesrates, BTDrucksache 13/3353), bis auf die in der Einleitung erwähnten Verbesserung der Altersversorgung für Beamte, die wegen Vorteilsannahme aus dem Dienst entfernt wurden (§ 11 a Bundesdisziplinarordnung), nichts übrig geblieben. Allerdings war die vom Bundesrat vorgesehene Formulierung insofern nicht eindeutig genug, als sie das Gericht bei dessen Ermessensentscheidung über den Umfang der Strafminderung oder das Absehen von Strafe nicht auf den folgenden wichtigen Aspekt besonders hinwies: Die Kronzeugenregelung sollte nicht nur für den Beamten gelten, sondern auch für den korrumpierenden Bürger. Damit wäre dessen Drohung, einen angefütterten Beamten anzuzeigen, um so das Opportunitätskostenkalkül des angefütterten Beamten weiter zugunsten der Bestechlichkeit zu verschieben, glaubwürdiger geworden. Wie oben erläutert führt das, zumindest wenn sich der Beamte nicht seinerseits und schneller als der korrumpierende Bürger auf dem Wege der Kronzeugenregelung aus der Affäre ziehen kann, dazu, daß eine einmal begonnene Korruptionskarriere nur schwer unterbrochen werden kann. Für den hier beschriebenen Fall, daß das Anfüttern dem Bürger dazu dient, den Beamten in die Korruption zu führen, dürfte die Kronzeugenregelung also nur zugunsten des Beamten angewendet werden.

Es sind aber auch zahlreiche Fälle bekannt, in denen eine Korruptionsbeziehung nicht durch Anfüttern des Beamten eingeleitet wurde, sondern umgekehrt vom Beamten ausging, der mehr oder weniger offen Forderungen für die Durchführung von Diensthandlungen oder für dem Bürger günstige, aber rechts- oder sachwidrige Entscheidungen verlangte. In diesen Fällen ist meist der Bürger derjenige, der in die Korruption geführt wird. Dann darf und muß in Umkehrung der hier dargestellten Argumentation die Kronzeugenregelung nur zugunsten des Bürgers angewandt werden. Es wäre sicher hilfreich gewesen, wenn dem Gericht für sein Ermessen der Hinweis gegeben worden wäre, daß es insbesondere zu berücksichtigen habe, wer die Korruptionsbeziehung initiiert hatte.

Abschließend sei noch zu der verabschiedeten Erhöhung des Strafrahmens und der Ausdehnung des Strafbarkeitsbereiches (soweit es nicht um eine Angleichung von Vorteilsannahme und Vorteilsgewährung ging) bemerkt, daß ihr Effekt bei Zugrundelegung der hier dargestellten Wirkungsweise des Anfütterns zwar in die erwünschte Richtung geht, aber zu befürchten ist, daß der Effekt kleiner ist als bei Delikten, die nicht dadurch geprägt sind, daß die Begehung einer Tat die Opportunitätskosten immer weiterer Taten senkt. Die oben dargestellte Kette von Vorteilsannahmen und Bestechlichkeiten bekäme zwar mehr Glieder und müßte mit Vorteilsannahmen beginnen, die so wenig verfänglich sind, daß fast (!) kein Risiko für den Beamten besteht, aber das Grundprinzip bliebe erhalten, so daß zu befürchten ist, daß Korruption für die Beteiligten zwar teurer wird, aber nicht in dem Maße zurückgedrängt wird, wie man es von einer annähernden Verdoppelung des Strafrahmens erwarten könnte. Problematischer wäre eine Erhöhung des Strafrahmens allein oder vor allem der Vorteilsannahme: Zwar würde diese selbst zurückgedrängt (wiederum unter dem Vorbehalt des teilweisen Ausgleichs durch unverfäglicheren Einstiegspunkten zur Kette von Vorteilsgewährungen) würde aber, soweit sie fortbesteht, den Einstieg in die Bestechlichkeit erleichtern, da wegen der höheren bereits durch die Vorteilsannahme verwirkten Strafe die Opportunitätskosten der Bestechlichkeit sinken. Die Kronzeugenregelung mit den eben angesprochenen Besonderheiten scheint hier ein wesentlich wirkungsvolleres Instrument zu sein.

III. Anfüttern als Informationbeschaffung über Korruptionsanfälligkeit

Die beiden bisher beschriebenen Ansätze zur Erklärung des Anfütterns setzten an Veränderungen auf Seiten des Beamten an. Alternativ dazu kann man auch auf der Seite des Bürgers ansetzen, der nicht anfüttert, um die Wahrnehmung oder die Bewertung verschiedener Situationen durch den Beamten zu verändern, sondern um seine eigene Wahrnehmung zu verändern, zu verbessern: Anfüttern kann dazu dienen herauszufinden, welche Beamten besonders anfällig für Korruption sind und bei welchen man es lieber gar nicht erst probiert, weil sie Korruptionsversuche sehr schnell zur Anzeige bringen. Hat der Bürger nur mit einem Beamten zu tun und ist auf diesen angewiesen, so kann er anfüttern, um relativ gefahrlos zu testen, ob dieser eine Beamte bestechlich ist oder nicht.

Um diese Überlegung zu modellieren, sollen folgende Annahmen getroffen werden: Die Strafen sowohl für Vorteilsannahme als auch für Bestechlichkeit steigen mit der Größe des Vorteils, den der Beamte annimmt. Beide Strafen sind nach oben und unten beschränkt, es gibt also je eine Höchst- und je eine Mindeststrafe für die beiden Delikte. Die Höchststrafe für Vorteilsannahme ist geringer als die für Bestechlichkeit. Bestechlichkeit wird, wenn sie entdeckt wird immer bestraft. Die Annahme von Vorteilen geringen Wertes wird als sozialadäquat angesehen und deswegen nicht bestraft.[30] Die Abgrenzung von sozialadäquaten, geringwertigen Vorteilen und vom Strafgesetz nicht mehr tolerierten Vorteilen ist unscharf: [31] mit zunehmendem Wert des Vorteils steigt die Wahrscheinlichkeit, daß die Vorteilsannahme in einem möglichen Strafverfahren als strafbar angesehen wird.[32] Im Bereich sehr geringer Werte steigt diese Wahrscheinlichkeit sehr langsam, nimmt dann aber einen S-förmigen Verlauf an und erreicht den Wert eins oder nähert sich ihm asymptotisch. Der Nutzen, den Beamte aus ihnen gewährten Vorteilen ziehen, steigt ohne obere Schranke mit abnehmender Rate mit der Größe der Vorteile. Beamte schätzen die Wahrscheinlichkeiten, daß sie wegen Vorteilsannahme oder Bestechlichkeit bestraft werden individuell unterschiedlich ein, wobei aber des einzelnen Beamten Einschätzungen dieser beiden Wahrscheinlichkeiten miteinander stochastisch korreliert sind.

In der Abbildung 1 werden typische Verläufe des Nutzens aus einem (evtl. zur Bestechung) gewährten Vorteil sowie die erwartete Strafe für eine Vorteilsannahme und für eine Bestechlichkeit für zwei unterschiedliche Beamte dargestellt. Der Nutzen U aus angenommenen Vorteilen sei für beide Beamten identisch. Die vom Beamten j erwartete Strafe für Bestechlichkeit E(Sj(b)) ist eine abnehmend steigende Funktion der Größe b des Bestechungsvorteils. Die vom Beamten j erwartete Strafe für Vorteilsannahme E(Sj(a)) ist wegen der zunächst nahe Null bleibenden Wahrscheinlichkeit, im Bereich der Strafbarkeit zu sein, eine S-förmige Funktion der Größe des Vorteils a. Der Beamte 1 schätzt die Wahrscheinlichkeit, wegen Vorteilsannahme oder Bestechlichkeit bestraft zu werden, größer ein als der Beamte 2. Folglich liegen die von ihm erwarteten Strafen bei gleichem Vorteil oberhalb derer, die der Beamte 2 erwartet.

Solange die Kurven E(Sj(a)) die Kurve U in der Form schneidet, wie in der Abbildung dargestellt, kann der erste Schnittpunkt, also die Größe $\bar{a}_j$ des Vorteils, bis zu der der Beamte den Vorteil annimmt, als Hinweis darauf gewertet werden, wie der Beamte das Risiko einschätzt, wegen Korruptionsdelikten belangt zu werden, und damit auch darauf, ab welchem Betrag $\underline{b}_j$ der Beamte bereit ist, sich bestechen zu lassen: Je kleiner $\bar{a}_j$, zu desto größeren Werten tendiert $\underline{b}_j$.

Betrachten wir diese beiden Größen eines individuellen Beamten als Zufallsvariable, so sind diese nicht deterministisch voneinander abhängig, sondern nur (negativ) mit einander korreliert: je größer die Risikowahrnehmung und

---

[30] Der Idee nach ist diese Regelung in der Rechtswissenschaft unumstritten, da das Verbot jeglicher Annahme von Geschenken mit Bezug auf den Dienst des Beamten in vielen Bereichen zum Verlust des letzten Restes an Menschlichkeit in der Beziehung zwischen Beamten und Bürger führen würde. Oft sind kleine Geschenke auch kulturelle Pflicht, so daß ein Verbot nur mit schweren Strafen durchsetzbar wäre.

[31] Versuche der Festsetzung einer allgemeinen ziffernmäßigen Wertgrenze sind zum Scheitern verurteilt, da sie unterschiedliche Gepflogenheiten in verschiedenen Bereichen staatlicher Aktivität nicht berücksichtigen und deshalb in ihrer Allgemeinheit immer als unangemessen angesehen werden müssen.

[32] Die Wahrscheinlichkeit, daß die Vorteilsannahme in einem möglichen Strafverfahren als strafbar angesehen wird, ist streng zu unterscheiden von der Wahrscheinlichkeit, daß eine Vorteilsannahme sanktioniert wird.

-bewertung des Beamten, desto weniger Vorteile wird er annehmen und desto teurer wird es, ihn zu bestechen. Allerdings ergibt sich aus der höheren Strafe für Bestechlichkeit, daß $\underline{b}_j > \overline{a}_j$. Für beide Zufallsvariablen können streng positive Wahrscheinlichkeitsmassen auf dem Wert Null liegen. Die gemeinsame Verteilung der beiden Zufallsvariablen sei durch $f(a,b)$ gegeben und dem Bürger bekannt.

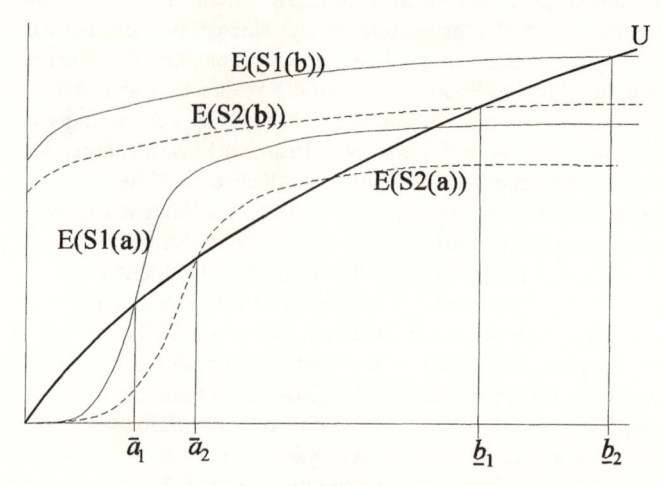

Abbildung 1: Kosten und Nutzen von Vorteilsannahme und Bestechlichkeit

Gehen wir nun vereinfachend davon aus, daß jeder Beamte einen Bestechungsversuch, auf den er nicht eingeht, sofort anzeigt,[33] und Beamte, denen ein Vorteil a ohne Gegenleistung angeboten wird, den korrumpierenden Bürger anzeigen, wenn die Größe des Vorteils einen Schwellenwert $\hat{a}_i = \overline{a}_i + \xi > \overline{a}_i$ [34] überschreitet. Um den erwarteten Nutzen des Bürgers aus der Bestechung mit vorangehendem Anfüttern eines Beamten formal darzustellen, sollen außerdem folgende Definitionen gelten: a_k ($k = 1; 2; ... ; t$) sind die dem Beamten sukzessive gewährten Vorteile, wobei $a_{k+1} > a_k$ gilt und $a_0 = 0$ definiert wird. b ist der Wert des Bestechungsvorteils, wenn es zu einer Bestechung kommt. T_a und T_b sind die Strafen, die bei Entdeckung für Vorteilsgewährung bzw. Bestechung gegen den Bürger verhängt werden. W ist der Nutzen des Bürgers aus der erfolg-

---

[33] Diese Vereinfachung kann z.B. dahingehend aufgehoben werden, daß unbestechliche Beamte Bestechungsversuche nur dann anzeigen, wenn sie besonders viel von ihm fordern oder wenn die Bestechungssumme besonders hoch ist. Das würde die Argumentation aber nur komplizierter machen und den zentralen Zusammenhang weniger deutlich hervortreten lassen, ohne ihn jedoch zu zerstören.

[34] Der Zusammenhang zwischen $\hat{a}_i$ und $\overline{a}_i$ muß nicht unbedingt additiv sein, er kann genausogut multiplikativ sein oder jede andere funktionale Form annehmen, solange dadurch sichergestellt ist, daß $\hat{a}_i > \overline{a}_i$ gilt. In der folgenden Formel ist dann das Argument der ersten Verteilungsfunktion in der Maximums-Funktion im zweiten Term entsprechend anzupassen.

reichen Bestechung eines Beamten. $\bar{b}$ ist der Wert des Bestechungsvorteils. Der erwartete Nutzen des Bürgers aus der Bestechung mit vorangehendem Anfüttern eines Beamten ist dann gegeben durch:

$$EV(x_1;x_2;\ldots;x_t) = -\sum_{j=1}^{t} a_j \cdot \int_{x_j}^{\infty}\int_0^{\infty} f(a,b)\,db\,da$$

$$-T_a \cdot \left(1 - \prod_{j=1}^{t}\left(\left(1 - \max\left[\int_{a_{j-1}}^{a_j-\xi}\int_0^{\infty} f(a,b)\,db\,da\; ;\; 0\right]\right) \cdot (1-q_a)\right)\right)$$

$$+ (W - \bar{b}) \cdot (1 - q_b) \int_{a_t}^{\infty}\int_{\bar{b}}^{\infty} f(a,b)\,db\,da - (T_b - \bar{b})\left(\int_{a_t}^{\infty}\int_0^{\bar{b}} f(a,b)\,db\,da + q_a \cdot \int_{a_t}^{\infty}\int_{\bar{b}}^{\infty} f(a,b)\,db\,da\right)$$

Die einzelnen Terme der rechten Seite ergeben sich wie folgt: Die erste Zeile stellt die direkten Kosten des Anfütterungsprozesses dar. In t Schritten wird der Wert der dem Anfüttern dienenden Vorteile erhöht, wobei der j+1-te Schritt nur durchgeführt wird, wenn der Beamte den j-ten Vorteil noch akzeptiert hat (m.a.W.: beim j-ten Vorteil nicht „ausgestiegen" ist). Die zweite Zeile drückt die schon während des Anfütterungsprozesses erwartete Strafe aus. Die Strafwahrscheinlichkeit ist gegeben durch die Wahrscheinlichkeit, daß entweder der Beamte den Bürger anzeigt, oder die Strafverfolgungsbehörden dem Bürger von sich aus auf die Schliche kommen (die Wahrscheinlichkeit hierfür sei q_a), oder beides gleichzeitig passiert. Ist der Unterschied zwischen zwei aufeinanderfolgenden Vorteilen klein genug, dann ist das Risiko, von einem der angefütterten Beamten angezeigt zu werden gleich null. Wird der Unterschied bei einzelnen Schritten größer, wird die Wahrscheinlichkeit, daß der Beamte den Bürger anzeigt, streng positiv. Nur wenn der Beamte den Bürger in allen Anfütterungsrunden nicht angezeigt und die Strafverfolgungsbehörden keine der Anfütterungsrunden von sich aus entdecken, wird der Bürger nicht für die Vorteilsgewährung bestraft.

Die dritte Zeile drückt den zu Beginn des Korruptionsprozesses erwarteten Wert der eigentlichen Bestechung aus. Der erste Term dieser Zeile ist der Nutzen aus der erfolgreichen Bestechung mal der Wahrscheinlichkeit, daß der Beamte nicht im Anfütterungsprozeß „ausgestiegen" ist und sich durch einen Vorteil in Höhe von $\bar{b}$ bestechen läßt, wiederum multipliziert mit der Wahrscheinlichkeit, daß die Strafverfolgungsbehörden die Bestechung nicht von sich aus entdecken (1-q_b). Der zweite Term der dritten Zeile drückt die erwartete Strafe der eigentlichen Bestechung aus: Strafhöhe mal der Wahrscheinlichkeit, daß der Beamte noch nicht ausgestiegen ist, aber dennoch nicht bestechlich ist, zuzüglich der Wahrscheinlichkeit, daß der Beamte nicht ausgestiegen ist und bei $\bar{b}$ bestechlich ist, aber die Strafverfolgungsbehörden die Bestechung von sich aus aufdecken. Der Wert des Bestechungsvorteils ist auch bei Entdeckung und Bestrafung der Bestechung verloren. Füttert der Bürger gleichzeitig mehrere Beamte an, wird die

Formel erheblich komplizierter, weil die Bestechung nur dann erfolgreich wird, wenn keiner der Beamten den Bürger anzeigt.

Bevor der Bürger beginnt, den Beamten anzufüttern, um ihn gegebenenfalls danach zu bestechen, steht er vor der Entscheidung, in wie vielen und wie großen Schritten er den Anfütterungsprozeß durchführen will und welches Risiko der Bestechlichkeit der Beamte eingehen soll. Wählt er die Anfütterungsschritte so klein, daß für ihn während des Anfütterns kein Risiko besteht, so kumulieren sich die Kosten des Anfütterns zu einem hohen Betrag, wenn er ein bestimmtes Niveau an Sicherheit vor der eigentlichen Bestechung erreicht haben will. Alternativ könnte er die hohen Kosten der kleinen Anfütterungsschritte auch durch eine geringere Anzahl von Schritten ausgleichen, was dann aber zu einer geringeren Differenz zwischen erwartetem Nutzen und erwarteter Strafe aus der eigentlichen Bestechung führt. Die Optimierung über $\bar{b}$ weist keine Besonderheiten auf. Ohne das Optimierungsproblem hier im einzelnen lösen zu wollen, lassen sich aber doch einige Schlußfolgerungen über die Auswirkung der Veränderung der an Vorteilsannahme und Bestechlichkeit geknüpften Sanktionen ziehen.

Die Erhöhung der Strafen für die Vorteilsgewährung T_a wirkt nur abgeschwächt auf das Anfütterungsverhalten, da sie teilweise durch die Variation der Größe und der Anzahl der Anfütterungsstufe ausgeglichen werden kann. Die Anpassung des Strafbarkeitsbereiches der Vorteilsgewährung an den der Vorteilsannahme ist auch hier als wichtiger Schritt in die richtige Richtung anzusehen, da ohne diese Entsprechung das Anfüttern durch die Beschränkung auf den Bereich, in dem nur der angefütterte Beamten strafbar ist, in viel größeren Schritten und damit für den korrumpierenden Bürger billiger erfolgen konnte. Eine Erhöhung der Strafen für die Bestechung T_b wird zwar duch eine Erhöhung von a_t teilweise ausgeglichen, dieser Ausgleich dürfte aber nicht all zu stark sein, da er sich auch kostensteigernd bzw. nutzenmindernd mindestens auf den ersten und den dritten Term in der Gleichung auswirkt.

Eine Erhöhung der Sanktionen für Vorteilsannahme verändert die Verteilungsfunktion $f(a,b)$ in der Art, daß die Wahrscheinlichkeitsmasse in Richtung kleinerer Werte von a verschoben wird. Das hat zur Folge, daß der Bürger aufgrund der Korrelation zwischen a und b denselben erwarteten Wert der eigentlichen Bestechung (dritte Zeile der Gleichung) mit einem geringeren Anfütterungsaufwand erreichen kann. Eine Erhöhung der Strafe allein für die Vorteilsannahme führt in diesem Modell also dazu, daß zwar die Vorteilsannahmen zurückgehen, Bestechung mit vorangehender Auswahl der Beamten durch das Anfüttern für den Bürger aber billiger wird, so daß die Korruption insgesamt zunimmt! Der intuitive Grund hierfür liegt darin, daß daß Anfüttern hier nur der Informationsbeschaffung über die Risikobereitschaft des Beamten dient. Wäre Vorteilsannahme gar nicht sanktioniert, würde des Beamten Bereitschaft, Vorteile anzunehmen, dem Bürger keine Informationen darüber vermitteln, wie der Beamte das mit Bestechlichkeit verbunden Risiko einschätzt.

Die Erhöhung der Strafen für Bestechlichkeit führt wieder zu den gewöhnlichen Ergebnissen: Sie verschiebt Wahrscheinlichkeitsmasse in Richtung größerer Werte von b, so daß die Bestechlichkeit zurückgeht und für den Bürger das Anfüttern relativ teurer wird, also auch zurückgeht. Die für die Vorteilsannahme und die Vorteilsgewährung gleichmäßige Ausweitung des Strafbarkeitsbereiches führt zu denselben, zum Teil unerwünschten, Ergebnissen wie die Erhöhung des Strafrahmens für Vorteilsannahme und Vorteilsgewährung. Eine Kronzeugenregelung hat in diesem Modell keine besonderen Effekte, die Opportunitätskosten des Bestechlichkeit und der Bestechung steigen ebenso wie bei einer Erhöhung der entsprechenden Strafen.

D. Zusammenfassung der Ergebnisse

Das Anfüttern wird als besonderes Problem von Korruptionsstraftaten gesehen. Es wird als langsamer Einstieg in die Korruption betrachtet. Deshalb fordern einige Strafrechtswissenschaftler und -politiker, man solle insbesondere das Anfüttern bekämpfen. Ein Teil dieser Forderungen wurde im „Gesetz zur Bekämpfung der Korruption" auf straf- und disziplinarrechtlicher Ebene verwirklicht. In diesem Aufsatz wurde untersucht, welche Auswirkungen die ergriffenen Maßnahmen auf die Bedeutung des Anfütterns und der Korruption insgesamt haben. Dabei wurde unterstellt, daß Korruption in der Form der Bestechlichkeit wohlfahrtsmindernd wirkt und deshalb — soweit kostengerecht möglich — verhindert werden sollte. Nicht berücksichtigt wurde hier das Argument der Strafrechtswissenschaft, daß die Korruptionsstraftatbestände des deutschen Strafrechts auch — nach Meinung vieler sogar vor allem oder nur — dem Schutz des Vertrauens der Bürger in die Unkäuflichkeit der Beamten dient. Ein solches Vertrauen hat für sich genommen keinen volkswirtschaftlichen Wert, ja es kann sogar schaden, wenn es — wie in Deutschland wohl bis in die achtziger Jahre tatsächlich geschehen — dazu führt, daß vorhandene Korruption nicht als Problem wahrgenommen wird.

Das Phänomen des Anfütterns wurde in Anlehnung an die kriminologische Diskussion in drei verschiedenen Ansätzen modelliert. Die drei Modelle zur Beschreibung des Anfütterungsprozesses (das Strafwahrscheinlichkeits-Lern-Modell, das Sunk-Cost-Modell und das Bestechlichkeits-Auswahl-Modell) führten zu teilweise unterschiedlichen Beurteilungen der im Anti-Korruptionsgesetz vorgesehenen Strafverschärfungen und Ausweitungen der Strafbarkeitsbereiche sowie der dort entgegen dem Vorschlag des Bundesrates nicht vorgesehenen Kronzeugenregelung.

Die Angleichung der Tatbestandsmerkmale der Vorteilsgewährung an die der Vorteilsannahme sind uneingeschränkt, also nach allen drei hier diskutierten Modellierungsansätzen, positiv zu beurteilen. Die Erhöhung des Strafrahmens für Bestechung und Bestechlichkeit sowie für die Vorteilsgewährung können ebenso unproblematisch als Fortschritt in der Korruptionsbekämpfung angesehen werden. Die Ergebnisse weichen hier nicht vom üblichen Becker'schen Ansatz der Kriminalitätsabschreckung ab.

Problematischer ist allerdings die Erhöhung des Strafrahmens für die Vorteilsannahme. Solange die Vorteilsannahme vor allem als Element des Anfütterungsprozesses anzusehen ist, führt eine Erhöhung allein oder vor allem des Strafrahmens der Vorteilsannahme nur im Strafwahrscheinlichkeits-Lern-Modell zu einer positiven Wirkung, aber selbst hier ist im allgemeinen die Erhöhung der Bestrafungswahrscheinlichkeit überlegen. Die Erhöhung des Strafrahmens kann aber auch oder muß sogar (im Sunk-Cost-Modell bzw. im Bestechlichkeits-Auswahl-Modell) zu unerwünschten Effekten der Steigerung der Bestechlichkeit führen. Im Umkehrschluß kann natürlich gefolgert werden, daß hier eine Beibehaltung des niedrigeren oder sogar eine Senkung des Strafrahmens die wirkungsvollere Waffe gegen den schädlichen Teil der Korruption, die Bestechlichkeit, gewesen wäre.

Die Entscheidung des Gesetzgebers gegen eine weitgehende Kronzeugenregelung zumindest für Straftaten der Vorteilsannahme (evtl. auch, aber das ist hier nicht durchmodelliert, der Vorteilsgewährung) ist zu bedauern. Zwar hätte die Kronzeugenregelung deutlicher machen müssen, daß sie nur solchen Straftätern zugute kommen kann, die den Korruptionsprozeß nicht initiiert und dabei durch die ersten kleinen Delikte versucht haben, ihr Gegenüber in eine Dauerbeziehung von Korruption zu verstricken. Aber unter dieser Einschränkung hätte eine solche Regelung vor allem in der Modellierung des Sunk-Cost-Modells erhebliche positive Auswirkungen gehabt. Da dieses Modell der politischen Diskussion über das Problem des Anfütterns wohl am nächsten kommt, muß hier dem Gesetzgeber vorgeworfen werden, er habe wichtige Wirkungszusammenhänge übersehen.

Abschließend sei nochmals darauf hingewiesen, daß dieser Aufsatz einen sehr speziellen, aber sicher nicht selten auftretenden Fall längerfristiger Korruptionsbeziehungen behandelt, eben den des Anfütterns eines oder mehrer Beamten durch einen oder mehrere korrumpierende Bürger. Davon ist der Fall klar zu trennen, in dem die Korruptionsbeziehung vom Beamten initiiert wird, wofür ebenfalls viele Beispiele in der Rechtsprechung und der Literatur zu finden sind. Oft kann auch auf die langsame Anbahnung einer Korruptionsbeziehung verzichtet werden, nämlich dann, wenn solche Beziehungen schon dauerhaft zwischen einem Wirtschaftsbereich und einer Behörde bestehen. Es erscheint dann relativ einfach, einzelne Personen, die auf der privaten oder auf der öffentlichen Seite mit der Korruptionsbeziehung zu tun bekommen in diese einzubeziehen. Auch diese Fortsetzung einer langfristigen Korruptionsbeziehung war nicht Gegenstand des vorliegenden Aufsatzes.

Literatur

Bardhan, P., Corruption and Development: A Review of Issues, Journal of Economic Literature Vol.35 (1997), S. 1320 - 1346.

Basu, K. / Sudpti B. / Ajit M., Notes on Bribery and the Control of Corruption, Journal of Public Economics Vol.48(1992), S. 349 - 359.

Becker, G. S., Crime and Punishment: An Economic Approach, Journal of Political Economy Vol.76 (1968), S. 169 - 217.

Ben-Shahar, O., Playing Without a Rulebook: Optimal Enforcement When Individuals Learn the Penalty Only by Committing the Crime, International Review of Law and Economics Vol.17(1997), S. 409 - 421.

Bowles, R. / Nuno G., Casual Police Corruption and the Economics of Crime, International Review of Law and Economics Vol.17 : S. 75 - 87.

Cadot, O., Corruption as a Gamble, Journal of Public Economics Vol.33 (1987), S. 223 - 244.

Dey, H. K., The Genesis and Spread of Economic Corruption: A Microtheoretic Interpretation. World Development Vol.17 (1989), S. 503 - 511.

Dölling, D., Empfehlen sich Änderungen des Straf- und Strafprozeßrechts, um der Gefahr von Korruption in Staat, Wirtschaft und Gesellschaft zu begegnen? Gutachten C für den 61. Deutschen Juristentag. Verhandlungen des einundsechzigsten Deutschen Juristentages, Karlsruhe 1996. Band I. München: C.H.Beck'sche Verlagsbuchhandlung: C1-C115.

Elster, J.: Ulysses and the Sirens: Studies in rationality and irrationality, Cambridge: Cambridge Univ. Press 1984.

Eser, A. / Überhofen, M. / Huber, B. (Hrsg.), Kooruptionsbekämpfung durch Strafrecht. Beiträge und Materialien aus dem Max-Planck-Institut für ausländisches und internationales Strafrecht Freiburg, Band S 61. Freiburg im Br.: edition iuscrim 1997.

Forstenhäusler, D., Korruption — Fakten und Quanten, Kriminalistik Jg. 50 (1996), S. 548 - 554.

Hettinger, M., Das Strafrecht als Büttel?, Neue Juristische Wochenschrift Jg 49 (1996), S. 2263 - 2273

Kerbel, S., Korruption in der öffentlichen Verwaltung am Beispiel einer Großstadtverwaltung, Diss: Hochschule für Verwaltungswissenschaften Speyer 1995.

Kerner, H.-J. / Rixen, S., Ist Korruption ein Strafrechtsproblem?, Goldtammer's Archiv für Strafrecht Jg. 1996, S. 355 - 396.

König, K., Markt und Wettbewerb als Staats- und Verwaltungsprinzipien, Deutsches Verwaltungsblatt 1997, S. 239 - 248.

König, P., Empfehlen sich Änderungen des Straf- und Strafprozeßrechts, um der Gefahr von Korruption in Staat, Wirtschaft und Gesellschaft zu begegnen?, Deutsche Richterzeitung Jg 74 (1996), S. 357 - 365.

Liu, F., Three Aspects on Corruption. Contemporary Economic Policy Vol.14, No.3(1996), S. 26 - 29.

Lui, F. T., A Dynamical Model of Corruption Deterrence, Journal of Public Economics Vol.31 (1986), S. 215 - 236.

Rose-Ackerman, S., When is Corruption Harmful?, Working Paper, The World Bank (1996).

Rose-Ackermann, S., Corruption — A Study in Political Economy, New York, San Francisco, London: Academic Press 1978.

Rose-Ackermann, S., The Economics of Corruption, Journal of Public Economics Vol.4 (1975), S. 187 - 203.

Rügemer, W., Korruption in Deutschland, WSI Mitteilungen Jg. 49 (1995), S. 328 - 337

Sah, R. K., Persistence and Pervasiveness of Corruption: New Perspectives, Yale Economic Growth Center Discussion Paper (1988), S. 560, 48

Schaupensteiner, W., Gesamtkonzept zur Eindämmung der Korruption, Neue Zeitschrift für Strafrecht Jg. 16 (1996), S. 409 - 416.

Schaupensteiner, W., Bekämpfung von Korruptionsdelinquenz, Kriminalistik Jg. 48 (1994), S. 514 - 524.

Scholz, R., Korruption in Deutschland. Reinbeck bei Hamburg: Rowohlt 1995.

Shleifer, A. / Vishny R. W., Corruption, Quarterly Journal of Economics Vol.108 (1993), S. 599 - 617.

Tirole, J., A Theory of Collective Reputations, Review of Economic Studies Vol.63 (1996), S. 1 - 22.

Tullock, G., Corruption Theory and Practice, Contemporary Economic Policy Vol.14, No.3 (1996), S. 6 - 13.

Vahlenkamp, W, / Knauß, I., Korruption — hinnehmen oder handeln?, Wiesbaden: Bundeskriminalamt 1995.

Peter-J. Jost

Kommentar

zu

Georg von Wangenheim: Eindämmung opportunistischen Verhaltens in der öffentlichen Verwaltung: Das Problem des „Anfütterns" bei Korruptionsdelikten

A. Allgemeines

Anfüttern ist für einen Angler der Weg zum Erfolg: Fische werden zunächst mit Regenwürmern angelockt, um sie dann durch einen Regenwurm am Angelhaken zu fangen. Das Anfüttern eines Beamten ist ein Phänomen aus der Korruptionspraxis, das in Analogie zum Vorgehen beim Angeln erfolgt: Zunächst werden einem Beamten kleinere Vorteile in Form von Geschenken gemacht – er wird also angelockt und erhält die Vorteile ohne eine unmittelbare Gegenleistung – um ihn anschließend zu bestechen – diesmal also mit direkter Gegenleistung des Beamten.

Aus psychologischer und soziologischer Perspektive läßt sich dieses Anfüttern eines Beamten durch verschiedene Theorien erklären: Entweder soll das Unrechtsbewußtsein des Beamten durch kleinere Zuwendungen herabgesetzt werden, oder es soll eine Abhängigkeit des Beamten von diesen Zuwendungen aufgebaut und gesteigert werden.

Schaut man sich aus ökonomischer Perspektive dieses Phänomen des Anfütterns an, stellt man fest, daß es bisher in der Literatur zur ökonomischen Analyse der Korruption keine Erklärungsversuche hierzu gibt. Die Arbeit von v. Wangenheim versucht, diese Lücke zu schließen.

Er bietet hierzu drei Ansätze einer ökonomischen Modellierung des Anfütterns an. Die ersten beiden Ansätze modellieren die oben genannte psychologische bzw. soziologische Erklärung des Anfütterns, das dritte Modell baut auf dem ökonomischen Argument der Informationsgewinnung bei asymmetrischer Informationsverteilung auf.

Im folgenden möchte ich diese drei Ansätze in einem allgemeinen ökonomischen Modellrahmen, der das Phänomen des Anfütterns abbildet, diskutieren. Ich werde hierzu in einem ersten Schritt die wesentlichen Elemente dieses Modellrahmens vorstellen. Daran anschließend bette ich die drei Ansätze von v. Wangenheim in diesen Modellrahmen ein, um die Aussagekraft seiner Modellierungen herauszuarbeiten.

B. Zur ökonomischen Analyse des Anfütterns

Ausgangspunkt einer ökonomischen Erklärung des Anfütterns muß der einzelne Bürger sein. Er ist derjenige, der einen Beamten in einem ersten Schritt bestechen möchte, von ihm geht die Initiative aus. Die kritische Frage lautet also: Warum sollte ein Bürger, der durch eine Bestechung einen Beamten zu einem für ihn vorteilhaften Handeln bewegen möchte, diesem zunächst kleinere Zuwendungen machen, ohne dafür eine Gegenleistung zu erhalten?

Betrachten wir hierzu einfach das Standardmodell der ökonomischen Analyse kriminellen Verhaltens von Becker (1968): Danach wird ein Beamter genau dann bereit sein, eine rechtswidrige Handlung vorzunehmen – also im Interesse eines speziellen Bürgers zu handeln, ohne das Gemeinwohl zu berücksichtigen – wenn sein Nutzen b aus einem solchen Verhalten die damit verbundenen erwartete Sanktion Es übersteigt:

$$b \geq Es$$

In unserem Fall ist der Nutzen des Beamten aus dem rechtswidrigen Handeln identisch mit der Höhe des Bestechungsgelds, das der Bürger an ihn zahlte. Im Optimum wird dieses Bestechungsgeld gerade die erwartete Sanktion für den Beamten decken.

Ein Anfüttern in diesem Modellrahmen ist daher für einen Bürger nur dann vorteilhaft, wenn die Höhe des Bestechungsgeld b durch ein Anfüttern reduziert werden kann. Die Frage ist also, wie ein solcher Zusammenhang zwischen dem Anfüttern und der Senkung des Bestechungsgelds erklärt werden kann. In einem zweiten Schritt wäre dann die Frage zu beantworten, wie der Staat durch eine geeignete Gesetzgebung oder Vollzugspolitik eine solche Korruption eindämmen kann.

Im folgenden werde ich zunächst die notwendigen Elemente eines allgemeinen Modellrahmen vorstellen, um dieses Phänomen des Anfütterns abzubilden. Anschließend werden dann die drei Ansätze von v. Wangenheim in diesen Modellrahmen eingeordnet.

Ein allgemeiner Modellrahmen zur Diskussion des Phänomens des Anfütterns und der Analyse strafrechtlicher Gegenmaßnahmen muß von drei Akteuren ausgehen:

– Der Bürger als derjenige, der unter Umständen einen Bestechungsversuch durchführen will und die Initiative zur Bestechung ergreift.
– Der Beamte als derjenige, der die Bestechung möglicherweise annimmt, um dann im Interesse des Bürgers zu handeln.

– Der Staat in Form des Gesetzgeber bzw. der Vollzugsbehörde, der die Bestechung und somit die Einflußnahme des Bürgers auf den Verwaltungsakt des Beamten unterbinden möchte.

Um das Phänomen des Anfütterns in diesem Kontext vollständig abzubilden, müßten eine Reihe von Kontextfaktoren näher spezifiziert werden: Welche Handlungsalternativen stehen den jeweiligen Akteuren grundsätzlich zur Verfügung? Welche Informationen stehen einer Partei zur Verfügung, wenn sie eine Entscheidung über ihr Handeln trifft? Welche Vor- und Nachteile sind für die Parteien mit den möglichen Handlungsfolgen verbunden und welche Präferenzen haben die Parteien über den Ausgang in diesen Situationen?

Da die Spezifizierung eines solchen Modells den Umfang dieses Korreferats sprengen würde, sollen im folgenden lediglich die wesentlichen Handlungsalternativen der Parteien dargestellt werden. Diese können wie folgt notiert werden:

– Der Bürger entscheidet über die Initiierung einer Bestechung und – bei einer positiven Entscheidung – über die Höhe des Bestechungsgelds. Zudem muß er in diesem Fall entscheiden, ob er den Beamten zunächst anfüttern will und in welcher Höhe er ihm Zuwendungen geben möchte. In einem erweiterten Modellrahmen müßte dann auch das Anfüttern in mehreren kleinen Schritten berücksichtigt werden.

– Der Beamte entscheidet bei einem Versuch des Bürgers, ihn anzufüttern, über die Annahme bzw. Ablehnung dieser Offerte. Im Fall der Bestechung seitens des Bürgers muß er ebenfalls entscheiden, ob er die Bestechung annimmt oder nicht. Auch hier könnte in einem erweiterten Modellrahmen der eigentliche Verwaltungsakt des Beamten berücksichtigt werden. In diesem Fall müßte also spezifiziert werden, welche Alternativen ihm bei seiner Verwaltungsentscheidung zur Verfügung stehen. Zudem könnte auch die Möglichkeit der Anzeige des Bestechungsversuchs durch den Bürger modelliert werden.

– Der Staat hat zumindest sechs Entscheidungsvariable, nämlich die Höhe der Sanktion bei einem Anfüttern bzw. einer Bestechung für den Beamten sowie für den Bürger. Zudem muß er in beiden Fällen die Kontrollwahrscheinlichkeit festlegen. Eine weitere Maßnahme, die in einem erweiterten Modell berücksichtigt werden könnte, wäre z.B. die Einführung einer Kronzeugenregel.

C. Die Beurteilung der Modellansätze der Arbeit

Vergleicht man die Grundstruktur der Modellansätze von v. Wangenheim mit diesem skizzierten Analyserahmen, dann können wir diese wie folgt einordnen:

I. Modell A:

Analysiert wird in diesem Modell die Hemmschwelle des Beamten zum Begehen einer Straftat durch Bestechung. Ausgehend von einem Informationsdefizit des Beamten über die Aufdeckungswahrscheinlichkeit eines rechtswidrigen Handelns kann er durch Annahme sukzessiver Zuwendungen zusätzliche Informationen über die Bestrafungswahrscheinlichkeit in Erfahrung bringen. Dieses Lernen wird bayesianisch modelliert.

Ordnet man dieses Modell A in das obige Grundmodell ein, dann können wir zunächst festhalten, daß lediglich der Beamte modelliert wird und dieser auch nur dahingehend, daß vorausgesetzt wird, daß er die Anfütterungsversuche des Bürgers immer annimmt. Es werden also keine Entscheidungen des Beamten über die Annahme oder Ablehnung der Anfütterungsversuche betrachtet, sondern lediglich seine Einschätzungen der auf ihn zukommenden Sanktionen bei einer Annahme von Zuwendungen.

Eine explizite Analyse der Entscheidungen des Beamten wäre aber von Bedeutung, wenn die Analysen von v. Wangenheim einen Beitrag für die oben betrachteten Fragen leisten sollen. So müßte zunächst einmal geklärt werden, ob es immer im Interesse des Beamten ist, jeden Anfütterungsversuch anzunehmen. Man würde hier viel eher erwarten, daß der Beamte den Wert der zusätzlichen Informationen über die Kontrollwahrscheinlichkeit durch Annahme einer Anfütterung gegen die damit verbundenen Kosten und Nutzen abwägt. Je kleiner so z.B. eine Zuwendung ist, desto eher wird er den Anfütterungsversuch des Bürgers trotz der zusätzlichen Informationen ablehnen.

Ferner müßte aber auch untersucht werden, ob der Bürger überhaupt bereit ist, den Beamten sukzessive anzufüttern, um somit ein Lernen zu ermöglichen. Immerhin ist dieses Anfüttern für ihn ja mit Kosten verbunden. Welchen Vorteil hat er also daraus, wenn er den Beamten „durch Anfüttern davon überzeugen [kann], daß das Risiko der Bestechlichkeit geringer ist, als bisher angenommen". (S. 245 ff.) Welcher Trade-off ergibt sich bei einem Anfüttern mit anschließender Bestechung gegenüber einer unmittelbaren Bestechung mit einem höherem Bestechungsgeld? Wenn er also diesen Weg des Lernens überhaupt wählen wird, dann ist es in seinem Interesse, die Zuwendungen möglichst gering zu halten.

Explizit modelliert wird auch nicht der Staat mit seinen Handlungsalternativen. Implizit unterstellt der Autor jedoch, daß es einen gegebenen Zusammenhang zwischen der Aufdeckungswahrscheinlichkeit bei einem Anfüttern und der Aufdeckungswahrscheinlichkeit bei einer Bestechung gibt. Ansonsten könnte nämlich der Beamte aus dem Vergehen des Anfütterns nichts über das Begehen einer Bestechung lernen. Zudem muß dem Beamten dieser Zusammenhang bekannt sein, d.h. er muß wissen, wie er von der Kenntnis der einen Wahrscheinlichkeit auf die andere schließen kann.

Obwohl die Handlungsvariablen des Staates nicht explizit in die formalen Analysen einfließen, zieht der Autor Schlußfolgerungen über den geeigneten Einsatz gesetzgeberischer Maßnahmen. Daß sich der Autor dadurch notwendigerweise auf's Glatteis begibt, sollen die folgenden beiden Aspekte zeigen:

Betrachten wir zum einen seine Beurteilung der Kontrollwahrscheinlichkeit und der Sanktionshöhe. V. Wangenheim kommt hier zu dem Schluß, daß beide „der Becker'schen Regel [entsprechen], daß es für die Begrenzung der Kriminalität gleichgültig ist, ob die Strafwahrscheinlichkeit oder die Strafhöhe um einen bestimmten Faktor erhöht werden". (S. 249). Dieses Ergebnis steht allerdings in dem fundamentalen Gegensatz zu den Untersuchungen von Ben-Shahar (1997), der ebenfalls das Lernen der Kontrollwahrscheinlichkeiten durch sukzessive Vergehen untersucht, allerdings in einem Modellrahmen, der die einzelnen Modellelemente explizit abbildet. In dieser Arbeit kommt Ben-Shahar zu dem Ergebnis, daß die optimale Vollzugspolitik gerade nicht der Becker'schen Regel entspricht. Zum anderen kommt dem vom Autor unterstellten Zusammenhang zwischen dem Vergehen des Anfütterns und dem der Bestechung eine wichtige Bedeutung für die diskutierten Ergebnisse zu. Würde nämlich der Staat keine Sanktion für das Anfüttern eines Beamten verhängen, könnte dieser auch nichts über die erwartete Sanktion bei einem Bestechungsversuch lernen.

II. Modell B:

Dieses Modell soll zeigen, wie durch das Anfüttern ein Beamter schrittweise zur Bestechung geführt werden kann. Konkret beschreibt der Autor ein Beispiel, in dem ein Beamter in einer ersten Periode nicht bereit ist, eine Bestechung anzunehmen, allerdings auf ein Anfüttern eines Bürgers eingeht. Durch die Annahme des Anfütterns hat der Beamte dann in einer zweiten Periode einen Anreiz, auf die Bestechung einzugehen.

Auch in diesem Modellansatz von v. Wangenheim wird nur der Beamte betrachtet. Im Unterschied zu Modell A. wird diesmal allerdings explizit seine Entscheidung über das Annehmen eines Anfütterns bzw. einer Bestechung analysiert. Nicht beachtet wird aber wie in Modell A der bestechende bzw. anfütternde Bürger sowie der Staat mit seinen Handlungsmöglichkeiten. Es stellen sich also in diesem Modellansatz dieselben Fragen wie bereits bei Modell A. Auch hier können also die Ergebnisse der Analyse nicht direkt in eine Politikempfehlung oder eine Erklärung des Phänomens des Anfütterns einfließen.

Daß durch diese eingegrenzte und sehr spezifische Betrachtungsweise wiederum die hergeleiteten Ergebnisse mit Vorsicht zu interpretieren sind, soll im folgenden argumentiert werden:

Der Autor nimmt an, daß das Bestrafungsrisiko – also die erwartete Sanktion – bei einem Anfüttern bzw. einer Bestechung in allen Perioden identisch ist. Er vergleicht dann den Vorteil aus einem rechtswidrigen Handeln mit der Summe der erwarteten Sanktionen über alle Perioden. Dieses Kalkül ist so nicht richtig: Bei der Entscheidung des Beamten ist das Bestrafungsrisiko in der zweiten Periode nämlich konditioniert darauf, daß in der ersten Periode die Tat nicht aufgedeckt wurde. Bezeichnet ps die erwartete Sanktion in einer Periode bei einer Kontrollwahrscheinlichkeit von p und einer Sanktion von s, dann ist die für das Begehen der Tat relevante erwartete Sanktion gegeben durch

$$ps + (1-p)ps + (1-p)^2 ps + \ldots\ldots .$$

In Periode 2 ist natürlich die erwartete Sanktion wieder ps, wenn der Beamte in der ersten Periode nicht überführt wurde.

Zudem ist das hergeleitete Ergebnis – Anfüttern in Periode 1 führt zur Bestechung in Periode 2 – ganz wesentlich von der spezifischen Struktur des Beispiels abhängig: Der Autor nimmt an, daß der Beamte seine Vorteile aus dem Vergehen vollständig in der ersten Periode konsumiert, allerdings die Kosten des Vergehens, also die erwarteten Sanktionen, über beide Perioden verteilt sind. Diese Annahme wird nicht begründet, lenkt aber ganz entscheidend das Verhalten des

Beamten. Würde dieser nämlich nicht in der ersten Periode seinen Vorteil konsumieren, sondern erst in der zweiten Periode, ändert sich an der Entscheidung in Periode 1 nichts – er wird immer noch das Anfüttern annehmen und die Bestechung ablehnen. Allerdings würde dadurch in der Periode 2 kein Anreiz für den Beamten gegeben sein, nun auch auf die Bestechung einzugehen. Vielmehr ist zu diesem Zeitpunkt seine Entscheidung dieselbe wie in Periode 1, er wird also eine Bestechung ablehnen.

Die eingeschränkte Modellierung der Thematik durch Fokussierung auf die Beamten stellt zudem die grundsätzliche Relevanz der Ergebnisse in Frage. Da der Bürger als Bestechender vollkommen ignoriert wird in dem Modell, ist überhaupt nicht klar, ob es überhaupt zu der angegebenen Konstellation bei der Entscheidungsfindung des Beamten kommen kann.

Im vorliegenden Beispiel kann dies zumindest verneint werden: Betrachten wir nämlich die Kosten, die dem Bürger durch ein anfängliches Anfüttern und eine anschließende Bestechung entstehen, dann summiert sich dies zu insgesamt 5+7=12 Einheiten. Da sein Ziel die Bestechung des Beamten ist, kann er dieses Ziel aber kostengünstiger erreichen. Statt einem Bestechungsgeld von 7 Einheiten sollte er einfach dem Beamten 9 Einheiten zahlen. Dann ist dessen Nettonutzen aus einer Bestechung in der ersten Periode 9-4-4=1 Einheit – dies ist mehr als bei einem rechtskonformen Verhalten – und der Bürger kann 3 Einheiten Bestechungsgeld einsparen. Er wird also den Beamten überhaupt nicht anfüttern wollen.

Wie in Modell A kommt auch der impliziten Annahme, daß Anfüttern strafbar ist, entscheidende Bedeutung im Hinblick auf die Diskussion der gesetzgeberischen Empfehlungen zu. Würde nämlich ein Anfüttern nicht sanktioniert, hätte der Beamte auch keinen Grund, auf eine spätere Bestechung einzugehen. Eine solche Erpreßbarkeit des Beamten setzt ein sanktionierbares früheres Verhalten voraus.

III. Modell C:

Im letzten Modell wird die Idee aufgegriffen, daß der Bürger durch Anfüttern des Beamten Informationen über dessen Neigung zur Korruption gewinnen kann. Unter bestimmten Annahmen an das Verhalten eines Beamten modelliert der Autor den Nutzen des Bürgers aus einer Bestechung mit vorangegangenem Anfüttern des Beamten. Anhand dieser Identität leitet er dann Auswirkungen gesetzlicher Regelungen zur Eindämmung der Korruption her.

Vergleich man dieses Modell mit dem oben skizzierten allgemeinen Modellrahmen, dann liegt in dieser Analyse der Blickwinkel auf dem Bürger. Er wird in seiner Entscheidung modelliert, den Beamten zunächst anzufüttern und ihn anschließend zu bestechen. Der Beamte selbst mit seinen Entscheidungen über die Annahme bzw. Ablehnung des Anfütterns und der Bestechung wird nicht modelliert. Vielmehr werden hier Annahmen an das Verhalten des Beamten getroffen. Die folgenden Anmerkungen konzentrieren sich auf die Spezifikation der Verhaltensannahmen an den Beamten:

V. Wangenheim unterstellt, „daß alle Beamten ab einer individuell unterschiedlichen Größe x_i der angebotenen Vorteile ablehnen" (S. 256 ff.). Diese Annahme erscheint mir begründungswürdig: Eine Standardannahme in der Literatur zur ökonomischen Analyse kriminellen Verhaltens ist nämlich das bereits erwähnte, auf Becker (1968) zurückgehende Entscheidungskalkül, nachdem ein Individuum genau dann eine rechtswidrige Handlung ergreift, wenn sein damit verbundener Nutzen die damit einhergehenden Sanktionen überschreitet. Dieses Entscheidungskalkül folgt aus der individuellen Nutzenmaximierung, die jedem mikroökonomischen Modell zugrunde liegt.

Die von v. Wangenheim getroffene Verhaltensannahme unterstellt in diesem Kontext, daß der Nutzen eines Beamten in der Höhe des Anfütterungsbetrages weniger stark zunimmt als die damit verbundenen erwarteten Sanktionen. Eine solche Annahme ist aber begründungswürdig. Immerhin könnte der Bürger dem Beamten ja statt durch eine einmalige hohe Zuwendung zwei kleine Zuwendungen in derselben Gesamthöhe zukommen lassen. Nach der Annahme des Autors würde sich dadurch die erwartete Gesamtsanktion reduzieren. Sowohl der Bürger als auch der Beamte würde also aus einer Folge kleinerer Anfütterungen profitieren.

Darüber hinaus baut auch dieses Modell wesentlich auf der Annahme auf, daß Anfüttern überhaupt strafbar ist. Ohne eine Sanktion für die Annahme von Zuwendungen könnte der Bürger aus dem Verhalten des Beamten keine Schlüsse über dessen Neigung zur Korruption ziehen.

Literatur

Becker, G. S., Crime and Punishment: An Economic Approach. Journal of Political Economy 76 (1968) 169 ff.

Ben-Shahar, O., Playing Without a Rulebook: Optimal Enforcement When Individuals Learn the Penalty Only by Committing the Crime. International Review of Law and Economics 17 (1997) 409 ff.

Diskussion

zusammengefaßt von *Christoph Kuhner*

Gegenstand der Diskussion war zunächst, ob der im *ersten Modell* geschilderte Lernprozeß die Senkung von Hemmschwellen in der Wirklichkeit repräsentativ beschreibt: Dagegen ist einzuwenden, daß einerseits die Wahrscheinlichkeit der Aufdeckung von Anfütterung nicht mit der Wahrscheinlichkeit der Aufdeckung von Bestechungsdelikten übereinstimmen muß, denn die Folge eines Bestechungsdeliktes besteht ja im Unterschied zur einfachen Vorteilsannahme in einem sichtbaren Verwaltungsakt.

Andererseits ist fraglich, ob die Veränderung der *a priori*-Wahrscheinlichkeitsverteilung durch den Lernprozeß tatsächlich stark ins Gewicht fällt, wenn man die Länge der Anfütterungsphase mit der Länge der Zeit vom Zeitpunkt der Straffälligkeit bis zum Zeitpunkt der Verjährung in Beziehung setzt und zusätzlich die erhebliche Schärfe der Sanktion – oft der Verlust der Altersversorgung – in Betracht zieht. In diesem Zusammenhang ist auch zu erwägen, ob sich die Verjährungsfrist zusätzlich zum Strafmaß und zur Aufdeckungswahrscheinlichkeit als strategischer Parameter für die optimale Prävention eignet.

Zum *zweiten* Modell wurde die Frage aufgeworfen, wie sich die Modellergebnisse ändern, wenn man die Voraussetzung aufgibt, daß der Nutzen aus einer Vorteilsannahme bzw. Bestechung zwingend in derselben Periode anfällt. Allerdings stimmt gerade diese Prämisse mit oft beobachtbarem Verhalten überein: Vorteile, die bei der Anfütterung gewährt werden, sind häufig nur unmittelbar konsumierbar und nicht in Vermögenswerte konvertierbar. Beispiele hierfür sind die leihweise Bereitstellung eines luxuriösen PKW zur Nutzung des angefütterten Beamten oder etwa die Einladung zu Reisen und Festlichkeiten.

Auf die Analogie des zweiten Modells zu in der Literatur schon vorhandenen *Suchtmodellen*, die den Ausstieg Drogenabhängiger zum Gegenstand haben, wurde hingewiesen. Auch wurden Analogien zwischen diesem Ansatz und Entwürfen zur Modellierung von nicht rechtlich implementierbaren Vertragsverhältnissen hergestellt. Weiterhin sind Bezüge zur ökonomischen Theorie der *Vertrauensbildung* durch wiederholte Zwei-Personenspiele sichtbar, wobei hier allerdings nur die *pay offs* der einen Seite betrachtet werden. Eine Formulierung als Zwei-Personenspiel wäre erwägenswert.

Das *dritte Modell* gehört - so wurde hervorgehoben - der Klasse der *screening*-Modelle an: Die minder informierte Marktseite – d.h. der korrumpierende Antragsteller – tätigt Aufwendungen, um Informationen über Präferenzen der anderen Marktseite – d.h. der potentiell korrupten Beamten – zu beschaffen. Interessant wäre die Frage, unter welchen Umständen es zu *signalling*-Gleichgewichten kommen kann, bei denen die besser informierte Marktseite ihre Präferenzen durch kostengünstige Signale („grüne Anzüge" für korrumpierbare Beamte) zum Ausdruck bringt.

Allgemein wurde angeregt, strafrechtsrelevante Tatbestände von Korruptionsdelikten mit einem aus der ökonomischen Theorie begründeten Konzept korrupten Verhaltens abzustimmen: Konzeptionell muß korruptes Verhalten als Ausprägung des Prinzipal/Agenten-Problems zwischen dem Staat und seinen Beamten verstanden werden; die Grenzziehung zwischen strafrechtlich nicht sanktionierbarem opportunistischen Verhalten und den Korruptionstatbeständen *Vorteilsannahme* und *Bestechlichkeit* wäre herauszuarbeiten.

Vonnöten ist eine scharfe Differenzierung der Rechtsfolgen einzelner Tatbestände, die konstituierend für korruptes Verhalten sind: Insbesondere ist zu unterscheiden zwischen der einseitigen Annahme von Vorteilen und der Begünstigung durch entsprechend gefärbte Verwaltungsakte. Vorgeschlagen wurden Meldepflichten für angenommene Vorteile, aber kein allgemeines Verbot für Beamte, diese anzunehmen; da die Gewährung von Vorteilen als Signal der konkreten Präferenzen der Rechtsunterworfenen verstanden werden kann: „Lobbying ist die kostenlose Bereitstellung von Information." Im Gegenzug sollte die Aufdeckung von unbilligen Begünstigungen durch Verwaltungsakte forciert werden.

Die Justiziabilität der Unterscheidung zwischen Anfütterung und Korruption dürfte allerdings nicht unproblematisch sein. Auch ist die Grenzziehung, welches Verhalten als korrupt bezeichnet werden kann, kulturell bedingt: Hingewiesen wurde auf etwa fernöstliche Gesellschaften mit einer ausgeprägten „Geschenkkultur".

Schließlich wurde die Frage erörtert, welche Implikationen sich ergeben, wenn man Aussagen der Theorie beschränkter Rationalität (*bounded rationality*) bzw. zeitliche Inkonsistenzen bei der Senkung von Hemmschwellen (*case-based reasoning*) berücksichtigt.

Contracting out of the Tax Burden: Steuerumgehung durch Vertragsgestaltung

von

Rainer Walz

A. Einleitung

I. Präzisierung des Themas

Steuerumgehung ist so alt wie die Besteuerung selbst. Der menschliche Geist hat hier schon lange ein ihm gemäßes Betätigungsfeld gefunden. Und auf welcher Seite des Kampffeldes man auch steht, so übt die Beschäftigung mit diesem Thema unleugbar einen starken intellektuellen Reiz aus. Wie im Bereich der haute couture oder alta moda begegnet man dem Geschmack am elegant Raffinierten, der interessanten Nähe zum Anrüchigen, die nur ein Meister stilsicher vermeidet, der einkommensmindernden Gefahr, allzu rasch von kleineren Talenten kopiert zu werden, einer überaus raschen Veraltung auch der teuren Modelle und der etwas abgewandelten Wiederkehr der vor-vorletzten Mode. Aus älterer Zeit sind einfachere, aber dennoch eindrückliche Formen bekannt: als der Fiskus den Reichtum seiner Bürger an der Zahl der Fenster bemaß, änderte sich die Architektur, als die Steuereintreiber die Kutschen zählten, erfand man Fahrzeuge, die keine Kutschen waren; als die Erbschaftsteuern lästig wurden, dachte man sich subjektlose Vermögensverselbständigungen aus, die nicht sterben. Es geht – man sieht es schon – bei der Steuerumgehung nicht um plattes Lügen, Bestreiten oder Tatsachenunterdückung. Die Kunst besteht in einer Art Verkleidung der Wirklichkeit, die das, was sie verhüllt, leicht erahnen läßt, aber es dadurch für den Fiskus – auf Zeit – unzugänglich macht, daß seine (Regelungs-) Sprache das erfolgreich Verhüllte nicht zu fassen vermag. Es ist ein Spiel um Regeln, Sprache, Sinn und die Grenzen der Auslegung.

Mein Thema ist die Steuerumgehung durch zivilrechtliche Gestaltung von Verträgen. Anders als der vorige Abschnitt vielleicht suggeriert, soll hier nicht Raffinesse ausgebreitet, sondern zunächst nur der Grundmechanismus verständlich gemacht werden. Deshalb sei bei den Beispielen eine Auswahl gestattet, die eine moderne Finanzverwaltung nicht unbedingt vor unlösbare Probleme stellen würde, die aber dafür dem weniger fachkundigen Leser das Phänomen verständlich macht. Also etwa: Ein Unternehmer möchte nach wie vor allein Herr im

Hause sein, aber die hohe Progression, dem seine gewerblichen Einkünfte unterliegen, dadurch verringern, daß er seine drei minderjährigen Kinder zu Gesellschaftern macht. Die Vertragsfreiheit macht es ihm möglich, die Gesellschafterposition der Kinder extrem schwach auszugestalten und das Heft wie bisher zu behalten. Hat er bisher ein Einkommen von 100 gehabt, haben die 4 Gesellschafter jetzt 4 x 25. Bei progressiver Besteuerung lösen 4 x 25 weit weniger Steuerlast aus als einmal 100. Oder: Ein Unternehmer gründet im niedrig besteuerten Ausland – z.B. einer Steueroase – eine 100%ige Finanzierungsgesellschaft, die keine andere Funktion hat, als dem inländischen Unternehmen Darlehen zur Verfügung zu stellen. Das inländische Unternehmen zieht die Zinsen von der hoch besteuerten Steuerbemessungsgrundlage ab, die ausländische Finanzierungsgesellschaft zahlt für die Zinseinkünfte kaum oder gar keine Steuer. Ob solche Gestaltungen „anerkannt" werden können, ist eine Frage, die im Streitfall der Finanzrichter zu entscheiden hat. Es handelt sich um eine klassische steuerjuristische Frage, mit der sich die ökonomische oder finanzwissenschaftliche Analyse bisher nicht beschäftigt hat[1]. Nur die Betriebswirte haben sich mit Steuervermeidungsoptionen gründlicher befaßt[2]. Das Thema Steuerumgehung zielt stracks auf Grundprobleme der Rechtsanwendung in steuerrechtlichen Konfliktfällen. Es stellt sich für den Steuerjuristen die Frage, ob die ökonomische Analyse dazu etwas beizutragen hat.

Der Bezug zum Generalthema dieser Tagung läßt sich schnell sichtbar machen, obwohl es hier nicht um den Straftatbestand der Steuerhinterziehung gehen soll. Das Steuerrecht leidet weit mehr noch als das Strafrecht unter einer problematischen Regelungshypertrophie. Ähnlich wie im Strafrecht ist die Frage der effektiven, aber gleichzeitig rechtsstaatlichen Rechtsdurchsetzung des Steuerrechts ein stets höchst unbefriedigend gelöstes Dauerproblem, das gegensätzliche politische Emotionen aufwirft. Kennzeichnend für den im vorliegenden Zusammenhang am meisten interessierende Aspekt ist der kalkulierte Steuerwiderstand in einer zwischen der legalen und der illegalen Praxis angesiedelten *Grauzone*. Diese Grauzone ist im Strafrecht klein; dort werden bestimmte Handlungen als verboten ausgegrenzt. Im Steuerrecht ist sie weit größer, weil der Steuergesetzgeber nicht Handlungen ausgrenzen, sondern möglichst einbeziehen will.

Solche Grauzonen entstehen im Recht überall dort, wo die Vertragsfreiheit auf den Märkten in Konflikt gerät mit Regulierungsintentionen des Gesetzgebers, die als belastender Kostenfaktor ins Gewicht fallen und deshalb Ausweichbewegungen auslösen. Der Bürger, der über eine wirtschaftliche Aktivität nachdenkt, die unter einen Steuertatbestand fällt, kann sie unternehmen und die Steuer in Kauf nehmen oder sie lassen, weil sie ihm wegen der Steuer zu teuer wird: Ein großer Tennisprofi aus Leimen kann seinen Wohnsitz in Deutschland nehmen, weil das

---

[1] Vgl. jedoch Grbich, Y., 12 Melbourne University Law Review 340 (1980), der sich mit Werbungskosten beschäftigt. Die Gründe für diese Enthaltsamkeit sind vielfältig: Die Finanzwissenschaft interessiert sich nur für Rechtspolitik, neuerdings für Verwaltungsverhalten. Die Finanzrechtsprechung gilt, anders als die Zivilrechtsprechung, als durch den Wortlaut der Gesetze sehr eng angebunden. Der Raum für ökonomische Effizienzüberlegungen scheint auch durch die spezielle Legitimitätsproblematik im Steuerrecht beengt.

[2] Guter Überblick bei Kußmaul, H., StuW 1995, 3 und Wagner, F.W., DB 1991, 1.

bequemer ist und alle seine Freunde hier wohnen, oder er kann, weil das zu kostspielig wird, Unbequemlichkeiten in Kauf nehmen und nach Monaco ziehen. Diese Form der Steuervermeidung ist völlig legal und unproblematisch. Wenn er nun aber die Vorteile eines Wohnsitzes in Deutschland behalten will, ohne so viel Steuern zu zahlen, kann er zwischen zwei Strategien wählen: er könnte einen Wohnsitz in Monaco vortäuschen und die Tatsache seines Lebensmittelpunkts in Deutschland gezielt vor dem Finanzamt verbergen. Oder er kann versuchen, auf den Bahamas eine Boris Becker Corporation zu gründen und sich von ihr als Tennisspieler für ein geringes Salär anstellen zu lassen. Die Preisgelder verdient dann die Gesellschaft und der schlecht bezahlte Angestellte kann wohnen, wo er will.[3] Die erste Alternative ist strafbar und deshalb trotz erheblicher Vollzugsdefizite ziemlich riskant. Die zweite Alternative beruht darauf, daß Wortlaut und Regelungsintention einer Norm sich nie decken, so daß durch Auslegung manchmal schwer zu überbrückende Manipulationsspielräume entstehen. Die zweite Alternative ist nicht strafbar, aber sie mag sonst ziemlich teuer sein. Kreative Steuerberatung hat ihren Preis, je maßgeschneiderter desto höher. An dieser Schneiderkunst sind sowohl Betriebswirte wie Rechtsberater beteiligt – kein Grund also die betriebswirtschaftlichen Professoren als staatlich bezahlte Steuervermeidungskünstler zu diffamieren[4]. Im Gegenteil, wer diese Kunst gut beherrscht, verdient nicht nur gut, er ist auch professionell hoch angesehen. Und dies ist so, obwohl das geschickte Ausspielen des Gesetzeswortlauts gegen den Regulierungssinn der eigentlichen Regelungsintention um keinen Deut weniger zuwiderläuft als strafbare Steuervergehen[5].

II. Begriffsklärungen: Steuervermeidung, Steuerumgehung, Steuerhinterziehung

Damit klarer wird, wovon die Rede ist, müssen jetzt einige Begriffsklärungen erfolgen. Ich möchte mich der Terminologie des Finanzwissenschaftlers Wrede[6] bedienen, die den Vorteil hat, sich eng an den juristischen Sprachgebrauch anzulehnen und dennoch ökonomisch modellfähig zu sein. Unter dem Oberbegriff des Steuerentzuges werden unterschieden: Steuervermeidung, Steuerumgehung und Steuerhinterziehung.

Steuervermeidung ist eine vom Steuerpflichtigen begangene Handlung, die dieser für geeignet hält, seine Steuerzahllast zu reduzieren; der Steuerpflichtige erwartet zum Zeitpunkt der Entscheidung weder Nachzahlung noch Bestrafung. Steuervermeidung wird offengelegt. Steuervermeidung kann vom Gesetzgeber gewünscht sein, wenn z.B. weniger Tabak geraucht oder statt in den alten in den neuen Bundesländern investiert wird, um besondere Abschreibungen zu nutzen.

---

[3] Diese Strategie würde allerdings eine ganze Reihe zusätzlicher Erwägungen notwendig machen, die hier nicht ausgebreitet werden sollen.

[4] Vgl. *Tipke, K.* (Steuergesetzgebung), S. 302.

[5] *McBarnett, D.* (The Way You Do It), S. 34.

[6] *Wrede, M.* Die Wiedergabe der Definitionen erfolgt wörtlich von S. 18, 19.

Steuerumgehung ist eine vom Steuerpflichtigen. begangene Handlung, die dieser für geeignet hält, seine Steuerzahllast zu reduzieren, wenn der Steuerpflichtige zum Zeitpunkt der Entscheidung mit positiver Wahrscheinlichkeit erwartet, die Steuerzahlung leisten zu müssen, die sich ohne diese Handlung ergeben hätte, eine Bestrafung jedoch für ausgeschlossen hält. Für die Juristen hängt zwar die Qualifikation der Steuerumgehung von der Interpretation des Rechts durch den BFH ab und nicht von der Einschätzung des Steuerpflichtigen. Zur entscheidungstheoretischen Operationalisierung der Ökonomen ist aber eine Einbeziehung in die Randbedingungen der individuellen Entscheidung erforderlich. Informationsökonomisch ist Steuerumgehung ein Grenzfall zur Steuerhinterziehung: Informationen werden offengelegt; das Finanzamt muß aber mit Kosten verbundene Prüfungen der Angaben des Steuerpflichtigen. vornehmen, um die Steuerumgehung erkennen und den Sachverhalt juristisch korrekt qualifizieren zu können. Im Finanzamt reicht die Sachbearbeiterebene nicht mehr aus.

Steuerhinterziehung ist eine vom Steuerpflichtigen begangene Handlung, die dieser für geeignet ansieht, seine Steuerzahllast zu reduzieren, wenn der Steuerpflichtige zum Zeitpunkt der Entscheidung mit positiver Wahrscheinlichkeit erwartet, die Steuerzahlung leisten zu müssen, die sich ohne diese Handlung ergeben hätte und er darüber hinaus mit positiver Wahrscheinlichkeit eine Bestrafung erwartet. Steuerhinterziehung ist durch asymmetrische Information gekennzeichnet.

III. Ziel der Untersuchung

Hier soll gezeigt werden, daß Steuerumgehung von der Schwierigkeit herkommt, ökonomische Konzepte juristisch begrifflich zu operationalisieren. Ich analysiere die Hauptquelle dieser Schwierigkeiten, die in überkommenen juristischen Problemlösungstechniken liegen, zeige auf, daß diese Techniken z.T. überholten ökonomischen Theorien verpflichtet sind und frage, ob auf der Grundlage moderner Theorie auf der richterlichen Ebene rationalere Problemlösungsfindung stattfinden kann.

B. Rechtliche Ansatzpunkte

I. Steuerrechtliche Tatbestandsmäßigkeit und privatautonome Gestaltungsfreiheit

Es ist richtig gesagt worden, daß das Ausmaß der Steuerhinterziehung maßgeblich von der Effizienz der Steuererhebung, der Zuverlässigkeit der Ermittlung, der Intensität der Kontrolle und der Sanktionen bei Entdeckung abhängt[7]. Der Umfang der Steuerumgehung hängt von der Fähigkeit der normgebenden Instanzen (Gesetzgeber, Verwaltung, Gerichte) ab, die maßgebliche Regulierungsin-

---

[7] *Allingham, M.G./Sandmo, A.*; differenzierend nach Einzelelmenten der Veranlagung *Klepper, S./Nagin, D.*, J of Law, Economics and Organization 5, 1 (1989).

tention in einem trennscharfen Text zu verlautbaren[8]. Dabei kommt es nicht allein auf den Gesetzestext an, sondern ebenso auf die Zusätze oder Abstriche, die die Finanzverwaltung über Richtlinien und Gerichte über Judikative vornehmen. Es kommt also darauf an, ob die für die konkrete Planungssituation verläßliche (gerichtsfeste) Bedeutung des Textes mit dem übereinstimmt, was der Gesetzgeber ex ante abstrakt hat regeln wollen. Bei Abweichungen wird wichtig, inwieweit die Gerichte eine konsistente Linie vorgeben können, an die sie sich glaubhaft halten werden, wenn Steuerpflichtige ihre Aktivitäten so gestalten, daß sie vom Wortlaut der Belastungsnorm nicht erfaßt werden, vom Sinn der Norm aber möglicherweise doch erfaßt sind [9].

Nach alter steuerjuristischer Tradition[10], die vom Bundesverfassungsgericht in allen einschlägigen Entscheidungen bestätigt wird[11], knüpfen die großen Ertragsteuern ihrer Intention nach an der objektiven Leistungsfähigkeit an, um die Steuerpflichtigen in gleicher wirtschaftlicher Situation gleich zu belasten. Dabei wird nicht wie eben an die Planungssituation angeknüpft, sondern an das Ergebnis wirtschaftlicher Aktivität. Um die Vielfalt wirtschaftlicher Situationen miteinander vergleichbar zu machen, müssen Vergleichszustände begrifflich identifiziert, d.h. sprachlich und quantitativ benannt und zu Steuertatbeständen verdichtet werden. Ökonomische Verhältnisse erscheinen dem Gesetzgeber in aller Regel als zivilrechtlich vorstrukturiert: Kaufverträge, Schenkungen, Arbeitsverträge, Mietverträge usw. Im Verlauf der Privatrechtsgeschichte haben sich verschiedene privatrechtliche Formen mit bestimmten einkommensrelevanten wirtschaftlichen Aktivitäten verbunden. Der Steuergesetzgeber, der häufig keine eigenen Begriffe für wirtschaftliche Sachverhalte hat, setzt die typischen zivilrechtlichen Formen in einen Tatbestand, der erfüllt sein muß, um die Steuer auszulösen. Der Gesetzgeber benennt den wirtschaftlichen Inhalt, den er meint, mit seiner typischen zivilrechtlichen Form. Das Werkzeug des Gesetzgebers sind Rechtsbegriffe.

Allerdings kann auf der Grundlage der Vertragsfreiheit der Gestalter des zivilrechtlichen Vertrages Form und Inhalt trennen[12]. Wenn z.B. die Formen Kauf, Miete, GmbH mit A,B,C bezeichnet werden und wirtschaftliche Inhalte wie entgeltliche Anschaffung, zeitweise Gebrauchsüberlassung, Betreiben eines Unternehmens mit Beschränkung der Gesellschafterhaftung mit X,Y,Z, so hängt A typischerweise mit X, B mit Y und C mit Z zusammen. Es ist aber auch möglich den Erfolg X mit einer atypischen Form von B ganz oder nahezu (als X′) zu erreichen (z.B. Leasing statt Kauf), den Erfolg Y oder Y′ mit einer atypischen

---

[8] *Feldman, J./Kay*, S. 320 ff.

[9] Das vertragliche Konstrukt orientiert sich am Gesetzeswortlaut, um ein Geschäft mit möglichst gleichem wirtschaftlichen Effekt wie das steuerlich belastete juristisch in einer Weise einzukleiden, daß die gesetzlichen Worte nicht zutreffen; oder es kann umgekehrt eine Vergünstigung für eine Aktivität durch geschickte Einkleidung erlangt werden, obwohl sie dafür vom Gesetzgeber nicht vorgesehen war.

[10] *Tipke, K.* (Steuerrechtsordnung Bd. 1) S. 478 ff.; *Walz, W.R.* (Steuergerechtigkeit) S. 54 ff., 155 ff.

[11] z.B.: BVerfGE 61, 319, 343; 68, 148, 152; 82, 60, 86.

[12] *Walz, W.R.*, ZHR 147, 281, 291 (1983).

Form von A (z.B. Kauf und Rückkauf) und den Erfolg Z mit einer atypischen Konstruktion (z.B. GmbH&Co), an die bei der Formulierung des Steuergesetzes noch niemand gedacht hat. Das führt in der Regel zu einer erheblichen Komplizierung der Verträge (z.B. bei Betriebsspaltung, Bauherrnmodellen), auch zur vermehrten Unsicherheit bei Vertragsstörungen, aber es mag unter dem Gesichtspunkt der tatbestandsvermeidenden Steuerumgehung trotz hoher Beratungskosten lohnend sein.

II. Formalismus gegen wirtschaftliche Betrachtungsweise

Nun gilt in allen entwickelten westlichen Steuerrechten der Grundsatz, daß es den Steuerpflichtigen nicht verwehrt ist, Steuern legal zu vermeiden und ihre Verhältnisse so zu regeln, daß sich eine geringere steuerliche Belastung ergibt[13]. Ob und inwieweit die gerade erwähnten Ausweichgestaltungen steuerlich „anerkannt" werden, hängt von einer methodischen Weichenstellung ab[14]. In den meisten nationalen Rechtsordnungen wird darüber gestritten, ob die Auslegung sich möglichst eng an den Wortlaut der Gesetze halten oder ob eine Auslegung nach Sinn und Zweck des Gesetzes den Vorrang haben sollte[15]. Im Steuerrecht war lange Zeit der positivistische Denkstil vorherrschend, also enge Textauslegung, Zulässigkeit von Analogien nur zugunsten und nicht auch zu Lasten des Steuerpflichtigen. Der Wortlaut des Gesetzes ist danach das dem Ausleger allein vorgegebene Material, ein dahinter liegender Sinn oder Zweck des Gesetzes kann nur berücksichtigt werden, wenn er im Wortlaut eindeutig zum Ausdruck gebracht ist. Soweit Steuergesetze sich der Begriffe des Zivilrechts bedienen, sei der Primat des Zivilrechts zu beachten[16]; die Begriffe hätten überall gleiche Bedeutung. Sollte sich der Wortlaut der Steuernorm als zu eng oder zu weit erweisen, ist der Gesetzgeber zur Abänderung aufgerufen, nicht die rechtsanwendende Verwaltung oder das Gericht. Daß die Steuergesetze dadurch zu immer detailreicheren Flickenteppichen von schwer beherrschbarer Komplexität werden, spielt keine Rolle. Nur im Ausnahmefall gestatte § 42 AO eine über den Wortlaut hinausgehende Korrektur. § 42 AO lautet: „Durch Mißbrauch von Gestaltungsmöglichkeiten des Rechts kann das Steuergesetz nicht umgangen werden. Liegt ein Mißbrauch vor, so entsteht der Steueranspruch so, wie er bei einer den wirtschaftlichen Vorgängen angemessenen rechtlichen Gestaltung entsteht." Weil nicht klar ist, was ein Mißbrauch sein soll und was angemessene Form, ist es ist kein Zufall, daß eine enge Auslegung dieser Art die Möglichkeiten zu kreativer Steuerumgehung vervielfältigt..

---

[13] Auch die Rechtsprechung betont diesen Grundsatz: BVerfGE 9, 237, 250; BFH BStBl. II 1996, 214; 1997, 374; BFH DB 1997, 1747.

[14] *Heinicke, W.*, S. 751 ff.

[15] *Nevermann, K.*, S. 99 ff.

[16] Steuerrechtseigene Wirtschaftsbegriffe wie „Unternehmer", „wirtschaftliches Eigentum", „Erzielung von Einkünften", „Zurechnung von Aufwand", Abgrenzung von „Einkommenserzielung" und „Einkommensverwendung", „Einlage" und „Entnahme" bieten sich als Ansatz für Umgehungen weniger an.

Demgegenüber steht eine Auffassung, die eine an Sinn und Zweck orientierte Auslegung für richtig hält (teleologische Auslegung, sog. wirtschaftlichen Betrachtungsweise). Sie ist auf ein inneres System von leitenden Steuerrechtsprinzipien verwiesen, die nicht im Wortlaut der Norm, wohl aber in einer gedachten Präambel, in der Tradition oder der Verfassung verwurzelt sind. Teleologische Reduktion von Vergünstigungen und Analogie zu Lasten des Steuerpflichtigen über den Wortlaut hinaus sind in gewissen Grenzen zulässig, wenn ein klarer Gesetzeszweck ausgemacht werden kann. Es besteht kein Primat des Zivilrechts. Der Begriff (z.B. die Abgrenzung zwischen Kauf und Miete oder zwischen Personen- und Kapitalgesellschaft) kann deshalb im Steuerrecht eine abweichende Bedeutung annehmen, wenn das dem erkennbaren Zweck des Rechtssatzes entspricht. Nehmen wir z.B. den Vertrag des Seniors mit den minderjährigen Kindern: wenn die Rechte der Kinder unter einen Schwellenwert sinken, mag zwar zivilrechtlich immer noch eine Gesellschaft vorliegen[17], steuerrechtlich aber nicht; der fast alleinherrschende Senior wird nicht als Gesellschafter, sondern als Einzelunternehmer besteuert[18].

Betrachtet man die längerfristige Entwicklung der Rechtsprechung, so entdeckt man bestimmte zyklische Bewegungen von einer antiformalistischen Sicht zu einer formalistischen und wieder zurück[19]. Die Rechtsprechung des Reichsfinanzhofs in den zwanziger Jahren, die die Folgen des 1. Weltkrieges zu bewältigen hatte, machte starken Gebrauch von der wirtschaftlichen Betrachtungsweise. Der Schöpfer der RAO und spätere Präsident des RFH, Enno Becker, hielt zivilrechtliche „Kartenspielertricks" für unsolidarisch gegenüber der notleidenden Volksgemeinschaft. Der Bundesfinanzhof hingegen erwies sich zunächst als Anhänger einer positivistischen Sicht mit starker Abstützung auf den Wortlaut ohne Frage nach Sinn und Zweck. Er hat damit die Steuerumgehung erleichtert und der Abschreibungsbranche die zentralen Bauelemente für ihre Modelle frei Haus geliefert. Das Gericht wurde sich aber zunehmend darüber klar, daß es sich hier um einen Wertungskonflikt zu bemühen hatte zwischen dem rechtlichen Gebot gleicher Belastung wirtschaftlich gleicher Sachverhalte auf der einen Seite und Rechtssicherheitsbedürfnissen sowie der Anerkennung ökonomischer und rechtlicher Kreativität auf der anderen Seite. Inzwischen hat der BFH zu einer mittleren Linie zurückgefunden. Das Bundesverfassungsgericht hat in seinem berühmten Kammerbeschluß zur Grunderwerbsteuer festgestellt, daß das Steuerrecht keinen Primat des Zivilrechts anerkenne, sondern seine Begrifflichkeit auch dann entlang *eigener Zweckentfaltung* entwickeln könne und müsse, wenn diese Begriffe aus dem Zivilrecht stammten.[20] Das Steuerrecht kann also den zivilrechtlichen Subsumtionsvorschlag des Steuerpflichtigen (z.B. Eintritt mit Sacheinlage in eine Grundstück-BGB-Gesellschaft; späterer Wiederaustritt) mit einer eigenen steuerrechtlichen Qualifikation (steuerlich ist das ein Grundstücksverkauf) konterrkarrieren.

---

[17] Aus zivilrechtlicher Sicht besteht mangels Schutzbedarfs kein Grund zur Korrektur.

[18] *Schwendy, K.*, S. 787 ff.

[19] Zum Folgenden *Nevermann, S.* 224 ff; Walz (Steuergerechtigkeit) S. 252 ff.

[20] BVerfG StuW 1992, 186 (m. Anm. Meincke).

III. Ein Valet dem Leistungsfähigkeitsprinzip?[21]

Um vom Zivilrecht methodisch diszipliniert abweichen zu können, brauchen die Finanzgerichte jedoch eigene Prinzipien und Maßstäbe, wenn sie sich nicht Willkür vorwerfen lassen wollen.

Der bloße Gesetzeswortlaut hilft ihnen nicht. Wie schon hervorgehoben, gilt als der tragende Gedanke einer zweckgerechten Auslegung wie auch der korrekten Abgrenzung von akzeptablen und inakzeptablen steuersparenden Einkleidungen das Prinzip der Leistungsfähigkeit, das nach h.L. in Art. 3 GG enthalten ist[22]. Das Privatrecht stellt die Vertragstypen zur Verfügung, mit denen wirtschaftliche Vorhaben von den Marktsubjekten ins Werk gesetzt werden, das Ertragsteuerrecht knüpft an deren Ergebnis an, indem es den Erfolg nach bestimmten Regeln identifiziert, quantifiziert und persönlich und zeitlich als Steuerfähigkeit (ability to pay) zurechnet. Juristisch erschließt sich das Prinzip als solidarische staatsbürgerliche Pflicht: it is the duty of the citizen to support the government according to his capacity to support himself. Leistungsfähigkeitsgerechte Besteuerung ist die Ausprägung qualitativ gleicher Verantwortung aller Staatsbürger für das Gemeinwohl unter Berücksichtigung quantitativ unterschiedlicher Situationen, in denen sich die Steuerbürger befinden[23]. Es sollte deshalb darauf ankommen, gleiche wirtschaftliche Vorgänge gleich zu belasten, dabei aber auch – aus dem ability to pay Gedanken heraus ganz zwanglos ableitbar – auf die persönliche Situation des Steuerpflichtigen etwa über Anerkennung außergewöhnlicher Belastungen und Gewährung eines Existenzminimums Rücksicht zu nehmen. Selbst eine mäßige Steuerprogression war unter der Voraussetzung mit dem Leistungsfähigkeitsprinzip vereinbar, daß man von einem abnehmenden Grenznutzen zusätzlicher Einkommensanteile ausging.

Für Finanzgerichte und das Bundesverfassungsgericht verstoßen Gestaltungen, die als Umgehungen qualifiziert werden, sowohl gegen die Leistungsfähigkeit – der Steuerpflichtige kann und soll mehr zahlen – wie gegen den Gleichheitssatz in seiner Bedeutung als Gerechtigkeitsgebot – andere in vergleichbarer Lage müssen mehr zahlen.. Nach der von Haensel begründeten h.M. ist Leistungsfähigkeit die Gleichheit des wirtschaftlichen Erfolges über alle Einkunftsarten hinweg[24] und auch das Bundesverfassungsgericht stellt in seinem Kammerbeschluß auf die Maßgeblichkeit des wirtschaftlichen Erfolgs als Vergleichsmaßstab ab.[25] Wenn man nachfragt, was das ist, erhält man von Verfassungsrichter Kirchhof die Antwort, in der individuellen finanziellen „Zahlungsfähigkeit" konkretisiere

---

[21] Vgl. den gleichnamigen Titel des Aufsatzes von *Littmann, K.*

[22] Neben das LfP treten noch andere Leitprinzipien wie z.B. das Umverteilungspostulat und Grundsätze der Praktikabilität der Steuerverwaltung, die in ihrer Bedeutung für die Auslegung jedoch stark hinter das Zentralprinzip zurücktreten.

[23] *Walz, W.R.* (Steuergerechtigkeit), S.54 ff.

[24] *Haensel, A.*, Vierteljahresschrift für Steuer- und Finanzrecht 1930, 441.

[25] BVerfG StuW 1992, 186 (m. Anm. Meincke).

sich die Leistungsfähigkeit[26]. Aber diese Antwort verwirrt, weil sie zwar auf die Einkünfte aus unselbständiger Arbeit von Verfassungsrichtern zutreffen mag, für andere Einkunftsarten, insbesondere gewerbliche aber nicht. Schlimmer: sie enthält keinerlei Konkretisierung für die Bildung von Vergleichsgruppen, in denen das Steuerrecht vom Zivilrecht aus steuerlichen Gleichheitsgründen abweichen soll. Es gibt keine Antwort auf Fragen wie: soll eine Kommanditgesellschaft mit 50 oder 100 Kommanditisten wie eine normale KG oder nicht vielleicht wie eine Kapitalgesellschaft besteuert werden? Es gibt keine Anwort, weil es an einem oberhalb des steuerlichen Einzelgesetzes stehenden materiell gehaltvollen und differenzierungsfähigen Maßstab fehlt[27].

Was vom Leistungsfähigkeitsprinzip bleibt ist ein zunächst vager, distributiver, auf Lastenverteilungsgerechtigkeit gerichteter Rechtsgrundsatz; die Erwartungen auf realisierbare materiale Gerechtigkeit und Gleichmäßigkeit müssen auf ein realistisches (Mindest-)Maß zurückgenommen werden.

C. Ökonomische Betrachtungen

I. Das Neutralitätspostulat

Nach Klaus Tipke soll die Sachgerechtigkeit des Leistungsfähigkeitsprinzips einer in der ganzen Welt verbreiteten Überzeugung entsprechen: ability to pay principle, taxable capacity principle, principe de capacité fiscale, principio de capacidad economica[28]. Das ist für die steuerrechtlichen Lehrbücher unbestreitbar. Nur merkwürdig, daß die modernen finanzwissenschaftlichen Lehrbücher keine Hinweise mehr auf die Besteuerung wirtschaftlicher Leistungsfähigkeit kennen[29]. Spöttisch wird aus der Sicht des Ökonomen angemerkt, daß das Leistungsfähigkeitsprinzip in der modernen Finanzwissenschaft zum alten Eisen geworden, gleichzeitig aber bei den Steuerjuristen zum Fundamentalprinzip avanciert sei. Ob hier wohl von einem gelungenen Recycling gesprochen werden könne?[30]

Drei Hauptgründe sind für den Wandel in der Finanzwissenschaft zu nennen. Zum einen sei das Leistungsfähigkeitsprinzip materiell indeterminiert, in der inhaltlichen Konkretisierung abhängig von Zeitströmungen und politischen Einflüssen und deshalb letztendlich, weil empirisch ohne überprüfbaren Gehalt, willkürlich[31]. Es bleibe unentschieden, welche Gleichheit dem interindividuellen Vergleich zugrundezulegen sei: die eines absolut-gleichen Opfers oder die eines

---

[26] *Kirchhof, P.*, StuW 1985, 319.

[27] Siehe *Costede, J.*, S. 19; *Fischer, P.*, DB 1996, 644.

[28] Nachweise bei *Tipke, K.* (Bd. 1) S. 482

[29] *Rosen, H.S.; Stiglitz, J.E.*; vgl. dagegen noch *Musgrave, R.A./Musgrave P.B.*, S. 242 ff. (allerdings skeptisch).

[30] *Wagner , F.W.*, StuW 1992, 1; Elschen, R., StuW 1991, 99, 111.

[31] *Blum, W./Kalven, H.* passim; Littmann, K passim.

proportional gleichen oder schließlich die eines marginal gleichen Opfers[32]. Selbst diese Diskussion sei fruchtlos; denn sie setze voraus, hinsichtlich der Steuerfähigkeitsindikatoren interindividuelle Nutzenvergleiche anzustellen, was nicht möglich sei. Zutreffend wurde der juristischen Umsetzung des Begriffs auch vorgeworfen, efficiency- und equity- Gesichtspunkte in einer Weise zu vermengen, die den Begriff ökonomisch-analytisch völlig unbrauchbar macht.

Die Juristen haben samt und sonders übersehen, daß die deutsche Finanzwissenschaft mit ihrer Betonung einzelner Besteuerungsideale in einen Sonderweg abgebogen war, der inzwischen wieder in den weltweiten mainstream ökonomischer Theoriebildung eingemündet ist[33]. Damit bricht der Finanzjurisprudenz das finanzwissenschaftliche Fundament weg. Das wäre nur dann unproblematisch, wenn Steuerrecht ohne fundierte Hintergrundvorstellung über die wechselseitigen Abhängigkeiten zwischen Wirtschaft und Steuerrecht weiterentwickelt werden könnte – z.B. auf der Grundlage ökonomisch naiver Ableitung aus Verfassungsgrundsätzen.

Da ich das hier zunächst ohne Begründung verneinen möchte, stellt sich die Frage, ob sich die Steuerrechtsdogmatik an zentraler Stelle neu orientieren läßt und ob diese Neuorientierung auch Perspektiven für das hier behandelte contracting out enthält.

Im Mittelpunkt des mainstreams der internationalen Finanzwissenschaft steht seit geraumer Zeit statt des Leistungsfähigkeitsprinzips die Forderung nach Minimierung der Zusatzlast und nach Entscheidungsneutralität der Steuern sowohl im Haushaltsbereich (Neutralität zwischen Konsumieren und Sparen) als auch im Unternehmensbereich (Rechtsformneutralität, Finanzierungsneutralität, Investitionsneutralität)[34]. Der wichtigste Unterschied zum Leistungsfähigkeitsprinzip, der sofort ins Auge springt, ist der, daß hierbei nicht die *Gleichheit aller Staatsbürger* unter Berücksichtigung quantitativ unterschiedlicher Zahlungsfähigkeit anvisiert wird. Verglichen werden *Handlungsalternativen*, zwischen denen der oder die Steuerpflichtigen wählen können[35]. Und während das Leistungsfähigkeitsprinzip in seiner Fassung durch die von Schanz/Haig/Simon entwickelte Reinvermögenszugangstheorie an das durch eine Person in einer Wirtschaftsperiode erwirtschaftete Ergebnis anknüpft[36], es gemäß dem Gleichheitsgebot in Bezug zum Ergebnis anderer Personen setzt und nach rückwärts gerichtet ist, geht es der Neutralitätsforderung um die in die Zukunft weisende Entscheidungssituation. Maßgeblich für Bewertung wie Kritik an Steuergesetz oder Judikat ist die Auswirkung auf die wirtschaftlichen Entscheidungen des Steuerpflichtigen[37].

---

[32] *Walz, W.R.* (Steuergerechtigkeit), S. 105.
[33] *Wagner, F.W.*, StuW 1992, 1, 7.
[34] *Scheer, C.; Elschen, R.*, StuW 1991, 99.
[35] *Wagner F.W.*, StuW 1992, 1, 7.
[36] *Tipke K.* (Steuerrechtsordnung, Bd. 2), S. 562 ff.
[37] *Schneider, D.*, DB 1997, 485; *Wagner, F.W.*, DB 1991, 1; ders., StuW 1992, 1; ders. (steuerliche Rechtskritik) S. 723 ff.

II. Universal und sectoral efficiency

In der Forderung nach Reduzierung der Zusatzlast und der Neutralität der Besteuerung verbinden sich die Ansätze einer auf die Effizienz der Allokation gerichteten Finanzwissenschaft mit denen einer entscheidungsorientierten Betriebswirtschaftslehre, die insoweit nur ebenfalls in den ökonomischen mainstream einmündet[38]. Nun gibt es allerdings zwei Versionen des Neutralitätspostulats. Die eine zielt ab auf „universal efficiency", die andere bescheidener auf „sectoral efficiency". Für die erstere übernehme ich die Umschreibung Wagners[39]: „Wenn von der aus der Modellanalyse [erg. eines universellen Wettbewerbsmarktes;Wz] abgeleiteten Prämisse ausgegangen wird, daß die von einer marktwirtschaftlichen Ordnung ohne staatlichen Eingriff bewirkte Güterallokation zu optimalen Ergebnissen führt, dann muß auch das steuerliche Ideal endogen aus der Wirtschaftsordnung abgeleitet werden. Eine marktwirtschaftliche Ordnung wird durch ein neutrales Steuersystem am wenigsten beeinträchtigt, das über die unvermeidbaren Einkommensteuereffekte der Besteuerung hinaus so wenig wie möglich Substitutionseffekte entstehen läßt, die das Preisverhältnis der Realgüter und damit deren produzierte Mengen präferenzwidrig beeinflussen. Mengenverhältnisse, durch die die ursprünglichen Präferenzen verzerrt werden, führen zu Zusatzlasten und damit zu gesamtwirtschaftlichen Wohlfahrtsverlusten. Die Besteuerung soll also allokationsneutral sein. Dieses Ideal fällt mit der Form der Besteuerung zusammen, das einzelwirtschaftlich die geringsten [erg. Steuer-] Planungskosten verursacht."

Sectoral efficiency dagegen stützt sich nicht ab auf Annahmen über das Universum aller ökonomischen Aktivitäten oder das Vorhandensein perfekter Märkte[40]. Alles, was modellmäßig vorausgesetzt werden muß, ist, daß jeder Sektor der Wirtschaft trennscharf identifiziert ist, daß keine Externalitäten von Gütern oder Diensten auf andere Sektoren hinüberwirken und daß zwischen den Sektoren eine freie Bewegung von Kapital und Konsum möglich ist. Ein ineffizienter Entscheidungsanreiz zeichnet sich hier dadurch aus, daß eine steuermotivierte Verschiebung von Kapital von einem Sektor in den anderen zu einem Abzug von Kapital von Aktivität X mit einem höheren Gewinn vor Steuern in einen Aktivitätsbereich Y mit niedrigerem Gewinn vor Steuern geführt hat. Um vorteilhaft zu sein, müssen die Steuerplanungskosten und das Risiko einer Nichtanerkennung der Ausweichbewegung durch die Finanzinstanzen niedriger sein als die Differenz zwischen den Gewinnen in Sektor X und Y nach Steuern. Eine unmotivierte Niedrigerbesteuerung alternativer Betätigung bzw. Kapitalanlage verzerrt das Güterangebot und den Kapitalmarkt. Es entstehen die sog. Investitionsbremsen (Wagner). Je mehr solcher Verzerrungen es gibt und je mehr sie sich miteinander erfolgreich kombinieren lassen, desto stärker wachsen die Steuerberatungskosten.

---

[38] *Wagner, F.W.* (Rechtskritik), S. 723 ff.
[39] *Wagner*, (Steuerliche Rechtskritik), S. 723 ff.
[40] *Zelinsky, E.A.*, 64 Texas Law Rev. 973, (1986).

III. Einzelwirtschaftliche Effizienz

Nach beiden Modellen können bei Neutralität Steuerplanungskosten eingespart werden. Je mehr es sich lohnt, steuerumgehende Entscheidungsalternativen zu erkunden, desto lohnender, aber gleichzeitig desto teurer wird diese planerische Erkundung ausfallen. Bei neutraler Besteuerung entfallen, jedenfalls wenn die Neutralität dem Entscheidenden bekannt ist, die nunmehr mangels Rangfolgewirkung wirtschaftlicher Alternativen nicht mehr lohnenden Informationskosten[41].

IV. Finanzierungs- und Rechtsformneutralität

Läßt sich nachweisen, daß die spezifische Neutralität, um die es bei der juristischen Qualifizierung von steuerumgehenden Geschäften geht, nämlich vorwiegend um Rechtsform- und Finanzierungsneutralität, etwas mit der Allokationseffizienz zu tun hat[42]? Die Finanzwissenschaft hat herausgearbeitet, daß ein Verstoß wegen der Finanzierungsneutralität keine Effekte auf die Preisrelationen im Primärgüterbereich nach sich zieht, wenn eine Finanzierungsform gegen eine andere ausgetauscht werden kann, ohne daß dies die Optimalität von Investitions- und Konsumentscheidungen beeinflußt. Eine solche Situation liegt bei modellmäßiger Trennbarkeit von Investitions- und Finanzentscheidungen eigentlich vor. Allerdings wirkt sich die unterschiedliche Besteuerung der Finanzierungswege auf Investitions- und Konsumentscheidungen immer dann aus, wenn diese von der Finanzierungsform nicht unabhängig sind. Diese Situation dürfte häufig vorliegen, woraus die Forderung nach Finanzierungsneutralität deshalb ihre Berechtigung zieht, weil diese gleichzeitig Voraussetzung für die Investitionsneutralität ist.

Die Rechtsformneutralität kann als Teilbereich der Finanzierungsneutralität aufgefaßt werden. Gesellschaftsformen, die sich evolutionär entwickelt haben, unterscheiden sich bei Koppelung oder Trennung von Unternehmerfunktion und Tragung des ökonomischen Risikos für das Unternehmen, in der Zuweisung von Dispositions- und Kontrollrechten sowie in der Art und Weise der Unternehmensfinanzierung[43]. Welche Form mit welcher wechselseitigen Dispositions-, Anreiz- und Kontrollfunktion für das konkrete Projekt geeignet ist, sollen die Beteiligten möglichst ohne den störenden Einfluß von alternativen Steuerbelastungserwägungen treffen können. Eine unsystematische, politisch nicht speziell gewollte Beeinflussung verzerrt eine hinsichtlich Disposition, Anreiz und Kontrollfunktion organisationseffiziente Entscheidung. Das Gesellschaftsrecht wird steuerrechtlich „aufgerollt"[44].

---

[41] *Wagner, F.W.*, StuW 1992, 1.
[42] Zum folgenden *Wagner F.W.* (Steuerliche Rechtskritik), S. 723 ff.
[43] Vgl. *Walz, W.R.*, Die Aktiengesellschaft 1996, 161.
[44] *Birgelen, E.*, S. 1.

V. Praktische Ambivalenzen bei der Unterscheidung zwischen neutraler Norm und Lenkungsnorm.

Es gibt eine Reihe von Bedenken, ob die finanzwissenschaftliche Theorie praktisch umgesetzt werden kann:

Beide Varianten der efficiency gehen von einer normativen Vermutung aus, die gegen steuerliche Lenkungsmaßnahmen spricht. Faktisch ist das geltende Recht aber durch und durch mit Lenkungsnormen durchsetzt. Lenkungsnormen können dem Effizienzziel dienen, wenn z.B. erhebliche Externalitäten in einzelnen Sektoren oder economies of scale vorhanden sind oder Zugangsbarrieren zwischen den Sektoren verhindern, daß ein normaler Marktausgleich stattfindet[45]. Der Gesetzgeber kann aber auch das Effizienzziel verfehlen – das wird häufig so sein – und dennoch muß der Rechtsanwender das Gesetz befolgen. Damit ist die Frage gestellt, ob das Neutralitätspostulat auf der Anwendungsebene irgendeinen Nutzen verspricht.

Sowohl für den Gesetzgeber wie für den anwendenden Juristen ist es unter Umständen schwierig, rein fiskalische, neutrale Steuernormen von Steuernormen mit gewollt lenkendem Charakter zu unterscheiden[46]. Es ist für beide häufig eine diffizile Wertungsfrage, ob sie eine Lenkungswirkung (subventionelle Wirkung) als vom Gesetz gewollt oder doch nicht verhindert annehmen wollen (als Politiker das Gesetz so „verkaufen" wollen) oder entsprechend anwenden sollen. Eine wertungsneutrale Zuordnung zur einen oder anderen Kategorie scheint oft nicht möglich: one man's incentive is another man's normative deduction[47]. Wohnungsfahrt, child care costs für arbeitende Mütter, Abschreibung von trademarks, deren Lebensdauer wir nicht kennen; charitable deductions, aber auch: Nichtaktivierung von immateriellen Anlagegütern (Film), degressive Abschreibung, Lifo-Verfahren. Die im Neutralitätsgebot vorausgesetzte Unterscheidbarkeit zischen rein fiskalischen und Lenkungsnormen ist nicht ohne weiteres gegeben. Die Zuordnung der Norm zum einen oder anderen Bereich ist typischerweise stark wertbesetzt.

VI. Free Rider Effekte bei der Finanzierung öffentlicher Güter und der Konformitätsindex.

Ein weiteres schwerwiegendes Problem für die Umsetzung des Neutralitäspostulat ins Juristische ist die ihm innewohnende subjektive Zukunftsbezogenheit. Entscheidungstheoretisch ausgerichtete Betriebswirte betonen, daß Steuerpflichtige in der Entscheidungssituation ex ante die Maximierung ihres wirtschaftlichen

---

[45] *Zelinsky, E.A.*, 64 Texas Law Rev. 973, 1004 (1986). Auch die Verhinderung irrationaler Motive (behavioral anomalies; Zusammenfassung in Frey B.S.) kann Ansatzpunkt für Lenkung sein: Steuerpflichtige neigen beim Steuersparen zu einer groben Unterschätzung der Risiken oder übersehen tendentiell, daß keine Kosten besser sind als abzugsfähige Kosten.

[46] Grundlegend *Vogel, K.*, StuW 1977, 97 ff.; *Zitzelsberger, H.*, StuW 1985, 197.

[47] *Zelinsky, E.A.*, 64 Texas Law Rev. 973, 978 (1986).

Nettoergebnisses nach Steuern anstreben[48]. Dazu erfinden die Steuerpflichtigen auch neue Vetragsformen und zivilrechtliche Gestaltungen. Der Investor vergleiche weniger seine Belastung mit der des Arbeitnehmers oder Rentenempfängers als vielmehr alternative Unternehmensinvestitionen im Hinblick auf steuerliche Faktoren, die sich auf seine Einkommenserzielung auswirken. Anders als nach traditioneller juristischer Gleichheitswertung auf der Grundlage des Leistungsfähigkeitsprinzips, gehe es hier nicht um die Messung vergangener Erfolge, sondern um eine Erwartung, nämlich die ex ante Perspektive aus der Sicht eines Investitionskalküls. Den problemadäquaten Rahmen für eine steuerliche Gleichbehandlung biete daher der Alternativenvergleich innerhalb eines betriebswirtschaftlichen Investitionskalküls.

Aber noch innerhalb der ökonomischen Wissenschaften muß diese, gegenüber fairness und equity agnostische Sicht der Dinge noch an die Modellbildungen und empirischen Forschungen der modernen Finanzwissenschaft angepaßt werden. Es scheint so, daß auf Grund der erheblichen Schwierigkeiten, eine empirisch relevante Kostenfunktion zu bestimmen, die Steuervermeidung und die Steuerumgehung im Vergleich zur Steuerhinterziehung in der mikroökonomischen Literatur ein Schattendasein führen. Allerdings gibt es auch vielversprechende neue Ansätze, die ich, soweit sie hierher gehören, summarisch-andeutungsweise kurz einführe[49].

Optimalität der *Steuervermeidung* ist gekennzeichnet durch Ausgleich von sicherem Grenzertrag und sicheren Grenzkosten. Optimale *Steuerumgehung* setzt hingegen einen Überschuß des Grenzertrages über die Grenzkosten voraus, um den etwaigen Verlust bei gerichtlicher Qualifizierung als Umgehung wettzumachen[50]. Dazu gehören nicht nur die umsonst aufgewendeten Beratungs- und Verfahrenskosten, sondern die in Kauf genommenen zivilrechtlichen Komplikationen und Risiken des Vertragsgefüges, die sich potenzieren können, wenn die Steuerplanung schief geht[51]. *Steuerhinterziehung* ist individuell rational, wenn der erwartete Grenznutzen im Erfolgsfall dem Betrage nach dem erwarteten Grenzschaden bei mißglückter Steuervermeidung entspricht[52].

---

[48] *Schneider, D.*, DB 1997, 485.; Wagner. F.W., DB 1991, 1.

[49] Diese und die folgenden Ausführungen stützen sich maßgeblich auf *Wrede, M.*, S. 150 f.

[50] S. dazu oben die Begriffsdefinitionen im Text nach Fn. 6.

[51] Das Steuerrecht beeinträchtigt nicht nur die Wahl der Rechtsform, sondern wirkt sich auch auf den inneren dogmatisch-technischen Kernbereich des Privatrechts aus; es zersetzt die gewachsene Ausgewogenheit von vertragsrechtlicher Verschuldenshaftung, verschuldenslosen Einstandspflichten, langen und kurzen Fristen, Sach- und Preisgefahr; es kompliziert und verteuert die vertraglichen Abmachungen, vergrößert die Rechtsunsicherheit sowohl im Hinblick darauf, was im faktischen Verlauf an Störungen auftreten kann, wie im Hinblick auf die daraus zu ziehenden rechtlichen Folgen; es vertieft den Abstand zwischen vertraglicher Vereinbarung und vertraglicher Durchführung; es verteuert die Rechtsdurchsetzung und erhöht die Intransparenz der zivilrechtlichen Rechtsordnung. Vgl. dazu *Koller, T.*, S. 128; *Walz, W.R.* ZHR 147, 281 ff. (1983).

[52] Das Phänomen des Steuerentzuges wird von vielen Ökonomen - freilich aus ganz unterschiedlichen Gründen - mit Wohlwollen bedacht. Vgl.etwa Schneider, D., DB 1997, 485. oder Die Anhänger eines Public Choice - Ansatzes. Sympathie für Steuerumgehung durch kreative Gestaltung aus der Sicht von Law and Economics zeigt Schanze, E., JITE 151, 162 (1995). Kritisch aber die Korreferenten *Schäfer, H.-B.* JITE 151, 177. und *Hax, H.*, JITE 151, 183.

Die Steuererhebung läßt sich mikroökonomisch im Rahmen einer Theorie der Finanzierung öffentlicher Güter analysieren. Das Ausmaß des staatlichen Angebots hängt damit, auch soweit es individuell nutzbar ist, notwendig – wenn auch nicht allein – von den tatsächlichen Steuerzahlungen aller anderen Steuerpflichtigen. ab. Das Angebot reiner öffentlicher Güter ist in seinem Umfang nicht unabhängig von der Neigung der Steuerpflichtigen, Steuern durch Vermeidung, Umgehung oder Hinterziehung einzusparen. Es ist zu erwarten, daß sowohl die Art und Weise wie der Staat mit den Steuern umgeht und was an Nutzen zurückfließt, auf die Zahlungsbereitschaft wirkt, wie aber auch das erwartete Verhalten der anderen Steuerpflichtigen. Selbstverständlich sind auch die Kontroll- und Repressionsintensität von entscheidender Bedeutung für individuelle Vorteilserwägungen. Kann sich die Finanzbehörde an eine Kontrollstrategie glaubhaft binden, und können die Finanzgerichte eine kalkulierbare Linie gegen Umgehungsversuche gegen den Widerstand von Beratungspraxis und Literatur durchhalten, wird im Ergebnis weniger entzogen.

Juristisch ist das Zahlen von Steuern gerade nicht freiwillig; vielmehr wird am Steuerpflichtigen objektives öffentliches Recht vollzogen. Finanzwissenschaftlich kann man aber das Verfahren zur Bestimmung des Angebots öffentlicher Güter in Analogie setzen zu den Verfahren, über die das Angebot öffentlicher Güter organisiert wird, wenn es durch freiwillige Beiträge aller Nutzer finanziert werden soll. Der Teil der Steuer, dem sich der Steuerpflichtige nicht entzieht und den er nicht umgeht, wird gleichgesetzt mit dem freiwilligen Beitrag zur Finanzierung des öffentlichen Güterangebots. Man wird hier selbstverständlich mit free rider Effekten in großem Umfang rechnen. Erstaunlicherweise sind sich aber wichtige finanzwissenschaftliche Forscher darin einig, daß sich an Hand des Cournot-Nash Gleichgewichts und mit der free rider Hypothese kaum das erhebliche Maß an Beteiligung an der Finanzierung öffentlicher Güter erklären läßt; die free rider Hypothese ist in empirischen Untersuchungen offenbar häufig nicht in erwartbarem Ausmaß nachzuweisen[53]. Es wird also trotz der für die Bundesrepublik geschätzten Zahl von einem Drittel des Einkommensteueraufkommens[54] immer noch weit weniger entzogen als es die Theorie erwartet hätte. Erklärt wird die Divergenz u.a. durch den Einfluß der Erwartungen eines Steuerpflichtigen im Hinblick auf die Belastung anderer, über die Reaktionen der anderen Steuerpflichtigen auf diese Belastung und das Ausmaß des Steuerentzuges der anderen Akteure[55].

Die Vermutung eines positiven Zusammenhangs zwischen eigener Steuerzahlungsbereitschaft und eines verstärkten oder abgeschwächten Steuerentzugs anderer Steuerpflichtiger bestätigt sich. Bei Steuervermeidung und Finanzierung öffentlicher Güter besteht ein Zusammenhang zwischen den vermuteten Reaktionen anderer Steuerpflichtiger und dem Ausmaß der Steuerhinterziehung (Konformitätsindex). Erwartet ein Steuerpflichtiger, daß alle anderen gleichgerichtet reagieren, wird er mehr Steuern zahlen (gesetzestreuer sein). Es scheint daher so,

---

[53] *Dawes, R.M./Thaler, R.H.*, Journal of Economic Perspectives 2 (3), S. 187 ff (1988).

[54] *Lang, O./Nöhrbaß, K.-H./Stahl, K.*, Journal of Public Economics 66 (1997), 327.

[55] *Wrede, M.*, S. 161.

daß die Diskussion eines Konformitätsindexes (=die vermutete strategisch vermittelte Reaktion), auf den auch die praktische Steuerrechtsanwendung Einfluß haben dürfte, zu einer wertvollen Ergänzung der Theorie der Finanzierung öffentlicher Güter geführt hat.

Es spricht deshalb viel für die These, daß der Konformitätsindex, soweit er adminstrativ-rechtlich beeinflußbar ist, nicht allein durch Kontrolle und Sanktion, sondern auch durch eine erkennbare Bemühung der Gerichte um eine distributiv verstandene Steuergerechtigkeit verbessert werden kann – wie vage und zeitgebunden auch dessen Inhalt sein mag. Insoweit bleibt neben dem Neutralitätspostulat im Steuerrecht auch noch für das Leistungsfähigkeitsprinzip eine theoretisch mögliche Legitimation.

D. Von der Ökonomie zurück zur Rechtsanwendung

I. Trennung von Effizienz- und Verteilungsproblemen

Kann die Steuerrechtsdogmatik auf der Rechtsanwendungsebene an die moderne ökonomische Theorie anknüpfen? Nur dann, wenn der Ergeiz nicht darin besteht, das Leistungsfähigkeitsprinzip als Grundlagennorm völlig beiseitezuschieben. Dazu ist das Leistungsfähigkeitsprinzip als systematisierender Wertungsgrundsatz zu stark in der gängigen Dogmatik verankert. Aber man könnte einen Anfang machen – das ist die *erste Aufgabe* –, indem man Effizienzprobleme von Problemen der Verteilungsgerechtigkeit[56] und der Frage der persönlichen Disponibilität über Zahlungsmittel trennt, die sich bisher alle unter diesem Dach befinden. Man kann also fragen, ob die Steuerrechtsanwendung auf die Frage eingestellt werden kann, ob die eine oder andere Entscheidung auf der einzelwirtschaftlichen oder auf der Verwaltungsseite zu Zusatzkosten und – auf den freien Markt bezogen – zu einer Entscheidungsverzerrung führt.

II. Entspricht das Effizienzpostulat der gesetzlichen Wertung?

Da Auslegung der Steuergesetzgebung nachgeordnet ist, wäre zunächst zu prüfen, ob der Gesetzgeber diese Art von Effizienz unter seine Ziele aufgenommen hat. Das kann man genau so bezweifeln, wie manche Juristen bezweifeln, daß dem deutschen Steuerrecht oder auch nur dem Einkommensteuerrecht ein inhaltlich-materiell gehaltvolles Leistungsfähigkeitsprinzip zugrundeliegt. Unterschiedliche Einkommenstheorien, insbesondere bei Überschuß- und Gewinneinkünften, unterschiedliche Ermittlungs- und Erhebungsmethoden, Systembrüche und eine Vielfalt von systemfremden Elementen mit Lenkungsfunktionen, Vereinfachungsnormen, die Übernahme der Handelsbilanz für das Steuerrecht und die unterschiedlichen Chancen, bestimmte Einkommensteile vor

---

[56] Die distributive Ungerechtigkeit, die durch Umgehung herbeigeführt wird, darf freilich juristisch nicht einfach unterschlagen werden.

dem Fiskus zu verbergen[57], all dies ist mit der Vorstellung eines allokativ neutralen Steuerrechts nicht zu vereinbaren. Auch sind schwierige Fragen der Steuerinzidenz, also wer eigentlich auf Grund von marktwirtschaftlich vermittelten Steuerüberwälzungen die Abgabe endgültig trägt, zu komplex, um im Rahmen einer Gerichtsentscheidung eine Rolle spielen zu können. Die Unübersichtlichkeit der Belastungswirkungen wird durch die moderne Lenkungsorientierung der Steuergesetzgebung noch verstärkt.

Auch wenn man mit der herrschenden Meinung trotzdem davon ausgehen kann, daß die Steuerneutralität als Grundprinzip verfassungsrechtlich bestätigt werden kann, ist unser Steuerrecht so stark mit gewollt nicht-neutralen Regeln durchsetzt, daß Verstöße gegen die Neutralität keinesfalls automatisch zu einem Unwerturteil führen können. Diese Abweichungen begannen schon mit den frühesten Tagen der Einkommensteuer – besonders hervorstechende Abweichungen sind z.B. die unterschiedliche Belastung von Personengesellschaften und Kapitalgesellschaften., Abschreibungsvergünstigungen, die Niedrigbesteuerung von Betriebseinbringung, -veräußerung und -beendigung und der Verzicht auf die Besteuerung von realisierten Wertsteigerungen beim Privatvermögen (Grundstücke, Aktien). Für alle diese Fälle gab es wohlüberlegte rechtspolitische Begründungen, und das gilt auch für neuere Abweichungen. Steuerpolitisch kann man diese Abweichungen als Steuerschlupflöcher bekämpfen, aber der Richter ist an sie als geltendes Recht gebunden. Umgehung als Verstoß gegen Steuerneutralität entsteht hier erst, wenn die durch Vertragsgestaltung angestrebten a-neutralen Subventionseffekte größer als oder verschieden von denen sind, die der Gesetzgeber intendierte. Unter Effizienzgesichtspunkten geht es darum, die Fälle *exzessiver a-neutraler Effekte* zu erfassen[58]. Das ist ersichtlich eine normative Frage.

III. Systematisierung der gesetzlich gewollten A-Neutralität

Es ist zutreffend gesagt worden, daß solange der Staat mit nicht-neutralen Regeln arbeitet, die Lenkungen intendieren[59] oder doch wie z.B. bei der Übernahme der Handelsbilanz in die Steuerbilanz[60] Lenkungen in Kauf nehmen, damit gerechnet werden muß, daß die Steuerpflichtigen die zwischen Wortlaut und Sinn einer Steuernorm sich einschleichenden Unklarheiten der steuerlichen Zielsetzung zum eigenen Vorteil, aber möglicherweise zu Lasten ökonomischer Effizienz ausnutzen. *Um alle nicht-neutralen Eckpunkte unseres bestehenden Steuerrechts wächst das dichte Moos der Steuerumgehung.* Steuerumgehung ist nicht, wie der Gesetzgeber sich das mit § 42 AO vorstellt, ein Sammelsurium unterschiedlicher und unverbundener Gestaltungsideen und Tricks, sondern sie wächst sozusagen orga-

---

[57] Vgl. *Kiesewetter*, StuW 1997, 24.

[58] *Cooper, G.*, 85 Columbia Law Rev. 658, 697 (1985).

[59] Wichtige Einflußparameter sind neben distributiven Zielsetzungen die Mobilität langfristiger Anlagegüter und Beteiligungen, die Praxis der Rechnungslegung, das Eigen- und Fremdkapitalverhältnis von Unternehmensfinanzierung, die Dividendenpolitik, die Investitionen in den Wohnungsmarkt und die Rechtsformwahl von Unternehmen und dabeiVerträgen.

[60] *Aufschlußreich Wagner, F.W.* (Finanzmärkte), S. 51 ff.

nisch aus den bestehenden Nicht-Neutralitäten heraus[61]. Die *zweite Aufgabe,* die sich rechtlich stellt, ist deshalb, diese Nicht-Neutralitäten zu systematisieren, ihre Tragweite ökonomisch zu bewerten und diese Bewertung in die Entscheidung zwischen erlaubter bzw. in Kauf genommener Ausnutzung versus Exzeß mit hineinzunehmen.

IV. Aufgabenteilung zwischen Gesetzgeber und Gerichten

Die Identifizierung solcher und ihre Abgrenzung von unproblematischen Fällen kann so komplex sein, daß eine ökonomische Analyse erforderlich wird, die nicht nur die analytischen Fähigkeiten eines Finanzgerichts übersteigt. Überzeugende juristische Argumente wird man daraus häufig nicht herleiten können. Sollte der Richter deshalb jegliche effizienzorientierte Überlegung dem Gesetzgeber überlassen, der sie politisch entscheiden mag? Das ist nicht zwingend, denn in vielen anderen Fällen ist die Frage einfacher[62]. Wird der durch eine bestimmte Vertragsgestaltung eingeplante Steuervorteil vom ökonomischen Sinn des Gesetzes gedeckt oder erwächst für die Gesellschaft kein (vermeintlicher oder wirklicher) allokativer Gegenvorteil, so daß die vom Steuerpflichtigen gewollte a-neutrale Steuersubvention allein seinem disponiblen Einkommen zugutekommt? Eine steuerumgehende Konstruktion verlangt vom Steuerrecht eine Subvention, die vom ökonomischen Sinn des Gesetzes gerechtfertigt werden muß.

Für die Minderung der gesetzlich nicht intendierten Zusatzlasten (excess burden) sind grundsätzlich sowohl der Gesetzgeber wie die Gerichte zuständig. Wo es die Richter schaffen können, sollte sich der Gesetzgeber mit immer neuem Anti-Mißbrauchsflickwerk zurückhalten. Meistens entstehen dadurch schwer verständliche Monstergesetze (*Knobbe-Keuk* zu § 15 a EStG), es werden dadurch die Probleme nur verschoben und es entstehen sofort neue Abgrenzungsprobleme. Daß man dazu den Richtern einen gewissen Beurteilungsspielraum einräumen muß, der ex ante schwer zu kalkulieren ist und der bei kluger Handhabung eine Abschreckungslinie vorgeben kann, ist zuzugeben. In einem Rechtsgebiet, in dem ständig eine gut bezahlte Armada von Fachleuten damit beschäftigt ist, die äußersten Wortgrenzen gesetzlicher Tatbestände durch immer neue Gestaltungen auszutesten, ist ein gewisser Terror-Effekt systemerhaltend[63]. Der berühmte amerikanische Richter Brandeis sagt dasselbe: „Wenn du an einem Abgrund entlanggehst, wird dir niemand genau sagen können, wie nahe du heran kannst, ohne abzustürzen. Vielleicht stolperst du über einen Stein und rutschst aus und verlierst das Gleichgewicht. Die meisten werden dir aber sagen können, wo du in ausreichendem Abstand völlig sicher gehen kannst."[64] Oder: Wer mit dem Feuer spielt, darf sich über verbrannte Finger nicht beklagen.

---

[61] *Feldman, J./Kay, J.A.* S. 326; Cooper, S. 666

[62] Vgl. *Cooper, S.* 697.

[63] Die Gegenseite beschreibt zutreffend McBarnett, D., J. of Law and Society 1988, 113, 118: „The vast amounts of money which ride on the results of individual avoidance schemes make it practicable for lawyers to build up an infrastructure which is capable of rapidly and efficiently exploiting the rigidity of their opponents - legislators or revenue officers."

[64] Zitiert bei *Walz, W. R.* StuW 1982, 1, 4.

V. Der Wechsel des Blickwinkels vom ex post zum ex ante

Der Versuch, die finanzwissenschaftlichen Postulate der Reduzierung der Zusatzlasten und der Steuerneutralität auf der Rechtsanwendungsebene fruchtbar zu machen, hängt davon ab, ob die Rechtsprechung den darin angelegten Umschwung von einer ex post zu einer ex ante Betrachtung jedenfalls teilweise mitvollziehen kann. Steuerumgehungen setzen nicht erst mit der Steuererklärung ein, sondern schon viel früher, nämlich dann, wenn die steuerlichen Folgen alternativer Handlungsmöglichkeiten bedacht werden. Diese Entscheidung soll, wenn nicht besondere Gründe – unerwünschte externe Effekte oder ein gesetzlicher Lenkungswille – vorhanden sind, durch die Steuer nicht beeinflußt werden.

Unter der Ägide des Leistungsfähigkeitsprinzips haben die Gerichte zurückgeblickt und versucht, den erreichten wirtschaftlichen Erfolg sachlich, zeitlich und persönlich sowie der Höhe nach zuzuordnen. Problematische Gestaltungen sollten dadurch ausgeschieden werden, daß sie auf ihre Angemessenheit überprüft werden. Unangemessen wurde häufig gleichgesetzt mit ungewöhnlich, Umweg, Schleichweg, abwegiger Kniff. Das klingt so, als ob rechtliche Innovation der Steuer unterliegt. Dabei geht es immer nur um den vorliegenden, abgeschlossenen Fall. Insoweit folgt die Rechtsprechung der Flickentechnik des Gesetzgebers. Dabei ist zu erwarten, daß dasselbe Problem, nur wieder in anderer Verkleidung etwas abgewandelt, erneut auftreten wird. Für Virtuosen der Steuervermeidung gibt es keine anregendere Lektüre als das Studium der gerichtlichen Mißbrauchsbekämpfung. Was regelmäßig fehlt, ist die Reflexion auf die mit einer Entscheidung auszulösenden erwünschten Anreize und ökonomischen Wirkungen.

Die Steuerrechtsdogmatik hat allerdings durchaus auch Teilansätze entwickelt, die eine ex ante Sicht einnehmen oder doch ermöglichen. Diese sind völlig unabhängig von finanzwissenschaftlichen Postulaten entstanden, vielmehr daraus erwachsen, daß das Leistungsfähigkeitsprinzip keinen genügend konkreten materiellen Maßstab liefert und daß die Anknüpfung an einem Erfolg häufig zu konturenarm ist, um eine differenzierte steuerrechtliche Zweckauslegung zu tragen. *Die dritte juristische Aufgabe* besteht deshalb darin, diese Ansätze zusammenzuführen, gegebenenfalls zu verallgemeinern und sie im Zusammenhang mit der gerade postulierten Systematisierung und ökonomischen Bewertung der gesetzlich intendierten Nicht-Neutralität zu einem brauchbaren dogmatischen Instrument zu schmieden.

VI. Rechtsdogmatische ex ante Ansätze

Neben der allseits verwendbaren (und deshalb juristisch verdächtigen) wirtschaftlichen Betrachtungsweise sind drei konkretere Ansatzpunkte zu erkennen: bei der Praktikabilität, bei der subjektiven Zurechnung sowie bei den Ausweich- und Korrekturgeschäften.

Zunächst spielen seit jeher Praktikabilitätserwägungen bei der Auslegung von Steuergesetzen eine Rolle. Das lenkt den Blick auf die Durchführbarkeit und die Durchsetzbarkeit einer Norminterpretation sowie auf deren professionell abschätzbare Folgen für die Finanzwirklichkeit[65]. Dabei kann eine Rolle spielen, welche Anstöße von einer bestimmten Auslegungsalternative auf die privatrechtliche Vertragsgestaltung ausgehen werden und ob dieser Effekt dann noch administrativ bewältigt werden kann – die gerichtliche Anerkennung von Abschreibungsgesellschaften hat Heere von Finanzbeamten beschäftigt. Über diesen Ansatz kann versucht werden, auf die Gestaltungsentscheidung Einfluß zu nehmen. Ein entsprechender Grundsatz der Vermeidung von Planungskosten beim Steuerpflichtigen ist bisher nicht entwickelt.

Am interessantesten sind die Kriterien der subjektiven Zuordnung von Einkünften: Ein wichtiger Teil der Lehre will Einkünfte nicht danach subjektiv zuordnen, wer eine bestimmte Einkunftsquelle zivilrechtlich „hat" und den Ertrag einstreicht. Entscheidend sei die Art der erbrachten Leistung. Einkünfte sind dem Steuerpflichtigen in dem Maß zuzurechnen, in dem sie den Ertrag seiner Leistungen darstellen[66]. Genau hier liegt die Brücke vom ex post zum ex ante. Verlangt werden Leistungen des Vermieters auf dem Immobilienmarkt, des Investors auf dem Kapitalmarkt, des Mitunternehmers als partnerschaftlich Berechtigter in einer Gesellschaft. Diese Überlegung liefert den Schlüssel zur Bewältigung etwa der Zurechnungsprobleme bei der Nießbrauchsbestellung und zum Sale and Lease back. Er hilft begründen, daß die Briefkastenfirma keine eigene Leistung erbringt, daß kleine Kinder als Mitunternehmer nicht gelten, obwohl sie Kommanditisten sind. Die Leistung erbringt derjenige, der aktiv am Marktgeschehen teilnimmt und der über diese Teilnahme, über die Leistungserstellung disponieren kann, d.h. die Möglichkeit hat, Marktchancen zu nutzen, Leistungen zu variieren, im Extremfall auch zu verweigern, indem er seine Tätigkeit einstellt, Kapital zurückzieht, Mietverhältnisse kündigt usw.[67]. Die von den Steuerpflichtigen frei gestaltbaren schuld- und sachenrechtlichen Zuordnungen des Zivilrechts sind dafür ein wichtiges Indiz, aber nicht mehr.

Ein dritter dogmatischer Ansatzpunkt ist die Lehre von den Ausweich- und Korrekturgeschäften[68], die nach einem *Gesamtplan* vereinbart und durchgeführt werden. Es werden dabei typischerweise eine Reihe von vordergründig selbständigen Verträgen aneinandergereiht, die sich gegenseitig relativieren oder jeweils nur kurze Lebensdauer haben, aber keinen selbständigen wirtschaftlichen Zweck und durch zeitlich mehr oder weniger nah anliegende Korrekturgeschäfte wieder aufgehoben werden. Beispiel: Ein Vater schenkt seiner studierenden Tochter einen großen Geldbetrag mit der Auflage, dieses Geld dem väterlichen Unternehmen als verzinsliches Darlehen zur Verfügung zu stellen. Der Vater möchte die Zinsen als Betriebsausgaben abziehen. Von den Zinsen wird der monatliche Wechsel der Tochter finanziert. Hier liegt keine eigenständige Leistung der Tochter als Kapitalgeberin vor. Es handelt sich per Saldo nur um eine Einkleidung der nicht abzugsfähigen Unterhaltszahlung.

---

[65] *Walz, W. R.* (Steuergerechtigkeit), S. 174 ff.; *Felix, G.*, S. 124.
[66] Zuerst *Schmidt, L.*, StbJb. 1975/76, 149, 164; eingehender *Ruppe, H. G.*, S. 7 ff.; *Costede, J.*, S. 19.
[67] Die Formel stammt von *Ruppe, H. G* aaO..
[68] *Fischer, P.*, DB 1996, 644,651 f.

E. Ausblick

Damit ist als maßgeblicher dogmatischer Ansatzpunkt für die Frage der Umgehung *die eigenständige, allokativ wirksame Leistung* des Steuerpflichtigen,. herausgearbeitet. Die Steuer knüpft an einem ökonomischen Wertschöpfungsbeitrag an. Wird der Beitrag zusammen mit anderen erbracht, ist auf den individuelleigenständigen ökonomischen Funktionsnutzen für den gemeinsamen Wertschöpfungsakt abzustellen[69]. Unterstellt man dem Gesetzgeber im Ansatz ein Neutralitätswollen mit spezifischen rechtspolitischen Ausnahmen, so ist auch vom Gesetz her auf den aktiven ökonomischen Beitrag abgestellt[70]. Aus diesem Ansatz lassen sich zwanglos die Notwendigkeit und die Grenzen eines Fremdvergleichs bei Geschäften zwischen nahestehenden Personen ableiten. Ob der Steuerpflichtige einer Belastung entgehen oder eine Begünstigung erreichen kann, hängt von der Art seiner Leistung ab und nur indiziell von ihrer zivilrechtlichen Einkleidung. Auf dieser Basis kann für eine auf den *Zweck der Norm* abstellende Rechtsanwendung die Frage relevant werden, *welche Entscheidung unter zwei oder mehreren möglichen in Zukunft bessere Anreize zu einem rational-effizienten Marktverhalten der Steuerpflichtigen schafft.*

Literatur

Allingham, M.G./Sandmo, A., Income Tax Evasion. A Theoretical Analysis, Journal of Public Economics 1 (1972). S. 323 ff.

Birgelen, E., Die Beinträchtigung der handelsrechtlichen Gestaltungsfreiheit durch das Steuerrecht, 1970.

Blum, W./Kalven, H., The Uneasy Case for Progressive Taxation, 1963.

Cooper, G., The Taming of the Shrewd: Identifying and Controlling Income Tax Avoidance, 85 Columbia Law Rev. 658 (1985).

Costede, J., Zur dogmatischen Leistungsfähigkeit des Leistungsfähigkeitsprinzips, in Carlé/Korn/Stahl, Festgabe G. Felix, 1989, S. 17.

Dawes, R.M. / Thaler, R.H., Anomalies: Cooperation, Journal of Economic Perspectives 2 (3) (1988), S. 187 ff.

Elschen, R., Entscheidungsneutralität, Allokationseffizienz und Besteuerung nach der Leistungsfähigkeit. Gibt es ein gemeinsames Fundament der Steuerwissenschaften? StuW, 1991, 99.

---

[69] Als Hintergrundvorstellung dient die betriebswirtschaftliche Wertschöpfungsanalyse auf der Grundlage einer Funktions- und Risikoanalyse, wie sie bei der Überprüfung internationaler Verrechnungspreise (Aufteilung von Gewinn und Verlust auf Konzernzeile) vorgenommen wird.

[70] Ansätze dazu in der Rechtsprechung, ob bei ungewöhnlicher Gestaltung ein außersteuerlicher Grund - ein business purpose - nachgewiesen werden kann Auch die Unterscheidungen zwischen dem Kern oder der Substanz eines Geschäfts und seiner Form tasten sich unsicher in diese Richtung.

Feldman, J./Kay, J.A., Tax Avoidance, in Burrows, P./Veljanovski, C.G. (Hrsg.) The Economic Approach to Law, 1981, S. 320.

Felix, G., Praktikabilitätserwägungen als Auslegungsgrundsatz im Steuerrecht, in Felix, G. (Hrsg.), FS A. Spitaler, 1958, S. 124.

Fischer, P., Die Umgehung des Steuergesesetzes, DB 1996, S. 644.

Frey, B. S., Economics as a Science of Human Behavior, 1992.

Grbich, Y., Is Economics any Use to Tax Lawyers? 12 Melbourne University Law Review 340 (1980).

Haensel, A., Verfassungsrechtliche Bindungen des Gesetzgebers, Besteuerung nach der Leistungsfähigkeit, Gleichheit vor dem Gesetz, Vierteljahresschrift für Steuer- und Finanzrecht 1930, S. 441.

Hax, H., Koreferat zu Schanze, JITE 151 (1995), S. 183.

Heinicke, W., Die Grenzen steuerrechtlicher Gestaltung, in FS L. Schmidt, 1993, S. 751.

Kiesewetter, D., Theoretische Leitbilder einer Reform der Unternehmensbesteuerung, StuW 1997, 24.

Kirchhof, P., Der verfassungsrechtliche Auftrag zur Besteuerung nach der finanziellen Leistungsfähigkeit, StuW 1985, 319.

Klepper, S./Nagin, D., The Anatomy of Tax Evasion, J. of Law, Economics and Organization 5, 1 (1989).

Knobbe-Keuk, B., Bilanz- und Unternehmenssteuerrecht, 9. Aufl., 1993.

Koller, T., Privatrecht und Steuerrecht, 1993.

Kußmaul, H., Die betriebswirtschaftliche Steuerlehre als steuerliche Betriebswirtschaftslehre, StuW 1995, S. 3.

Lang, O./Nöhrbaß, K.-H./Stahl, K., On Income Tax Avoidance: The Case of Germany, Journal of Public Economics 66 (1997), S. 327.

Littmann, K., Ein Valet dem Leistungsfähigkeitsprinzip, in: Haller, H. (Hrsg.), FS F. Neumark, 1970, S. 113.

McBarnett, D., It's Not What You Do But The Way You Do It: Tax Evasion, Tax Avoidance and the Boundaries of Deviance, in: Downes, D. (Hrsg.), Unravelling Criminal Justice: Eleven British Studies, Oxford 1992 zit McBarnett, D. (The Way You Do It).

McBarnett, D., Law, Policy, and Legal Avoidance: Can Law Effectively Implement Egalitarian Policies? Journal of Law and Society 1988, 113 zit McBarnett, D. (Legal Avoidance)

Musgrave, R.A./Musgrave P.B., Public Finance in Theory and Practice, 3. Aufl., 1980.

Nevermann, K., Justiz und Steuerumgehung, 1994.

Rosen H.S., Public Finance, 1985

Ruppe, H.G., Möglichkeiten und Grenzen der Übertragung von Einkunftsquellen als Problem der Zurechnung von Einkünften, in Tipke, K. (Hrsg.), Übertragung von Einkunftsquellen im Steuerrecht, Deutsche Steuerjuristische Gesellschaft, 1978, S. 7.

Schanze, E., Hare and Hedgehog revisited: The Regulation of MarketsThat Have Escaped Regulated Markets, JITE 151, 162 (1995).

Schäfer, H.-B., Koreferat zu Schanze, JITE 151 (1995), S. 177.

Scheer, C., Steuerpolitische Ideale, In Krause-Junk, G. (Hrsg.), Steuersysteme der Zukunft, Schriften des Vereins für Socialpolitik, Band 256, S. 155.

Schmidt, L., Diskussionsbeiträge, Steuerberaterjahrbuch 1975/76, 149, 164.

Schneider, D., Steuervermeidung – ein Kavaliersdelikt? DB 1997, 485.

Schwendy, K., Familiengesellschaften und Gestaltungsmißbrauch, in FS L. Schmidt, 1993, S. 787.

Stiglitz, J.E., Economics of the Public Sector, 2. Aufl., 1989.

Tipke, K., Die Steuergesetzgebung in der Bundesrepublik Deutschland aus der Sicht des Steuerrechtswissenschaftlers, StuW 1976, 302 zit. Tipke, K. (Steuergesetzgebung)

Tipke, K., Die Steuerrechtsordnung (3 Bde), 1993 zit Tipke, K. (Steuerrechtsordnung, Bd. 1 bzw. 2)

Vogel, K., Die Abschichtung von Rechtsfolgen im Steuerrecht, StuW 1977, 97.

Wagner, F.W., Perspektiven der Steuerberatung: Steuerrechtspflege oder Planung der Steuervermeidung? DB 1991, 1.

Wagner, F.W., Neutralität und Gleichmäßigkeit als ökonomische und rechtliche Kriterien steuerlicher Normkritik, StuW 1992, 1 zit Wagner, F. W..

Wagner, F.W., Leitlinien steuerlicher Rechtskritik als Spiegel betriebswirtschaftlicher Theoriegeschichte, in Elschen, R., Siegel, T., Wagner F.W. (Hrsg), Unternehmenstheorie und Besteuerung, FS für D. Schneider, 1995, S. 723 zit Wagner, F. W. (Steuerliche Rechtskritik).

Wagner, F.W., Kann die Reform von Rechnungslegung und Steuersystem leisten, was die Finanzmärkte fordern? in Becker, M., Kloock J., Schmidt, R.,Wäscher, G. (Hrsg.),Unternehmen im Wandel und Umbruch, 1998, S. 51 zit. Wagner, F. W. (Finanzmärkte).

Walz, W.R., Steuergerechtigkeit und Rechtsanwendung, 1980 zit. Walz, W. R. (Steuergerechtigkeit).

Walz, W.R., Richterliche Rechtsfindung im Steuerrecht der USA, StuW 1982, 1.

Walz, W.R., Die steuerrechtliche Herausforderung des Zivilrechts, ZHR 147, 281 (1983)

Walz, W.R., Ökonomische und soziologische Unternehmensleitbilder vor den Toren des Gesellschaftsrechts, Die Aktiengesellschaft 1996, 161.

Wrede, M., Ökonomische Theorie des Steuerentzuges, 1993.

Zelinsky, E.A., Efficiency and Income Taxes: The Rehabilitation of Tax Incentives, 64 Texas Law Rev. 973, (1986)

Zitzelsberger, H., Über die Schwierigkeit mit dem Abbau von Steuersubventionen, StuW 1985, 197.

Manfred Tietzel

Kommentar

zu

Rainer Walz: Contracting out of the Tax Burden –
Steuerumgehung durch Vertragsgestaltung

Edmund Burke bemerkte einmal (1774), dem Menschen sei es ebensowenig gegeben, Steuern zu erheben und zugleich beliebt zu sein, wie zu lieben und zugleich weise zu sein.

Er vergaß, ganz unverzeihlich, die dritte Möglichkeit zu erwähnen, nämlich daß es dem Menschen, besonders aber seiner Subspezies, den Politikern, ebensowenig gegeben ist, Steuern zu erheben und zugleich weise zu sein. Dies gilt jedenfalls dann, wenn man unter einer „weisen Besteuerung" eine solche versteht, bei der für *jeden* Steuerzahler die letzte Einheit des mit der Steuer finanzierten, gemeinsam mit anderen genutzten Gutes mindestens soviel wert ist wie der Verzicht, den er mit der letzten Mark abgeführter Steuer leistet. Eine solche Paretoverbessernde Welt weiser Besteuerung, in der jeder die Situation nach Besteuerung jener vor Besteuerung vorzieht, existiert nur im Wicksellschen „Nirgendland" direkter Demokratie unter Einstimmigkeitsregel.

Der wirklichen Welt indirekter Demokratien, in denen mehrheitlich entschieden wird, ist eine solche Weisheit versagt. Und der Analyse einer besonders tiefen Niederung dieser wirklichen Welt, des Steuerrechts, und hier insbesondere des Problems der Steuerumgehung, ist der Beitrag von Rainer Walz gewidmet.

Ich glaube, er legt den Finger auf die Wunde, wenn er bemerkt, daß im Recht überall dort ausnutzbare Grauzonen entstehen, „wo die Vertragsfreiheit des Marktes in Konflikt gerät mit Regulierungsintentionen des Gesetzgebers, die als belastender Kostenfaktor ins Gewicht fallen" (Seite 275).

Verallgemeinernd könnte man sagen, daß rationale und eigeninteressierte Handelnde immer versuchen werden, zusätzliche oder verschärfte Restriktionen ihres Handelns, wenn möglich, außer Kraft zu setzen und – umgekehrt – ihren Handlungsspielraum zu erweitern. Eine Steuer ist eine solche Restriktion: insofern sie das verfügbare Einkommen kürzt, verschärft sie die Budgetrestriktion der

Wirtschaftssubjekte. Und da jede Mark, die einem nicht entzogen wird, genausoviel wert ist wie eine Mark, die man empfängt, sind Verhaltensweisen des Ausweichens und der Vermeidung auf der einen und des Rent-seeking auf der anderen Seite die beiden Seiten derselben Medaille, die, wenn man so will, ein ebenso gängiger, wenn auch „verborgener" Münzfuß ist wie D-Mark oder Dollar. Das gilt nicht nur für den Bürger als Adressaten der Steuergesetzgebung, sondern (mindestens) genauso sehr für den Gesetzgeber selbst. Die so unendliche wie lehrreiche Geschichte des Ausweichens von Parteien und Parlamentsfraktionen vor den Folgen der Urteile des Bundesverfassungsgerichts bezüglich ihrer Finanzierung aus öffentlichen Haushalten stellt an Einfallsreichtum jedenfalls manche „betriebswirtschaftlichen Professoren als staatlich bezahlte Steuervermeidungskünstler" (Seite 276) in den Schatten.

Durch das ganze Papier von Rainer Walz ziehen sich aufschlußreiche und manchmal amüsante Schilderungen, auf welche Weise Gesetzgeber und Richter versuchen, die so kurrente Medaille der Steuerumgehung mit dem Ziel einer gleichmäßigen und fiskalisch ergiebigen Besteuerung aus dem Verkehr zu ziehen.

Sicher hat er mit der Bemerkung Recht, daß es dabei darauf ankomme, „die maßgebliche Regulierungsintention in einem trennscharfen Text zu verlautbaren", so daß sich nach Möglichkeit Wortlaut und Regulierungsintention einer Norm decken. Die Lösung dieses semantischen Problems, einen Tatbestand so zu formulieren, daß für jede einzelne Verhaltensweise eines Normadressaten eindeutig entscheidbar ist, ob sie den Tatbestand erfüllt oder nicht, ist sicher eine notwendige Bedingung, Steuerumgehung zu vermeiden.

Es war Thomas Hobbes, der einmal schrieb, daß bloße Worte – ohne das Schwert – nur auf dem Papier stehen; mit anderen Worten, die Durchsetzung einer Norm stellt eine zweite notwendige Bedingung dar, Ausweichhandlungen zu unterbinden. Rainer Walz beklagt ökonomisch naive Ableitungen aus Verfassungsgrundsätzen, die manchmal unausgesprochen und nicht problematisiert voraussetzen, das Papier, auf dem sie stehen, sei zugleich auch schon das „Schwert", mit dem sie sich Geltung verschaffen. Diese „Naivität" führt dazu, daß selbst semantische Eindeutigkeit von Normen nicht hinreichend dafür ist, auch Steuerhinterziehung zu unterbinden. Und wenn tatsächlich eine Norm mit dem „Schwert" von Sanktionen bewehrt ist, muß manchmal dessen Einsatzbedarf erst kostspielig ermittelt werden, weil die Nichtbefolgung einer Norm nicht unmittelbar beobachtbar ist.

Schließlich gemahnt uns beispielsweise die Diskussion um die Laffer-Kurve daran, daß Normadressaten prinzipiell immer auf eine Norm reagieren können, und sei es, indem sie vermeiden, diese Norm zu erfüllen. Der Besteuerung mit fiskalischen Zielen können sie beispielsweise entgehen, indem sie versuchen, das Merkmal, an das die Besteuerung geknüpft ist, nicht zu erfüllen. Wenn aber Faktoreinkommen immer höher besteuert werden, wird, wenn nicht auch die Freizeit besteuert wird, Arbeit durch Freizeit substituiert werden und damit dem Entstehen eines „kollektiven Freizeitparks" Vorschub geleistet, den gerade jene beklagen, die den Weg dorthin bereitet haben. Ganz zu Recht fordert daher Rainer Walz – als dritte notwendige Bedingung sozusagen –, daß Regulierungen entweder entscheidungsneutral sein müssen oder aber daß versucht wird, die zu erwartenden Wirkungen auf das Verhalten der Adressaten vorherzusagen („subjektive Zukunftsbezogenheit", Seite 290) und schon bei der Formulierung der Norm zu berücksichtigen.

Soll also eine juristische Norm auch die intendierte Wirkung haben und nicht etwa durch Ausweichhandlungen de facto außer Kraft gesetzt werden, ist sicher die gleichzeitige Erfüllung dieser drei notwendigen Bedingungen erforderlich, und (vielleicht) sind sie dazu hinreichend.

Ich will darauf verzichten, den Ausführungen von Rainer Walz über die wohlfahrtsmaximierende „optimal taxation" andere – durchaus ebenso „moderne" – Theorien der Besteuerung an die Seite zu stellen.

Vielmehr möchte ich seinen Ausführungen über die Bedingungen, unter denen „Steuermoral" und effiziente Besteuerung zu erwarten sind einige Bemerkungen hinzufügen.

Tatsächlich sprechen theoretische Überlegungen und auch empirische Untersuchungen[1] dafür, daß die Steuermoral auch von der Ausgestaltung der Finanzverfassung und, noch allgemeiner, von der politischen Verfassung eines Landes abhängt.[2] Eine entsprechende Verfassungsinnovation schlagen in ihrem jüngst erschienenen Buch Buchanan und Congleton vor.[3] Sie plädieren dafür, konstitutionell jede diskriminierende, das heißt einzelne Gruppen oder Personen begünstigende oder benachteiligende Besteuerung zu verbieten; diese Universalisierungsnorm werde nicht nur zu größerer Steuergerechtigkeit und -moral sondern darüber hinaus auch zu einer effizienteren Besteuerung führen. Denn Anreize zum Rent-seeking (und die dabei entstehenden Kosten) entfielen, Verwaltungskosten könnten eingespart werden und *zusätzliche* excess burdens, die durch diskriminierende Besteuerung entstehen, würden entfallen. In der Tat ist dies ein bedenkenswerter Vorschlag, der sicher auch zu einer Eindämmung der Steuerausweichung führen würde; allein, er müßte die Hürde der politischen Realisierung nehmen. Doch wenn es um Steuern geht, sind Politiker – demokratische ganz genauso wie absolutistische – für allgemeine Interessen schwerhörig und haben – im eigenen Interesse – für partikulare ein umso offeneres Ohr.

Dies mußte vor mehr als 200 Jahren schon Giacomo Casanova erfahren, der 1764 auf einem Spaziergang im Park von Sanssouci von Friedrich II. aufgefordert wurde, darzulegen, was er von den Steuern denke. „Die schädlichen Steuern", antwortete Casanova, „sind die, welche der König unmittelbar empfängt; .... die vortrefflichen die, welche man zugunsten des Volkes erhebt." Über die Reaktion des Königs berichtet er weiter: „Der König wurde übler Laune; vielleicht fühlte er, daß ich recht hatte. Ich ließ das Gespräch fallen ... Er nahm den Hut ab,

---

[1] Im Überblick dargestellt bei *Blankart, C.B.*, Öffentliche Finanzen in der Demokratie, 3. Aufl., 1998, S. 204 ff.
[2] Siehe dazu *Tietzel, M.*, Politischer Wettbewerb als Aufgabe. Konstitutionelle Voraussetzungen der Sozialen Marktwirtschaft, in: Cassel, D. (Hrsg.), 50 Jahre Soziale Marktwirtschaft, 1998, S. 679 – 710.
[3] *Buchanan, J.M./Congleton, R.D.*, Politics by principle, not interest, 1998, S. 85 – 96.

grüßte mich und ging. Ich zog mich zurück, überzeugt, daß ich ihm mißfallen hätte."[1]

Literatur

Blankart, C.B., Öffentliche Finanzen in der Demokratie, 3. Aufl., München 1998.
Buchanan, J.M./Congleton, R.D., Politics by principle, not interest, Cambridge 1998.
Casanova, G., Memoiren, 6. Band, Berlin 1925.
Tietzel, M., Politischer Wettbewerb als Aufgabe. Konstitutionelle Voraussetzungen der Sozialen Marktwirtschaft, in: Cassel, D. (Hrsg.), 50 Jahre Soziale Marktwirtschaft, Stuttgart 1998.

---

[1] *Casanova, G.*, Memoiren, 6. Band, 1925, S. 185 ff.

Diskussion

zusammengefaßt von *Christoph Kuhner*

Hingewiesen wurde auf die systematische Eingliederung der Problematik in die Besteuerungstheorie: Steuerrechtskritik aus ökonomischer Sicht muß am Referenzpunkt allokativ effizienter Besteuerung ansetzen. Diesen Referenzpunkt bilden jene Steuertarife, die aufgrund geoffenbarter Präferenzen für öffentliche Güter entworfen sind. Die wahrheitsgemäße Offenbarung ist im Wege eines *Groves*-Mechanismus denkbar. Dieser Weg ist allerdings nur gangbar, wenn der Nutzen aus öffentlichen und privaten Gütern additiv separierbar ist. Als ein komplexitätsreduzierender Weg einer Besteuerung entsprechend der in Anspruch genommenen Leistungen können die Äquivalenzprinzipien der Besteuerung gelten. Allerdings ist eine konsequente Besteuerung auf der Grundlage der Äquivalenzprinzipien in großen Gesellschaften nicht mehr durchführbar.

In dieser Situation kommen die Prinzipien der Besteuerung nach der Leistungsfähigkeit und die entscheidungsneutrale Besteuerung zum Tragen. Es wurde darauf hingewiesen, daß diese beiden Prinzipien nicht gleichermaßen auf unterschiedliche Steuerarten anwendbar sind: So ist das Leistungsfähigkeitsprinzip konzeptionell kaum auf die Unternehmensbesteuerung übertragbar, da das Individuum notwendiger Bezugspunkt des Leistungsfähigkeitsgedankens ist. Umgekehrt ist das Konzept der Entscheidungsneutralität zunächst nur auf Unternehmenssteuern anwendbar, denn das Ausmaß der Zusatzlast, welches für eine entscheidungsneutrale Personenbesteuerung ausschlaggebend wäre, bestimmt sich individuell für jedes Wirtschaftsubjekt nach Maßgabe von dessen Nutzenfunktion.

Eine Minimierung der Zusatzlast ist aus diesem Grunde auch schon konzeptionell nicht identisch mit entscheidungsneutraler Besteuerung. Lediglich dann, wenn man für alle Individuen kardinale, identische Nutzenfunktionen annimmt, die nur Geld als Argument enthalten, sind beide Prinzipien universell anwendbar und führen zu den gleichen Ergebnissen. Auf der Darstellungsebene thematisiert die erfolgsneutrale Besteuerung die Handlungsalternativen der Steuerzahler, während die Optimalsteuertheorie diese Handlungsalternativen schon in den Nachfrage-/Angebotsfunktionen impliziert.

Andererseits wurde davor gewarnt, einen fundamentalen Gegensatz zwischen beiden Prinzipien aufbauen zu wollen, der nicht vorhanden ist: So bedeutet erfolgsneutrale Besteuerung in einem Standardfall der Steuertheorie, daß der ökonomische Gewinn eines Unternehmens besteuert wird, unabhängig vom zeitlichen und zustandsbedingten Anfall der einzelnen, ihn konstituierenden

Zahlungsströme. Mit dem ökonomischen Gewinn, d. h. der meßbaren Steigerung des Kapitalwertes eines Unternehmens, wird aber auch dem Leistungsfähigkeitsgedanken Rechnung getragen, weil die Besteuerung an der Veränderung des gesamten finanziellen Ressourcenpotentials anknüpft.

Als problematisch wurde es empfunden, beliebig viele Prinzipien in ein einziges Steuerrecht zu integrieren: Ein nicht ohne weiteres ersetzbares, auch verfassungsmäßig verankertes Prinzip ist etwa die Tatbestandsmäßigkeit der Besteuerung. Ob der Gedanke entscheidungsneutraler Besteuerung als gesetzgeberisches Leitbild damit in Einklang zu bringen ist, wurde bezweifelt. Möglicherweise empfiehlt sich auf der Ebene der Steuergesetzgebung weiterhin die strenge Ausrichtung an kodifizierten Tatbeständen; auf der Ebene der Rechtsprechung könnte aber ein als Auslegungsprinzip verstandenes Erfolgsneutralitätspostulat gut angesiedelt sein. Auf diese Weise wäre eine Abwendung von Mißbrauch am ehesten denkbar. Eine Verbindungslinie ist zwischen dem Erfolgsneutralitätsprinzip und der "wirtschaftlichen Betrachtungsweise" konstruierbar.

Schließlich wurde darauf hingewiesen, daß das auch das Zivilrecht ein mögliches Instrument zur Eindämmung der Steuervermeidung durch Sachverhaltsgestaltung sein könnte. Eventuell könnte das Steuervermeidungsmotiv bei der Würdigung komplexer internationaler Haftungsfragen zur Geltung kommen.

Die Neustrukturierung der Unternehmenshaftung*

von

Jennifer Arlen / Reinier Kraakman

A. Einleitung

Auf einem bekannten Stoßstangen-Aufkleber steht: *Corporations don't misbehave, people do.* In einer perfekten Welt von gewitzten und zahlungskräftigen Akteuren würden die meisten Formen der Unternehmenshaftung wie auch andere Formen der Haftung Dritter für Fehlverhalten überflüssig sein. Das Recht könnte alle gesellschaftlich unerwünschten Handlungen einfach dadurch verhindern, daß es Sanktionen verhängt, die den sozialen Kosten des Fehlverhaltens entsprechen. Dadurch würde jedermann gezwungen, die Kosten des eigenen Fehlverhaltens zu tragen[1].

In der Realität dagegen kann die individuelle Haftung allein Fehlverhalten von Unternehmen oftmals nicht verhindern. Die Schuldigen, die Wirtschaftsdelikte begehen, haben häufig kein ausreichendes Vermögen, um Sanktionen in einer den sozialen Kosten ihres Fehlverhaltens entsprechenden Höhe bezahlen zu können. Das gilt besonders dann, wenn das Fehlverhalten schwer zu entdecken ist[2].

---

* Übersetzung des Aufsatzes ins Deutsche von Prof. Dr. iur. *Claus Ott* und stud. iur. *Nils–Christian Wunderlich*, Universität Hamburg, Fachbereich Rechtswissenschaft, Edmund-Siemers-Allee 1, 20146 Hamburg, Deutschland.

[1] Vgl. hierzu: *Gary S. Becker*, Crime and Punishment: An Economic Approach, 76 Journal of Political Economy 169 (März / April 1968).

Dieser Aufsatz beschränkt sich auf vorsätzliche Schädigungen. Im Falle nicht–vorsätzlicher Schädigungen könnte eine Unternehmenshaftung dann gerechtfertigt sein, wenn es sich um Delikte handelt, für die kein Individuum persönlich haftbar gemacht werden kann (obwohl in diesem Bereich ein Großteil der Schädigungen wahrscheinlich dem Management eines Unternehmens zugeschrieben werden könnte).

[2] Ungeachtet der Insolvenzproblematik könnte der Staat ein gesellschaftlich nicht erwünschtes Verhalten dadurch vermeiden, daß er die Handelnden einer erwarteten Sanktion, die den gesellschaftlichen Kosten des entstandenen Schadens entspricht, aussetzt. Wenn die Möglichkeit besteht, daß eine Schädigung nicht erkannt werden kann, sollte die Sanktion (f) den gesellschaftlichen Nettokosten der Schädigung (h), dividiert durch die Wahrscheinlichkeit der Aufdeckung der Schädigung

Selbst wenn der Staat einen Agenten angemessen sanktionieren kann, sind solche Maßnahmen teuer. Im Vergleich dazu kann das Unternehmen den Agenten möglicherweise wesentlich billiger identifizieren und sanktionieren[3]. Schließlich mögen die Agenten eines Unternehmens mitunter weder gewitzt noch rational sein und deshalb auf individuelle Haftung allein nicht ansprechen.

Aus diesen Gründen füllt die Unternehmenshaftung eine wichtige Nische in der Rechtsdurchsetzung aus. Wo individuelle Haftung allein unzuverlässig wäre, nimmt eine Gesamthaftung die Unternehmen in die Pflicht, die grundlegenden Ziele der Rechtsdurchsetzung zu verfolgen, nämlich ein effizientes Aktivitätsniveau herbeizuführen und bei gegebenem Aktivitätsniveau des Unternehmens die Kosten von Fehlverhalten und Rechtsdurchsetzung zu minimieren[4]. Diese Ziele führen jedoch zu unterschiedlichen und möglicherweise inkonsistenten Anforderungen an die Unternehmenshaftung. Wie wir im folgenden zeigen, enthalten unterschiedliche Haftungssysteme unterschiedliche trade-offs zwischen den Zielen der Rechtsdurchsetzung. Im wesentlichen stehen drei Arten von Haftungssystemen zur Auswahl: (1) eine strikte Haftung für Gehilfen, wonach ein Unternehmen für jegliches Fehlverhalten seiner Angestellten haftet, (2) eine

---

(p), entsprechen. Somit entsprächen die erwarteten Kosten des Handelnden dann wieder den gesellschaftlichen Kosten. Diese Strategie schlägt jedoch fehl, wenn die Schädiger *judgement-proof* sind. Obwohl in einem Rechtssystem Geldstrafen durch andere Sanktionen wie z.B. Gefängnisstrafen ergänzt werden können, bieten letztere bestenfalls eine Teillösung des Problems der Insolvenz eines Schädigers. Sie sind billig; sie erhöhen die marginalen Abschreckungsmöglichkeiten, sofern sie die Möglichkeiten noch schlimmerer Straftaten ausschöpfen; und sie können durch gesetzliche Vorgaben begrenzt sein, die nicht Effizienzgesichtspunkten entsprechen (hierzu zählen unter anderem Gefängnisstrafen für Bagatelldelikte, die als unangemessen empfunden werden).

[3] Vgl. hierzu: *Steven Shavell*, Economic Analysis of Accident Law, 1987, S. 172 – 174. Die Kosten der Sanktionierung rechtfertigen eine Unternehmenshaftung nur dann, wenn die Sanktion – welche der Staat für den Fall festlegen müßte, daß er selbst nahezu nichts für die Durchsetzung der von ihm verfolgten Ziele aufwendet – den Vorteil des Schädigers übersteigen würde. Mit Ausnahme von Wohlstandszwängen könnten die Kosten der Sanktionierung eine Unternehmenshaftung nicht rechtfertigen. Dies liegt daran, daß ein Staat unter der Voraussetzung der Zahlungsfähigkeit der potentiellen Schädiger optimales Verhalten mit nur geringen Vollstreckungskosten durch Nutzung von Sanktionen (die den von der Regierung festgestellten gesellschaftlichen Kosten, dividiert durch die Entdeckungswahrscheinlichkeit, entsprechen) erzielen kann.

[4] Anders ausgedrückt: Die Gesamtkosten der Schädigungen sollen dadurch verkleinert werden, daß Unternehmen zur Vornahme effizienter Vollstreckungsmaßnahmen veranlaßt werden. Auch sollten die Unternehmen, da Schädigungen niemals völlig verhindert werden können, diese Kosten vollständig in ihren Produktionskosten internalisieren. Die Unternehmenshaftung ist dabei nicht das einzige Mittel einer Dritthaftung, mit dem diese Ziele verwirklicht werden können. Andere Mittel liegen in Haftungsmodellen, nach denen Dritte innerhalb eines Unternehmens deren Angestellte überwachen und über sie berichten sollen. Hierzu gehören die Überwachungshaftung und Gratifikationssysteme. Vgl. hierzu: *Jennifer Arlen / Reinier Kraakman*, Controlling Corporate Misconduct: The Role of Supervisory Incentive Regimes (wird demnächst veröffentlicht); *Jennifer Arlen*, Commentary on Rewarding Whistleblowers: The Costs and Benefits of an Incentive-Based Compliance Strategy, in: *Daniels, R. / Morck, R.* (Hrsg.), Corporative Decisionmaking in Canada, Calgary: University of Calgary Press, 1995, S. 635; *Ronald Daniels / R. Howse*, Rewarding Whistleblowers: The Costs and Benefits of an Incentive-Based Compliance Strategy, in: *Daniels, R. / Morck, R.* (Hrsg.), a.a.O., S. 525 – 549. Zu diesen Mitteln gehören desweiteren Haftungsmodelle, nach denen außenstehende Dritte die Angestellten des Unternehmens überwachen und über sie berichten sollen. Hierunter fällt die Haftung der Buchprüfer. Vgl. hierzu: *Reinier Kraakman*, Gatekeepers: The Anatomy of a Third-Party Enforcement Strategy, 2 Journal of Law, Econmics & Organization 53 (1986).

Haftung für Pflichtverletzungen, wonach ein Unternehmen nur haftet, wenn es eine Rechtspflicht verletzt hat, z.B. die Pflicht, für eine optimale Rechtsdurchsetzung zu sorgen, (3) ein System, bei dem Elemente einer strikten Haftung und einer Haftung für Pflichtverletzungen verbunden werden.

Das auf das Aktivitätsniveau bezogene Ziel verlangt von den Unternehmen, alle gesellschaftlichen Kosten von Fehlverhalten zu tragen, das mit ihren Produktionsaktivitäten verbunden ist. Dies beinhaltet ein System strikter Haftung, bei dem das Unternehmen insgesamt zivil-, straf- und verwaltungsrechtliche Sanktionen zu erwarten hat[5], die den Gesamtkosten entsprechen, die durch sein Fehlverhalten bei Dritten entstehen und die vom Unternehmen nicht auf andere Weise aufgrund von Vertragsmechanismen oder der Preisbildung auf dem Markt getragen werden[6]. Wenn Unternehmen gezwungen werden, für Fehlverhalten, das mit ihren Produkten verbunden ist, zu bezahlen, dann wird dadurch gewährleistet, daß die Preise die vollen sozialen Kosten der Produktion widerspiegeln, wodurch ein Druck in Richtung auf ein optimales Produktions- bzw. Aktivitätsniveau ausgeübt wird. Um beispielsweise einen effizienten Ausstoß von Gütern sicherzustellen, deren Herstellung zu gefährlichen Abfällen führt, müssen die Unternehmen die vollen Kosten jeglicher Umweltschäden tragen, die durch die Produktion und durch die ungeeignete Lagerung dieser Abfälle verursacht worden sind.

Im Vergleich dazu verlangt das Ziel, effiziente Maßnahmen der Rechtsdurchsetzung herbeizuführen, eine genauere Analyse, weil die Unternehmenshaftung die Gesamtkosten von Fehlverhalten und Rechtsdurchsetzung auf zumindest drei unterschiedlichen Wegen absenken kann. Erstens können Unternehmen veranlaßt werden, präventive Maßnahmen – in unserer Terminologie – zu ergreifen. Das sind Maßnahmen, die die aus einem Fehlverhalten erwarteten Gewinne reduzieren, ohne die Wahrscheinlichkeit zu verändern, daß Schuldige gerichtlich belangt

---

[5] Zu einer Analyse darüber, welche Schäden zum Zwecke der Kosten-Internalisierung als vom Unternehmen „ver*ursacht*" angesehen werden können, vgl.: *Alan O. Sykes,* The Boundaries of Vicarious Liability: An Economic Analysis of the Scope of Employment Rule and Related Legal Doctrines, 101 Harvard Law Review (1982), 563, 571 – 581. *Sykes* stellt fest, daß ein Schaden dann als vom Unternehmen *„vollständig verursacht"* angenommen werden kann, wenn die Auflösung der Firma zu einer auf Null reduzierten Schadenswahrscheinlichkeit führen würde. „*Teilweise Verursachung*" ist dementsprechend als eine durch die Auflösung des Unternehmens folgende Reduktion der Schadenswahrscheinlichkeit definiert. *Sykes,* a.a.O., S. 572.

[6] *A. Mitchell Polinsky / Steven Shavell,* Should Employees Be Subjected to Fines and Imprisonment, Given the Existence of Corporate Liability, 13 International Review of Law and Economics (1993), 239; vgl. auch: *Steven Shavell,* Strict Liability Versus Negligence, 9 Journal of Legal Studies 1 (1980). Eine indirekte strikte Haftung führt hier zu einem optimalen Aktivitätsniveau, denn wir beschränken uns auf vorsätzliche Schädigungen, für welche die Unternehmensangestellten immer haften. Im Gegensatz dazu würde dieses Haftungsmodell dann nicht zu einem optimalen Aktivitätsniveau führen, wenn die zugrunde liegenden Aktivitäten nur von einer Fahrlässigkeitshaftung erfaßt würden. Denn Unternehmen sind danach nicht haftbar, solange sich ihre Angestellten sorgfältig verhalten. Sogar unter einer indirekten strikten Haftung wäre das Aktivitätsniveau der Firmen dann zu hoch. *Polinsky* und *Shavell* (a.a.O.) schlagen daher vor, die indirekte Haftung mit der Maßgabe zu erweitern, Unternehmen auch für diejenigen Schäden haften zu lassen, die aus Handlungen herrühren, welche von einer Fahrlässigkeitshaftung erfaßt sind. Die Haftung sollte dabei wegen der Problematik der Feststellung individuellen Verschuldens selbst dann eingreifen, wenn der Angestellte nicht fahrlässig gehandelt hat.

werden. In Betracht kommt beispielsweise die Erhöhung des Kosten des Fehlverhaltens oder die Verringerung der privaten Gewinne. Zweitens kann die Unternehmenshaftung die Unternehmen veranlassen, Kontrollen durchzuführen, die von Fehlverhalten besonders dadurch abschrecken, daß die Wahrscheinlichkeit einer offiziellen Sanktionierung erhöht wird. Drittens können die Kosten der Rechtsdurchsetzung dadurch reduziert werden, daß unternehmensintern die Glaubwürdigkeit – und damit die Wirksamkeit – der Anstrengungen des Unternehmens erhöht wird, das Fehlverhalten von Angestellten zu überwachen, zu untersuchen und zu melden.

In dieser Abhandlung untersuchen wir, wie die grundsätzlichen Ziele der Haftung, nämlich die Regulierung des Aktivitätsniveaus und die Minimierung der Kosten des Fehlverhaltens und der Rechtsdurchsetzung, die Struktur einer effizienten Unternehmenshaftung beeinflußt. In Teil B untersuchen wir, inwieweit die strikte Haftung für Gehilfen und die Haftung für Pflichtverletzungen, wozu die Verschuldenshaftung gehört, geeignet sind, Unternehmen zu Präventiv- und zu Kontrollmaßnahmen zu veranlassen und diese Maßnahmen den Angestellten des Unternehmens gegenüber glaubwürdig zu machen. In Teil C skizzieren wir die Reichweite gemischter Haftungssysteme, die durch die Kombination von Elementen sowohl der strikten Haftung als auch der Haftung für Pflichtverletzungen möglicherweise besser für effiziente Maßnahmen privater Rechtsdurchsetzung sorgen können als eines der beiden Haftungssysteme in seiner reinen Form.

Schließlich werden in Teil D zwei Anwendungsbeispiele eines gemischten Haftungsmodell kritisch untersucht, nämlich zum einen die von einigen Staaten entwickelte Strategie, eine strikte Unternehmenshaftung für Umweltschäden mit einem Privileg für Umweltauditing zu verbinden, und zum andern das Haftungssystem, das durch die Strafzumessungsrichtlinien für Unternehmensdelikte, die von der *U.S. Sentencing Commission* erlassen worden sind.

B. Strikte Unternehmenshaftung und Haftung für Pflichtverletzungen

Wir beginnen mit einer Einschätzung der strikten Unternehmenshaftung und der Haftung für Pflichtverletzungen im Hinblick auf ihre Eignung, die Kosten der Rechtsdurchsetzung durch Präventiv- und durch Kontrollmaßnahmen zu senken und die Glaubwürdigkeit der auf Rechtsdurchsetzung gerichteten Unternehmenspolitik zu erhöhen. Strikte Unternehmenshaftung sanktioniert das Unternehmen immer dann, wenn seine Aktivitäten zu Schäden führen; der Umfang der Haftung steht in dem Sinne fest, daß er nicht davon abhängig ist, ob das Unternehmen versucht hat, das Fehlverhalten abzuwenden. Bei einer Haftung für Pflichtverletzungen haftet das Unternehmen nur dann, wenn es die Pflichten zur Rechtsdurchsetzung nicht oder nicht ganz erfüllt hat, wie z.B. Überwachungs- und Meldepflichten. Wie wir noch aufzeigen werden, verweisen die prinzipiellen Möglichkeiten, durch Unternehmenshaftung Durchsetzungskosten zu reduzieren, nicht unzweideutig auf die Überlegenheit entweder der strikten Haftung oder der Haftung für Pflichtverletzungen.

Unsere Untersuchung geht von der herkömmlichen Annahme aus, daß die Aktionäre die Unternehmenspolitik kontrollieren, entweder direkt oder indirekt durch Manager, die Aktionärsinteressen teilen. Unsere Schlußfolgerungen haben jedoch auch dann Bestand, wenn die Manager den Aktionärsinteressen nur unvollständig dienen. Die Verfolgung eigener Interessen durch die Manager beeinflußt die Wahl einer Sanktionsstruktur für das Unternehmen nicht so stark wie die Entscheidung, ob diese unternehmerischen Sanktionen durch Anreize ergänzt werden sollen, die direkt darauf abzielen, Manager zu veranlassen, Maßnahmen zur Rechtsdurchsetzung durchzuführen.

I. Veranlassung präventiver Maßnahmen

Man betrachte zunächst präventive Maßnahmen, die die privaten Vorteile von Fehlverhalten reduzieren, ohne die Wahrscheinlichkeit von Sanktionen gegen das Unternehmen oder seine Angestellten zu erhöhen[7]. Präventive Maßnahmen fallen in zwei Kategorien, nämlich 1. Maßnahmen, die die Kosten eines Rechtsverletzers ex ante erhöhen, und 2. Maßnahmen, die seine erwarteten Gewinne ex post vermindern, indem entweder die erwarteten Sanktionen erhöht werden oder indem das Fehlverhalten selbst weniger profitabel wird.

Maßnahmen der ex ante-Prävention umfassen Maßnahmen, die Fehlverhalten förmlich verbieten oder die ein Fehlverhalten kostspieliger machen. Solche Maßnahmen reichen von einer strikten Rechenschaft für chemische Abfälle bis zu straffen Sicherheitsvorkehrungen in pharmazeutischen Warenlagern, der engeren Überwachung von Verkäufern und einer sorgfältigen Überprüfung neuer Angestellter. Um ein Fehlverhalten höherer Angestellter beispielsweise in Form von Preisabsprachen oder Betrug mit Wertpapieren zu unterbinden, können die Unternehmen die Beteiligung mehrerer Manager an der Beratungen über Preise verlangen oder die Überprüfung von Prospekten durch einen außenstehenden Rechtsberater. In jedem Fall werden durch Präventivmaßnahmen unternehmensinterne Schranken mit Wärtern errichtet, die ein Rechtsverletzer nur umgehen kann, wenn er Ressourcen und Geschick aufwendet[8].

---

[7] Obwohl wir zwischen präventiven Maßnahmen, die keinerlei Einfluß auf die Entdeckungswahrscheinlichkeit haben, und Kontrollmaßnahmen, die eine solche Wirkung haben, unterscheiden, sind nach unserer Feststellung viele Maßnahmen sowohl Präventiv als auch Kontrollmaßnahmen. Unter der Annahme, daß eine präventive Maßnahme die Entdeckungswahrscheinlichkeit beeinflußt, handelt es sich dabei für unsere Zwecke um eine Kontrollmaßnahme. Unsere Diskussion über die Probleme der Veranlassung von Kontrollmaßnahmen wird dann passen.

[8] Zur Entwicklung der *gatekeeper*-Metapher im Kontext offizieller (nicht privater) Rechtsdurchsetzungsmaßnahmen, vgl.: *Reinier Kraakman*, Corporate Liability Strategies and the Costs of Legal Controls, 93 Yale Law Journal 857 (1984). Ein Wächter (*gatekeeper*) verhindert Fehlverhalten durch das ex ante-Vorenthalten kritischer Billigung oder Unterstützung. Obwohl Wächter, die umfangreiche Überwachungen vornehmen, die Wahrscheinlichkeit, daß eine Schädigung ex post entdeckt wird, unter Umständen erhöhen, erfolgt dies bei vielen Wächter-Modellen – und dies schließt die Beispiele aus dem Text ein – eher nicht.

Das Unternehmen kann auch ex post versteckte Gewinne aus Fehlverhalten reduzieren, und zwar generell aufgrund der Kontrolle über Vergütung und Weiterbeschäftigung des fehlsamen Angestellten. Die Unternehmen können vielen Erscheinungsformen von Fehlverhalten durch ihre Vergütungspolitik entgegenwirken[9]. So kann zum Beispiel eine Vergütung, die an kurzfristige Unternehmensgewinne gekoppelt ist, zu einem Fehlverhalten verleiten, das diese Provisionen erhöht, selbst auf Kosten teurer Sanktionen, während eine Vergütungsregelung, die an langfristige Unternehmensgewinne anknüpft, die gleichen Vergehen unterbinden kann. Unternehmen können von Rechtsverletzungen auch abschrecken, indem sie Beschäftigte entlassen. Tatsächlich können Unternehmen, die sich großen potentiellen Haftungen ausgesetzt sehen, Angestellten auch überhöhte Löhne bezahlen, also Löhne, die über dem Effizienzniveau liegen, um den Verlust zu verschärfen, wenn ein Angestellter in der Folgezeit wegen Fehlverhaltens entlassen wird[10].

Um die richtige Verbindung von ex ante-Maßnahmen der Überprüfung, der Errichtung von Sicherheitsvorkehrungen und der Errichtung von Schranken mit ex post-Maßnahmen, die mit der Vergütung gekoppelt sind, zu bestimmen, ist eine genaue Kenntnis des Unternehmens erforderlich. Aus diesem Grund ist eine strikte Unternehmenshaftung im allgemeinen einer Haftung für Pflichtverletzungen als Mittel zur Veranlassung präventiver Maßnahmen überlegen. Ein System strikter Unternehmenshaftung schafft für das Unternehmen allein schon dadurch Anreize, optimale präventive Anreize zu setzen, daß die erwartete Strafe entsprechend den sozialen Kosten des Fehlverhaltens festgesetzt wird. Das Unternehmen

---

[9] Es ist empirisch belegt, daß die Wahrscheinlichkeit bestimmter Unternehmensstraftaten dann höher ist, wenn die Vergütung der Angestellten oder deren Leistungskontrollen größtenteils auf kurzzeitigen Gewinnen des Unternehmens – nicht also auf einer Langzeitbetrachtung – beruht. *C. Hill / P. Kelley / B. Agle / M. Hitt / R. Hoskisson*, An Empirical Examination of the Causes of Corporate Wrongdoing in the United States, 45 Human Behaviour 1055 (1993); *John Lott / T. Opler*, Testing Whether Predatory Commitments Are Credible, 69 Journal of Business 339 – 382 (1996); *Mark Cohen / Sally Simpson*, The Origins of Corporate Criminality: Rational Individual and Organizational Actors, in: Lofquist, W. / Cohen, M. / Rabe, G.: Debating Corporate Crime: An Interdisciplinary Examination of the Causes and Control of Corporate Misconduct, erscheint 1997.

[10] Vgl. hierzu: *Gary S. Becker / George Stigler*, Law Enforcement, Malfeasance, and the Compensation of Enforcers, 3 Journal of Legal Studies 1 (1974); *Steven Shavell*, The Optimal Level of Corporate Liability Given the Limited Ability of Corporations to Penalize Their Employees, International Review of Law & Economics (erscheint 1997). Nichtsdestotrotz darf man sich zur Lösung des Problems falschen Unternehmenshandelns nicht allein auf Über-Kompensationslöhne beschränken. Zum einen sind diese Löhne sehr teuer, denn sie müßten an alle Mitarbeiter ausgezahlt werden, die in eine Aktivität verwickelt sind, aus der sich eine Schädigung ergeben kann. Andere Präventions- und Durchsetzungsmechanismen mögen sich hier als effektiver erweisen. Vgl. hierzu: *Becker / Stigler*, a.a.O.; *B. Eaton / W. White*, Agent Compensation and the Limits of Bonding, 20 Economic Inquiry 330 (1982); *William Dickens / Lawrence Katz / Kevin Lang / Lawrence Summers*, Employee Crime and the Monitoring Puzzle", 7 Journal of Labor Economics 331, 343 – 344 (1989). Zum anderen können sie nicht verhindern, daß Angestellte sich falsch verhalten, weil sie Angst vor dem drohenden Verlust ihres Arbeitsplatzes haben. Denn Mitarbeiter, die wahrscheinlich ihren Arbeitsplatz verlieren werden, sofern sie sich nicht einem Fehlverhalten verschreiben, werden nicht durch das Risiko des Verlustes ihres Über-Kompensationslohnes für den Fall der Begehung und Entdeckung ihrer Straftat abgeschreckt. Hierzu gehört unter anderem die Täuschung über den Marktwert börsennotierter Unternehmen. Vgl. hierzu: *Jennifer Arlen / William Carney*, Vicarious Liability for Fraud on Securities Markets: Theory and Evidence, 1992 Illinois Law Review 691, 708 – 709.

wird dann in dem Bemühen, dasjenige Präventionsniveau zu wählen, bei dem seine eigenen Gesamtkosten minimiert werden, zugleich das Niveau auswählen, bei dem zugleich auch die sozialen Kosten minimiert werden[11]. Die Sanktion, die zu diesem Ziel führt, ist somit identisch mit der Sanktion, die zu einem optimalen Aktivitätsniveau führt, d.h. die sozialen Kosten des Fehlverhaltens werden dividiert durch die Wahrscheinlichkeit des Entdecktwerdens. Im Vergleich dazu erfordert eine Haftung für Pflichtverletzungen, daß das Gericht das optimale Programm, bestehend aus der Art der Vergütung und der Prävention, bestimmt, was voraussetzt, daß das Gericht genaue Kenntnisse über das Unternehmen erlangt. Gerade diesen Aufwand vermeidet die strikte Unternehmenshaftung, indem sie das Unternehmen veranlaßt, die optimalen Präventivmaßnahmen selbst zu entwerfen[12].

Strikte Unternehmenshaftung ist der Haftung für Pflichtverletzungen insbesondere wahrscheinlich als eine Methode überlegen, um die Unternehmen zu einer Veränderung ihrer Vergütungs- und Beschäftigungspolitik mit dem Ziel der Abschreckung von Fehlverhalten zu veranlassen. Zumindest wird ein Unternehmen, das die sozialen Kosten eines Fehlverhaltens internalisieren muß, keinen Anreiz haben, ein solches Verhalten zu fördern. Darüber hinaus werden Angestellte ebenfalls keinen Anreiz für Fehlverhalten haben, wenn ihre Vergütung eng genug mit den langfristigen Unternehmensgewinnen verknüpft ist. Somit kann strikte Unternehmenshaftung für das Fehlverhalten von Angestellten mit Sanktionen, die den sozialen Kosten des Fehlverhaltens für andere entsprechen, in manchen Situationen zu einer vollständigen Abschreckung von Fehlverhalten führen[13].

---

[11] *Robert Cooter*, Prices and Sanctions, 84 Columbia Law Review 1523 (1984); *Shavell*, a.a.O. (oben Fn. 6). Es handelt sich hierbei um das allgemeine Ergebnis einer strikten Haftung, bei der die Sanktion den erwarteten gesellschaftlichen Kosten des Schadens entspricht. Sie veranlaßt den Handelnden dazu, optimale Sorgfalt einzusetzen. Optimale Sorgfalt ist hier definiert als eine präventive Maßnahme, die Schädigungen verhindern soll. Vgl. hierzu allgemein: *Shavell*, a.a.O. (oben Fn. 6), Chapter 2. Selbstverständlich wird dieses Ergebnis dann nicht erzielt, wenn die Manager des Unternehmens ihrerseits persönliche Anreize dazu haben, Schädigungen zu fördern; wenn das Unternehmen insolvent ist; oder insolvent wird, wenn es der Versuchung, sich falsch zu verhalten, nicht widerstehen kann.

[12] Eine Haftung für Pflichtverletzungen kann vielmehr nur davor schützen, daß klare Vergütungsmerkmale Schädigungen durch Angestellte fördern. Sie wird aber unausweichlich solche Merkmale verfehlen, die zu fein sind, um erkannt zu werden; oder die zu verstreut sind, um aufgegriffen zu werden. Einem System der Haftung für Pflichtverletzungen stellt sich zusätzlich das ernste Problem richterlicher Fehler. Das Überprüfen von Vergütungsregeln und Entlassungsgrundsätzen ist nicht einfach: rechtmäßige Vergütungspläne, nach denen die Leistung der Angestellten belohnt werden soll, sind ebenfalls anfällig dafür, daß von ihnen ein gewinnerhöhendes Fehlverhalten belohnt wird. Im Gegensatz dazu verlangt ein System strikter Haftung von den Gerichten nicht, daß sie legitimes von rechtswidrigem Verhalten der Firmen trennen.

[13] Selbstverständlich kann es für Unternehmen unmöglich sein, die Vergütung der Angestellten mit den langfristigen Gewinnen zu kombinieren, wenn die Beschäftigten häufig wechseln oder wenn andere Gründe – unter anderem eine ausgedehnte Risikoaversion der Manager – gegenwirken. Desweiteren werden Manager von Publikumsgesellschaften Anreize haben, sich falsch zu verhalten, um ihre Position zu sichern, sofern die Schädigung ihnen dazu verhilft, ihre Arbeitsplatz zu behalten, die Entdeckung dessen aber nicht wesentlich die Wahrscheinlichkeit ihrer Kündigung erhöht. (Entweder weil ihre Stelle unsicher ist, wenn sie sich nicht falsch verhalten; oder weil sie dann in Rente gehen

Insgesamt ist strikte Unternehmenshaftung generell das bessere Instrument zur Veranlassung präventiver Maßnahmen, weil es die eigenen Informationen des Unternehmens über präventive Technologien anzapft und die Informationsprobleme für Gerichte und Regulierungsbehörden minimiert[14]. Eine Haftung für Pflichtverletzungen ist nur dann ebenso brauchbar, um Unternehmen zu veranlassen, Präventionsmaßnahmen zu wählen, wenn die Gerichte diese Maßnahmen zutreffend und mit geringen Kosten ermitteln können.

II. Die Veranlassung von Kontrollmaßnahmen

Kontrollmaßnahmen erhöhen die Wahrscheinlichkeit, daß fehlsame Angestellte sanktioniert werden. Im folgenden wird dies als Entdeckungswahrscheinlichkeit bezeichnet. Kontrollmaßnahmen sind somit insbesondere von Bedeutung für vorsätzliches Fehlverhalten, das häufig nur sehr schwer entdeckt werden kann, weil es mit Vorbedacht verborgen wird. Indem die Wahrscheinlichkeit steigt, daß ein solches Verhalten entdeckt und sanktioniert wird, erhöhen Kontrollmaßnahmen die erwartete Strafe, der sich der fehlsame Angestellte ausgesetzt sieht, ohne die tatsächlich verhängte Strafe derer, die gefaßt werden, zu erhöhen. Kontrollmaßnahmen sind deshalb eine besonders wirksame Methode, um den Erwar-

---

oder zu einem anderen Unternehmen wechseln.) Manager können daher von Schädigungen auch dann profitieren, wenn das Unternehmen dies nicht tut. Tatsächlich gibt es empirische Beweise dafür, daß Vermittlungskosten die meisten Schädigungen in Publikumsgesellschaften erklären können. Publikumsgesellschaften sind anfälliger dafür, sich in Straftaten zu verwickeln, je weniger für die Eigentümer auf dem Spiel steht. *Cindy Alexander* und *Marc Cohen* schließen daraus, daß Aktionäre ex ante selbst dann nicht von Straftaten des Unternehmens profitieren, wenn Manager und andere Angestellte dies tun. *Cindy Alexander / Marc Cohen*, Why do Corporations Become Criminals? An Agency Explanation, Arbeitspapier, Owen Graduate School of Management, Vanderbilt University (1996). Diese Schlußfolgerung wird durch den Beweis untermauert, daß kriminelles Verhalten von Publikumsgesellschaften in Relation mit der Unternehmensgröße steht: die Fähigkeit der Aktionäre, die Manager dazu zu bewegen, nach ihren Interessen zu handeln, sinkt mit dem Ansteigen der Unternehmensgröße. *Cindy Alexander / Marc Cohen*, New Evidence on the Origins of Corporate Crime, 17 Managerial & Dec. Economics 421 (1996). Auch ist bewiesen, daß Manager sich betrügerisch verhalten, um ihren eigenen Interessen auf Kosten der Aktionäre nachzugehen. *Jennifer Arlen / William Carney*, Vicarious Liability for Fraud on Securities Markets: Theory and Evidence, 1992 Illinois Law Review 691 (1992).

[14] Vgl. *Cooter*, a.a.O. (oben Fn. 11). (Eine strikte Haftung ist überlegen, wenn es für Unternehmen sehr teuer ist, die angemessene Sorgfalt festzustellen.) *Richard Craswell / John E. Calfee*, Deterrence and Uncertain Legal Standards, 2 Journal of Law, Economics & Organization 279 (1986) weisen darauf hin, daß – wenn die Gerichte den rechtlichen Standard ungenau bestimmen – eine Haftung für Pflichtverletzungen nicht notwendigerweise Firmen zu optimaler Sorgfalt veranlaßt. Dies gilt auch dann, wenn im Durchschnitt die optimale Sorgfalt durch die Gerichte richtig bestimmt wird.) Pflichtenbezogene Haftungssysteme sind besonders anfällig für Fehler, wenn die Prävention nicht-dauerhafte Aktivitäten (wie etwa menschliche Handlungen) im Gegensatz zu dauerhaften Technologien (wie etwa das Verschließen eines bestimmten Schrankes) beinhaltet. Bei nicht-dauerhaften Aktivitäten besteht die Gefahr, daß das Gericht nicht nur die Vorschrift falsch bestimmt, sondern zudem nicht zur Feststellung in der Lage ist, ob das Unternehmen dieser Vorschrift gerecht wurde. *Mark Grady*, Why Are People Negligent? Technology, Nondurable Precautions, and the Medical Malpractice Explosion, 82 Nw Law Review 293 (1988), wobei er diese Trennung nur für deliktisches Verhalten trifft.

tungswert der Sanktionen für diejenigen mit beschränkten Vermögenswerten zu erhöhen.

Kontrollmaßnahmen können wie Präventivmaßnahmen ex ante oder ex post-Maßnahmen sein, jenachdem, ob sie vor oder erst nach der Rechtsverletzung eingreifen. Ex ante-Kontrollen stellen sich zumeist in der Form fortlaufender Überwachung im Rahmen eines Compliance-Programms dar. Beispielsweise kann ein Unternehmen im Wertpapierhandel die Gespräche zwischen seinen Maklern und deren Kunden auf Tonband aufnehmen, um sich vor falschen Darstellungen und verbotenen Angeboten seiner eigenen Angestellten zu schützen. Ein solches Programm glaubhafter Überwachung kann von Fehlverhalten abschrecken, indem die Wahrscheinlichkeit vergrößert wird, daß es entdeckt und sanktioniert wird.

Kontrollmaßnahmen ex post erhöhen die Wahrscheinlichkeit, daß das Unternehmen ein Fehlverhalten entdeckt, das bereits geschehen ist. Derartige Maßnahmen beeinflussen die Wahrscheinlichkeit, daß künftige Rechtsverletzungen entdeckt werden, nur insofern, als die nunmehrige Vornahme dieser Maßnahmen dazu beiträgt, das Unternehmen darauf festzulegen, daß ähnliche Maßnahmen auch künftig ergriffen werden, wenn es zu Rechtsverletzungen kommt. Maßnahmen ex post unterfallen zwei Kategorien. Zum einen handelt es sich um Maßnahmen wie z.B. Buchprüfungen in Zeitabschnitten, die das Unternehmen regelmäßig vornimmt, auch wenn kein Verdacht besteht, daß ein Fehlverhalten vorliegt, zum anderen geht es um Maßnahmen wie Untersuchungen und Vorlage von Berichten, die nur bei begründetem Verdacht durchgeführt werden[15]. Die Berichterstattung ist besonders wichtig, weil sie die Wahrscheinlichkeit einer Strafverfolgung erhöht und sicherstellt, daß aufgedecktes Fehlverhalten sanktioniert wird[16].

Die Haftung für Pflichtverletzungen ist besser als die strikte Unternehmenshaftung geeignet, Kontrollmaßnahmen zu veranlassen, weil die herkömmliche strikte Haftung zu „*perversen Effekten*"[17] führt. Sie hält von Kontrollmaßnahmen

---

[15] Es gibt gewichtige Unterschiede zwischen Überwachung, Auditing und Untersuchung, die zur Zeit noch nicht vollständig bekannt sind. Unter anderem erfolgt eine Überwachung immer ex ante, also bevor die Schädigung auftritt, und damit bevor das Unternehmen den Umfang des Schadens erkennt. Untersuchungen hingegen greifen erst dann ein, wenn bereits mehr Informationen über die Schädigung vorhanden sind.

[16] Die Unternehmenshaftung sollte dafür Sorge tragen, daß Firmen immer über erkannte Schädigungen berichten. Vgl. *Louis Kaplow / Steven Shavell*, Optimal Enforcement with Self-Reporting Behaviour, 102 Journal of Political Economics 583 (1994). (Sie meinen, daß die Haftung des individuellen Schädiger dazu veranlassen wird, über ihre eigenen Schädigungen zu berichten.) Unternehmen sollten selbst dann über Schädigungen zu informieren, wenn sie selbst der beste Sanktionierer sind. Denn die Berichterstattung ist die günstigste Methode, den Staat über Schädigungen zu informieren. Dadurch kann der Staat seinerseits sicherstellen, daß die Unternehmen die Schädiger angemessen sanktionieren. Auch wenn der Schädiger sanktioniert wird, sollte das Unternehmen weiter für haftbar erklärt werden, um optimale Aktivitätsniveaus, Präventiv- und Kontrollmaßnahmen zu erreichen.

[17] Der Ausdruck stammt von *Jennifer Arlen*, The Potentially Perverse Effects of Corporate Criminal Liability, 23 Journal of Legal Studies 833 (1994). Bedenken Sie aber, daß wir die traditionelle strikte Haftung als eine strikte Haftung, bei der dem Schädiger eine feste Sanktion droht, die von der

ab, soweit diese für das Unternehmen den Erwartungswert der Haftung für unentdecktes Fehlverhalten erhöht. Diese Effekte werden Unternehmen mitunter dazu veranlassen, auf Kontrollmaßnahmen ganz zu verzichten, und zwingen in anderen Fällen den Gesetzgeber, eine wenig befriedigende Entscheidung zwischen optimalen Kontrollmaßnahmen und anderen Haftungszielen wie der Steuerung des Aktivitätsniveaus oder der Veranlassung optimaler Vorbeugemaßnahmen zu treffen.

(1) „Perverse Effekte" unterbinden alle Kontrollmaßnahmen

Man betrachte zunächst, wie die herkömmliche strikte Haftung Unternehmen von Überwachungen, Untersuchungen und der Anzeige von Fehlverhalten abhalten kann. Das Problem ergibt sich daraus, daß der Kontrollaufwand eines Unternehmens nicht jedes Fehlverhalten verhindern wird. Geht man davon aus, daß es zu einem gewissen Fehlverhalten kommen wird oder kommen kann, dann können Kontrollmaßnahmen den Erwartungswert der Haftung des Unternehmens bei strikter Haftung auf unterschiedliche Weise beeinflussen. Zum einen kann Fehlverhalten verhindert werden, indem die Wahrscheinlichkeit erhöht wird, daß fehlsame Angestellte sich Sanktionen ausgesetzt sehen, wodurch der Erwartungswert der Haftung des Unternehmens reduziert wird (*„Abschreckungseffekt"*). Zum andern kann die Wahrscheinlichkeit erhöht werden, daß staatliche Behörden residuale Verstöße, zu denen es gleichwohl kommt, aufdecken und sanktionieren, wodurch der Erwartungswert der Haftung des Unternehmens erhöht wird (*„Haftungserweiterungseffekt"*). So erhöhen beispielsweise Kontrollmaßnahmen den Erwartungswert der Haftung des Unternehmens, wenn entweder das Unternehmen oder seine Angestellten Rechtsverstöße den staatlichen Behörden melden oder wenn die Behörden von sich aus Verdacht auf Rechtsverstöße schöpfen und ihre umfangreichen Rechte zu Durchsuchungen und zur Vorladung von Zeugen dazu nutzen, um Informationen über Rechtsverletzungen vom Unternehmen selbst zu erlangen, um sie gegen das Unternehmen zu verwerten[18].

Entdeckungswahrscheinlichkeit unabhängig ist, verstehen. Dies kann einer strikten Haftung mit abgestimmten Sanktionen gegenüber gestellt werden, bei der die jeweilige Sanktion variabel ist.

[18] Unsere Analyse verlangt nicht, daß die Regierung diese Informationen immer erhält; es genügt, daß die Wahrscheinlichkeit besteht, daß sie diese Informationen bekommt. Je höher diese Wahrscheinlichkeit ist, desto größer ist der Haftungserweiterungseffekt.

Die Annahme, daß der Staat Informationen über von Unternehmen festgestellte Schädigungen erlangt, beruht auf mehreren Gründen. Der Staat kann Firmen zur Offenbarung solcher Informationen durch eine harte strafrechtliche Haftung veranlassen. Auch besteht die Möglichkeit, daß Manager und Angestellte des Unternehmens sich zur Mitteilung solcher Angaben genötigt sehen. Einige Gesetze sehen dafür eine persönliche Haftung derjenigen Manager vor, die bestimmte Schädigungen nicht den zuständigen Instanzen mitteilen. *California Corporate Liability Act of 1989, California Code § 387*. Andere Gesetze offerieren denjenigen, die über Fehlverhalten informieren, Geldprämien. Vgl. hierzu: *Qui Tam provisions of the False Claims Act*, 31 U.S.C.A. § 3729 et. seq.; Section 21A(e), *Securities Exchange Act of 1934*, 15. U.S.C. 78u-1 (Geldprämien für Informationen über Insider-Handel). Desweiteren kann die Regierung derartige Informationen dadurch erlangen, daß sie im Prozeß Zugriff auf die Unterlagen eines Unternehmens erhält. Diese Unterlagen werden einen dokumentarischen Beweis über die Anstrengungen des Unternehmens, Schädigungen zu unterbinden, enthalten. In ihnen können Beweise über Schädigungen enthalten sein, welche die Staatsanwaltschaft gegen die Firma nutzen könnte. Weder die Unternehmen noch deren Manager können die Herausgabe dieser Unterlagen durch Berufung auf das *5th Amendmend* (das Recht, sich nicht selbst

Wenn der Haftungserweiterungseffekt den Abschreckungseffekt übersteigt, dann wird ein Unternehmen, das strikter Haftung ausgesetzt ist, keinerlei Kontrollmaßnahmen ergreifen ohne Rücksicht darauf, in welcher Höhe Bußgelder verhängt werden, weil Kontrollmaßnahmen den Erwartungswert der Haftung erhöhen. In dieser Situation reduzieren schärfere Sanktionen den Anreiz für das Unternehmen, Kontrollen durchzuführen[19].

(2) Optimale Kontrollmaßnahmen kollidieren mit anderen Haftungsfunktionen

Im Gegensatz dazu kann eine strikte Haftung so ausgerichtet werden, daß sie zu optimaler Überwachung, Untersuchung und Berichterstattung führt, wenn der Abschreckungseffekt den Haftungserweiterungseffekt übersteigt. Dabei gibt es aber einen gewichtigen Haken. Die Sanktion, die beim herkömmlichen System strikter Haftung zu effizienten Kontrollmaßnahmen führt, übersteigt die Sanktion, die zu optimalen Aktivitätsniveau und zu optimalen Präventivmaßnahmen führt. Die strikte Haftung kann somit selbst unter den günstigsten Voraussetzungen nicht zugleich optimale Kontrollen herbeiführen und den anderen Zielen der Unternehmenshaftung dienen.

Um die Gründe hierfür zu verstehen, muß in Erinnerung gerufen werden, daß die dem Unternehmen auferlegte Sanktion den erwarteten Kosten des Fehlverhaltens entsprechen müssen, wenn dadurch optimale Aktivitätsniveaus und Präventivmaßnahmen herbeigeführt werden sollen, nämlich den sozialen Kosten der Rechtsverletzungen, h, dividiert durch die optimale Entdeckungswahrscheinlichkeit, p^*: h/p^*. Soll eine Sanktion zu optimaler Kontrolle zu führen, muß sie jedoch höher sein als h/p^*, um zu gewährleisten, daß der private Nutzen des Unternehmens, der sich aus zusätzlichen Kontrollen ergibt – der soziale Nettonutzen des Haftungserweiterungseffekts –, den sozialen Kosten des verhinderten Rechtsverstoßes entspricht. Die tatsächliche erwartete Haftung pro Rechtsverstoß muß

---

belasten zu müssen) verweigern. Vgl. hierzu allgemein: *Harry First*, Business Crime: Cases and Materials, 382 – 401 (1990).

[19] Vgl. *Arlen*, a.a.O. Fn. 17. Dieses Problem kann mit einem einfachen rechnerischen Beispiel verdeutlicht werden. Man stelle sich ein Unternehmen mit vielen Angestellten vor. Jeder von ihnen kann sich dazu entschließen, sich fehlerhaft zu verhalten, was dem Unternehmen entweder nutzen oder schaden könnte. Nehmen wir nun an, daß das Unternehmen zwischen optimaler Überwachung und keinerlei Überwachung auswählen muß. Ohne Überwachung würde eine Schädigung mit einer Wahrscheinlichkeit von 1/5 entdeckt werden; in unserem Fall würden sich dann 5 Angestellte falsch verhalten. Unter optimaler Überwachung beliefe sich die Wahrscheinlichkeit auf ½. Dann würden sich nur 3 Angestellte an einer Schädigung beteiligen. Betrachten wir nun die erwarteten Kosten des Unternehmens in einem traditionellem Gefährdungshaftungssystem. Die erwarteten Kosten des Unternehmens sind 5(1/5)F, wenn es keinerlei Überwachung betreibt. Bei optimaler Überwachung betragen die Kosten 3(1/2)F + M^*. F stellt dabei die Sanktion, die dem Unternehmen auferlegt wird, und M^* die Kosten optimaler Überwachung dar. Unabhängig von F sind die erwarteten Kosten des Unternehmens bei optimaler Überwachung mit (3/2)F höher, als wenn sie keinerlei Überwachung tätigte. Das Unternehmen wird sich dazu entscheiden, ihre Angestellten nicht zu überwachen. Zu einen mathematischen Beweis, vgl.: *Arlen*, a.a.O., Fn. 16.

Zu Fallbeispielen über Unternehmen, deren eigene Unterlagen in einem Strafverfahren von der Regierung gegen sie verwendet wurden, vgl.: *Harry First*, Business Crime: Cases and Materials, 382 – 401 (1990).

somit höher sein als die sozialen Kosten dieser Rechtsverletzungen[20]. Demgemäß führt eine Sanktion, die bei strikter Haftung optimale Kontrolle bewirkt, zu Überinvestitionen in Vorbeugemaßnahmen und reduziert das Aktivitätsniveau auf ein suboptimales Niveau.

(3) Haftung für Pflichtverletzungen

Anders als strikte Haftung kann eine Haftung für Pflichtverletzungen zu optimaler Überwachung (oder Untersuchung und Berichterstattung) führen, ohne irgendwelche „*perversen Effekte*" auszulösen. Bei einer Haftung für Pflichtverletzungen entgeht ein Unternehmen jeglicher Haftung für Rechtsverletzungen seiner Angestellten, wenn es optimale Kontrollen durchführt. Es tritt daher kein Haftungserweiterungseffekt auf[21]. Das Unternehmen wird optimale Kontrollen solange durchführen, als es dadurch den Erwartungswert seiner Haftung verringern kann. Eine Haftung für Pflichtverletzungen macht es einem Unternehmen möglich, sich jeglicher Haftung zu entziehen, indem es seine Pflichten erfüllt; eine reine Haftung für Pflichtverletzungen kann nicht auf ein optimales Aktivitätsniveau oder auf optimale Präventivmaßnahmen hinwirken. Des weiteren hängt die Geeignetheit eines Kontrollsystems, das sich auf Kontrollpflichten stützt, von Gesetzgebern und Gerichten ab, die den optimalen Umfang und die optimale Art der Kontrollmaßnahmen ausdrücken und beurteilen können[22].

---

[20] Vgl. *Arlen*, a.a.O., Fn. 17 (mit mathematischem Beweis). Eine Ausarbeitung unseres früheren Beispiels kann dies illustrieren. Wir haben angenommen, daß ohne eine Überwachung Schädigungen mit der Wahrscheinlichkeit von 1/5 entdeckt würden und 5 Angestellte falsch handeln würden. Nehmen wir nun an, daß bei optimaler Überwachung die Wahrscheinlichkeit auf 1/3 erhöht würde und nur noch 2 Angestellte sich falsch verhalten würden. In diesem Fall beliefe sich der marginale gesellschaftliche Nutzen der Überwachung auf 3h, was dem dreifachen der gesellschaftlichen Kosten der Schädigung Dritter entspricht. Der marginale private Nutzen ist $1F - (2/3)F = (1/3)F$. Wenn $F = h/p^*$ ist, würde der marginale Nutzen des Unternehmens durch Kontrollmaßnahmen – was gleichzeitig drei Schädigungen verhindern würde – nur h entsprechen. Dies ist weniger als der gesellschaftliche Nutzen durch Verhinderung dieser Schädigungen. Wenn also, wie die Definition der optimalen Überwachung nahe legt, die marginalen Kosten optimaler anstelle nicht-optimaler Überwachung dem gesellschaftlichen Nutzen, 3h, entsprechen, würden diese Kosten den privaten Nutzen des Unternehmens überschreiten, wenn $F = h/p^*$ ist. Um diesen Auswirkungen des Haftungserweiterungseffekt entgegen zu wirken, muß die Sanktion höher als dieser Betrag sein. Vgl. *Arlen*, a.a.O., Fn. 17.

[21] Greifen wir dazu auf unser Beispiel zurück, wonach bei keinerlei Überwachung fünf Schädigungen mit einer Entdeckungswahrscheinlichkeit von 1/5, bei optimaler Überwachung drei Schädigungen mit einer Entdeckungswahrscheinlichkeit von ½ auftreten. Nehmen wir nun an, daß die Sanktion, F, $2M^*$ entspricht, wobei M^* die Kosten optimaler Überwachung darstellt. In einem reinen System der Haftung für Pflichtverletzungen würde ein Unternehmen, daß keinerlei Überwachung tätigt, Kosten in Höhe von $(5/5)F = 2M^*$ erwarten. Die Kosten eines Unternehmens, das eine optimale Überwachung betreibt, entsprechen im Gegensatz dazu annähernd den Kosten der Überwachung, M^*, was niedriger als $2M^*$ ist. Das Unternehmen wird daher optimale Überwachung betreiben.

[22] Wenn der Sorgfaltsstandard zu niedrig angesetzt ist, wird das Unternehmen zu wenig Aufwand betreiben; liegt er zu hoch, wird zu viel Aufwand betrieben. Jede Unklarheit über den rechtlichen Standard oder seine Anwendung wird bei pflichtenbezogenen Haftungssystemen dazu führen, daß optimales Verhalten nicht erreicht wird. Auch wenn die Gerichte im Durchschnitt richtig entscheiden, können Unklarheiten zu ineffizientem Verhalten führen. *Richard Craswell / John Calfree*, Deterrence and Uncertain Legal Standards, 2 Journal of Law, Economics & Organization 279

Trotz dieser Einschränkungen ist ein Haftungssystem, das an Pflichtverletzungen anknüpft, der herkömmlichen strikten Haftung im allgemeinen als Instrument zur Bewirkung von Kontrollmaßnahmen überlegen. Selbst eine wenig konkretisierte Überwachungspflicht kann zu gewissen Kontrollen führen im Unterschied zu strikter Haftung, welche möglicherweise keinerlei Kontrollen bewirkt. Zudem wird die herkömmliche strikte Haftung, auch wenn sie zu gewissen Kontrollen führt, keine optimalen Kontrollmaßnahmen auslösen, wenn die Gerichte gezwungen sind, Sanktionen zu verhängen, die zu effizienten Aktivitätsniveaus und Präventivmaßnahmen führen. Die zusätzlichen sozialen Kosten von Rechtsverletzungen, die durch suboptimalen Kontrollaufwand der Unternehmen verursacht werden, sind wahrscheinlich höher als die zusätzlichen administrativen Kosten bei einer Haftung für Pflichtverletzungen.

III. Sicherung der Glaubwürdigkeit der Maßnahmen des Unternehmens zur Rechtsdurchsetzung

Ein weiterer Vorzug der Haftung für Pflichtverletzungen gegenüber der strikten Haftung liegt darin, daß es die Glaubwürdigkeit der Kontrollmaßnahmen des Unternehmens erhöht. Ein Unternehmen sieht sich einem Glaubwürdigkeitsproblem ausgesetzt, wenn immer seine Bemühungen, das Verhalten der Angestellten zu überwachen, nicht beobachtbar sind, oder wenn es sich nicht auf Untersuchungen, Berichterstattungen und nachträgliche Sanktionen für Fehlverhalten dadurch festlegen kann[23], daß es Reputation[24] oder Dritte dazu benutzt, um eine

---

(1986). Vgl. auch: *Mark Grady*, Proximate Cause and the Law of Negligence, 69 Iowa Law Review 363, 391 – 413 (1984); *Marcel Kahan*, Causation and the Incentives to Take Care Under the Negligence Rule, 18 Journal of Legal Studies 427 (1989).

[23] Unter *"festlegen"* verstehen wir die Fähigkeit des Unternehmens, Überwachungsprogramme ex ante einzuführen, die hinreichend verankert sind, so daß das Unternehmen sein Überwachungsprogramm nicht reduziert, wenn die Angestellten ihr Verhalten an das Programm angepaßt haben. Anzumerken ist, daß diese Überwachung ebenfalls von Angestellten beobachtbar sein muß, um davon auszugehen, daß das Unternehmen an einem bestimmten Niveau mit Überwachung droht. Das Glaubwürdigkeitsproblem wurde bereits zuvor erkannt, insbesondere im *„model involving government enforcement efforts"*. Vgl. u.a.: *Debra Aron / Paul Olivella*, Bonus and Penalty Schemes as Equilibrium Incentive Devices, with Application to Manufacturing Systems, 10 Journal of Law, Economics & Organization 1 (1994); *Nahium D. Melumad / Dilip Mookherjee*, Delegation as Commitment: The Case of Income Tax Audits, 20 Rand Journal of Economics 139 (1989); *Jennifer Reinganum / Louis Wilde*, Equilibrium Verification and Reporting Policies in a Model of Tax Compliance, 27 International Economic Review 739 (1986). Unseres Wissens sind wir die Ersten, die den Einfluß von strikter Haftung und Haftung für Pflichtverletzungen auf diesem Gebiet betrachten.

[24] Unternehmen werden dann keinen Glaubwürdigkeitsproblemen ausgesetzt sein, wenn sie angemessene Anreize zur Einführung von Reputation glaubwürdiger Drohungen haben; oder wenn sie Dritte zur Implementierung ihrer Kontrollmaßnahmen nutzen können. Reputation ist besonders in den Fällen effektiv, in denen Abweichungen einer der Parteien schnell erkannt werden können und die zukünftigen Kosten des Verlusts der eigenen Glaubwürdigkeit hoch sind. Vgl. hierzu allgemein: *Benjamin Klein / Keith Leffler*, The Role of Market Forces in Assuring Contractual Performance, 89 Journal of Political Economy 615 (1981). (Auch wenn die Konsumenten einen perfekten Vergleich der Qualität einer Ware anstellen können, werden Unternehmen mit hoher Reputation einen Anreiz zum *"Schummeln"* haben. Sie werden so lange Waren niedrigerer Qualität anbieten, als daß der Nutzen des einmalig produzierten, qualitativ geringwertigen Gutes höher ist als derjenige der quali-

glaubhafte Verpflichtung einzugehen. So kann beispielsweise für eine Maklerfirma die wirksamste Methode, ihre Vertreter von Betrügereien gegenüber ihren Kunden abzuschrecken, darin bestehen, deren Telefongespräche aufzuzeichnen und selektiv zu überprüfen. Indessen wissen die Händler oft nicht, ob ihre Gespräche aufgezeichnet werden und ob die Bänder ggfs. überprüft werden. Ebensowenig können Angestellte ex ante ermitteln, ob das Unternehmen mögliche Rechtsverletzungen untersuchen oder einen festgestellten Rechtsverstoß bei den Behörden anzeigen wird.

In diesen Fällen kann eine Haftung, die an Pflichtverletzungen anknüpft, die Drohungen eines Unternehmens, Kontrollen durchzuführen, glaubhaft machen. Besteht keine Möglichkeit, eine Bindung einzugehen, etwa durch Reputation, so sind Drohungen mit nicht beobachtbaren oder nachträglichen Kontrollen nur dann glaubwürdig, wenn deren Durchführung und nicht nur ihre Androhung im Interesse des Unternehmens liegt. Bei strikter Haftung hat ein Unternehmen jedoch keinen Anreiz, nicht beobachtbare oder ex post-Kontrollen durchzuführen, weil diese ex post-Maßnahmen – wenn keine Reputationseffekte bestehen – die ex ante-Entscheidung eines Angestellten in bezug auf ein unerlaubtes Engagement nicht beeinflussen können. Es ist eine glaubwürdige Drohung ex ante, Maßnahmen zu ergreifen, die mögliche Rechtsverletzer unter den Angestellten abschrecken können. Wenn die Drohung im Raume steht und die Angestellten sich entweder unerlaubt verhalten haben oder nicht, hat das Unternehmen keinen Grund mehr, nicht beobachtbare oder ex post-Kontrollen durchzuführen. Es kann dadurch nur verlieren, weil derartige Maßnahmen für sich selbst schon kostspielig sind und weil sie die Haftung des Unternehmens um alle Rechtsverletzungen erhöhen, die trotz der Kontrollen geschehen. Da die Angestellten dies wissen, werden sie rational annehmen, daß das Unternehmen keine Überwachungen, Anzeigen oder Sanktionen vornehmen wird, selbst wenn das geschieht[25]. In diesem Fall werden sie nicht abgeschreckt, ungeachtet der Aktionen des Unternehmens. Dies stellt ein besonders gewichtiges Problem bei ex post-Kontrollen dar, weil das Unternehmen besonders starke Anreize hat, zurückliegende Rechtsver-

---

tativ guten Ware.). Die Reputation kann das Glaubwürdigkeitsproblem aber nur unter bestimmten Bedingungen lösen.

[25] Vergleichen Sie zum Verständnis unser Beispiel eines Unternehmens, in dem fünf Angestellte sich ohne Überwachung, jedoch nur drei bei optimaler Überwachung falsch verhalten. Nehmen wir an, das Unternehmen haftet generell für alle Schäden und kündigt an, eine optimale Überwachung einzuführen. Es stellt sich dann die Frage, ob das Unternehmen, wenn die Angestellten von einer Kontrolle durch das Unternehmen ausgehen, einen Anreiz hat, sich so zu verhalten. In unserem Beispiel würden bei entsprechendem Glauben der Angestellten sich nur drei falsch verhalten. Unter einer traditionellen strikten Haftung beliefen sich die vom Unternehmen erwarteten Kosten damit auf:

$$M^* + 3(1/2)F.$$

Die erwarteten Kosten, wenn sie keine Kontrolle durchführen würde, beliefen sich auf:
$$3(1/5)F.$$

Das Unternehmen stünde damit besser, wenn es keine Kontrollen durchführen würde. Angestellte, die dies wissen, würden nicht daran glauben, daß das Unternehmen ihre Drohung tatsächlich wahr macht.

stöße, für die es bei strikter Haftung einzustehen hat, nicht zu untersuchen oder anzuzeigen[26].

Im Gegensatz dazu vermeidet eine Haftung für Pflichtverletzungen das Glaubwürdigkeitsproblem sowohl in bezug auf ex ante-Überwachung als auch in bezug auf ex post-Kontrollen. Bei einer Haftung für Pflichtverletzungen vermeidet ein Unternehmen, das seine Überwachungs-, Untersuchungs- und Anzeigepflichten erfüllt, die Haftung auch für Rechtsverstöße, die trotz seiner Bemühungen geschehen und hat deshalb ex post einen Nutzen, unabhängig davon, ob seine Angestellten abgeschreckt werden. Paradoxerweise stellt aber gerade dieser Umstand sicher, daß die Angestellten des Unternehmens abgeschreckt werden, weil sie wissen, daß das Unternehmen die angedrohten Kontrollmaßnahmen in jedem Fall durchführen wird. Mit anderen Worten: ein Haftungssystem, das auf Pflichtverletzungen gegründet ist, führt zur Glaubwürdigkeit der Kontrollbemühungen des Unternehmens, während dies bei einer strikten Haftung nicht der Fall ist.

IV. Zusammenfassung: die vielfältigen Ziele der Unternehmenshaftung im Einklang

Weder durch strikte Haftung noch durch Haftung für Pflichtverletzungen können alle grundlegenden Ziele der Rechtsdurchsetzung erreicht werden. Strikte Haftung ist erforderlich, um das Aktivitätsniveau zu steuern und ist gut geeignet als Motivation für Präventivmaßnahmen. Sie ist aber nicht in der Lage, optimale Kontrollmaßnahmen zu bewirken, wenn perverse Effekte und Glaubwürdigkeitsprobleme auftreten. Außerdem kann strikte Haftung nicht zu optimaler Überwachung, Kontrolle und Berichterstattung führen, ohne die Entscheidungen des Unternehmens in bezug auf Aktivitätsniveau und Präventivmaßnahmen zu verzerren. Demgegenüber kann eine Haftung für Pflichtverletzungen Unternehmen zu effizienten Maßnahmen der Überwachung, Untersuchung und Anzeige veranlassen, wenn die Gerichte in der Lage sind, die optimalen Kontrollmaßnahmen zu bestimmen. Eine Haftung für Pflichtverletzungen kann jedoch das Aktivitätsniveau nicht steuern und sie ist annahmegemäß weniger geeignet, Präventivmaßnahmen auszulösen, wenn nicht ein ernsthaftes Glaubwürdigkeitsproblem entsteht (wie zum Beispiel der Drohung, das Fehlverhalten von Angestellten in Schlüsselpositionen durch Entlassung zu bestrafen).

Da weder eine strikte Haftung noch eine Haftung für Pflichtverletzungen in ihrer reinen Form alle Mechanismen der Rechtsdurchsetzung in Unternehmen in Gang zu setzen vermögen, wenden wir uns nunmehr einem gemischten Haftungssystem zu, bei dem Elemente beider Systeme miteinander kombiniert werden[27].

---

[26] Der einzig mögliche Nutzen der Untersuchung oder Berichterstattung liegt darin, daß sie den Willen des Unternehmens demonstriert, sich in Zukunft ebenso zu verhalten. Dieser Effekt wird nur dann signifikant, wenn das Unternehmen eine Reputation für Untersuchung und Berichterstattung entwickeln kann.

[27] Selbstverständlich bedarf es nicht immer gemischter Haftungssysteme. Gerichte können beispielsweise auf die traditionelle strikte Haftung zurückgreifen, wenn ein Handeln des Unternehmens unnötig ist, etwa, weil der Staat Schädigungen mit einfachen Mitteln feststellen kann oder weil

C. Typengemischte Haftungssysteme

Typengemischte Haftungssysteme weisen zahlreiche *trade-offs* zwischen administrativer Komplexität, Durchführbarkeit und Anreizkompatibilität auf. Theoretisch können drei Arten von typengemischten Haftungssystemen das Problem gegenläufiger Anreize vermeiden und gleichzeitig zu einem effizientes Aktivitätsniveau und zu effizienten Präventivmaßnahmen führen, nämlich 1., eine Haftung mit festgelegter Wahrscheinlichkeit, bei der die Wahrscheinlichkeit, daß das Unternehmen gerichtlich belangt wird, fixiert ist, um zu gewährleisten, daß Kontrollmaßnahmen den Erwartungswert der Haftung nicht durch eine höhere Wahrscheinlichkeit der Verfolgung erhöhen, 2., eine strikte Haftung mit abgestimmten Sanktionen, bei der die Sanktionen gegen das Unternehmen nach unten justiert werden, um zu gewährleisten, daß eine Erhöhung der Verfolgungswahrscheinlichkeit des Unternehmens, die sich aus ihren Kontrollmaßnahmen ergibt, nicht zu einer Erhöhung der erwarteten Haftung führt. Und 3., zusammengesetzte Haftung, bei welcher ein Unternehmen sowohl strikter Haftung als auch der Haftung für Pflichtverletzungen unterliegt, um dadurch gleichzeitig effiziente Kontrollmaßnahmen, Präventivmaßnahmen und Aktivitätsniveaus zu bewirken. Die nachfolgende Tabelle 1 zeigt den Bereich der gemischten Haftungssysteme.

	praktisches Beispiel aus den USA
A. Haftung mit fixierter Wahrscheinlichkeit	Gefährdungshaftung mit Umwelt-Audit-Privileg
B. strikte Haftung mit abgestimmten Sanktionen	nicht vorhanden
C. zusammengesetzte Haftung	*U.S. Sentencing Guidelines for corporate defendants*

typengemischte Haftungssysteme

Wie wir im folgenden zeigen, daß jede Gruppe ihre besonderen Stärken und Schwächen hat.

Schädigungen durch private Sanktionierung und präventive Maßnahmen vollständig verhindert werden können (wie z.B. mittels der sorgfältigeren Überwachung der Angestellten und durch Anpassung der Entlohnung gesetzesbrechender Manager). Gerichte können sich allein auf eine reine pflichtenbezogene Haftung, die optimale Kontrollmaßnahmen erzeugt, beschränken, wenn die Kräfte des Marktes das Unternehmen zum Tragen aller gesellschaftlichen Kosten drängen. Dadurch ist gleichzeitig sichergestellt, daß das Unternehmen das optimale Aktivitätsniveau, die optimale Sanktionierung und die optimale Prävention einhält. Nichtsdestotrotz gehen wir davon aus, daß die meisten Arten vorsätzlicher Schädigungen durch Angestellte der ganzen Bandbreite an Maßnahmen erfordern, um ein optimales Aktivitätsniveau, präventive Maßnahmen und Kontrollmaßnahmen zu erreichen. In einem effizientem System sind gemischte Haftungssysteme daher eher die Regel als die Ausnahme.

I. Haftung mit fixierter Wahrscheinlichkeit

Ein System einer reinen Haftung mit fixierter Wahrscheinlichkeit kann durch Kombination einer strikten Haftung mit dem beweisrechtlichen Privileg des „*use immunity*" zum Schutz des Unternehmens (und nur des Unternehmens) vor Verfolgung, die auf Informationen aus Überwachungs- und Untersuchungsmaßnahmen des Unternehmens gestützt wird[28]. Dies würde gewährleisten, daß Kontrollen die erwartete Haftung eines Unternehmens nicht erhöhen, würde den staatlichen Behörden aber gleichwohl erlauben, die Informationen des Unternehmens zu nutzen, um dessen Angestellte gerichtlich zu verfolgen.

Dieses attraktive Ergebnis ist jedoch zwei praktischen Schwierigkeiten ausgesetzt. Zum einen erscheint es unwahrscheinlich, daß ein Unternehmen von den Haftungswirkungen seiner eigenen Kontrollmaßnahmen ausgenommen sein kann, wenn beispielsweise das Unternehmen seinen eigenen Angestellten einer gerichtlichen Verfolgung für ein Fehlverhalten überstellen muß, für das das Unternehmen selbst haftet. Selbst wenn das Unternehmen davon ausgenommen werden könnte, welches Unternehmen würde glauben, daß die Behörden ihr Wissen bei der Beurteilung der Haftung des Unternehmens ignorieren[29]? Zweitens würden in dem unwahrscheinlichen Fall, daß die Behörden ignorieren, was sie erfahren haben, bedeutend weniger Unternehmen wegen eines nicht ohne weiteres erkennbaren Fehlverhaltens verurteilt. Zur effizienten Rechtsdurchsetzung müßten dann sehr hohe Sanktionen über einige wenige unglückliche Unternehmen verhängt werden. In diesem Fall könnte es schwierig werden, Unternehmen mit beschränkteren finanziellen Mitteln dazu zu bewegen, überhaupt noch irgendwelche Kontrollen vorzunehmen[30].

Geht man davon aus, daß eine ernsthafte Anwendung des beweisrechtlichen Privilegs nicht glaubhaft ist, kommt man einer Haftung mit fixierter Wahrscheinlichkeit näher, wenn strikte Haftung mit einer Ausnahmeregel verknüpft wird, die jeglichen Gebrauch der durch Kontrollmaßnahmen des Unternehmens erlangten Informationen in allen zivil-, verwaltungs- und strafrechtlichen Verfahren unterbindet. In Teil IV befassen wir uns mit einem Beispiel einer derartigen Sonder-

---

[28] Vgl. *Arlen*, a.a.O, Fn. 17, S. 865 – 866.

[29] *Eric W. Orts / Paula C. Murray*, Environmental Disclosure and Evidentiary Privilege, 1997 Illinois Law Review 1, 7 (1997). (Sie weisen darauf hin, daß selbst bei Privilegierung der firmeninternen Abschätzungen eine strikte Haftung keine optimalen Anreize zum Auditing gibt, solange der Staat die dem Auditing zugrunde liegenden Fakten gegen das Unternehmen einsetzen könne.)

[30] Sanktionen müssen hier hoch sein, um die geringe, feste Entdeckungswahrscheinlichkeit auszugleichen, wenn das Unternehmen nicht mit Unterstützung ihrer eigenen Informationen gerichtlich verfolgt werden kann. Haftungssysteme mit fixierter Wahrscheinlichkeit, die auf Beweisverwertungsverboten oder Beweis-Privilegien beruhen, wurden vielfach deswegen kritisiert, weil sie Unternehmen Anreize dazu gäben, Ressourcen von der Prävention zum Auditing zu verlagern. Dies sei nach Auffassung der Kritiker die nicht so effektive Methode zur Vermeidung von Schädigungen. Vgl. *David A. Dana*, The Perverse incentives of Environmental Audit Immunity, 81 Iowa Law Review 969 (1996). Wir stimmen dem insoweit zu, als daß dieses System zu einem Anwachsen des Auditing und anderer Kontrollmaßnahmen führt. Dies ist mithin ein Grund, dieses Haftungssystem zu übernehmen, anstelle es zu verwerfen. Unter dem gegenwärtigen Haftungssystem werden zu wenig Kontrollmaßnahmen durch die Firmen unternommen.

regelung: strikte Haftung verbunden mit einem Privileg für Umweltauditing. Im Moment genügt der Hinweis, daß dieses System zusätzlich zu dem oben erörterten Insolvenzproblem ernsthafte Schwachstellen aufwies, weil es die mit der Rechtsverfolgung befaßten Behörden daran hindert, die dem Unternehmen bei der eigenen Rechtsdurchsetzung verfügbaren Informationen zu verwenden, um fehlsame Angestellte zu sanktionieren. Folglich untergräbt diese Art einer Haftung mit fixierter Wahrscheinlichkeit einen guten Teil des Abschreckungswerts der Kontrollmaßnahmen des Unternehmens, indem es jeglichen Zugriff auf Informationen der privaten Rechtsdurchsetzung ausschließt[31].

II. Strikte Haftung mit abgestimmten Sanktionen

Im Hinblick auf die Nachteile einer Haftung mit fixierter Wahrscheinlichkeit erscheint die Alternative einer strikten Haftung mit abgestimmten Sanktionen zunächst erfolgversprechender. Bei diesem System wird versucht, im Rahmen einer strikten Haftung optimale Kontrollmaßnahmen herbeizuführen, indem die Sanktionen kontinuierlich verringert werden, um eine erhöhte Entdeckungswahrscheinlichkeit auszugleichen. Im einzelnen wird das Unternehmen dabei statt einer fixierten tatsächlichen Sanktion einer fixierten erwarteten Sanktion unterworfen, pF, die den sozialen Kosten der Rechtsverletzung für andere entspricht, h. Somit entspricht die Sanktion dem Faktor h, dividiert durch die tatsächliche Wahrscheinlichkeit der Entdeckung, p.

Dieses System entgeht den „*perversen Effekten*" die mit der herkömmlichen strikten Haftung verknüpft sind, indem der Haftungserweiterungseffekt ausgeschaltet wird. Wie hoch auch immer der Kontrollaufwand des Unternehmens ist, seine erwartete Haftung ex ante für eine Rechtsverletzung bleibt gleich, h[32]. Das Unternehmen erhält dadurch den vollen Nutzen des Abschreckungseffekts. Daraus folgt, daß das Unternehmen Kontroll- und Präventionsmaßnahmen auf optimaler Höhe halten und die optimale Gütermenge produzieren wird, solange es glaubhaft ex ante- und ex post-Kontrollen ankündigen kann.

Es verbleiben aber noch zwei Begrenzungen der strikten Haftung mit abgestimmten Sanktionen, die am besten als Aspekte des Glaubwürdigkeitsproblems bezeichnet werden. Zum einen werden Unternehmen Kontrollmaßnahmen, die ihrer Natur nach teuer sind, nicht durchführen, wenn sie nicht beobachtbar sind oder als glaubwürdige Drohung wahrgenommen werden. Unter einer Haftung mit abgestimmten Sanktionen entspricht der Erwartungswert der Sanktion für jede Rechtsverletzung dem Faktor h, d.h. den sozialen Kosten des Fehlverhaltens,

---

[31] Vgl. zum Beispiel: Jennifer Arlen, "Shielding Audits Will Aggravate Pollution Problems, 17 National Law Journal, A 23 (Montag, 3. Oktober 1994).

[32] Vgl. *Arlen*, a.a.O., Fn. 17, S. 857 – 858 (die dort eine andere Variante dieses Systems bespricht). Ein veränderliches System, daß die Sanktionen schrittweise - und nicht kontinuierlich – reduziert, und bei dem die Entdeckungswahrscheinlichkeit ansteigt, würde zu nicht optimalen Kontrollmaßnahmen führen, solange nicht die Reduktion der Sanktion genau an dem Punkt erfolgt, an dem die Firma optimale Kontrollmaßnahmen eingeführt hat. Ein solches System erfordert von den Gerichten jedoch, daß sie die optimalen Kontrollmaßnahmen bestimmen. Damit würde es sich im Ergebnis wieder um ein System der Haftung für Pflichtverletzungen handeln.

ohne Rücksicht auf den Kontrollaufwand des Unternehmens. Kontrollmaßnahmen reduzieren die Haftung des Unternehmens deshalb nur dadurch, daß von Rechtsverletzungen abgeschreckt wird. Wenn Kontrollen nicht beobachtbar sind, sind diese Maßnahmen möglicherweise nicht glaubhaft, so wie sie auch in dem herkömmlichen System der strikten Haftung möglicherweise nicht glaubhaft sind. Noch einmal: die Angestellten des Unternehmens glauben möglicherweise nicht an die Drohungen, so daß das Unternehmen auch keinen Anreiz hat, die angedrohten Maßnahmen auch tatsächlich durchzuführen[33].

Ein weiterer Aspekt des Glaubwürdigkeitsproblems ergibt sich bei einer Haftung mit abgestimmten Sanktionen im Falle von Kontrollmaßnahmen wie der Untersuchung und der Anzeige von Fehlverhalten, die das Unternehmen nur ergreift, wenn es den Verdacht hat, daß seine Angestellten einen Rechtsverstoß begangen haben. Selbst bei einer Haftung mit abgestimmten Sanktionen kann die Durchführung dieser Maßnahmen den Erwartungswert der Unternehmenshaftung vergrößern.

Man betrachte das Beispiel einer Anzeige wegen Fehlverhaltens. Wie bereits erörtert verlangt eine optimale Rechtsdurchsetzung, daß das Unternehmen entdeckte Rechtsverletzungen zur Anzeige bringt. Angenommen, ein Unternehmen entdeckt ein Fehlverhalten als Folge optimaler Überwachung. Bei einer Haftung mit abgestimmten Sanktionen ist das Unternehmen haftbar, wenn es den Rechtsverstoß meldet. Es unterliegt einer Geldstrafe in Höhe von h/p^{**}, wobei p^{**} die Entdeckungswahrscheinlichkeit im Falle optimaler Überwachung und der Anzeige entdeckter Rechtsverstöße ist[34]. Meldet das Unternehmen den Rechtsverstoß nicht und wird dieser von den staatlichen Behörden entdeckt, so wird das Unternehmen einer Geldstrafe von $h/p^{*\circ}$ unterworfen, wobei $p^{*\circ}$ die Wahrscheinlichkeit der Entdeckung durch staatliche Behörden für den Fall darstellt, daß das Unternehmen optimal überwacht, aber Fehlverhalten nicht zur Anzeige bringt. Ex ante ist der Erwartungswert der Haftung des Unternehmens pro Rechtsverstoß in beiden Konstellationen h. Aber aus der ex post-Sicht eines Unternehmens, das den Rechtsverstoß entdeckt hat, verändert sich die Situation drastisch. Im Zeitpunkt der Entscheidung über eine Anzeige des Rechtsverstoßes, ist der Erwartungswert der Haftung für den Fall einer Anzeige $h/p^{**}>h$, während der

---

[33] Betrachten wir hierzu unser Beispiel, in dem fünf Angestellte sich ohne Überwachung durch die Firma falsch verhalten, wobei die Entdeckungswahrscheinlichkeit 1/5 beträgt. Bei optimaler Überwachung verhalten sich drei Angestellte falsch, die Entdeckungswahrscheinlichkeit beträgt hier ½. Nehmen wir nun an, das Unternehmen kündigt die Einführung optimaler Überwachung an, woran die Angestellten auch glauben. Nur drei Angestellte werden sich dann falsch verhalten. Hat dann aber das Unternehmen überhaupt einen Anreiz, eine optimale Überwachung tatsächlich einzuführen? Unabhängig davon, ob das Unternehmen eine optimale Überwachung betreibt, entspricht ihre erwartete Haftung pro Schädigung, pf, dem Wert h. Betreibt das Unternehmen nun diese Überwachung mit den Überwachungskosten M^*, dann betragen ihre Gesamtkosten $M^* + 3h$, andernfalls belaufen sie sich lediglich auf 3h. Das Unternehmen wird die Maßnahmen somit nicht ergreifen. Ihre Angestellten, denen das bewußt ist, werden von der Androhung der Überwachung durch das Unternehmen nicht von Schädigungen abgehalten werden.

[34] Die Sanktion muß diesen Anforderungen entsprechen. Andernfalls kann sie nicht gewährleisten, daß die ex ante erwartete Haftung des Unternehmens h entspricht, was notwendig ist, um optimale Prävention, Sanktionierung, Aktivitätsniveaus und Kontrollmaßnahmen zu erzielen.

Erwartungswert der Haftung für den Fall, daß keine Anzeige erfolgt, g(h/p^{*o}) ist, wobei die ex post Wahrscheinlichkeit darstellt, daß die Behörden einen Rechtsverstoß aufdeckt, den das Unternehmen schon entdeckt hat. Wenn der Umstand, daß das Unternehmen ein Fehlverhalten entdeckt, die Wahrscheinlichkeit einer Entdeckung durch die staatlichen Behörden nicht erhöht, was plausibel erscheint, dann entspricht g der ex ante Wahrscheinlichkeit einer Entdeckung durch den Staat, p^{*o}. In diesem Fall ist der Erwartungswert der Haftung des Unternehmens, wenn es keine Anzeige erstattet, p^{*o} (h/p^{*o}) = h, was gleichbleibend niedriger ist als der Erwartungswert der Haftung, wenn Anzeige erstattet wird, h/p**. Daraus ergibt sich, daß eine Haftung mit abgestimmten Sanktionen nicht zu optimalen Anzeigen führt[35].

Haftung mit abgestimmten Sanktionen kann deshalb generell nur dann zu optimaler Überwachung – ebenso wie zu optimalen Aktivitätsniveaus und Präventivmaßnahmen – führen, wenn die Glaubwürdigkeitsprobleme minimal sind, etwa bei großen Unternehmen, die leicht eine Reputation für energische Kontrollen aufbauen können. Wenn dagegen signifikante Glaubwürdigkeitsprobleme auftreten, wird eine Haftung mit abgestimmten Sanktionen ohne durchdachte und kostspielige Modifikationen nicht zu optimaler Untersuchung und Anzeige von Fehlverhalten führen.

III. Zusammengesetzte Haftung

Die Schwierigkeiten, die mit der Haftung mit fixierter Wahrscheinlichkeit und der strikten Haftung mit abgestimmten Sanktionen verbunden sind, stellen die Vorteile einer dritten Gruppe gemischter Haftungssysteme heraus: Systeme, in denen auf einer strikten Haftung, die der Internalisierung der gesellschaftlichen Kosten dient, eine „*Schicht*" Haftung für Pflichtverletzungen aufgesetzt ist, um Kontrollmaßnahmen zu veranlassen. Solche zusammengesetzten Haftungssysteme können als Modell der getrennten Haftung der Unternehmen verstanden werden: zum einen eine Haftung für das Fehlverhalten ihrer Angestellten; zum anderen eine Haftung dafür, daß das Unternehmen die ihm obliegenden Kontrollmaßnahmen nicht durchführen konnte oder durchgeführt hat.

Die geläufigste Form der zusammengesetzten Haftungssysteme setzt Anreize für Kontrollmaßnahmen und sanktioniert gleichzeitig auftretendes Fehlverhalten. Dies geschieht dadurch, daß die Unternehmen für sämtliches Fehlverhalten über eine strikte Haftung einstehen müssen, ihnen aber bei Verletzung der ihnen ob-

---

[35] Auch wenn die plausibelste Annahme diejenige ist, wonach die Entdeckungswahrscheinlichkeit des Staates unabhängig von derjenigen des Unternehmens ist, so ist es doch immerhin möglich, daß die Wahrscheinlichkeit der Entdeckung des Fehlverhaltens durch den Staat mit der Entdeckung durch das Unternehmen steigt oder sinkt. Es kann ein Anstieg vorliegen (g>p^{*o}), weil sowohl Unternehmen als auch Staat die auffälligsten Fehlverhalten entdecken; es kann aber auch ein Sinken vorliegen (g<p^{*o}), weil die Firma Anstrengungen zur Verschleierung unternimmt. Aber selbst mit g>p^{*o} werden Unternehmen unter einer Haftung mit abgestimmter Sanktion keine optimale Berichterstattung betreiben, wie wir an anderer Stelle bereits bewiesen haben. Vgl. hierzu: *Jennifer Arlen / Reinier Kraakman*, Controlling Corporate Misconduct: An Analysis of Corporate Liability Regimes, 72 New York University Law Review 687, 777, Fn. 206 (1997).

liegenden Kontrollmaßnahmen eine noch höhere Sanktionierung droht[36]. Ein solches System muß zwei Voraussetzungen erfüllen. Zum einen muß es eine „*Standardsanktion*" für Unternehmen bestimmen, die ihren Pflichten zur Einhaltung von Kontrollmaßnahmen nicht hinreichend nachgekommen sind. Diese Standardsanktion muß groß genug sein, um sicherzustellen, daß alle Unternehmen die Erfüllung der ihnen obliegenden Kontrollmaßnahmen gegenüber einer erweiterten Haftung bevorzugen, und somit allenfalls der „*Restsanktion*" ausgesetzt sind. Zum anderen muß gewährleistet sein, daß diese Restsanktion hoch genug ist, um optimale präventive Maßnahmen und Aktivitätsniveaus zu erzielen. Das bedeutet natürlich, daß die Restsanktion eines Unternehmens den gesellschaftlichen Kosten des schädigenden Verhaltens, dividiert durch seine Entdeckungswahrscheinlichkeit, entsprechen muß.

Es sind viele Systeme einer zusammengesetzten Haftung denkbar. Das einfachste von ihnen ist ein zweigliedriges System, bei dem ein Unternehmen nur dann in den Genuß einer verminderten Sanktion kommt, wenn es alle ihm obliegenden Kontrollmaßnahmen optimal erfüllt hat. Das Unternehmen steht dabei einer Standardsanktion von F^H für jedes Fehlverhalten seiner Angestellten gegenüber, solange es nicht eine optimale Überwachung, Untersuchung und Berichterstattung gewährleistet. Verhält sich das Unternehmen optimal, setzt es sich nur der geringeren Restsanktion F^r aus. F^r muß dabei sicherstellen, daß es optimale präventive Maßnahmen und Aktivitätsniveaus erzielt[37]. Die Haftungsmilderung dieses zweigliedrigen Systems ist dabei verschuldensbasiert. Sie gibt denjenigen Unternehmen eine vollständige Milderung, die optimale Überwachung und Untersuchung betreiben, auch wenn sie nicht berichten, vorausgesetzt jedoch, die Berichterstattung erfolgt deshalb nicht, weil das Unternehmen das schädigende Verhalten nicht erkannt hat. Ein solches System kann vollständig mit Hilfe des

---

[36] In einem System zusammengesetzter Haftung können Verstöße gegen die ex ante-Überwachungspflicht unabhängig von der Schädigung sanktioniert werden. Dies kann dadurch geschehen, daß der Staat das Überwachungsprogramm des Unternehmens selbst untersucht und jedwede Verstöße bereits schon dann sanktioniert, bevor es Hinweise auf Schädigungen durch deren Angestellte gibt. Obwohl bürokratische Wirtschaftssysteme für gewöhnlich vorschreiben, daß die Nachforschung über die Schädigungen eines Unternehmens zugleich mit der Analyse ihres Überwachungsprogramms stattfindet, kann die Insolvenzproblematik dazu führen, daß diese Verbindung zur häufigeren Prüfung des Überwachungsprogramms noch weiter verstärkt wird. Anders gesagt: wenn die Haftungssumme für eine Schädigung der Angestellten wahrscheinlich die finanziellen Mittel des Unternehmens übersteigen wird, wird die Möglichkeit, daß die Firma einer weiteren Haftung wegen Verstoßes gegen ihre Überwachungsobliegenheiten ausgesetzt sein könnte, nur geringen Einfluß auf das Unternehmen haben, sofern diese Haftung nur dann erfolgt, wenn ebenfalls die Schädigung sanktioniert wird. In solchen Fällen sollte der Staat, um optimale Überwachung zu erzielen, regelmäßig die ex ante Kontrollmaßnahmen der Unternehmen überprüfen und diejenigen Unternehmen sanktionieren, deren Anstrengungen in diesem Bereich suboptimal sind. Anzumerken bleibt, daß ex post Kontrollmaßnahmen wie Untersuchung und Berichterstattung nur in Verbindung mit der Schädigung durchgesetzt werden können.

[37] Dieser Abschnitt konzentriert sich auf Überwachung und Berichterstattung. Die Analyse könnte aber ohne großen Aufwand erweitert werden und entweder dreigliedrige Systeme auf Grundlage von ex ante Überwachung einerseits und ex post Untersuchung und Berichterstattung andererseits oder aber – was vielleicht noch besser wäre – auch viergliedrige Systeme beinhalten, die zusätzliche Haftungserleichterungen für Überwachung, Untersuchung und Berichterstattung enthält.

Strafrechts realisiert werden. Es bietet sich aber auch eine Mischung einer zivilrechtlichen Resthaftung mit einer strafrechtlichen Standardsanktion an.

Im zweigliedrigen System entspricht die optimale Restsanktion den gesellschaftlichen Kosten des Fehlverhaltens, dividiert durch die Entdeckungswahrscheinlichkeit bei optimalen Kontrollmaßnahmen, h/p^{**}[38]. Die Standardsanktion muß zu einer Milderung, $F^H - F^r$, führen, die sowohl ex ante als auch ex post zu Kontrollmaßnahmen führt. Unternehmen überwachen ex ante, bevor ihre Angestellten sich zu falschem Verhalten entscheiden, aber sie erforschen und berichten ex post, wenn es bereits zu spät ist, die Angestellten von Fehlverhalten abzuhalten. Um optimale Kontrollmaßnahmen zu erzielen, muß die Haftungsmilderung daher zwei Bedingungen erfüllen. Zum einen muß gewährleistet sein, daß die Milderungsvorteile des Unternehmens ex ante größer sind, wenn es eine optimale Überwachung (und Berichterstattung) betreibt. Zum anderen muß es ex post dazu kommen, daß das Unternehmen bei Berichterstattung über das Fehlverhalten besser gestellt ist – und dabei die Sanktion F^r zu akzeptieren – als wenn es dies nicht täte und dann der Standardsanktion F^H ausgesetzt ist.

Das erste Erfordernis kann dadurch erfüllt werden, daß die Standardsanktion $F^H = h/p^0$ gesetzt wird, wobei p^0 der Entdeckungswahrscheinlichkeit entspricht, wenn das Unternehmen keine Kontrollmaßnahmen betreibt. Die Restsanktion muß dabei $F^r = h/p^{**}$ sein[39]. Diese Sanktionen führen notwendigerweise zu optimalen Kontrollmaßnahmen, denn sie stellen sicher, daß die vom Unternehmen zu erwartenden Kosten den gesellschaftlichen Gesamtkosten ihrer Aktivitäten entsprechen (die Kosten des schädigenden Verhaltens eingeschlossen), unabhängig davon, ob das Unternehmen optimal handelt oder nicht. Per definitionem minimieren optimale Kontrollmaßnahmen die gesellschaftlichen Gesamtkosten. Die erwarteten Kosten des Unternehmens werden von daher niedriger sein, wenn es

---

[38] Die Sanktion könnte alternativ einfach den gesellschaftlichen Nettokosten von Straftaten, dividiert durch die konkrete Entdeckungswahrscheinlichkeit, entsprechen. Der Vorteil, den die Berechnung auf Grundlage der optimalen Entdeckungswahrscheinlichkeit bietet, liegt darin, daß ein Gericht diese auf viele Unternehmen anwenden kann, sofern diese gleichartig sind. Dieser Ansatz funktioniert jedoch nur, wenn die Haftungsmilderung optimale Kontrollmaßnahmen veranlaßt.

[39] Man mag auf den Gedanken kommen, daß ein Nachteil eines Systems zusammengesetzter Haftung im Vergleich zur traditionellen strikten Haftung darin liegt, daß es sehr hohe Sanktionen benötigt, so daß es anfälliger für die Insolvenzproblematik ist. Tatsächlich jedoch ist die Standardsanktion in unseren Systemen zusammengesetzter Haftung nicht notwendigerweise höher als die optimale Sanktion in einem Gefährdungshaftungssystem. Die kleinste Standardsanktion in unserem System zusammengesetzter Haftung entspricht der Resthaftung h/p^{**} zuzüglich eines Betrages, der eine optimale Überwachung garantiert. Die Sanktion h/p^0 wird dazu genügen. Unter einem traditionellem System strikter Haftung hingegen entspricht die Sanktion h/p. Ein optimal bestimmtes h/p in einem System strikter Haftung entspricht dem entstandenen Schaden, dividiert durch die erwartete Entdeckungswahrscheinlichkeit auf Grundlage der Kontrollmaßnahmen, welche das Unternehmen durchführen kann. Da Unternehmen, die einer traditionellen strikten Haftung unterliegen, oftmals keine effizienten – und manchmal nicht mal irgendwelche - Kontrollmaßnahmen ergreifen werden, wird die Entdeckungswahrscheinlichkeit bedeutend geringer als in unseren Systemen zusammengesetzter Haftung sein. Wenn Unternehmen keine Kontrollmaßnahmen durchführen, entspricht die optimale Sanktion in einem Gefährdungshaftungssystem daher h/p^0. Dieser Betrag übersteigt die kleinste optimale Sanktion eines Systems zusammengesetzter Haftung.

optimale Kontrollmaßnahmen betreibt. Dieses System gibt einem Unternehmen hinreichend ex ante Anreize, optimale Kontrollmaßnahmen zu ergreifen.

Um das zweite Erfordernis zu erfüllen, muß das zweigliedrige System sicherstellen, daß nach dem Eintreten von Fehlverhalten das Unternehmen Anreize zu effizienten ex post Kontrollmaßnahmen wie z.B. der Berichterstattung hat. Ein Unternehmen, das über Schädigungen berichtet, steht automatisch einer Restsanktion von F^r gegenüber. Damit eine solche Berichterstattung erfolgt, muß die erwartete Sanktion für den Fall, daß das Unternehmen nicht berichtet, der Restsanktion entsprechen oder gar höher als diese sein[40]. Die erwartete Standardhaftung gF^H muß von daher der Resthaftung, F^r, entsprechen oder sie übersteigen. g entspricht dabei der Wahrscheinlichkeit, daß der Staat ein Fehlverhalten, welches das Unternehmen bereits erkannt hat, selbst entdeckt. Daraus folgt, daß $F^H \geq h/(p^{**})g$ muß. Damit muß $F^H \geq F^r/g$ sein. Die optimale Standardsanktion entspricht damit dem Maximum der optimalen ex ante und ex post Standardsanktionen[41].

Dieses zweigliedrige System eliminiert „*perverse Effekte*", indem es gewährleistet, daß Unternehmen ihre erwarteten Kosten durch Einführung optimaler Kontrollmaßnahmen reduzieren können. Dieses System umgeht auch das Glaubwürdigkeitsproblem, denn es befreit Unternehmen vom Risiko sehr hoher Standardsanktionen unabhängig vom Verhalten ihrer Angestellten, solange sie die ihnen obliegenden Kontrollmaßnahmen erfüllen. Schließlich gewährleistet die Resthaftung das Erreichen optimaler Aktivitätsniveaus und präventiver Maßnahmen.

Zudem veranlaßt ein System zusammengesetzter Haftung optimale Kontrollmaßnahmen selbst dann, wenn die Gerichte die Standardsanktion nicht präzise

---

[40] Diese Spezifikation der Sanktion geht davon aus, daß die Berichterstattung lediglich die erwartete Haftung des Unternehmens für die konkrete Schädigung beeinflußt. In anderen Worten: der Bericht über eine Schädigung verhindert keine weiteren Schädigungen. Diese Annahme ist gerechtfertigt, solange die Angestellten vollständig über die Kosten und Nutzen der Berichterstattung durch das Unternehmen informiert sind, denn dann läßt der Bericht über eine Schädigung keine Rückschlüsse auf den Willen des Unternehmens zu, den Staat auch über andere Schädigungen zu informieren. Sollte die Berichterstattung jedoch tatsächlich Schädigungen verhindern, dann würde bereits eine niedrigere Sanktion, F^H, optimale Berichterstattung ermöglichen.

[41] Greifen wir zur Verdeutlichung auf unser Beispiel zurück, bei dem die Entdeckungswahrscheinlichkeit bei optimaler Überwachung und Berichterstattung ½, bei keiner Tätigkeit 1/5 beträgt. Fünf Angestellte verhalten sich falsch, wenn keine Überwachung und Berichterstattung erfolgt, jedoch nur drei bei optimalem Verhalten des Unternehmens. Nehmen wir nun an, daß das Unternehmen von Schädigungen nicht profitiert. Dann würde die Firma, die optimale Kontrollmaßnahmen ergreift, die gesamten gesellschaftlichen Kosten der Schädigungen tragen, wenn die erwartete Sanktion pro Schädigung, (1/2)F, den gesellschaftlichen Kosten des Schadens, h, entspricht. Damit wäre $F^r=2h$. Das Unternehmen wird eine optimale Überwachung durchführen, wenn die erwarteten Kosten dessen zuzüglich der erwarteten Haftung für die drei erwarteten Schädigungen, $M^* + 3(1/2)2h$, geringer oder identisch zu den Kosten ist, wenn es keine Überwachung betreibt, $0 + 5(1/5)F^H$. Daraus folgt: $F \geq M^* + 3h$. Um zu gewährleisten, daß das Unternehmen über erkannte Schädigungen berichtet, muß seine erwartete Haftung bei Berichterstattung, $F^r=2h$, kleiner oder identisch zur erwarteten Haftung sein, wenn es dies nicht täte, $g(M)F^H$. Unter der Annahme, daß die Wahrscheinlichkeit des Entdeckens einer bereits durch das Unternehmen erkannten Schädigung durch den Staat 80% beträgt, folgt: $(4/5)F^H \geq F^r$. Damit ist $F^H \geq (2.5)h$. Die optimale Resthaftung, F^r, beträgt somit 2h; und die optimale kleinste Standardsanktion, F^H, entspricht $M^* + 3h$.

berechnen; vorausgesetzt jedoch, die Standardsanktion übersteigt den Wert, der zum Veranlassen optimaler Kontrollmaßnahmen erforderlich ist, und das Unternehmen und die Gerichte können zutreffend bestimmen, wann Kontrollmaßnahmen nicht optimal sind. Die Gerichte brauchen sich aber dennoch keine Sorgen darüber zu machen, ob sie die Standardsanktion zu hoch ansetzen, solange es nicht sehr wahrscheinlich ist, daß die Kontrollmaßnahmen von ihnen falsch bestimmt werden. Tun sie dies jedoch, dann kann eine zu hohe Standardsanktion zu übermäßigen Kontrollmaßnahmen führen.

IV. Vergleichung der typengemischten Haftungssysteme

Wie die vorhergehenden Darstellungen zeigen, bilden die typengemischten Haftungssysteme äußerst unterschiedliche Gewichtungen zwischen der Durchsetzungseffizienz und den Informationserfordernissen. Systeme mit fixierter Wahrscheinlichkeit, die auf Beweisprivilegien beruhen, um Überwachung und Untersuchung zu initiieren, sind am wenigsten durchsetzungseffizient. Andererseits aber legen sie den Gerichten die niedrigsten Informationslasten auf. In einem solchen System ist lediglich erforderlich, daß die Informationen den staatlichen Autoritäten vorenthalten werden. In einem System strikter Haftung mit abgestimmten Sanktionen, welche die Haftung des Unternehmens auf h/p beschränkt, wird die Durchsetzungseffizienz erheblich gesteigert. Hierbei wird von den Gerichten jedoch verlangt, die Entdeckungswahrscheinlichkeit kontinuierlich neu einzuschätzen. Dieses System kann eine optimale ex ante Überwachung gewährleisten. Für sich alleine ist es aber nicht in der Lage, optimale Untersuchung und Berichterstattung zu erzielen. Auch löst es nicht die entstehenden Glaubwürdigkeitsprobleme. Komplexere Formen der Haftung mit fixierter Wahrscheinlichkeit können zwar zu einer optimalen Untersuchung und Berichterstattung führen, sie lösen jedoch keinesfalls die mit der ex ante Überwachung und der ex post Untersuchung verbundenen Glaubwürdigkeitsprobleme.

Die zusammengesetzte Haftung ist damit die einzige Form gemischter Haftungssysteme, die in der Lage ist, das Aktivitätsniveau zu regulieren und dabei alle Durchsetzungsfunktionen zu erfüllen. Sie stellt dabei insbesondere sicher, daß die Angestellten eines Unternehmens an der Durchführung der Kontrollmaßnahmen nicht zweifeln. Hierfür muß der Preis hoher gerichtlicher Informationskosten – und damit auch der höchsten Verwaltungskosten – gezahlt werden. Die Auswahl zwischen zusammengesetzter Haftung und einer strikten Haftung mit angestimmten Sanktionen hängt damit regelmäßig von einer Abwägung der Durchsetzungseffizienz mit den Verwaltungskosten ab[42]. Wenn die Glaubwürdigkeit der Kontrollmaßnahmen eines Unternehmens nicht berücksichtigt werden muß – etwa weil es sich auf seine Reputation berufen kann –, ist die strikte Haftung mit abgestimmten Sanktionen der zusammengesetzten Haftung überlegen. Wenn jedoch Glaubwürdigkeit ein ernstzunehmendes Problem ist – was nach

---

[42] Wir haben die informationellen Erfordernisse der strikten Haftung mit abgestimmter Sanktion und der zusammengesetzten Haftung bereits in einem früheren Aufsatz systematisch aufgeführt. Vgl. *Arlen/Kraakman*, Fn. 35, S. 730–735.

unserer Auffassung sehr oft der Fall sein wird –, dann kann das Einsetzen eines Systems zusammengesetzter Haftung ohne weiteres gegenüber einer strikten Haftung mit abgestimmten Sanktionen vorzugswürdig sein. Dies gilt insbesondere, weil Verwaltungskosten nur dann relevant werden, wenn tatsächlich Gerichtsprozesse stattfinden. Anders formuliert: eine zusammengesetzte Haftung ist dort angebrachter, wo es ein erhebliches Glaubwürdigkeitsproblem und nur wenige zu erwartende Gerichtsverhandlungen geben wird, während ein System strikter Haftung mit abgestimmten Sanktionen im anderen Fall vorzuziehen ist.

V. Vergleich mit bestehenden Rechtslage

Unsere Analyse der Unternehmenshaftungssysteme bringt mehrere weitreichende Folgerungen für bestehende Normen mit sich, welche die Unternehmenshaftung betreffen. Die auffälligste von ihnen ist, daß die traditionelle zivil- und strafrechtliche Gefährdungshaftung oftmals nicht in der Lage ist, Firmen zur optimalen Überwachung ihrer Angestellten (oder Untersuchung und Berichterstattung) zu veranlassen. Unsere Analyse stimmt damit dem generellen Trend zu, welcher von einer bloßen Gefährdungshaftung zu gemischten Haftungssystemen führt. Dies gilt insbesondere für schwer zu erkennendes Fehlverhalten vorbehaltlich einer strafrechtlichen Haftung.

Weitere Folgerung ist, daß Gesetzgeber bisher scheinbar eine wichtige und potentiell wertvolle Gruppe von Haftungssystemen übersehen haben: die Systeme strikter Haftung mit abgestimmten Sanktionen. Wie wir in diesem Teil weiter analysieren werden, haben amerikanische Reformer zwei Arten gemischter Haftungssysteme zur Förderung von Kontrollmaßnahmen etabliert: Haftungssysteme mit fixierter Wahrscheinlichkeit, die nur geringer informationeller Anstrengungen bedürfen, dafür aber nur selten effektiv sind; und zusammengesetzte Haftungssysteme, die zur optimalen Verwaltung mehr Informationen bedarf, dafür jedoch das Glaubwürdigkeitsproblem lösen kann und gleichzeitig optimale Kontroll- und Präventivmaßnahmen erzielt. Auffallend abseits aktueller Reformen sind Beispiele einer strikten Haftung mit abgestimmten Sanktionen, die sich in der Mitte der beiden anderen Modelle bewegt. Sie haben nur geringe informationelle Anforderungen, dafür aber höhere Durchsetzungseffizienz als die Haftung mit fixierter Wahrscheinlichkeit. Wir vermuten den Grund für das Auslassen dieses Systems darin, daß es eine Abneigung gegenüber der Bestimmung des Umfangs einer jeden Sanktion auf Grundlage von Entdeckungswahrscheinlichkeiten gibt (was vielleicht auf einer ex post Konzeption *„fairer"* oder *„gerechter"* Sanktionen beruht). Rechtsnormen, die eine Haftung mit fixierter Wahrscheinlichkeit einführen – so z.B. eine Norm, welche unternehmensinterne Informationen privilegiert – beugen dem Erfordernis vor, daß Gerichte die Höhe der Sanktionen bestimmen müssen, indem sie die Wahrscheinlichkeit der Entdeckung konstant halten. Systeme zusammengesetzter Haftung umgehen die Anpassung der Sanktionen hingegen dadurch, daß sie auf die Einhaltung optimaler Kontrollmaßnahmen abstellen (obwohl auch dies unausweichlich die Abschätzungen von Wahrscheinlichkeiten, Kosten und Nutzen erfordert, die nicht weniger komplex sind).

Als dritte Konsequenz unserer Analyse stellen wir einen Rahmen, der zur Bestimmung des richtigen gemischten Haftungssystems genutzt werden kann, zur Verfügung. Am Ende dieses Kapitels untersuchen wir zwei bekannte Beispiele: (1) das Umwelt-Audit-Privileg, welches oft zur Konstruktion einer Haftung mit fixierter Wahrscheinlichkeit genutzt wird; und (2) die *U.S. Sentencing Guidelinesfor Organizations*, die ein weitreichendes System zusammengesetzter Haftung für Unternehmenskriminalität darstellt. Beide gemischten Systeme haben erhebliche Beschränkungen in ihrer Durchsetzungseffizienz, obwohl die *Sentencing Guidelines* wahrscheinlich der traditionellen *Common Law* Norm der Gefährdungshaftung für Unternehmen überlegen ist[43].

VI. Strikte Unternehmenshaftung mit Umwelt-Audit Privileg

Im Umweltbereich haben mindestens 18 amerikanische Bundesstaaten Beweisprivilegien für Umwelt-Audit-Berichte von Unternehmen eingeführt[44]. Diese Privilegien schützen die Ergebnisse von Umwelt-Audits häufig sowohl vor zivil- als auch vor strafrechtlicher Kenntnisnahme und machen ihre Nutzung in allen zivil-, straf- und öffentlich-rechtlichen Gerichtsverfahren unzulässig[45]. Um diesen Schutz genießen zu können, muß ein Unternehmen grundsätzlich über jedes erkannte Fehlverhalten informieren und dem Problem sofort abhelfen[46]. Der Bereich, der von den Privilegien erfaßt ist, kann dabei sehr weitreichend sein. Beispielsweise sind nicht zwingend nur die eigentlichen Audit-Berichte davon erfaßt, sondern alle diejenigen Dokumente, die hauptsächlich der Erstellung des Audits dienten. Hierzu gehören unter anderem gesammelte Notizen, Photographien und Gutachten.

Selbstverständlich muß das Audit-Privileg mit einem Haftungssystem verknüpft sein. Wenn es mit einer traditionellen strikten Haftung verbunden ist, entsteht ein Haftungssystem mit fixierte Wahrscheinlichkeit, das – wie wir in Kapitel C I. gezeigt haben – in der Lage ist, die mit der strikten Haftung einhergehenden *„perversen Effekte"* zu eliminieren[47]. Staaten, die diese Art des Audit-Privilegs übernehmen, vertrauen darauf, daß die Haftung mit fixierter Wahrscheinlichkeit umweltbezogene Kontrollmaßnahmen veranlaßt. Andere Staaten kombinieren das Audit-Privileg mit einer erheblichen Haftungserleichterung für

---

[43] Zu einer Analyse des Einflusses der *Guidelines* auf die gerichtlichen Urteile, vgl.: *Cindy Alexander / Jennifer Arlen / Mark Cohen*, Regulating Corporate Criminal Sanctions: Evidence on the Effect of the U.S. Sentencing Guidelines, University of Southern California Working Paper (1998).

[44] Vgl. *Louis Brown / Anne O. Kandel / Richard Gruner*, The Legal Audit (1997); *David Erickson / Sarah Matthews*, Environmental Compliance Audits: Analysis of Current Law, Policy and Practical Considerations to Best Protect Their Confidentiality, 63 UMKC Law Review 491, 517 (1995).

[45] Vgl. *Orts / Murray*, a.a.O., Fn. 29, S. 22 – 24. Die Privilegien unterscheiden sich von Beweisverwertungsverboten. Die Privilegien verbieten jedweden Nutzen, wohingegen Beweisverwertungsverbote dem Staat die Möglichkeit bietet, die Informationen zwar nicht gegen das Unternehmen, wohl aber gegen Dritte einzusetzen.

[46] a.a.O., S. 22 – 24 (mit Beschreibung von Ausnahmen zum Standard-Privileg).

[47] Vgl. *Arlen*, a.a.O., Fn. 17, S. 865 – 866 (in Bezug auf Beweisprivilegien).

Unternehmen, die über Fehlverhalten informieren[48]. Dies verbindet die Haftung mit fixierter Wahrscheinlichkeit mit der zusammengesetzten Haftung in einem System.

Wie wir bereits dargelegt haben, haben Privilegierungssysteme – das Umwelt-Audit-Privileg eingeschlossen – nicht zu unterschätzende Limitierungen im Vergleich zu anderen gemischten Haftungssystemen. Zum einen verhindert die Privilegierung von Umwelt-Audits die staatliche Nutzung der Audit-Informationen zur Erkennung von Fehlverhalten und der gerichtlichen Verfolgung der individuellen fehlsamen Angestellter. Das bedeutet, daß der Staat nur mit geringerer Wahrscheinlichkeit Fehlverhalten erkennen und verhindern kann, als wenn er Zugriff auf diese Audit-Informationen hätte. Zudem sind die Durchsetzungsinstanzen dazu genötigt, Ressourcen in die Entdeckung von Fehlverhalten zu lenken, obwohl die Informationen darüber bereits bei den Unternehmen vorhanden sind[49]. Im Gegensatz dazu würde ein gut entwickeltes System zusammengesetzter Haftung dem Staat erlauben, alle unternehmensinternen Informationen zur Sanktionierung der Schädiger zu nutzen.

Zum anderen unterliegt ein Privilegiensystem im Vergleich zu einer zusammengesetzten Haftung, denn es kann Unternehmen neben Audits keinerlei Anreize zur Einführung anderer Kontrollmaßnahmen geben, wenn entweder *„perverse Effekte"* oder aber Glaubwürdigkeitsprobleme in erhöhtem Maße auftreten. Die Tatsache, daß ein Audit-Privileg den privaten Nutzen des Auditing übermäßig erhöht, droht Anreize für zuviel Auditing im Verhältnis zu anderen Kontrollmaßnahmen zu schaffen[50].

Desweiteren führt ein reines Auditing-System nicht zu optimalen Auditing, wenn die Firmen einem Glaubwürdigkeitsproblem gegenüberstehen. Umwelt-Auditing ist im allgemeinen eine Form der ex post-Überwachung, die periodisch – nicht kontinuierlich – durchgeführt wird. Die Angestellten können daher nicht ex ante in dem Moment, in dem sie sich für oder gegen falsches Verhalten entscheiden, nicht notwendigerweise erkennen, ob das Unternehmen für den konkreten, für sie relevanten Zeitraum ein Auditing durchführen wird. Das Audit-Privileg nimmt dem Unternehmen dann die Haftungsangst, in dem es einen Anreiz gegen die Durchführung von Überwachungsmaßnahmen setzt. Es gibt den Unternehmen aber keinen positiven Anreiz, eine Überwachung zu betreiben. Ein

---

[48] Besonders dann, wenn Firmen über Schädigungen informieren müssen, um das Audit-Privileg zu behalten, kann das Auditing zu einem Anwachsen der erwarteten Haftung des Unternehmens führen, sofern ihr nicht bei Berichterstattung Vergünstigungen gewährt werden. Vgl. *Orts / Murray*, a.a.O., S. 29.

[49] Vgl. *Jennifer Arlen*, Shielding Audits Will Aggravate Pollution Problems, Nat. L. J. A23 (3. Oktober 1994); *Arlen*, a.a.O., Fn. 17, S. 865 – 866 (unter Betrachtung eines modifizierten, einem Beweisverwertungsverbot nahestehenden Privilegs, nach dem die Informationen nicht gegen das Unternehmen, wohl aber gegen individuelle Schädiger eingesetzt werden können.)

[50] Vgl. *Dana*, a.a.O., Fn. 30 (unter Betrachtung des Einflusses von Privilegierungs-Gesetzen auf die Ausgaben für Audits und andere *enforcement measures*).

System zusammengesetzter Haftung verwirklicht im Gegensatz dazu genau dieses[51].

Schließlich besteht die Möglichkeit, daß ein Audit-Privileg die Fähigkeit der Unternehmenshaftung untergräbt, diejenigen Abschreckungsziele, welche noch neben der Veranlassung von Kontrollmaßnahmen bestehen, zu verwirklichen. Ein Gefährdungshaftungssystem mit einem Audit-Privileg kann optimale Aktivitätsniveaus und präventive Maßnahmen dadurch erreichen, daß es eine erwartete Haftung androht, die den gesellschaftlichen Kosten der Schädigung entspricht: das bedeutet, daß die tatsächliche Sanktion den gesellschaftlichen Kosten des Fehlverhaltens, dividiert durch die Wahrscheinlichkeit, daß das Unternehmen hierfür für haftbar gehalten wird, entsprechen muß. Wenn aber das Auditing des Unternehmens nicht gegen es genutzt werden kann, ist diese Wahrscheinlichkeit im Zweifel äußerst gering. Von daher ist eine bedeutend höhere Restsanktion in einem Audit-Privileg-System erforderlich, als es in einem System zusammengesetzter Haftung bedürfte[52]. Auch das Risiko, daß das jeweilige Unternehmen insolvent wird und die Ziele somit nicht erreicht werden können, ist größer[53].

VII. Die U.S. Sentencing Guidelines

Die *United States Sentencing Guidelines Governing the Sentencing of Organizations* (*Sentencing Guidelines*) stellen das wichtigste Beispiel eines formell entwickelten Systems zusammengesetzter Haftung dar[54]. Die *Sentencing Guidelines* bestimmen, daß jedes Unternehmen, daß nicht den Anforderungen an Überwachung, Untersuchung und Berichterstattung über kriminelles Verhalten ihrer Angestellten nachkommt, einer hohen Standardsanktion ausgesetzt sein kann. Diese Sanktion kann betraglich dem zwei- bis vierfachem des Grundbußgeldes entsprechen. Dieses Grundbußgeld wird dabei oft nach dem Schaden, der durch das Fehlverhalten verursacht wurde, bestimmt[55]. Nach den *Guidelines* kommt ein Unternehmen jedoch dann in den Genuß von Haftungsmilderungen, wenn die Schädigung trotz eines effektiven Programmes zum Schutz vor und zur Erken-

---

[51] Vielleicht gewähren einige Staaten mit Umwelt-Audit-Privilegien aus diesem Grund den Unternehmen eine Befreiung von gerichtlicher Belangung, die Umwelt-Audits durchführen, über Schädigungen informieren und unverzüglich Gegenmaßnahmen ergreifen. Vgl. *Dana*, a.a.O., Fn. 30, in Fn. 7.

[52] Zudem müßte ein einem Audit-Privileg-System die jeweilige Standardsanktion für Unternehmen, die nicht über Schädigungen informieren, bedeutend höher sein.

[53] Vgl. *Arlen*, a.a.O., Fn. 17, S. 865 – 866 (das Risiko der Insolvenz ist ebenfalls dann größer, wenn der Staat ein modifiziertes Beweisverwertungsverbot einsetzt, nach dem die Informationen nicht gegen das Unternehmen eingesetzt werden können).

[54] *U.S. Sentencing Guidelines Manual*, ch. 8, 392 – 433 (1993). Umweltdelikte sind, was Bußgelder betrifft, von den *Sentencing Guidelines* ausgenommen. Die Gerichte können die *Guidelines* hier jedoch über eine Analogie anwenden.

[55] Nach den *Guidelines* entspricht das Bußgeld dem Maximum zweier Werte. Diese sind (i) ein Betrag, der sich aus einer Bußgeldtabelle ergibt (die auf den Grad der jeweiligen Schädigung abstellt), und (ii) dem geldwerten Vorteil, den das Unternehmen durch die Schädigung erzielt hat, bzw. ihrem geldwerten Verlust durch die Schädigung, unter der Annahme, daß das Unternehmen vorsätzlich, wissend oder fahrlässig gehandelt hat. *Guidelines*, a.a.O., Fn. 55, § 8C2.4. Der Verlust wird vielfach die anderen Werte übersteigen.

Die Neustrukturierung der Unternehmenshaftung 331

nung von Gesetzesverletzungen auftritt, solange das Unternehmen über alle von ihr erkannten Verletzungen innerhalb angemessener Zeit nach deren Entdeckung berichtet[56]. Das Unternehmen kann damit nur dann seine Haftung durch Überwachung verringern, wenn es über erkanntes Fehlverhalten berichtet. Es kann eine zusätzliche Haftungserleichterung dadurch erzielen, daß es Bericht erstattet, sich bei der Untersuchung kooperativ verhält und die eigene Haftung für bereits eingetretene Schädigungen akzeptiert[57].

Die *Sentencing Guidelines* erschaffen ein System zusammengesetzter Haftung, indem sie auch einem Unternehmen, daß eine vollständige Milderung der Haftung aufgrund Erfüllens aller ihm obliegenden Pflichten erreicht hat, noch einer strikten strafrechtlichen Resthaftung ausliefert. Auch wenn diese Resthaftung eher sehr gering sein wird, kann sie häufig durch weitere Haftungsgrundlagen erweitert werden: Unternehmen müssen nach den *Guidelines* unter anderem – soweit möglich – eine Wiedergutmachung bewirken, und sie können auch weiteren staatlichen oder privaten Sanktionen gegenüberstehen. Andererseits können staatliche Autoritäten auch die von den *Guidelines* gesetzte minimale Resthaftung unterwandern. Das U.S. Justizministerium und die Bundesbehörden, die mit der Verfolgung von Subventionsbetrug, Kartellen und Umweltschädigungen betraut sind, haben Modelle eingeführt, die der Immunität von Unternehmen für strafrechtliche Verfolgung nahe kommen, sofern diese über schädigendes Verhalten informieren, schnell Wiedergutmachungsmaßnahmen ergreifen und (bei Umweltdelikten) ein intensives und weitreichendes Umweltschutzprogramm einführen[58].

(1) Die Haftungserleichterungen

Von ihrem Ansatz her stimmen die *Guidelines* mit unserer Analyse überein. Sie lindern Bußgelder für Unternehmen, die ein effektives Umweltschutzprogramm haben, mit den Untersuchungen durch den Staat kooperieren und/oder über Fehlverhalten informieren. Die Methode, mit der die *Guidelines* ein System zusammengesetzter Haftung errichten, ist aber in einigen Teilen dennoch fehlerhaft.

Dies beginnt damit, daß die Milderungssumme, von der Unternehmen für Überwachung, Untersuchung und Berichterstattung profitieren, nicht notwendigerweise ausreichend ist, um optimale Kontrollmaßnahmen zu erzielen. Die *Guidelines* offerieren jedem Unternehmen dieselbe Milderung für optimale

---

[56] *Guidelines*, a.a.O., Fn. 55, § 8C2.5(f).

[57] *Guidelines*, a.a.O., Fn. 55, § 8C2.5(g). Sollte das Unternehmen zumindest eines der beiden letzten Erfordernisse erfüllen, erhält es eine teilweise Haftungsmilderung.

[58] Vgl. allgemein: *Laurence Urgenson*, Voluntary Disclosure: Opportunities and Issues for the Mid-1980s, 943 PLI/Corp 225 (Juni 1996). Die Beschreibung des Programms konzentriert sich auf ihre allgemeinen Features. Zu einer detaillierteren Betrachtung des Programms, vgl. *Urgenson*, a.a.O. Desweiteren hat sich herausgestellt, daß in anderen Gebieten einige Staatsanwälte keine gerichtliche Verfolgung betreiben, wenn das Unternehmen mit einem laufenden *compliance programme* über Schädigungen informiert und die notwendigen Schritte durchführt, um eine Korrektur zu erreichen. Die Unternehmen sind dennoch nicht unerheblichen zivilrechtlichen Sanktionen ausgesetzt. Sie können bei Kartellverfahren den dreifachen Schadensersatz, bei Subventionsbetrug den zwei- bis dreifachen Schadensersatz betragen. Auch besteht das Risiko einer *qui tam action*. Vgl. *Gruner*, "Corporate Crime and Sentencing", 1995, Supplement §8.5.2 (in Bezug auf Staatsanwälte).

Überwachung, Untersuchung und Berichterstattung: 3 Punkte für Überwachung und 5 Punkte für Untersuchungen, Berichte und Akzeptanz der Haftung. Wie wir jedoch zeigen werden, sollte die Milderung dann um so größer sein, je größer der gesellschaftliche Nutzen der Einführung optimaler Kontrollmaßnahmen, genauer gesagt: je größer der Einfluß optimaler Kontrollmaßnahmen auf die Entdeckungswahrscheinlichkeit ist[59]. Die Milderung muß mit steigendem Einfluß der Kontrollmaßnahmen auf die Entdeckungswahrscheinlichkeit zunehmen, um zu gewährleisten, daß sie nicht zu einer gesteigerten erwarteten Haftung des Unternehmens führt[60]. Um optimale Kontrollmaßnahmen zu erzielen, muß die *Commission* ihr Ziel, Bußgelder für gleiche Straftaten zu standardisieren, verwerfen und statt dessen den Einfluß der Kontrollmaßnahmen auf die Entdeckungswahrscheinlichkeit berücksichtigen.

Um das Problem zu verstehen, bedenken Sie, daß die Milderungs-Provisionen für Berichterstattung, Untersuchung und Kooperation einen entscheidenden Anstieg der Wahrscheinlichkeit, daß das Unternehmen ein Fehlverhalten entdeckt, bewirkt. Die *Guidelines* sehen vor, daß dasjenige Unternehmen, welches berichtet, kooperiert und die vollständige Verantwortung für das schädigende Verhalten übernimmt, eine Milderung von 5 Punkten erhält. Für ein größeres Unternehmen kann dies zu einer lediglich 50%igen Reduktion ihres Bußgeldes führen. Eine solche Milderung wird daher nur dann zu einer Berichterstattung führen, wenn das Unternehmen, das Schädigungen zwar erkennt, aber nicht darüber informiert, mit einer Wahrscheinlichkeit von mindestens 50% ertappt wird. Ist die Entdeckungswahrscheinlichkeit geringer, wird das Unternehmen hingegen nicht über Fehlverhalten informieren[61].

(2) Die Struktur der pflichtenbasierten Strafbestimmungen

Zudem ist die Struktur der pflichtenbasierten Strafbestimmungen der *Guidelines* nicht optimal. Zum einen schließen sie in bestimmten Fällen Unternehmen in einer unpassenden Weise von einer Milderung aus. Beispielsweise schließen sie Unternehmen immer dann von einer reduzierten Haftung für Überwachungsmaßnahmen aus, wenn das Fehlverhalten vom gehobenen Management – wie zum

---

[59] In unserem einfachen Beispiel zu einem System zusammengesetzter Haftung beträgt die Milderung $h/p^{**} - h/p^o$.

[60] Eine genaue Untersuchung der *Guidelines* zeigt, daß sie größere Unternehmen teilweise benachteiligen. Nach den *Guidelines* reduziert sich der kleinste Multiplikator um 1, der größte um 2, wenn das Unternehmen sich 5 Milderungs-Punkte für Berichte, Nachforschung und Haftungsakzeptanz verdient hat. Dies gilt unabhängig davon, wie hoch das anfängliche Schadensniveau ist. Dieses führt prozentual zu einem geringeren Sinken des Bußgelds für große Unternehmen im Vergleich zu kleineren. Ein großes Unternehmen, das mit einem maximalen Multiplikator von 4 anfängt, würde den Multiplikator nur um 50% auf 2 reduzieren. Ein kleines Unternehmen hingegen, das mit einem maximalen Multiplikator von 2.4 startet, würde ihn auf 0.4 verkleinern, was ihn auf 1/6 des ursprünglichen Wertes beschränken würde.

[61] In dieser Situation entspricht die Standardsanktion $2F^r$. Die vom Unternehmen erwartete Haftung, wenn es nicht über Schädigungen informiert, $g(2F^r)$, ist nur größer oder gleich der erwarteten Haftung bei Berichterstattung, F^r, wenn $2g > 1$ ist. Daraus folgt, daß ein Unternehmen nur dann Informationen über Schädigungen erteilen wird, wenn die Entdeckungswahrscheinlichkeit größer oder gleich 50% ist. Eine so geringe Milderung wird nicht immer zu einer optimalen Berichterstattung führen.

Beispiel bei Abteilungsleitern, die für mehr als 200 Angestellte verantwortlich sind – begangen wird. In diesen Fällen sei eine Überwachung notwendigerweise ineffektiv[62]. Ein Unternehmen kann daher keinerlei Haftungsmilderung für Überwachungsprogramme erzielen, die Fehlverhalten durch Mitglieder des gehobenen Managements entdecken soll, unabhängig davon, ob solche Programme nicht vielleicht doch sinnvoll wären. Im Ergebnis bedeutet dies, daß das Unternehmen damit bei Beteiligung ihres Managements an schädigendem Verhalten jedenfalls für Überwachungsmaßnahmen einer traditionellen strikten Haftung gegenübersteht. Wie wir bereits in Kapitel B dargestellt haben, führt ein solches System im allgemeinen nicht zu einer optimalen Kontrolle.

Die *Guidelines* gewähren dem Unternehmen erst dann eine Haftungsmilderung für Berichterstattung oder Kooperation bei der Nachforschung, wenn es die eigene Verantwortung für das Delikt akzeptiert. Nach den *Guidelines* kann eine Haftungsmilderung nur in wenigen Einzelfällen erfolgen, wenn sich das Unternehmen nicht für schuldig bekennt[63]. Dieses Erfordernis kann in Verbindung mit dem Erfordernis der unverzüglichen Berichterstattung über erkanntes Fehlverhalten dazu führen, daß Unternehmen Berichte abliefern – und womöglich auch eine Verantwortlichkeit akzeptieren –, um in den Genuß der Haftungsmilderung zu kommen, bevor sie überhaupt feststellen können, ob sich ihre Angestellten tatsächlich fehlerhaft verhielten. Damit kann es dazu kommen, daß Unternehmen für schädigendes Verhalten einstehen müssen, das von ihnen tatsächlich nicht zu verantworten ist. Dies ist ein nicht sinnvolles Ergebnis, denn es ergeben sich negative Auswirkungen auf das Aktivitätsniveau und die präventiven Maßnahmen.

Schließlich zeigt ein genauerer Blick auf die Struktur der *Guidelines*, daß sie vielfach weit diffizilere Fehlerquellen enthält, als wir anderswo feststellen konnten. Hierzu gehören die optimale Restsanktion, deren Berechnung immense Schwierigkeiten bereitet; Anreize zu übertriebener Überwachung für gewisse

---

[62] *Guidelines*, a.a.O., Fn. 55, §8C2.5(f). Zudem besteht eine widerlegbare Vermutung, daß bei Beteiligung eines Mitglieds des obersten Managements an dem Delikt keine Milderung erfolgt. a.a.O.

Der *Commentary to the Guidelines* geht davon aus, daß „*high level personnel of the organization*" (oberstes Management) diejenigen Personen sind, die das Unternehmen wesentlich beeinflussen können oder die einen starken Einfluß auf die Unternehmenspolitik ausüben. Der Begriff beinhaltet: Direktoren; Abteilungsleiter; Angestellte in einer der Hauptabteilungen, wie z.B. die Verkaufs-, Verwaltungs- und Finanzabteilungen; sowie Angestellte mit einem erheblichen *ownership score. Commentary to* §8A1.2.

"*Substantial authority personnel*" betrifft Personen, die innerhalb ihres Verantwortungsbereichs mit einem erheblichem Maß an Unabhängigkeit für das Unternehmen tätig werden dürfen. Dieser Begriff bezieht sich damit auch auf das oberste Management (z.B. Fabrik- und Verkaufsleiter) sowie all diejenigen Personen, die – obwohl sie nicht dem Management angehören – erheblichen Einfluß auf das Unternehmen durch unabhängiges Handeln innerhalb ihres Tätigkeitsbereiches ausüben (z.B. jemand, der über die Produktpreise verhandelt oder sie sogar bestimmen kann; und jemand, der an wichtigen Vertragsverhandlungen teilnimmt oder den Abschlüssen zustimmen muß). Ob ein Angestellter in diese Kategorie paßt, muß dabei anhand einer Einzelfallentscheidung geprüft werden. *Commentary to* § 8A1.2 (3)(c).

[63] *Guidelines*, a.a.O., Fn. 55, §8C2.5; *Commentary* 13.

Situationen[64]; sowie der Anreiz, überhaupt keine Kontrollmaßnahmen zu betreiben, wenn das Unternehmen bereits eine einzelne von ihnen nicht erfüllen kann.

(3) Residualhaftung

Zweifelhaft sind auch die Bestimmungen der *Guidelines*, welche den Umfang der Residualhaftung für Unternehmen festlegen, die den ihnen gestellten Anforderungen in vollem Umfang gerecht werden. Die optimale Restsanktion entspricht in allen Systemen zusammengesetzter Haftung den gesellschaftlichen Kosten der Schädigung[65]. Die konkrete Restsanktion muß von daher den gesellschaftlichen Kosten der Schädigung, dividiert durch die Entdeckungswahrscheinlichkeit bei optimalen Kontrollmaßnahmen, entsprechen. Das Rest-Bußgeld der *Guidelines* beruht dagegen tatsächlich nicht notwendigerweise auf dem durch Fehlverhalten entstandenen Schaden. Und selbst wenn dem einmal so ist, beschränkt sich das von den *Guidelines* genutzte Maß des Schadens auf die in Geld meßbaren Verluste des Fehlverhaltens. Es betrachtet damit nicht alle gesellschaftlichen Kosten des Schadens. Hierin liegt eine wesentliche Abweichung von einer optimalen Sanktion[66].

Selbst wenn die Sanktion auf dem durch das Fehlverhalten entstandenen Schaden basieren würde, würde die nach den *Guidelines* vom Unternehmen erwartete Haftung nur in den seltensten Fällen richtig gesetzt sein. Um eine optimale Verhinderung von Schädigungen zu veranlassen, muß die Gesamtsanktion den gesellschaftlichen Kosten des schädigenden Verhaltens, dividiert durch die Entdeckungswahrscheinlichkeit, entsprechen. Die *Guidelines* unternehmen keinerlei Anstrengungen in dieser Richtung. Nach den *Guidelines* ist den Gerichten sogar verwehrt, über die Gesamtsanktion nachzudenken. Denn sie gebieten es dem Gericht, alle zivil-, straf- und öffentlich-rechtlichen Strafen sowie alle Strafen des Marktes zur Bestimmung der passenden Residualsanktion einzusetzen. Dort, wo diese Sanktionen groß sind, kann es zu einer übertrieben hohen Residualsanktion nach den *Guidelines* kommen; wo die Sanktionen klein sind, ist eine zu geringe Residualhaftung der Firmen zu befürchten.

---

[64] Vgl. *Arlen / Kraakman*, a.a.O., Fn. 35, S. 746 – 751.

[65] Diese Bestimmung sollte selbst dann stimmen, wenn der Nutzen des Unternehmens die Schädigung übersteigt, vorausgesetzt, die Gesellschaft wertet diesen privaten Nutzen ebenfalls als einen gesellschaftlichen Nutzen. Die gesellschaftlichen Kosten der Schädigungen sollten auch die dynamischen Kosten der Schädigung enthalten. Hierzu gehören auch die Aufwendungen des Opfers, den Schaden zu vermeiden. Vgl. *Fred McChesney*, "Boxed In: Economists and the Benefits of Crime", 13 International Review of Law & Economics 225 (1993) (unter Betrachtung dieses Punktes und der Annahme, daß Bußgelder für vorsätzliche Delikte auf Grundlage ihres Nutzens für den Schädiger bestimmt werden sollten); *Fred McChesney*, Desperately Shunning Science, 71 Boston University Law Review 281, 285 (1991) (dito); *Gordon Tullock*, The Welfare Costs of Tariffs, Monopolies and Theft, 3 W. Economic Journal 224, 228 – 231 (1967) (dito).

[66] Nach den *Guidelines* wird das Bußgeld nur auf Basis der in Geld meßbaren Verluste ermittelt, wenn diese Verluste vorsätzlich, wissend oder fahrlässig erzeugt wurden. Zudem ist erforderlich, daß diese Verluste sowohl den in Geld meßbaren Gewinn des Unternehmens als auch einen in der *Offense Level Fine Table* willkürlich festgesetzten Betrag übersteigen müssen. *Guidelines*, a.a.O., Fn. 55, § 8C2.4.

Die Residualhaftung wird nach den *Guidelines* in den meisten Fällen zu gering sein, solange die Unternehmen nicht außer-strafrechtlichen Sanktionen ausgesetzt sind. Aber selbst wenn die *Guidelines* die Residualhaftung auf die durch Fehlverhalten entstandenen finanziellen Verluste basieren, entspricht das vom Unternehmen erwartete strafrechtliche Rest-Bußgeld im allgemeinen nicht den gesellschaftlichen Kosten des schädigenden Verhaltens. Die höchste Haftung, die einem Unternehmen bei vollständiger Haftungsmilderung droht, entspricht nach den *Guidelines* 40-80% des Grundbußgeldes (z.B. 40-80% des finanziellen Verlustes); und bei einigen Firmen kann es gar zu einer Sanktion von nicht mehr als 5-20% des Grundbußgeldes kommen[67]. Von daher wird auch dann, wenn die finanziellen Verluste den gesellschaftlichen Kosten des Schadens entsprechen, die Restsanktion allenfalls 80% der gesellschaftlichen Kosten des Schadens entsprechen. Bei kleineren Unternehmen wird diese Sanktion noch bedeutend geringer sein. Diese Sanktion ist jedoch zu gering, um alle Kosten des Fehlverhaltens zu internalisieren. Dies gilt selbst dann, wenn das Unternehmen, welches alle ihm obliegenden Kontrollmaßnahmen erfüllt, immer für schädigendes Verhalten seiner Angestellten sanktioniert wird.

In einigen Fällen übersteigt die den Unternehmen durch die *Guidelines* auferlegte Residualhaftung die durch das Fehlverhalten entstandenen Kosten. Denn die *Guidelines* bestimmen, daß den Unternehmen durch die Gerichte eine Entschädigung der Opfer auferlegt wird, und – soweit möglich – eine Wiederherstellung des Zustandes vor der Schädigung erfolgen soll[68]. Die Residualhaftung entspricht dann der Entschädigungssumme zuzüglich des strafrechtlichen Bußgeldes. Die Gesamtsanktion mag damit den gesellschaftlichen Kosten der Schädigung entsprechen. Sie ist damit aber immer noch niedriger als der entstandene Schaden multipliziert mit zwei. Es handelt sich somit um eine unzureichende Sanktion, wenn die ex ante Wahrscheinlichkeit, daß das Unternehmen für das schädigende Verhalten seiner Angestellten haftbar gehalten wird, weniger als 50% beträgt. Die strafrechtliche Haftung nach den *Guidelines* wird damit vielfach kein optimalen Aktivitätsniveaus und keine optimalen präventiven Maßnahmen erzielen[69]. Ob die Unternehmenshaftung zu einer optimalen Schadensverhinderung führen wird, hängt maßgeblich vom Ausmaß anderer Arten außer-strafrechtlicher Sanktionen ab, die zwischen den einzelnen Schädigungsarten stark variieren.

Selbstverständlich wäre die Residualhaftung weniger effektiv, wenn die Unternehmen durch Erfüllung aller ihnen obliegenden Kontrollmaßnahmen strafrechtliche Sanktionen vermeiden könnten, wie es ihnen für Kartelle und Umwelt-

---

[67] Vgl. *Guidelines*, a.a.O., Fn. 55, §8C2.6.

[68] Vgl. *Guidelines*, a.a.O., Fn. 55, §8B.

[69] Die Anmerkung über präventive Maßnahmen hängt teilweise davon ab, ob die Gerichte präventive Maßnahmen zur Bestimmung der Haftungsbeschränkung eines Unternehmens für Vorbeugung und Erkennung einbeziehen. Einige Maßnahmen, die wir für präventive Maßnahmen halten – vor allem die Besoldungsstruktur –, wird nach §8C2.8(f) der *Guidelines* wahrscheinlich nicht betrachtet werden. Es ist daher erforderlich, daß die strikte Resthaftung Anreize zur Durchführung dieser Maßnahmen bietet.

delikte ermöglicht ist[70] und für andere Bereiche aufgrund der Verschwiegenheit einiger Staatsanwälte durchaus möglich sein kann[71]. Das Problem ist insbesondere dann nicht unerheblich, wenn die sich einer strafrechtlichen Haftung entziehenden Unternehmen zum Großteil nur einer zivilrechtlichen Haftung für das konkrete Fehlverhalten gegenüberstehen und gar jedweder Sanktion entgehen, sofern die Schädigungen nicht erkannt wird.

(4) Reform der Guidelines

Obwohl die *Guidelines* ein System zusammengesetzter Haftung etablieren, das oberflächlich betrachtet mit unserer Analyse übereinstimmt, bedürfen sie dennoch einer grundlegenden Reform. Zum einen sollten die *Guidelines* den Gerichten erlauben, bei der Verurteilung der Unternehmen zivil- und öffentlich-rechtliche Strafen sowie marktbezogene Sanktion zu berücksichtigen, die der Firma für das Fehlverhalten ebenfalls drohen können[72]. Auch sollten Richter angewiesen werden, die Sanktionen auf eine Abschätzung der Entdeckungswahrscheinlichkeit bei optimaler und nicht-optimaler Durchsetzung zu basieren. Unternehmen sollten zudem nicht automatisch von Haftungserleichterungen für Überwachungsmaßnahmen ausgenommen werden, wenn Mitglieder des gehobenen Managements an dem schädigenden Verhalten beteiligt sind. Desweiteren sollten sie auch dann eine teilweise Haftungserleichterung für die Durchführung von Überwachungsmaßnahmen erhalten, wenn sie nicht über Fehlverhalten berichten, sofern nicht in einem solchen Fall ein einfaches System zusammengesetzter Haftung anderen Haftungsmodellen überlegen ist, so eine teilweise Haftungserleichterung nicht in Betracht käme.

Diese Änderungen verlangen von der *Commission*, daß sie sich auf das Ziel optimaler Schadensverhinderung konzentriert, anstelle das Ziel standardisierter Strafen für vergleichbare Schädigungen zu entwickeln und dabei unternehmens- oder industrie-spezifische Komponenten außer Betracht zu lassen. Die Uniformität der Strafen mag abstrakt gesehen ein akzeptables Ziel sein. Unsere Analyse zeigt jedoch, daß sie erhebliche Kosten verursacht: sie tendiert in den meisten

---

[70] Die *Environmental Protection Agency* weigert sich, eine Blanko-Immunität auszusprechen. Sie sagt aber, daß sie im allgemeinen keine gravierenden Strafen aussprechen will, und daß sie eine Verfolgung der Unternehmen durch eine Anzeige an die Staatsanwaltschaft dann unterlassen wird, wenn das Unternehmen die Schädigung aufgrund eines umfassenden Umwelt-Audits erkannt hat; unverzüglich Schritte zur Behebung des Schadens eingeleitet hat; mit der *EPA* kooperiert und ein Programm zur Verhinderung zukünftiger Verletzungen entwirft. *Urgenson*, a.a.O., Fn. 59, S. 235 – 236.

[71] Vgl. *Gruner*, a.a.O., Fn. 59, S. 1995 Supplement § 8.5.2 (in Bezug auf Staatsanwälte).

[72] Die *Guidelines* bestimmen die grundlegenden Parameter der Haftung eines Unternehmens ohne Berücksichtigung anderer Arten der Haftung. Auch bedenken sie nicht, ob der Markt das Unternehmen zu einer Internalisierung einiger oder aller gesellschaftlicher Kosten der Schädigung führen wird. Richter können die parallelen Konsequenzen der Überführung – zivilrechtliche Verpflichtungen eingeschlossen – zur Bestimmung der Höhe des Bußgeldes nur innerhalb der von den *Guidelines* gesetzten Grenzen nutzen. Solche Überlegungen haben jedoch keinerlei Einfluß auf die Höhe des Grund-Bußgeldes. Vgl. *Guidelines*, a.a.O., Fn. 55, §8C2.8. Zu einer Diskussion des Erfordernisses der Berücksichtigung der Kräfte des Marktes zur Bestimmung der angemessenen Sanktion bei Betrugsdelikten, vgl.: *Jonathan Lott, Jr.*, The Level of Optimal Fines to Prevent Fraud When Reputations Exist and Penalty Clauses Are Unenforceable, 17 Managerial & Dec. Economics 363 (1996).

Fällen zu zu geringen Aufwendungen der Firmen für Vermeidungsmaßnahmen, zu mehr Fehlverhalten und zu höheren Verwaltungskosten[73]. Wir sind der Meinung, daß die Vereinheitlichung der Sanktionierung diesen Preis nicht wert ist. Dies gilt insbesondere bei der Unternehmenshaftung, wo normative ex post Gesichtspunkte, die den Blickwinkel bei der Verurteilung natürlicher Personen auf Fairneß richten, nur begrenzt Anwendung finden.

D. Ergebnis

Unternehmen müssen generell für das Fehlverhalten ihrer Angestellten haftbar gemacht werden, um Schädigungen zu verhindern und um zu gewährleisten, daß die Aktivitätsniveaus effizient sind. Es ist erforderlich, bei der Entwicklung eines Systems der Unternehmenshaftung zu wissen, was Unternehmen einerseits sind: Organisationen, in denen Angestellte sich manchmal falsch verhalten; und was sie auf der anderen Seite nicht sind: autonome Wesen, die ihre Angestellten vollständig kontrollieren. Betrachtet man dies, sind nicht die Unternehmen selbst die Schädiger. Sie stehen aber in einer Position, in der sie ihre Angestellten überwachen und beeinflussen können. Dies führt zu einer weitaus komplizierteren Rolle der Unternehmenshaftung, als bisher angenommen wurde. Um zu einer optimalen Verhinderung von Fehlverhalten zu gelangen, muß die Unternehmenshaftung sowohl das Aktivitätsniveau regulieren als auch die Unternehmen veranlassen, Mechanismen zur Schadensverhinderung – wie z.B. Präventiv- und Kontrollmaßnahmen (Maßnahmen zur Überwachung und Berichterstattung eingeschlossen) – einzuführen, welche die Sanktionierungswahrscheinlichkeit für fehlsame Angestellte erhöhen. Um zur Einführung optimaler Kontrollmaßnahmen zu gelangen, muß ein Unternehmenshaftungssystem darüber hinaus vielfach Glaubwürdigkeitsprobleme lösen. Für viele Arten fehlerhaften Verhaltens kann die Unternehmenshaftung daher nur dann sinnvoll funktionieren, wenn sie alle vier dieser Funktionen effektiv durchführt.

In diesem Aufsatz haben wir gezeigt, daß die traditionelle strikte Haftung zu übermäßig viel Fehlverhalten führen kann, denn sie stellt keinerlei Anreize für Unternehmen auf, Kontrollmaßnahmen wie Überwachung, Untersuchung und Berichterstattung einzuführen. Abgesehen von Fällen, in denen Fehlverhalten von jedermann erkannt und vom Unternehmen vollständig kontrolliert werden kann oder in denen die gesellschaftlichen Kosten vollständig vom Unternehmen getragen werden, ist ein Haftungssystem, das Elemente der strikten Haftung mit denen einer Haftung für Pflichtverletzungen kombiniert, der traditionellen strikten Haftung überlegen. Drei gemischte Haftungssysteme sind möglich: Haftung mit fixierter Wahrscheinlichkeit, strikte Haftung mit abgestimmten Sanktionen und Systeme zusammengesetzter Haftung. Die Systeme der Haftung mit fixierter

---

[73] Wie bereits zuvor gesagt, können die *Guidelines* in einigen Fällen zu effizienten Kontrollmaßnahmen führen. Die Haftungsmilderungen werden dies in anderen Fällen jedoch nicht erreichen. Unter der Annahme, daß die durchgeführten Kontrollmaßnahmen nicht optimal sind, werden mehr Schädigungen eintreten, als gesellschaftlich wünschenswert ist.

Wahrscheinlichkeit und der strikten Haftung mit abgestimmten Sanktionen verlangen von den Gerichten, daß sie mit weniger Informationen auskommen. Sie erfordern geringere Verwaltungskosten. Gleichwohl kann nur ein System zusammengesetzter Haftung die beste Schadensverhinderung in allen Gruppen gewährleisten.

Von daher sind wir der Auffassung, daß ein System zusammengesetzter Haftung das sinnvollste Unternehmenshaftungssystem ist. In einem solchen System steht ein Unternehmen einer hohen Standardsanktion gegenüber, die auf eine kleinere Restsanktion reduziert wird, wenn es die ihm obliegenden Pflichten der Überwachung, Untersuchung und Berichterstattung erfüllt hat. Die in der Reduktion von der Standard- zur Residualsanktion liegende Belohnung muß dabei groß genug sein, um sicherzustellen, daß das Unternehmen seine Pflichten erfüllen wird. Die dann noch verbleibende Residualsanktion muß aber so groß sein, daß sie eine Internalisierung aller Schadenskosten, die trotz optimaler Verhinderung entstehen, durch das Unternehmen gewährleistet.

Nichtsdestotrotz bestehen einige Systeme einer Haftung mit abgestimmten Sanktionen und einer zusammengesetzten Haftung, die jedes für sich genommen besondere Stärken und Schwächen haben. Wir propagieren hier nicht eines von ihnen, zumal die Auswahl von der Art der konkret drohenden Schädigungen abhängig ist. Es bedarf vielmehr noch weiterer Untersuchungen über die Vor- und Nachteile der gemischten Haftungssysteme. Wir schlagen jedoch vor, daß die Gesetzgeber sich weg von Haftungssystemen mit standardisierten Sanktionen, wie es in den *Sentencing Guidelines* praktiziert wird, zu einem System, daß alle Umstände des Einzelfalles betrachtet (das Unternehmen, die Art des Fehlverhaltens, marktbezogene Sanktionen, ...), bewegt. Ein solcher Schritt erfordert es aber, daß Unternehmenssanktionen nicht als Bestrafung des Unternehmens, sondern als Anreiz zur Einführung von Überwachungsmaßnahmen, Berichterstattung und Sanktionierung der eigentlichen Schädiger verstanden wird.

Literatur

Arlen, J./ Kraakman, R., Controlling Corporate Misconduct: The Role of Supervisory Incentive Regimes, (wird demnächst veröffentlicht)

Arlen, J., Commentary on Rewarding Whistleblowers: The Costs and Benefits of an Incentive-Based Compliance Strategy, in: Daniels, R. / Morck, R. (Hrsg.), Corporative Decisionmaking in Canada, Calgary: University of Calgary Press, 1995.

Becker, G. S., Crime and Punishment: An Economic Approach, 76 Journal of Political Economy 169 (März / April 1968).

Daniels, R./ Howse, R., Rewarding Whistleblowers: The Costs and Benefits of an Incentive-Based Compliance Strategy, in: Daniels, R. / Morck, R. (Hrsg.).

Hill, C./ Kelley, P./ Agle, B./ Hitt, M./ Hoskisson, R.., An Empirical Examination of the Causes of Corporate Wrongdoing in the United States, 45 Human Behaviour 1055 (1993).

Kraakman, R.,"Controlling Corporate Misconduct: An Analysis of Corporate Liability Regimes", 72 New York University Law Review 687 – 779 (1997)

Kraakman, R., Gatekeepers: The Anatomy of a Third-Party Enforcement Strategy, 2 Journal of Law, Econmics & Organization 53 (1986).

Kraakman, R., Corporate Liability Strategies and the Costs of Legal Controls, 93 Yale Law Journal 857 (1984).

Lott, J./ Opler, T., Testing Whether Predatory Commitments Are Credible, Journal of Business 69 (1996), S. 339 – 382.

Polinsky, A. M./ Shavell, S., Should Employees Be Subjected to Fines and Imprisonment, Given the Existence of Corporate Liability, 13 International Review of Law and Economics 239 (1993).

Shavell, S., Economic Analysis of Accident Law, 1987.

Shavell, S., Strict Liability Versus Negligence, 9 Journal of Legal Studies 1 (1980).

Sykes, A. O., The Boundaries of Vicarious Liability: An Economic Analysis of the Scope of Employment Rule and Related Legal Doctrines, 101 Harvard Law Review 563 (1982) S. 571 – 581.

Bernhard Nagel

Kommentar

zu

Jennifer Arlen / Reinier Kraakman: Die Neustrukturierung der Unternehmenshaftung

R. Kraakman kritisiert in seinem Vortrag die Haftung von Unternehmen für Delikte ihrer Beschäftigten unter der verschuldensunabhängigen Regel „respondeat superior" des US-amerikanischen Common Law. Kraakman argumentiert, daß bei arglistiger Täuschung oder in anderen Fällen eines willentlichen Fehlverhaltens (wilful misconduct) die überkommene Haftung ohne Verschulden, der eine Unternehmen in der Rechtsform der Kapitalgesellschaft nach der Regel „respondeat superior" unterliegt, ineffizient sein kann. Sie schreckt das Unternehmen davon ab, geeignete Überwachungs-, Untersuchungs- und Berichtsmaßnahmen zu ergreifen. Geht man davon aus, daß arglistige Täuschung oder wissentliches Fehlverhalten durch Beschäftigte vorkommen, dann können derartige Maßnahmen die erwartete Haftung des Unternehmens auf zweierlei Weise beeinflussen. Erstens können sie die Haftung des Unternehmens verringern, weil sie durch Abschreckung ein Fehlverhalten von Beschäftigten vermeiden. Zweitens können sie die Haftung des Unternehmens erhöhen, weil sie die Wahrscheinlichkeit erhöhen, daß der Staat ein Fehlverhalten der Beschäftigten entdeckt und sanktioniert, das trotz der Überwachungs-, Untersuchungs- und Berichtsmaßnahmen des Unternehmens vorkommt. Wenn der zweite Anreiz den ersten Anreiz dominiert, wenn demnach also die haftungserhöhenden Wirkungen der Maßnahmen größer sind als die abschreckenden Wirkungen, dann wird das Unternehmen nicht überwachen, untersuchen und berichten. Ein perverser Effekt der verschuldensunabhängigen Haftung entsteht. Der Staat schafft eine Regelung, um Schäden zu verhindern, schreckt aber vor den hierzu erforderlichen Kontrollen ab und erhöht die Wahrscheinlichkeit von Schäden.

Diese Grundannahme halte ich für richtig. Ich meine aber, daß man das Modell durch weitere Annahmen ergänzen muß. Dann stimmt auch die Schlußfolgerung von Kraakman nicht mehr, wonach zusammengesetzte Haftungssysteme, welche Verschuldenshaftung und strikte Haftung ohne Verschulden miteinander verknüpfen, zu bevorzugen sind.

Die zu enge, kritikwürdige Annahme des Modells ist, daß es nur staatliche Sanktionen gibt. Dies ist unrealistisch. Man betrachte nur den Fall, daß Beschäftigte eines Unternehmens, das Flugzeuge repariert, bei der Reparatur schlechte Teile statt der teureren „guten" Ersatzteile einsetzen und damit das Risiko eines Unfalls erhöhen. Wenn nur staatliche Sanktionen existieren, dann könnten die oben skizzierten perversen Effekte in der Tat zu einem verringerten Anreiz des Unternehmens führen, seine Beschäftigten zu kontrollieren. Dann müßte in der Tat die strikte Haftung (ohne Verschulden) durch eine Verschuldenshaftung oder durch ein gemischtes System ersetzt werden. In Wirklichkeit hat das Reparaturunternehmen aber neben den staatlichen Sanktionen auch Sanktionen durch Selbsthilfemechanismen und durch den Markt zu erwarten. Wer ein Flugzeug reparieren lassen will, wird fragen, welche Unfallhäufigkeit bei einem bestimmten Reparaturunternehmen besteht. Da es sich bei Reparaturleistungen um Erfahrungsgüter handelt, werden die potentiellen Besteller die Indizien bewerten, welche auf die Qualität der Reparaturleistungen schließen lassen. Dazu gehören neben der Unfallhäufigkeit auch die Kontrollmaßnahmen. Wenn bekannt wird, daß die perversen Effekte zu verminderten oder verschlechterten Kontrollen des Reparaturunternehmens führen, dann wird dieses Unternehmen keine Aufträge mehr erhalten.

Da diese Nachforschungen für die einzelnen potentiellen Besteller häufig zu aufwendig sind, werden Selbsthilfemaßnahmen gebündelt und gemeinsame Einrichtungen zur Verschaffung der notwendigen Informationen geschaffen. Testzeitschriften können durch ihre Untersuchungsergebnisse massive Sanktionen bereithalten. Dies gilt nicht nur für Vertrauensgüter, sondern auch für Erfahrungsgüter (z. B. Autos oder Computer) oder Inspektionsgüter des täglichen Lebens.

In einigen Branchen tritt die Bedeutung der staatlichen Sanktionen sogar in den Hintergrund. Marktsanktionen und Selbsthilfemechanismen sind z. B. beim Effektenhandel und bei der Bewertung von Beratungsleistungen derart dominant, daß die perversen Effekte, die von einem „falschen" staatlichen Haftungssystem ausgehen können, überkompensiert werden. Hinzu kommt das Reputationsproblem. Es können im Gegenteil Fälle auftreten, in denen ein Unternehmen Untersuchungs-, Überwachungs- und Berichtsmaßnahmen ergreift, zu denen es gar nicht verpflichtet ist und zu denen der Staat bewußt nicht verpflichten will. Man denke nur an den Fall Brent Spar, bei dem Shell das Reputationsproblem anfangs unterschätzt hatte und durch nichtstaatliche Sanktionen zu einem Verhalten gezwungen wurde, welches von staatlichen Stellen gar nicht verlangt worden war.

Man mag einwenden, daß es sich hier um Ausnahmefälle handle. Diese Frage wäre durch empirische Untersuchungen zu klären. Insbesondere wäre genauer nach der Bedeutung des Reputationsmechanismus zu fragen. Möglicherweise gibt es hier gravierende Unterschiede, je nachdem, ob es sich um Inspektions-, Erfahrungs- oder Vertrauensgüter handelt. Möglicherweise spielt die Reputation auch im Inneren des Unternehmens einen bedeutsame Rolle. Eine gute Unternehmenskultur erfordert es, daß das Vertrauen der Beschäftigten in die Korrektheit des Unternehmensverhaltens durch angemessene Kontrollmaßnahmen bewahrt wird.

Unabhängig vom bisher Gesagten gibt es aber noch einen zweiten Einwand, und zwar gegen die Lösungsvorschläge in dem vom Kraakman verwendeten Modell. Um die genannten perversen Effekte zu vermeiden, schlägt Kraakman vor, von der strikten Haftung abzugehen und zur Verschuldenshaftung zurückzukehren. Als Alternative schlägt er ein gemischtes Haftungssystem vor. Man kann aber genausogut oder vielleicht sogar mit besseren Erfolgsaussichten die strikte Haftung verschärfen („strikte Haftung plus"). Eine solche Verschärfung ist möglich, wenn man materielle und prozeßrechtliche Elemente des Haftungssystems als Einheit betrachtet. Auch bei der strikten Haftung ohne Verschulden muß der Geschädigte im Regelfall nachweisen, daß der Prozeßgegner den Schaden verursacht hat. Nur das Verschulden braucht nicht nachgewiesen zu werden, da die strikte Haftung verschuldensunabhängig ist. Kehrt man nun die Beweislast in bezug auf die Kausalität zur Verletzungshandlung in solchen Fällen um, in denen ein potentieller Schädiger bestimmte Überwachungs-, Untersuchungs- und Berichtspflichten nicht erfüllt hat, dann stellt sich dieser im Falle einer Nichterfüllung dieser Kontrollpflichten schlechter, als er stehen würde, wenn er die Pflichten erfüllt hätte.

Um ein Beispiel, das von Arlen und Kraakman[1] entwickelt wurde, aufzugreifen: Wenn ein Mitarbeiter eines Effekten- oder Finanzmaklerunternehmens sich willentlich fehlerhaft verhalten hat und die Sorgfalts- und Rücksichtspflichten eines ordentlichen Maklers verletzt hat, gibt es keinen Grund, dem Maklerunternehmen irgendeine Erleichterung von den regelgerechten Haftungsgrundsätzen zu gewähren. Hat das Unternehmen seine Mitarbeiter nicht korrekt kontrolliert, so sollte seine Haftung verschärft werden, oder umgekehrt, hat es seine Mitarbeiter korrekt kontrolliert, so sollte ihm dies zugute kommen.

Dies bedeutet: Wenn ein Kunde das Maklerunternehmen verklagt und dieses keine korrekte Kontrolle seiner Mitarbeiter nachweisen kann, dann sollte im Prozeß vermutet werden, daß die Schäden des Kunden durch das Maklerunternehmen verursacht wurden. Voraussetzung muß nur sein, daß der Kunde schlüssig vorträgt, er sei durch eine mit den Kontrollpflichten in Zusammenhang stehende Handlung oder Unterlassung des Maklerunternehmens (z. B. eine Beratung) rechtswidrig geschädigt worden. Das Unternehmen muß dann diese Vermutung im Prozeß durch die Führung des Gegenbeweises entkräften. Die Beweislast verschiebt sich vom Kläger auf das beklagte Unternehmen. Wenn das Unternehmen jedoch den Nachweis einer korrekten Kontrolle, d. h. einer Erfüllung des Überwachungs-, Untersuchungs- und Berichtspflichten führt, dann bleibt die Beweislast für die Verursachung des Schadens beim Kläger. Dieser muß beweisen, daß Mitarbeiter des Maklerunternehmens die Pflichten eines ordentlichen und gewissenhaften Maklers verletzt haben. Das Konzept „strikte Haftung plus" bedeutet, daß das Maklerunternehmen einen Anreiz hat, seine Mitarbeiter korrekt zu kontrollieren und korrekt zu berichten. Umgekehrt erleidet ein Unternehmen, das seine Kontroll- und Berichtspflichten nicht korrekt erfüllt, einen Nachteil. Wenn

---

[1] Controlling Corporate Misconduct, NYU Law Review 72, Oct. 1997, S. 687 - 799. 713 ff.

der Kläger substantiiert einen Kausalverlauf vorträgt, wonach Mitarbeiter des Unternehmens ihn geschädigt haben, dann muß es diese Vermutung widerlegen. Es muß beweisen, daß sein Tun oder Unterlassen nicht kausal für den Schaden geworden ist.

Es bedarf empirischer Untersuchungen, um herauszufinden, ob das Haftungssystem „strikte Haftung plus" erfolgreich ist oder ob es nicht neue perverse Effekte generiert. Ein Beispiel aus Deutschland stimmt aber hoffnungsfroh: Im deutschem Umwelthaftungsgesetz von 1990 gibt es eine strikte, verschuldensunabhängige Haftung für Umweltschäden, die durch bestimmte, in einem Anhang zum Gesetz aufgezählte Anlagen verursacht wurden. Liegt ein Störfall vor, werden also z. B. die zulässigen Höchstwerte der Emissionen einer Anlage überschritten, dann wird die Kausalität vermutet, wenn die Anlage geeignet war, derartige Schäden zu verursachen. Wenn es verklagt wird, muß das emittierende Unternehmen diese Vermutung widerlegen. Liegt kein Störfall vor, so gilt die Vermutung der Kausalität nicht.

Diese Haftungsregel enthält für das emittierende Unternehmen einen Anreiz, Schäden zu vermeiden, indem es seine Beschäftigten überwacht, kontrolliert und die Kontrollen dokumentiert. Es kann dann beweisen, daß in dem Zeitpunkt, auf den sich eine mögliche Schadensersatzklage bezieht, kein Störfall vorgelegen hat. Dann unterliegt es auch nicht der Kausalitätsvermutung, die im Störfall eingreift. Die von Kraakman aufgezeigten perversen Effekte werden vermieden. Obwohl das emittierende Unternehmen einer strikten, verschuldensunabhängigen Haftung unterliegt, wird es dennoch die erforderlichen Überwachungs-, Untersuchungs- und Dokumentationsmaßnahmen durchführen, um belegen zu können, daß kein Störfall vorgelegen hat und um damit die Kausalitätsvermutung im Falle eines Schadensersatzprozesses zu vermeiden.

Anzufügen ist, daß die deutsche Rechtsprechung eine über hundertjährige Erfahrung mit einer verschuldensabhängigen, auf Sorgfaltspflichten basierenden Unternehmenshaftung besitzt, die ein Überwechseln hin zu einem strikten, verschuldensunabhängigen Haftungssystem nahelegt. Ich spreche von der Haftung des Geschäftsherrn für seinen Verrichtungsgehilfen nach § 831 BGB. Hier wird zwar das Verschulden des Geschäftsherrn bei der Auswahl und Überwachung des Verrichtungsgehilfen vermutet, wenn dieser bei der Ausübung dieser Verrichtungen eine unerlaubte Handlung begangen hat. Der Geschäftsherr kann jedoch den Entlastungsbeweis (Exkulpationsbeweis) antreten, indem er korrekte Auswahl- und Überwachungsmaßnahmen nachweist. Die Möglichkeit des Entlastungsbeweises wurde von den verklagten Geschäftsherren mit so gutem Erfolg genutzt, daß die Rechtsprechung auf andere Haftungssysteme ausweichen mußte. Die vertragliche Haftung, in der es nach § 278 BGB eine verschuldensunabhängige Haftung des Geschäftsherrn für das Verschulden seines Erfüllungsgehilfen gibt, wurde ausgeweitet. Es wurden darüber hinaus umfassende, eigene Verkehrssicherungspflichten des Geschäftsherrn entwickelt, z.B. in den Fällen der Produkthaftung. Im Ergebnis wurde hier die Haftung für vermutetes eigenes Verschulden bei der Auswahl und Überwachung von Verrichtungsgehilfen durch eine Haftung für vermutetes eigenes Verschulden bei der Erfüllung von Verkehrssicherungspflichten gegenüber Dritten ersetzt.

Auch diese Erfahrungen sprechen für das Haftungssystem „strikte Haftung plus" im Vergleich zu Systemen der verschuldensabhängigen Haftung, wenn auch nicht zwingend. Schließlich handelt es sich nur im Falle der vertraglichen Haftung um eine verschuldensunabhängige Haftung aus Sicht des Geschäftsherrn. Im zweiten Fall der Entwicklung von eigenen Verkehrssicherungspflichten des Geschäftsherrn handelt es sich um einen Wechsel von einem verschuldensabhängigen Haftungssystem zu einem anderen.

Zum Schluß soll nochmals auf die Notwendigkeit empirischer Forschungen zur Relevanz der von Kraakman angesprochenen „perversen Effekte" hingewiesen werden. Die empirische Überprüfung gibt Aufschlüsse über die Tragfähigkeit und Brauchbarkeit der verschiedenen, hier diskutierten Modelle.

Literatur

Kraakman, R., Controlling Corporate Misconduct, NYU Law Review 72 (Oct. 1997).

Diskussion

zusammengefaßt von *Georg von Wangenheim*

Zunächst wurde auf einige Unzulänglichkeiten der Modellierung hingewiesen: So wurde die einstufige Prinzipal-Agenten-Modellierung als zu kurz angesehen. Es müsse geklärt werden, wer die Firma sei und ob sich hier nicht mehrstufige Prinzipal-Agenten-Ketten ergäben, da die Manager einer Firma zwar die Mitarbeiter kontrollieren könnten, aber doch ihrerseits Agenten der Eigentümer seien. Es wurde bemängelt, daß einige der Annahmen nicht klar seien, so zum Beispiel ob das Fehlverhalten des Angestellten für die Firma profitabel sei. Dieser Mangel wurde von Kraakman zurückgewiesen, da es für die Ergebnisse ausreichend sei, daß der Angestellte vom Fehlverhalten profitiert.

Einige der Teilnehmer stellten Fragen nach Beispielen für die im Referat dargestellten Phänomene. Als Beispiel für den Effekt, den strenge Haftung auf das Aktivitätsniveau haben kann führte Kraakman den Betrieb einer Sondermülldeponie an. Der im Referat dargestellte „perverse" Effekt strenger Haftung, daß Firmen weniger Interesse haben, Fehlverhalten ihrer Mitarbeiter aufzudecken, weil sie für die so entdeckten Schäden haften, wurde von Kraakman nochmals erläutert und in der Diskussion anhand des Pinto-Falles dargestellt: Bis zu diesem Fall waren in den Detroiter Autofabriken die Konstruktionsabteilungen die treibende Kraft des Kraftfahrzeug-Designs. Danach haben die Rechtsabteilungen die Führerschaft übernommen, wobei wohl peinlich darauf geachtet wird, daß solche Treffen zwischen Rechts- und Konstruktionsabteilung keine Spuren in den Akten hinterlassen, damit Fehlverhalten nicht entdeckt wird.

Auf eine weitere Frage hin erläuterte Kraakman, daß die Haftung der Firma, die zu einer besseren Kontrolle der Mitarbeiter führen soll, auch dadurch ersetzt werden kann, daß dritten Anreize gegeben werden, auf Fehlverhalten öffentlich hinzuweisen, um so Reputationsmechanismen in Gang zu setzen. Dies sei aber Inhalt eines anderen Aufsatzes.

Dominique Demougin wies darauf hin, daß, wie Kraakman in seinem Referat selbst erwähnt hatte, Reputationseffekte ähnlich wirken wie verschuldensunabhängige Haftung. Dann könne die Firma aber auch trotz der Beschränkung der Haftung auf schuldhaftes Fehlverhalten Anreize haben, Fehlverhalten der Mitarbeiter möglichst nicht zu entdecken oder die Entdeckung von Fehlverhalten zu verheimlichen. Verschuldensabhängige Haftung sei also nur schwach dominant gegenüber der verschuldensunabhängigen Haftung der Unternehmung, wenn die Möglichkeit von Reputationsmechanismen in die Überlegungen mit einbezieht.

Verschuldensabhängige Haftung der Unternehmung sei aber aus einem anderen Grunde der verschuldensunabhängigen Haftung überlegen: Aus der Existenz des Prinzipal-Agenten-Problems innerhalb der Unternehmung folgt, daß die Unternehmung bei verschuldensunabhängiger Haftung nicht die Summe aus erwarteten Schadenskosten und Vorsorgekosten minimiert, sondern in ihr Kalkül auch die Agency-Kosten miteinbezieht, also die um diese erhöhte Summe minimiert. Dies führt dazu, daß die Unternehmung sowohl die marginalen Kosten des Aktivitätsniveaus als auch die marginalen Kosten der Schadensprävention im Vergleich zur Gesellschaft zu hoch ansetzt. Dieses Problem könne aber durch eine verschuldensabhängige Haftung mit ihren sich am sozial optimalen Verhalten sprunghaft ändernden erwarteten Gesamtkosten gelöst werden. Dies gelte zumindest dann, wenn der Umfang der Beaufsichtigung der Mitarbeiter als Teil der erforderlichen Sorgfaltsmaßnahmen betrachtet werde. Bezüglich der letzten Einschränkung wurde darauf hingewiesen, daß sich nach deutschem Recht Unternehmen meist nach §831 BGB exculpieren können.

Standards und Direktiven im Lichte begrenzter Rationalität*

von

Thomas S. Ulen[1]

A. Einleitung

Dieser Aufsatz kombiniert zwei verschiedene Stränge der Literatur zur ökonomischen Analyse des Rechts: jene, die sich mit der Effizienz von präzisen (*rules*) und unpräzisen Verhaltensnormen (*standards*) befaßt und jene, die die rechtlichen Folgen beschränkter Rationalität behandelt. Der Aufsatz beginnt mit einer kurzen Darstellung über ökonomische Erwägungen darüber, wann für Rechtsnormen präzise und wann unpräzise Vorschriften gewählt werden sollten. Hierzu werden einige Beispiele aus dem Bereich der Handlungsrechte sowie aus dem Vertrags- und Deliktsrecht erörtert. Darauf folgt eine Erörterung der Literatur zu kognitiven Grenzen und deren Einfluß auf die Effizienz von Zivilrechtsnormen. Der Aufsatz endet mit einer Erörterung darüber, wie das Schrifttum der ökonomischen Analyse des Rechts zu präzisen versus unpräzisen Vorschriften im Hinblick auf kognitive Schranken von Entscheidungsträgern verändert werden muß, was an einem Beispiel aus dem Deliktsrecht verdeutlicht wird.

Jeder, der Rechtswissenschaft studiert hat, ist sich der Unterscheidung zwischen präzisen und unpräzisen Vorschriften bewußt. Erstere sind Normen mit festen, klar definierten Grenzen, die rechtmäßiges von unrechtmäßigem Verhalten exakt trennen. Als Beispiel sei hier nur eine Geschwindigkeitsbegrenzung erwähnt, die bei Verletzung mit einer Geldbuße von 100 $ geahndet wird. Bei der zweiten Kategorie hingegen handelt es sich um weite, generelle Kriterien mit fließenden Grenzen, die der Auslegung bedürfen. Hierzu gehört unter anderem das Gebot, „*vernünftig zu fahren*" und sodann im Falle eines Unfalls dem Ge-

---

* Übersetzung des Aufsatzes ins Deutsche von Prof. Dr. disc. oec. *Hans–Bernd Schäfer* und stud. iur. *Nils–Christian Wunderlich*, Universität Hamburg, Fachbereich Rechtswissenschaft, Edmund-Siemers-Allee 1, 20146 Hamburg, Deutschland.

[1] *Alumni Distinguished Professor* am *College of Law* der *University of Illinois at Urbana – Champaign* und Professor an der *University of Illinois* am *Institute of Government and Public Affairs*.

schädigten Schadensersatz zu leisten. Häufig können Gesetzgeber wählen, ob sie ihre Verhaltensgebote entweder in präzise oder in unpräzise Vorschriften einbetten, doch – obwohl sowohl Praxis als auch Wissenschaft mit der Unterscheidung zwischen beiden Arten von Regeln vertraut ist – hat sich noch keine allgemeingültige Auffassung herausgebildet, welche von beiden in welchem Falle zu bevorzugen ist.

So wie die traditionelle Rechtswissenschaft das Problem angeht, scheint es, als hätte sich ein Prinzip herausgebildet, nachdem präzise Regeln im allgemeinen besser als unpräzise seien. Letztere seien jedoch in Bereichen, für die Juristen noch keine genaue Vorschrift gefunden haben, zu dulden[2]. Der angebliche Vorteil der präzisen Regeln liege in ihrer Klarheit und der logischen Folge, daß deren Befolgen nur einen geringen Interpretationsaufwand durch diejenigen bedürfe, die von dem Gesetz betroffen sind. Zudem erfordere die Durchsetzung klarer Regeln nur einen minimalen Aufwand der Parteien und des Rechtssystems. Unpräzise Regeln hingegen seien sowohl für die Adressaten der Norm als auch für die Richter, die entscheiden müssen, ob das Verhalten des Adressaten noch regelkonform ist, auslegungsbedürftig. Da wohl die Mehrheit der Auffassung ist, daß Unklarheiten in Gesetzen minimiert oder am besten gar ganz vermieden werden müßten, bevorzugt sie eindeutige präzise Regeln gegenüber auslegungsbedürftigen vagen Vorschriften.

Eine logische Konsequenz dieser traditionellen Ansicht ist, daß sich die Entwicklung des Rechts als zügiges Anwachsen klarer Regeln und als ebenso zügiger Rückgang von Rechtsgebieten, die von unpräzisen Vorschriften beherrscht werden, darstellt.

Man mag auf den Gedanken kommen, daß zumindest in Ländern mit nicht kodifiziertem Zivilrecht (im *Common Law System*) eine wichtige Grenzziehung zwischen beiden Rechtsregeln dadurch erfolgen würde, daß Richter unpräzise und Gesetzgeber präzise Vorschriften festlegten[3]. Die streitenden Parteien bereiten den Sachverhalt für *Common-Law*-Richter detailliert auf. Der Prozeß wird dabei durch den Richter mit Hilfe der Entwicklung einer unpräzisen Vorschrift gelöst, wozu er vorhandene Präzedenzfälle mit den gegebenen Tatsachen kombiniert, dabei jedoch niemals mehr entscheidet, als unbedingt zur Lösung des Falles nötig ist[4]. Gesetzgeber hingegen, die diversen Interessengruppen gerecht werden müssen, scheinen sich häufig auf bestimmte präzise Regeln festzulegen, die einen Kompromiß der widerstreitenden Positionen darstellen. Wie einleuchtend diese Einschätzung auch immer sein mag, sie ist – wie noch vieles andere im einschlägigen Schrifttum – bei weitem zu banal und geht an der Wirklichkeit vorbei. Es gibt tatsächlich eine Vielzahl von Richtern geschaffener klarer Regeln (und täg-

---

[2] Es gibt selbstverständlich noch weitere Gründe, warum die traditionelle Wissenschaft präzise gegenüber unpräzisen Regeln im allgemeinen bevorzugt. Ich komme auf sie später in Abschnitt B., I und II zurück.

[3] Interessanterweise läßt sich feststellen, daß in Ländern mit kodifiziertem Zivilrecht ein genau gegenläufiges Vorgehen zu beobachten ist: Gesetzgeber setzen unpräzise Vorschriften und Richter fällen Urteile unter Berufung auf präzise Regeln.

[4] vgl. hierzu: *Eisenberg, M. A.*, The Nature of the Common Law, 1988.

lich werden es mehr), was besonders für verfassungsrechtliche Entscheidungen zutrifft. Es gibt aber auch viele zu Gesetzen gewordene unpräzise Vorschriften, so unter anderem dann, wenn der Gesetzgeber deren Ausfüllung an eine Verwaltungsbehörde delegiert, der gewisse Entscheidungs- und Bewertungsspielräume eingeräumt werden. Anstatt hier in kleinliche Kategorisierungen zu verfallen, muß vielmehr festgestellt werden, daß die Probleme der Auswahl zwischen präzisen und unscharfen Vorschriften in jeder Art der Gesetzgebung und in jedem Rechtssystem auftreten. Meines Wissens ist es bisher noch keinem Rechtssystem gelungen, eine eindeutige und abschließende Lösung für die Frage zu finden, wann die eine oder die andere Kategorie vorzugswürdig ist.

Die problembehaftete Auswahl zwischen präzisen und unpräzisen Regeln beschränkt sich dabei jedoch nicht nur auf Rechtsnormen. Es finden sich auch viele Beispiele außerhalb expliziter Rechtsmaterien[5]. Man denke zum Beispiel an Veränderungen, wie ich sie zur Zeit in den Wissenschaftsverwaltungen der USA wahrnehme. Bis vor kurzem hatten viele der führenden Universitäten weit gefaßte *Standards* genutzt, um Beförderungen, Berufungen und Bezahlung der Fakultätsmitglieder zu regeln[6]. Es war nicht ungewöhnlich, daß die Richtlinien für eine Beförderung sich dabei auf „*excellence in research and teaching*" stützten. Dieser *Standard* ermöglichte es jedem Wissenschaftsgebiet, eigene Kriterien für ein „*sehr gut*" festzulegen oder gar innerhalb eines Fachbereiches verschiedene Definitionen hierfür zu bestimmen. Die meisten Universitäten in den USA sind jedoch nach meiner Überzeugung damit nicht zufrieden. Von vielen wird er für zu unpräzise gehalten, um sich schnell genug an laufende Veränderungen anzupassen, auf die sich gewöhnliche Schemata für ein „*sehr gut*" nicht übertragen lassen. Er diene lediglich als Mittel der Unterdrückung von Assistenzprofessoren, die krampfhaft versuchen, den Anforderungen an den *Standard* gerecht zu werden. Konsequenz ist eine Tendenz in Richtung der Festlegung präziser Vorgaben anstelle von unpräzisen Regeln für Beförderungsrichtlinien. Einige Institute zählen daher heute die Kriterien auf, nach denen sie über Beförderungen entschei-

---

[5] *Howard, P.*, The Death of Common Sense, 1994, ein aktueller Bestseller in den USA. *Howard* belegt darin, daß der US-amerikanische Trend in Richtung zunehmender Regulierung (was ich mit präzisen Regeln auf eine Stufe stelle) einen lähmenden Effekt auf die Gesellschaft ausübt.

[6] An den Universitäten der USA gibt es drei Gruppen von Forschern: *assistant professor, associate professor* und *professor*. Die Einstellung als *assistant professor* erfolgt auf Probe und typischerweise für die Dauer von drei Jahren. Sie kann bei Nachweis hinreichenden Fortschritts in Forschung, Lehre und Betreuung von Studenten für weitere drei Jahre verlängert werden. Am Ende der Probezeit erstellt die Universität einen umfassenden Bericht über die Entwicklung des *assistant professor's*, der auch Auskünfte über das Fortschreiten seiner Forschung durch herausragende Wissenschaftler seines Gebietes beinhaltet. Sofern die Universität den Bericht über den Kandidaten für gut befindet, kann sie seine Einstellung und Beförderung zum *associate professor* vorschlagen. Es gibt gewisse Schwierigkeiten über den genauen Inhalt des Begriffes „*tenure*" in diesem Zusammenhang. Doch zumindest bedeutet es, daß eine Kündigung nur aufgrund eines besonderen Anlasses erfolgen kann. Demgegenüber kann einem *assistant professor* im Prinzip jederzeit gekündigt werden („*fired for good reason, bad reason, or no reason at all*"). Dabei spreche ich hier von „*im Prinzip*", denn tatsächlich ist der Arbeitsplatz eines *assistant professor's* sehr viel sicherer als es sich nach obiger Willkürregel (*employment-at-will doctrine*) anhören mag. Für den Fall, daß sich der *associate professor* als geeignet herausstellt, kann er nach ungefähr vier weiteren Jahren zum *professor* (auch „*full professor*" genannt) befördert werden.

den. Eine Fakultät könnte so beispielsweise festlegen, daß der Kandidat mindestens *n* Aufsätze in *m* renommierten Zeitschriften seit seiner letzten Beförderung veröffentlicht haben muß, um in den Genuß einer weiteren Beförderung zu kommen[7].

Mit diesem Aufsatz verfolge ich nur bescheidene Ziele. Ich behaupte nicht, eine abschließende Lösung für das Problem gefunden zu haben, wann präzise und wann unpräzise Regeln die bessere Wahl sind. Vielmehr versuche ich, eine bisher unbemerkte Variable in die Diskussion einfließen zu lassen, die für dieses Problem eine bedeutende Rolle spielt. Es handelt sich dabei um die nur begrenzte Möglichkeit der Entscheidungsträger, vorhandene Informationen zu verarbeiten. Meine Behauptung geht dabei dahin, daß diese kognitiven Begrenzungen ein starkes Argument für den Einsatz von mehr präzisen anstelle von unpräzisen Regeln sind. Selbstverständlich gibt es auch hier wiederum Ausnahmen, deren wichtigste ich im weiteren Verlauf verdeutlichen möchte. Zur Erläuterung führe ich zwei getrennte Zweige der wissenschaftlichen Literatur zusammen. Zuerst wende ich mich den Aussagen der rechtsökonomischen Analyse präziser und unpräziser Regeln bezüglich der Wahl zwischen diesen beiden Formen zu. Wie wir sehen werden, setzen präzise und unpräzise Regeln verschiedene Anreize und rufen äußerst unterschiedliche Nutzen und Kosten hervor. Dies muß nach Effizienzgesichtspunkten untersucht werden. Nach der ökonomischen Analyse des Rechts wird ein Fortschritt nicht zwangsläufig nur dadurch erzielt, daß rechtliche Unklarheiten durch mehr und mehr klare Regeln ersetzt werden. Ein Fortschritt ist vielmehr dann erreicht, wenn wir eine stringentere Analyse über Kosten und Nutzen beider Regelungstypen in allen Rechtsgebieten haben. Als zweites schlage ich vor, als eine der wichtigen Variablen von Kosten und Nutzen bei der Wahl der rechtlichen Gestaltung die Ergebnisse der Theorie der verhaltensgesteuerten Entscheidung (*behavioral decision theory*) zu nutzen. Diese Theorie ist in letzter Zeit verstärkt diskutiert worden und steckt noch immer in einer frühen Entwicklungsphase. Unabhängig davon aber beeinflußt sie den Gebrauch der Rationalentscheidungstheorie (*rational choice theory*), was die Beschreibung menschlichen Verhaltens in Bezug auf bestimmte rechtliche Regeln betrifft. Die verhaltensgesteuerte Entscheidungstheorie geht beispielsweise davon aus, daß Individuen

---

[7] Ich lasse hier für einen späteren Teil aus, weswegen die Entwicklung weg von unpräzisen und hin zu präzisen Regeln läuft. Hier, mit Blick auf das nicht-rechtliche Beispiel, folgere ich, daß klare Vorschriften zum Entscheiden über Beförderung, Einstellung und Gehalt den signifikanten Vorteil haben, die Konflikte zwischen Universität und dem Kandidaten in diesen Bereichen zu mindern. In einem System vager Regeln („*excellence in research, teaching and service*") müssen die Entscheidungsträger abwägen und können sich nicht auf das Ausfüllen einer einfachen Checkliste beschränken. Da jedoch eine Abwägungsentscheidung bei unterschiedliche Personen zu verschiedenen Ergebnissen führen kann und die Grundlage des Ergebnisses einer Entscheidung auf Abwägungsbasis rational schwer zu bestimmen ist, bietet eine solche Methode immer wieder Angriffspunkte für Kritik. Insbesondere hängt ihr immer ein gewisses Willkürmoment an. Natürlich gibt es – wie wir später sehen werden – auch angebrachte Kritik an präzisen Regeln. Niemand kann aber ernsthaft behaupten, daß bei Entscheidungen aufgrund genauer Vorschriften das Willkürmoment derart ausgeprägt ist wie bei solchen aufgrund unpräziser Regeln. (Man kann auf den Gedanken kommen, daß Verwaltungsbeamte vage Vorschriften bevorzugen, daß ihre Untergebenen (die Bevölkerung) ihnen jedoch lieber nur klare Regeln an die Hand geben möchte.)

grundsätzlich fehlerhafte Einschätzungen abgeben, soweit es sich um die Wahrscheinlichkeit eines Ereignisses handelt. Die Wahrscheinlichkeit von Ereignissen mit geringer Wahrscheinlichkeit wird dabei als noch geringer, die von Ereignissen mit hoher Wahrscheinlichkeit als noch höher eingeschätzt, als sie in Wirklichkeit ist[8]. Es zeigt sich, daß dies einen nicht zu unterschätzenden Einfluß auf die Wahl zwischen präzisen und unpräzisen Regeln hat.

Nach einer Darstellung der ökonomischen Analyse beider Regeln sowie der Literatur der verhaltensgesteuerten Entscheidungstheorie zeige ich, wie eine Berücksichtigung der kognitiven Schranken rechtlicher Entscheidungsträger die Auswahl der gesetzlichen Regeln sinnvoll beeinflussen kann. Ich werde dies am Deliktsrecht beispielhaft demonstrieren. Dabei versuche ich zu zeigen, wie die Wahl zwischen verschiedenen Fahrlässigkeitsregeln sowie zwischen Fahrlässigkeits- und Gefährdungshaftung durch eine Berücksichtigung kognitiv begrenzter Entscheidungsträger beeinflußt werden kann.

B. Präzise und unpräzise Regeln aus ökonomischer Sicht

Rechtswissenschaftler haben sehr viel über dieses Thema geschrieben, doch hat sich bis heute kein klarer Konsens gefunden. Um die Literatur zu verstehen, muß man sich bemühen, Themen und Bereiche der Übereinstimmungen zu suchen. Der folgende Abschnitt faßt meine Versuche in dieser Richtung zusammen.

I. Form versus Inhalt:
Aussagen der „Critical Legal Studies"-Forschung

Die ersten Rechtswissenschaftler, die in der letzten Zeit über dieses Thema schrieben, waren Anhänger der *critical legal studies* – Richtung (CLS)[9]. Eine ihrer Schlußfolgerungen war, daß die Zweideutigkeiten in der traditionellen Literatur darüber, wann präzise und wann unpräzise Regeln zu nutzen sein, eine Folge der Zweideutigkeiten über das Wesen des Rechts sei. Konsequenz dieser Beobachtung ist, daß das Recht sich nicht übermäßig zu einer Auswahl zwischen beiden Regeln quälen müsse. Wichtiger sei vielmehr, welches Ziel ein Gesetz jeweils verfolge. In dieser Hinsicht ist Professor *Kennedy* der Überzeugung, daß für die Wahl namentlich politische Ideologien ausschlaggebend seien:

> *„Von präzisen Regeln wird behauptet, sie drückten im wesentlichen die Ideale derer aus, die auf Selbstverantwortung und Individualismus (Egoismus, begrenzt durch Rechte Dritter) setzen. Die Bereitschaft, eine unpräzise Regel zu wählen, korrespondiere dagegen mit dem gesellschaftlichen Ideal des Altruismus (Danach stehen die eigenen Ziele normativ nicht per se über denen Anderer, wobei sich*

---

[8] vgl. hierzu: *Sunstein, C.,* Behavioral Analysis of Law, 64 University of Chicago Law Review 1175 (1997) m.w.N.
[9] Der erste Aufsatz stammt von. *Kennedy, D.,* Form and Substance in Private Law Adjudication, 89 Harvard Law Review 1685 (1976).

> *die altruistische Verpflichtung zur Steigerung des Wohles anderer vom Selbstverzicht eines Heiligen dadurch unterscheidet, daß die Fürsorge des Altruisten nicht universal sein muß. Vielmehr hängt sie auch von Faktoren ab, wie vor allem der Nähe zu den Personen, mit denen der Altruist teilen möchte, sowie von seiner Meinung darüber, für wie tadelnswert er jene, die sich in Not befinden, hält.)[10]."*

Andere Anhänger der *Critical Legal Studies*-Richtung – zum Beispiel Professor *Pierre Schlag* – sind sich darüber einig, daß von der Diskussion über die Wahl zwischen präzisen und unpräzisen Regeln nur wenig praktische Rückwirkungen ausgehen. Professor *Schlag* schreibt dazu:

> *"Die konventionelle Art juristischen Denkens über präzise und unpräzise Regeln kennt keinen Ort, von dem aus man einen sinnvollen Streit führen könnte. Am Ende kann keine Erklärung (oder alle Erklärungen) dieser beiden Regeltypen aufrecht erhalten werden. Der Versuch, die Form mit dem Wesen des Rechts zu verbinden, ist lediglich von formeller Art. [...] Die verbreitetste Aussage ist, daß vieles in unserer rechtlichen Argumentation [über präzise und unpräzise Regeln] eine Dialektik erzeugt, die unmöglich zu einer Lösung führen kann.[11]"*

Professor *Kelman* stimmt in seiner Untersuchung mit den Ansichten der *Critical Legal Studies*-Autoren im wesentlichen überein, trifft jedoch eine feine Unterscheidung. Diejenigen, so sagt er, die *Kennedys'* Beobachtung über die politisch-philosophischen Anhänger von präzisen und unpräzisen Regeln als eine empirische Voraussage darüber ansehen, wer bei einem konkreten Sachverhalt die eine oder die andere Form bevorzugt, liegen falsch. Aber er will dieses Argument auch nicht allzu weit treiben:

> *"Es mag eine kulturelle Verbindung zwischen jenen geben, die klare Regeln bevorzugen, (was nicht gleichbedeutend mit deren Bevorzugung in jedem Einzelfall ist) und politischem Individualismus sowie einer persönlichen oder philosophisch begründeten Verpflichtung zur Achtung der menschlichen Privatsphäre. Insofern ist die Ansicht [von* KENNEDY*] nicht zu unterschätzen[12]."*

Die kritische Ansicht über klare versus unpräzise Regeln mag zu dem Ergebnis kommen, daß der Versuch einer Erklärung der rechtlichen Formen entweder zum Scheitern verdammt ist oder aber auf Basis von politisch-philosophischen Ideologien vorentschieden wird. Doch auch die Kritiker stellen fest, daß es einige

---

[10] *Kelman, M.*, A Guide to Crtical Legal Studies, 1987, S. 16. Das erste Kapitel dieses Buches (S. 15 – 63), überschrieben mit „*Rules and Standards*", ist eine exzellente Zusammenfassung der CLS-Literatur über dieses Gebiet. *Kennedy* hat sich auf das Vertragsrecht beschränkt. Es ist eine Leistung *Kelmans'*, gezeigt zu haben, daß die Wahl zwischen präzisen und unpräzisen Regeln in vielen anderen Bereichen des Privatrechts und des öffentlichen Rechts nach den gleichen Prinzipien verläuft.

[11] *Schlag, P.*, Rules and Standards, 33 University of California at Los Angeles (UCLA) Law Review 379, 381, 430 (1985).

[12] *Kelman*, a.a.O., S. 10.

gravierende Unterschiede zwischen den Formen dieser Regeln gibt. Professor *Kelman* merkt beispielsweise an, präzise Regeln würden ihr Ziel nicht immer präzise erreichen: „sie erreichen entweder zuwenig (*underinclusive*) als bezweckt, zuviel (*overinclusive*) oder gar beides auf einmal[13]." Man stelle sich als Beispiel eine klar abgrenzende Regel über das Mindestalter von Autofahrern vor. In den USA liegt diese Grenze in den meisten Staaten zur Zeit bei 16 Jahren. Zweck dieser Regel ist es, Menschen in solche Gruppen einzuteilen, die in der Lage sind, ein Auto sicher und verantwortungsvoll zu fahren und in solche, die hierzu nicht fähig sind. Es gibt dabei jedoch keinen triftigen Grund, der die Annahme, daß diese Regel (oder jede andere klar abgrenzende Regel über das Mindestalter für Autofahrer) das gesteckte Ziel effektiv erreichen würde. Die *rule* erreicht zuwenig (*underinclusive*), weil sie denjenigen das Autofahren verwehrt, die zwar jünger sind, jedoch hinreichend sicher und verantwortungsvoll fahren könnten; sie erreicht zuviel (*overinclusive*), weil es einige gibt, die über dem Mindestalter liegen – tatsächlich sogar einige, die *weit* über dem Mindestalter liegen – und trotzdem unsicher und verantwortungslos sind. *Kelman* weist aber auch darauf hin, daß *standards* ebenfalls Nachteile besitzen: „sie neigen zu willkürlicher bzw. vorurteilsbehafteter Durchsetzung[14]" und „geben dem Bürger keine eindeutigen Hinweise auf die Konsequenzen ihres Verhaltens[15]."

Den Anhängern der *Critical Legal Studies* muß zu dem Problem präziser versus unpräziser Regeln vor allem gesagt werden, daß ihre ganze Debatte nur eine über Ideologie, nicht aber eine über das Wesen des Rechts oder über die effizienteste Methode zur Erhöhung des gesellschaftlichen Nutzens, ist.

II. Ökonomische Effizienzgesichtspunkte bei der Wahl zwischen präzisen und unpräzisen Regeln

Überraschenderweise haben erstaunlich wenige Rechtsökonomen über dieses Thema geschrieben. Vielleicht vertrauen sie blind der traditionellen Ansicht zu Gunsten präziser Regeln. Vielleicht aber haben sie das Thema als noch nicht reif genug für eine Effizienzanalyse empfunden.

Eine offenkundige Ausnahme ist die Arbeit von *Judge Richard A. Posner*. Er hat umfassend über präzise versus unpräzise Regeln geschrieben und, was nicht überraschend ist, die zentralen Effizienzgesichtspunkte herausgearbeitet. Er schlägt vor, die Trennung zwischen beiden unter anderem anhand zweier Kostenkomponenten zu treffen. Erstere betrifft die Kosten der erstmaligen Spezifikation einer Regel, letztere die Kosten der anschließenden Durchsetzung der Norm. In Bezug auf die Spezifikationskosten schreibt Judge *Posner*:

---

[13] *Kelman*, a.a.O., S. 40.
[14] *Kelman*, a.a.O., S. 41.
[15] *Kelman*, a.a.O., S. 43. Das Gegenteil, was im Folgenden untersucht werden soll, ist ein positives Argument, wonach präzise Regeln den unpräzisen in der Weise überlegen sind, als daß sie eine Zukunftsplanung ermöglichen, denn sie sind klar definiert. Es ist einfach, sie zu überwachen, konform zu handeln und sie durchzusetzen. *Kelman* schreibt diese Ansicht zu Gunsten präziser Regeln *Max Weber* zu.

„Die Kontrolle des Verhaltens durch eine Reihe detaillierter Normen anstelle einer allgemein gehaltenen Regel erzeugt Kosten sowohl bei deren erstmaliger Einführung als auch bei ihrer Änderung, um sie an neue Gegebenheiten anzupassen[16]"

Unpräzise Regeln mögen niedrigere erstmalige Spezifikationskosten haben, die Kosten ihrer Durchsetzung und ihrer Einhaltung sind aber bedeutend höher als bei präzisen Regeln. Das *Common Law* könnte korrektes Verhalten in nahezu allen Lebenslagen durch Verkündung einer einzigen Norm wie des *Learned-Hand*-Kriteriums (angemessene Sorgfalt in allen Angelegenheiten) veranlassen[17]. Nichtsdestotrotz würde der alleinige Rückgriff auf eine allgemeine Regel enorme Kosten bei Richtern und Geschworenen erzeugen, wenn diese einen Verstoß feststellen sollen. Im Gegensatz dazu begrenzen präzise Regeln die Beweisprobleme des Gerichts (oder eines anderen Entscheidungsträgers) und reduzieren folglich die Kosten der Rechtsprechung[18].

Judge *Posner* schlägt zudem vor, ein weiteres Kriterium für die Auswahl zwischen präzisen und unpräzisen Regeln darin zu sehen, wie einfach ein potentieller Gesetzesbrecher mit den Gesetzesvorschriften konform gehen kann. Er kann zu geringen Kosten klar definierte Regeln einhalten. Unklare Regeln verursachen dagegen Fehleinschätzungen des potentiellen Gesetzesbrechers über die Wahrscheinlichkeit der Haftung. Sie generieren somit vermehrt Fehlverhalten der Normadressaten[19].

Ich schweife nun kurz etwas ab, um mich mit dieser Frage weiter zu beschäftigen. Es gibt interessanterweise einige Anhaltspunkte, die Zweifel an der Aussage begründen, daß unklare Regeln mehr Gesetzesverstöße nach sich ziehen als präzise Vorschriften. In einem die Effizienz von haftungsausschließenden und haftungsminderndem Mitverschulden vergleichenden Aufsatz kommen *Cooter* und *Ulen* zu dem Ergebnis, daß letztere Regel[20] effizienter ist, was daran liegt, daß sie weniger übervorsichtiges Verhalten (*overprecaution*) erzeugt. *Cooter* und *Ulen* zeigten, daß bei Ungewißheit über die Anwendung dieses *Standards* (des anteiligen Mitverschuldens) rational handelnde Schädiger und Geschädigte (im Vergleich zum gesellschaftlichen Optimum) *zu viel* Sorgfalt aufwendeten, um relativ sicher einer deliktischen Haftung zu entgehen. Eine Schlußfolgerung ist, daß klar definierte Regeln zu einer Ausübung der optimalen Sorgfalt führen würden, um ihre Anforderung zu erfüllen. Eine unpräzise Regel hingegen kann bei risiko-aversen Personen zu übervorsichtigem Verhalten führen. Dies ist exakt das Gegenteil des von Judge *Posner* angeführten Arguments.

Judge *Posner* warnt uns davor, von einer klar gezogenen Grenze oder einer breiten Wasserscheide zwischen klaren und unklaren Regeln auszugehen. Es kommt manchmal vor, daß eine bestimmte präzise Regel einfach zu handhaben

---

[16] *Posner, R. A.*, Economic Analysis of Law, 5th ed. 1998, S. 590.

[17] *Posner, R. A.*, a.a.O., S. 591.

[18] *Posner, R. A.*, a.a.O., S. 591. Richter *Posner* charakterisiert dies als eine Suche nach dem lokalem, nicht aber dem globalen Maximum.

[19] *Posner, R. A.*, a.a.O., S. 591.

[20] Diese entspricht der Mitverschuldensnorm des § 254 BGB. (Anmerkung der Übersetzer)

ist, während „die Gesamtzahl der Regeln, die zur Regelung des Gesamtproblems vonnöten ist, dazu tendiert, komplexer als eine unpräzise Regel zu sein[21]." Ein Sorgfaltsstandard über das Betreiben eines Kraftfahrzeuges, als unpräzise Regel formuliert, mag zwar einen großen Interpretationsspielraum lassen. Um aber alle Facetten des Kraftfahrzeugbetriebs abzudecken, müßte ein ganzer Katalog präziser Regeln erstellt werden, damit auch jede Eventualität des Fahrzeug- und Straßenzustandes, der nötigen in- und externen Sicherheitsvorrichtungen, mit denen das Fahrzeug ausgestattet sein müßte, der notwendigen Ausbildung des Fahrers und so weiter, erfaßt wäre. Zusammengenommen könnte dieses Netz aus präzisen Regeln genauso komplex sein wie eine vage Regel. In dieser Hinsicht ist die Auffassung von *Posner* jener der *Critical Legal Studies*-Richtung vergleichbar, die den praktischen Unterschied zwischen präzisen und unpräzisen Regeln für weder so groß noch für so wesentlich erachten, wie es erscheinen mag.

Judge *Posner* stellt bei einigen Kritikern der ökonomischen Analyse des Rechts eine Ansicht über unpräzise Normen fest, die jedem Wissenschaftler, der die ökonomische Analyse des Rechts betreibt, bekannt sein sollte:

„Einige Rechtswissenschaftler stehen der ökonomischen Analyse feindlich gegenüber, weil sie in ihr die Aushöhlung subjektiver Rechte mittels Kosten-Nutzen-orientierter Fallösungen sehen. [...] Ihre Kritik [...] geht dahin, daß Wirtschaftswissenschaftler im Grunde davon ausgingen, jede gesetzliche Regel in präziser Form habe Ausnahmen (oder sollte sie zumindest haben), um sie in eine unpräzise Regel umzuformen, die einer Kosten-Nutzen-Abwägung zugänglich ist[22]."

Die Folgerung der Kritiker ist, daß jede klare Regel eine implizite Ausnahme beinhalte. Die präzise Regel dürfe nicht angewendet werden, wenn die Vorteile der Nichtanwendung höher seien als die hierdurch erzeugten Kosten. Eine präzise Regel gegen die rechtliche Zulassung rechtswidrig erlangter Beweismittel in einen Strafverfahren könne danach dann umgangen werden, wenn das Verbrechen besonders abscheulich war und die Verurteilung von diesem konkreten Beweis abhängt, wenn somit der Nutzen aus der Zulassung des Beweismittels dessen Kosten übersteigt.

Richter Posner sagt jedoch, daß diese Kritik fehl am Platze ist. Wenn wir an der Fähigkeit der Gerichte zweifeln, eine zutreffende Balance zwischen Kosten und Nutzen zu finden, dann sollte eine solche Abwägung durch eine klare Regel verboten werden (oder vielleicht eine andere Möglichkeit entwickelt werden, mit der man den Einfluß einer Kosten-Nutzen-Analyse begrenzen kann). Posner sagt weiter, daß eine „präzise Regel mit Ausnahmen" (rule-plus-exceptions) zumindest mit einer unpräzisen Regel vergleichbar sei, einige wichtige Kritiker jedoch von einer Unvergleichbarkeit ausgingen[23].

---

[21] *Posner, R. A.*, a.a.O., S. 592.
[22] *Posner, R. A.*, a.a.O., S. 593.
[23] So zum Beispiel die Philosophin *Putnam, H.*, Taking Rules Seriously, in: Putnam, Realism with a Human Face, 1990, S. 193.

Judge *Posner* glaubt, einen zunehmenden Gebrauch von präzisen Regeln in der US-amerikanischen Bundesrechtsprechung feststellen zu können. Er sieht den Grund hierfür nicht in einer Änderung grundlegender Auffassungen, sondern vielmehr in einem Anwachsen der Fallbelastung der obersten Gerichte[24]. Da Entscheidungen auf der Grundlage präziser Regeln einfacher oder billiger seien, würde ein Wechsel von allgemeinen zu präzisen Regeln – *ceteris paribus* – zu einer schnelleren Bearbeitung der Fälle führen. Judge *Posner* behauptet jedoch, daß viele Richter zu zurückhaltend hinsichtlich der Formulierung präziser Regeln sind.

> *"Sie bevorzugen es, keine definitiven Entscheidungen zu treffen, indem sie unklare Standards setzen, oder - was praktisch auf das gleiche hinausläuft - sie wenden vielschichtige Tests mit gleichmäßiger Gewichtung jeder einzelnen Ebene an, wobei sie die Lösung der diesen Tests anhaftenden Unklarheiten einer nicht näher bestimmten Zukunft überlassen*[25]*."*

Einer der wichtigsten ökonomischen Aspekte der Debatte um präzise und unpräzise Regeln in der Wissenschaft wurde von Professor *Louis Kaplow* entdeckt[26]. Sein Arbeit ist sehr subtil und weiterführend. Professor *Kaplow* schlägt zum Beispiel vor, den Hauptunterschied zwischen *präzisen* und unpräzisen Regeln darin zu sehen, „ob dem Gesetz der Inhalt schon *ex ante* [in einer präzisen Bestimmung] oder *ex post* [in einer unpräzisen Fassung] gegeben wird."

> *"[...] Die einzige Trennung zwischen präzisen und unpräzisen Regeln liegt in dem Umfang des Aufwandes, der zur Inhaltsbestimmung der Rechtsregel vor oder nach dem Handeln der Individuen betrieben wird*[27]*"*

Prof. *Kaplow* stellt zudem fest, daß ein Gericht in einem konkreten Rechtsfall eine unpräzise in eine präzise Regel wandeln kann[28].

Die wesentliche Aussage dieses Aufsatzes ist intuitiv ansprechend: die Auswahl zwischen präzisen und unpräzisen Regeln wird von Kosten beeinflußt, wobei systematische Faktoren die relativen Kosten einer präzisen im Vergleich zu einer unpräzisen Regel beeinflussen. So sind die anfänglichen Kosten einer präzisen Regel größer als diejenigen für die Spezifikation einer unpräzisen Norm. Doch sind die Kosten für die Interpretation des Inhalts einer derart unpräzisen Regel, sowohl durch Adressaten als auch durch die Gerichte, bedeutend höher als die Kosten der Interpretation einer präzisen Regel. Konsequenterweise liegt der Vorteil der Anwendung von präzisen Regeln in Fällen, bei denen es zu einer häufigen Anwendung des Gesetzes kommt (z.B. wenn die präzise Regel sich auf eine häufig wiederkehrende Handlung bezieht) und das Gesetz ebenfalls häufig ge-

---

[24] *Posner, R. A.*, The Federal Courts: Challenge and Reform, rev. ed. 1996, S. 177 f.

[25] *Posner, R. A.*, a.a.O., S. 369.

[26] *Kaplow*, Rules Versus Standards: An Economic Analysis, 42 Duke Law Journal 557 (1992).

[27] *Kaplow*, a.a.O., S. 557.

[28] *Kaplow*, a.a.O., S. 564. Vermutlich funktioniert dies in beiden Richtungen: Gerichte können auch präzise in unpräzise Vorschriften wandeln.

richtlich angewendet wird. Verkehrsgesetze, die Berechnung von Schadensersatz, Sicherheitsvorschriften sowie die Interpretation von Einkommensteuertatbeständen sind solche tatsachenbasierten Situationen, die andauernd im Leben vieler Menschen oder in vielen Gerichtsentscheidungen auftreten. Präzise Vorschriften haben den großen Vorteil, unter diesen Umständen Entscheidungskosten der Normadressaten und der Gerichte zu sparen[29].

Im Gegensatz dazu sind unpräzise Regeln effizienter, wenn der vom Gesetz geregelte Sachverhalt heterogener und ungewöhnlicher ist. *Kaplow* führt an, daß eine Fahrlässigkeitsregel in unpräziser Form den Vorteil hat, in einem weiten Gebiet möglicher Unfalltypen, sowohl in gewöhnlichen als auch in ungewöhnlichen Situationen, anwendbar zu sein[30]. Für mich ergeben sich zwei Vorhersagen aus dieser Hypothese. Zum einen kann man vorhersagen, daß während im Deliktsrecht Fahrlässigkeit als unpräzise Haftungsvoraussetzung akzeptiert ist, das Gesetz diesen vagen Standard mit weitaus präziseren Regeln in zwei generellen Formen ergänzt, in denen – nach *Kaplow*'s früherer Anmerkung – genaue Vorgaben wahrscheinlich Standards überlegen sind: durch *ex ante* – Regulierung von Sicherheiten durch Verwaltungsrecht, so z.B. für die Sicherheit von Kraftfahrzeugmotoren durch die *National Highway Transportation Safety Administration*; durch Produktschutz für Konsumenten, z.B. durch die *Consumer Product Safety Commission*; und auch durch eine Gefährdungshaftung in bestimmten Bereichen, wie z.B. der Produzentenhaftung, in denen eine Fahrlässigkeitshaftung (aus Gründen, die ich weiter unten darstellen werde) unangemessen wäre. Zum anderen kann man auf Grundlage dieser Einsicht schließen, daß das Rechtssystem vage gegenüber präzisen Regeln bevorzugen wird, wenn es sich um Unfälle unter Einfluß neuer Technologien (z.B. neuer Transportmethoden oder der Telekommunikationstechnik) handelt. Die Umstände, unter denen hier Fehler und Schäden auftreten, können noch unbekannt sein, so daß das Gesetz den Parteien eine Obliegenheit zur „*vernünftigen Sorgfalt*" auferlegen kann, bis die relevanten Umstände für das Optimum an zu erfüllender Sorgfalt und der möglichen Schäden durch weitere Erfahrungen im Betrieb der Technologien sich hinreichend herausgebildet haben.

III. Beispiele

Ich habe bisher nur über die generellen Eigenschaften von präzisen und unpräzisen Regeln gesprochen und dabei lediglich die augenfälligsten Beispiele aufgezeigt. In diesem Kapitel möchte ich konkretere Vorschläge zur Auswahl der Rechtsform in Bereichen des Zivilrechts darstellen. Dabei lasse ich eine Diskussion des Deliktsrechts aus, denn daraus ist der Kern meines Beispiels in unten Teil IV gebildet.

---

[29] *Kaplow*, a.a.O., S. 563 f.
[30] *Kaplow*, a.a.O., S. 563 f.

(1) Eigentum

Professor *Carol Rose* hat gezeigt, daß präzise und unpräzise Regeln das Sachenrecht durchziehen[31]. Sie beginnt mit der Beobachtung, wonach die meisten Kommentatoren vorschlagen, daß klare Regeln bei subjektiven Rechten, Beurkundungen, Störungen und anderen Aspekten des Eigentums, des Gebrauchs und Transfers von Rechten effizienter als unklare seien. Der effiziente Nutzen des Eigentums erfordere klare Richtlinien. Nichtsdestotrotz, so sagt sie, springe das Sachenrecht zwischen klaren Regeln (die sie „*Kristalle*" nennt) und unpräzisen Regeln (die sie „*Schlamm*" nennt) aus Gründen hin und her, die sich jedweder logischen Erklärung entziehen würden. Das Muster der Sprünge ist jedoch nicht völlig zufällig, sondern dialektisch. Typischerweise beginnt das Gesetz mit einer klaren Regel, die nach und nach durch Ausnahmen aufgeweicht wird, so daß sie immer unpräziser wird – z.B. eine Regel, nach der eine Eigentumsstörung nur bei physischem Eindringen angenommen wird, wird ersetzt durch einen vagen „*neighborliness*" Standard. Das Gesetz versucht dann, eine weitere klare Regel zu definieren, die irgendwie diese Ausnahmen beinhaltet. Daraufhin erscheinen neue Ausnahmen, und der ganze Prozeß beginnt von neuem.

Gilt dieses Muster des Springens zwischen „*Kristallen*" und „*Schlamm*" auch in anderen Bereichen des *property law*? Professor *Rose*, ebenso wie die Anhänger der *Critical Legal Studies*-Richtung, gehen zumindest davon aus. Sie glauben, daß die Sprünge viel mit den gesellschaftlichen Funktionen, denen das Gesetz dient, zu tun haben. Zum Beispiel weisen klare Regeln und weiche Standards auf essentielle Grundlagen dessen hin, was die Gesellschaft schätzt.

> *„Die Sprache der klaren Regeln teilt manchmal ausdrucksstark eine, jedenfalls in unserer Gesellschaft, wichtige Tugend mit: Mut. [...] Man kann sich in nahezu romantischer Art eine Pioniersfrau vorstellen, die, bewaffnet und einsatzbereit, Eindringlinge an der Schwelle ihrer Hütte abwehrt; oder Gastwirte, welche die verlockensten Angebote ablehnen, wodurch – zur Freude ihrer glücklichen Kunden – gigantische Bürogebäude um sie herum gebaut werden müßten. [...] Klare Regeln hängen nicht nur vom gemeinsamen sozialen Verständnis ab; sie fördern Geselligkeit und erleichtern soziale Beziehungen*[32]. *[...] Die Rhetorik der kristallklaren Regeln legt nahe, daß wir Freunde, Familienangehörige und Mitbürger mit der gleichen kühlen Distanz beurteilen wie jene, die wir überhaupt nicht kennen. Die Rhetorik der „schlammigen" Regeln dagegen legt uns nahe, jene zu denen wir keine wirklichen Beziehungen haben, wie Freunde und Partner zu behandeln. Daher – wegen der unterschiedlichen sozialen Didaktik und den unterschiedlichen Konversationsstilen, die in beiden rhetorischen Stilen*

---

[31] *Rose, C. M.*, Crystals and Mud in Property Law, 40 Stanford Law Review 577 (1988).
[32] *Rose, C. M*, a.a.O., S. 608.

anzufinden sind – debattieren wir endlos über die Vorzüge von „Kristall" und „Schlamm".[33] "

Rose mag darin richtig liegen, daß präzise und unpräzise Regeln im Bereich der property rights eine wichtige Rolle spielen. Ihre anfängliche Beobachtung, nach der Effizienz höchstwahrscheinlich grundsätzlich den Einsatz klarer Regeln für das Eigentum erfordert, ist mit Sicherheit korrekt. Man findet dieses Argument gegenwärtig in der US-amerikanischen Diskussion über die Verpflichtung des Staates, Grundeigentümern die Wertverluste als Folge rechtlicher Regulierung zu erstatten. Das derzeitige Entschädigungsrecht ist als unklarer Standard ausgestaltet: der Staat hat eine Verpflichtung zur Schadensersatzleistung gegenüber dem Grundeigentümer, wenn die Enteignung einen „zu weit gehenden" Wertverlust verursacht[34]. Da es zwischen 1923, dem Jahr der Einführung des Standards, und 1990 keinen einzigen Fall gab, in dem der United States Supreme Court eine Regulierung als „für zu weit gehend" befunden hat, so daß eine Entschädigung hätte gezahlt werden müssen, hat die sogenannte Property Rights Movement in manchen Staaten sowie auf Bundesebene die Gesetzgebung veranlaßt, klar definierte Regeln zur Klärung der Entschädigungsfrage aufzustellen. Die typische, gesetzlich verankerte Regel besagt, daß bei einer Wertminderung um mindestens ein Drittel der Staat zum Schadensersatz verpflichtet ist.

Das Beispiel über den Gegensatz zwischen einer klaren und einer unklaren Regel im Bereich des Eigentumsrechts hat zu keiner weiterführenden wissenschaftlichen Debatte geführt. Vielmehr rechtfertigen, und so sagen es auch die Wissenschaftler der *Critical Legal Studies* – Richtung vorher, die Anhänger des *Holmes*'schen Standards ihre Position mit der vom Staat benötigten Bewegungsfreiheit, wohingegen die Befürworter klarer Regeln hervorheben, daß private Grundeigentümer zur Planung Klarheit und Sicherheit benötigen. Auch verhindere eine klare Regel unsinnige Regulierungsmaßnahmen mit Enteignungscharakter weitaus besser.

(2) Vertragsrecht

Die Diskussion wird sich hier auf die Literatur über abdingbare und unabdingbare Regeln konzentrieren. Abdingbare Regeln sind solche, die die Parteien im Konsens verändern können. Das Vertragsrecht enthält zum Beispiel eine abdingbare Regel zur Berechnung der Höhe des Schadensersatzes für den Fall eines Vertragsbruchs. Es erlaubt den Parteien grundsätzlich, ihre eigenen Regeln an dessen Stelle zu setzen (mit der Ausnahme, daß in den USA kein Vertragsbrüchiger der Zahlung einer Vertragsstrafe zustimmen kann). Das Vertragsrecht nutzt unabdingbare Regeln – z.B. das Verbot der Durchsetzung eines Vertrages gegen einen Minderjährigen – aus Gründen der Fürsorge; oder weil eine abweichende vertragliche Regelung Kosten bei Dritten hervorrufen könnte. In diesem Rechtsgebiet sind die Regeln sehr engmaschig gestrickt und unterliegen nur einigen Ausnahmen. Dies ist ein wenig überraschend, zumal man im Vertragsrecht nor-

---

[33] *Rose, C. M*, a.a.O., S. 610.

[34] Dies ist der berühmte, von Judge *Holmes* in *Pennsylvania Coal Co. v. Mahon* aufgestellte Standard.

malerweise den Gebrauch sehr weit gefaßter Normen erwartet, wie etwa: „*Nutze keine unangemessenen Vertragsklauseln*!". Anders als klare scheinen unpräzise Regeln mehr dem Ziel des Vertragsrechts angepaßt zu sein, die Parteien ihre Angelegenheiten mit relativ wenigen gesetzlichen Eingriffen selbst bestimmen zu lassen. Die ökonomische Analyse tendiert dazu, das Vertragsrecht als ein Mittel zur Nutzung von Vertragsanpassungen zur Minimierung der Transaktionskosten, die durch das Aushandeln der Bedingungen entstehen, zu gebrauchen. Vielleicht liegt der Grund für den Gebrauch von präzisen Regeln hier darin, daß das gesamte Vertragsrecht scheinbar nur auf einer kleinen Zahl enger Regeln mit wenigen Ausnahmen beruht, so daß ein Großteil der Arbeit von den Parteien durch Vertragsverhandlungen geleistet wird. Bemerkenswert ist in dieser Hinsicht, daß einer der problematischsten Bereich des Vertragsrechts die Gestaltung der Abwehr von Vertragsexzessen / Übervorteilung (*defense of unconscionability*) ist, in dem noch keine klare Regel gefunden wurde oder vielleicht auch gar nicht gefunden werden kann. *Unconscionability* ist ein unklarer Standard, der es verbietet, das Verhältnis von Leistung und Gegenleistung unangemessen schlecht werden zu lassen. Gerichte und Kommentatoren hatten Schwierigkeiten damit, wie dies zu bestimmen sei. Es sollte nicht überraschen, daß eine Übervorteilung nur sehr unregelmäßig und auch nur in den offenkundigsten Fällen angenommen wurde.

IV. *Public choice* – Gesichtspunkte im Bereich der präzisen und unpräzisen Normen

Einer der vernachlässigten Aspekte in der Diskussion über klare und unklare Regeln ist die Konsequenz für die Wahl der Rechtsform im Hinblick auf die *Public Choice* Theorie. Ich habe bereits ausgeführt, daß man präzise Regeln mit der Gesetzgebung (wie bei den Beispielen der der Geschwindigkeitsbegrenzung, dem Mindestalter zum Fahren eines Kraftfahrzeuges und dem Mindestalter, ab dem man wählen darf) und vage Standards mit der Rechtsprechung in Verbindung bringt. Aber bis jetzt haben wir noch nicht überdacht, ob die Kompetenzen oder relativen Fähigkeiten der gesetzgebenden Organe selbst eine Rolle für die Frage der Rechtsformwahl spielen sollten.

Wenn wir weiterhin davon ausgehen, daß die Gesetzgebung Quelle klarer Regeln ist, dann folgen aus der *Public Choice* Theorie zwei gesellschaftliche Kritikpunkte, die gegen gesetzlich normierte präzise Regeln sprechen. Zum einen ist der Einfluß von Interessengruppen im Gesetzgebungsverfahren so stark, daß dieses zu präzisen Regeln mit nicht optimalen Ergebnissen führen kann. Betrachten wir als Beispiel eine Regel über die Luftverschmutzung. Angenommen, die gesetzgebenden Organe stellen aus Sorge um die Umwelt eine präzise Regel zur Begrenzung von Emissionen auf. Idealerweise wird sie hierbei eine Balance zwischen gesellschaftlichen Kosten und gesellschaftlichem Nutzen der verschiedenen denkbaren Höchstemissionswerte setzen (in diesem Beispiel also x Teile einer Emission pro Millionen Teile Luft). Sie würde eine den gesellschaftlichen Nutzen maximierende Regel auswählen. In Wirklichkeit kann es aber sein, daß die Gesetzgebung dieses Ziel gar nicht verfolgt, es ihr unter Umständen sogar gleichgültig ist. Dies liegt daran, daß die Industrie ein starkes Interesse an der Verhinderung einer solchen Regel hat und dagegen protestieren wird. Die Kosten, die der Industrie zur Verhinderung oder Aufweichung einer solchen Regel entstehen, sind bei weitem geringer als diejenigen, welche Vereine zur Förderung von „*Netto-Nutzen-Maximierungsregeln*" haben. Im Ergebnis werden die zulässigen Emissionen, die die Regel erlaubt, dann so hoch liegen, daß die Regel weit unterhalb des sozialen Optimums arbeitet. Aufgrund des Einflusses der gut organisierten Interessengruppen werden die gesellschaftlichen Kosten einer präzisen gesetzlichen Regel, welche anderen Verdienste man ihr auch immer zuschreiben mag, vom gesellschaftlichen Optimum abweichen[35].

Das zweite naheliegende Problem gesetzlicher präziser Regeln, auf das uns die *Public Choice* Theorie aufmerksam macht, liegt in der Schwierigkeit ihrer Anpassung. Stellen wir uns hierfür eine gesetzliche Regel vor, die im Zeitpunkt ihres Erlasses das gesellschaftliche Optimum darstellte und in dieser Hinsicht auch sehr gute Arbeit geleistet hat. Nehmen wir nun an, daß die der Regel zugrunde liegenden Variablen sich verändern, so daß die Regel zum Beibehalt einer sozial optimalen Wirkung ebenfalls einer Veränderung bedürfte. Eine wissenschaftliche Studie könnte beispielsweise belegen, daß die Gesundheitsgefahren aus einer bestimmten Emission weitaus höher als bisher angenommen sind. Die gesetzgebenden Organe oder Verwaltungsbehörden sollten nun die Regel ändern, so daß die von ihr tolerierten Grenzwerte niedriger sind als zuvor. Beiden Institutionen ist diese Möglichkeit aber unter Umständen aufgrund des hohen Einflusses der betroffenen Industrien verwehrt[36]. Diese Industrien haben sich an die alte Norm angepaßt, z.B. durch Investitionen in Produktionstechnologien, die zwar der alten Regel entsprachen, den Anforderungen der optimalen neuen Regel aber nicht mehr gewachsen sind. Es ist durchaus möglich, daß ein Protest gegen die Anpassung der Regel für die Industrie billiger ist als die Umstellung der Produktion.

Ich sehe mich zum Schluß dieses Abschnittes genötigt anzumerken, daß eine komplexere Analyse die Fähigkeiten der Gerichte und der Gesetzgebung zur Anpassung von präzisen Regeln verglichen haben würde. Mir selbst liegen insoweit keinerlei Erkenntnisse vor, zumal der von klaren Regeln abgedeckte Bereich sehr umfangreich und die Gerichtszweige und gesetzgebenden Organe zu weit gefächert sind. Ich bin aber überzeugt, daß es für unabhängige, auf Lebenszeit berufene Gerichte wie den amerikanischen Bundesgerichten – unter der Annahme, daß alle anderen Variablen identisch bleiben – einfacher als für gewählte Gesetz-

---

[35] Es besteht auch die Möglichkeit, daß die Behörde, welche die Durchsetzung der gesetzlichen klaren Regel betreiben soll – in den USA ist es für Normen aus dem Bereich des Umweltrechts die *United States Environmental Protection Agency* –, anderen *public choice* Problemen unterliegen kann. Das am häufigsten beobachtete Problem im Behördenbereich ist deren Tendenz zur Übernahme der Ideale derjenigen Industrien, die sie eigentlich regulieren sollten. Vgl. hierzu allgemein: *Ogus, A.*, Regulation: Legal Form and Economic Theory, 1994;. *Breyer, S. G*, Regulation and its Reform, 1982;. *Breyer, S. G./ Stewart R. B./ Sunstein, C. R*, Administrative Law and Regulatory Policy, 3rd ed. 1992; *Pierce, R. J., jr.*, Economic regulation, 1994; sowie. *Schuck, P. H.*, (Hrsg.), Foundations of Administrative Law, 1994 / 1982.

[36] Die Regulierung von Tabak-Produkten ist ein gutes Beispiel hierfür.

gebungsorgane ist, präzise Vorschriften an veränderte Gegebenheiten anzupassen.

V. Allgemeine Kritikpunkte des Schrifttums

Bereits zuvor habe ich darauf hingewiesen, daß sich im rechtswissenschaftlichen Schrifttum noch keine Einigkeit über die Ergebnisse der Forschung ergeben hat. Der kurze Überblick in diesem Abschnitt bestätigt meiner Meinung nach diese Ansicht. Er mag aber auch einen versteckten Konsens beinhalten: es gibt so viele relevante Faktoren, die die angemessene Rechtsform beeinflussen, daß es immer einer Einzelfallentscheidung hierzu bedarf.

Diese versteckte Übereinstimmung will ich nicht bestreiten. Ich bin aber der Ansicht, daß es eine weitere wichtige Variable für die Auswahl zwischen präzisen und unpräzisen Regeln gibt, die das Schrifttum bis heute übersehen hat. Es handelt sich hierbei um die Fähigkeit des Menschen, Informationen zu verarbeiten. In den nächsten beiden Kapiteln werde ich zuerst das Schrifttum darstellen und danach aufzeigen, inwieweit eine angemessene Berücksichtigung begrenzter Rationalität dazu führen kann, präzise Regeln öfter als bisher einzusetzen.

C. Beschränkte Rationalität und ihre Konsequenzen für die Wahl der Rechtsform

Um unser Verständnis über die angemessene Nutzung präziser und unpräziser Regeln zu verbessern, bedarf es der Einsicht, daß die Adressaten eines Gesetzes möglicherweise nicht in der Lage sind, so rational zu handeln, wie es die Rationalentscheidungshypothese voraussetzt. Wir alle wissen, daß Menschen nicht perfekt sind. Können wir aber darüber hinaus auch präzise vorhersagen, inwieweit Menschen sich verrechnen? Und wenn dies der Fall ist, können wir wissen, wie Gesetze solch unrationales Verhalten optimal berücksichtigen sollten?

I. Die Rationalentscheidungshypothese[37]

Transitive Präferenzen sind Voraussetzung rationalen Handelns. Dies bedeutet, daß wenn zu einem bestimmten Zeitpunkt ein Produkt A gegenüber einem Produkt B und Produkt B wiederum gegenüber einem Produkt C bevorzugt wird, dies auch bedeutet, daß Produkt A gegenüber Produkt C den Vorzug verdient. Würde hingegen Produkt C gegenüber Produkt A bevorzugt werden, so käme uns daß äußerst seltsam und irrational vor. Diese Definition der Rationalität als Tran-

---

[37] Einige Teile dieses Kapitels gehen auf einen Aufsatz von. *Ulen, T. S*, Rational Choice and Law and Economics, veröffentlicht in *Law and Social Inquiry*, 1994, zurück. Es handelt sich hierbei um eine Rezension zweier herausragender Bücher von *Thaler, R.*, The Winner's Curse, 1992 und Quasi-Rational Economics, 1992.

sitivität der Präferenzen erscheint so unangreifbar, daß die meisten Ökonomen sie nicht bezweifeln und überrascht sind, wenn einige es dennoch tun[38].

Es gibt zwei Hauptgründe dafür, daß die Rationalentscheidungshypothese von Ökonomen nicht in Frage gestellt wird. Zum einen erlaubt diese Theorie den Ökonomen, nachprüfbare Vorhersagen über ökonomisches Verhalten. Viele solcher Vorhersagen sind empirisch bestätigt. Zum anderen ist es Ökonomen bisher fast immer gelungen, die in der Praxis auftretenden Abweichungen von den theoretischen Ergebnissen der Preistheorie ohne Rückgriff auf intransitives Verhalten zu begründen. So kann zum Beispiel eine Abweichung als normaler statistischer Fehler gesehen werden, der auf der Besonderheit der Datensammlung basiert; oder die auftretende Abweichung kann dadurch begründet werden, daß sie ein Ergebnis der unvollständigen Information der Testpersonen ist, so daß die durch die Theorie vorhergesagten Ergebnisse nicht erreicht werden konnten; oder es könnte sich um eine bisher unentdeckte Marktverzerrung handeln, etwa ein Monopol oder ein Monopson, externe Kosten oder Nutzen, öffentliche Güter oder Informationsasymmetrien. All dies kann eine tatsächliche Abweichung von den vorhergesagten Ergebnissen erklären. Die meisten Abweichungen von Ergebnissen, die auf Grundlage der Rationalentscheidungshypothese vorhergesagt werden, fallen unter diese Ausnahmen. Jede von ihnen erlaubt den Wirtschaftswissenschaftlern, Unterschiede des tatsächlichen zum vorhergesagten Ergebnis zu erklären, ohne die Testpersonen für irrational erklären zu müssen.

Es geht mir hier zum einen darum, daß die ökonomische Definition der Rationalität nichts weiter als transitive Präferenzen beinhaltet (und daß diese Definition wohl von den meisten Menschen akzeptiert wird). Zum anderen, daß es gute Gründe dafür gibt, warum Ökonomen an dieser Hypothese festhalten: sie ist sehr nützlich und mächtig; ihre Vorhersagen sind immer wieder zutreffend; und sie ist eine wichtige Hilfe bei der Formulierung öffentlicher Projekte. Die Theorie ist flexibel genug, Anomalien erklären zu können, ohne daß sie dazu verworfen werden müßte.

II. Anomalien in der Rationalentscheidungshypothese

Aktuelle wissenschaftliche Untersuchungen kognitiver Psychologen und Ökonomen, die mit der kognitiven Psychologie vertraut sind, zeigen auf, daß einige Experimente nicht mit der Rationalentscheidungshypothese in Einklang zu bringen sind. Die Experimente haben Schlußfolgerungen der Theorie in vier verschiedenen Bereichen in Frage gestellt. Erstens scheinen einige Testpersonen in sorgfältig durchgeführten Experimenten beiderseitigen Nutzen durch Austausch von Gütern dann abzulehnen, wenn sie der Auffassung sind, daß die vorgeschlagene Aufteilung des erzielten Mehrnutzens weitläufig akzeptierte Regeln der Fairneß

---

[38] In dem berühmten Aufsatz Irrationality and Economic Theory, 70 Journal of Political Economy 1 (1962), hat Prof. *Gary S. Becker* gezeigt, daß selbst bei Konsumenten, die irrational im Sinne intransitiver Präferenzen handeln, die grundlegenden Voraussagen der *price theory* zuträfen. Seit der Veröffentlichung dieses Aufsatzes gab es noch formellere Beweise dafür, daß die Ergebnisse der *price theory* und der Wohlfahrtstheorie auch dann nicht umfassend beeinflußt werden, wenn eine große Zahl von Konsumenten intransitive Präferenzen hat.

verletzt. Nach der Rationalentscheidungshypothese dürfte dies nicht geschehen. Zweitens haben Testpersonen in einer weiteren Testreihe, in der verschiedene Ebenen des Verhandelns miteinander geprüft wurden, sich nicht an rationale Strategien gehalten. Drittens haben die meisten Menschen, was in Experimenten ebenfalls nachgewiesen wurde, kognitive Begrenzungen (*cognitive limitations*), die systematisch auftretende Abweichungen von den Vorhersagen erzeugen. Beispielsweise werden diejenigen, die an der Auktion eines Gutes teilnehmen, vom „*winner's curse*" geschädigt[39]; Menschen, die sich an den *status quo* halten, tun dies selbst dann, wenn ihnen eine Alternative mehr Nutzen bringen würde[40]. Viertens haben Experimente bewiesen, daß Menschen in Bezug auf ungewisse Ergebnisse einer Handlung nicht in der Weise rational handeln, wie es die Rationalentscheidungshypothese erwarten läßt.

Jedes dieser vier Ergebnisse ist auf seine Weise faszinierend und hat wichtige Einflüsse auf die ökonomische Analyse des Rechts. Ich konzentriere mich hier nur auf die letzte Entdeckung – nicht rationales Verhalten bei ungewissen Ergebnissen – denn ich bin der Überzeugung, daß diese für die ökonomische Analyse des Deliktsrechts am einflußreichsten ist.

III. Auswahl unter Ungewißheit

Die Wirtschaftswissenschaft gibt einem eine erstklassige Theorie über Rationalverhalten bei ungewissen Alternativen zur Hand. Die Theorie geht davon aus, daß der Entscheider versucht, durch Verbindung dreier Elemente seinen erwarteten Nutzen zu maximieren: seine Einstellung gegenüber Risiken (Risikoneutralität, Risikoneigung oder die am häufigsten auftretende Variante der Risikoaversität); seine konstanten, wohl organisierten Präferenzen für die zu erzielenden Nutzen; sowie seine Einschätzung über die Wahrscheinlichkeit der verschiedenen Ergebnisse. Einige aktuelle Experimente belegen jedoch, daß dies noch keine vollständige Beschreibung der Variablen ist, nach denen man eine Entscheidung unter Ungewißheit trifft.

(1) Präferenzumkehr

Man stelle sich folgende Situation vor: Es gibt zwei Spiele, H und L. Bei H gewinnt man mit einer hohen Wahrscheinlichkeit einen niedrigen Preis, z.B. mit 90%iger Wahrscheinlichkeit einen Gewinn von 4 $. Bei L wiederum besteht bei einer niedrigen Wahrscheinlichkeit die Chance eines hohen Gewinns, z.B. bei 10%iger Wahrscheinlichkeit ein Gewinn von 40 $. Die meisten Testpersonen

---

[39] Nach diesem Fluch übersteigt in einer Auktion das den Zuschlag erhaltende Angebot für eine Ware mit einem ungewissen Wert fast immer deren tatsächlichen Wert.

[40] „Es ist ein Spiel, das in der Natur des Menschen liegt. Eine Sache, die man genossen hat und die man als die eigene eine lange Zeit hatte – unabhängig davon, ob man tatsächlich Eigentum an ihr oder nur den Glauben daran hatte – verwurzelt sich in der eigenen Persönlichkeit. Sie kann einem nicht weggenommen werden, ohne daß man es demjenigen übelnimmt und man die Sache gegen die Wegnahme verteidigt. Ein Gesetz kann keine bessere Rechtfertigung finden als in den tiefsten Instinkten eines Menschen.", *Holmes, O. W.*, The Path of the Law, 10 Harvard Law Review 457, 477 (1897).

wählten unter diesen Bedingungen das Spiel H[41]. Die Kandidaten wurden dann gefragt, für welchen Preis sie das jeweilige Spiel, wenn es ihnen gehören würde, verkaufen würden (nehmen wir hier als Beispiel den Preis, den sie für ein Lotterieticket verlangen würden). Überraschenderweise veranschlagten die meisten von ihnen einen höheren Preis für das Spiel L. Dies ist insoweit überraschend, als daß der erwartete Wert beider Spiele (das Produkt aus Gewinnwahrscheinlichkeit und Gewinnhöhe) im vorliegenden Fall nahezu identisch ist. Was an diesem Beispiel verwundert, ist daß die meisten Menschen bei der Wahlmöglichkeit zwischen H und L sich für H entscheiden würden, während sie, nach dem Preis gefragt, L für teurer einstufen. Sie messen damit L einen höheren Wert bei[42]. Wenn man auf Grundlage der Nutzenmaximierung ein Ergebnis dieses Versuchs vorhergesagt hätte, würde man zu dem Ergebnis gelangt sein, daß die Wahl konsistent ausfalle. Das bedeutet, daß entweder in beiden Fällen H oder in beiden Fällen L gewählt worden wäre. Diese Inkosistenz ist nicht das einzige, was die Forscher herausgefunden haben. Das verblüffende Phänomen wird Präferenzumkehr genannt. Sofern es eine einfache Erklärung für dieses Phänomen gibt, liegt sie darin, daß Menschen tendentiell anhand des möglichen Gewinns, nicht aber anhand des erwarteten Gewinns, den Wert eines Spiels bemessen[43]. Problematisch an dieser Erklärung (und insoweit auch problematisch für die Rationalentscheidungshypothese) ist – unter der Voraussetzung, daß sie zutrifft –, daß es bei Menschen zu inkonsistentem und scheinbar irrationalem Verhalten kommen kann[44]. Man könnte gar Menschen, die sich inkonsistent verhalten, dazu bringen, widersinnige Angebote für Spiele mit sehr niedrigen Gewinnchancen und enormen Gewinnsummen abzugeben. Diese Tatsache wird für die Veranstalter staatlicher Lotterien von nicht zu unterschätzender Bedeutung sein[45].

---

[41] *Lichtenstein, S./ Slovic, P.*, Reversals of Preference between Bids and Choices in Gambling Decisions, 89 Journal of Experimental Psychology 46 (1971) sowie Responseinduced Reversals of Preference in Gambling: An Extended Replication in Las Vegas, 101 Journal of Experimental Psychology 16 (1973). Vgl. auch. *Wagner, W*, Paradoxes of Gambling Behaviour, 1988.

[42] Die Zahlen sind dramatisch. Prof. *Thaler* zeigt in The Winner's Curse, 1992, S. 84, daß in einem aktuellem Test mit obigen Werten 71 % der Testkandidaten H bevorzugten, 67 % jedoch L als höherwertig einstuften.

[43] *Slovic, P./ Lichtenstein, S.*, The Relative Importance of Probabilities and Payoffs in Risk-Taking, 78 Journal of Experimental Psychology (Monograph Supp., Part 2) 1 (1968). Vgl. auch *Slovic, P./ Lichtenstein, S.*, Preference Reversals: A Broader Perspective, 73 American Economic Review 596 (1983).

[44] Eine alternative Interpretation der Experimente geht dahin, daß das Modell des Erwartungsnutzens ein *normatives*, keinesfalls aber ein *deskriptives* Modell der Entscheidungen unter Ungewißheit ist. Dieser normative Blickwinkel auf die Theorie greift nach meiner Einschätzung in vielen Teilen der Entscheidungstheorien. Als Beispiel dafür, wie man Entscheidungen unter Ungewißheit treffen sollte, vgl. den exzellenten Aufsatz von *Dawes, R.*, Rational Choice in an Uncertain World, 1988.

[45] Die Existenz des Präferenzumkehr-Phänomens ist nicht zu leugnen. *David Grether* und *Charles Plott* versuchten 1979 mit einer Reihe von Experimenten den Nachweis zu erbringen, daß Präferenzumkehr nicht oder nicht in der bisher festgestellten Menge auftrete. Sie mußten dabei jedoch alsbald zugeben, daß das Phänomen tatsächlich existiert. *Grether, D. / Plott, C.*, Economic Theory of Choice and the Preference Reversal Phenomenon, 75 American Economic Review 623 (1979).

Als Erklärung für Präferenzumkehr wurden drei Ansätze angeführt: intransitive Präferenzen, *„prozedurale Invarianz"* (gleiche Ergebnisse bei verschiedenen Testverfahren) sowie Verletzungen des Unabhängigkeitsaxioms (*independence axiom*). Lassen sie uns diese Möglichkeiten kurz analysieren.

Wie wir bereits gesehen haben, erfordert ökonomische Rationalität, daß die Wertung der Präferenzen transitiv erfolgt. Daß das Präferenzumkehr–Phänomen auf intransitiven Präferenzen beruhen kann, ist unschwer zu erkennen. Ein rational handelnder Mensch wird im Zweifel indifferent zwischen dem Wert, den er H beimißt, und H selbst sein. Genauso verhält es sich zwischen dem L beigemessenen Wert und L. Wenn er nun H gegenüber L bevorzugt, sollte er – Transitivität vorausgesetzt – auch den Wert von H demjenigen von L vorziehen. Präferenzumkehr bedeutet, daß er in einer solchen Situation jedoch den Wert von L demjenigen von H bevorzugen würde. Es stellt sich heraus, daß dieses Präferenzmuster nur dann intransitiv ist, wenn keine *„prozedurale Invarianz"* vorliegt.

„Prozedurale Invarianz" bedeutet, daß Ergebnisse untereinander gleich sein müssen, wenn die Meßverfahren unterschiedlich sind. Die meisten wissenschaftlichen Untersuchungen gehen davon aus, daß sie prozedural invariant sind. Prozeduale Invarianz bedeutet beispielsweise, daß man gleich groß sein sollte, wenn man einerseits von Kopf bis zum Fuß und andererseits vom Fuß bis zum Kopf mißt. Im Bereich der Auswahl unter Ungewißheit bedeutet dies, daß die Ergebnisse der Präferenzeinstufungen der Testkandidaten unabhängig von unterschiedlichen Mitteln zur Feststellung ihrer Präferenzen sein sollten. Es hat sich in der heutigen Wirtschaftswissenschaft eingebürgert, daß A gegenüber B bevorzugt wird, wenn A gewählt wird und sowohl A als auch B verfügbar sind oder wenn A einen höheren Reservationspreis hat. Das bedeutet, daß wir Präferenzeinstufungen anhand zweier Kriterien bestimmen können: entweder bitten wir den Kandidaten um eine Auswahl und betrachten das Ergebnis oder wir fragen ihn danach, welches der zur Auswahl stehenden Güter den höchsten Reservationspreis pro Einheit hat. Es wird in der Mikroökonomik nahezu niemals als Axiom bezeichnet (obwohl das eigentlich der Fall sein müßte), daß diese verschiedenen Ansätze zu den gleichen Ergebnissen führen müssen. Nach der ökonomischen Vorstellung ist die Präferenzeinstufung von A und B unabhängig vom Testverfahren (oder sollte dies zumindest sein). Von daher ist die Indifferenz zwischen dem Wert von H und H selbst bzw. zwischen dem Wert von L und L selbst eine Konsequenz der Annahme prozeduraler Invarianz.

Die dritte Erklärungsmöglichkeit liegt in der Annahme der Verletzung des Unabhängigkeitsaxioms, welches Bestandteil der Theorie des Erwartungsnutzens ist. Nach diesem Axiom muß derjenige, der X gegenüber Y bevorzugt, auch die Chance, X mit der Wahrscheinlichkeit p zu gewinnen, derjenigen, Y mit der Wahrscheinlichkeit p zu gewinnen, vorziehen. Dies erscheint ebenso einleuchtend wie das Transitivitäts-Axiom. Es zeigt sich aber, daß das Unabhängigkeitsaxiom bei Entscheidungen unter Ungewißheit manchmal verletzt wird[46]. Das

---

[46] Eine formale Darstellung des Unabhängigkeitsaxioms (und der anderen Axiome der Theorie vom erwarteten Nutzen) kann bei *Machina, M.*, Expected Utility Hypothesis, 79, 87, abgedruckt in:

Präferenzumkehr-Phänomen würde einen deutlichen Verstoß gegen dieses Axiom bedeuten.

Die Professoren *Tversky* und *Kahneman* haben in einem Aufsatz über ein Experiment berichtet, das versucht, zwischen den drei Erklärungsmöglichkeiten zu unterscheiden. Sie fanden heraus, daß weder Intransitivität noch eine Verletzung des Unabhängigkeitsaxioms der Grund für Präferenzumkehr war. Er lag vielmehr bei der prozeduralen Invarianz. Der Hauptgrund lag genauer gesagt in der Überbewertung des Wertes von L durch die Testkandidaten.

Das ruft natürlich die Frage hervor, warum Menschen Spiele mit geringer Wahrscheinlichkeit und hohen Gewinnsummen überbewerten[47]. Prof. *Thaler* hält diese Überbewertung für einen Sonderfall eines umfassenden Phänomens, das er Kompatibilität nennt[48]. Nach seiner Auffassung ist ein Anreiz dann stärker und schneller erfolgreich, wenn Anreiz und Reaktion miteinander „*kompatibel*" sind, d.h., wenn die Maßeinheiten vergleichbar und leicht wahrnehmbar sind. Der Hauptgrund hierfür ist einleuchtend. Wenn Anreiz und Reaktion in den gleichen Mengen oder Einheiten oder in einer anderen Weise kompatibel sind, dann bedarf es keiner zusätzlichen geistigen Leistungen der Testkandidaten, um einen Vergleich durchzuführen. Wenn aber bei Inkompatibilität von Anreiz und Reaktion ein Vergleich zusätzlicher geistiger Aktivität bedarf, dann führt dies zu einer Verminderung des Effekts und einer langsameren und weniger ausgeprägten Reaktion. Dies erscheint zutreffend. Obwohl ich das psychologische Schrifttum über Kompatibilität nicht kenne und daher nicht über die Stärken und Schwächen der Theorie sprechen kann, möchte ich hier auf einen Hinweis *Thaler*'s aufmerksam machen, der auf eine aktuelle Studie von *Slovic, Griffin* und *Tversky* verweist. In ihr wird belegt, daß die Theorie der Kompatibilität auch in der Sphäre der Ökonomie ihre Berechtigung hat[49].

Wie kann die Kompatibilitätstheorie das Präferenzumkehr-Phänomen erklären? Bedenken wir hierzu wiederum, daß der Hauptgrund für Präferenzumkehr das Überbewerten von Spielen mit niedriger Gewinnchance und hohen Gewinnsummen ist. Der Wert der Spiele wird in $ gemessen, so daß Kompatibilität hier so verstanden werden kann, daß die Gewinnsummen der Spiele für die Testkandidaten wichtig für ihre Wahl zwischen den Spielen ist. Die Tatsache, daß die Gewinnsummen in Spielen mit niedriger Gewinnchance viel höher sind als in Spielen mit hoher Gewinnchance, kann dazu führen, daß die Spiele mit geringer Gewinnchance von den Testkandidaten höher bewertet werden.

Eatwell, J./ Milgate, M. / Newman, P. (Hrsg.), The New Palgrave: Utility and Probability, 1987 / 1990, nachgelesen werden.

[47] Stellen Sie sich folgendes Beispiel vor: Angenommen, die Testkandidaten haben die Wahl zwischen dem sicheren Erhalt von 10 $ und dem Erhalt von 40 $ bei einer Wahrscheinlichkeit von 1/3. Wie wir durch das Präferenzumkehr–Phänomen wissen, würden sich die Kandidaten für die 10 $ entscheiden (was dem Spiel H von oben entspräche), dem 40 $ - Spiel (was dem Spiel L von oben entspräche) jedoch einen Wert von mehr als 10 $ beimessen.

[48] *Thaler*, a.a.O., S. 86.

[49] *Slovic, P./ Griffin, D./ Tversky, A.*, Compatibility Effects in Judgement and Choice, in: Hogarth, R. (Hrsg.), Insights in Decision Making: Theory and Applications, 1990.

Konsequenz hieraus ist selbstverständlich, daß – sofern die Einheiten, in denen Spiele mit niedriger und hoher Gewinnchance verglichen werden, identisch sind – das Präferenzumkehr-Phänomen verschwinden würde. Um diese Möglichkeit zu überprüfen, haben *Slovic, Griffin* und *Tversky* die Versuchspersonen aufgefordert, einen Vergleich zwischen Spielen mit hoher und niedriger Gewinnchance anzustellen, wobei die Gewinnsumme nicht in Geld bestanden hat (sondern z.B. in einem einwöchigen Freiticket für alle Kinos der Stadt und einem Abendessen für zwei in einem guten Restaurant). Sie stellten dabei fest, daß durch Vereinfachung des Vergleichs durch kompatiblere Gestaltung der zu vergleichenden Einheiten die Häufigkeit von Präferenzumkehrungen halbiert werden konnte.

(2) Intertemporale Entscheidungen

Entscheidungen, deren Konsequenzen ungewiß sind, betreffen oft Situationen, in denen sich eine Konsequenz sofort und die andere erst in der Zukunft einstellt oder aber beide erst in der Zukunft realisiert werden. Es gibt hierzu eine Standard-Theorie auf Basis der Rationalentscheidungshypothese, die Vorhersagen über die Allokation von Ressourcen im Zeitablauf ermöglicht. Neuere experimentelle Befunde widersprechen dieser Theorie jedoch. Menschen scheinen sich nicht vollständig über die besonderen Probleme und Möglichkeiten des Zeitablaufs bewußt zu sein. Daher treffen sie häufig Entscheidungen über die Allokation von Ressourcen im Zeitablauf, die mit der Rationalentscheidungshypothese nicht zu vereinbaren sind. Man nehme als Beispiel die Zahlung von Einkommensteuern. Viele Steuerzahler zahlen im Verlauf eines Jahres zu viel Einkommensteuer, so daß sie eine Rückerstattung erhalten können, wenn sie im folgenden Frühjahr ihre Steuererklärung einreichen. Diese Überzahlung von Steuern stellt für den Staat ein zinsloses Darlehen dar[50]. Steuerzahler, die gegenwärtig zu viele Steuern zahlen, würden sich (nach der Rationalentscheidungshypothese) besser stehen, wenn sie von Anfang an weniger zahlen würden, so daß sie am Ende des Jahres weder Geld zurückerstattet bekämen noch dem Finanzamt etwas schulden würden.

Das andere Extrem sind Beispiele absurd hoher Diskontierungsraten. Man ignoriert beispielsweise die Warnung von Dermatologen, sich der Sonne nicht über Gebühr auszusetzen, um nicht viel später an Hautkrebs zu erkranken. Andererseits beachtet man die Warnungen eher, sofern man durch den Arzt auf die Gefahr der zügig auftretenden großen Poren oder Leberflecke hingewiesen wird. Die meisten Hauseigentümer haben keine annähernd ausreichende Isolation für ihr Dach und ihre Wände, obwohl die entsprechenden Aufwendungen zu einer erheblichen Verminderung der Energiekosten innerhalb eines Jahres führen würden. Sie erwerben auch keine teuren energiesparenden Heizsysteme, obwohl die-

---

[50] Tatsächlich zeigt eine Überbezahlung, daß die entsprechenden Steuerzahler eine negative Diskontierungsraten haben, was auf irrationalem Verhalten beruht.

se bereits in Jahresfrist den höheren Preis durch gesunkene Energiekosten mehr als ausgleichen würden[51].

Warum treffen Menschen bei Vorliegen von Zeitvariablen irrationale Entscheidungen? Eine der am stärksten gesicherten Befunde hierzu aus dem Bereich der experimentellen Forschung ist, daß Abdiskontierungsraten mit der Zeit, die jemand auf einen Nutzen warten muß, und der Höhe dieses Nutzens stark abnehmen. Diese experimentellen Ergebnisse stehen nicht im Einklang mit der ökonomischen Theorie, wonach die Abdiskontierungsrate allgemein dem marktüblichen Zinssatz entsprechen und von daher konstant sein sollte (also unter anderem unabhängig von der konkreten Zeitperiode sind)[52]. Danach ist sie auch unabhängig vom Geldvolumen, um das es geht. Das Problem, das sich aus dem Absinken der Diskontierungsrate bei einem immer ferner in der Zukunft liegenden Tag der Nutzenrealisierung ergibt, liegt in der hierin einbegriffenen Anomalie des Präferenzumkehr–Phänomens. Dies liegt daran, daß (*ceteris paribus*) die Präferenz des Entscheiders zwischen den Projekten A und B anfangs bei A liegen (weil sein Nutzen zeitlich früher realisiert werden kann) und danach zu B wechseln kann, wenn mit voranschreitender Zeit die Realisierung des Nutzens von B greifbarer scheint. Wenn die Diskontraten jedoch konstant bleiben und alle anderen Variablen sich ebenfalls nicht ändern, kann ein solcher Wechsel nicht eintreten[53].

Der von der Höhe der Belohnung ausgeübte Effekt ist genauso stark wie der von der zeitlichen Verzögerung ausgeübte. Das Hauptproblem besteht darin, daß Menschen den Unterschied zwischen 100 $, die man heute erzielen kann, und 150 $ in einem Jahr für größer einschätzen als den zwischen 10 $ heute und 15 $ in einem Jahr. Viele sind daher bereit, auf die zusätzlichen 50 $ im ersten Fall zu warten, während sie dies im zweiten Fall für die zusätzlichen 5 $ nicht täten. Anhand der Rationalverhaltenshypothese läßt sich dieses Verhalten nicht erklären. *Shefrin* und *Thaler* sehen die Ursache hierfür in der Art, wie Individuen kleine und größere Gewinne (*windfalls*) mental bewerten. Sie gehen davon aus, daß

---

[51] Ökonomen haben berechnet, daß der Kauf einer günstigen energieverschwendenden Heizungsanlage eine Diskontierungsrate zwischen 45 und 130 % bei geringeren und zwischen 120 und 300 % bei hohen Heizkosten erzeugt. Beide Diskontierungsraten sind viel zu hoch.

[52] Zinsen können für langfristige Kredite höher sein. Dieses Phänomen ist bekannt als *term-structure of interest rates*.

[53] Eine weitere, berühmte Folgerung der sinkenden *discount rates* bei abgelaufener Zeit ist, daß „man immer mehr konsumieren wird, als man zuvor geplant hat"" (*Thaler*, a.a.O., S. 98). Prof. *Robert H. Strotz* hat diese Unfähigkeit, die Zukunft zu bedenken (*myopia*) – wie er sie treffenderweise benannt hat – in einem berühmten Aufsatz 1955 als erster besprochen: Myopia and Inconsistency in Dynamic Utility Maximization, 23 Review of Economic Studies 165 (1955). In einem etwas weiteren Kontext ruft diese zeitliche Inkonsistenz des Konsumentenverhaltens ernsthafte Zweifel über die menschliche Fähigkeit, sich in der Weise zu verhalten, die Philosophen als „*advance directives*" bezeichnen. Es handelt sich hierbei um Versprechen gegen sich selbst (Treueschwüre) darüber, wie man sich in Zukunft verhalten will (z.B. der Lebenswille; die Verpflichtung, an einem Fitness-Training teilzunehmen; Diät zu halten; oder einen Raucherentzug durchzuführen). Es gibt eine umfassende und faszinierende Literatur zum Thema der zeitlichen Inkonsistenzen der Präferenzen. Vgl. hierzu: *Elster, J.*, Ulysses and the Sirens, 1979; *Schelling, T.*, Self-command in Practice, in Policy, and in Theory of Rational Choice, 74 American Economic Review 1 (1984); *Loewenstein, G./ Elster, J.*, (Hrsg.), Choice Over Time, 1992.

kleine Gewinne geistig so verarbeitet werden, daß man sie sofort verkonsumieren kann. Größere Gewinne werden hingegen in der Weise anders bewertet, als daß ihnen eine geringere Neigung zum sofortigen Verbrauch entspricht. Daher werden die Opportunitätskosten für das Warten auf kleine Gewinne dem entgangenen Nutzen aus Konsum gleichgesetzt. Die Opportunitätskosten für das Abwarten eines großen Gewinnes werden dagegen als entgangene Zinsen oder Investitionsgewinne wahrgenommen. Dies könnte den beobachteten negativen Einfluß der Höhe des erwarteten Gewinns auf die Diskontrate erklären[54].

D. Präzise und unpräzise Regeln unter unvollkommener Rationalität

Wir haben bisher einige Beispiele systematisch auftretender Abweichungen vom Rationalverhalten gesehen. Hinzu kamen mehrere Beispiele dazu, ob Gesetze diese Fehler in ihr Kalkül einbeziehen können. Ich werde nun am Beispiel des Deliktsrechts darstellen, wie die Auswahl zwischen präzisen und unpräzisen Regeln durch die Beachtung der unvollkommenen Rationalität der Adressaten des Rechts beeinflußt werden kann. Die von mir hierbei aufgestellte Haupthypothese geht dahin, daß bei der Entscheidung für einen deliktsrechtlichen Haftungsmaßstab zwischen präzisen und unpräzisen Regeln – die bei der Wahl zwischen Fahrlässigkeits- und Gefährdungshaftung oder zwischen dem Eingreifen einer Delikthaftung und einer *ex ante*-Sicherheitsregulierung – eine Berücksichtigung der unvollkommenen Rationalität der handelnden Personen zu einer Bevorzugung präziser Regeln führen sollte.

I. Zusammenfassung der ökonomischen Analyse des Deliktsrechts

Die ökonomische Analyse des Deliktsrechts hat anregende und produktive neue Betrachtungsweisen über das deliktsrechtliche Haftungssystems hervorgebracht. Die erneute Analyse des Deliktsrechts unter Zuhilfenahme neuer wissenschaftlicher Techniken hat einige alte Lösungen gerechtfertigt – z.B. die gesellschaftlichen Konsequenzen durch Einführung der Pflicht potentieller Schädiger zu angemessener Sorgfalt. Sie hat auch die Notwendigkeit neuer Lösungen alter Probleme hervorgehoben – hierzu gehören etwa die Unterschiede zwischen Fahrlässigkeits- und Gefährdungshaftung. So erfolgreich die ökonomische Analyse bisher auch war, sie steckt immer noch in ihren Kinderschuhen. Die Klarheit der Analyse befindet sich noch immer in der Entwicklung. Und die empirische Arbeit, die ihre Hypothesen entweder bestätigen oder verwerfen kann, beginnt gerade erst, Ergebnisse zu liefern. Das Schrifttum der ökonomischen Analyse,

---

[54] *Shefrin, H./ Thaler, R. H.*, The Behavioral Life-Cycle Hypothesis, 26 Economic Inquiry 609 (1988). Ein dritter Effekt, der regelmäßig in Auswahl-Experimenten mit einer Zeitvariablen beobachtet wird, ist, daß die Diskontierungsrate für Gewinne größer ist als diejenige für Verluste. *Thaler* bezeichnet dies als „debt aversion" (*Thaler*, a.a.O., S. 100).

daran dürfte kein Zweifel bestehen, ist dem anwesenden Publikum so bekannt, daß ich es in schnellen Schritten durchgehen kann und lediglich diejenigen Aspekte anführen werde, die für das Problem der Auswahl zwischen präzisen und unpräzisen Regeln von besonderer Bedeutung sind.

Die ökonomische Analyse des Rechts erklärt das Deliktsrecht als die Menge jener Vorschriften, die der Minimierung der durch Unfälle entstehenden gesellschaftlichen Kosten dienen. Erfaßt sind dabei sowohl die Kosten für Prävention und des Unfalls selbst, als auch die der Verwaltung[55]. Durch die Möglichkeit, einer der Parteien die Kosten eines Unfalls aufzuerlegen, versucht das Deliktsrecht, sowohl potentielle Schädiger als auch potentielle Geschädigte zu veranlassen, die Kosten eines Unfalls zu internalisieren[56]. Diese Möglichkeit veranlaßt rational handelnde Parteien, kostengerechtfertigte Sorgfalt zu betreiben – z.B. durch den Erwerb von Vorsichtsmaßnahmen bis zu dem Punkt, ab dem der marginale Nutzen der Vorsichtsmaßnahme (Reduzierung der Wahrscheinlichkeit und des Umfangs eines Schadens) ihren marginalen Kosten entspricht[57]. Dies minimiert die gesellschaftlichen Kosten eines Unfalls.

Wenden Sie diese Ansicht auf die ökonomische Analyse der Fahrlässigkeit an. Eine Haftung für Fahrlässigkeit ist der effizientere deliktische Haftungsstandard bei bilateralen Schäden (Fälle, in denen sowohl der potentielle Schädiger als auch der potentiell Geschädigte Vorsichtsmaßnahmen zur Begrenzung der Schadenswahrscheinlichkeit und des Schadensumfangs ergreifen können)[58]. Man stelle sich eine Situation vor, bei der vor der Schädigung noch nicht feststeht, wer Schädiger und wer Geschädigter sein wird (Verkehrsunfälle sind ein gutes Beispiel hierfür). Da jeder Verkehrsteilnehmer sowohl Schädiger als auch Geschädigter sein kann, bedarf es einer Methode, um *jedem* Anreize zu angemessener Sorgfalt zu geben. Eine Fahrlässigkeitshaftung erreicht genau das. Ein rational handelnder Verkehrsteilnehmer bedenkt, daß er sowohl Schädiger als auch Geschädigter sein kann. Er überlegt sich, daß er unter einer Fahrlässigkeitshaftung im Falle eines Unfalls dann für haftbar erklärt wird, wenn er als Schädiger keine kostengerechtfertigte Sorgfalt betrieben hat (wie es die moderne Formulierung des *Learned-Hand*-Kriteriums erfordert). Als rational handelnder Kosten-Mini-

---

[55] Diese Aussage über die wirtschaftliche Rolle der Delikthaftung geht auf *Posner, R. A.*, A Theory of Negligence, 1 Journal of Legal Studies 29 (1972), zurück. Vgl. auch: *Brown, J. P.*, Towards an Economic Theory of Liability, 2 Journal of Legal Studies 323 (1973). Für eine aktuelle Überarbeitung, vgl.: *Cooter, R. D. / Ulen, T. S.*, Law and Economics, 2nd ed. 1997, S. 270 - 292.

[56] Verträge können eine Haftung im Regelfall nicht *ex ante* regeln, denn die Transaktionskosten wären hierfür unerschwinglich hoch. Man weiß meist nicht, ob man Schädiger oder Geschädigter sein wird und wer die korrespondierende Partei ist. (Die Ausnahmen von der letzten Beobachtung – wie beispielsweise bei produkt- oder personenbezogenen Delikten – sind jedoch wirkungsvoll.)

[57] Hierbei handelt es sich um die moderne Formulierung des bekannten *Learned-Hand*-Kriteriums. Zur ursprünglichen Formulierung, vgl.: *The United States v. Caroll Towing Co.*, 159 F. 2nd 169 (2nd Circuit 1947). Für eine Betrachtung der modernen Formulierung, vgl. *Cooter / Ulen*, a.a.O., S. 281 – 283.

[58] Eine Gefährdungshaftung hingegen ist der effizientere deliktische Haftungsstandard bei unilateralen Vorsichtsmaßnahmen (wenn also nur der potentielle Schädiger Vorsichtsmaßnahmen zur Verringerung der Schadenswahrscheinlichkeit oder der Schadenshöhe ergreifen kann).

mierer (oder Nutzen-Maximierer) wird er alle kostengerechtfertigten Vorsichtsmaßnahmen ergreifen, um einer Haftung als Schädiger zu entgehen.

Stellen wir uns nun vor, wie dieser rational handelnde Verkehrsteilnehmer sich verhalten würde, wenn er Geschädigter sein könnte. Er bemerkt, daß jemand, der ihn in einem Unfall verletzen könnte, rational handeln wird und daher alle kostengerechtfertigten Vorsichtsmaßnahmen getroffen haben wird, um einer Haftung zu entgehen. Von daher würden die Kosten des Unfalls vom *Geschädigten* zu tragen sein. Dieses potentielle Opfer wird weiter überlegen, daß es alle kostengerechtfertigten Vorsichtsmaßnahmen treffen muß, um nicht das finanzielle Risiko eines Unfalls tragen zu müssen.

Im Ergebnis führt eine Fahrlässigkeitshaftung – unter der Voraussetzung, daß es sich um rational handelnde Parteien und die Möglichkeit beiderseitiger Vorsichtsmaßnahmen handelt – zu einer Ausübung der gesellschaftlich optimalen Sorgfalt, sowohl durch den Schädiger als auch durch den Geschädigten[59].

II. Anpassung der ökonomischen Analyse an die begrenzte Rationalität

Wir kommen nun zu der Frage, ob die in Kapitel III angeführten Anomalien die ökonomische Analyse des Deliktsrechts beeinflussen können. Die Verbindung zwischen diesen Anomalien und der ökonomischen Analyse bezieht sich meiner Meinung nach auf folgenden zentralen Punkt: die ökonomische Analyse geht davon aus, daß potentielle Schädiger und Geschädigte in der Lage sind, die vom Deliktsrecht ausgehenden Einflüsse rational zu bedenken und dementsprechend zu handeln. Es verlangt von ihnen, daß sie bestimmte Aktivitäten ergreifen und sie sich darüber klar werden, wann und wie sie diese ausüben; wie vorsichtig sie dabei sein sollten; in welchem Umfang sie Dritte warnen sollten; und dergleichen mehr. Wenn die Adressaten des Deliktsrechts nicht die geistigen Fähigkeiten haben, die sie zum Verständnis der Regeln (und dementsprechend zum Verhalten nach den vorgegebenen Regeln) benötigen, dürfen wir nicht überrascht sein, daß das deliktsrechtliche Haftungssystem die gesteckten Ziele nicht erreicht. Wenn jemand zum Beispiel fehlerhaft in Bezug auf ungewisse Nutzen entscheidet; oder wenn jemand seine Fähigkeiten, einen Unfall zu verursachen oder Schäden zu vermeiden, überschätzt, dann ist es durchaus möglich, daß er sich anders verhält, als es die Rationalverhaltenshypothese von ihm erwartet. Die nächsten Abschnitte versuchen darzustellen, wie diese Fehler die Auswahl zwischen präzisen und unpräzisen Regeln im Deliktsrecht beeinflussen können.

(1) Die Wahl zwischen gesetzlicher Regelung und dem Nutzen-Risiko-Test
Es gibt zwei wichtige Aussagen, die über die Effizienz von Fahrlässigkeits- und Gefährdungshaftung getroffen werden können. Zum einen läßt sich bei Fahrläs-

---

[59] Ich habe hier natürlich viele Feinheiten der Theorie ausgelassen. Ein gewichtiger Fehler ist das Auslassen der Analyse des Einflusses des Haftungsstandards auf das Aktivitätsniveau eines potentiellen Schädigers. Vgl. für eine Zusammenfassung: *Landes, W. / Posner, R. A.*, The Economic Structure of Tort Law, 1987, S. 64 – 71. Ursprünglich stammt das Argument des Aktivitätsniveaus von *Shavell, S.*, Negligence versus Strict Liability, 9 Journal of Legal Studies 1 (1980).

sigkeit mit zwei Verfahren bestimmen, ob ein Verhalten den rechtlichen Anforderungen an die erforderliche Sorgfalt genügt hat. Übereinstimmung mit der gesetzlichen Vorgabe kann festgestellt werden, in dem das Verhalten des Schädigers oder des Geschädigten mit einer genau definierten Regel verglichen wird
– z.B. mit einer Geschwindigkeitsbegrenzung oder einem Produktionsstandard, der von einer Behörde (oder auch von einer privaten, allgemein anerkannten Standardisierungsinstanz) festgelegt wurde. Diese Art der Fahrlässigkeit (*negligence per se*) kann von einem Gericht ohne große Schwierigkeiten diagnostiziert werden, und – was für unsere Zwecke noch wichtiger ist – kann von potentiellen Schädigern und Geschädigten ebenfalls ohne große Schwierigkeiten erkannt und befolgt werden. Es bedarf keiner umständlichen Berechnungen, so daß die Anforderungen an die geistigen Fähigkeiten potentieller Schädiger und Geschädigter von daher nicht allzu hoch sind.

Die andere, geläufigere Form der Fahrlässigkeitsbestimmung legt den potentiellen Schädigern und Geschädigten die Feststellung der angemessenen Sorgfalt auf. Hier gibt es keine klare, schnell zu greifende *Regel*, welche die angemessene Sorgfalt bestimmt. Vielmehr ermittelt jeder potentielle Schädiger und jeder potentiell Geschädigte die angemessene Sorgfalt für sich selbst, wobei die Beteiligten sich darüber im Klaren sind, daß im Falle eines Unfalls ein Gericht ihre Berechnungen auf Richtigkeit hin überprüft. Dieser Sorgfaltsstandard wird häufig anhand eines „*risk-utility tests*" oder anhand des *Learned-Hand*-Kriteriums ermittelt. Das Gericht geht dabei davon aus, daß die Parteien, die schädigen oder verletzen, die Kosten einer Vorsichtsmaßnahme mit deren Vorteilen (der Verringerung der Schadenswahrscheinlichkeit und der Schadenshöhe) vergleichen. Hierbei sollten die Parteien alle kostengerechtfertigten Vorsichtsmaßnahmen ergreifen – also Vorsichtsmaßnahmen, die mehr an (erwartetem) Nutzen erbringen als sie an Kosten verursachen.

Die geistigen Erfordernisse eines solchen Risiko-Nutzen-Tests sind erheblich. Um den rechtlichen Anforderungen zu entsprechen, müssen der potentielle Schädiger und der potentielle Geschädigte unabhängig voneinander die Wahrscheinlichkeit eines Unfalls einschätzen (was sich als Funktion der eigenen Sorgfalt sowie der verschiedenen Schadenshöhen, abhängig von der getroffenen Sorgfalt, darstellt). Wie sich aus den in Abschnitt C dargestellten Experimenten ergibt, liegt hierin eine Fehlerquelle.

Die potentiellen Unzulänglichkeiten des menschlichen Entscheidungsverhaltens in Bezug auf Risiken kann der Schlüssel zum Verständnis dafür sein, wann es gesellschaftlich effizient ist, Fahrlässigkeit sehr präzise (*negligence per se*) zu definieren und wann sie über einen relativ unpräzisen Standard der erforderlichen Sorgfalt bestimmt werden sollte. Vereinfacht dargestellt bedeutet es, daß eine einfach zu befolgende, auf präzisen Regeln beruhende Fahrlässigkeitsregelung immer dann genutzt werden sollte, wenn die jeweiligen Normadressaten zu geistig fehlerhaftem Verhalten tendieren. In einem solchen Fall ist sie die passendere

Form zur Maximierung des gesellschaftlichen Nutzens (was hier bedeutet, daß die gesellschaftlichen Kosten eines Unfalls minimiert werden)[60].

Bedenken Sie, um ein Beispiel vor Augen zu haben, die vielen Versuche der amerikanischen Landes- und Bundesregierungen zur Risikoregulierung[61]. (Ich gehe davon aus, daß eine *ex ante* Risiko-Regulierung und eine *ex post* Regulierung durch einen präzisen Maßstab zur Bestimmung der Fahrlässigkeit im Ergebnis gleichwertig sind.) Die Experimente über Entscheidungen bei Unsicherheit führen zu einer unerwarteten Möglichkeit, die Regulierung von Risiken neu zu betrachten. Bis heute beruht ein großer Teil der Risiko-Regulierung durch die Regierung auf der Annahme, daß Individuen bei der Handhabung von Risiken fehlerhaft handeln, weil sie nicht über die notwendigen Informationen verfügen. Die Aufgabe der Regierung bestehe daher darin, diese benötigten Informationen zur Verfügung zu stellen oder aber Anreize zu setzen, sich diese Informationen selbst zu beschaffen. Haben die privaten Individuen einmal alle notwendigen Informationen beisammen, würden sie effiziente Entscheidungen treffen[62]. Die Ergebnisse obiger Experimente zeigen jedoch, daß auch unter der Annahme vollständiger Information fehlerhafte Entscheidungen bei risikoreichem Verhalten auftreten können. Die Akteure leiden an Illusionen und geistigen Beschränkungen, die bei ihnen fehlerhafte Einschätzungen über Risiken hervorrufen[63].

Die Frage, wie diese Einsichten in eine Reform der Risiko-Regulierung einfließen können, ist ein sehr weites Feld. Mein Anliegen ist lediglich, zu zeigen, daß diese experimentellen Ergebnisse eine Rechtfertigung für eine wichtigere Rolle von Aufsichtsbehörden und gesetzlich bestimmten Sorgfaltsstandards sind, als sie zuvor für optimal eingeschätzt wurden. Nach der Rationalverhaltenshypothese sollte beispielsweise die Entscheidung, ob beim Motorradfahren Schutz-

---

[60] Von dieser Form der Fahrlässigkeitshaftung ist es nur noch ein kleiner Schritt zu einer *ex ante* - Regulierung durch Behörden. Ich behandle die *ex ante* - Regulierung daher nicht als gesondertes Mittel zur Kostenminimierung.

[61] Einen exzellenten Einstieg in dieses Thema bietet: *Peter Asch*, Consumer Safety Protection: Putting a Price on Life and Limb, 1988. Auf S. 70 - 100 findet sich eine sehr gute Zusammenfassung der kognitiven Grenzen und deren Einfluß auf wirtschaftliche Entscheidungsvorgänge. Die Bibliographie auf S. 151 - 166 kann ebenfalls nur wärmstens empfohlen werden.

[62] Obwohl ich diese Ansicht hier etwas übertreibe, bin ich der Überzeugung, daß man sie ernst nehmen sollte. Informationen sind Waren, die in Wettbewerbsmärkten in sub-optimaler Menge (aus Gründen der *public good* - Problematik) produziert werden. Es gibt somit Situationen, in denen ein Verhalten, daß den privaten Nutzen maximiert, aufgrund von unzureichenden Informationen zu gesellschaftlich unangemessenen Ergebnissen führen kann. In solchen Fällen kann eine Regierung eine Verbesserung dadurch erzielen, daß sie die Produktion und Verteilung von Informationen subventioniert.

[63] Man kann Risiken systematisch über- oder unterschätzen. Vgl. hierzu zum Beispiel: *Viscusi*, Smoking: Making Risky Decisions, 1993, S. 37. Prof. *Viscusi* schlägt unter anderem vor, daß die Regierung ein einheitliches Vokabular für Risiken entwickeln sollte. Dies ist meiner Meinung nach ein sinnvoller Vorschlag, der einen erheblichen gesellschaftlichen Nutzen erwarten läßt. Vgl. *Viscusi*, Product Risk Labeling, 1993.
Ein weiterer wichtiger Bereich liegt in der Stärke der *prospect theory*. Sie beinhaltet unter anderem die Aussage, daß sich Menschen in Bezug auf Gewinne risiko-avers, in Bezug auf Verluste aber risiko-geneigt verhalten. Die Konsequenzen der *prospect theory* auf einen angemessene Regulierung risikoreichen Verhaltens sind tiefgreifend.

helme zu tragen sind, den Motorradfahrern überlassen bleiben, solange diese über die tatsächlichen Kosten und Nutzen eines solchen Helmes informiert sind. Die Berücksichtigung fehlerhafter Risikoeinschätzung kann jedoch zu einer Schutzhelmpflicht führen, wenn die Motorradfahrer die Risiken einer Kopfverletzung unterschätzen. Es handelt sich hier somit um eine wichtige, neue Rechtfertigung einer Politik, die zuvor als Paternalismus angesehen wurde. Es hängt von weiteren Untersuchungen ab, wie weit eine solche Rechtfertigung getrieben werden kann und was sie über die Auswahl zwischen den zwei Methoden zur Bestimmung von Fahrlässigkeit zu sagen hat[64].

(2) Gefährdungs- und Fahrlässigkeitshaftung

Eine der immer wieder bei der Haftung für unerlaubte Handlungen diskutierten Probleme ist die Suche nach klaren Richtlinien für den Einsatz der Verschuldens- und Gefährdungshaftung. Die ökonomische Analyse des Rechts hat dazu einen wesentlichen Teil beigesteuert. Bevor ich ihren Beitrag zusammenfasse, möchte ich noch kurz darauf hinweisen, daß hier Fahrlässigkeitshaftung als unpräzise und Gefährdungshaftung als präzise Regel angenommen wird. Eine Wahl zwischen diesen beiden Haftungstypen entspricht daher einer Wahl zwischen einer präzisen und einer unpräzisen Regel.

Im Schrifttum der ökonomischen Analyse des Rechts wurden bisher zwei Faktoren identifiziert, die für die Effizienz der Wahl zwischen Fahrlässigkeits- und Gefährdungshaftung von Bedeutung sind[65]. Zunächst geht es um die Frage uni- oder bilateraler Sorgfaltsmaßnahmen. Wenn sowohl der potentielle Schädiger als auch der potentiell Geschädigte Vorsichtsmaßnahmen zur Begrenzung der Schadenswahrscheinlichkeit und Schadenshöhe ergreifen kann, ist eine Fahrlässigkeitshaftung das angemessenere Haftungssystem. Kann nur der potentielle Schädiger Vorsichtsmaßnahmen ergreifen, dann sollte eine Gefährdungshaftung gewählt werden. Die zweite Variable bezieht sich auf die Beziehung zwischen dem Aktivitätsniveau und der Wahrscheinlichkeit und Höhe eines Schadens. Mit dem Begriff des *„Aktivitätsniveau"* beziehe ich mich auf die dem Schadensrisiko zugrunde liegende Aktivität – zum Beispiel die Produktion einer Ware; das Servieren von Essen in einem Restaurant; oder die Anzahl von Kilometern, die man

---

[64] Vgl. zu den Schlußfolgerungen des aktuellen kognitiven, psychologischen Schrifttums über das Verhalten von *juries: Hasite, R.*, (Hrsg.), Inside the Juror: The Psychology of Juror Decision Making, 1993. Aus dem Bereich der politikwissenschaftlichen Forschung, vgl.: *Quattrone, G. A. / Tversky, A.*, Contrasting Rational and Psychological Analysis of Political Choice, 82 American Political Science Review 719 (1988). Zu einer allgemeinen Analyse des Schrifttums über die Erklärung individuellen und gesellschaftlichen Verhaltens, vgl. die Arbeiten von: *Elster, J.,* u.a., The Cement of Society: A Study of Social Order, 1990, Nuts and Bolts for the Social Sciences, 1990, sowie Solomonic Judgement: Studies in the Limitations of Rationality, 1990. Vgl. auch: *Frank, R.*, Passions Within Reason, 1988. Die Entdeckung fehlerhafter menschlicher Entscheidungen bei der Verarbeitung von Informationen beginnt, sich im Schrifttum über das Management von Unternehmen auszuwirken. Betroffen ist insbesondere der Bereich der Vertragsverhandlungen (*negotiations*). Vgl. hierzu: *Bazerman, M. H./ Neale, M. A.*, Negotiating Rationality, 1992, sowie Cognition and Rationality in Negotiation, 1991.

[65] Bedenken Sie, daß es einen gewichtigen Unterschied in der Verteilung der Haftungsrisiken bei Fahrlässigkeits- und Gefährdungshaftung gibt. Ich lasse diesen Unterschied hier unberücksichtigt und konzentriere mich lediglich auf die Effizienzkriterien.

zurückgelegt hat. Man spricht von einem Aktivitätsniveau-Effekt, wenn das Aktivitätsniveau einen Einfluß auf Wahrscheinlichkeit oder Höhe eines Schadens hat. Das bedeutet z.B., daß, wenn Lebensmittelvergiftungen wahrscheinlicher werden, je mehr Essen in einem Restaurant in einem bestimmten Zeitabschnitt serviert werden und alle anderen Variablen sich nicht verändern, ein Aktivitätsniveau-Effekt vorliegt. Das Problem ist, daß die Verschuldenshaftung typischerweise Aktivitätsniveaus nicht berücksichtigt. Bei einer Gefährdungshaftung ist dies jedoch der Fall, da hier dem potentiellen Schädiger immer die angemessenen unfallvermeidenden Vorsorgemaßnahmen auferlegt werden. Da ich selbst nicht mit dem Einfluß des Aktivitätsniveau-Effektes vertraut bin, werde ich ihn im folgenden nicht weiter berücksichtigen.

Das Vorhandensein kognitiver Grenzen bei der Fähigkeit, im Hinblick auf Risiken rational zu denken und zu handeln, erschwert die Trennung zwischen uni- und bilateraler Sorgfalt. Es ist nicht unwahrscheinlich, daß es Situationen gibt, in denen sowohl der potentielle Schädiger als auch der potentiell Geschädigte Vorsichtsmaßnahmen ergreifen könnten, die die gesellschaftlichen Kosten des Unfalls hätten reduzieren können, in denen aber eine der Parteien weniger Erfahrung mit der Einschätzung von Risiken hat, als es die ökonomische Theorie voraussetzt. Das bedeutet, kognitive Grenzen im Umgang mit ungewissen Ereignissen können ein unabhängiger Faktor für die Bestimmung dafür sein, ob es sich um uni- oder bilaterale Sorgfalt handelt und ob somit Fahrlässigkeits- oder Gefährdungshaftung vorgezogen werden sollte.

Man stelle sich zum Beispiel produktbezogene Unfälle vor. Gehen wir davon aus, daß wir die Haftungsregel für solche Unfälle frei bestimmen können und daß wir uns zudem zur Bestimmung dieser Regeln einzig anhand ökonomischer Gesichtspunkte orientieren. Welche Form der Haftung – Fahrlässigkeits- oder Gefährdungshaftung – sollten wir dann zur Minimierung der gesellschaftlichen Kosten wählen? Wir könnten den Schluß ziehen, daß die Vorsichtsmaßnahmen bilateral sind: die Produzenten könnten die Wahrscheinlichkeit und die Höhe der Schäden durch Vorsicht bei Entwicklung und Produktion des Gutes sowie durch Warnung der Konsumenten vor nicht augenscheinigen Gefahren verringern, Konsumenten wiederum könnten die erwarteten gesellschaftlichen Kosten durch vorsichtigen Gebrauch des Produkts, Befolgung der Herstellerangaben; zweckgerichteten (und nicht zweckfremden) Gebrauch des Produkts, und dergleichen mehr reduzieren. Gehen wir weiter davon aus, daß Produzenten bessere Entscheidungen über ungewisse Nutzen treffen als Konsumenten, da letztere eher den kognitiven Begrenzungen aus Abschnitt C unterliegen[66]. Dann mag es uns durchaus zweifelhaft erscheinen, ob es sich wirklich um Fälle bilateraler Sorgfalt handelt. Perfekt rational handelnde Konsumenten sind in der Lage, die angemessene Sorgfalt und die erwarteten Schadenskosten für verschiedene Sorgfaltsmaßnahmen zu bestimmen. Die Konsumenten in unserem Beispiel handeln

---

[66] Dies soll nicht bedeuten, daß Unternehmen keinen kognitiven Beschränkungen unterliegen. Das Gegenteil ist der Fall. Unternehmen tendieren beispielsweise dazu, die Wahrscheinlichkeit ihres eigenen Erfolgs zu überschätzen. Dieser übertriebene Optimismus mag einiges für sich haben, er kann aber auch gesellschaftliche Probleme auslösen.

jedoch nicht perfekt rational. Sie werden Fehler machen; und die Fehler werden häufiger auftreten und teurer sein als diejenigen der Produzenten. Wenn dem in einer Situation wie dieser so ist, dann sollten – bei bilateralen Vorsichtsmaßnahmen rationaler Parteien – die Vorsichtsmaßnahmen unilateral behandelt werden. Für produkt-bezogene Schädigungen sollte somit eine Gefährdungshaftung gewählt werden[67].

Der Punkt ist, daß ein Fehler, der in der Rationalität einer der potentiell beteiligten Parteien vorliegt – was typischerweise eher auf den potentiell Geschädigten zutrifft –, unsere Analyse des Deliktsrechts darüber, ob eine präzise oder eine unscharfe Regel zur Minimierung der gesellschaftlichen Kosten zu wählen ist, verändern kann. Dies ist eine wichtige Verbesserung der ökonomischen Analyse des Deliktsrechts. Sie hat das Potential, sowohl aktuelle Trends im deliktsrechtlichen Haftungssystem zu erklären (die wahrscheinlich weit weniger kontrovers sein werden, als bisher angenommen wurde), als auch die Diskussion über die relative Effizienz verschiedener Haftungsmodelle zu bereichern.

E. Ergebnis

Das Schrifttum über die Effizienz (und andere Aspekte) von präzisen (*rules*) und unpräzisen Regeln (*standards*) im Rechtssystem ist überraschend gering, wenn man die unzähligen Fälle bedenkt, in denen sich das Problem ergibt. Die Schlußfolgerungen der Literatur sind zudem unbefriedigend. Einige gehen davon aus, die Probleme bei der Auswahl der Rechtsform zwischen *rules* und *standards* sei nicht lösbar. Andere wiederum sind der Überzeugung, die Auswahl müsse durch Einzelfallentscheidung unter Berücksichtigung einer genauen Ausbalancierung verschiedener Faktoren erfolgen. Über einen Punkt herrscht im Schrifttum jedoch Einigkeit: die traditionelle rechtswissenschaftliche Auffassung, nach der Unklarheiten aus dem Rechtssystem verbannt und durch präzise Regeln ersetzt werden müßten, ist nicht notwendigerweise empfehlenswert. Präzise Regeln können teuer in der Entwicklung sein. Ein Netz klar definierter Regeln, die ein komplexes Gebiet abdecken sollen – z.B. die Kraftfahrzeugsicherheit – wird tatsächlich bedeutend höhere Kosten in der Implementation und Durchsetzung erzeugen als eine unpräzise Regel, welche die angemessene Sorgfalt der Normadressaten verlangt. Die Unklarheit einiger rechtlicher Regeln mag sogar Anreize zu effizientem Verhalten der Normadressaten setzen. Diese können unter anderem feststehende Ergebnisse durch Aushandlung ungewisser rechtlicher Ergebnisse oder zusätzlicher Vorsichtsmaßnahmen erzielen, und dadurch die Ungewißheit der Haftung für fahrlässiges Verhalten weiter reduzieren.

---

[67] Wir können dieser Schlußfolgerung noch weiteres hinzufügen. Wenn Sorgfaltsmaßnahmen unilateral sind, so daß eine Gefährdungshaftung zu bevorzugen ist, es jedoch Grund zum Bezweifeln der Fähigkeit betroffener Unternehmen gibt, zutreffende Vorhersagen über angemessene Sorgfaltsmaßnahmen zu treffen, sollte die Gefährdungshaftung der Unternehmen durch ein System behördlicher *ex ante* – Sicherheitsregulierungen ergänzt werden.

Dieser Aufsatz geht davon aus, daß eine überaus wichtige und bis heute ignorierte Variable für die Auswahl zwischen präzisen und unpräzisen Regeln die Grenze menschlicher Rationalität ist. Menschen leiden unter Vorurteilen und Illusionen – z.B. übertriebenem Optimismus und wiederkehrenden Fehlern bei der Einschätzung von Wahrscheinlichkeiten – die einen enormen Einfluß auf ihre Fähigkeit haben, ihr Verhalten den Zielen einer Norm anzupassen. Unter der Annahme, daß die Auswahl zwischen präzisen und unpräzisen Regeln (sowie allgemein des materiellen Rechts) auf der Grundlage der Rationalentscheidungshypothese erfolgt, müssen die ökonomische Analyse und die normativen Ansätze des materiellen Rechts in der Weise erweitert werden, daß sie die Möglichkeit geistigen Fehlverhaltens berücksichtigt. Ich habe dargestellt, wie die Fehlerträchtigkeit die Auswahl zwischen einer präzisen Regel, die eine Fahrlässigkeitshaftung statuiert (*negligence per se*), einer unpräzisen Norm der Fahrlässigkeitshaftung, einer *ex ante* Regulierung durch eine Aufsichtsbehörde und einer präzisen Regel, die eine Gefährdungshaftung begründet, beeinflussen kann. Im wesentlichen bin ich zu der Überzeugung gelangt, daß eine Berücksichtigung der kognitiven Beschränkungen zu einem umfassenderen Gebrauch von klar definierten Regeln und zu einer Beschränkung von unscharfen Normen führen sollte.

Literatur

Asch, P., Consumer Safety Protection: Putting a Price on Life and Limb, 1988
Bazerman, M. H. / Margaret A., Neale, Negotiating Rationality, 1992.
Bazerman, M. H. / Margaret A., Cognition and Rationality in Negotiation, 1991.
Becker, G. S., Irrationality and Economic Theory, 70 Journal of Political Economy 1 (1962).
Breyer, S. G./ Stewart R. B. /. Sunstein, C. R, Administrative Law and Regulatory Policy, 3rd ed. 1992.
Breyer, S. G, Regulation and its Reform, 1982.
Brown, J. P., Towards an Economic Theory of Liability, 2 Journal of Legal Studies 323 (1973).
Cooter, R. D. / Ulen, T. S., Law and Economics, 2nd ed. 1997.
Dawes, R., Rational Choice in an Uncertain World, 1988.
Eisenberg, M. A., The Nature of the Common Law, 1988.
Elster, J., Solomonic Judgement: Studies in the Limitations of Rationality, 1990.
Elster, J., Nuts and Bolts for the Social Sciences, 1990.
Elster, J., The Cement of Society: A Study of Social Order, 1990.
Elster, J., Ulysses and the Sirens, 1979.
Frank, R., Passions Within Reason, 1988.
Grether, D. / Plott, C., Economic Theory of Choice and the Preference Reversal Phenomenon, 75 American Economic Review 623 (1979).
Hasite, R., (Hrsg.), Inside the Juror: The Psychology of Juror Decision Making, 1993.
Holmes, O. W., The Path of the Law, 10 Harvard Law Review 457, 477 (1897).
*Howard, P.,*The Death of Common Sense, 1994.

Kaplow, Rules Versus Standards: An Economic Analysis, 42 Duke Law Journal 557 (1992).
Kelman, M., A Guide to Crtical Legal Studies, 1987.
Kennedy, D., Form and Substance in Private Law Adjudication, 89 Harvard Law Review 1685 (1976).
Landes, W. / Posner, R. A., The Economic Structure of Tort Law, 1987.
Lichtenstein, S./ Slovic, P., Reversals of Preference between Bids and Choices in Lichtenstein, S./ Slovic, P., Gambling Decisions, 89 Journal of Experimental Psychology 46 (1971).
Lichtenstein, S./ Slovic, P., Responseinduced Reversals of Preference in Gambling: An Extended Replication in Las Vegas, 101 Journal of Experimental Psychology 16 (1973).
Loewenstein, G./ Elster, J., (Hrsg.), Choice Over Time, 1992.
Machina, M., Expected Utility Hypothesis, 79, 87, abgedruckt in: Eatwell, J./ Milgate, M. / Newman, P. (Hrsg.), The New Palgrave: Utility and Probability, 1987 / 1990.
Ogus, A., Regulation: Legal Form and Economic Theory, 1994.
Pierce, R. J., jr., Economic regulation, 1994.
Posner, R. A., Economic Analysis of Law, 5th ed. 1998.
Posner, R. A., The Federal Courts: Challenge and Reform, rev. ed. 1996.
Posner, R. A., A Theory of Negligence, 1 Journal of Legal Studies 29 (1972).
Putnam, H., Taking Rules Seriously, in: Putnam, Realism with a Human Face, 1990.
Quattrone, G. A. / Tversky, A., Contrasting Rational and Psychological Analysis of Political Choice, 82 American Political Science Review 719 (1988).
Rose, C. M., Crystals and Mud in Property Law, 40 Stanford Law Review 577 (1988).
Schlag, P., Rules and Standards, 33 University of California at Los Angeles (UCLA) Law Review 379, 381, 430 (1985).
Schelling, T., Self-command in Practice, in Policy, and in Theory of Rational Choice, 74 American Economic Review 1 (1984).
Schuck, P. H., (Hrsg.), Foundations of Administrative Law, 1994 / 1982.
Shavell, S., Negligence versus Strict Liability, 9 Journal of Legal Studies 1 (1980).
Shefrin, H./ Thaler, R. H., The Behavioral Life-Cycle Hypothesis, 26 Economic Inquiry 609 (1988).
Slovic, P./ Griffin, D./ Tversky, A., Compatibility Effects in Judgement and Choice, in: Hogarth, R. (Hrsg.), Insights in Decision Making: Theory and Applications, 1990.
Slovic, P./ Lichtenstein, S., The Relative Importance of Probabilities and Payoffs in Risk-Taking, 78 Journal of Experimental Psychology (Monograph Supp., Part 2) 1 (1968).
Slovic, P./ Lichtenstein, S., Preference Reversals: A Broader Perspective, 73 American Economic Review 596 (1983).
Strotz, R. H., Myopia and Inconsistency in Dynamic Utility Maximization, 23 Review of Economic Studies 165 (1955).

Sunstein, C., Behavioral Analysis of Law, 64 University of Chicago Law Review 1175 (1997).
Thaler, R., The Winner's Curse, 1992.
Thaler, R., Quasi-Rational Economics, 1992.
Ulen, T. S, Rational Choice and Law and Economics, veröffentlicht in: Law and Social Inquiry, 1994.
Viscusi, Product Risk Labeling, 1993.
Viscusi, Smoking: Making Risky Decisions, 1993.
Wagner, W, Paradoxes of Gambling Behaviour, 1988.

Jürgen G. Backhaus

Kommentar

zu

Thomas Ulen: Präzise und unpräzise Verhaltensnormen
im Lichte begrenzter Rationaltität

A. Einleitung

Die beiden unschönen Begriffe wurden in den Titel gesetzt, um den Bezug zu Thomas Ulens[1] Beitrag besonders deutlich zu machen.

Für das deutsche Recht handelt es sich um die Wahl zwischen einerseits einer genauen Kodifikation und andererseits der Öffnung dieser Kodifikation mit Hilfe von Generalklauseln und unbestimmten Rechtsbegriffen.

Allgemeine Grundbegriffe und Grundprinzipien werden oft in der Form von Generalklauseln formuliert, z.B. in § 242 BGB der fordert, daß der Schuldner verpflichtet sei, die Leistung so zu bewirken, wie „Treu und Glauben" mit Rücksicht auf die „Verkehrssitte" es erfordern. Im allgemeinen warnt die Jurisprudenz vor einer „Flucht in die Generalklauseln", ohne die Bedeutung der Generalklauseln für eine lückenlose Geltung des Gesetzes in Abrede zu stellen. Speziell im Hinblick auf die deutsche Rechtsgeschichte steht man Generalklauseln und unbestimmten Rechtsbegriffen skeptisch gegenüber, da zur Zeit des Nationalsozialismus diese dazu dienten, dem Parteiprogramm über das Recht, insbesondere das Zivilrecht zur Geltung zu verhelfen[2].

Von diesem Problem soll im folgenden abgesehen werden. Vielmehr geht es, entsprechend dem zentralen Argument Thomas Ulens, um die Frage der relativen Bedeutung der Setzung fester Regeln einerseits, der Formulierung allgemeiner

---

[1] *Thomas, U.* in diesem Bande.
[2] Vgl. hierzu das klassische Werk von *Rüthers, B.*, Die unbegrenzte Auslegung: Zum Wandel der Privatrechtsordnung im Nationalsozialismus. Tübingen: Mohr Siebeck, 1968. Frankfurt: Athenaeum, 1973 (Rüthers, B).

Grundsätze, Grundprinzipien und Generalklauseln andererseits. Durchweg wird angenommen, daß sich die Teilnehmer am wirtschaftlichen Verkehr rational verhalten, wozu auch rationale Unterinformiertheit zählen kann. Der Beitrag hat drei Teile, einer allgemeinen Einführung in die Problematik folgt eine detaillierte Diskussion der relevanten Kosten, und die Hauptaussagen werden in einem dritten Teil anhand von drei Beispielen illustriert.

B. Allgemeines

Das Problem der Generalklauseln, allgemeinen Grundsätze und Rechtsprinzipien beschränkt sich nicht nur auf den Bereich des Zivilrechts. Insbesondere im Sozialrecht, im Verwaltungsrecht, im Arbeitsrecht aber auch in neueren Rechtsgebieten wie dem Umweltrecht spielt dieses Problem eine große Rolle. Im Arbeitsrecht ist der Stand der ergonomischen Forschung von Bedeutung, der Arbeitsplatz muß so ausgerüstet sein, daß es dem Stand der Technik entspricht. Im Sozialrecht spielt die Zumutbarkeit eine große Rolle, im Verwaltungsrecht das Ermessen. Auch im Umweltrecht geht es um vielerlei Standards, die einerseits in Kennzahlen ausgedrückt sind, andererseits aber im Hinblick auf das technisch Mögliche und das wirtschaftlich Zumutbare. Immer wieder handelt es sich um das Problem, ob man eine bestimmte Abwägung zwischen verschiedenen Möglichkeiten, z.B. der wirtschaftlichen Nutzung und der Erhaltung der Umwelt, durch Regeln festlegen soll, oder statt dessen einen Prozeß definieren sollte, in dem diese Abwägung nach bestimmten Kriterien und entsprechend bestimmten Regeln stattfindet.

Wir können im Grundsatz drei verschiedene Formen von Standards unterscheiden, die rechtlichen Standards oder Grundsätze, die professionellen Standards, z.B. der freien Berufe und die technischen Standards. Für diese Überlegungen spielen nur diejenigen Standards eine Rolle, die das Verhalten von Entscheidungsträgern beeinflussen, also nicht jene Standards, die z.B. vorschreiben, wie groß die Frontscheibe eines Automobils mindestens sein sollte. Diese Standards sind nur insofern für das folgende von Bedeutung, als sie wirtschaftliche oder andere Entscheidungen beeinflussen[3].

Standards, allgemeine Rechtsgrundsätze und unbestimmte Rechtsbegriffe spielen insbesondere dann eine Rolle, wenn die Information, die für die Beurteilung einer Situation von Bedeutung ist, dem Gesetzgeber oder Verordnungsgeber nicht zur Verfügung steht, während sie bei (wenigstens einem Teil der) Normadressaten bekannt ist. Um den Zusammenhang zu illustrieren, lohnt es sich auf ein Ergebnis der modernen ökonomischen Vertragstheorie zurückzugreifen,

---

[3] Ein deutsches Unternehmen, das damals in Englewood Cliffs, New Jersey (USA), Automobile produzierte, stellte konsterniert fest, daß ein Zusatz zum Haushaltsgesetz („Rider") für die Frontscheibe von in den Vereinigten Staaten zuzulassenden Automobilen eine Mindestgröße vorschrieb. Bei genauer Berechnung stellte sich heraus, daß nur die Automobile des betreffenden Unternehmens unter das Minimum fielen, während die in Detroit produzierten Automobile ausnahmslos die Grenze überschritten. Ein derartiger Standard, der als Wettbewerbsbeschränkung gedacht ist, ist natürlich von Bedeutung für wirtschaftlich relevante Entscheidungen und gehört deshalb auch in den Rahmen dieser kurzen Abhandlung.

durch das drei verschiedene Formen der Entlohnung von Leistungen unterschieden werden. Die normale Form der Entlohnung einer Leistung besteht darin, daß „quid pro quo" eine bestimmte Leistung entgolten wird. Daneben gibt es die Möglichkeit, das bei einem langdauernden Vertragsverhältnis der Leistungsempfänger eine erhebliche Vorleistung erbringt, um dann seinerseits sicher zu sein, daß die Leistung, zumal wenn sie eine Investition erfordert, auch tatsächlich erbracht wird. Die typische Form dieser Vorleistungsverträge finden wir in der Beziehung zwischen Autor und Verlag, wenn etwa der Autor eines Buches eine erhebliche Vorauszahlung erhält, um tatsächlich das Buchprojekt zu beginnen und durchzuführen. Wenn das Projekt einmal begonnen worden ist, ist der Autor schon aus Gründen der Kostenmechanik dem Projekt so stark verpflichtet, daß er es aller Erwartung nach zu Ende führen wird. Ähnliche Vertragsbedingungen finden wir auch in anderen Situationen, etwa bei großen Bauvorhaben die einen erheblichen Vorlauf z.B. planerischer Art erfordern, bei Infrastrukturleistungen, die z.B. einen erheblichen Aufwand an Ingenieursarbeit benötigen und ähnliche mehr. Spiegelbildlich dazu gibt es jene Vertragsverhältnisse, in denen die Gegenleistung sich auf das Ende konzentriert, Nachleistungsverträge. Sie sind insbesondere in den freien Berufen üblich, wenn die Tätigkeit der Art ist, daß eine Überprüfung der Performanz es beinahe erforderlich macht, die Arbeit aufs Neue zu tun. In diesen Fällen ist es wichtig, die Eigenmotivation des Leistenden (freien Berufstätigen) so zu strukturieren, daß Abweichung vom professionellen Standard den Ruf gefährden würde so, daß der wesentliche Teil des Lebenseinkommens dann auch gefährdet wäre. Ein Arzt, der einen Kunstfehler begeht, wird nicht nur seine Patienten verlieren, sondern auch wahrscheinlich seinen Versicherungsschutz. Da der Arztberuf zu jenen gehört, die eine erhebliche Anfangsinvestition erfordern, um dann später auch erhebliche Einnahmen erwarten zu lassen, so daß über das gesamte Erwerbsleben hin gesehen etwa Grenzproduktivität und Grenzerwerb einander gleich sind, sind die Anreize zur Sorgfalt besonders hoch, da der Preis der Nachlässigkeit überproportional hoch ist.

Nun lassen sich z.B. im Arztberuf die Sorgfaltsanforderungen nicht ohne weiteres schriftlich und eindeutig festhalten. Vieles hängt vom ärztlichen Urteil ab, in das die Erfahrung natürlich eingeht, insbesondere bei der Diagnose, der Stand der medizinischen Technik ändert sich, neue pharmazeutische Produkte gelangen täglich auf den Markt und eröffnen neue Therapiemöglichkeiten, die Bedeutung von Nebenwirkungen einzuschätzen erfordert Erfahrung und so weiter, das heißt, das Ermessen des Arztes ist von ausschlaggebender Bedeutung und kann schlecht durch feste Regeln ersetzt werden.

Das, was dem professionellen Standard, z.B. eines Arztes, eines Wissenschaftlers, eines Rechtsanwalts, eines Richters, eines Landvermessers oder Ähnlichen entspricht, ergibt sich stets neu aus den sich wandelnden Bedingungen und ihrer Einschätzung durch die auf dem entsprechenden Fachgebiet Tätigen, das heißt die Standards sind dynamisch in einer ständigen Entwicklung begriffen und konkretisieren sich ständig aufs neue. Dagegen müßten Regeln explizit verändert werden, um sich ändernden Bedingungen anzupassen. Dies erfordert nicht nur einen Anstoß, sondern auch einen Aufwand, der von dem die Regel erlassenden

Organ zu erbringen wäre, unter Hintansetzung anderer Aufgaben, die mit dieser zu konkurrieren hätten.

Außerdem gibt es ein Prinzipal-Agent Problem bei der Anwendung und Durchsetzung von Regeln, da nicht damit gerechnet werden kann, daß der Anwendende und Durchsetzende der Regel dieselben Interessen verfolgt wie jene, denen an der Anwendung und Durchsetzung der Regel gelegen ist. Dieses Prinzipal-Agent Problem stellt sich bei den Standards praktisch nicht, da derjenige, der den Standards genügen möchte, auch derjenige ist, der sie durch dieses Verhalten mitträgt und mit fortbildet. In diesem Sinne kann man sagen, daß sich Standards selbst verwirklichen, sie sind „self-enforcing", während Regelungen formaler Art einen besonderen Aufwand erfordern, um konkretisiert und durchgesetzt zu werden.

C. Die Kosten der Regeln und der Standards

Um einen Rahmen zu gestalten, in dem eine Beurteilung der relativen Vor- und Nachteile der Direktiven einerseits, der Standards andererseits möglich ist, spricht Posner[4] von den Kosten der Formulierung einerseits, der Aktualisierung andererseits und schließlich auch jenen der Anwendung. Da sich für die Nutzen ohne weitere zusätzliche Annahmen Aussagen über die relativen Größenordnungen nicht treffen lassen, ist es sinnvoll, vor allem die Kosten in Betracht zu ziehen, bei denen derartigen Aussagen möglich sind.

So läßt sich zunächst festhalten, daß die Formulierung und Festlegung einer bestimmten Rechtsvorschrift für einen komplizierten Sachverhalt einen erheblich höheren Aufwand erfordert als die Festlegung eines allgemeinen Grundsatzes. Diese Kosten erster Art sind also für die festen Normen hoch, für die allgemeinen Grundsätze niedrig (vgl. Schaubild).

Beide, feste Normen und allgemeine Grundsätze müssen stets aktualisiert werden, um den veränderten Bedingungen, neuen Informationen oder Konstellationen gerecht zu werden. Je nach dem, wer befugt ist, feste Regeln zu erlassen, z.B. ein Parlament oder bei Verordnungen eine Behörde, können die Kosten erheblich sein. Es geht nicht allein um die Kosten der Tätigkeit selbst, sondern auch darum, den Prozeß überhaupt in Gang zu setzen, da die Problemverarbeitungskapazität eines solchen Organs typischerweise beschränkt ist, und der Preis einer Regelung die unterlassenen Regelungen anderer Sachverhalte sind, dieser implizite Preis deshalb gar nicht ohne weiteres deutlich wird. Feste Regeln sind insofern nur schwer aktualisierbar, während die Standards, die sich aus dem täglichen Betrieb ergeben, sich sozusagen selbst aktualisieren und in Stand halten. Auch für diese Kosten zweiter Art gilt, daß die festen Regeln oder Direktiven hohe Kosten verursachen, die allgemeinen Grundsätze dagegen niedrige.

Regeln und Standards müssen natürlich auch angewandt werden, und auch dies erfordert einen gewissen Aufwand. Bei komplizierten Sachverhalten und

---

[4] Vgl. *Posner, R. A.*, Economic Analysis of Law, 1998, 5. Auflage, S. 590.

einfachen Regeln ist die Anwendung der Regel oft leichter als die eines Standards, da der Grundsatz erst auf den Sachverhalt hin zugespitzt und ausgearbeitet werden muß. Hier kann es also sein, daß die Regeln den Standards kostenmäßig überlegen sind. Allerdings ist einzuräumen, daß in homogenen übersichtlichen Gruppen auch komplizierte Zusammenhänge von den Eingeweihten leicht entsprechend den hergebrachten Grundsätzen beurteilt werden können.

Endlich sind die Kosten der Wahrnehmung und Einschätzung der Regeln einerseits, der Grundsätze andererseits zu betrachten. Es handelt sich hier um drei verschiedene Kosten, je nachdem durch wen die Einschätzung oder Wahrnehmung vorgenommen werden soll, die Beteiligten selbst, deren „Kunden" oder „Klienten" oder „Patienten" etc. sowie eventueller Aufsichtsorgane.

Für die Beteiligten selbst (Kostenart 4) ist es oft schwer die hergebrachten Grundsätze in eine einfache Regel zu fassen, während die Standards sich leicht realisieren lassen. Hier sind also die Standards überlegen. Für die Klienten andererseits sind zwar allgemeine Regeln (z.B. allgemeine Geschäftsbedingungen) im Prinzip einsichtig, aber der Ausdruck eines Standards wie etwa eines Gütesiegels, eines akademischen Titels oder der nachweislichen Zugehörigkeit zu einem professionellen Verband, der seinerseits professionelle Standards durchsetzt, sind doch viel schneller zu erfassen. Insofern sind auch für den Klienten Standards den ausformulierten Regeln überlegen.

Ganz anders steht es dagegen für dritte außenstehende Aufsichtsorgane. Für sie ist die einfache Regel immer einem Grundsatz oder Standard überlegen, da sich selbst relativ komplizierte Sachverhalte bei einige Routine relativ leicht subsumieren lassen, während die Ausbildung und Anwendung eines Grundsatzes für den Außenstehenden oft kaum nachvollziehbar ist. Insofern genießt also für außenstehende Aufsichtsorgane, z.B. eine Aufsichtsbehörde, die feste Regel stets den Vorzug vor den hergebrachten Grundsätzen oder Standards. Dies hat weitreichende Folgen in der Praxis. Zwar ist die Perzeption und Anwendung einer Regel auf einen eventuell komplizierten Sachverhalt für den Außenstehenden relativ leicht, aber es ist durchaus möglich, daß diese routinemäßige Anwendung zu widersinnigen Ergebnissen führt, so daß schlußendlich die Kosten der Anwendung wieder sehr hoch ausfallen können, zwar nicht jene der technischen Subsumtion, wohl aber die Folgekosten. Dies läßt sich anhand von drei Fallgruppen illustrieren.

Kosten der	Direktiven und	Standards
1	hoch	niedrig
2	hoch	niedrig
3	niedrig	hoch
4	hoch	niedrig
5	hoch	niedrig
6	niedrig	hoch

Schaubild
Kosten der Formulierung (1), Aktualisierung (2) und der Anwendung (3-6)

D. Drei Anwendungen

Die Folgen der Anwendung fester Regeln statt allgemeiner Grundsätze lassen sich anschaulich an drei Fallgruppen verdeutlichen, denen der dritte Teil dieser Ausführungen gewidmet ist. Thomas Ulen weist selbst auf die Regeln bei die Anstellung und Beförderung an wissenschaftlichen Hochschulen tätiger Wissenschaftler hin. Auch Ärzte gehören zu jener Berufsgruppe, deren Arbeit einen hohen Einsatz an Humankapital erfordert und sich einer Beurteilung durch den Laien nicht ohne weiteres erschließt. Drittens sei kurz auf Notare eingegangen.

I. Wissenschaftler

Wissenschaftler, die an wissenschaftliche Hochschulen und Universitäten tätig sind und über die für selbständige Forschung und Lehre erforderlichen Qualifikationen verfügen, in Deutschland sind dies die Promotion und die Habilitation, in den Vereinigten Staaten die Promotion und die feste Anstellung (tenure) sowie die Mitgliedschaft in der engeren Fakultät (graduate faculty), leisten ihre Arbeit in aller Regel in freier Eigenverantwortung. Während die Lehre an der Hochschule durch das Kurrikulum koordiniert wird, erfolgt die Forschung arbeitsteilig, wobei die Arbeitsteilung Teil eines weltweiten Kommunikationsprozesses sein kann. Die Qualität der Lehre ist praktisch nicht meßbar, und die Qualität der Forschung nur für den Eingeweihten abzuschätzen. Dennoch müssen Entscheidungen über feste Anstellungen, Berufungen, gegebenenfalls Bleibeverhandlungen und allgemein die Mittelallokation getroffen werden. In den Vereinigten Staaten und zunehmend auch in Europa geschieht dies durch berufsmäßige Dekane, die (in den Vereinigten Staaten) völlig fachfremd sein können. Es ist nicht selten, daß dieses Amt z.B. von ausgedienten höheren Offizieren oder pensionierten ehemaligen Vorstandsmitgliedern größerer Unternehmen ausgeübt wird, denen Affinität mit den wissenschaftlichen Inhalten selbst ganz und gar abgehen kann. So hat sich ein System der quantitativen Erfassung der Lehre und Forschung herausgebildet, das auch eine qualitative Dimension hat, indem z.B. in der Forschung Medien der wissenschaftlichen Publikation in eine qualitative Reihenfolge gebracht werden. Diese Reihenfolge läßt sich über verschiedene Verfahren ermitteln, z.B. Delphi Methoden, Zitieranalysen usw., so daß es zu der von Ulen erwähnten Regel kommen kann, ein bestimmter Wissenschaftler solle für eine Beurteilungsperiode mindestens $\underline{m}$ Publikationen in den $\underline{n}$ wichtigsten Zeitschriften erzielen. Damit ist bereits eine inhaltliche Entscheidung implizit getroffen worden, da bestimmte Fachinhalte bevorzugt in Büchern statt in wissenschaftlichen Zeitschriften veröffentlicht werden. Die Regel kann in ihrer Auswirkung aber auch der Innovation im Wege stehen. Ein relativ dynamisches neues Gebiet ist z.B. die ökonomische Rechtsanalyse, der dieser Band gewidmet ist. Für sie steht in der Klassifikation *des Journal of Economic Literature* der Buchstabe $\underline{K}$. Wenn nun die Regel, ein Wissenschaftler solle mindestens $\underline{m}$ Publikationen in den $\underline{n}$ wichtigsten Zeitschriften erzielen, auf eine bestimmte Fakultät angewendet wird, deren Schwerpunkt z.B. auf der Rechtsökonomie liegt, dann sollte man die Publikationen dieser Wissenschaftler vor allem in den fünf wichtigsten internationalen rechtsökonomischen Zeitschriften vermuten. Diese[5] wissenschaftlichen Zeitschriften gehören aber nicht zu den zwanzig am häufigsten zitierten. Das bedeutet, daß eine Entscheidung für das relativ junge Gebiet Rechtsökonomie diese Fakultät in der Forschungsbeurteilung nach der Regel von Ulen teuer zu stehen käme. Das verständliche Bemühen, Forschungsleistungen wissenschaftlicher Einrichtungen zu bewerten und so Mittel effizient einzusetzen, führt in einem solchen Fall zu einer Sterilisierung und Versteifung des Forschungsprozesses, kehrt sich also in ihr genaues Gegenteil um.

II. Ärzte

Es sind vor allen Dingen zwei Einflüsse, die im Bereich der ärztlichen Dienstleistungen zur Ausbildung fester Regeln führen, die das ärztliche Ermessen in Ausübung der ärztlichen Kunst begrenzen. Einerseits haben vor allem in den Vereinigten Staaten Klagen gegen Ärzte wegen ärztlicher Kunstfehler zu zum Teil hohen Schadensersatzbemessungen geführt, die weniger mit dem Stand der medizinischem Expertise als mit Problemen des amerikanischen Haftungsrechts in Verbindung mit dem amerikanischen Zivilprozeßrecht zu tun haben. Als Folge haben die Haftpflichtversicherer nicht nur ihre Prämien den zu erwartenden Schadenssumme angepaßt, was in einigen Staaten (z.B. Florida) und bei einigen Spezialisierungen zum Ausscheiden von Ärzten aus der beruflichen Praxis geführt hat. Ergänzend sind Regeln hinzugetreten, die besonders riskante Therapien betreffen und faktisch auch zum Ausschluß einiger derartige Therapien geführt haben. Um Fehler erster Art (Kunstfehler) zu vermeiden, werden deshalb Fehler zweiter Art (unterlassene medizinische Leistung) hingenommen.

Eine andere Quelle der Regulierung liegt in dem Bemühen staatlicher Organe um die Kostendämpfung. Die Kostendämpfung ergibt sich als Problem nur deshalb, weil marktliche Prozesse, die notwendigerweise zu einer Optimierung führen, bewußt in politischer Absicht unterbunden und durch Verwaltungsentscheidungen ersetzt wurden. So entstehen Listen zulässiger oder empfohlener Medikamente und Hilfsmittel, Normzeiten für Krankenhausaufenthalte, die eine Begründung bei Abweichung erfordern, empfohlene Therapien, oft an Altersgrenzen geknüpft, Richtlinien über die Zuerkennung von Kuraufenthalten, Richtlinien über die Länge von Rehabilitationsverfahren usw.

In allen diesen Fällen wird von der Optimierung des Mitteleinsatzes, die sich aus der Interaktion zwischen dem Patienten und dem Arzt, der aufgrund seiner Kenntnis und Erfahrung ein ärztliches Urteil trifft, abgewichen im Interesse der Vermeidung von Ausgaben, ohne die dadurch entstehenden Kosten (als Folge unterbliebener Leistung) systematisch mit zu berücksichtigen. Die leicht anzuwendenden Regeln erlauben es dem Außenstehenden, in den Prozeß des ärztli-

---

[5] Es handelt sich in chronologischer Folge um das Journal of Law and Economics, das Journal of Legal Studies, den International Review of Law and Economics, das Journal of Law, Economics and Organization, und das European Journal of Law and Economics.

chen Berufes einzugreifen, ohne daß die Nachteile dieses Eingriffs, die man als volkswirtschaftliche Kosten ausdrücken kann, sichtbar werden.

III. Notare

Der gemeinsame Markt der Europäische Union erstreckt sich auf Güter, Dienstleistungen, Arbeit und Kapital. Größere Transaktionen bedürfen oft der notariellen Bestätigung, und es ist deshalb von Bedeutung festzustellen, welches System der Organisation des Notariatswesens in Europa den Vorgang genießen soll. Auf diesem Gebiet ist die Europäische Kommission tätig. Allein in Deutschland gibt es vier verschiedene Notariatssysteme, deren relative Funktionsweise man vergleichen kann. Im europäischen Ausland ist die Organisation oft von jener in Deutschland grundverschieden.

Wie bei den anderen bereits besprochenen professionellen Berufsgruppen gilt auch für die Notare, das ihre Arbeit für den Laien schwer überprüfbar ist. Der Notar muß das Rechtsgeschäft ja nicht nur beglaubigen, sondern auch auf seine Legalität hin prüfen, und diese Prüfung kann natürlich oberflächlich oder gründlich erfolgen, ohne daß der Unterschied für den Laien erkennbar wäre. Fehlerhafte Rechtsgeschäfte führen gegebenenfalls erst nach vielen Jahren zu Problemen, so daß die Kontrolle der Güte der Arbeit der Notare den Notaren im Prinzip selbst überlassen werden muß[6]. In gut organisierten Systemen des Notariatswesens funktioniert die Qualitätskontrolle über zwei Mechanismen, einerseits den Ruf, den zu waren der Notar bestrebt ist, da sich danach sein Geschäftsumfang richtet, sowie andererseits eine Bemessung des Einkommens entsprechend dem Prinzip der Seniorität. Beide zusammen genommen geben dem Notar maximale Anreize zur Sorgfalt. Versuche dagegen, die Gebühren zu regulieren, orientieren sich oft an den beim einzelnen Rechtsgeschäft anfallenden Kosten, ohne Berücksichtigung des Lebenseinkommensprofils, dessen besondere Gestaltung für die Qualitätssicherung von Bedeutung ist. Während nun einerseits die Qualitätssicherung über das eigene Urteilsvermögen der Notare geregelt werden kann, können dieses überlagernde allgemeine Regeln, selbst wenn sie zur Qualitätssicherung dienen sollten und nicht allein zur Gebührenbegrenzung, das autonome Verfahren der Qualitätssicherung untergraben.

E. Schlußfolgerung

Es hat sich insofern gezeigt, daß gerade unter den Bedingungen, die Thomas Ulen unterstellt, jedenfalls für jene Fallgruppen, in denen Experten mit einem hohen Aufwand an Humankapital schwer nachvollziehbare Tätigkeiten verrichten müssen, den Standards der Vorzug vor den Direktiven zu geben ist.

---

6 Vgl. hierzu im einzelnen *Arruñada, B.*, The Economics of Notaries, European Journal of Law and Economics, 3.1, 1996, S. 5-37.

Literatur

Arruñada, B., The Economics of Notaries, European Journal of Law and Economics 3.1 (1996), S. 5 - 37.
Rüthers, B., Die unbegrenzte Auslegung: Zum Wandel der Privatrechtsordnung im Nationalsozialismus, Tübingen: Mohr Siebeck, 1968. Frankfurt: Athenaeum, 1973 (Rüthers, B).
Posner, R. A., Economic Analysis of Law, 1998, 5. Auflage, S. 590.
Ulen, T., Direktiven oder Standards, in: Ott, C. / Schäfer, H.-B. (Hrsg.) Die Präventivwirkung zivil und strafrechtlicher Sanktionen, Tübingen: Mohr Siebeck, 1999.

Diskussion

zusammengefaßt von *Georg von Wangenheim*

Zunächst wurde versucht, die Begriffe „Regel" (konkrete, klare, eindeutige Vorschrift) und „Standard" (allgemeine, für den konkreten Fall auslegungsbedürftige Vorschrift) weiter zu klären. Zum einen wurde darauf hingewiesen, daß das Begriffspaar sicher nicht als rein dichotomisches gesehen werden kann, sondern eher als ein polarisierendes gesehen werden muß, zwischen dem es ein Kontinuum von Zwischenstufen gibt. Auf ökonomischer Seite wurde um eine Abgrenzung zum Begriff der Standards, wie er in der Standardisierungsdiskussion im Zusammenhang mit Netzwerkexternalitäten verwendet wird, gebeten. Aus juristischer Sicht wurde die Frage gestellt, wie sich das Begriffspaar „Regel"-„Standard" zu dem wenigstens in der deutschen juristischen Literatur üblichen Begriffstripel „Regel"–„Standard"–„Prinzip" verhält.

Daneben wurde auf Forschungsergebnisse aus anderen Bereichen verwiesen, die die von Ulen untersuchten Fragestellungen beantworten helfen könnten. Zum einen wurden Überlegungen aus der Literatur zu unvollständigen Verträgen herangezogen. Hieraus lasse sich schlußfolgern, daß Regeln immer dann sinnvoll erscheinen, wenn Informationsprobleme als Probleme öffentlicher Gütern auftreten; ansonsten seien Standards überlegen. Aus einem Vergleich zur Fragestellung, ob Entscheidungen zentral oder dezentral getroffen werden sollten, lasse sich daneben herleiten, daß homogene Fälle zentral, also in der Übertragung durch Regeln, entschieden werden sollten, heterogene Fallgruppen dagegen dezentral, in der Übertragung also durch Standards.

Zur Verdeutlichung der Ergebnisse Ulens wurde die Argumentation auf die Formel: „Die menschliche Intelligenz reicht nicht aus, um mit vielen Standards umzugehen, also brauchen wir mehr Regeln" reduziert. In diesem Zusammenhang wurde darauf hingewiesen, daß rechtliche Standards zumeist nicht als solche stehenbleiben, sondern schon vor der Erfahrung mit Anwendungsfällen durch die Kommentarliteratur zu Regeln konkretisiert würden. Gegenüber einer direkten Setzung von Regeln habe dieses Vorgehen den Vorteil, daß die abgeleiteten Regeln flexibler revidierbar seien. Ebenfalls zur Verdeutlichung wurde das Argument Ulens in ein Kostenargument umgesetzt: Unvollständige Rationalität könne gesehen werden als ein Mangel an guter Information, welcher auf Informationskosten beruht. So betrachtet würden Regeln dann und nur dann helfen, wenn die Erträge der Flexibilität von Standards gering und die Kosten der Informationsbeschaffung und -verarbeitung hoch seien. In diese Richtung ging auch die Überlegung, daß Regeln insbesondere dann verwendet werden sollten, wenn die Abweichung vom Nash-Gleichgewicht rational handelnder Individuen besonders teuer sei.

Zum Schluß unterstrich Thomas Ulen, daß er selbst durchaus skeptisch in Bezug auf die Einzelheiten der Literatur über kognitive Beschränkungen ist. Es müsse aber dennoch davon ausgegangen werden, daß vollständige Rationalität eine sehr fragwürdige Annahme sei, insbesondere wenn man als Ökonom mit Juristen diskutiere. Es sei deshalb nötig, in der Zukunft herauszufinden, wann Individuen rational handeln und wann sie es nicht tun. Bis hier eine Klärung erreicht sei, solle stets in beiden Richtungen gedacht werden.

Er unterstrich auch, daß er grundsätzlich der überwiegenden Meinung unter den Ökonomen Recht gebe, nämlich daß Regeln gegenüber Standards unterlegen seien. Die Berücksichtigung der Theorie der beschränkten Rationalität führe aber dazu, daß die Überlegenheit nicht immer so klar sei, wie dies sonst häufig behauptet würde.

Stichwortverzeichnis

A

Abgabepreis 200
Abschreckung
   marginale 81
   optimale 6
Abschreckungseffekt 202; 312
   empirische Analyse 8
Abschreckungselastizität 15
Abschreckungsfunktion 132
Abschreckungshypothese 2; 19; 22
   empirische Ergebnisse 15
Abschreckungskosten 4
Abschreckungspotential 150
Abschreckungswirkung 129; 134; 151
Abschreibungsgesellschaften
   gerichtliche Anerkennung 293
Absprache
   Verbot der 115
   wettbewerbsbeschränkende 117
Abwehrmaßnahmen 10
Aktivitätsniveau 333
   -Effekt 376
   optimales 305; 335
   Regulierung 306; 337
Aliud, schadensrechtliches 186
Allokationseffizienz 29
Anfechtung 177
Anfüttern 240; 241; 242; 243
   .... 245; 252; 258
   als Informationsbeschaffung 256
   Aufdeckungswahrscheinlichkeit .. 268
   aus ökonomischer Perspektive ... 265
   bei Korruptionsdelikten 265
   Einstieg in die Korruption 261
   im Zeitverlauf 246
   in die Korruption 253
   Informationen über Neigung zur
      Korruption 270
   Kronzeugenregelung 250
   Lerneffekt 249
   Modellrahmen 266
   Reduktion der Opportunitätskosten 250
   Senkung des Bestechungsgelds ... 266
   Senkung von Hemmschwellen ... 250
   Trade-off 268
   Zurückdrängung des 254
Anfütterungsprozeß
   Kosten 259
Angebotsfunktion 11

Anomietheorie 74; 96
Anreiz
   zur Sorgfalt 383
Anreizmechanismus 114
Anreizstruktur
   ökonomische Modellbildung 18
Anreizwirkung 134
Anspruch
   deliktischer 178
Anti-Popper-Affekt 28
Antriebsgründe 74
Approximationen 142
Arbeitslosengeld 84
Argumentation
   strafrechtliche 118
Aspektabhängigkeit 25
Aufklärung, polizeiliche 78
Aufklärungswahrscheinlichkeit 88
Aufsicht 139
Aufsichtsbehörde 374; 385
Aufsichtspflicht 139
Ausgleich 186; 196
Ausgleich und Prävention 188
Ausgleichsfunktion 135

B

Bagatelldelikt 81
Basisschmerzensgeld 187
Becker, Gary 2; 8; 47; 96
behavioral decision theory 350
Benachteiligungsverbot 172; 174
Bentham 3
Berichterstattung 311
Berichtsmaßnahmen des Unternehmens . 340
Berichtspflichten 342
Bestechlichkeit
   Begriff 244
   Erwartungswert der Strafe 246
   Kosten und Nutzen 258
   Nutzen aus sofortiger 253
   Opportunitätskosten 244
   Präferenzordnung 244
   Strafe für 256
   Strafrisiko 244
Bestechung
   Handlungsalternative 267
   Hemmschwelle des Beamten 267
   Nettonutzen 270
   OECD Konvention zur Bekämpfung . 238

Bestrafungsrisiko
  des Beamten..........269
  Nutzenverlust..........251
Bestrafungswahrscheinlichkeit......8; 79; 248
Betriebshaftpflichtversicherer..........232
Betriebsstörung..........229
Betrug..........15
Betrugstatbestand..........117
Beurteilungsheuristik..........84
Beute..........79
Bewährung..........80
Billigkeit..........139; 186
Biometrie..........19
Brent Spar
  Reputationsproblem..........341
Bußgeldvorschrift..........117

C

casum sentit dominus..........168
cheapest cost avoider..........141
class action..........148; 152
Common Law..........354
  - System..........348
  Norm..........328
Compliance-Programm..........311
contracting out..........283
Cournot-Nash Gleichgewicht..........288
Crime and Punishment..........2; 242
Critical Legal Studies..........351

D

Datenlage..........92
Deckungsvorsorgepflicht..........213
defense of unconscionability..........360
Deliktshaftung..........370
Deliktsrecht..........144; 357; 372
Delphi Methode..........387
Diebstahl..........88
Diskontierungsrate..........368
Diskriminierung..........171
  formelle..........179
  Geschlechts-..........179
  im Arbeitsleben..........195
  materielle..........177; 199
Dokumentationsmaßnahmen..........343
Druck, sozialer..........72
Dunkelziffer..........1; 96
Durchgriff des Strafrechts, direkter..........38
Durchsetzungseffizienz..........326; 327

E

Effekt
  einer Strafsenkung..........13
  externer..........197
efficiency, universal and sectoral..........284
Effizienz
  der Korruption..........242
  von präzisen und unpräzisen Regeln..377
Effizienzanalyse..........353

Effizienzziel
  Lenkungsnormen..........286
Einbuße, immaterielle..........185
Einflüsse, gesellschaftliche..........91
Einkommen..........90
Einkommens-Freizeit-Tradeoff..........11
Einkommensmöglichkeiten, legale..........89
Einsichtsfähigkeit, normative..........34
Einzelfallentscheidung..........143; 362
Endowment-Effekt..........13
Entdeckenswahrscheinlichkeit..........248
Entdeckungswahrscheinlichkeit..........203; 247
..........332
Entschädigung, wertäquivalisierende..........200
Entschädigungsrecht..........359
Entschädigungsregelungen..........173
Entscheidung
  intertemporale..........368
  irrational..........369
Entscheidungsneutralität..........301
  der Steuern..........283
Entscheidungsverhalten..........138
  intransitive Präferenzen..........244
Erfahrungsgut..........136
Erforderlichkeit..........119; 120
Erpressung..........88
Erwartungsnutzen
  Theorie..........366
Erwartungswert..........83
Europäisierung..........171
  des Staatshaftungsrechts..........195
Evidenz
  empirische..........44
Evidenzfall..........212
ex ante-Regulierungen..........148
ex post-Überwachung, periodisch..........329

F

Fahrlässigkeitshaftung....370; 372; 375; 378
Fahrlässigkeitsregel..........357
Faktor, sozialer..........17
Fehlverurteilung..........106
Finanzierungs- und Rechtsformneutralität
  Allokationseffizienz..........285
Finanzierungsgesellschaft
  Steueroase..........275
Finanzierungsneutralität..........285
first party insurance..........153
Folgekosten..........78; 385
Folgenabschätzung..........37
Folgenerwägungen, einzelfallbezogene....32
Forschung
  kriminologische..........107
Freiheitsrecht..........165; 166
Freiheitsstrafe..........80; 81; 123
Freispruch..........78; 79; 83
Freizeit
  aus illegaler Aktivität..........13
  Inferiorität der..........13

Friedenssicherung 32
Funktionenschutz 114

G

Geeignetheit..120
Gefährdungsdelikt 118
Gefährdungshaftung 134; 157; 162; 167
.... 188; 191; 207; 370; 375; 377
   bei Arbeitsunfällen 138
   Präventionswirkung............................208
Gefährdungshaftungssystem....................330
Gefahrenlage...141
Gefängnisstrafe 194
Gefühlsdisposition
   gleichgerichtete....................................35
Gefühlsschadensersatz............................185
Geldstrafe 4; 8; 22; 80
Geldzahlung
   wertäquivalisierende...........................194
Gemeinschaftsrecht.................................182
Gemeinschaftsunrecht 181; 191
Generalklausel 147
   Flucht in die..381
Generalprävention 33; 43; 44; 119; 123; 128
Genugtuung 186; 201
Genugtuungsfunktion 190
Gerechtigkeit
   austeilende 160
   vergeltende 160
Gerechtigkeitsziel 148
Gesamtplan
   Ausweich- und Korrekturgeschäfte 293
Geschlechtsdiskriminierung 176
Gesetzgeber 162
Gestaltung
   privatautonome 147
Gewaltmonopol 201
Gewinnabschöpfung......................113; 129
Gewinne 73
Glaubwürdigkeitsproblem 317
Gleichbehandlungs-Richtlinie 172; 174
Groves-Mechanismus..............................301
Grundbußgeld 335
Grundsatzurteil 187
Gut
   schwer substituierbares......................202

H

Haftung
   des Mitgliedstaats 175
   für Pflichtverletzungen 305; 306; 311
   ....315; 317
   mit fixierter Wahrscheinlichkeit.319; 326
   Schicht- für Plichtverletzungen 322
   strafrechtliche 335
   strikte 316; 317; 342
   strikte - für Gehilfen 304
   strikte mit Ausnahmeregel.................319
   zusammengesetzte 318; 331

Haftungsanreiz
   Pflichtversicherung 209
Haftungserleichterung....................331; 336
Haftungserleichterungen 331
Haftungserweiterungseffekt 312; 320
Haftungsfolgen.......................171; 194; 198
Haftungskrise 138
Haftungsmilderung.................................333
   verschuldensbasierte 323
Haftungsregel
   für produktbezogene Unfälle...............376
Haftungssystem
   deliktsrechtliches 370
   gemischtes 337
   mit fixierter Wahrscheinlichkeit.........327
   perversen Effekte 341
   typengemischtes 318; 326
   zusammengesetzte 327
Handeln, normgebundenes 31
homo oeconomicus 29; 30; 131
Horizontalverhältnis................................175
Humankapital 76; 387
   Aufwand an 389
Hypothese
   ungetestete..................................109; 110

I

Identitätsbildung 34
Immunität
   von Unternehmen 331
Individualitätsbegriff
   konkreterer 35
Information
   asymmetrische 136
Informationsasymmetrien.......................363
Informationskosten
   gerichtliche 326
Informations-Netzwerke......................... 17
Informationspessimismus.......................144
Informationsvorsprung 112
Inkommensurabilität 186
Insiderhandel 111; 126; 128
Insiderhandelsverbots..............................112
Insolvenzrechtsreform 165
Institutionenbegriff................................. 29
Institutionenökonomik
   Neue 27
Interaktion
   soziale...2; 17
Interessenbündelung
   (class action) 129
Invarianz, prozedurale 367
Invarianzthese 158
Iustitia
   commutativa 157; 163
   distributiva 163

J

Jugendarbeitslosigkeit................................. 2

Jugendkriminalität 4
K
Kapazitätsengpaß 121
Kartellbehörde 121
Kartellrecht 115
Käuferpräferenz 137
Kausalitätsvermutung 208; 212; 225; 343
  Abwehr durch Störfallvorsorge 212
  des Umwelthaftungsgesetzes 223
Kirchenbesucher 86
Kodifikation 381
Kombinationseinkommen 14
Kompatibilitätstheorie 367
Kompetenzvorrang
  der Staatsanwaltschaft 122
Konformität 74; 76
Konformitätsindex 289
Konkurrenz
  Alles-oder-nichts- 199
Konstruktion
  planende 132
Konstruktivismus 26
  radikaler 25
Kontrolle
  durch die Eltern 139
  ex ante- 311
Kontrollmaßnahmen 310
  Abschreckungswert 320
  ex post 311
  optimale 324; 332
  versus Haftungsfunktion 313
Kontrollpflicht
  Unternehmen 342
Kontrollsystem
  Geeignetheit 314
Kontrolltheorie 17
Kontrollwahrscheinlichkeit 268
Kontroverse, kriminologische 19
Konvergenz, sozialwiss. und ökonomischer
  Denkweise 18
Konzeption, liberal-bürgerliche 35
Korruption
  Bekämpfung der 239
  effizienter Mechanismus 242
  Illegalität der 243
  in der Politik 242
  in öffentlicher Verwaltung 242
  in ökonomischer Literatur 242
  Overlapping Generations Modells ... 243
  Verdoppelung des Strafrahmens 256
  Vorbereitungshandlung 240
Korruptionsbekämpfung 108
Korruptionsdelikt 238
Korruptionskarriere 255
Korruptionskosten des Bürgers 253
Korruptionsnutzen des Beamten 253
Korruptionsprozeß
  Wert der Bestechung 259

Korruptionsstraftaten 251
Kosten 73
  administrative 315
  der Aktualisierung 384; 386
  der Anwendung 384; 386
  der Einschätzung 385
  der Formulierung 384; 386
  der Interpretation einer Regel 356
  der Wahrnehmung 385
  des eigenen Fehlverhaltens 303
  für Prävention 371
  gesellschaftliche 371
  gesellschaftliche - der Schädigung .. 334
  marginale 371
  soziale - von Rechtsverletzungen ... 315
  soziale der Bestrafung 7
  tertiäre 133
  volkswirtschaftliche 389
Kosten-Nutzen-Analyse 144; 153; 355
Kostenvergleich, ernsthafter 37
Kovarianz 18
Kriminalität 1; 22
  Altersverteilung 16
  Anreiz 16
  Arbeitslosigkeit 17
  Dynamik der 97
  Freizeitinteresse 11
  gemessene 95
  gesamtgesellschaftliches Optimum .. 1
  Marktmodell der 3; 9
  Nachfragekurve der 9
  Ökonomische Theorie 1
  Profite aus 11
  Schäden aus 6
  Statik der 97
  statistisch erfaßte 95
  Strafhöhe 249
  Strafwahrscheinlichkeit 249
  Täter- und Opferreaktion 9
  Theorie der 11
  Toleranz der Gesellschaft 9
Kriminalitätsakzeptanzkurve 23
Kriminalitäts-Angebotselastizität 15
Kriminalitätsangebotsfunktion 6; 9; 15; 16
Kriminalitätsanreize 3
Kriminalitätsauslöser 75
Kriminalitätsbekämpfung 23; 71
  Kosten der 18
  ökonomische Gesetzmäßigkeiten ... 1
Kriminalitätskosten, soziale 10
Kriminalitätsrate 9; 90
  backward-bending supply curve 14
  Varianz 18
Kriminalitätstheorie
  ökonomische 17
Kriminalitätsvermeidung 11
Kriminalpolitik 22
Kriminalsoziologie 27

Kriminelle
  risiko-averse 14
  risikoliebende 14
kriminelle Handlung, Nutzen 5
kriminelles Verhalten, Erklärungen 2
Kriminologie 19; 22; 25; 72
Kriminometrie 2; 19
Kritik, subjektivistische 144
Kronzeugenregelung 250; 254; 262
  Korruptionsdelikte 241

L

Laffer-Kurve 298
Learned-Hand-Kriterium 354; 371; 373
Lebensrecht 165
Legitimationsbedarf 165
Leistung
  des Steuerpflichtigen 294
  Zuordnung von Einkünften 293
Leistungsfähigkeit 281
Leistungsfähigkeitsprinzip 281; 282; 287
  .... 289; 292
  Reinvermögenszugangstheorie an 283
  Steuerfähigkeitsindikatoren 283
Lenkungswirkung
  subventionelle Wirkung 286
Lohnausgleich 178; 195
Lohngleichheits-Richtlinie 172

M

Makrobetrachtung 74
Markt für Kriminalität 10
  Gleichgewicht 11
Marktkoordination 197
Marktpreis, hypothetischer 117
Marktsanktionen 341
Marktverzerrung 363
Maß, sozialverträgliches 164
Maßnahmen
  ex post- 316
  Präventiv- und Kontroll- 306; 337
Mechanismus, verhaltenssteuernder 132
Menschenrecht 129
Mietrecht 146
Milderungs-Provisionen 332
Mißbrauch
  von Gestaltungsmöglichkeiten 279
Modell, soziologisches 97
Musterprozeß 148

N

Nachfragepreis 200
Naturalrestitution 187; 198
Naturrecht 129
Neo-Institutionalismus 28
Netto-Nutzen-Maximierungsregeln 361
Neutralitätsforderung
  wirtschaftliche Entscheidung 283
Neutralitätsgebot 286
Neutralitätspostulat 282; 286; 289

Nicht-Vermögensschäden 171
Niveau, suboptimales 314
Norm 202
Normadressat 373; 377; 382
Normakzeptanz 75; 86
Normalbetriebsregelung 210; 212
  Element der Verschuldenshaftung 225
  ökonomisches Modell 222
Normbindung 42
Normen, soziale 26
Normkoordination 197
Notariatssysteme 389
Nutzen
  aus der Straftat 5
  aus legaler Aktivität 5
Nutzenfunktion
  nach Ehrlich 16
Nutzen-Kosten Analyse 45
Nutzenmaximierer 30; 42
  dispositioneller 31; 33; 34
Nutzenmaximierung 365
Nutzen-Risiko-Test 372
Nutzenverlust
  aus Bestrafungsrisiko 251

O

Ökonomische Theorie der Kriminalität 2
Ökonometrie 2
Opferabschreckung 134
Opferbedürfnisse 39
Opferentschädigungsregelung
  öffentlich-rechtliche 39
Opportunistischen Verhalten
  in der öffentlichen Verwaltung 238
Opportunitätskosten 36; 370
  der Bestechlichkeit 255
  korrupten Verhaltens 250
  Kronzeugenregelung 254
Optimierung
  des Mitteleinsatzes 388
  durch marktliche Prozesse 388
Optimum
  gesellschaftliches 361
  ökonomisches 169
Ordnungswidrigkeit 120; 122
Organisationsform, gesellschaftliche 197
Organisationshaftung 191

P

Personenschaden 184
Persönlichkeitsrecht 165
Persönlichkeitsrechtsverletzung 173
Persönlichkeitsverletzung 195
perverse Effekte 311; 325; 343
Pflichtenkatalog 142
Pönalisierung von Vorteilen 240
Präferenzeinstufungen 366
Präferenz
  transitive 362

Präferenzumkehr............................364; 366
  -Phänomen..................................367; 368
Prävention.......................................196; 197
  durch Haftungsrecht...........................227
  ex ante-..307
  Schadensoptimierung..........................160
  Verhaltenssteuerung............................162
  von Umweltschäden...........................207
Präventionsfunktion.................156; 165; 179
  des Haftungsrechts..............................166
  des Rechts...200
Präventionsmechanismus
  zukunftsgerichteter...............................31
Präventionsniveau.....................................309
Präventionswirkung..................................229
  der Versicherung................................213
  des UHG...225
  empirische Analyse............................215
  Klageapathie.....................................209
  Störfall...230
  Umwelthaftungsgesetz........................207
  von Umwelthaftung............................232
Präventionsziel...165
Präventivwirkung
  des Haftungsrechts..............................236
Preis...202
  der Nachlässigkeit..............................383
Primat des Zivilrechts........................279; 280
Prinzip
  mittlerer Reichweite...........................139
Prinzipal-Agent Problem...........................384
Prinzipien...42
Privatstrafe...185
Privilegierungssysteme.............................329
Produktschutz
  für Konsumenten...............................357
  property law......................................358
  prozedurale Invarianz.........................366
Prozeßrisiko..143
Psychometrie..19
public choice..360
public-choice-Ansatz...............................110
punitive damages..............41; 129; 152; 186

Q
Qualitätssicherung...................................389

R
Rache..45
rational choice theory..............................350
Rationalentscheidungshypothese.....362; 365
....368
  Anomalien..363
Rationalität
  begrenzte..372
  beschränkte......................................362
  ökonomische Definition.....................363
  unvollkommene................................370

Rationalverhalten
  bei ungewissen Alternativen...............364
  Theorie zum.....................................212
Rationalverhaltenshypothese.................372
Raub...88
Rauschverhalten......................................13
Recht
  ökonomische Analyse des -s......347; 364
Rechtsbegriffe
  unbestimmte....................................381
Rechtsbehelf..190
Rechtsfall..158
Rechtsfolgenbegründung
  rationale..38
Rechtsform
  Wahl der...362
Rechtsformneutralität.............................285
Rechtsfortbildung..................................175
Rechtsgüter..85
Rechtsschutz...182
Reduktion
  schadensrechtliche............................164
Regel..383
  abdingbare......................................359
Regelungen
  formaler Art....................................384
Regelungsvorschlag...............................181
Regulierung
  Kostendämpfung..............................388
Rehabilitation...71
Religionsgemeinschaft.............................86
Reputation..341
Reputationsbildung.................................47
Reputationsmechanismus................31; 341
Reputationsverlust..................................83
Reservationspreis..................................366
Residualhaftung....................................334
Resozialisierung................34; 38; 44; 47
respondeat superior...............................340
Restrisiko...212
Restsanktion...323
Richtlinien...212
richtlinienkonformen Auslegung............175
Risikoaversion
  Umwelthaftpflichtversicherung..........213
Risikoaversität.....................................364
Risikoneigung......................................364
Risikoneutralität..................................364
Risiko-Regulierung..............................374
risk-utility tests....................................373
Ritualisierung.......................................74
Rücktritt..177
rule-plus-exceptions.............................355
rules...347

S
Sachenrecht...358
Säkularisierungsprozeß....................40; 43

Sanktion(en) 194; 201; 202; 303; 334
   monetäre 83
   präventionsüberschießende................ 164
   Präventionsziel 165
   Selbsthilfemaßnahme.......................... 341
   strafrechtliche 111; 126; 194
   zivilrechtliche 194
   informelle 83
   strafrechtliche 108
Sanktionierung
   soziale 17
Sanktionierungs- und Belohnungssystem.. 17
Sanktionseinsatz 123
Sanktionsinstrument 129
Sanktionsmechanismus..................... 110; 129
   strafrechtlicher 109
Sanktionsverhängung 163
Schaden
   bilateraler 371
   Distanz-.. 150; 209
   immaterieller............... 195; 196;199; 200
   Summations-....................... 150; 209; 236
   Vermögens- 200
Schadensausgleich.................................... 157
Schadensbegriff
   pandektistischer 184
Schadensersatz.. 127
   Begrenzung... 174
   -bemessungen 388
   wertäquivalisierender........................ 202
Schadensersatzleistung............................. 359
Schadensersatzrecht.................................. 171
Schadensersatzregelung............................ 176
Schadensoptimierung 156; 169
Schadensstatistik
   Polizeiliche 8
Schadensumfang....................................... 177
Schadensverhinderung
   optimale.......................................335; 336
Schadensvermeidung................................ 137
Schadensvermeidungsprojekt 153
Schadenswahrscheinlichkeit.................... 140
Schmerzensgeld 173; 185; 196
Schuldgefühle... 85
Schuldturmproblematik 164
Schutzauftrag
   verfassungsrechtlicher 190
Schutzerwartung
   des Opfers 166
Schutzfunktion
   des Haftungsrechts 136
Schutzgesetz 173
Schutznormtheorie 182
Selbstkritik
   konstruktive 36
Sicherheitsdienst....................................... 166
Sicherheitsregulierung
   ex ante- 370

Signalisierungsproblem........................... 146
sit-in-Direktoren 122
Slutsky-Gleichung...................................... 12
Sorgfalt
   kostengerechtfertigte 371
   Obliegenheit zur vernünftigen........... 357
Sorgfaltsanforderung................................ 383
Sorgfaltsmaßnahmen
   uni- oder bilaterale 375
Sorgfaltsstandard.............................. 355; 374
Sozialhilfe 84
Sozialisationsdefizit 26
Sozialisationsprozeß................................... 75
Sozialisierungsprozeß 96
Sozialkapital... 17
Sozialstruktur 26
Spezialprävention 34; 43; 44
Spezifikationskosten 353
Staatsanwaltschaft 87; 122
Staatshaftung.. 199
Staatshaftungsrecht 182
   Europäisierung 196
Staatshaftungsrechtsprechung 183
Standard
   self-enforcing 384
   verschiedene Formen von -s............. 382
   versus Regel 383
standards 347
Standardsanktion...................................... 323
   optimale.. 325
Steuergesetze
   Praktikabilitätserwägungen bei der
      Auslegung..................................... 292
Steuerhinterziehung 277
   Effizienz der Steuererhebung 277
   Konformitätsindex 288
Steuermoral 299
Steuerneutralität 290; 292
Steuerrechtsdogmatik............................... 283
Steuerschlupflöcher 290
Steuersubvention 291
Steuertatbestand 278
Steuerumgehung...... 277; 279; 287; 290; 292
   Abschreibungsbranche 280
   durch Vertragsgestaltung............ 274; 297
Steuerung 131
   haftungsrechtlicher
      Einkommenseffekte....................... 167
   von Innovationstätigkeiten 168
Steuervermeidung 276; 288
Steuervermeidungskünstler 276
Stichprobe 91
Stigmatisierung 130
   soziale 86
Stigmawirkung 73
Störfall... 234
   Einhaltung der Betriebspflichten........ 229
   nicht ordnungsgem. Betriebsablauf.... 229

Stichwortverzeichnis

Störfallstatistik 233
   Schadenszahlen 218
   Umweltunfälle 215
   Unfallquote 216
Störfallverordnung 235
Störfallvorsorge 223
   der Betriebe 214
   ökonomische Anreize 212
Störfallwahrscheinlichkeit 223
Strafandrohung 33; 44
Strafanspruch
   konsequenter öffentlicher 39
Strafaussetzung 80
Strafbestimmung
   pflichtenbasierte 332
Strafdrohung
   abstrakte 33
Strafe 194
   effektive 45
   erwartete 89
   informelle 87
Strafform 8
Strafgesetzbuch 87
Strafhöhe 3; 73; 80; 81; 89
Strafhöhenelastizität 92
Strafmaß 4
Strafrahmen 82
Strafrecht 200; 324
   Alternativen zum 42
Strafrechtsdogmatik 162
Straftat
   Elastizität der 8
   Gewinn aus 89
Straftatbestand 80
   für Submissionsabsprache 118
Straftatenklasse 88
Straftäter 4
Strafverfolgung
   Kosten der 7
Strafwahrscheinlichkeit 3; 4; 7; 8
   Erhöhung der 5
Strafzwecklehre 162
Streitgenossenschaft 148
strikte Haftung plus 342
   perverse Effekte 343
Submissionsabsprache 109; 127; 116
Submissionsbetrugstatbestand 122
Submissionskartell 37; 108; 115
Sühne, symbolische 186
Summationsschaden 236
sunk-cost-Effekt 250
sunk-cost-Modell 262

T

Täter-Opfer-Ausgleich 8
Täterverhalten 106
Thallium-Fall 211
Theorien
   kriminellen Verhaltens 72

Totalreparation 164
trade-off 304; 318
Transaktionskosten 27; 132
   des Zivilrechts 209

U

U.S. Sentencing Guideline 328; 330
   Reform 336
Überabschreckung 212
Übervorteilung
   Abwehr von 360
Überwachungsmaßnahmen 343
   des Unternehmens 340
Überwachungspflichten 342
Umfeld
   soziales 17
Umverteilung 157
Umwelt-Audit-Privileg 328
Umweltgefährdungshaftung 208
Umwelthaftpflichtpolice 214
Umwelthaftpflichtversicherung 230
   Anreizkompatibilität 213
   Anzahl der Schadensfälle 233
   präventionsorientierte 206
   Präventionswirkung 214
   Versicherungsmißbrauch 213
Umwelthaftung
   Versicherbarkeit 211
   versicherungswirtschaftl. u. betriebl.
      Gefahren 211
Umwelthaftungsgesetz 343
   Messung der Wirksamkeit 220
   Präventionswirkung 206; 277
Umwelthaftungsrecht
   Mitgliedstaaten der EU 231
Umwelt-Investitionsverhalten 233
Umweltmanagement 210
Umweltrisikomanagement 214
Umweltschaden 150; 135; 227
   Beweislastumkehr 208
   Gefährdungshaftung 234
   Kausalitätsvermutung 208
   Versicherungsverbandsstatistik 233
Umweltschutz
   zivilrechtliche Haftung 206
Umweltschutzinvestition
   metallverarbeitende Industrie 218
   u. Umwelthaftpflichtversicherung ... 219
Umweltschutzmaßnahme
   Versicherungsprämie 232
Umweltschutzvorschriften 228
Umweltunfälle
   u. Umwelthaftpflichtversicherung ... 217
Unabhängigkeitsaxiom 366
   Verletzung 366
Unfallrecht 135
Unfallwahrscheinlichkeit 223
Universalisierungsnorm 299
Unrechtsbewußtsein, Gewissen 85

Unternehmen
  Berichtspflicht 342
  Untersuchungspflicht 342
Unternehmenshaftung 304; 327; 337; 343
  strikte 306; 308
Unternehmenshaftungssystem 338
Unternehmenskultur 342
Unterschlagung 88
Unterschlagungsdelikt 88
Untersuchungsmaßnahmen 343
  des Unternehmens 340
Untersuchungspflichten 342
Ursachenvermutung 228; 236
  § 6 Abs. 1 UmweltHG 229
use immunity 319

V

Vanberg 43
Verbandsklage 148
Verbandsklagerecht 206
Verbindlichkeit
  einer Norm 201
Verbrechen 1
Verdienstausfall 84
Vererblichkeit
  uneingeschränkte 189
Verfahren
  gegen Auflagen 78
Verfahrenseinstellung 92
Vergeltung 45
Verhalten, abweichendes, abnormales 2
Verhaltensmaßstäbe 132
Verhaltensnormen
  präzise 347; 381
  unpräzise 347; 381
Verkehrs- oder Gesundheitswesen 142
Verkehrssicherungspflichten
  des Geschäftsherrn 343
Verletzung
  der Person 184
Verletzungsbegleitschäden 189
Vermögens-Ausstattung 13
Vermögensdifferenz 114
Vermögensschaden 121; 189; 196
  reiner 171
Vermögensschadensbegriff 185
Vernunftautonomie 36
Verschulden 175
Verschuldenshaftung 191; 306; 341; 342
Verschuldensunabhängigkeit 180
Verstoß
  hinreichend qualifizierter 183
Verteilungseffekte 158
Verteilungsgerechtigkeit 169; 289
Vertikalverhältnis 175
Vertragsexzess, Abwehr 360
Vertragsparadigma 147; 148

Vertragsrecht 144; 359
Vertragstheorie, ökonomische 382
Vertrauensschaden 177
Verursachung, unilaterale 159
Verurteilung 78; 83; 89
Verurteilungswahrscheinlichkeit ... 73; 89; 92
Verwaltungsrecht 357
Viktimisierung 96
Vorteilsannahme 239; 241; 245; 257
  Element des Anfütterungsprozesses ... 261
  Kosten und Nutzen 258
Vorteilsgewährung
  Erhöhung der Strafen 260

W

Wahrscheinlichkeit 79
Wahrscheinlichkeitshaftung 149
Wandelung 177
Wert
  der Todesverhütung 200
wertäquivalenter Ausgleich 198
Wertbegriff
  offener 147
Wertpapierhandelsgesetz 111
Wertpapiermarkt
  Funktionsfähigkeit 111
Wettbewerb, Schutz des 118
Wettbewerbsfaktor 112
Widerruf 177
Wiedergutmachung 38
Wildschutzzaunfall 140
wilful misconduct 340
Willkürhandlungen, Schutz vor 202
Willkürnorm 47
Wirksamkeit von Strafe 92
wirtschaftliche Betrachtungsweise
  Steuerrechtsprinzip 280
Wirtschaftsdelikte 303

Z

Zerstörung der Persönlichkeit 189
Zielerreichungsmittel 74
Zielkonflikt 160
Zitieranalyse 387
Zivilprozeß
  Beweislast im 129
Zivilrecht 357
  aufgerüstetes 128
  kodifiziertes 348
Zivilrechtsnormen 347
Zuneigung
  Attachment 76
Zwangsakte 32
Zwangskartell 116
Zweck, sozialer 137

Kurzbiographien

Adams, Michael, Dr.; Professor für Wirtschaftsrecht an der Universität Hamburg, FB Wirtschaftswissenschaften; Studium der Rechtswiss. (Abschluß 1970) und Wirtschaftswiss. (Abschluß 1970) an der Universität Bonn; 1979 Promotion; 1984 Habilitation an der Rechts- und Wirtschaftswiss. Fakultät der Universität Bern in Privatrecht und Mikroökonomie; 1986-94 Prof. für Wirtschaftsrecht/ Universität Hamburg, 1994-97 Prof. für Allgemeine Betriebswirtschaftslehre/ Universität Köln; seit 1997 Prof. in Hamburg; Leiter des Arbeitsbereichs Zivilrecht und Ökonomische Analyse des Recht des Instituts Recht und Wirtschaft; Universität Hamburg, FB Wirtschaftswissenschaften, Institut Recht der Wirtschaft, Max Brauer-Allee 60. 22765 Hamburg.

Arlen, Jennifer, J.D., Ph.D. Economics; Professorin of Law and Business an der University of Southern California Law School; Direktorin des Olin Program in Law and Rational Choice, B. A:, Harvard University; Schriftführerin des Richters Phyllis Kravitch am Berufungs- und Revisionsgericht des elften Bezirks; Ihre Arbeitsgebiete umfassen: Corporate Civil and Criminal liability, special security fraud, tort liability; The Law School, University of Southern California, Los Angeles, CA 90089-0071.

Backhaus, Jürgen, Dr. rer. pol., geboren 1950; seit 1986 o. Professor der Finazwissenschaften an der Maastrichter Universität; 1976 Lic. jur. und 1985 Promotion an der Universität Konstanz; Arbeitsschwerpunkte: Finanzwissenschaft, Wirtschaftspolitik, Rechtsökonomie, Theoriegeschichte und der Theorie der Wirtschaftssysteme mit interdiziplinärem Ansatz; Verfasser von über 40 Büchern und einer Vielzahl wissenschaftlicher Aufsätze und Beiträge in wissenschaftlichen Zeitschriften und Sammelbänden.

Blaschczok, Andreas, Dr. jur., geboren 1952; 1983 Promotion zum Dr. jur. in Hamburg; 1990 Habilitation in Passau; seit 1992 Professor am Lehrstuhl für Bürgerliches Recht, Handels-, Gesellschafts- und Wirtschaftsrecht der Universität Leipzig; Studium der Rechtswissenschaft in Hamburg; 1996-1997 Dekan der Juristenfakultät der Universität Leipzig; seit 1997 Prorektor für Universitätsentwicklung; Universität Leipzig, Juristenfakultät, Otto-Schill-Straße 2, 04109 Leipzig.

Brüggemeier, Gert, Dr. iur., geboren 1944; Professor für Bügerliches Recht, Europäisches Wirtschaftsrecht und Rechtsvergleichung, Universität Bremen; seit 1978 Hochschullehrer an der Universität Bremen; 1980 Visiting Scholar, Law School UC Berkeley, USA; geschäftsführender Direktor des ZERP (seit 1991); 1996/97 Senior Research Scholar, Yale Law School, New Haven, USA; Richter am Hanseatischen Oberlandesgericht (beurlaubt); Arbeitsschwerpunkte: Haftungsrecht, Europäisches Privatrecht, Rechtsvergleichung; Universität Bremen, Zentrum für Europäische Rechtspolitik, Universitätsallee GW1, 28359 Bremen.

Curti, Henning, Dipl. Volkswirt, geboren 1967; Studium der Betriebs- und Volkswirtschaftslehre in Hamburg, Diplom im Juli 1993;1994 bis 1996 Promotionsstipendium der Freien und Hansestadt Hamburg; Seit 01.08.97 Wissenschaftlicher Mitarbeiter am Institut Recht der Wirtschaft, Arbeitsbereich Zivilrecht; 1998 Promotion zum Dr. rer. pol. Thema: Abschreckung durch Strafe: Eine theoretische und empirische Analyse für die Bundesrepublik Deutschland; Universität Hamburg, Fachbereich Wirtschaftswissenschaften, Institut für Recht der Wirtschaft, AB Zivilrecht, Max-Brauer-Allee 60, 22765 Hamburg.

Entorf, Horst, Dr. rer. pol., Professor für Ökonometrie an der Wirtschaftswissenschaftlichen Fakultät der Universität Würzburg; Venia Legendi in Volkswirtschaftslehre und Ökonometrie, habilitiert an der Universität Mannheim 1995; Forschungsgebiete: Quantitative Wirtschaftspolitik, Kriminometrie, Arbeitsmarkt; Universität Würzburg, Wirtschaftswissenschaftliche Fakultät, Sanderring 2, 97070 Würzburg.

Jost, Peter-J., Dr. rer. pol., geboren 1959; Studium der Mathematik, Informatik und Volkswirtschaftslehre in Bonn und London, Habilitation in Basel; Professor an der Wissenschaftlichen Hochschule für Unternehmensführung (WHU) Koblenz, Lehrstuhl für Betriebswirtschaft, insbesondere Organisationstheorie; Veröffentlichungen u.a.: Effektivität von Recht aus ökonomischer Sicht, Duncker & Humboldt, Berlin 1998; Strategisches Konfliktmanagement in Organisationen. Eine spieltheoretische Einführung, Gabler, Wiesbaden 1998; WHU Koblenz, Lehrstuhl für Betriebswirtschaftl. insbes. Organisationentheorie, Burgplatz 2, 56179 Vallendar.

Kirchner, Christian, Dr. iur., Dr. rer. pol., LL.M. (Harvard), geboren 1944; Studium der Rechts- und Wirtschaftswissenschaften in Tübingen, Frankfurt/Main, an der Harvard University und am M.I.T.; seit 1993 Lehrstuhl für Bürgerliches Recht, Europäisches und Internationales Wirtschaftsrecht an der Humboldt-Universität zu Berlin; Forschungsschwerpunkte: Deutsches, Europäisches und Internationales Wirtschaftsrecht, Ökonomische Theorie des Rechts, Neue Institutionenökonomik; Humboldt-Universität zu Berlin, Juristische Fakultät, Unter den Linden 6, 10099 Berlin.

Kraakman, Reinier; Professor der Rechtswissenschaften an der Harvard School of Law; Seine Forschungsschwerpunkte sind: Ökonomische Analyse des Gesellschaftsrechts und der Unternehmensfinanzierung, Haftungsregeln im Gesellschaftsrecht sowie Haftungssysteme;

Lüderssen, Klaus, Dr.; Professor für Strafrecht, Strafprozeßrecht, Rechtsphilosophie und Rechtssoziologie an der Johann Wolfgang Goethe-Universität, Frankfurt am Main; Johann Wolfgang Goethe-Universität, Senkeberganlage 31, Postfach 11 19 32, 60054 Frankfurt.

Nagel, Bernhard, Dr.; seit 1975 Professor für Wirtschaftsrecht an der Universität/ Gesamthochschule Kassel; 1984-1985 Dekan des Fachbereichs Angewandte Sozialwissenschaften; 1988 Research Fellow an der Law School der University of Michigan; 1996-1997 Dekan des Fachbereichs Angewandte Sozialwissenschaften, Rechtswissenschaft; Herbst 1997 Gastprofessor an der Université Paris X-Nanterre (Zivil- und Wirtschaftsrecht; seit 1997 Supervisor im Studiengang Law and Economics an der Universität Utrecht; Universität/ Gesamthochschule Kassel, Fb 10, Nora-Platiel-Str. 5, D-34109 Kassel.

Ott, Claus, Dr. iur., Professor an der Universität Hamburg Fachbereich Rechtswissenschaft II; Richter am Hanseatischen Oberlandesgericht; Gesch. Direktor des ERASMUS-Programms für Recht und Ökonomie, Hamburg; Director of the European ERASMUS Programs in Law & Economics; Veröffentlichungen u.a.: Lehrbuch der ökonomischen Analyse des Zivilrechts, (2. Aufl. 1995, mit *H.-B. Schäfer*); Mitherausgeber der „International Review of Law and Economics"; Universität Hamburg, FB 02, Edmund-Siemers-Allee 1, 20146 Hamburg.

Salje, Peter, Dr. Dr.; Professor. für Zivilrecht und Recht der Wirtschaft am Fachbereich Rechtswissenschaften der Universität Hannover; Universität Hannover, FB Rechtswissenschaften, Königsworther Platz 1, 30167 Hannover.

Schäfer, Hans-Bernd, Dr. disc. oec., Professor für Volkswirtschaftslehre an der Universität Hamburg, Fachbereich Rechtwissenschaft II und Fachbereich Wirtschaftswissenschaften; Schriften zur Entwicklungsökonomie und ökonomischen Analyse des Rechts; Geschäftsführender Direktor des ERASMUS-Programmes für Recht und Ökonomie in Hamburg; Mitherausgeber der „International Review of Law and Economics"; Universität Hamburg, FB 02, Edmund-Siemers-Allee 1, 20146 Hamburg.

Schmidtchen, Dieter, Dr., geboren 1931, Professor an der Universität des Saarlandes, Fachbereich Wirtschaftswissenschaften; Lehrstuhl für Nationalökonomie, insbesondere Wirtschaftspolitik; Direktor Center for the Study of Law and Economics; Universität des Saarlandes, Postfach 151 150, D-66041 Saarbrücken.

Schwarze, Reimund, Dr., geboren 1959; Mitarbeiter im interdiziplinären Forschungsprojekt „Umweltstaat" der Daimler-Benz-Stiftung und im Forschungsprojekt „Ökonomische Analyse industrieller Großrisiken" der Deutschen Forschungsgemeinschaft; Thyssen-Stipendiat für „Environmental Law and Political Economy" an der Standford University; gegenwärtig wissenschaftlicher Assistent am Fachbereich Umweltökonomie und Wirtschaftspolitik der Technischen Universität Berlin; Technische Universität Berlin, Uhlandstraße 4/5, 10623 Berlin.

Seidl, Christian, Dr., geboren 1940 in Wien; Studium an der Hochschule für Welthandel in Wien; 1966 Diplomkaufmann; 1969 Doktor der Handelswissenschaften; 1968-1975 Assistent an der Universität Wien; 1973 dort Habilitation; 1975 Berufung auf eine o. Professur für Finanzwissenschaft an der Universität Graz; seit 1986 Professor und Direktor des Instituts für Finanzwissenschaft und Sozialpolitik der Christian-Albrechts-Universität zu Kiel; korrespondierendes Mitglied der Österreichischen Akademie der Wissenschaften; Christian-Albrechts-Universität Kiel, Institut für Finanzwissenschaft und Sozialpolitik, Olshausenstr. 40, D-24098 Kiel.

Tietzel, Manfred, Dr. rer. pol., geboren 1946 in Krefeld; Studium der Wirtschaftswissenschaften in Aachen und Bonn. Seit 1978 Professor für Wirtschaftswissenschaften an der Gerhard-Mercator-Universität Duisburg. Gastprofessuren in USA und Australien. Forschungsgebiete: Methodologie, Public Choice, Kunstökonomik, Theorie der Wirtschaftspolitik; Gerhard-Mercator-Universität Duisburg, FB 5 - Wirtschaftswissenschaften, 47048 Duisburg.

Ulen, Thomas S., Ph.D. Alumni Distinguished Professor am College of Law der University of Illinois at Urbana-Champaign und Professor an der University of Illinois am Institute of Government and Public Affairs; Er ist Koautor des Lehrbuchs Cooter/ Ulen, Law and Economics; Seine Forschungen erstrecken sich auf viele Bereiche der Ökonomischen Analyse mit einem Schwerpunkt im Zivilrecht.

Walz, Rainer, Dr. iur., Professor an der Universität Hamburg, Fachbereich Rechtswissenschaft II; geboren 1942; Studium in Köln, Tübingen und Berkeley; 1967 Erste Jur. Staatsprüfung; 1973 Zweite Jur. Staatsprüfung; Jur. Promotion über: Der Schutzinhalt des Patentrechts; Monographien: Steuergerechtigkeit und Steuerrechtsanwendung, AG (1980); Zweckerfüllung gemeinnütziger Stiftungen, 1997 (zus. mit *Wagner*); Universität Hamburg, FB Rechtswissenschaft, Edmund-Siemers-Allee 1, 20146 Hamburg.

Wangenheim, Georg v., Dr. rer. pol., Diplom-Volkswirt; Studium der Rechtswissenschaft /Volkswirtschaftslehre in Saarbrücken, Ann Arbor/ Michigan und Freiburg, Passau; 1988 Diplom Volkswirt; 1988-1994 wiss. Angestellter an der wirtschaftswissenschaftlichen Fakultät der Universität Freiburg/Breisgau; 1991 erstes jur. Staatsexamen; 1994 Promotion; seit 1994 wissenschaftlicher Assistent am Fachbereich Rechtswissenschaft /Uni Hamburg; Forschungsschwerpunkte: Ökonomische Analyse der Rechts, Neue Politische Ökonomie, Evolutorische Ökonomik; Universität Hamburg, FB Rechtswissenschaft, Edmund Siemers Allee 1, 20146 Hamburg.

Weise, Peter, Dr. rer. pol., geboren 1941; Professor an der Universität-Gesamthochschule Kassel, Fachbereich Wirtschaftswissenschaften mit Fachgebiet Wirtschaftswissenschaften mit sozialwissenschaftlicher Ausrichtung; Hauptarbeitsgebiete: Ökonomische Analyse des Rechts, Institutionenökonomik, Evolutorische Ökonomik, Konjunkturtheorie, Ökonomische Theorie der Partizipation; Universität-Gesamthochschule Kassel, Fachbereich Wirtschaftswissenschaften, Nora-Platiel-Str. 4, 34109 Kassel.

Ökonomische Analyse der rechtlichen Organisation von Innovationen

Beiträge zum IV. Travemünder Symposium zur ökonomischen Analyse des Rechts (23.–26. März 1994)
Herausgegeben von Claus Ott und Hans-Bernd Schäfer

Mit Beiträgen von Erich Kaufer, Dieter Schmidtchen, Wernhard Möschel, Stefan Panther, Christian Koboldt, Peter Weise, Gerald Spindler, Manfred Tietzel und Marion Weber, Bernhard Nagel, Klaus Mohr, Christian Kirchner, Klaus Schredelseker, Peter-J. Jost, Bernd H. Oppermann, Günther H. Roth, Helmut Köhler, Thomas Eger, Patrick Burow, Kenneth W. Dam, Erich Schanze, Wendy Jane Gordon, Klaus Wehrt

1994. VII, 379 Seiten. Leinen.

Effiziente Verhaltenssteuerung und Kooperation im Zivilrecht

Beiträge zum V. Travemünder Symposium zur ökonomischen Analyse des Rechts (27.–30. März 1996)
Herausgegeben von Claus Ott und Hans Bernd Schäfer

Mit Beiträgen von Christian Seidl, Christian Kirchner, Horst Eidenmüller, Christian Kirchner, Kerstin Pull und Dieter Sadowski, Peter J. Jost, Roger van den Bergh, Manfred Tietzel, Philipp von Randow, Klaus Wehrt, Johannes Köndgen, Peter Wise, Arndt Rölike, Thomas Eger, Erich Kaufer, Klaus Schredelseker, Rainer Walz, Gerald Spindler, Herny Hansmann und Martina Santilli, Georg von Wangenheim, Timothy Brennan, Horst Todt, Anthony I. Ogus

1999. VII, 341 Seiten. Leinen.

Mohr Siebeck